国家"万人计划"哲学社会科学领军人才基金资助

Selected Works of
Shi Jinchuan

第一卷
Volume 1

Economic Theories and History of
Economic Thought

经济理论与思想史

史晋川 编著

史晋川文集

浙江大学出版社
ZHEJIANG UNIVERSITY PRESS

图书在版编目(CIP)数据

史晋川文集. 第一卷,经济理论与思想史 / 史晋川
编著. —杭州:浙江大学出版社,2019.4
ISBN 978-7-308-18588-2

Ⅰ.①史… Ⅱ.①史… Ⅲ.①经济理论—文集 ②经济
思想史—世界—文集 Ⅳ.①F0-53

中国版本图书馆 CIP 数据核字(2018)第 204604 号

史晋川文集 第一卷 经济理论与思想史

史晋川 编著

责任编辑	吴伟伟 姚 嘉
责任校对	杨利军 梁 容 汪 潇
封面设计	程 晨
出版发行	浙江大学出版社
	(杭州天目山路 148 号 邮政编码 310007)
	(网址:http://www.zjupress.com)
排 版	浙江时代出版服务有限公司
印 刷	浙江海虹彩色印务有限公司
开 本	710mm×1000mm 1/16
印 张	32
字 数	492 千
版 印 次	2019 年 4 月第 1 版 2019 年 4 月第 1 次印刷
书 号	ISBN 978-7-308-18588-2
定 价	128.00 元

本卷序言[*]

　　回顾自己近 40 年来学习和研究经济学的经历,政治经济学和经济思想史可以说是入门时最早开始接触到的经济学。

　　作为 20 世纪 50 年代出生并在国内接受教育的一代人,我们这些学者最早接受的经济学理论知识,自然是作为当时国家意识形态主流的马克思主义政治经济学理论。记得少年时代,正值"文革"爆发,很长一段时间里社会上乱糟糟的,学校也都在停课闹革命,无书可读,于是在家里翻箱倒柜胡乱找书,最早见到的经济学理论书籍,就是父亲书柜中苏联学者编写的《政治经济学》(教科书)和《政治经济学辞典》。在杭州第二中学上高中时,班主任邵思忠先生是教政治课的老师,曾在年级里组织了一个马列主义理论学习小组,指导我们读过马克思的《〈政治经济学批判〉导言》等文章。尽管读得很认真,可也谈不上有多少认识体会,但确实在心里埋下了一点点对社会科学感兴趣的种子。高中毕业后,我主动报名上山下乡,作为知识青年赴广阔天地插队落户三年,去农村时也带了几本哲学、政治经济学和历史书籍,日常干农活之余或农闲时节,也会抓紧时间读读书。

　　1978 年年初,恢复高考进入大学后,我先读政治学专业,后转入经济学专业学习,马克思主义政治经济学是必修课程,上课时发下来的教科书就是徐禾教授主编的《政治经济学概论》,这是一本当时非常经典的马克思主义政治经济学教科书,同学们都学得刻苦用功。从大学二年级

---

　　* 编者按:本书是作者在近 40 年学习和研究经济学过程中,关于经济理论、经济思想史的代表性论著合集。为了最大限度地保持文章撰写、发表时的原貌,也为了让读者更好地感受不同年代的经济研究学术文章的特点,根据作者的要求,编辑没有对本书收录文章的体例格式进行统一。

到三年级,在上《资本论》课程期间,我曾经非常认真地捧着三卷本《资本论》通读了两遍,为了更好地理解《资本论》,又从头到尾读了马克思的《剩余价值学说史》(三卷本)和卢森贝的《政治经济学史》(三册)。大学读书期间,为了更好地学习掌握马克思主义政治经济学,也经常去杭州中山中路的旧书店淘一些仅供内部参考的白皮书来读,例如比利时著名马克思主义学者曼德尔的《论马克思主义经济学》(上、下卷),就是在那时读的。此外,那个时候也读了一些东欧前社会主义国家马克思主义学者的政治经济学著作和教科书,例如波兰著名经济学家明兹教授的《社会主义政治经济学》,当时读后就给我留下了十分深刻的印象,以至于事隔多年,我在新华书店看到明兹教授的著作《现代政治经济学》时,倍感亲切,毫不犹豫地就买了一本回家。

进入大三下半个学期后,我的学习兴趣开始从马克思主义政治经济学逐渐地转向了现代西方经济学和经济思想史。现在想来当时主要是受了三位教授的影响。第一位是浙江商业专科学校的金家麟教授,他来杭州大学经济学系开设有关商品学的专题讲座,讲课内容涉及效用、边际效用和消费者选择行为等经济学概念,令人耳目一新。第二位是复旦大学宋承先教授,当时应邀来杭州大学经济学系为研究生开设"西方经济学"系列讲座,我去蹭了几次课,又托人弄到了油印讲义,听后读后,宛如进入了一座新的经济学理论殿堂,激发起极大的学习兴趣。第三位是本系的蒋自强教授,曾师从王亚南教授,他为本科生开设的"经济思想史"课程,从古希腊经济思想一直讲到 19 世纪的经济学边际革命,令人大开眼界。自此,我打定了主意要去考复旦大学经济学系的经济思想史专业研究生,一心想拜宋承先教授为师,学习和研究"当代资产阶级经济学说"(这是当时研究生专业设置中,属于经济思想史专业的其中一个研究方向的名称,也就是现在的"西方经济学")。当年,国内大学里专门从事国外经济学说教学研究的教授屈指可数,其中辽宁大学的宋则行先生(20 世纪 40 年代研究生毕业于剑桥大学)被称为"北宋",复旦大学的宋承先先生(20 世纪 40 年代研究生毕业于南开大学)则被称为"南宋",由此可见两位先生当时在学子心中的学术地位。此后在大学的一年多时间里,我除了补习高等数学知识外,读得最多(也是反复读)的书就是这么几本:萨缪尔森的《经济学》(1981 年前只有内部出版发行的第十版英文影印本,后来出版发行了高鸿业先生翻译的中文版)、宋承先教授的《西方经济学讲义》(三册)、陈岱逊先生为会长的中华外国经济学说研究会编的《国外经济学说讲座》(内部讲义60讲),以及许涤新先生主编的《政治经济学辞典》(其中专门设外国经济思想史部分),同时也读了埃里克·罗尔的《经济思想史》等一些经济思想史的著作和教科书。我的大学毕业论文题目是"十九世纪三十年代以来资产阶级经济学的演变"。1981年年底,临近大学毕业时,我幸运地收到了期盼已久的复旦大学经济学系硕士研究生录取通知书。

在复旦大学经济学系读研究生的近三年时间中,在宋承先教授的悉心指导下,我比较系统地学习了现代西方经济学理论。宋先生亲自为研究生开设了"微观经济学""宏观经济学"和"现代经济理论专题"课程,同时还要求我们尽量去数学系选修"高等数学""概率论与数理统计"和"线性代数"等数学课程。当时复旦大学经济学系虽然还没有正式开设"计量经济学"课程,但是,宋先生还是为研究生推荐了美籍华人经济学家蒋中一(Alpha C. Chiang)教授的《数理经济学的基本方法》(中文影印本),指导我们专业的研究生学习,培养研究生掌握现代西方经济学的基本分析方法。

研究生专业基础课程学习中,除了读各种指定教材外,宋先生还要求研究生阅读西方经济学的经典名著,例如在微观经济学和宏观经济学的课程学习中,就要求阅读亚当·斯密的《国富论》、马歇尔的《经济学原理》、希克斯的《价值与资本》、凯恩斯的《就业、利息和货币通论》、克莱因的《凯恩斯的革命》、G. 阿克利的《宏观经济理论》,等等。记得在"现代经济理论专题"研讨课的学习中,宋先生在主持经济增长理论、福利经济学理论等专题的课堂讨论时,不仅要求研究生阅读哈罗德、多玛、李特尔、鲍莫尔等经济学家的经典著作,还让师兄许强(后赴美国留学获纽约州立大学布法罗分校经济学博士学位)帮我们去校图书馆复印《经济学文献杂志》和《经济学杂志》中有关经济理论专题近十年研究进展的综述性文献(survey),要求认真阅读。现在回想起来,20世纪80年代初期,复旦大学经济学系在经济学专业研究生的培养过程中,有关现代西方经济学基础理论和分析工具方面的训练,应该说在国内大学中还是比较系统和相对领先的,为我们这些研究生学习和研究经济学打下了比较扎实的理论基础。

在复旦大学读研究生期间,我写的第一篇比较规范的经济学论文,也可以说是经济思想史的习作,是研究瑞典经济学家维克赛尔经济思想的,这是一篇上宏观经济学课程时提交的学期论文。宋先生在讲述宏观经济学的理论渊源时,提到了维克赛尔宏观经济思想与凯恩斯宏观经济理论的比较,当时引起了我的兴趣。于是,我连续几个月泡在复旦大学文科教师阅览室,认真研读了维克赛尔的《利息与价格》等著作,同时也研读了瑞典经济学家林达尔的《货币和资本理论的研究》、米尔达尔的《货币均衡论》和奥地利经济学家哈耶克的《物价与生产》,还尽量去找了一些有关瑞典学派的研究文献来扩大阅读范围,最后撰写了一篇有关维克赛尔的货币和累积过程理论的论文。1986 年,我在杭州大学教书时,协助蒋自强教授编写《当代西方经济学流派》这部教材时,就以当年的这篇有关维克赛尔经济思想的论文为基础,撰写了“瑞典学派”这一章中瑞典学派理论渊源的内容。这篇论文一直没有公开发表,直至 1999 年浙江大学为中青年学者出版论文集,才收入《经济理性与经济学家的使命》这本书中。

1983 年年底,研究生学习的第二年快结束时,开始进入了研究生毕业论文选题阶段。在宋先生的指导下,我最终选择了新剑桥学派奠基人之一的彼罗·斯拉法作为毕业论文选题来进行研究。研究斯拉法的经济思想,一定会涉及斯拉法与新古典经济学的关系(“两个剑桥之争”)和斯拉法与马克思主义经济学的关系(“价值转型问题”)。由于我当时自认为对马克思主义经济学还算比较熟悉,在研究生学习期间也读过日本马克思主义经济学家盐泽由典的《数理经济学基础》(这是一部建立在马克思主义经济学理论基础上的数量经济学著作)和英国经济学家米克的《劳动价值学说的研究》等书,同时在经济增长理论专题研讨课中,也比较认真地读了萨缪尔森和罗宾逊夫人等人关于“总量生产函数”争论的部分文献,所以,就选择以“斯拉法革命”为题撰写硕士论文。在撰写论文的过程中,除宋先生给予了精心指导外,我还得到了巫宝山先生、宋则行先生、胡代光先生和厉以宁先生等学界前辈的许多帮助,多次聆听了诸位前辈学者的当面教诲,受益良多。回想起当年老先生们对年轻学子敞开家门的热情款待和谆谆教诲,自己现在作为大学教师,也当了研究生导师,相比之下真的都感觉到有些惭愧。由于当年国内大学中读西方经济学专业的研究生人数甚少,所以我还记得同一届的武汉大学经济学系研究生郭熙保,当时在谭崇台先生的指导下,毕业论文的选题也是研究斯拉法经济思想。我完成《"斯拉法革命"——斯拉法理论体系及其影响初探》这篇硕士论文的撰写后,在陈彪如先生的主持下,通过了毕业答辩。后来,又以这篇硕士论文为基础,通过进一步拓展研究,派生出三项研究成果:一是在协助蒋自强教授编写《当代西方经济学流派》时,我在论文的基础上进一步收集文献进行研究,扩充有关内容撰写了"新剑桥学派"一章。二是经过进一步整理和修改后,将论文中有关介绍斯拉法理论的部分内容,改写成《斯拉法与〈用商品生产商品〉》一文,被收录进宋承先教授主编的《西方经济学名著提要》一书。三是将这篇论文中有关斯拉法与马克思主义经济学比较研究的内容单独抽出来后,扩充撰写了《马克思的价值转型问题与斯拉法的"标准体系"》一文。此外,由于在撰写硕士论文期间阅读了大量文献,觉得其中有一些文献很有研究价值,值得翻译介绍到国内来,于是我就和吴剑敏师弟(后赴美国留学获布朗大学经济学博士学位)合作翻译了英国经济学家杨·斯蒂德曼的 *Marx after Sraffa* 一书,由商务印书馆 1990 年出版,中文版的书名为《按照斯拉法思想研究马克思》。时至今日,我时不时地还能在国内研究马克思主义经济学的文献中,看到有学者在引用这部译著。去年,曾有一位国内经济学家在一篇批判斯蒂德曼的文章中,指出这部译著的中文书名的译法用词存在问题,大致意思是现在的译著书名,掩盖了斯蒂德曼借助斯拉法理论歪曲和攻击马克思主义经济学的险恶用心。但我至今坚持认为,这部译著的中文书名翻译用词应该还算是比较中性准确的。

在经济思想史研究方面,我还曾经专门有一段时间研究过瓦尔拉斯的经济思想。1984 年年底,我从复旦大学研究生毕业后,分配到杭州大学经济学系任教。由于系里指定给我的第一门课的教学任务是为本科生上"经济思想史",这在当年是一门经济学系的重要课程,课时安排为完整一学年的两个学期,要从古希腊色诺芬的经济思想一直讲到凯恩斯革命。根据当时大学培养青年教师的规定,系里指派蒋自强教授作为我的教学指导老师。蒋老师除了指导我备课外,也经常来课堂听课,提出各种意见来帮我改进教学方法。蒋老师在一次教学指导谈话中说,从古典经济学到新古典经济学,瓦尔拉斯的一般均衡理论具有非常重要的承前启后的历史地位,可以说现在已经成为现代西方经济理论的基石,提出要我专门集中一段时间研究瓦尔拉斯经济思想,然后写一篇介绍评论文章。于是我去图书馆复印了英文版的《纯粹经济学要义》,用了大半年时间认真反复阅读,期间也请教过樊纲(他当时在中国社科院经济所朱绍文先生指导下读博士,他的硕士毕业论文选题是瓦尔拉斯经济思想研究)和我的本科同学张旭昆(他读过非常多的经济思想史著作),最后于1986年完成了《里昂·瓦尔拉斯一般均衡理论述评》这篇长文。这篇论文最初的标题是《里昂·瓦尔拉斯》。

从1985年至1987年,我连续三年开设"经济思想史"课程,由于备课要写教学讲义,在那几年阅读了十多部经济思想方面的重要著作和经典教材,也阅读了上百篇有关国内外学者经济思想史的论文。至今仍然比较有印象的三部著作是:(1)美国经济学家S.温特拉布主编的《现代经济思想》(1977年);(2)匈牙利经济学家A.马蒂亚什的《现代非马克思主义经济学说史》(1985年);(3)美国社会科学家D.贝尔和I.克里斯托尔主编的《经济理论的危机》(1981年)。当初我曾打算把前两部著作翻译成中文,试译了几章后感到工作量太大,无法独自完成,只能中途作罢。第三部著作后来由陈彪如教授和宋承先教授组织翻译出来,由上海译文出版社在1985年出版。我曾多次阅读这本著作,印象最为深刻的是K.J.阿罗撰写的第九章《经济学中的实际量值和名义量值》,文中的理论观点及严密的论证,真的给人一种"一语点醒梦中人"的感觉。

1988年,我协助蒋自强教授编写的《当代西方经济学流派》完稿后,最终由浙江大学出版社出版。同时,我在1986年7月起担任了杭州大学经济学系主管教学的副系主任,并于1987年年底开始主持全系行政工作。在此期间,当时的国家教育委员会(现为教育部)开启了高校财经政法类专业的教学体系改革探索(有关当时国内高校经济学专业教学体系改革的启动过程,可以参阅我发表在厦门大学《经济资料译丛》2015年第3期的文章《一九八八:成都会议——全国高校经济学专业深化改革讨论会追记》),杭州大学经济学系也进一步推进深化本科生课程设置的改革。经济学专业基础课程改革的一项具体内容,就是把西方经济学分拆成微观经济学和宏观经济学两门课,同时相应减少了政治经济学和经济思想史的课时,我自己的教学重心也随之转向微观经济学和宏观经济学,不再担任经济思想史课程的主讲老师。可是,由于从复旦大学读研究生起一直到进杭州大学教书的七年时间里,我阅读了大量有关经济思想史方面的文献,除了写硕士论文时研究了斯拉法,后来开设经济思想史课程初期也只是研究了瓦尔拉斯,总觉得在经济思想史方面还有一些值得进一步研究的工作没有做完,心有不甘。思来想去,就花了一年多时间又陆陆续续把各种经济学流派及经济思想做了一番比较研读,结合国内改革开放后经济学理论研究动态,撰写了《经济理论的"破"与"立"要掌握度》,发表在由厦门大学经济学院胡培兆教授主编的《中国经济问题》(1991 年第 1 期)上,并在此基础上,第二年申请到了国家哲学社会科学基金青年项目"改革经济理论与混合经济理论的比较研究",这是我申请到的第一个国家级的哲学社会科学研究项目。经过与张法荣副教授一年多的合作研究,完成了《比较经济理论分析》一书,1993 年由杭州大学出版社出版。就我个人感觉,这部著作是对我自己当时学习研究经济思想史的一个还算比较满意的总结。并且,我自己认为这项研究经济学理论和经济思想史的研究成果不仅具有历史价值,而且至今仍具有一定的学术价值。所以,编文集时就把这本著作的六章正文内容收录进了这部文集的第一卷,也就是本书的第一篇。

经济思想史的学习、教学和研究,除了增加有关经济学科发展的历史知识和了解经济理论及经济思想的演化脉络,对于我个人而言,还有一个非常大的影响,那就是在经济研究过程中培养起了重视经济学文献阅读的意识。随着个人年龄和学术经历的增长,对前辈学者们经常教导年轻学子要"厚积薄发",有了更多的和更深一层的体会:对于年轻的经济学者来说,阅读文献即为"厚积"之正途。在近 20 年期间,我一直坚持为浙江大学经济学院的西方经济学硕士研究生一年级新生开设"经济学文献选读"课程,反复讲授阅读文献有三大功用:一是增加学科知识,拓展研究视野;二是把握理论脉络,了解前沿进展;三是掌握研究方法,有助于理论创新。

1986 年的秋天,我和同事张旭昆老师赴武汉大学参加国家教委社科司财经政法处召开的经济管理类部编教材工作会议,会后返程时乘轮船沿江下行。两人在欣赏长江两岸风光时,也时常聊起经济学专业本科教学中需要加强学生阅读经济学文献的问题,你一言,我一语,凭记忆草拟了一份我俩认为比较重要的经济学文献中文书单。据我所知,在当年国内经济学界的年轻学者中,张旭昆是极少数或个别已经把从古希腊思想家到凯恩斯的当时所有中译本经济学著作都通读过一遍的人,所以文献阅读书单主要拜旭昆兄的功力拟成。前几年,张旭昆教授在花甲之年还独自编著了《西洋经济思想史新编——从汉穆拉比到凯恩斯》,两大卷共计 156 万字,经济思想史的功力由此可见一斑。当时回到学校后,我很快交代系资料室主任购买了一批经济学专业图书,其中一部分是当时台湾"中央银行"研究室组织翻译的现代经济学丛书,图书入馆后的借阅利用率非常高。1993 年,在美国基督教亚洲高等教育基金的资助下,我作为高级访问学者赴美国芝加哥大学经济学系访学一年,对经济学研究中文献的掌握和利用,有了更深的认识。第二年回国后,我召开系务会议讨论决定,拨出专门的图书资料经费,由系资料室去陆续复印了 *The International Library of Critical Writings in Economics* 和 *The International Library of Critical Writings in Financial Economics*,前者共计 160 种有 300 多册,后者共计 12 种有 30 多册。1998 年秋"四校合并"成立新的浙江大学后,重新组建了经济学院,并开始招收第一届经济学博士研究生。我当时兼任浙江大学经济学科学位委员会主任,主持制订了经济学院博士生研究生的培养计划,其中一条重要的规定是:博士研究生在提出博士学位论文开题申请时,必须撰写一份两万字左右篇幅的相关论文选题的研究文献综述,连同开题报告一起提交给学院研究生科,然后经过送校外专家匿名评审并取得平均良好或以上的分数后,方能获得撰写博士学位论文的资格。这一新的博士研究生培养计划中有关文献阅读和撰写文献综述的规定,旨在促使学院的博士生指导教授和博士研究生重视经济学研究的文献阅读,在很大程度上减少了学术研究中的闭门造车和低水平重复研究。这对于浙江大学经济学院博士生培养质量的提高,以及对于浙江大学经济学院经济学研究水平的整体提升,起到了非常好的作用,使得浙江大学经济学院在此后短短的十年中就迅速跻身于国内一流经济学院的行列。

记得在 2003 年春季,我曾邀请杨小凯教授来浙江大学讲学和休息疗养,其间与他有过多次随意交谈,也经常会说到经济研究的文献阅读。杨小凯教授认为,当时国内很多经济学者在做研究时不重视查阅文献,对相关研究领域的新进展和前沿理论不熟悉,因此他反复强调阅读文献对经济研究的重要性。杨小凯教授还对当时张五常教授声称其做研究主要靠了解真实世界并不读文献的说法表示担忧,担心会对学生产生不必要的误导。每当说起此事,他都会很认真地告诉同学们,张五常教授当年读博士写论文时,是阅读了大量经济学文献的,有着非常深厚的经济学知识积累,这是他后来在经济研究中取得傲人成就不可或缺的理论铺垫。第二年,杨小凯教授把他的这些有关阅读文献的看法做了比较系统的整理,写了一篇文章《国内经济学者要重视经济学文献》,发表在《南方周末》。我个人认为,杨小凯教授的真知灼见对当时的中国经济学界产生了振聋发聩的影响。

我指导的第一届博士研究生有三位学生,其中潘士远同学在大学和硕士研究生期间所学的专业都是数学,经济学的理论基础相对薄弱。在攻读博士学位的前两年多时间里,他刻苦认真地阅读了数百篇现代经济增长的英文文献,经过对文献进一步地仔细梳理,撰写出了数万字的长篇文献综述《内生经济增长理论:一个文献综述》,后经过我们共同讨论修改定稿,发表在北京大学中国经济研究中心主办的学术期刊《经济学(季刊)》上。这是我自己指导的博士研究生所撰写的第一篇符合现代经济学研究规范的文献综述。所以,我也将此文收录进这部文集的第一卷。这篇综述文章发表后,当时就得到了杨小凯、巫和懋、文贯中等多位教授的很高评价,林毅夫教授也非常高兴地接受潘士远作为研究助理到北京大学继续从事研究工作,后来又推荐他去耶鲁大学经济学系深造两年。正如汪丁丁教授在其主编的《中国经济学2002年》一书的"前言"中所说:

> 这篇综述文章,我觉得也是近年来少见的对经济增长新理论和旧理论的纷繁文献的全面整理。如作者所称,这些文献发表于20世纪30年代至90年代之间,可谓"浩如烟海"。对已有文献的清理,我始终认为,是当代学术的基础。我们培养一名博士生(例如这篇综述的第一作者),未必真的要求他(她)做出具有原创性的论文,尽管这是目前中国高等教育对博士、硕士,甚至学士所规定的要求。中国经济学家自20世纪80年代中期以来,就痛切地认识到了中国

经济学研究难以摆脱的"低水平重复制作"的状况。造成这一状况的诸多因素里面,当然包括在市场大潮冲击下所发生的学术道德的沦落和治学风格的浮躁。但是,也不能忽略中国学术传统自乾嘉以来,尤其是因"西风东渐"而式微的整体失落。在传统的创造性转化过程中,系统地清理中西思想学术遗产,对传统演化的方向——即把握创新的思想资源,至关重要。

在这篇文献综述的撰写和修改过程中,给我留下深刻印象的一件事情是,我们俩在好几天中花费20多个小时逐字逐句修改完论文,将稿件投到《经济学(季刊)》编辑部后,以为终于可以松一口气了。不料3个多月后,编辑部寄来了匿名审稿人的审稿意见书。两位匿名审稿人在充分肯定这是一篇高水平文献综述的同时,也都提出了进一步补充修改完善的要求。其中有一位匿名审稿人要求作者进一步阅读有关新兴古典经济学的10多篇涉及经济增长问题的研究文献,着实吓了我们一跳。由于国内一时找不齐这些文献,潘士远连夜给杨小凯教授发邮件求助。真的要感谢杨小凯教授,第二天就用电子邮件将所需研究文献发来。然后在短短的一个半月中,潘士远又非常认真地阅读了这批文献,对论文做了进一步修改完善。在我的印象中,阅读了这批新的文献后,又经过仔细梳理归纳,最后补充进综述的内容仅是一个自然段,大约350字。

坦率地说,在我指导博士研究生的近20年期间,每当指导学生阅读文献和撰写文献综述时,或是在修改文献综述过程中,我都会有一种感觉,好像自己又回到了当初学习和研究经济思想史的年代,而且非常享受这种指导学生阅读文献和梳理归纳的过程。这部文集第一卷所收录的文章中,就有四篇论文是与我所指导的博士研究生合作完成的文献综述。当然,现在国内大学的经济学院在培养博士研究生时,对文献阅读的要求大多都与国际学术界接轨了,都会要求博士研究生阅读和掌握能够反映有关研究领域前沿进展的文献。相比之下,我们当年很大程度上是通过了解各个经济学流派和学习经济思想史来阅读文献,主要原因是当时处于相对比较封闭的社会和学术环境,国内的经济学研究与国外学术界严重脱节,同时也无法及时获得国际学术界研究的最新文献。当然,研究经济思想史时,读文献一般都是从古读到今,而现在做经济理论或经验研究,则大都是根据研究选题,先从最前沿的文献阅读入手,然后视研究进展及需要,再向前追溯做进一步的文献阅读,两者在文献阅读思路上还是有些不同的,区别在于厚古薄今与薄古厚今。

除了重视文献阅读外,经济思想史的学习和研究,也加深了我对经济学这门社会科学的学科性质、研究内容、研究主题、研究方法等问题的进一步认识。收录在这部文集第一卷中的两篇文章《经济学家与经济理论研究》和《经济学研究中的主题与方法》,就是我自己多年来对经济学这门学科本身的一些理论思考。在前一篇论文中,我对经济学纯理论研究和应用研究的特征及功能做出了自己的概括和阐述;在后一篇论文中,我努力思考并试图回答经济学分析框架为何能够扩展为人类行为分析框架的问题。我的大致看法是,主流经济学有关消费者理论研究框架的"三部曲"——偏好、约束、选择,可以从学理层面做进一步的抽象及提升,把偏好抽象为"人想做什么"的问题,把约束抽象为"人能做什么"的问题,把选择抽象为结合考虑偏好和约束后"人最好做什么"的问题。20世纪50年代以来,社会科学的各个研究领域中,人们时常会看到"经济学帝国主义"的身影,经济学不断地"入侵"法学、政治学、社会学、历史学和教育学等学科。经济学的这种"帝国主义扩张",所恃者不外乎是经济学家基于经济学的偏好、约束、选择这一研究框架,所构建起来的"人想做什么""人能做什么""人最好做什么"的这样一种人类行为分析基本框架。因为,社会科学的研究必须面对组成社会和作为社会活动主体的人,要能够合理地解释人的行为方式及内在逻辑,进而去深入研究社会现象及揭示其背后的规律。所以,基于经济学所构建的人类行为分析基本框架,贯穿着经济学的功利主义哲学思想和方法论个人主义主线,是一个比较合适的分析人类行为的思维框架,这也正是其他社会科学的学科目前暂时所缺乏的。这一点也算是自己通过学习经济思想史,对经济学这门学科独立思考后获得的一点小小的心得。

作为文集第一卷的序言,还必须补充说明的是:在这部文集第一卷中所收录的18篇文章,基本上保持了当初撰写和发表时的原貌,只是对极少数的文字(主要是错别字和缺失的文字以及年份表述文字)有一些修改和补正;如果是对原来文章的标题上的文字有所修改,会在脚注中做出相应的说明。同时,对于每篇收录文章的最初撰写或发表的年份,学术期刊转载和曾经收录进其他论文集的情况,以及合作撰写文章的合作者及作者署名排序,也都会在脚注中加以说明。

最后,我要真诚地感谢我从大学本科生到博士研究生学习期间的三位导师:蒋自强教授、宋承先教授和伍伯麟教授,无论是做学问还是做人,三位先生都是我终生的导师。同时,我还要对这部文集第一卷中所收录的部分合作撰写文章的共同作者表示深深的谢意,他(她)们是张法荣副教授、潘士远教授、刘青博士、邵桂荣博士、任晓猛博士和张育浩研究员,感谢他(她)们在合作研究工作中的辛勤付出。此外,我还要特别感谢浙江大学出版社的吴伟伟编辑和姚嘉编辑,以及浙江大学民营经济研究中心的叶楠老师和张一帆老师,感谢她们在本卷文集的文章整理和编辑过程中的辛勤工作。

当然,倘若本书存在缺点和错误,将由我本人负责,同时也欢迎读者和学界同仁批评指正。

史晋川

2017 年 12 月于杭州九月森林家中

目　　录

第三篇

第一篇

[1] 比较经济理论导论[*]

经济问题的产生是源于社会中人们自身的需要与社会所拥有的或可以利用的资源之间的基本矛盾。也就是说,人们自身的需要是无限的和多样性的,但在一定时期中可以利用的资源却又是稀缺的和具有可选择用途的,这就产生了诸如怎样选择用途,如何配置有限资源,怎样最大限度满足人们的需要等一系列经济问题。因而,任何一个比较系统的并且试图有效地指导社会经济活动实践的经济理论体系,都必须对以下三个基本问题做出自己的回答:(1)如何提高社会资源总量的利用程度,或者说,在社会经济活动中,怎样做到尽可能地充分利用各种可加以利用的资源,降低资源的闲置程度;(2)如何将各种具有可供选择用途的资源合理地配置到各种不同的生产部门及各种不同的产品的生产上去,提高资源的使用效率和优化资源的配置;(3)确立何种经济制度和建立何种经济体制(包括不同的经济运行和调节机制),从而来较好地实现总量资源的充分利用和资源的有效配置。在关于社会经济活动的这三个基本问题中,第一个基本问题主要是宏观经济学的研究对象,第二个基本问题主要是微观经济学的研究对象,第三个基本问题则构成了比较经济制度或比较经济体制学(comparative economic systems)的主要研究对象。

但是,本书的研究目的并不是正面回答上述三个基本的经济问题,而是对各种试图正面回答上述三个基本经济问题的不同经济理论体系展开比较分析。因此,本书所做的努力属于一个新的经济学科研究领域——比较经济理论(comparative economic theories)。

---

[*] 本文内容选自史晋川、张法荣:《比较经济理论分析》(杭州大学出版社 1993 年版)一书的第一章"总论"。

1.1 比较经济理论与比较经济制度

比较经济制度学是在二战后蓬勃兴起的一门新的经济学科,其研究对象是历史的和现实中的各种类型的经济制度(包括各种经济体制)。根据阿沙·林德贝克(A. Lindbeck)的定义,"一种经济制度是用来就某一地区内的生产、投入和消费做出决定并完成这些决定的一整套的机制和组织结构"①。因而,经济制度是一个多维性的概念,它至少涉及所有制结构、决策结构、信息和协调机制及激励机制这四个关键的要素。在对不同类型的经济制度的比较研究中,比较经济制度学的研究范围往往包括了以下几个方面的问题:(1)关系到广泛影响经济制度的背景力量或因素;(2)经济制度的本质、结构与职能;(3)各种经济制度的成就;(4)同经济制度运动的方向及制度在其发展过程中出现的各个阶段的主要特点有关的问题。②

比较经济理论则有所不同,其研究的对象是政治经济学这门学科产生以来的政治经济学和经济学的主要理论体系。因此,比较经济理论的研究范围一般必须涉及以下几个方面的问题。③

1. 对不同的经济理论体系所赖以产生、形成和发展的背景因素的比较分析

这种背景因素主要包括两个方面:(1)社会的实际背景,主要指社会经济的发展及实际的经济运行状况;(2)社会的知识背景,主要有政治经济学或经济学本身学科的理论研究水平和相关学科(如哲学、数学等)的发展状况及其对经济理论所产生的影响。

2. 对不同的经济理论体系所包含的基本内容的比较分析

经济理论体系所包含的基本内容主要是指:(1)经济理论体系所要阐明的最基本的核心问题——不同的财产所有制度与一定的经济机制之间的相互关系;(2)经济理论体系中所运用的基本方法以及在阐述经济问题时的理论分析的侧重点;(3)经济理论体系中对有关一些重要的经济问题的理论解释及重要理论观点(如关于经济均衡、经济增长、国际

经济关系、货币与通货膨胀、就业等的理论观点)。

3.不同的经济理论体系成就的比较分析

弗里德曼(M. Friedman)曾经说过:"经济学家一直在执着地追求相同的两个目标:提高我们对经济如何运行的认识和影响公共政策。"④根据这一观点,关于不同的经济理论体系的成就问题就可以从以下两个方面来加以确定:(1)经济理论体系的解释能力,它包括对现实社会经济运行中所出现的新问题和悬而未决(或争论不休)的老问题的解释能力,以及对原有经济理论的修正、完善和改进的能力。经济理论体系的这种解释能力的大小,实质上反映了经济理论体系的容量的大小,这在很大程度上决定了经济理论体系所具有的发展潜力和生命力。(2)经济理论体系对经济政策的影响能力,或者说经济理论体系对社会经济发展所具有的指导作用,往往具体地表现为经济理论体系对经济政策形成的影响力,以及在经济理论体系基础上所形成的经济政策对现实经济运行所起的实际作用(这也可以被看作是经济政策的直接成就,或是经济政策所赖以形成的经济理论体系的间接成就)。在此,必须注意的一个问题是,在比较分析经济理论体系的成就时,各种不同的经济理论体系的解释能力的大小与政策影响能力的大小并不一定是完全一致的。同样地,经济理论体系对政策影响能力的大小也并不代表经济政策的直接成就一定就是较大的或显著的。

4.不同的经济理论体系的演进及发展趋向的比较分析

比较经济理论在这一方面的比较研究的主要内容为:(1)同一经济理论体系在其自身的不同发展阶段的比较分析(这部分的内容要较多地涉及经济学说史或经济分析史的研究领域)。(2)不同的经济理论体系在其各自的演进过程中所呈现出来的共同点和各自理论特点的比较分析,包括一组相近的或有"血缘关系"的经济理论体系在它们演进过程中的相互关系及其特点与另一组相近的或有"血缘关系"的经济理论体系在它们各自的演进过程中的相互关系及其特点的比较分析。(3)不同的经济理论体系在它们各自发展趋向方面可以呈现出的特点的比较分析。

从以上关于比较经济理论的研究对象和研究范围的论述中可以看出,比较经济理论不同于比较经济制度学,我们似乎可以把它看作是更为宽泛意义的比较经济学的一个理论分支或相对独立的组成部分。当然,这样说也并不意味着比较经济理论与比较经济制度学是可以完全截然分离的或者是关联不大的两种经济理论,因为事实上,在它们的研究内容方面也存在着一些共同的或者说交叠在一起的"疆土"。但是,尽管如此,它们仍是两个具有各自相对独立性的经济学研究领域。

首先,作为比较经济理论的研究对象——不同的经济理论体系,也是任何一本比较经济制度学著作或多或少都得要涉及的内容,甚至不少比较经济制度学家在他们的著作中,开篇就专门阐述关于不同的经济制度的经济理论。例如,保尔·R. 格雷戈里(Paul R. Gregory)、罗伯特·C. 斯图尔特(Robert C. Stuart)的《比较经济制度学》就是遵循这一体例的。在比较经济制度学的研究中,对不同的经济理论体系的阐述是分析不同的经济制度的理论准备。但就研究的主要对象而言,比较经济制度学所比较分析的对象仍然主要是经济制度,而不是不同的经济理论体系本身。一般而言,即使比较经济制度学在论述与有关的经济制度相联系的不同的经济制度理论时(如新古典模式、兰格模式、勒纳模式等),事实上是把这些不同的经济制度理论作为一种"经济体制的标准模式"来阐述的⑤,而作为比较经济制度学本身的真正比较分析对象,主要的并不是这些"标准模式",而是现实的经济制度。

其次,由于比较经济制度学的研究重点在于现实的经济制度的比较,而比较经济理论的研究重点是不同的经济理论体系的比较,它不仅包括现有的经济理论,也大量地涉及原来只在经济学说史和经济分析史研究领域中研究的各种经济理论,因而前者的研究对象所涉及的历史时期跨度较后者要小一些。诚然,这并不是一个非常绝对的区分标准,但是,至少可以说,比较经济制度学的研究一般要比比较经济理论的研究更为"厚今薄古"。尽管一些比较经济制度学家在讨论比较经济制度学的任务时谈道:"无论过去的或现在的、邻近的或遥远的、实际的或想象的经济制度,都不可能不包括进来。"⑥但是,在实际的比较分析中,有两点是十分值得注意的:

第一,比较经济制度学在比较不同经济制度的运行和成就时,绝大部分的篇幅都是在对现实的不同经济制度进行比较分析,其中不可缺少的国别经济制度或体制的比较分析就证实了这一点。而且在这种国别经济制度和体制的比较分析中,主要采用的往往是对制度在静态条件下的比较分析,即使在对不同经济制度或体制发展过程的动态比较分析中,其所涉及的制度演变历史的时期也相对较短。事实上,经济理论的历史往往比现存的或曾有过的经济制度的历史更长,因为人们可以在经济制度建立前就提出有关该制度的理论设想,也可以在某一具体曾存在过的经济制度消亡后,继续对该制度进行理论研究。

第二,如果说比较经济制度学原来就应该或者实际上也涉及了历史上和现实中都还不曾真正存在过的(或不曾建立起来过的)"想象的经济制度",例如一些类似于"乌托邦"式的社会经济制度,那么这种比较分析事实上是一种比较经济理论的研究。因为在对"想象的经济制度"进行比较分析时,依照比较经济制度研究所确定的经济问题,既无法研究关系到广泛影响这种类型经济制度产生的背景因素和经济制度的运行所产生的成就,也无法研究这种类型的经济制度的运动方向以及制度在其发展过程中各阶段的主要特点等有关问题。结果是,这种对"想象的经济制度"的比较分析,在很大程度上已经越出了比较经济制度的研究范围。

当然,也可以从新旧学科相互关系的角度来进一步研讨比较经济制度与比较经济理论的关系这一问题。也就是说,如果在比较经济理论还未成为一门相对独立的学科之前,有关涉及比较经济理论的研究是被包括在比较经济制度学中的。那么,当代的经济学家们应该明确认识到,虽然不能排斥比较经济制度学的研究部分地涉及不同的经济理论的比较研究,但是,现在把比较经济理论研究从原有的"母体"中剥离出来,建设一门新学科的时机已经成熟。

1.2　比较经济理论与经济思想史

比较经济理论与广义的经济思想史有着十分密切的关系,它们之间的相互关联和区别,可以通过以下几个方面的分析来加以把握。

1.比较经济理论与广义的经济思想史这门学科中各个分支理论在研究对象与研究时期方面的联系与差异

广义的经济思想史是对"政治经济学史""经济学说史"和"经济思想

史"这些学科的不同研究分支的一般或笼统的称谓。"政治经济学史"所研究的是政治经济学作为一门独立科学出现以后的发展史,研究的历史跨度是从重商主义起到英国古典学派的最后一个理论体系(即以 J. S. 穆勒的《政治经济学原理》为代表的英国古典经济理论体系)为止;或者,按照某些学者的看法,其研究的时期下限也可延至边际学派的经济理论分析体系,例如,苏联经济学家布留明的《政治经济学中的主观学派》一书就持这种看法。"经济思想史"所研究的是人类文明社会发展中所产生的各种经济思想,研究的起止时期是从古代至当代,包括了古代早期的未系统化的原始的经济观念、见解和主张,也包括了 20 世纪六七十年代产生的经济理论。英国经济学家埃里克·罗尔(E. Roll)的代表作《经济思想史》就是这方面的一部典型的著作。经济学说史则又有自身的特点,一方面,它的研究对象主要是那些比较有分析的、有系统性的经济见解,或者说,是那些一定程度上较完整和已初步成体系的经济思想,这一点与政治经济学史相近;另一方面,在研究的起止时期范围的确定上,它与经济思想史比较接近,一般从古希腊、古罗马开始,一直可延续到 20 世纪六七十年代的经济理论。例如,苏联学者 M. H. 雷金娜的《经济学说史教科书》就是这样一部著作。因此,以研究对象来看,比较经济理论与政治经济学史和经济学说史有相同之处,它所研究的是政治经济学作为一门独立学科出现以来的各种成体系的政治经济学和经济学(马歇尔以后对经济理论科学的称谓)的理论;而从研究的时期角度来看,它的研究时期起点与政治经济学史基本一致,研究时期的下限则与经济思想史和经济学说史相一致,一直可以到当代的经济理论。

2. 比较经济理论与经济分析史的关系

广义的经济思想史学科也包括"经济分析史",但考虑到经济分析史这门学科自身的特点,我们将它单独列出来,讨论它与比较经济理论的相互关系。J. 熊彼特(Joseph A. Schumpeter)在《经济分析史》中指出,经济分析史(或称经济学史)是一门与经济思想史和政治经济学史不同的学科。在熊彼特看来,政治经济学史所说的政治经济学体系是指"一整套经济政策的阐述",而经济思想史所研究的经济思想是"有关经济问题特别是有关公共政策的所有意见与愿望的总和",而由于历史发展至今的各种政治经济学体系和经济思想代表了各个时代和各个不同的阶段所表现出来的意识形态偏见,对其他时代和不同的地区无真实性可言。⑦因此,不同时代和地区的政治经济学体系和经济思想很难比较孰优孰劣,但经济分析方法却是可以做这种比较的。因为,经济分析史并不过多地去涉及与政治有关的经济政策及与意识形态有关的那些理论观点与原则。例如,熊彼特认为,在研究亚当·斯密的《国富论》时,经济分析史的研究并不关心亚当·斯密所指出的经济自由主义原则及自由贸易等经济主张,它所感兴趣的只是亚当·斯密在指出这些原则和主张背后所做的经济分析工作和所使用的经济分析工具。⑧但是,比较经济理论恰好在这一问题上与经济分析史有着明显的不同,在它的研究范围内,关于经济政策原则和经济政策主张的比较分析同样占有十分重要的地位。

由于在比较经济理论的研究范围内包括了不同的经济理论体系成就的比较分析,因此在这种比较分析中,不同的经济理论体系对经济政策的影响力是一个非常重要的组成部分。当人们在研究经济理论体系的政策影响力这一问题时,势必涉及由一定的经济理论体系在纯经济理论分析的基础上所得出的经济政策原则及相应的经济政策主张。显然,由经济学家所提出的经济政策原则及其经济政策主张,不仅仅是经济理论研究或其结论本身的理论逻辑产物,它同时也极易受到各个具体的历史时期的政治、经济、文化等因素的影响,甚至也会包含着极为强烈的意识形态和政治党派争斗的色彩。关于比较经济理论与经济理论分析史在这方面的区别,可以用一个简单的例子来加以说明。例如,当讨论竞争市场上的价格机制这一问题时,熊彼特在他的经济分析史中所关心的主要是穆勒(John Stuart Mill)、希克斯(John R. Hicks)和萨缪尔森(Paul A. Samuelson)这些不同时代的经济学家在分析竞争价格这一问题时所使用的经济分析方法(分析工具)。如果说现代经济学家的经济分析比古典经济学家有进步,那只是因为现代的经济学家使用了与微积分概念有关的更为精密的高等数学的分析工具。但是,同一个问题对于比较经济理论的研究来说,它不仅关心经济分析方法的进步,同样也十分关心这些不同时代的经济学家是如何在自己所处的不同的时代条件下,利用经济理论分析去影响经济政策制定的。这种经济比较分析并非没有意义,相反却是十分有意义的。倘若不做这种比较经济理论的研究,人们就很难解释,为什么萨缪尔森在《经济学》一书中把分析市场与价格决定的微观经济学理论置于分析国民收入决定的宏观经济学理论之后来加以阐述呢？这仅仅是一种理论变革（如"凯恩斯革命"）的影响，还是理论变革与时代变化的共同影响？这种经济理论体系中理论结构的变化虽然可能并不涉及经济分析方法的变化，但它确实与时代的变化和经济政策原则的变化有关。

3. 比较经济理论与经济学方法论的关系

关于经济学方法论，早在 19 世纪初就有一些经济学家对这一问题展开了讨论。在李嘉图（D. Ricardo）、西尼尔（N. Senior）和穆勒等人确立了抽象演绎方法在政治经济学研究中的核心地位后，到了 19 世纪五六十年代，边际革命的一些主要代表人物，如杰文斯（William S. Jevons）、门格尔（Carl Menger）和瓦尔拉斯（L. Walras）等人在抽象演绎方法论这一点上，在很大程度上仍旧是站在古典政治经济学一边的，而在同一时代对这一方法论提出挑战的主要是历史学派的经济学家。稍后，在 19 世纪的晚期，英国经济学家约翰·内维尔·凯恩斯（J. N. Keynes）撰写了《政治经济学的范围和方法》（1891），这是一本非常重要的经济学方法论著作，它试图调和英国古典学派和德国历史学派之间在方法论方面的分歧。但是，可以看到，这种调和并没有缓和经济学家关于方法论的争论。从 19 世纪末到 20 世纪 30 年代，奥地利学派的庞巴维克（E. V. Bohn-Bawerk）、维塞尔（F. V. Wieser）、米塞斯（L. V. Mises）以及英国的罗宾斯（L. Robbins）和哈奇森（T. W. Hutchison）等人又就经济学方法论的问题发表了大量的论著。其结果是："演绎论证在经济分析核心中的地位在 20 世纪 30 年代有相当的加强。"[⑨]

20 世纪 40 年代以后，关于经济学方法论问题的争论仍在继续，这种讨论在 70 年代以前可以说与战后西方主流经济学在经济研究中的形式化和计量化的倾向有着很大的关系。萨缪尔森在《经济分析的基础》（1947）中提出了一种运筹学的方法论，弗里德曼在表达证伪方法论上阐述了"实证经济学方法论"，麦克洛普（F. Machlup）和库普曼（T. C. Koopmans）也在这一问题上发表了各种不同的观点。[⑩]但是，60 年代末以后，关于经济学方法论的研究逐渐地呈现出两大特点：一是关于经济学方法论的研究与经济思想史的研究越来越紧密地结合在一起；二是科学哲学理论开始对经济学方法论的研究产生越来越大的影响。例如英国经济学家哈奇森的《经济学的革命与发展》(1978)和布劳格(M. Blaug)的《经济学方法论》(1980),都涉及波普(K. P. Popper)的证伪主义、库恩(H. W. Kunm)"科学革命结构"的"范例"和拉卡多斯(I. Lakotos)"科学研究纲领方法论"的"核"和"保护带"等一系列范畴和概念。⑪

　　大致地阅读一些有关经济学方法论的文献,就可以比较明确地得到一个结论,即经济学方法论的研究进展至今,它本身已经成为一个相对独立的经济学研究领域。而且,在经济学方法论的研究中,也较多地涉及各个经济理论或不同的经济学流派的研究方法的比较分析。因此,比较经济理论在关于不同的经济理论体系的基本分析方法的比较研究方面,确实必须借鉴已有的经济学方法论的研究成果。但是,比较经济理论的研究范围并不只是局限于经济学方法的比较研究,其自身仍可以构成一个相对独立的经济学研究领域。此外,即使从经济学方法论的研究本身来说,我们也可以看到,当代的经济学家在研究经济学方法论问题时,其涉及的经济理论体系主要是从英国古典政治经济学以来的西方(主要是英美两国)的主流经济学理论,而极少研究或根本不谈"东方经济学"——社会主义政治经济学和经济学理论的分析方法问题,也很少研究东西方经济学理论的方法论比较问题,这也就给比较经济理论在经济学方法论的比较分析方面留下了一块未完全开垦的"领地"。

1.3　比较经济理论的研究框架

　　标题为"比较经济理论的研究框架"的这一部分内容,确切地说,应该是作者在本文中为展开比较经济理论的论述而确立的一个基本的研究框架。这一研究框架主要包括了两个方面的内容:一是试图界定或者说是划分作为本书比较分析对象的各个不同的经济理论体系;二是将比较经济理论研究范围内所涉及的有关问题做一些稍微具体的展开说明。

　　1.界定不同的经济理论体系的要求⑫

　　如前所述,对于一个较为完整的经济理论体系而言,它不可能不涉及或者不回答社会经济活动的一个最基本的问题——一定的财产所有制度与一定的经济机制两者之间的相互关系。因为,任何现实的或存在过的社会经济类型都是由特定的财产所有制度和特定的经济机制(包括不同的经济制度和不同的经济机制的混合)这两个基本的要素构成的。同样,即使是现实中不曾存在过的"乌托邦"社会经济类型,理论家们在构建这些"标准的"社会经济模式时,也不能没有这两个基本的要素。

如果我们用经济制度中最重要的基本制度因素——财产所有制的特征——来区分不同类型的经济制度,则可以把从近代到当代经济发展历史过程中的主要经济制度划分为两种不同的基本类型:一是以财产私有制为基础的经济制度,其特征是生产资料私有制在社会经济中占支配地位;二是以财产公有制为基础的经济制度,其特征是生产资料公有制在社会经济中占支配地位。当然,所谓私有制和公有制,就其本身而言,都是一种比较宽泛的财产制度概念。私有制可以有个人所有制、合伙制、股份制等不同形式,公有制也可以有国有制(全民所有制)、集体所有制等不同形式(当然,也可以采用股份制的形式)。这种同种财产制度的不同形式的划分及其与经济机制的关系,将在以后的分析中进一步阐述。

同样地,我们也可以将近代以来的社会经济活动中的经济运行机制和经济调节机制划分成两种不同的基本经济机制:一是市场机制,它对社会经济活动的调节作用主要是通过以契约关系为基础的自愿交换活动(自由买卖)来实现的,价格在经济运行中起着最为重要的作用;二是计划机制,包括国家对社会经济活动的各种方式的干预,它主要是通过政府的行政活动方式来调节社会经济运行的,各种指令性和指导性的计划在社会经济生活中起着最为重要的作用。当然,市场机制和计划机制也都是一种比较宽泛的经济机制概念,在现实社会经济活动和在经济理论的分析中,它们也都可以以各种不同的形式表现出来。

2.关于不同的经济理论体系的界定

在上述关于界定不同的经济理论体系的要素问题讨论的基础上,可以建立起一种界定不同的经济理论的研究框架,也就是按照私有制经济制度(或财产私有制度)、公有制经济制度(或财产公有制度)、市场机制和计划机制这四个基本要素的各种不同形式的组合,将自政治经济学产生以来的主要经济理论归纳或划分为四大基本的经济理论体系。

(1)以私有制经济制度和市场机制为基础的经济理论体系,简称自由市场经济理论体系,或者称之为经济理论体系Ⅰ

这一经济理论体系所研究的最基本的问题,是私有财产制度与市场机制的结合问题,具体地说,它是在生产资料私有制这一基本财产制度前提下,研究如何发挥市场机制的调节作用,以保证资本主义的自由市场经济均衡运行,从而实现资源的最优配置。自由市场经济理论体系认为,以私有制为基础的资本主义经济制度是一种近乎完善的和永恒的经济制度,因为私有制最合乎"经济人"的"利己心"本性,由"利己心"来支配从事各类经济活动的经济主体,在市场机制这只"看不见的手"的引导下,在通过从事经济活动满足了自己的"利己心"的同时,也使社会利益达到和谐和增进。这一经济理论体系的开山鼻祖是英国古典经济学家亚当·斯密,经过法国的重农学派、英国的古典学派和近代的边际学派,到19世纪末20世纪初,英国经济学家马歇尔作为一代理论集大成者,建立了一个较为系统完善的自由市场经济理论体系——新古典经济学。可以说,从18世纪中后期到20世纪20年代,自由市场经济理论体系对资本主义的发展产生了非常重大的影响。

(2)以公有制经济制度和计划机制为核心的经济理论体系,简称计划经济理论体系或经济理论体系Ⅱ

经济理论体系Ⅱ所研究的核心问题,是财产公有制度与计划机制相结合的问题,即在生产资料公有制这一基本财产制度的前提下,研究如何利用计划机制来调节社会经济活动,保证共产主义或社会主义的产品经济按照有计划、按比例的经济规律的内在要求来运行。这一经济理论体系最早是马克思作为对资本主义经济制度和自由市场经济理论体系的否定面或对立物而提出来的,是马克思对未来社会经济形态的一种设想。但是,后来由于在一定的客观环境和历史条件下,人们对马克思的计划经济理论做了相当教条式的理解,因而在建立高度集中的产品经济的计划经济体制(所谓"斯大林模式")的基础上,发展出了一套传统的计划经济理论体系。这一经济理论体系的最大特点在于:所有制方面片面强调越"公"越好,强调国营经济成分的比重,不顾社会生产力客观条件,急于在社会经济各个领域实行国有化,取消或极大地限制商品经济的发展和市场机制的调节作用,不切实际地试图将绝大部分社会经济活动纳入以指令性计划及政府行政干预为特征的计划调节的经济运行轨道。因此,可以说,传统计划经济理论在本质上并不是对马克思经济理论的辩证理解和科学发展。从 20 世纪 20 年代到 50 年代中期,这一经济理论体系事实上成了社会主义各国计划经济的指导思想。

(3)在私有制和市场机制相结合的这一基本框架内引进计划机制的经济理论体系,简称"混合经济"理论体系或经济理论体系Ⅲ

经济理论体系Ⅲ所研究的核心问题是,如何在私有制经济制度的形式发生了一定变化的历史条件下,通过引进计划机制或政府的经济干预来克服市场机制本身的缺陷,以保证资本主义经济能够沿着充分就业均衡的轨道运行。"混合经济"理论产生的历史背景是 19 世纪末以来股份公司垄断企业的兴起,第一次世界大战后国家垄断资本主义的出现和 20 年代末至 30 年代初世界性的资本主义经济大危机的猛烈爆发。这一经济理论的基本观点是:随着资本主义经济从较为单纯的私营经济转变为具有垄断性(含国家垄断)的"混合经济",政府对经济实行一定程度的干预(包含经济计划手段)是必要的,在通过政府的干预保持宏观经济均衡的条件下,市场机制将可以更好地发挥对经济运行的调节作用,从而使资本主义经济运行既能保持均衡,又能获得效率,并在此基础上通过政府来进一步解决经济的公平问题。"混合经济"理论的先驱者是瑞典经济学家维克赛尔等人,其基本理论体系的奠基者是英国经济学家凯恩斯,而较为系统完整的"混合经济"理论体系的建立者则是以汉森、萨缪尔森等人为代表的所谓"新古典综合派"。虽然当代西方经济学界流派林立,纷争时起,但其主流经济学各派的基本立场都跳不出"混合经济"理论体系的基本框架,各派的观点分歧只是对待政府干预和市场调节的程度和方式方面的具体看法不同而已。[13]可以说,"混合经济"理论体系事实上指导了战后资本主义各国几十年的经济实践。

(4)以公有制占主体的经济制度为基本制度前提来研究计划机制与市场机制结合的经济理论体系,简称社会主义改革经济理论或经济理论体系Ⅳ

经济理论体系Ⅳ所要研究的核心问题是:如何在坚持公有制为基本经济制度,并在仍保持一定范围、一定程度的计划调节机制的同时,改革所有制的形式和结构,引进市场机制和新的经营机制,将市场机制与计划机制有机地结合在一起,用以调节社会主义经济的运行,既保持社会经济一定的计划性,同时又可以克服传统计划机制作用方式的弊病,增加经济的内在活力,提高经济的运行效率,保证经济的持续、稳定和协调发展。从社会主义各国的经济体制改革实践和改革经济理论发展的现状来看,与前三个经济理论体系相比较,改革经济理论体系应该说至今还是一个不太成熟和完善的经济理论体系(实际上也可以说还未真正成为一个具有相当共同规范的理论体系)。在它的发展过程中,一些国家的经济学家在为建立这一经济理论体系进行艰苦奋斗的同时,一方面对这项具有挑战性的理论创新工作充满了自豪感;另一方面也时常会自觉地或不自觉地流露出一些怀疑的态度和担忧的思想,甚至表示出完全失望的看法。⑭

1.4　关于研究内容和目的的进一步说明

由于比较经济理论分析中所涉及的经济理论具有很大的时空跨度,因此全面地和详尽地来阐述和比较分析各种经济理论体系及其包括的各种内容纷繁的经济学流派,显然已经超出了本书作者的学识能力,同样也大大超过了出版部门所能接受的本书的“经济规模”。因此,本书关于比较经济理论的研究,只能局限在比较经济理论的某一个专门的领域中。当然,这是本书作者所认为的一个相对比较重要的领域,至少,在考虑到经济学本质上是一门“致用之学”这一学科性质的意义上是可以这样认为的。

基于上述认识,本书的比较经济理论研究包括了以下两个方面的基本内容:一是概述各个不同的经济理论体系的主要内容,经济理论体系的演变历程和经济理论体系各自的一些特征;二是对不同的经济理论体系的演变历程及其特征展开比较分析,其中研究的重点是从自由市场经济理论体系到混合经济理论体系的演变及其特征与从计划经济理论体系到改革经济理论体系的演变及其特征的比较分析。通过这种比较分析,本书所试图达到的研究目的是:揭示在社会主义的经济体制改革过程中,改革经济理论在其形成和发展过程中的一些基本特征以及可能遇到的理论难点,从而为建立完整的改革经济理论奠定坚实的基础。⑮

正因为如此,本书的研究事实上又与另外两个新的经济学研究领域有关,即比较制度分析(comparative institutional analyses,简称 CIA)和所谓"转型理论"(theory of transformation)。⑯

比较制度分析是在传统的比较经济制度或比较经济体制理论基础上发展起来的一个新的比较经济学研究领域,其产生的历史背景是 20 世纪 80 年代末和 90 年代初苏联东欧各国的计划经济制度的解体。除了运用新的经济研究方法和分析工具外,比较制度分析虽然仍以经济制度作为自己的研究对象,但其研究的重点与传统的比较经济制度学相比较,已有了一定的转变。比较制度分析的研究主要集中在四个方面:(1)计划经济向市场经济的过渡问题(transition);(2)市场经济国家中各种不同体制的比较分析;(3)关于经济组织的研究;(4)从历史的角度看经济体制的演变。

在上述比较制度分析的研究中,关于计划经济向市场经济的过渡问题是当代各国经济学家都十分关心的一个问题。西方各国经济学家对于过渡问题的热心研究,不仅仅只是出于意识形态的原因。从中央计划经济全面地转向市场经济,在战后社会主义经济改革中从未出现过(南斯拉夫在转向社会主义市场经济之前并不是一个典型的中央计划经济国家),可以说,这种转变和过渡是 20 世纪经济制度和经济体制演变历史中的第一次(也是最后一次)。在 20 世纪的经济制度和经济体制的演变过程中,有过从资本主义市场经济转向社会主义计划经济的实例(如前捷克和斯洛伐克共和国和前德意志民主共和国),也有过从统制经济转向自由市场经济的实例(战后的日本和德意志联邦共和国)。但是,还没有从公有制基础上的计划经济转向以私有制为基础的市场经济的例证。在这种历史条件下,现存的经济理论也难以提供有关这种经济制度和经济体制转变的理论指导。这样一来,一些西方经济学家纷纷开始研究经济制度和经济体制的转型和过渡问题,甚至建立起了所谓的"转型理论"。

德国奥尔登保大学教授 H-R. 彼特斯(Hans-Rudolf Peters)认为,"转型理论"的基本任务就是要为重塑经济体制提供一种方向性的和具有最大限度可操作的设计,并以此为基础推行一整套秩序政策,建立起一种功能齐全的制度框架。在经济制度转型过程中,新的制度框架必须有效地解决五个重要的问题:(1)生产资料的支配权要向能使资源最佳配置和最能满足社会需求的经济主体转移;(2)这种经济主体能有效地获得商品短缺和相关经济要素的信息,合理制订经济计划、最大限度地减少商品的短缺状况;(3)这种经济主体能够得到足够的刺激,尽量节约生产资料和原材料,生产出高质量高价值的商品,并承担环境保护的义务;(4)经济活动的计划实施应在劳动者参与的情况下得到协调,以保证产品对社会的有效性和有益性;(5)各经济主体的计划制订与实施有相应的约束机制,错误的计划能够及时纠正,以使经济活动更富于理性。

对照上述比较制度分析和"转型理论",可以看出,比较经济理论与比较制度分析和"转型理论"有着如下一些异同点:

(1)比较经济理论十分重视在经济体制的改革过程中,尤其是在从计划经济向市场经济转变的过渡时期中所出现的各种经济问题和理论问题,试图为经济体制改革提供一种经济理论的指导。在这一点上,可以说比较经济理论与比较制度分析和"转型理论"具有某种相同之处。尽管在研究过程中,比较经济理论的重点在于经济理论的演变和转化的比较分析,而比较制度分析和"转型理论"的重点在于经济制度和经济体制的转变设计和实际转变途径的比较分析。

(2)比较经济理论在涉及经济体制和经济理论从计划经济和计划经济理论向市场经济和改革经济理论转变的问题时,并不过多地涉及根本改变原有经济体制的财产所有制这一所有制基础问题,或者更为确切地说,它是在不根本改变原有经济体制的所有制基础的前提下来讨论体制改革的理论问题。与此不同的是,比较制度分析和"转型理论"所关心的不仅仅是体制转型问题,它也大量地涉及财产制度以公有制为主体转向全盘私有化的所有制变革问题,或者说,它是在经济制度根本性转变的前提下来讨论体制的转型问题。这一点可以说是比较经济理论与比较制度分析和"转型理论"的最大区别之所在。

(3)由于上述第二点的差异,决定了比较经济理论与比较制度分析和"转型理论"具有各自不同的目的和任务。也就是说,比较制度分析和"转型理论"在某种程度上是一种为现存经济制度和经济体制服务的理论。因为它所涉及的作为制度或体制转型的目标模式是现存的混合经济制度。相反,比较经济理论则是一种为未来的或新的经济体制服务的理论,因为它所涉及的新型的经济体制是史无前例的。因而,后者应该更加能够激发经济学家的研究兴趣和创造力。这是一个对于任何经济学家来说,即使排除了任何意识形态或政治信仰也可以得出的结论。

注 释

①林德贝克:《新左派政治经济学:一个局外人的看法》,商务印书馆,
1980 年,第 130 页。

②关于比较经济制度学的研究范围的讨论,可参阅阿兰·G. 格鲁奇:
《比较经济制度》一书(中国社会科学出版社,1985 年)。

③以下所论述的比较经济理论的基本研究范围,仅表明了本文作者对
比较经济理论这一学科的研究范围的初步看法,同时它并不意味着本书的
内容将全部地覆盖上述所提到的这些研究范围。这一点将在本章以后的
部分进一步加以说明。

④M. 弗里德曼:《经济学家与经济政策》,转引自《世界经济文汇》1992
年第 5 期。

⑤维克拉夫·霍尔索夫斯基(Vaclav Holesovsky):《经济体制分析和
比较》,经济科学出版社,1988 年。要说明的是,这本著作与上面提到的两
部比较经济制度学的著作,所用的"制度"和"体制"的英文名词均为"Sys-
tem",只是中译本的译者的译法不同。

⑥同上书,第 10 页。

⑦J. 熊彼特:《经济分析史》,商务印书馆,1991 年,第 41 页。

⑧同上书,第 65—70 页。

⑨罗杰·巴克豪斯:《现代经济分析史》,四川人民出版社,1992 年,第
371 页。

⑩罗杰·巴克豪斯:《现代经济分析史》,四川人民出版社,1992 年,第
374—380 页。

⑪关于这方面的研究文献,除本书上述正文中已列举的两本著作外,
还可以参阅一篇比较概括性的文献《科学方法论与经济学——M. 布劳格答
马渡尚宪问》(日本《经济研究》1985 年第 5 期)。

⑫关于这一点以及下面部分的论述内容,可以参见史晋川《经济理论
的破与立要掌握"度"——改革经济理论与混合经济理论的比较研究》(《中
国经济问题》1991 年第 1 期,《新华文摘》1991 年第 4 期)。

⑬例如,理性预期学派一般被认为是一个反对政府过多干预社会经济
活动的新自由主义经济学流派,其理论往往被称为"新的古典"(new classi-

cal)。但是,即便如此,这一理论的一些分析结论事实上也在被该学派的经济学家运用来影响各国政府的经济政策。其一,在理论分析方面,理性预期学派的"政策无效论"(policy irrelevance),既可以理解为政府的宏观经济政策可能是为人们的理性预期所抵消的,又可以理解为政府可以通过公开的和一贯的货币政策来改变人们的预期,从而来降低通货膨胀。其二,在政策实践中,当在很大程度上受到理性预期革命(RE. revolution)的政策模式效果不佳时(例如 20 世纪 80 年代撒切尔政府的货币政策),理性预期学派的经济学家也同样试图去解释其原因(参见[英]《经济学家》主编的《21 世纪的经济学》,中国金融出版社,1992 年,第 10—18 页)。

⑭由于 20 世纪 80 年代末期和 90 年代初期社会主义经济体制改革在东欧各国遇到了严重挫折,一些东欧经济学家已经对建立社会主义改革经济理念丧失了信心。例如匈牙利经济学家科尔内(J. Korna)在其新作《通往自由经济的道路》中,已明确表示:要么是资本主义市场经济,要么就是传统的社会主义计划经济。由于在他看来,社会主义的传统计划经济体制不具有可改革性,他本人赞同走资本主义市场经济的道路(参见《经济社会体制比较》1991 年第 1 期)。

⑮关于这一问题的简略论述,可以参见史晋川《社会主义经济理论体系的演进》,该文是作者在 1990 年 5 月提交给全国社会主义公有制与商品经济理论讨论会的论文油印稿。

⑯在这部分论述中,关于 CIA 的介绍,可以参阅美国斯坦福大学经济系副教授钱颖一的《国外经济体制比较研究前沿》,载《经济社会体制比较》1992 年第 2 期;关于"转型理论"的介绍,则可以参阅姚先国等著的《两德统一中的经济问题》,科学技术文献出版社,1992 年,第 158—164 页。

［2］自由市场经济理论[*]

所谓"自由市场经济理论体系"，是对以私有财产制度与市场机制作为基本研究内容的各种经济学的一个笼统的称谓。也就是说，无论何种经济学或经济理论，只要它所研究的核心问题是私有财产制度与市场机制的相互关系，其主要目的在于阐述资本主义私有财产制度的合理性和市场机制调节社会经济活动的有效性，即可归入自由市场经济理论体系。在本书的研究中，自由市场经济理论体系主要指由古典经济学和新古典经济学组成的经济理论。^①

2.1　理论的发展与转折

自由市场经济理论体系的形成与发展，大致上是在 17 世纪下半叶至 20 世纪初期这 200 多年的时间内。在这一历史时期，资本主义经历了一个极大的发展，先是工业资本取代了商业资本的地位，然后是"工业革命"和资本主义经济的蓬勃发展，最后出现的是垄断资本主义的兴起和资本主义生产方式对世界的主宰。与此同时，资本主义的经济制度和政治制度也逐渐在欧洲大陆和北美得以确立。

这一长达 200 余年的时期中，作为资本主义经济理论的自由市场经济理论体系的发展大致经历了两个主要阶段，即古典时期和新古典时期，与此相应的也就是古典经济学和新古典经济学。古典时期或古典经

＊　本文内容选自史晋川、张法荣：《比较经济理论分析》（杭州大学出版社 1993 年版）的第二章。

济学的发展时期,是指从 17 世纪下半叶至 19 世纪五六十年代的近 200
年的时期中,由 W. 配第、F. 魁奈(F. Quesnay)、亚当·斯密、李嘉图、J.
B. 萨伊以及 J. S. 穆勒等人建立和发展起来的政治经济学;而新古典时
期或新古典经济学的发展时期,则是指从 19 世纪 70 年代开始出现的
"边际革命",经由 L. 瓦尔拉斯、A. 马歇尔及奥国学派的庞巴维克、美国
的 J. B. 克拉克(J. B. Clark)和瑞典的 K. 维克赛尔(K. Wicksell)等人发
展起来的现代经济学理论。

18 世纪 70 年代"边际革命"的兴起,标志着古典时期的结束和新古
典时期的开始,自由市场经济理论体系在这一发展阶段的转换,并没有
改变经济理论体系本身的基本研究内容,新古典经济理论所研究的核心
问题仍然是资本主义的私有财产制度与市场机制的相互关系及作用。
但是,与古典经济理论相比较,在经济理论转折期的前后阶段,经济理论
所涉及的研究的重点,研究的出发点和研究的方法及经济分析工具,确实
都有了较大的变化和明显的差异。

1. 经济理论研究重点方面的变化

在古典时期,经济学家在研究中涉及经济制度和经济机制的问题
时,并不有意识地或特别地偏重和强调经济制度问题或是经济机制问题
的研究,也没有相对地忽视对经济机制问题或经济制度问题的研究。古
典经济学家所处的时代使得他们具有一种比较强烈的历史感,使得他们
在比较重视经济制度研究的同时,也试图努力地揭示与所处的经济制度
环境相应的经济机制或市场机制的作用。无论是法国的重农主义者,例
如魁奈、杜尔阁(A. R. J. Turgot),还是英国的亚当·斯密和李嘉图,在
他们的大量著述中,人们都可以很清楚地看到,经济学的研究并没有人
为地割裂经济制度研究和经济机制或偏废某一方。在分工、交换、增长
和再生产等经济问题的研究中,经济制度的因素(甚至社会阶级的因素)
随处可见。即使是作为古典时期终结年代的 J. S. 穆勒,当他在力图"综
合"古典经济学体系时,虽然他出于对孔德实证主义哲学的崇拜,将经济
学研究开始分为"具有真理性的"财富的生产规律的研究和与"人类制度
的问题"相关联的财富的分配问题研究,但经济制度问题(例如"财产所
有权"一类的论题)仍然与经济运行及经济机制一同构成他的经济理论
体系的重要组成部分。②总之,在古典时期,经济制度研究与经济机制研

究大致是并重的,有机地相互结合在同一经济理论体系的分析中。

"边际革命"之后,随着新古典经济学的发展,经济学研究的重点开始不断地单纯偏向资源配置问题的研究,将完善资源配置问题的实证研究作为经济学研究的主题,同时将经济制度问题作为一个毋庸置疑的经济分析前提搁置在一边。经济学家对经济制度的分析淡漠了,兴趣集中于市场如何作为一种经济体制(唯一的经济机制)在资源配置过程中发挥调节作用,或市场机制如何发挥作用才可能实现资源配置的优化。一句话,经济理论的研究重点是既定经济制度前提下的资源配置问题,而作为社会经济活动中有效的资源配置的经济机制只能是市场机制。英国经济学家罗宾斯(J. Robbins)在 20 世纪 30 年代初提出的有关经济学的定义——经济学是研究目的与各种具有可供选择的手段(资源)之间相互关系的人类行为科学,即新古典关于经济学研究主题的最为经典的表述。③

2. 经济分析出发点的变化

在古典经济学的著作中,经济分析是与作为整个经济活动过程的基础的社会结构和历史观点密切结合的,由于对经济制度问题研究的重视,古典经济学家们所做的经济分析往往是从社会角度展开的。在这方面,重农主义者的理论体系[如魁奈的"经济表",布阿吉尔贝尔(P. P. A. Boisguillebent)]的社会经济失衡分析,亚当·斯密的理论体系和李嘉图、马尔萨斯的经济增长分析,都是极好的佐证。古典经济学也非常注重分析不同的经济主体及行为,但是,对于单个经济主体的分析是置于社会制度环境背景下加以考察的,在某些场合,经济学家还往往用社会集团行为(例如阶级)的分析来代替对集团中个体行为的分析。但是,新古典经济学家在进行经济分析时,其出发点往往是经济活动中的个人。由于经济制度的分析被搁置起来了,所以,经济分析中的个体就失去了个体存在的社会制度背景,变成了一种抽象的经济主体。正如布留明在评价这种个人主义的社会观时所指出的,"个人主义的实质不在于经济分析被个体经济的框框圈起来,而在于经济学家在个体经济的领域中寻找某些范畴的最终说明",试图"从分析个体经济过渡到认识社会经济规律"。④当然,也应看到,在 19 世纪末期及以后,由于较严重的经济危机的出现,不少经济学家开始转向对货币和商业循环问题的研究,对宏观经济分析的兴趣与日俱增。而且,这种研究是在新的经济分析方法的基础上展开的。

3.经济分析方法的变化

在自由市场经济理论体系的整个发展过程中,经济分析的方法问题经常是经济学家争论不休的对象。在古典经济学体系的建立者亚当·斯密的著作中,抽象演绎的分析方法和经验归纳的分析方法是并存不悖的。根据 R.巴克豪斯的看法,《国富论》一个重要的特点就是把理论与丰富的经验材料结合在一起,或者说,亚当·斯密所使用的经济分析方法是一种"同经验观察交错并存的短链演绎方法"。亚当·斯密以后,在古典经济学的发展中,"方法论方面最重要的变化是李嘉图引进了抽象的纯演绎的论证方法",或者说,是一种"长链的纯演绎法"。正是由于运用了这种经济分析方法,才使得各种理论要素能被总括成一个严密的逻辑体系。⑤但是,无论是亚当·斯密、李嘉图,还是以后的一些古典经济学家(例如萨伊和西尼尔),在经济分析方法上都具有一个共同的特点,强调经济分析中的因果关系,这一特点最明显地反映在古典经济学的价值论上,即探求和论证绝对的价值实体。古典经济学的这种方法论,实际上反映了 18 世纪至 19 世纪的一些传统哲学,对任何事物都要去寻求其内在的原因或固有的属性,从而来把握事物的终极原因,按照严格的因果关系秩序来分析事物。

但是,新古典经济学出现后,经济学家(尤其是数理学派和倾向于更多使用数学方法的学者)倾向于认为,因果关系的分析方法应该被研究经济体系中各个因素之间的函数依赖关系的分析方法所取代,经济理论的科学结论应该从一定的相互依赖的经济因素及其相互关系中引申出来。帕累托曾指出,在经济分析中,问题因大量实际材料和这些材料的部分相互依赖关系而特别复杂化,使得一般的逻辑无力处理我们所分析的体系的第一批因素;因而,在这里必须利用适合于这种经济分析的特殊逻辑,即数理逻辑。而传统经济学的一个严重不足,就在于它只是到处探索因果关系而不去确定经济因素之间的函数关系。⑥由于方法论上的这种转变,新古典经济学家在经济分析中,越来越多地运用数学符号和数理方法来表述、研究和论证各类经济现象及其相互关系。这在新古典经济学的创始人瓦尔拉斯的著作中表现得最为突出和明显。

在自由市场经济理论体系的发展过程中,古典经济学理论让位于新古典经济学理论,从更长的经济理论发展时期和更广的经济理论发展的范围来看,新古典经济学理论不仅对于混合经济理论产生了极其巨大的影响,同样的,对计划经济理论和改革经济理论也产生了很大的影响,这不只表现在经济分析中一些基本经济范畴的规范确立和运用方面,更多地表现在经济分析方法的影响方面。⑦一个明显的事实是,边际分析、均衡分析、静态和比较静态分析、动态分析这样一些科学的经济分析方法,日益成为东西方经济学家共同使用的经济分析工具,可以说,它们已经作为在分析社会经济活动的智力努力方面的人类共同的文明成果,为经济学家所普遍接受。

2.2 "自然秩序"与"经济人"

古典经济学家注重对经济制度问题的研究,在很大程度上是由他们所处的历史时代背景所决定的,其目的无疑是论证资本主义私有财产制度及相应社会经济秩序的合理性。由于 18 世纪哲学思想的影响和当时资本主义经济发展的历史阶段的局限性,古典经济学家(尤其是早期的一些思想家)往往在"自然秩序"的命题下来研究资本主义的经济制度,这一理论研究的结论,一方面在资本主义经济制度确立的历史过程中产生了积极的影响,另一方面为自由市场经济理论的发展提供了制度的基础和经济分析的前提。

在较早期的学者中,英国哲学家兼经济学家约翰·洛克(John Lock)的自然权利学说对古典经济学者产生过重大的影响。与他的前辈相比较,洛克自然权利说的一个重要的特点就是,在他的自然权利中不仅包含了自由、平等,而且将资本主义的私有财产权也列入自然权利之中。在洛克看来,资本主义经济制度是一种天然的、符合自然权利的制度,而封建经济制度则是一种人为的、与自然权利相矛盾的制度。马克思曾说过:"洛克是同封建社会相对立的资产阶级社会的法权观念的经典表达者;此外,洛克哲学成了以后整个英国政治经济学的一切观念的基础。"⑧

比较系统地阐述"自然秩序"的经济学家是法国的重农主义者。可以说"重农主义就是关于自然秩序的学说"(杜帮德·奈穆尔语)⑨。在重农主义的代表人物魁奈医生关于"自然秩序"的论述中，"自然秩序"的概念具有双重含义：一是指与人类的意志和愿望所表现出来的主观的东西相对立的自然过程；二是跟历史相对立的永恒的自然形态，也就是资本主义的经济制度和经济秩序。重农主义者认为，在资本主义经济制度中，人们的社会经济活动是一种受自然秩序支配的自然过程，自由竞争和自由贸易是一种符合自然秩序安排的经济秩序。因而，自然秩序的核心内容就是保证私有财产权利和让经济不受干涉地在自由竞争中发展。总之，在重农主义者看来，资本主义制度是一种符合"自然秩序"的经济制度，其经济运行过程是一种符合"自然规律"的自然过程。卢森贝在评价作为重农主义的重要代表人物之一的杜尔阁时曾指出："杜尔阁把自然秩序直接而单纯地，不加多余修饰地还原为它在重农主义体系中所实际代表的东西，即还原为立足于个人创造性、个人利害感情和自由竞争的秩序。"⑩

"自然秩序"的研究在亚当·斯密那里产生了一个飞跃性的变化。作为亚当·斯密经济理论体系的演绎的原则基础，即自然法和自然秩序的观念。亚当·斯密的贡献在于，一方面将这些观念从重农主义的封建外衣中进一步解脱出来；另一方面他较系统地论证了自然法和自然秩序是从人类的本性（"经济人"的本性）中产生出来的法规和秩序。正如熊彼特所说的："正是通过斯密的著作，18世纪关于人性的思想才传到了经济学家手里。"⑪

根据亚当·斯密的看法，人类是一群利己主义者，人类的本性即利己的和排他的。在人们的经济活动中，所追求的不外乎是自身的利益，这种追求私利的行为是完全合乎自然的。同时，由于人们自身能力的限制，人们并不能仅仅依靠自身的活动来实现各种利己的目的，而不同个体的利己活动在有限资源的条件下又可能发生冲突。因此，由于这种限制，社会中的每个人都需要别人的帮助，这种帮助并不是出于人们的利他心，而是出于人们利己心的考虑，所以帮助不是无偿的，而必须是互利的。这样，从个人利己主义本性基础上派生出来的社会共同利益与个人利益可以是一致的。人们在追求私利的过程中去尽力达到一个并非他本意想要达到的目的，即追求个人利益的行为会自然地促进社会的利益。⑫亚当·斯密认为，对于追求私利的"经济人"而言，每个人都是自身利益最好的判断者，他们应该享有按照自己的方式来为自己谋求利益的行动自由,在这一过程中,个人利益与社会利益都会得到满足和实现,"所以能得到这种结果是因为上帝使社会成为自然秩序在其中占统治地位的这么一种体制"⑬。

亚当·斯密关于"自然秩序"和"经济人"及其相互关系的论述,实际上确立了经济学关于经济制度和经济行为分析的最根本的基础,对经济学的发展产生了极其巨大的影响。P. A.萨缪尔森在提到这一点时说:"亚当·斯密的最伟大的贡献在于他在经济学的社会世界中抓住了牛顿在天空的物质世界中所观察到的东西,即自行调节的自然秩序。"⑭可以说,这一"自然秩序"是在利己心基础上的个人行为("经济人")与财产的私有制度和自由竞争的市场力量三者的相互结合所产生的。

回顾经济思想史的发展历程,可以看到,古典经济学家关于"自然秩序"的观点包含着两层基本的意思:一是关于资本主义私有财产权和经济制度的合乎自然;二是资本主义经济体系运行的内在的规律性,即经济运行过程中自行调节的自然秩序。古典经济学家以后,除了历史学派和制度学派的经济学家仍然注重研究资本主义私有财产权和经济制度本身外,作为主流经济学的新古典主义经济学更多的是从资本主义经济运行过程中的自行调节这一角度来开展"自然秩序"的研究,以市场经济运行的规则的研究代替了对"自然秩序"的研究。因此,在新古典主义经济学中,经济理论体系变成了一套类似于牛顿理论体系的"古典力学模型"⑮。此外,关于"经济人"的假定分析,新古典经济学在经济主体的分类(居民或家庭与厂商或企业)及其"理性经济行为"的分析方面,做了大量极为深入细致的研究。这些研究表明,居民是在一定收入条件约束下追求效用最大化的经济主体,厂商是在一定成本条件约束下追求利润最大化的经济主体。两者的共同点在于,它们都是理性的"经济人"。关于理性经济行为的公理假设,作为消费者的个人行为的理论与作为生产者的厂商行为的理论,在新古典经济学中,都可以归入利益最大化的行为分析框架之中。这种最大化行为的分析构成了整个新古典主义经济学理论分析的基础。

2.3 市场机制与竞争均衡

如前所述,亚当·斯密最突出的贡献在于"他把系统地分析竞争条件下个人追求自身利益的行为作为经济学研究的中心问题",这一分析奠定了"资源配置理论的基础"。⑯现代经济学关于市场机制与经济均衡的分析就是建立在这一理论的基础上的。

1.局部均衡

由英国经济学家 A.马歇尔首创的局部均衡分析,对"看不见的手"的作用做了进一步完整和规范的阐述。

在市场竞争条件下,厂商的行为是受利润最大化的欲望支配的,对于力图将各种生产要素加以组合以使得既定成本能产生最大利润的厂商来说,在市场上产品价格较高的情况下会愿意提供较多数量的产品,相应的供给规律可以用供给曲线来表示(市场价格与商品的供应量成正方向变化);消费者的行为是受效用极大化的欲望支配的,对于力图将自己的有限收入合理地花费在一定商品组合的购买上以获得消费过程效用极大化的消费者来说,在市场上产品价格较高时,他会斟酌减少相应商品的购买量,这一需求规律可以用需求曲线来表示。在市场供求关系的作用下,如果供给超过需求,市场价格将趋于下降;反之,如果供不应求,市场价格将会上升。当现行的市场价格在调整中达到某一个既定水平时,市场上供给方的意愿供给将会等于需求方的意愿需求,这时,市场处于出清状态,形成均衡价格。⑰

局部均衡分析的最主要特征在于,它在假定其他条件不变的前提下,分析一种商品的市场供给、需求和价格三者的关系及均衡价格的形成。当然,这种均衡分析并不只局限于商品市场,也同样可以运用到生产要素市场(包括资本市场)的均衡价格形成的分析。

2.一般均衡

法国经济学家 L.瓦尔拉斯创立的一般均衡理论,对自由竞争的市场机制及其运行方式,做了全面和细致的描述,它构成了整个现代市场经济分析理论的基础。

一般均衡理论认为,在市场经济中,整个社会经济体系是由无数个处在不断变化之中的市场构成的,各个市场中的商品(生产要素和服务)的供给、需求和价格并不是彼此孤立的,而是存在着各种复杂的相互依存和相互影响的关系。因而,任一商品(包括生产要素和服务)市场的供给和需求都是它们各自的价格和其他市场上各种商品(包括生产要素和服务)价格的函数,假定存在着 m 个商品市场和 n 个生产要素和服务的市场,可以用一组包含有 $2m+2n$ 个数学方程式的体系,来决定相应数量的未知数,即 m 种商品和 n 种生产要素的供求数量和价格,而由此解出的一组价格可以使全部市场同时达到供求均衡状态。因此,一般均衡理论得出的结论是,资本主义经济中的市场竞争机制能够形成一套一般均衡价格,这套市场均衡价格的功能在于保证所有市场能够同时出清。

在瓦尔拉斯的最初论述中,一般均衡的价格在理论上是通过计点方程式和未知数的方式达成的,但在实际经济运行中,可以通过市场上的"喊价拍卖"过程来产生。当代经济学的研究进一步表明,在完全竞争的市场中,只要满足关于序数效用函数和有关生产函数的一定条件,一般均衡确实可以成立;同时,当一般均衡被破坏以后,竞争市场的经济具有自动恢复均衡的趋势。K.阿罗和 G.德布鲁已经用现代数学分析工具证实了一般均衡的上述特征——存在性和稳定性。[18] 正如贝尔所说的:"一般均衡模型,是不断运动的一套珠宝装置……是一个有规律地运动的天体结构,在该结构中,完全竞争和资源的最优配置作为一只'看不见的手'发挥着作用。"[19]

3. 帕累托最优状态

当一个国家的资源和产品是以这样一种方式配置时,即没有一种可选择的其他重新配置方式能够在不使其他人的经济条件恶化的情况下而使任何人的经济条件有所改善,这一状态即帕累托最优(Pareto optimum)。这一理论试图回答竞争性的市场机制是否可以使资本主义经济达到资源最优配置状态,它的结论是:只要具备一定的条件,市场的完全竞争,私人成本和社会成本的一致性以及不会改变竞争决策的税收制度,资本主义经济可以达到资源配置的最优状态——即帕累托最优。

帕累托最优状态和竞争均衡之间存在着必然的因果关系,阿罗和德布鲁在对一般均衡理论的研究中已经表明：(1)任何竞争均衡一定是与帕累托最优状态一致的资源有效配置；(2)与帕累托最优一致的资源有效配置，通过物品存量和各种生产要素的适当再分配，便可以在一种竞争均衡中实现。因而，"可以说，阿罗、德布鲁所得出的结果是对'看不见的手'借以起作用的条件的严密解说"[20]。

2.4　收入分配理论

在古典经济学的著述中，收入分配学说大都可以追溯到亚当·斯密的著作；作为古典经济学比较经典的论述，则可以从 J. B. 萨伊的著作中看到。

按照著名的"三位一体"公式，社会生产是由三种生产要素共同完成的，即劳动、资本和土地。这三种生产要素的"生产性服务"构成产品价值的源泉，因此，在私有财产制度下，通过市场的调节，每一种生产要素的所有者都应该得到相应的收入：劳动力所有者得到工资，资本所有者得到利息，土地所有者得到地租。[21]

稍晚于萨伊十几年的德国经济学家 J. H. 屠能在 1826 年提出了一种不同于英法古典经济学家的分配理论——边际生产力分配理论，可是这一理论一直未进入经济学分配理论的主流，直至 19 世纪末美国经济学家 J. B. 克拉克对这一理论重新做了系统的论述。

克拉克经济理论的核心，是论证在资本主义自由竞争的经济中，存在着按劳动和资本各自对生产的实际贡献（即生产要素的"边际生产力"）来决定其收入份额的"分配的自然规律"。当劳动量不变而相应增加资本的投入量时，每一资本增量所产生的产量将在一定条件下递减，最后一单位资本增量所产出的产量即代表资本的"边际生产力"，它决定资本的收入——利息；同理，当资本量不变而相应增加劳动的投入量时，劳动的"边际生产力"决定了劳动的收入——工资。由此证明，"分配的自然规律"将导致以私有财产为特征的市场经济的运行过程达到自然的均衡和谐状态，一切生产要素在分配过程中所得到的份额，都恰好等于其所协助生产的产品数量中的比例部分。[22]

进入 20 世纪后,"边际生产力"分配理论的发展取得了更为精确的形式,即生产函数。美国经济学家 C. W. 柯布(C. W. Cobb)和 P. H. 道格拉斯(P. H. Douglass)于 30 年代提出了一个定量生产函数:$Q = AL^{\alpha}K^{\beta}$(其中,Q 代表产量,L 代表劳动投入量,K 代表资本投入量,α 和 β 分别代表劳动的产出弹性和资本的产出弹性,且 $0 < \alpha < 1, \alpha + \beta = 1$)。生产函数不仅规定了生产过程中在一定的技术条件下生产要素投入量与最大产出量之间的数量关系,而且决定了各种生产要素与由技术关系而决定的各自产量相应的收入分配,即各种生产要素的产出弹性决定了它们各自的收入在总产出中的份额。因此,生产函数构成了收入分配的基础。[③]

事实上,从亚当·斯密的"三个阶级三种收入"的学说,到萨伊的"三位一体"公式和以现代生产函数形式表现出来的"边际生产力"分配理论,其理论实质上都是相同的,它们都试图用生产要素在生产过程中的作用来回答生产要素所有者的收入分配决定问题,即回答功能性收入分配原则的标准确定问题。由此可见,自由市场经济理论在收入分配问题上,研究的重点在收入分配的实证分析方面。对于收入分配问题的规范性研究——个人收入分配问题的研究,是在福利经济学产生以后才构成当代经济学研究的重点的。

最后,在收入分配问题中的利润研究方面,英法古典经济学家的一个重要特点,就是将利润看作企业家组织和协调生产的"报酬"。到 19 世纪末,关于利润问题开始呈现出两种不同的观点,英国的新古典主义者在圈套程度上继承了古典的传统,例如马歇尔就仍然认为利润是企业家经营能力的报酬;而克拉克则认为,利润是一个动态经济的范畴,是由生产技术的进步及产品成本下降等经济的动态变化引起的,这样,利润就成了超额利润的同义词。

2.5　货币与经济周期理论

自由市场经济理论体系的发展过程中,在相当长的一个时期内,经济学家所信奉的是"货币数量论",即强调货币的交换媒介和流通工具的作用。从大卫·休谟(David Hume)到李嘉图都认为,货币只是单纯的价值符号,进入流通前的货币是没有价值的,一定数量的货币只有在流通中和一定数量的商品相比较时,才取得价值。流通领域中货币数量的变化将会引起物价水平同方向的比例性变化,因而,货币的主要作用在于其数量变化对名义经济变量的影响。

根据"货币数量论"的观点,虽然货币数量或名义经济变量在短期内会对实际经济产生某种影响,但是,由此产生的这类经济波动是转瞬即逝的,货币冲击引起的波动一会儿就会消失。因为,对经济真正起决定作用的不是货币数量和名义经济变量,而是货币"波涛"下面由资本设备和劳动组成的实际经济。根据"货币数量论"这一逻辑,市场机制的自动调节,在长期内将把过剩的名义货币带来的经济生活中多余的水分挤榨掉。这就是经济学家由"货币数量论"出发而产生的对宏观经济波动的基本看法。

在古典经济理论中,这种理论最为典型的代表观点"萨伊定律"认为,在社会经济活动中,商品总是为商品所购买,货币只不过是在交换中顷刻间起到媒介作用。由于货币本身并无直接的效用,从逻辑上说,人们在获得货币之后决无将它长期保留之理,必定是尽快地立即支出,用以购买其他商品或服务,借以满足消费需求和(或)生产需要。按此观点,即使是在货币经济中,也可以从商品与货币的各个基本环节——商品供给—货币收入—货币支出—商品需求中删除货币收支环节。因而,结论自然是,社会经济生活中的总供给和总需求总是保持相等的,绝不会发生普遍生产过剩的经济危机。[②]类似的观点在所谓"瓦尔拉斯定律"($\sum_i P_i D_i \equiv \sum_i P_i S_i$)中也得以充分地反映出来。

一直到19世纪末,自由市场经济理论体系中的价值理论和货币理论都是分离的,一方面是由实际经济的供给与需求所决定的相对价格;另一方面是由货币数量决定的一般物价水平,货币理论与经济理论截然分离,两相独立,形成一种"二分法"(dichotomy)特点。但是,随着19世纪下半叶资本主义经济开始出现大量空前严重的普遍过剩的经济危机现象,"二分法"的货币和经济理论在对现实经济问题的解释上陷入了理论困境。

瑞典经济学家维克赛尔首先意识到货币理论的上述缺陷,他用货币的流量分析取代了传统的货币数量存量分析,引进了收入、储蓄、消费支出、投资等经济变量来说明货币流通量变化对经济的影响,并以"自然利率"与"货币利率"理论作为中介,将货币数量、相对价格、生产结构联系起来加以考察,创立了著名的"累积过程"学说。根据维克赛尔的分析,在信用制度条件下,货币对经济活动起着积极的作用,只有在货币利率等于自然利率、投资等于储蓄、一般价格水平稳定不变的状态下,货币才是中性的,即各种产品的相对价格和产量以及生产要素的价格和数量,将完全是由非货币的或实物性的实际经济因素所决定。一旦货币利率与自然利率相偏离,货币数量的变动不仅只影响名义经济变量,也会引起实际经济本身的变化,且这一影响具有累积过程的基本特点。因此,货币尤其是银行信用对商业循环有着巨大的作用。[⑥]

累积过程学说实际上已经暗含着对"萨伊定律"的质疑,它强调了货币均衡的易变性质,并将经济的动态失衡过程引进了经济分析,从而奠定了现代商业循环经济分析的理论基础。可以说,米塞斯(Mises)、哈耶克(Hayek)等人强调经济周期是由信用机构的货币力量造成的"投资过度论"的商业循环理论,瑞典学派米尔达尔(G. Myrdal)、林达尔(E. Lindahl)等人的货币均衡理论和货币与资本的动态经济理论,乃至凯恩斯《货币论》中的货币与物价理论,都是在维克赛尔理论的基础上发展起来的。[⑥]

2.6　资本积累与经济发展

亚当·斯密《国富论》的主题是一国财富的增长途径,它构成了经济增长和经济发展理论的一个源泉。亚当·斯密认为,一国财富的增长最主要取决于两个因素:一国中劳动者的劳动效率和劳动者本身的数量,其中劳动效率是由社会分工和工场内部分工的程度所决定的,而劳动者数量在一国人口数量一定时很大程度上取决于资本的积累水平。根据亚当·斯密的论述,上一年份的谷物总产量和以谷物表示的生产劳动者的工资("谷物工资")既定时,一国经济发展中某一年份的生产劳动者数量,就完全取决于谷物总产量中用作雇佣生产劳动者的谷物量所占的比例,即资本积累数量占总产出的比重。在生产劳动者的人均产量(劳动效率或劳动生产率)一定时,资本积累率越高,财富的增长就愈迅速。[⑦]亚当·斯密关于经济增长和发展的论述,尽管在形式上不是很精细,但是,实际上它已涉及了一国经济增长的两条最基本的途径:增加生产要素的投入量或(和)提高所投入生产要素的使用效率。当然,在亚当·斯密的时代,强调劳动力要素的重要性是非常自然的。

李嘉图继承了亚当·斯密研究经济增长问题的传统,但是,李嘉图与亚当·斯密在这一研究领域所强调的重点是不同的。亚当·斯密注重的是通过分工和积累来实现经济增长的可能性,而李嘉图则更多地注意到经济增长的障碍。这种研究重点的变化,主要可能与马尔萨斯的"人口论"的出现(强调人口对资源的压力)有关,同样也与时代的经济状况及相应的社会(阶级)要求有着极大的关系。

李嘉图关于经济增长问题分析的出发点是农业(土地)报酬递减规律,他用建立的"谷物模型"进行的分析表明,由于农业报酬递减规律支配着整个社会经济的利润率,在资本积累增加时,在劳动供给对工资是完全有弹性的条件下,就业也就会增加;资本和劳动的增加,它们的平均产量就会下降,同时地租却会上升;由于实际工资(谷物工资)不可能下降,地租上升的结果必定会导致产业(工业)部门的利润下降。这样经济增长动态过程将持续到利润下降到零、资本积累即告终止时结束。因此,李嘉图出于对资本主义经济增长前景的担忧,强烈要求废除"谷物法"。⑧

在边际革命以后的一段相当长的时间内,对经济增长和经济发展的分析,似乎并没有引起经济学家太大的兴趣。但在同一时期,对于资本的研究则耗费了许多经济学家的笔墨。奥地利经济学家庞巴维克就是一个具有代表性的人物。

庞巴维克认为,在人们的社会经济活动中存在两种生产方法:一种是直接的生产方法,即把劳动作用于自然因素以后,直接生产出可供人们消费的物品;另一种则是"迂回的生产方法",即劳动与自然结合后,先生产出为制造消费品所必需的生产资料,然后再用这些生产资料来生产消费品。后一种方法也是所谓"资本主义的生产"。正是从这种生产方法的划分中,庞巴维克引申出了关于资本的定义——"资本只是在迂回过程中的各个阶段里出现的中间产物的集合体",而关于资本形成和增长的原因,庞巴维克则认为,"资本在起源和成长两方面是生产及节约的结果"。⑨庞巴维克的资本理论对以后的经济学家所产生的巨大影响持续至今。

但是,20 世纪 20 年代末 30 年代初,资本主义经济大危机爆发后,随着对商业循环问题研究的增加,资本主义的经济发展问题又开始被人们所注意。这时,在主流经济学外,出现了熊彼特的经济发展理论。

在熊彼特看来,所谓"资本"并不只是指具体物品的总和,而是企业家为了实现生产和经济活动的"新组合",把资源及各种生产要素引向新途径的一种"杠杆"和"控制手段"。而企业家通过建立一种新的生产函数,将由资源和生产要素及生产条件形成的某种"新组合"引入社会经济体系中,就是所谓"创新"。"创新"是一种不断地从内部革新经济结构及不断地创造新的经济结构的过程,或称之为"产业突变"(industrial mutation)。这种"创新"是资本主义经济发展的动力,它反映了资本主义经济的本质属性。因此,资本主义经济的发展不是由外部因素和条件强加的,而是由其内在的因素促动的。由此可见,"创新"使资本主义经济的发展具备了内部的自动调节机制,这种调节机制的形成与市场及其竞争机制密切相关。熊彼特甚至运用这一理论来解释资本主义的经济周期问题和抨击中央集权的社会主义经济体制的弊端。⑩

2.7　国际贸易与转账机制

由于在自由市场经济理论体系中,古典经济学的国际贸易理论的产生与反对重商主义的贸易政策有着极为密切的关系,因此,古典经济学家的国际贸易理论实际上是一种以国际分工为基础的自由贸易理论和政策主张。同时,在涉及国际贸易中的各国的物价水平对比和国际收支平衡问题时,古典经济学家往往要遇到货币数量及货币在各国之间流动的问题,由此形成了关于国际转账机制问题的理论。

最初的古典经济学国际贸易理论是绝对成本学说,这一理论的特点在于从各国生产成本的绝对差别出发来解释国际分工和国际贸易。到了 19 世纪初,用各国生产成本的相对差别来解释国际分工和国际贸易的理论取代了绝对成本理论,这就是李嘉图提出的"比较成本说"。

"比较成本说"认为,如果两个国家的生产力水平不相等,它们商品生产中的成本就会有所差异,即使甲国生产任何一种商品的成本均低于乙国,在生产成本上处于绝对优势,而乙国在生产成本上处于绝对劣势,两国之间仍然存在着互利的国际分工和国际贸易的可能性。其原因在于,两国的劳动生产率差距及由此造成的生产成本的差异,不可能在任何商品的生产方面都是同等的,一些商品上差异相对大,另一些商品上差异就相对小。这样,甲国就应该专门生产在成本差异上相对具有较大优势的产品,而让乙国去专门生产那些成本差异相对小(即甲国只具有相对较小的成本优势)的产品,通过国际贸易,互相交换产品后,两国都可以节省劳动成本,得到国际分工和贸易的好处,李嘉图用著名的英国和葡萄牙两国的酒和毛呢的生产的例子阐明这一理论。[31]

"比较成本说"的特点在于:一方面,它修正了绝对成本学说关于资本和劳动力在国际上可以完全自由转移这一假定前提,限定了资本和劳动力在国际上的完全流动性;另一方面,"比较成本说"的国际分工和贸易的实现机制与货币数量在各国的流动及分配的变化是联系在一起的。古典经济学的研究表明,如果处于成本绝对劣势的国家出现大量外贸逆差,而同时处于成本绝对优势的国家出现大量的外贸顺差,这种状况就会造成外贸逆差国的物价水平下跌和外贸顺差国的物价水平上升,结果是,前者国内那些原来生产成本差异就相对小的产品会由此向后者出口,从而使前者达到国际收支平衡。这种国际转账机制实际在大卫·休谟和亨利·桑顿的著作中已经讨论过。[32]

到了 20 世纪二三十年代,国际贸易理论有了一个新的突破,其标志就是瑞典经济学家 B. 奥林(B. Ohlin)提出的比较生产要素优势理论,或称"赫克歇尔-俄林模型"(Heckscher-Ohlin model)。

这一理论分析承认国际贸易以比较成本的差异为基础,可是,它试图对构成比较成本差异的各种因素做出进一步的解释。它假定,不同商品的生产函数使用生产要素的配置比例是各自不同的,但对任何国家而言,同种商品的生产函数在所有国家均相同,这样,就可以把各国之间比较成本的差异归咎于各国的生产要素禀赋的差异。因此,结论是,各国应该根据生产要素禀赋的差异来实行国际分工和国际贸易。例如,劳动充裕和资本缺乏的国家,应该实行劳动密集型的专业分工,出口劳动密集型商品,进口资本密集型产品。此外,这一理论对"比较成本说"的另一个重要补充在于,它表明,自由贸易是对各国生产要素流动的一种完善替代,即使生产要素在各国间不能自由转换,自由贸易——产品在国际上的自由交换——也可以导致贸易国之间的生产要素价格均等化。③

奥林的理论在经济分析方法上,显然是受到新古典经济学的极大影响,尤其是受到瓦尔拉斯一般均衡分析的影响。可以说,这一理论分析是建立在封闭经济内简化的瓦尔拉斯一般经济模型的基础上的,是一个开放经济或国际经济的一般均衡模型。

2.8 经济政策主张

在自由市场经济理论体系中,自由放任是整个经济政策的基本原则或立足点。这一经济政策原则包括了两个方面最基本的内容,即自由竞争与自由贸易。④从古典经济学家到新古典学派经济学家,他们在经济政策上的基本看法是,最好的经济政策就是既能保护私有财产制度,又能给私人的经济活动以完全自由的竞争环境。

基于对私有财产制度与社会和谐之间的相互适应性的看法,亚当·斯密认为,在私有财产制度中,充分的自由竞争是发挥社会每个成员从事经济活动的积极性的必要条件。为此,亚当·斯密愤怒地抨击了串谋垄断者损害经济公平竞争的行为。亚当·斯密认为,国家的首要职能就是保护本国社会的安全,就国内而言则主要是保障私有财产的安全。因而,国家相应的职能主要应限制在三个方面:(1)保卫本国不受他国侵犯;(2)保障社会成员的财产和人身不受别人侵犯;(3)从事和维护一些必要的公共设施建设。这就是说,政府的职能是一种"守夜人"的作用,不必干预私人的经济活动。在这一主张的基础上,亚当·斯密提出,政府的开支应尽量压缩至最低限度,同时政府的税收应具有鼓励私人生产积极性和抑制非生产性收入的作用;赋税必须遵守四大原则,即公平、确实、便利和经济。此外,在国际货币政策方面,亚当·斯密批判了重商主义的国家干预经济的主张,反对一切人为阻碍各国间贸易发展的政策,竭力倡导在对外贸易方面实行完全自由的贸易政策。⑤

但是,资本主义经济发展到 19 世纪末以后,私人垄断企业的大量产生和经济危机的频频出现,又使得经济学家开始更多地研究经济政策问题;同时,福利经济学的兴起,也对经济政策的研究起了很大的推动作用。新的研究成果表明,一些经济学家开始主张政府必须扩大其某些相应的职能,实施一些新的经济政策。但是,经济学家的基本立足点仍是保护自由竞争和自由贸易,这一点并没有动摇。

在保护自由竞争方面,最为主要的经济政策是鼓励竞争的产业组织政策,包括国家通过立法来反对垄断——反垄断法的制定,政府对垄断的限定与管制及鼓励中小企业的发展和制止不正当的竞争来保护公平竞争。这些政策主张的实施成果,最典型的是 1890 年美国联邦政府在各州反垄断法和各个部门专业性反垄断活动法案基础上通过的"谢尔曼法"。

在反经济危机的政策研究方面,一些经济学家事实上已经在自觉或不自觉地主张政府应该在某些经济活动领域(例如货币金融领域)进行介入,但是,在当时这并不至于直接动摇经济学家对自由放任这一经济政策基本原则的信心。例如,一些经济学家认为,维克赛尔关于累积过程的理论分析已经表明,资本主义的市场机制不能自动地实现经济均衡,因而,他主张通过中央银行调节利率的手段来实现物价的稳定和经济均衡,这事实上是一种主张国家干预经济的思想。⑧但是,也应该客观地看到,关于银行和货币方面的法律和政策的争论,是古典经济学形成和发展以来经济学家一直继承的传统(亚当·斯密就主张过限制币额和利息),因而,在当时关于与反危机有关的货币政策的争论及主张,并不能被认为是一种主张国家对经济生活实行直接干预的政策观点。

注　释

①在经济学说史的研究中,马克思将从威廉·配第(W. Petty)至大卫·李嘉图的经济学称为"古典政治经济学",而将从 J. B. 萨伊(J. B. Say)以后的经济学称为"庸俗经济学"[在英国则以托·马尔萨斯(T. Malthous)为代表];其他一些西方经济学家则往往将从配第或亚当·斯密(A. Smith)至 J. S. 穆勒(J. S. Mill)的经济学作为古典经济学,而将"边际革命"之后形成的经济学称为"新古典经济学"。但也有一些经济学家将从配第或亚当·斯密至马歇尔(A. Marshall)的经济学统称为"古典经济学",前者如熊彼特在《经济分析史》中所做的划分,后者如凯恩斯在《就业、利息与货币通论》中所做的划分。此外,也有一些经济学家将这一历史时期的理论发展

划分为三个阶段：一是"边际革命"之前的古典时期（1870 年前）；二是"边际革命"及新体系产生和发展的时期（1870—1890 年），包括了瓦尔拉斯和马歇尔的理论体系；三是新古典时期（1890—1939 年），包括埃奇沃斯、庇古、希克斯等人发展的现代经济学理论（参见 R. 巴克豪斯：《现代经济分析史》，四川人民出版社，1992 年）。

②J. S. 穆勒：《政治经济学原理》，1923 年伦敦版，第 199—220 页（转引自季陶达：《资产阶级庸俗政治经济学选辑》，商务印书馆，1963 年，第 261 页）。

③L. Robbins, *An Essay on the Nature and Significance of Ecomomic Science*, London, 1946.

④伊·戈·布留明：《政治经济学中的主观学派》（上卷），人民出版社，1983 年，第 22 页。

⑤R. 巴克豪斯：《现代经济分析史》，四川人民出版社，1992 年，第 31—35 页。

⑥伊·戈·布留明：《政治经济学中的主观学派》（下卷），人民出版社1983 年，第 19—20 页。

⑦必须加以说明的一点是，新古典经济学与古典经济学的上述差异，并不是在一个很短的理论转变时期中就快速形成的。新古典经济学的一些前期人物，尤其是边际革命的代表人物如门格尔、瓦尔拉斯等，他们对经济制度的分析仍抱有相当大的兴趣。此外，不同的学派在分析方法上也并非完全一致，例如奥国学派经济学家作为主观主义的一元论者，仍较强调因果分析，而马歇尔则对数学方法的应用抱有相当的轻视态度。最后，在古典经济学的著作中，可能也已经包含了以后为新古典经济学所发展的一些理论要素。因此，所谓差异只是明显地存在于不同的已较成熟的理论体系之间的比较中，而从经济学理论的历史演变过程来看，差异是逐渐形成和表现出来的，即使有所谓"革命性"的变化发生的话。

⑧K. 马克思：《马克思恩格斯全集》（第 26 卷 I），人民出版社，1975 年，第 393 页。

⑨转引自季陶达：《重农主义》，商务印书馆，1963 年，第 33 页；同时，关于这一点的论述还可以参见 C. 季德和 C. 利斯特：《经济学说史》（上册），商务印书馆，1986 年，第 16—20 页。

⑩卢森贝：《政治经济学史》（第 1 卷），生活·读书·新知三联书店，1959 年，第 211—212 页。

⑪J. A. 熊彼特:《经济分析史》(第 1 卷),商务印书馆,1991 年,第 282 页。

⑫亚当·斯密:《国民财富的性质和原因的研究》(下卷),商务印书馆,1974 年,第 27 页。

⑬E. 罗尔:《经济思想史》,商务印书馆,1981 年,第 145 页。

⑭P. A. 萨缪尔森:《经济学》(下册),商务印书馆,1980 年,第 290 页。

⑮丹尼尔·贝尔:《经济论述中的模型与现实》,《经济理论的危机》,上海译文出版社,1985 年,第 66—82 页。

⑯G. Stigler, The Successes and Failure of Professor Smith, *Journal of Political Economy*, 12(1976), 1199—1214.

⑰马歇尔的局部均衡分析可参见《经济学原理》(商务印书馆,1980 年),关于局部均衡的现代表述则可以参见 E. Slutsky 和 J. Hichs 等人的著作。

⑱瓦尔拉斯的一般均衡分析可参阅其代表著作《纯粹经济学要义》(商务印书馆,1990 年);阿罗和德布鲁的论述则可参阅 Existence of an Equilibrium for a Competitive Economy, *Econometrica* 22(1954),265—290,及德布鲁的《价值理论》(北京经济学院出版社,1988 年)。

⑲丹尼尔·贝尔:《经济论述中的模型与现实》,《经济理论的危机》,上海译文出版社,1985 年,第 81 页。

⑳R. 巴克豪斯:《现代经济分析史》,四川人民出版社,1992 年,第 392 页。

㉑J. B. 萨伊:《政治经济学概论》,商务印书馆,1989 年。

㉒J. B. 克拉克:《财富的分配》,商务印书馆,1981 年。

㉓J. M. 亨德森,R. E. 匡特:《中级微观经济理论——数学方法》,北京大学出版社,1988 年,第 132—138 页。关于生产函数还可参阅 P. H. 道格拉斯的《工资理论》一书(*The Theory of Wages*, 1934)。

㉔J. B. 萨伊:《政治经济学概论》,商务印书馆,1989 年。当然,这并不是说,以前的古典学者毫不涉及经济危机问题。事实上,经济浪漫主义者西斯蒙蒂和英国经济学家马尔萨斯都曾分析过资本主义竞争经济的危机问题,并对以后的经济学产生了重要的影响。此外,英国的亨利·桑顿(H. Thornton)也对货币变化影响经济的间接机制问题做了较深入的研究,其研究成果在维克赛尔的著作问世之前是无与伦比的。

㉕维克赛尔:《利息与价格》,商务印书馆,1982 年。

㉖关于货币与商业循环理论方面的综述论著,可参阅哈伯勒:《繁荣与萧条》,商务印书馆,1980 年。

㉗亚当·斯密:《国民财富的性质和原因的研究》,商务印书馆,1974 年。

㉘P. 斯拉法:《李嘉图著作和通信集》(第 4 卷),商务印书馆,1980 年。

㉙E. 庞巴维克:《资本实证论》,商务印书馆,1981 年。

㉚J. A. 熊彼特:《经济发展理论》,商务印书馆,1991 年。

㉛P. 斯拉法:《李嘉图著作和通信集》(第 1 卷),商务印书馆,1980 年。

㉜关于货币数量与国际转账机制的研究文献,可参阅安瓦尔·谢赫:《对外贸易与价值规律》,《世界经济译丛》1982 年第 1、2 期。

㉝B. 奥林:《地区间贸易与国际贸易》,商务印书馆,1986 年。

㉞据经济学史的记载,最早提出"自由放任"(Laissez-Faire)原则的人是法国学者古尔内(J. C. M. Vincent de Cournay,1712—1759)。

㉟亚当·斯密:《国民财富的性质和原因的研究》,商务印书馆,1974 年。

㊱冈纳·米尔达尔:《经济学发展中的危机和循环》,《现代国外经济学论文选》(第一辑),商务印书馆,1979 年,第 478—491 页。

附录：制度研究的回声——历史学派与制度学派

　　亚当·斯密以后，与英法等国相比较，政治经济学的研究在德国远不如哲学的研究来得兴旺。一直到19世纪40年代，德国才有了与英法等国的"舶来品"政治经济学不同的本国经济学理论——历史学派(或称"旧历史学派")的经济理论。旧历史学派到70年代后发展成所谓的"新历史学派"，并在19世纪末20世纪初在北美大陆风行一时，对美国的制度学派的形成和发展产生了一定的影响。作为古典经济学和新古典经济学"异端"的历史学派和制度学派的出现，尤其是在"边际革命"期间新历史学派的兴起，可以说是自由市场经济理论体系发展过程中的一个重要插曲，人们完全可以把这一历史现象称为"制度研究的回声"。

一、旧历史学派

　　旧历史学派的思想先驱是德国经济学家F.李斯特(F. List)，其创始人和主要代表人物有罗雪尔(W. Roscher)、希尔德布兰德(B. Hildbrand)和克尼斯(K. Knies)。这一学派的研究特点在于强调有关经济组织的政策和学说的历史相对性，认为对于任何合理的经济学研究来说，历史的研究具有至高的重要性，因而主张运用归纳的历史方法来研究社会经济问题和建立经济分析理论体系，用国民经济学来代替政治经济学。因此，他们反对古典经济学派的抽象演绎法，尤其是反对古典经济学家对经济规律的研究做类似于对自然科学规律那样的探讨。罗雪尔就曾提出，国民经济学在探求社会经济的发展规律和进程时，必须紧密结合法学史、政治经济学史、政治史和文明史，必须运用"历史的生理学"①的方法；希尔德布兰德也宣称，要"为政治经济学中基本的历史观点开辟道路"；而克尼斯则更直截了当地说，经济生活状况决定着经济理论的形式和特点，经济学所得到的结果都是历史发展的产物，经济学的各种概括不过是对真理的历史解说。②罗雪尔和希尔德布兰德关于国民经济的发展阶段分期理论均体现了他们的上述理论观点。此外，在经济政策方面，历史学派则倾向于国家干预经济生活和实行贸易保护。

二、新历史学派

新历史学派的主要代表人物是施穆勒（G. Von Schmoller）、瓦格纳（A. Wagner）、布伦坦诺（L. Brentano）以及韦伯（M. Weber）和桑巴特（W. Sombart）。施穆勒的贡献在于对历史学派的方法论基础重新做了系统的阐述，他指责古典学派研究经济规律的基础过于狭窄，主张运用"历史统计方法"来建立一整套涉及人类动机的一切方面的，并能解释各种经济现象的经济史理论和历史的伦理主义的经济学体系。③桑巴特主张经济研究应该与历史的社会的整体相结合，试图将理论和历史加以统一，提出了"经济体制"和"经济时代"两个基本概念来作为理论体系的统一基础，并以此来分析历史现实的经济与"理想型"的经济的相互关系。④此外，韦伯和桑巴特都认为，在说明一种历史和现实的经济制度时，不仅要涉及有关的技术和物质条件，而且要更为重视"精神的"或"伦理的"和"道德的"作用。⑤

三、制度学派

制度学派（或旧制度学派）是 19 世纪末至 20 世纪 30 年代在美国经济学界具有很大影响的经济学派，其主要代表人物有凡勃伦（T. B. Veblen）、康芒斯（J. R. Commons）和米契尔（W. C. Mitchell）等人。制度学派经济理论的共同点在于，强调经济活动的目的性和经济制度的逐渐进化性，在经济分析中，重视社会、政治和经济组织在决定经济事务中的作用。这一学派的经济学家认为，经济活动都是在一定的社会和政治结构中进行的，因而在对社会经济活动的研究中，必须运用包括政治学和社会学的规律在内的经济分析方法。

凡勃伦用人类在社会经济生活中的两种本能——改进技艺的本能和追求利益的本能——来解释经济制度的形成，认为上述两种本能相应地形成了两种制度——生产技术制度和私有财产制度，而在现代社会中，这两种制度的表现形式是"机器操作"和"企业经营"。这两种制度在不同的经济发展阶段中呈现出一种此消彼长的关系，它们之间的矛盾构成了资本主义经济的运动及其演变趋势。⑥

康芒斯虽然是从资源的稀缺性展开研究的,但是,与新古典学派不同的是,他从个人之间为支配稀缺资源而起冲突的角度来确定制度分析的前提,把制度解释为"集体行动控制个人"。康芒斯非常强调交易分析在制度研究中的重要性,因为交易是"一种所有权或是制度的研究单位",冲突、依赖和秩序这三种经济生活中的主要社会关系就是通过交易结合在一起的。他不仅将交易划分为买卖的交易、管理的交易和限额的交易,还将交易分为"常规性"交易和"战略性"交易。在他看来,新古典经济学只研究买卖的交易,这是一种"常规性"的交易,而制度经济学则更多地侧重于"战略性"交易的研究,即研究确立财产权和竞争范围的交易,或者说是研究制度。[7]由此可见,康芒斯的制度经济学在一定程度上是对新古典学派理论的一种补充,它更接近于当代经济学中新制度经济学的制度分析。

米契尔一方面继承了凡勃伦的制度分析方法,将它作为分析商业和工业之间相互关系的基本方法;另一方面他十分强调归纳的方法,强调需要从经验材料中直接引出各种假设条件来分析商业循环问题,由此发展出一套研究资本主义经济商业循环的统计分析方法——"动态数列分析"[8]。这一套建立在制度学派发生过程研究方法上的理论,对当代西方经济学中的计量经济分析、商情分析及预测理论产生了很大的影响。

注 释

①W. 罗雪尔:《历史方法的国民经济学讲义大纲》,商务印书馆,1981 年。

②R. 巴克豪斯:《现代经济分析史》,四川人民出版社,1992 年,第295—300 页。

③D. W. 皮尔斯:《现代经济学词典》,上海译文出版社,1988 年,第 260 页。

④W. 桑巴特:《现代资本主义》,上海译文出版社,1980 年。

⑤M. 韦伯:《新教伦理与资本主义精神》,四川人民出版社,1986 年。

⑥T. B. 凡勃伦:《有闲阶级论》,商务印书馆,1964 年。

⑦J. R. 康芒斯:《制度经济学》(上、下册),商务印书馆,1981 年。

⑧W. C. 米契尔:《商业循环问题及其调整》,商务印书馆,1962 年。

[3] 混合经济理论*

所谓"混合经济理论体系",基本上可以看成是自"凯恩斯革命"以来逐渐形成和发展起来的,并成为第二次世界大战后在西方主要资本主义国家占据统治地位的当代西方经济学理论。关于混合经济理论的界定,大致上可以采用两个重要的标准:一是其理论研究的核心问题是如何通过运用政府的干预手段来调节以财产私有制为基础的资本主义市场经济的运行;二是其理论研究的重点大都偏向于宏观经济领域,且研究在很大程度上都与凯恩斯经济学有关,无论这种"有关"是赞成、反对,或是重新理解和修正完善凯恩斯的经济理论。

3.1 经济理论的"危机"与革命

混合经济理论的产生,应该是从 1936 年凯恩斯(J. M. Keynes)的应世之作《就业、利息和货币通论》(以下简称《通论》)的出版为标志的,即人们通常所说的"凯恩斯革命"(Keynesian Revolution)。

从 19 世纪末至 20 世纪 30 年代,垄断资本主义较快地取代了自由竞争的资本主义并获得了迅速的发展,第一次世界大战的爆发和俄国社会主义革命的成功,使资本主义世界的各种政治和经济矛盾不断激化,终于酿成了 20 世纪 20 年代末 30 年代初世界性的资本主义经济大危机的爆发。在同一时期中,经济理论研究在三个方面有了不同程度的新的

---

* 本文内容选自史晋川、张法荣:《比较经济理论分析》(杭州大学出版社 1993 年版)的第三章。

进展:(1)与收入分配和经济政策问题有关的福利经济学的发展,以及与俄国计划经济的建立和福利经济学所研究的具体问题有关的计划与市场关系的理论的发展。(2)与垄断企业组织发展有关的垄断经济学理论的产生与发展。(3)与经济波动有关的货币和商业循环的理论的发展。可以说,这些经济理论在很大程度上是经济学家在新的时代的经济环境下,针对所面临的新的经济问题,对新古典经济学的努力补充、完善和发展。尽管如此,事实上在20世纪20年代末30年代初这场史无前例的经济大危机面前,新古典经济学仍旧显得那么无能为力,主流经济学在经济的严峻事实面前受到前所未有的严重挑战,这就是经济学家所说的"经济学的第一次危机"。这次经济理论的危机主要表现为:自由市场经济理论(以新古典经济学为代表)"那种保持充分就业均衡的自然趋势的学说,未能经受住30年代市场经济完全崩溃的考验"①。正是在这种严峻的经济现实和理论危机的背景下,出现了"凯恩斯革命",给陷入严重危机困境的经济学带来了一线曙光,由此产生了"混合经济"的理论。

自《通论》问世以来,混合经济理论演变至今,已经历了两个主要的历史阶段:

第一阶段,大致从20世纪30年代后期到60年代初期,这25年间是混合经济理论"高歌凯旋"的时代。凯恩斯的经济理论不仅在英美等国经济学家(例如希克斯、汉森等人)的宣扬下得以普及和发展,并且为各主要资本主义国家的政府所采纳并付诸经济实践。1961年,萨缪尔森把凯恩斯的宏观经济理论与马歇尔等人的新古典经济理论糅合在一起,创建了一个全面描述"混合经济"运行的"新古典综合"经济理论体系。

第二阶段,大致从20世纪50年代末或60年代初开始至今,这30年左右的时间是混合经济理论的"诸侯混战"或理论论争时代。各派经济学家之间的论争,不仅表现在对理论观点的不同看法(如"双桥之争"、新古典综合与现代货币主义的争论及理性预期学派的介入、"非均衡"学派对主流经济学的批评、新自由主义经济学对主流经济学的攻击,等等),同样更多地反映在经济政策问题的争论上(如收入分配政策、财政分配政策、财政政策和货币政策的作用、需求管理与刺激供给的经济政策的关系、积极的行动主义经济政策的作用与后果),而且理论论争大都是与政策论争相互交织在一起,一场政策争论往往会引发一场理论论战,而某种理论观点的论战又暗含着对某些经济政策的肯定或否定。混合经济理论的这种持续至今的"诸侯混战"局面,一方面与经济理论本身的发展有关(例如"斯拉法革命"与"双桥之争");另一方面也可以说更为主要的是与当代"混合经济"运行的实践有关,经济运行中所遇到的问题愈多,理论的论战也就愈激烈(例如在关于"滞胀"问题上所引发的一系列的论争)。有的经济学家甚至在 70 年代初就把西方经济学界的这种激烈论争的局面称作"经济理论的第二次危机"[②]。

比较分析表明,混合经济理论在两个发展阶段中存在着以下一些演变的特点。

1. 观点的一致性与分歧

在前一个发展阶段中,经济学家在对凯恩斯经济理论的理解上具有相对比较一致的观点,由英美经济学家共同建立的"希克斯-汉森模型"(*IS-LM* 曲线)就表明了在对凯恩斯经济理论的阐述和发挥方面的观点的一致性。但是,在凯恩斯主义经济学的发展过程中,尤其是当进入混合经济理论的后一个发展阶段时,在凯恩斯主义经济学的内部也开始暴露出愈来愈多的理论观点分歧。而且,各派经济学家所持的不同看法,往往都可以在凯恩斯本人的著作中找到理论依据。新剑桥学派对新古典综合派的攻击,以及"非均衡学派"的兴起都充分说明了这一点。[③]

2. 理论与政策研究侧重点的变化

混合经济理论在前一个发展阶段中,研究领域侧重于消费、投资和财政收支问题,在政策方面则偏重于充分就业与需求管理政策,强调财政政策的作用。但是,随着新剑桥学派和货币主义的出现,关于资本、货币、经济增长问题的研究愈来愈多地出现在经济文献中,而在经济政策研究方面,则更多地开始讨论通货膨胀与失业问题。并且,随着对需求管理政策指责的日益增长,以"里根经济学"(供应学派)为代表的供给管理政策曾一时占了上风。此外,在整个理论发展的几十年中,前一阶段的理论与政策研究呈现了主张不断扩大和加强政府干预的倾向;而在后一个阶段中,随着经济生活中"滞胀"的出现,财政赤字负担的加重和新的经济问题的产生,相反的呼声在经济政策领域愈来愈高——要求减少政府对经济的干预,反对实行积极行动的宏观经济政策。后凯恩斯主流经济学与货币主义者和理性预期学派经济学家之间的政策争论就表明了这种状况。④

3.宏观经济学的微观基础

经济学家在前一个阶段的研究中,比较侧重于单纯的宏观经济理论的研究和宏观经济学分析框架的建立、扩充和完善,虽然也有许多关于消费理论等方面的研究成果,但总的来说,关于宏观经济分析的微观基础问题的研究并没正式地提上"议事日程"。许多经济学家都持有与新古典综合学派类似的看法,在政府保证宏观经济均衡的条件下,在微观经济领域中新古典理论所阐述的市场机制即可照常发挥作用。⑤ 因而,在这一理论发展阶段,经济学中的宏观理论与微观理论实际上是"两张皮",只是形式上被"综合"在一个貌似完整的经济理论体系中。随着经济理论的进一步发展,经济学家开始日益重视宏观经济学的微观基础问题(microfoundations),许多经济学家进一步深入地研究了需求理论、厂商行为和决策理论、消费函数理论、投资和货币需求理论,试图从微观经济学考察的单个经济主体的行为方式中推导出宏观经济学的经济变量关系,以修正、弥补和完善宏观经济学,或是建立新的宏观经济学理论体系。在这方面的一个明显标志,就是与理性预期理论有关的"新古典主义宏观经济学"(the new classical macroeconomics)的产生和发展。⑥

4.政治经济学研究的恢复

在混合经济理论发展的过程中,对于经济运行中经济变量的数量关系的研究得到了很大的发展,经济分析工具的运用也愈来愈精细,这种研究从方法论角度看大致上是沿着新古典经济学确立的方向展开的。但是,到了 20 世纪六七十年代以后,随着新自由主义思潮的兴起,政治经济学的研究传统有了一定程度的恢复,对于社会经济制度的研究日益得到重视,例如公共选择学派关于利益集团行为与政治决策程序的研究,新制度经济学关于产权理论及产权制度演变历史的研究。⑦ 这种政治经济学研究的恢复,尽管目前还未纳入混合经济理论的主流中,但它们的研究成果已经开始产生较大的影响,布坎南(J. Buchanan)和科斯(R. H. Coase)在 80 年代末和 90 年代初获得了诺贝尔经济学奖,可以说是对此种影响的一个很好的注解。

3.2 "混合经济"的制度特征

"混合经济"(mixed economy)作为一种当代的资本主义制度,它既是"混合经济"理论的制度前提,也是"混合经济"理论生存、发展和赖以发挥作用的土壤。可以说,"混合经济"是在当今资本主义世界占据统治地位的一种社会经济制度。

尽管当代经济学家对"混合经济"所下的定义并不完全一致,但是,一般认为,关于"混合经济"概念的由来可以追溯到凯恩斯(J. M. Keynes)在《通论》第 24 章中的论述。凯恩斯认为,挽救现代的资本主义经济制度的"唯一切实办法",就是不能不扩大政府机能,"让国家之权威与私人之策动力量互相合作"。⑧ 在这一看法的基础上,各国经济学家纷纷发表了他们各自对"混合经济"制度特征的看法。

第一,著名的美国凯恩斯主义经济学家汉森(A. H. Hansen)在 20世纪 40 年代初就开始比较系统地阐述了"混合经济"的特征。汉森认为,自 19 世纪末以来,世界上大多数资本主义国家的经济,已经不再是那种纯粹的自由市场竞争的私人资本主义经济,而是一种同时存在着"社会化"公共经济的"公私混合经济",或称"双重经济"。这种"混合经济"的特征表现在两个基本方面:一是生产领域的"公私混合经济",如国有企业和私人企业并存;二是收入和消费领域的"公私混合经济",如公共卫生、福利开支与私人收入及消费的并存。根据汉森的看法,资本主义经济的发展存在着从纯粹私人经济向以社会福利为重点的"公私混合经济"过渡的趋势。⑨

另一位著名的美国经济学家萨缪尔森在他那本战后流行了几十年的教科书《经济学》中,也用专门的篇幅来阐述了"混合经济"制度的特征问题。根据他的看法,"混合经济"是指由国家机构和私人机构共同对经济实施控制,政府(国有企业)和私人企业并存,垄断与竞争并存的现代资本主义经济制度。与自由市场经济相比较,在"混合经济"中,社会经济生活不再是仅凭市场机制的自动调节,政府对经济生活所起的作用有了很大的扩充。政府的作用主要表现在以下三个方面:一是政府财政开支的不断增加;二是国家对收入进行再分配;三是政府对经济活动进行干预和控制。⑩

第二,英国经济学家则把"混合经济"称作"混合市场经济"(mixed market economy),认为这是一种把竞争性的私人企业同某种程度的集中控制结合起来的经济体制。在这一经济体制中,虽然生产资源在不同用途之间的配置大部分是通过价格机制由私人的行动来决定的,但是,政府当局在通过货币政策和财政政策决定一国经济的总产出方面,以及在税收、福利、立法收入分配方面,发挥着较大的作用。同时,政府在一定场合还可以通过国有化的政策措施来直接地控制一些经济部门。因此,"混合市场经济"就是把私营经济和公共控制整合为一体的经济制度。⑪

第三,"混合经济"在西德经济学家的著作中是由"社会市场经济"这一概念来表述的。穆勒-阿尔玛克(A. Muller-Armak)在《经济管理与市场经济》(1947 年)一书中最先提出并阐述了"社会市场经济"这一概念。他认为,社会市场经济是依据市场经济规律运行,并以社会补充和社会保障为特征的经济。社会市场经济要求国家对自由竞争组织实行有限的干预,通过国家的积极、适当、有效的干预来维持正常的竞争秩序,并以竞争来实现经济的繁荣。因而,社会市场经济"不是放任不管的自由主义的市场经济,而是有组织地加以指导的,也就是社会指导的市场经济"⑫。

第四,战后,在以"福利国家"著称的瑞典,经济学家认为,奥林的经济理论为战后支配瑞典的"混合经济"思想的形成奠定了重要的基础。奥林认为,在瑞典社会经济活动中,既不能实行完全集中的计划经济,也不能实行放荡不羁的自由市场经济。他主张应该建立一种"框架经济",这种经济原则上应建立在独立的个人自由发挥作用的基础上,但国家同时也将通过各种干预手段来保证宏观经济的稳定。由此可见,奥林所主张的"框架经济"实质上也就是"混合经济"。⑬

综上所述,"混合经济"仍然是一种以私有制及自由企业制度为基础的经济制度,与自由市场经济相比较,"混合经济"的特点在于:一是市场竞争受到了垄断因素的制约,不再是纯粹的自由市场竞争;二是非私有的国有经济成分有了进一步的扩充,在社会经济生活中与私有经济并存;三是在利用市场机制调节经济的同时,由政府实施干预经济生活的各种经济政策,即日常的生产和消费的决策大都仍由私人或私营企业做出,而在经济稳定、收入再分配、公共消费、环境保护等方面的经济政策则由政府来掌握和实施,以弥补市场调节的缺陷,或者说,由政府"校正"市场的"失效"。

3.3　均衡与非均衡的宏观经济

新古典经济学的基本理论命题之一,就是资本主义经济具有自然趋于充分就业均衡的倾向,一旦经济偏离均衡状态,市场机制的调节会使经济自动恢复均衡。[14] 由此可见,在新古典经济学家看来,关于宏观经济的问题,有两点是毋庸置疑的:一是宏观经济均衡等于充分就业均衡;二是在市场经济中均衡具有自动恢复的机制,并且这种经济机制事实上就是市场机制。"凯恩斯革命"在经济理论上的重大突破,也恰与这两点有着重大的关系。

凯恩斯在《通论》中提出,在资本主义市场经济中,社会总需求绝不是必定与社会总供给相等的,总需求不足是资本主义市场经济中时常存在的现象,因此,经济完全可能处于非充分就业(或低于充分就业)均衡的状态。在这种状态下,"经典学派(指新古典学派,下同——引者注)之前提,只适用于一种特例,而不适用于通常情形;经典学派所假定的情形(指充分就业均衡——引者注),是各种可能的均衡位置之极限点,而且这种特例所含属性,恰不是实际经济社会所含有的"[15]。在论及宏观经济均衡的决定因素及均衡过程时,凯恩斯的基本观点是,资本主义社会的就业量及相应的经济均衡取决于社会经济的有效需求水平,所谓有效需求是指预期可以给资本家带来最大利润量的社会总需求,它由消费需求和投资需求两部分组成,而有效需求本身最终是由"消费倾向""对资本资产未来收益的预期""流动偏好"这三个"基本心理因素"与货币数量共同决定的。消费倾向决定了消费需求,对资本资产未来收益的预期决定了"资本边际效率",流动偏好和货币数量决定了利息率,而资本边际效率与利息率又共同决定了投资需求。凯恩斯认为,在经济运行过程中,一方面随着收入增加,边际消费倾向递减,引起消费需求不足;另一方面,投资增加的同时资本边际效率下降,而利息率的下降则受到流动偏好作用的限制("流动陷阱"),从而造成投资需求不足,结果使社会经济在未达到充分就业均衡之前就停止了产量增加,导致大量失业的存在。⑯造成这种非充分就业均衡状态的正是经济运行的市场机制本身。

由此可见,在宏观经济均衡问题上,"凯恩斯革命"在均衡的性质(状态)和均衡的恢复两个方面都与新古典理论有着显著的不同,它不仅论证了非充分就业均衡的存在,而且还表明经济无法通过市场机制的自动调节恢复到充分就业的均衡状态。

从 20 世纪 30 年代到 50 年代,凯恩斯的非充分就业均衡理论,在英美主要的凯恩斯主义经济学的著作中,是用一般均衡的分析方法来加以发展和完善的,其最为典型的成果就是希克斯和汉森把社会经济的实物领域与货币领域加以综合以确立宏观经济均衡状态的理论模型——*IS-LM* 曲线的分析(或称"希克斯-汉森模型")。⑰

根据 *IS-LM* 曲线,要通过研究收入、投资、储蓄、流动偏好、利息率等经济变量的相互关系来确立宏观经济的均衡条件,就必须运用一般均衡的分析方法,考察相互依赖的诸宏观经济变量在经济体系中同时达到均衡的条件。而利用 *IS-LM* 曲线的分析,就可以将凯恩斯经济理论中的四个重要基本概念——消费函数、资本边际效率、流动偏好和货币数量结合在一起,以确定投资、储蓄、货币供应量、利息率和国民收入诸经济变量的相互依存和相互影响的关系,以及商品市场和货币市场在宏观经济运行中同时达到均衡的条件。在 *IS-LM* 曲线的分析中,*IS* 曲线表明了能保证商品市场均衡(投资等于储蓄)的利息率与国民收入水平的各种组合;*LM* 曲线表明了能保证货币市场均衡(货币供给与货币需求相等)的利息率与国民收入水平的各种组合;IS 曲线与 LM 曲线的交点决定均衡的利息率水平和均衡的国民收入水平,这时商品市场和货币市场同时处于均衡状态。

IS-LM 曲线分析是凯恩斯经济学与新古典均衡理论结合起来的产物,丹尼尔·贝尔在评论这一模型及相应的新古典综合宏观经济学时曾指出:当一般均衡理论同希克斯等人重新塑造的经济模型相结合后,就得出了一套宏观的一般均衡理论体系,即"经济学发展成两套一般均衡的理论体系,一是相对价格和资源配置(微观经济学),另一是就业和物价水平(宏观经济学)"。⑱这一宏观经济均衡理论虽然在相当长一段时期内成了占支配地位的主流经济学的理论,但是,在进入 20 世纪 60 年代后,它也遭到了许多经济学家的批评。⑲

新剑桥学派的经济学家认为,凯恩斯革命的重大突破之一"在于从均衡观转向历史观",打破了新古典理论均衡观对经济分析的束缚,强调时间是一个历史过程,过去是不可改变和逆转的,未来是不能确知的。因此,"不确定性"在资本主义社会经济分析中具有重要的作用。例如,对有效需求、产量和就业水平起决定影响作用的投资之所以容易发生波动,就因为投资是联系现在经济与未来经济的纽带,它大量涉及对未来的预期和不确定性问题,为此,罗宾逊夫人指出,把一般均衡理论移植到凯恩斯的经济理论中来,是对凯恩斯理论的"庸俗化","就一个始终处于均衡状态的世界而言,将来与过去两者之间是没有区别的,没有历史,也不需要凯恩斯"。[20]

与新剑桥学派的激进态度有所不同的是,美国经济学家克洛沃(R. Clower)和瑞典经济学家莱荣霍夫德(A. Leijanhufvud)在20世纪60年代中后期也分别撰文,对用一般均衡理论来解释凯恩斯经济学提出了尖锐的批评,提出了应该从"非均衡"的角度来理解和发展凯恩斯经济理论。

克洛沃的分析以区分"名义需求"和"有效需求"为起点,并由此提出"双重决策假说"来阐述凯恩斯的"非充分就业均衡"理论。在克洛沃看来,名义需求是指交易者能以现行价格购买和销售他们所想购买和销售的物品或劳务时的需求函数,它是以计划销售总是能够实现这一假定为基础的,实际上是一种反映在充分就业均衡的价格上的需求;有效需求则是指受实际收入或支付能力约束的需求,它是以当前实际销售所得收入与计划销售收入可能的偏差会对当前的支出形成某种限制为基础的。当存在相当程度的失业时,在现行的实际工资率水平上的超额劳动供给不能被对货物和劳务的等价超额"有效需求"所抵消,与充分就业均衡的偏离会通过乘数过程"溢出"到其他所有市场,生产者根据有效需求所做出的调整不一定会引导经济恢复到充分就业均衡。如果货币工资被削减,那么劳动市场将被出清,但是这种削减不会作为对产出的有效需求的增加传达给雇主,因此,劳动市场的出清是通过把就业调整到不变的工资水平上而实现的。克洛沃的分析结论是,由于名义需求不能够传递到生产者那里,故无法影响产量和就业水平,而有效需求的分析表明,市场机制不一定会自动导致所有市场中短缺和剩余被消除,因而经济就可能处于非均衡的状态。

莱荣霍夫德则声称,凯恩斯经济学是一种非均衡的经济理论,因为凯恩斯假设了一种市场信息不完全的世界,在这一条件下,价格的瞬时调节不可能成为市场调节最有效的方式,因而市场对需求变化的最初和最直接的反应并非价格调整,而是数量的调整。在莱荣霍夫德看来,凯恩斯与新古典的瓦尔拉斯经济均衡体系在宏观经济问题上的分歧仅在于,新古典体系中,价格的瞬时调节会立即消除经济的失衡,而对凯恩斯而言,市场信息的不完全会使价格调整推迟进行(或仅是缓慢地变动)。相反,经济体系会对数量调整做出较快的反应,这种调整的结果完全可能减少了有效需求,使经济体系处于进一步的失衡状态。因此,凯恩斯的理论实际表明,失业及经济非均衡的基本原因是由于"相对价格不合适"[21]。

20 世纪 70 年代以来,非均衡经济学获得了较大的发展,在马林沃德(E. Malinwaud)、贝纳西(J. P. Benassy)、巴罗(R. J. Barro)和格罗斯曼(H. I. Grossman)等人的努力下,形成了一个一度颇有声势的非均衡学派。[22]这一学派的非均衡理论,不仅对西方经济学的宏观经济均衡分析产生了重大影响,而且对社会主义宏观经济运行的分析也产生了重大的影响。对后者而言,科尔纳(J. Kornai)的社会主义计划经济运行理论就是一个典型的例子。

但是,不容忽视的是,在美英经济学家的争论之外,新奥地利学派的经济学家并没有利用凯恩斯的经济理论,而是在涉及方法论的更为广泛的范围内对均衡的概念做了重新思考。他们认为新古典经济学和新古典综合经济学对均衡的理解实际上歪曲了市场中竞争的性质和作用,把竞争看作是一种脱离实际的、静态的经济状态。因而,新奥地利学派经济学家在米塞斯(L. E. Von Mises)经济理论的指导下,否定了新古典对均衡分析的强调,他们更加注重的是分析导致均衡的市场竞争过程,而不是最终的一种静止状态。[23]

3.4 通货膨胀与失业

第二次世界大战后,随着凯恩斯经济理论在西方主要国家成了制订经济政策的普遍依据以及这些经济政策的实施,各国的通货膨胀问题也有所抬头。当时,经济学家一般是用过度需求来解释通货膨胀的。根据"通货膨胀缺口"和"通货紧缩缺口"的模型,前者是由于需求过度造成的,后者是由于需求不足引起的,因而通货膨胀与失业是不可能同时并发的。但是,20 世纪 50 年代以来,在一些西方国家,失业人数有所增加,同时物价也在持续地爬行上涨,于是,通货膨胀和失业不再是一个简单的二者居其一的选择问题,而成了一个考验经济学家"智力"的严峻的和棘手的经济问题。

1. 关于菲利普斯曲线的解释

1958 年,伦敦经济学院的菲利普斯(A. W. Phillips)教授撰文,表明货币工资变动率与失业率之间存在一种互为替代(trade-off)的关系,从而提出了著名的菲利普斯曲线。[24]新古典综合派很快将菲利普斯曲线纳入了自己的理论分析框架,认为可以利用这一曲线的分析来表明,在失业率和通货膨胀之间存在着一种较为稳定的此消彼长的反方向变化关系,只要货币工资增长率超过劳动生产率增长幅度,就会导致通货膨胀或物价水平上涨。这一分析的结论是,要满足充分就业或减少失业率,通货膨胀是一种不可避免的代价,政府在制订经济政策时,必须在通货膨胀与失业之间做出平衡选择,在一定范围内选择社会经济可以接受的通货膨胀与失业率的组合。[25]

货币主义者并不同意新古典综合派的这种解释,弗里德曼教授在引进适应性预期和"自然失业率"概念的基础上,分析了在不同的时期中菲利普斯曲线所反映的通货膨胀与失业率之间的替换关系。根据这一分析,菲利普斯曲线所表示的替换关系,充其量只是一种在短期内才存在的暂时现象,这是因为,短期内劳动者在要求提高货币工资时的预期物价上涨率低于实际物价上涨率。从长期看,由于"自然失业率"的存在以及失业率不可能一直保持低于"自然失业率"水平等方面的原因,物价水平的上涨会使劳动者重新调整对物价上涨率的预期,从而劳动者会要求按实际的物价上涨率提高货币工资水平,因而失业率将回升至"自然失业率"水平,然而结果是物价已进一步上涨,失业率并未相应地下降。弗里德曼因此认为,从长期看,菲利普斯曲线处于垂直的位置,即通货膨胀与失业率的替换关系不能成立。[26]但是,理性预期学派则比弗里德曼的分析更进了一步,他们利用"理性预期"概念做出了"不变性命题"的分析。这一理论研究表明,在理性预期的条件下,人们已估计到扩张性货币政策的可能后果,当货币供应量增加后,货币工资和物价水平将一起上涨,于是连暂时的产量增加和失业率下降也不可能发生,结果只有导致通货膨胀率的变化。因而,理性预期学派断言,菲利普斯曲线所反映的通货膨胀和失业率的替换关系即使在短期内也无法成立。⑦

2.结构性通货膨胀假说

关于结构性通货膨胀的理论,主要是由两部分经济学家的理论组成,一是英美经济学家用来解释"停滞膨胀"的经济理论观点,以"希克斯-托宾模型"为代表;二是北欧经济学家用来解释开放型经济的通货膨胀的学说,以奥克鲁斯特(W. Aukrust)等人提出的"Aukrust-EFO 模型"为代表。

希克斯-托宾的劳动供给理论,是从劳动市场的结构分析来解释通货膨胀问题的。希克斯把社会经济划分为扩展部门和非扩展部门,认为通货膨胀的根源在于现代经济中货币工资的黏性已不复存在,非扩展部门的劳动者为了公平要求自己的工资水平向扩展性部门的工资水平看齐,由此产生的"赶上"(catch-up)过程诱发了货币工资的普遍上涨和物价水平的普遍提高。托宾(J. Tobin)则用不同生产部门的劳动者"空位"和"失业"的结构失衡特点来解释"滞胀",认为只要劳动力供大于求的生产部门的货币工资在劳动市场上具有只涨不跌的特点,即使劳动力市场上从总体来看"失业"与"空位"相等,劳动力市场仍不会真正处于均衡状态,以过度需求形式存在的"空位"将会促使整个劳动力市场上货币工资的上涨,结果是通货膨胀与失业并存。⑧

Aukrust-EFO 模型是一种小国开放经济的通货膨胀理论,亦称"斯堪的纳维亚模型"。这一模型的特点在于,把对通货膨胀的结构性解释的基本要点同通货膨胀从世界市场传递到一国开放型经济的特殊传递机制结合在一起。这一模型在分析中假定,一国经济中的开放部门(与世界市场联系密切的生产部门)的价格水平,直接依存于世界市场的通货膨胀,而非开放部门的价格取决于本国的需求和成本状况。开放部门的价格水平上涨率(等于世界市场通货膨胀率)和劳动生产率增长率共同决定了该部门的货币工资增长率,而非开放部门的货币工资增长率是向开放部门看齐的。由于非开放部门的劳动生产率增长率一般低于开放部门的劳动生产率增长率,在货币工资看齐这一过程中,非开放部门的货币工资增长率就一定会超过本部门的劳动生产率增长率,由此导致了通货膨胀。结论是,在小国开放经济中,通货膨胀率不仅取决于世界市场的通货膨胀率,还取决于部门结构的特点以及不同部门的货币工资和劳动生产率两者的增长率之间的相互关系。[28]

3. 关于"滞胀"的其他解释

关于"滞胀"的一些其他理论假说,多是从供给、成本、垄断等方面来分析形成"滞胀"的原因。W. 海勒从微观经济部门供给的异常变动——主要是石油生产部门的供给和价格的剧烈变化对与石油有关的生产部门的产品成本价格、销路及就业的影响,来解释"滞胀";而卡尔多(N. Kaldor)和罗宾逊夫人则往往从区分产品市场类型或不同类别的经济部门着手,结合产品价格形成中的垄断因素和货币工资谈判中的阶级冲突因素,来解释工资——物价的螺旋上升和大量的失业并存的这种停滞膨胀局面的产生。罗宾逊夫人还以卡莱茨基(M. Kalecki)的理论为基础,研究了"政治方面的商业循环"问题,认为资本主义国家的政治生活制度也对停滞膨胀的产生和发展产生着影响。[29]

但是,比较系统地将国际贸易、垄断、工资等因素结合在一起从供给方面研究"滞胀"问题的理论,是基于由美国经济学家布林德(A. S. Blinder)提出的模型。这一模型的特点是利用供给曲线的自发向上位移来解释通货膨胀和"滞胀"的成因,并将供给曲线发生位移的因素归咎于自然灾害、垄断、贸易条件变化、劳动生产率的下降,尤其是"管理价格"和"管理工资"的结果。[30]此外,美国的供应学派经济学家则认为,日益增加的税收和政府开支,严重地挫伤了储蓄和投资以及劳动者的工作积极性,导致了供给方面的不足,结果是通货膨胀和经济的停滞。[31]

3.5 经济增长与经济发展

战后的经济增长理论大都是在"哈罗德-多玛模型"的基础上发展起来的,该经济增长模型一方面在很大程度上继承了凯恩斯经济学的宏观经济分析方法,另一方面将凯恩斯关于宏观经济运行的静态和比较静态分析进一步引向动态分析,着重研究在经济增长的动态过程中影响均衡增长的主要因素和保证经济动态均衡的基本条件。在哈罗德创立的增长模型中,通过对固定的资本—产出比率(V)、储蓄率(S)和劳动的自然增长率(n)及劳动生产率增长率(λ)的分析,考察社会经济有保证的增长率($G_w = S/V$)同自然增长率($G_n = n + \lambda$)之间的相互关系,从而论述了有保证的增长率的稳定性和充分就业条件下经济均衡增长的可能性。③

哈罗德-多玛模型中,由于有保证的增长率和自然增长率都是由各自不同的因素决定的,两者经常发生偏离,从而很少可能满足实现充分就业均衡的经济增长条件。因此,经济学家认为,由哈罗德-多玛模型所规定的充分就业均衡增长是一条极为狭窄的均衡增长途径,并形象化地称之为"刃锋"。

但是,新古典综合派经济学认为,"刃锋"式的经济均衡增长途径是可以避免的,因为在经济增长过程中,对于任何给定的储蓄率和劳动增长率,只要通过引进资本和劳动具有相互替代性的生产函数,用调整资本和劳动的使用比例的方法来改变资本—产出比率,就可以使经济增长满足 $G_w = G_n$ 这一均衡增长的条件。这就是通常所说的"新古典经济增长模型"③。

具体地说,与哈罗德-多玛模型相比较,新古典综合派的经济增长理论的特点在于,在经济增长模型中通过引进生产函数这一分析工具引入了新古典经济学的价格理论及边际生产力决定生产要素报酬的分配理论,认为在市场调节下,生产要素相对价格的变化,会使企业家改变所使用的生产要素组合(资本—劳动比例)。这样,生产要素相对价格的变化,一方面可以通过改变资本—产出比率,调整投资和储蓄的关系,例如利息率的变化可以把投资调整到等于储蓄;另一方面在资本—劳动比例的调整过程中可以将劳动充分地吸收到经济增长过程中,从而保证经济沿着充分就业均衡的道路增长。由此可见,新古典经济增长理论是以引进新古典的微观经济理论来补充凯恩斯的宏观经济理论为基本特征的。

新剑桥学派对新古典综合派的经济增长理论以及它所运用的总量生产函数进行了严厉的抨击,琼·罗宾逊夫人和帕西内蒂(L. L. Pasinetti)利用"维克赛尔效应"分析斯拉法的经济理论,表明由于存在着"再转辙"(reswitching)或"资本反转"(capital-reserving),在较低或较高的利息率水平上,同样的资本—劳动比例的生产技术可能都可以作为有利可图的技术采用。一旦出现这种情形,新古典综合派通过市场来调节生产要素的价格,用改变资本—劳动和资本—产出比率来保证经济均衡增长的理论,实际上将是无法成立的。⑤

由新剑桥学派的卡尔多和帕西内蒂所提出的经济增长模型,其基本特征在于十分重视国民收入分配关系对经济稳定增长的影响。这一经济增长模型假定,经济增长所要求的储蓄率是由国民收入在资本和劳动之间的收入分配份额(利润与工资的比例)及资本家和劳动者各自的储蓄倾向所决定的;对于任何既定的 n 和 v 而言,可以通过改变国民收入在工资和利润之间的分配份额来调整整个社会经济的储蓄率,使得 $G_w = G_n$,实现充分就业的均衡经济增长。在卡尔多的经济增长模型中,只要把资本家的储蓄倾向(资本家的储蓄占利润的比例)大于劳动者的储蓄倾向(劳动者的储蓄占工资的比例)这一限制条件作为收入分配机制运用到经济增长过程的分析中去,那么,充分就业的经济增长不仅是存在的,而且是稳定的。例如,在充分就业条件下增加投资并导致社会总需求的普遍增长,将会产生价格上涨超过工资的提高幅度,收入分配变化的结果将有利于利润的增加和降低工资在国民收入中的份额,由于资本家的储蓄倾向大于劳动者的储蓄倾向,最后会使社会总储蓄增加,即通过储蓄率的提高来恢复储蓄与投资的均衡,使经济沿着充分就业均衡的道路增长。这种通过收入分配份额的变动来改变储蓄率从而实现经济均衡增长的机制,在经济学文献中称为"卡尔多效率"(Kaldor effect)。⑥

罗宾逊夫人认为,资本主义经济的均衡增长,必须满足一系列的条件,才能实现国民收入与资本量以适当的比率同时增长,即所谓"黄金时代"增长("golden age"growth)。但是,在现实中,绝不能根据经济增长模型的分析就断言资本主义经济可以通过市场调节自动地趋向一条充分就业稳定增长的均衡途径。由于资本积累冲动的不稳定性引起的投资波动,市场竞争机制受垄断限制、技术进步对生产方法和经济结构的影响等,经济不可能具备"黄金时代"增长所需的各种条件。因此,政府的干预,尤其是政府所采取的抑制垄断和收入分配均等化的政策,对保证经济的充分就业均衡增长是必不可少的。⑦

如果说,经济增长理论主要考察的是发达资本主义国家的经济增长问题,那么,战后兴起的发展经济学则主要研究的是不发达国家的经济发展问题。许多研究发展问题的经济学家都十分强调工业化进程在经济发展中的核心位置,并认为,在不发达国家的经济发展过程中,单有市场机制的作用仍是不够的,政府及计划在经济发展中起着十分重要的作用。因此,发展经济学实际上构成了战后"混合经济"理论的一个必不可少的重要部分,是混合经济理论运用于不发达国家经济发展问题研究的结果。

在关于不发达国家的经济特征和经济发展方式的研究方面,刘易斯(W. A. Lewis)所提出的二元经济理论(dual economy)是最有影响的一种解释,这一理论后来被发展成为著名的"刘易斯-费-拉尼斯模型"("Lewis-Fei-Ranis model")。这一模型认为,在不发达国家中,经济结构是一种传统的农业生产部门与现代的城市工业化部门并存的二元经济,在经济发展的初期,由于农业中存在大量的"隐蔽性失业",它实际上有无限的劳动供给可用于工业化的进程。但是,在后来发展的某个时点上,剩余劳动供给会逐渐枯竭,因此只有现代工业部门工资率的上升才能将更多的劳动力从农业部门转移出来。这样,经济发展最终将取决于工业部门的利润率及由此决定的资本积累率。由此可见,二元经济理论所论证的重点是发展中国家的农村—城市关系问题及相应的劳动力在部门间的转移问题,这一理论在强调高储蓄率和资本积累方面,与经济增长理论具有一致的地方。⑧

尽管一些经济学家从各方面(例如部门间的技术差异)对二元经济做了进一步的解释和补充,但是经验研究并没能很好地证实这一模型的分析结论,因此,一些经济学家对这一模型提出了批评。舒尔茨(T. W. Schultz)认为,传统的农户也是理性的"经济人",也具有力求使风险贴现利润最大化的行为,他们之所以不愿意创新,发展中国家的农业之所以落后,基本上是由于农业经济收益的不确定性引起的,并且被农业附属服务的缺乏和不发达国家政府的歧视性价格和税收政策所加重。因此,不发达国家的农村落后,主要是由偏重城市的发展计划及迅速工业化和进口替代的规划所造成的。⑨

在不发达国家的经济发展战略方面,发展经济学的研究重点曾比较集中在经济发展的平衡问题上,在赫尔希曼(A. O. Hirschman)之前,一些经济学家曾提出过"平衡增长"(balanced-growth)的概念,主张发展中国家应对不同的消费品工业部门大体同时使用资本,以通过全面扩大市场来促进投资和发展。针对这一观点,赫尔希曼提出了著名的"不平衡增长"(unbalanced-growth)理论,强调了发展中的不平衡性。这一理论认为,发展中国家的经济通过一种类似"不平衡链条"的发展途径,即某一产业的扩展为其他产业开辟了机会,而当这些产业对新的机会做出反应和扩大投资时,又为更多的产业创造了发展的机会。在这一发展过程中,有两种作用是十分关键的。一种是"后向连锁",另一种是"前向连锁",前者指一个产业的发展增加了对其他产业产品的需求,后者是指一个产业的发展增加了对其他产业部门的供给。按照"不平衡增长"方式,经济发展必须将资源集中到同其他产业连锁效果特别强烈的少数几个产业部门,以带动整个经济的发展。⑩

米尔达尔则用"扩展效应"和"回波效应"来说明发展中国家地区发展的不平衡问题。"扩展效应"是指某一区域新兴的现代产业兴起后,逐渐形成一个经济中心,带动了周围地区的发展,它有助于地区之间的相互促进发展;"回波效应"则是指某一区域的发展,由于种种原因非但没有促进其他地区的发展,反而导致别的地区的衰落,加剧了区域间发展的不平衡。米尔达尔也运用了这两个概念来分析国际贸易活动中各国经济不平衡加剧的原因,认为在现有世界经济格局中,对发展中国家而言,"扩展效应"弱于"回波效应",尤其是在经济衰退时期,发展中国家会出现强烈的"回波效应"。因此,为了促进经济发展,发展中国家必须实行贸易管制和贸易保护政策。⑪

3.6　货币、投资与经济波动

二战后,由于凯恩斯主义经济政策的一时奏效,新古典综合派重点在于强调投资需求是经济波动原因的理论占据了支配地位。到了20世纪60年代以后,关于经济波动的理论分歧开始越来越多地暴露出来,其主要表现在货币学派和理性预期学派对占据支配地位的理论的不断挑战。

1. 乘数-加速数原理

乘数-加速数原理的基本分析方法,是把凯恩斯以消费函数为基础的乘数原理与加速数原理结合起来以分析经济的内在周期循环机制。

新古典综合学派的萨缪尔森认为,凯恩斯的乘数理论只说明了一定的投资如何通过乘数作用过程引起收入和就业水平的变化,而没有说明收入及消费水平的变化又如何反过来引起投资水平的变化。此外,凯恩斯经济理论所运用的是比较静态均衡的分析方法,无法涉及宏观经济从原有均衡到新的均衡的动态调整过程,而只有将乘数原理与加速数原理结合起来,才能考察消费、投资、收入等宏观经济变量在动态经济中的相互作用,说明经济周期的累积性扩张或紧缩的过程。萨缪尔森所提出的模型表明,一定时期的国民收入水平,是由前些时期的国民收入水平和乘数与加速数所决定的,在连续的时期内不断地给宏观经济活动过程注入某些需求的变量(如投资),在不同的乘数系数和加速数系数的条件下,乘数和加速数的相互作用将导致宏观经济出现收敛性的或发散性的波动。因而,这一模型可用来解释经济周期性波动的原因和波动幅度。

希克斯在利用乘数-加速数原理来解释经济波动时,将投资划分为自发投资和引致投资。根据这种投资类型的划分,希克斯认为,在只存在成千上万的自发投资而没有引致投资的情形下,经济体系一般是按照均衡道路增长的。因为自发投资大部分是长期投资,投资者只期望它在长期中带来报酬,所以它是比较稳定的。而引致投资则是由于前期的消费量或产量变化引起的投资,在一般情况下它构成净投资额的很大部分,且极容易受短期内需求量变化的影响,它是导致宏观经济波动的主要原因。根据乘数-加速数原理可知,加速系数愈大,引致投资的变化幅度亦愈大,经济波动的可能性也就愈大,宏观经济就会出现周期性的波动过程。[42]

2.货币数量与经济波动

新古典综合经济学家之所以在宏观经济分析中十分重视消费、投资与政府收支这些总需求方面的变量,与凯恩斯关于货币的流通速度是非常不稳定的论述有着很大的关系。因为,如果存在流动偏好陷阱,货币政策将无法有效地对付经济波动。

货币主义者则对新古典综合派的观点持有异议,弗里德曼用他的货币需求理论阐明了货币主义者对经济波动的观点。这一理论的重要特点是强调货币需求的重要性及在货币需求函数中引进了消费者收入的分析,强调了恒久性收入对货币需求的主导作用。弗里德曼认为,货币需求主要取决于总财富,在分析中可以用人们的收入来代表总财富。然而,人们的暂时收入(或现期收入)是不稳定的,不能确切地反映总财富;而人们的恒久性收入却是相对稳定的收入量,基本上可以用来反映人们的财富状况。而且,恒久性消费与恒久性收入之间也存在着稳定的比例关系。因而,可以认为,人们的货币需求主要取决于恒久性收入,货币需求的变化在很大程度上只受恒久性收入变动的支配。由于恒久性收入具有相当的稳定性,所以受其支配的货币需求也是相对稳定的,并不是像凯恩斯及其追随者所说的那样,货币需求主要受利息率的影响,货币流通速度会由于投机动机的影响而极不稳定。据此,弗里德曼认为,货币需求本是相当稳定的,而货币供应量却因受政府倾向当局操纵而在短期内易于剧烈变化,从而影响了宏观经济的稳定。因此,弗里德曼不仅将战后现代资本主义经济的波动根源归咎于政府的货币政策,还进一步通过美国百年的货币史分析,得出了 20 世纪 30 年代的经济大危机主要是由于政府货币当局拙劣的货币政策所致这一完全与凯恩斯主义者对立的结论。此外,货币主义者还分析了货币传导机制问题,用实际货币需求理论表明,凯恩斯主义的货币政策在长期中只能导致经济的不稳定和通货膨胀。^⑥

弗里德曼的理论在很大程度上是建立在一种新的消费函数分析基础上的,它反映了微观基础的进展对宏观经济分析所具有的影响力。弗里德曼的"恒久性收入假说"与莫迪利安尼(F. Modigliani)的"生命周期假说"都为混合经济理论的宏观经济学奠定微观经济分析的基础做出了重要的贡献。^⑭

3. 货币、价格与经济波动

理性预期学派的主要代表人物卢卡斯认为,经济周期问题的实质是:"为什么在资本主义经济中总量变量会经常不断重复地围绕趋势波动,而所有波动基本上具有相同的特征?"^⑮理性预期学派试图通过在经济分析中引进理性预期概念来回答这一问题。

卢卡斯在《经济周期理论研究》一书中指出,由于货币总量和价格在经济波动过程中都显示出超前循环波动,所以,就应该主要从货币总量和价格的波动方面去寻找经济周期的原因。价格波动可以分为两种类型,一种是由货币总量变化引起的一般物价水平或总价格水平的变动;另一种是由生产技术条件和消费者偏好等实际因素引起的相对价格变动。在一个价格总水平经常变化的社会中,生产者面临着一个"信号筛选"问题,即区分名义价格水平变动中由货币总量变动引起的变动和由相对价格变化引起的变动。因为,只有相对价格的变动才是至关重要的,会对就业和产量产生影响,而一般物价水平的变动只影响名义价格的绝对水平,在人们有预期的情况下,不会对实际经济有影响,也即"货币中性"。但是,假设政府在人们没有预期的情况下突然增加货币供应量,一般物价水平将会随之上升,这时生产者可能会把一部分未预期到的由货币数量扩张引起的一般物价水平的上升,误认为是他们所生产的产品的相对价格的上升,于是就会增加投资,增雇劳动力,扩大生产规模,使经济进入繁荣时期。可是,过了一定的时期后,一旦生产者掌握了更充分的市场信息,在意识到自己的预期及决策发生了错误时,就会立刻着手加以纠正,调整生产决策,减少投资。结果经济由繁荣走向萧条,爆发周期性的经济危机。理性预期学派的理论实际上表明,在理性预期条件下,理性的经济主体可以通过其本身的活动保证市场出清,经济波动的根源不是由市场的自发力量引起的,而是由政府对经济的过多干预造成的。

此外,从理论发展的角度来看,理性预期学派的经济波动理论的一个更为重要的特征是引进了"不完全信息"这一假设。如果生产者在做出正确的决策时所需要的整个经济中的价格信息方面遇到障碍,或者是他们在了解其他市场的信息时有一定的时间滞后,生产者就无法全面了解自己产品的市场与其他市场的关系,就可能会混淆一般物价水平的变动与相对价格水平的变动,从而做出错误的决策,导致经济波动。当然由政府货币政策造成的通货膨胀,将会加剧经济波动,因为这实际上是给不完全信息条件下的生产者"雪上加霜"。⑩

3.7　国际贸易与国际收支

20 世纪 30 年代中后期以来,作为混合经济理论一个重要组成部分的国际贸易与国际收支的理论在三个研究领域取得了重大的进展。

1. 国际贸易理论的分析方法

哈伯勒在 1936 年率先用现代经济学一般均衡理论分析方法成功地

重新表述了古典经济学的比较成本理论,并在比较成本的基础上提出了机会成本的概念,用来代替古典经济学的真实成本。20世纪50年代初,继哈伯勒等人之后,米德(J. E. Meade)出版了他的《国际贸易几何学》,通过"贸易无差异曲线"的分析方法进一步完善了两种商品、两个国家的国际贸易模型,表明了贸易双方各国的生产可能性边界和消费无差异曲线的相互关系及在自由贸易条件下的两国贸易均衡条件。

2.关于"赫克歇尔-俄林定理"的进一步发展

战后"赫克歇尔-俄林定理"的发展,其主要方面都与萨缪尔森的贡献有关。斯托尔珀(W. Stolper)和萨缪尔森在他们1941年发表的论文《保护和实际工资》中,对贸易利益做了进一步的阐述,分析了贸易限制、贸易障碍与稀缺生产要素的使用和生产要素的价格的关系,提出了著名的"斯托尔珀-萨缪尔森定理"。这一定理的基本命题是:在一定的假设前提下,从没有贸易到自由贸易,毫无疑问会使在价格上升的行业中密集使用的生产要素的价格提高,而使在价格下跌的行业中密集使用的生产要素的价格降低,且无论这两种生产要素的出售者偏好消费哪一种商品。此外,萨缪尔森还在关于贸易对国际上生产要素价格差别的影响的研究中,确立了"生产要素价格均等定理"。这一定理表明,在一定的假设前提下,无论贸易双方两国的生产要素供应量或需求模式如何,自由贸易不仅会使商品价格均等,而且会使生产要素价格均等,以致两国的所有劳动者都能获得同样的工资率,所有的土地单位都能获得同样的地租报酬。

在有关"赫克歇尔-俄林定理"的研究中,里昂惕夫在其1953年发表的《国内生产与对外贸易:美国资本地位再审查》一文中,对"赫克歇尔-俄林定理"关于一国将出口本国生产要素相对丰富的产品,进口本国生产要素相对稀缺的产品这一中心论点提出了质疑。他通过对美国的对外贸易商品结构的考察,发现美国出口工业部门的资本—劳动比例要低于美国进口替代部门的资本—劳动比例。统计资料分析表明,美国生产进口替代商品时劳动力所使用的资本数量是生产出口商品的1.3倍,由此而知,美国进口替代产品的资本密集度高于出口产品,而美国出口商品的劳动密集度高于进口替代产品。这一与"赫克歇尔-俄林定理"的结论相反的结论,就是著名的"里昂惕夫反论"(或称"里昂惕夫之谜")。

对于"里昂惕夫之谜"的研究,里昂惕夫本人是用劳动力非同质的观点来加以解释的,认为这是由于美国工人的效率和技术高于别国工人造成的,如果将美国的熟练劳动者按其效率单位来折算成简单或非熟练劳动者,美国将是一个劳动力相对丰裕、资本相对缺乏的国家。此外,其他一些经济学家则从美国的需求结构特征、生产要素密集度反向、技能与人力资本差异、自然资源稀缺和美国的关税结构及进出口限制等方面来解释"里昂惕夫之谜"。⑰

3. 国际经济政策理论

在与国际收支问题紧密相关的国际经济政策理论研究领域中,战后最重要的研究成果是米德的开放经济模型的双重平衡理论。这一理论较为成功地将凯恩斯主义宏观经济理论与一般均衡分析结合起来,在把传统的国际收支理论中的国际收支账目扩大为包括国际资本移动分析的同时,考察了一国的财政政策和货币政策及工资和汇率政策对于就业和国际收支的影响,以及如何运用宏观经济政策工具来同时实现充分就业和国际收支平衡。这样一来,米德的国际经济政策理论,一方面把关于政策的变化所能产生的影响的理论实证分析,转变为实现双重平衡目标所需政策措施的规范研究;另一方面也提供了一种两个政策目标和两个政策工具的经济理论分析体系。

根据米德的理论,在开放经济模型中,一国宏观经济的"内部平衡"目标是充分就业,"外部平衡"目标是国际收支平衡,这种双重平衡可以通过收入调整和价格调整来实现。收入调整主要是指政府通过财政政策和货币政策来调节投资和消费,以影响国民收入的水平;价格调整则是指通过工资和汇率的升降,来调节各种进出口物品的成本和价格,用改变货币相对价格的变化来影响双重平衡。由于在双重平衡的不同目标之间常常会发生矛盾,因此必须配合使用各种政策工具。在各国使用不同的政策工具组合来实现双重平衡的过程中,几个国家的同时行动常常会出现各国之间政策的相互干扰问题。因此,国家之间的宏观经济协调稳定政策具有极为重要的意义。在这方面,米德具体分析了两国之间在通过财政—货币政策进行国民收入调整时可能发生的冲突和通过货币升值、贬值进行价格调整时可能发生的冲突,并阐述了两国政策互相配合实现双重平衡的途径。⑱

米德的国际经济政策理论的目的是将纯经济分析导向经济政策形

成的研究,在关于国际经济政策的主张方面,他认为应当实行一种"修正的自由贸易政策",以建立起一种有国家适当干预和国际经济组织监督的自由的国际经济秩序。由此可见,米德的国际经济政策理论本质上是一种混合经济制度条件下的开放经济理论。

在米德提供的分析框架基础上,芒德尔(R. A. Mundell)研究了政策对资本项目的影响,认为可以将货币政策和金融政策相结合来实现双重平衡,利息率等金融手段会对资本项目和国际收支中的经常性项目产生不同的影响,可以通过这些政策来促使资本项目盈余弥补贸易亏空。此外,一些经济学家(例如约翰逊等人)则将研究的重点放在资产存量流动方面,强调国际收支同货币供应之间的联系,认为国际收支可以依据货币需求的变化来分析。这一理论也就是国际收支分析中的货币方法[49],它们对以后的国际贸易和国际收支理论研究也产生了重要的影响。

3.8　经济政策主张及论争

关于在混合经济制度中政府必须干预经济生活的政策主张观点,一方面是建立在福利经济学关于"市场局部失效"的理论基础上;另一方面是建立在20世纪30年代的经济大危机所带来的恐慌和凯恩斯经济理论的基础上的。根据战后大部分经济学家可以接受的看法,"在自由市场经济下,我们绝不是安全可靠的。我们时时在危险中……各种冲击会继续不断发生,从而把经济抛出平衡之外。一旦这种情形发生,一种累积的过程就由此开始,那时如不阻止,就可能使经济脱离平衡的轨道",因此,当"经济不稳定已经到了令人忍无可忍的地步","当经济陷入从'繁荣到崩溃'时,政府就不可能再袖手旁观"。[50]

1.作为战后经济学主流派的新古典综合派的基本经济政策是以凯恩斯的"需求管理"思想为基础的。

"需求管理"政策主张的核心思想是:政府应积极采取财政政策、货币政策和收入政策,对社会总需求进行适时的和适度的调节,以保证混合经济的稳定增长。政府实施需求管理政策的主要宏观经济目标有:充分就业、价格稳定、经济增长和国际收支平衡等。需求管理政策的发展主要经历了两个阶段。第一个阶段中,需求管理政策是以补偿性财政政策和补偿性货币政策为特点的。根据补偿性财政政策,政府在某一时期确定预算时,不能仅仅把平衡财政收入作为准则,而应按照私营经济部门的支出数量来安排政府预算,即在经济萧条时期,扩大财政支出,降低税率,减少税收,实行赤字财政,刺激社会总需求;在经济繁荣时期,则压缩财政支出,提高税率,增加税收,抑制社会总需求,实现财政盈余,使不同时期的财政亏盈相互补偿。同样,根据补偿性货币政策,在萧条时期,中央银行须放松信用,增加货币供应量,降低利率,刺激投资和总需求;在繁荣时期,则紧缩信用,减少货币供应量,提高利息率,抑制投资和总需求。[51]第二个阶段中,需求管理政策的实施是以"潜在的国民生产总值"和"充分就业预算"这两个新概念为基础的,其特点是进一步突破了平衡预算这一政府预算正统规则,在制定经济政策时,不是以经济实际上是否正在扩张,而是以经济是否已经充分发挥出其潜在生产能力来作为经济运行状况的判断标准。根据充分就业预算政策,在任何一个年份中,只要实际产出量小于潜在的产出量,即使在经济上升时期,也有必要通过赤字财政政策和扩张性货币政策来刺激社会总需求,使实际国民生产总值达到潜在国民生产总值的水平,保证经济实现充分就业。[52]

20世纪70年代以后,随着失业和通货膨胀并发症的出现和加剧,新古典综合派提出了运用多种政策工具实现多种经济目标的主张,这种多种经济政策综合运用的政策主张的基本内容包括:财政政策和货币政策的"松紧搭配",财政政策和货币政策的"微观化",收入政策和人力政策,外汇和外资管制政策及消费指导政策等等。

2. 20世纪60年代以来,尤其是70年代的经济"停滞膨胀"加剧后,货币主义和理性预期学派对凯恩斯经济学的"需求管理"政策主张提出了挑战,其基本经济政策指导思想是反对国家过多地干预经济生活,倾向于让市场发挥更多的经济调节作用。尽管这两个学派在主张经济自由化的程度方面和具体的政策分析方面也不是完全相同的。

货币主义的代表人物弗里德曼认为,战后的经济波动大都是由于政府采取了旨在干预市场经济运行的错误的财政金融政策,这也表明正确的货币政策在防止经济运行混乱,为经济运行提供一个稳定的背景和抵消经济体系中其他因素引起的干扰方面都具有极为重要的作用。[53]在对内经济政策方面,货币主义提供了"单一规则"的货币政策,用来代替凯恩斯主义者以需求管理为基础的相机抉择的货币政策。弗里德曼通过货币增长率与名义收入增长率关系的分析及货币政策的时滞效应分析,得出的结论是:由于货币数量变化对实际经济和通货膨胀影响的时滞效应,往往使政府在相机抉择使用扩张性或紧缩性货币政策时做过了头,以致加剧了经济的不稳定性。因此,货币政策应将控制货币供应量作为唯一的政策工具,由政府公开宣布把货币供应量的年增长率长期地固定在同预计的经济增长率基本一致的水平,即实行"单一规则"货币政策。这样,才能避免频繁的经济波动和通货膨胀。[54]在对外经济政策方面,货币主义者则坚决反对实行固定汇率制,主张实行浮动汇率制。认为浮动汇率作为一种自动调节机制,有助于国际贸易及国际收入均衡的自动维持,减少国际收入不平衡对国内经济的不利影响。[55]

从货币主义的发展中分离出来并独树一帜的理性预期学派在经济政策的论争中所坚持的基本原则是:"经济如果不反复遭受政府的冲击,将会基本上稳定的。"[56]理性预期经济学家认为,凯恩斯主义所主张的国家干预经济活动的财政政策和货币政策,是一种"积极行动主义的宏观经济政策",在利用这些政策干预经济的过程中,政策有效性的暗含前提是:政府总是比公众高明,政府可以出其不意地实行某种经济政策来影响经济生活。但是,在理性预期条件下,公众对政府的经济政策及其可能的实施结果早已充分预期到了,并做出了相应的预防措施和对策,使得政府的经济政策不能够产生预期的效果。例如"不变性命题"的分析就很好地证实了政府的经济政策在解决失业与通货膨胀问题时的无效性。因此,理性预期学派提出,过多的政府干预只会引起市场经济运行的混乱,为保持经济运行的稳定,唯一有效的办法是尽量减少政府对经济活动的干预,最大限度地发挥市场调节的作用。因为"市场比任何模型都聪明",市场调节的作用发挥得愈充分,经济效率也就愈高。根据上述看法,理性预期经济学派的政策主张是,政府的任务只是在于为私营部门经济活动提供一个稳定的和可以使人们充分了解的良好经济环境。为了做到这一点,对于政府和公众而言,"需要的是稳定的政策,而不是积极行动主义政策"[57]。

此外,20世纪70年代后期在美国兴起的供应学派经济学,在批评凯恩斯主义的经济政策主张的同时,认为美国经济的停滞增长的症结在于供给方面,特别是储蓄率和资本形成率的低下,因此主张经济政策的重点应从需求方面转到刺激供给。但是,在看待抑制通货膨胀以及减税的效应等具体的经济政策作用上,供给学派经济学家的意见仍是有较大分歧的。

3.英国的新剑桥学派认为,20世纪30年代的资本主义经济大危机这一事实已经表明,市场机制是一种具有严重缺陷的经济调节机制,因此政府对经济的干预是必要的。通过对收入分配、经济增长和停滞膨胀等问题的研究,以及在与新古典综合派的论战过程中,新剑桥学派提出,资本主义社会的症结在于财产分配制度和收入分配制度的不合理,而现存的社会财产分配制度是造成收入分配不公平的根本原因,不能指望在现行制度下通过市场机制的调节来改变不合理的分配格局。因此,要医治资本主义社会的弊病,必须改革现存的分配制度,政府应当将经济政策的重点放在收入分配政策方面。例如,实行累进税收制来对高收入者课以重税,实行高额的遗产税和赠予税,抑制私有财产的集中和食利者阶层的收入等。在宏观经济政策方面,新剑桥学派批评了美国凯恩斯主义将相机抉择的财政政策与货币政策的调节重点放在较难确定和把握的短期波动的调控上,强调财政政策应以中期政策目标为依据,以保证经济运行的稳定性,根据中期经济的预期和评估以及相应的政策目标来制定和调整税率。在这一点上,新剑桥学派与货币主义有相似之处,尽管前者在基本政策主张方面是与后者对立的。在国际收支政策方面,新剑桥学派认为,汇率政策在纠正国际收支平衡方面有着很大的局限性,提出了较为激进的进口管制政策,主张采用进口限额来保持贸易及国际收支的平衡。

4.与美英混合经济在制度本质上相同而在经济体制方面不同的德国和法国,其混合经济的体制分别是以"社会市场经济"和"计划化"为特征的,由此决定了德法两国在经济政策上的各自特点。

在战后的西德,根据弗莱堡学派经济学家的主张,除了维护私有财产制度、反对垄断、保障经济竞争秩序外,政府经济政策的核心问题是稳定通货。艾哈德曾说过:"经济政策的中心问题是在没有通货膨胀的趋势下,让经济继续向前发展。货币稳定是平衡经济发展和确定社会进步的基本条件。"⑩为此,西德政府在所实施的一系列经济政策中,十分强调通过对货币流量和信贷活动的调控来保证经济的正常运行和稳定增长,其具体政策措施有:(1)通过银行机构来控制信贷活动及信贷数量。(2)通过专门机构所掌握的重要商品储备及商品的购买和抛售来控制流通中的货币。(3)通过汇率调整手段来改善国际收支平衡和稳定马克对其他货币的比值。此外,西德政府也十分重视分配制度的改进和收入分配的公平性,例如采取发行"人民股票"的方式来分散私有财产的集中,同时实行部分企业的国有化。

战后的法国经济体制带有十分浓厚的"计划化"色彩,在经济政策方面十分强调国家指导性计划对经济的调节作用,把指导性计划视为克服市场竞争的"不确定性"的最主要的经济政策工具。在法国的经济政策理论中,除梅西(P. Masse)的"指示性计划工作原理"理论外,其中最具法国特色的是库尔比斯(R. Courbis)的受竞争经济理论的政策主张。受竞争经济理论最重要的特点在于它的分析论证了,在一个受到外部强有力的竞争压力的开放经济中,应该把经济政策的重心放在供给管理方面,而不是像英美各国的凯恩斯主义经济学家所注重的那样,强调需求管理政策。在实行供给管理政策时,经济政策的目标是提高受竞争企业的筹资能力,改善受竞争企业从外部融资的能力,扩大受竞争企业的筹资和供给能力。为此,库尔比斯提出了一系列相应的政策主张。这些政策主要包括:税收转移政策,提高受竞争企业获取外部长期资金可能的政策,向国际资本市场的借贷政策,结构调整政策和"积极的"社会政策。根据库尔比斯的观点,这些经济政策的实施有助于法国企业增强竞争能力,能使法国经济从受竞争经济转变为竞争性经济。⑪

除了政府旨在保护宏观经济均衡运行的宏观经济政策之外,在战后混合经济制度的运行中,经济学家们在补充和完善传统的微观经济理论的同时,也发展出许多有关产业经济学的政策理论,包括产业结构政策和产业组织政策。在产业结构政策方面,美国经济学家和日本经济学家做了大量卓有成效的研究工作。在产业组织和政府管制的理论研究中,美国经济学家,尤其是斯蒂格勒(G. Stigler)做了大量开创性的工作,他的著作具有较明显的芝加哥经济学的传统,或者说,其政策主张在很大程度上带有自由主义经济学的色彩。⑫

注　释

①J. 罗宾逊:《经济理论的第二次危机》,《现代国外经济学论文选》(第一辑),商务印书馆,1979 年。

②J. 罗宾逊:《经济理论的第二次危机》;此外,丹尼尔·贝尔等人也把在 20 世纪四五十年代期间发展起来的"新古典综合"经济理论在六七十年代所处的困境称为"经济理论的危机"(参见丹尼尔·贝尔:《经济理论的危机》,上海译文出版社,1985 年)。

③J. 罗宾逊,J. 伊特韦尔:《现代经济学导论》,商务印书馆,1982 年;R. W. Clower, *The Keynesian Counterrevolution: A Theoretical Appraisal*, *The Theory of Interest Rates*, London: Institute of Economic Affairs, 1966; A. Leijonhufvud, *On Keynesian Economics and the Economics of Keynes*, Oxford University Press, 1968.

④马克·威尔斯:《"理性预期":反凯恩斯革命的革命》,丹尼尔·贝尔:《经济理论的危机》,上海译文出版社,1985 年,第 113—133 页。

⑤P. A. 萨缪尔森:《经济学》,商务印书馆,1981 年。

⑥B. E. Hall, J. B. Taylor, *Macroeconomics-Theory*, *Performance and Policy*, W. W. Norton & Company: Inc. , 1986.

⑦亨利·勒帕日:《美国新自由主义经济学》,北京大学出版社,1985 年,第 61—153 页。

⑧J. M. 凯恩斯:《就业、利息与货币通论》,商务印书馆,1981 年,第 321—323 页。

⑨A. H. Hanesn, *Fiscal Policy and Business Cycles*, 1941, London.

⑩P. A. 萨缪尔森:《经济学》,商务印书馆,1981 年。

⑪D. W. 波尔斯:《现代经济学词典》,上海译文出版社,1988 年,第 396 页。

⑫科托夫:《西德新自由主义》,商务印书馆,1963 年,第 65 页。关于社会市场经济的运行理论,也可参阅艾哈德:《来自竞争的繁荣》,商务印书馆,1983 年。

⑬K. 埃克隆德:《瑞典经济——现代混合经济的理论与实践》,北京经济学院出版社,1989 年,第 91 页。

⑭L. 雷诺兹:《宏观经济学——分析和政策》,商务印书馆,1983 年,第 116—117 页。

⑮J. M. 凯恩斯:《就业、利息与货币通论》,商务印书馆,1981 年,第9 页。

⑯同上书有关章节。

⑰J. R. Hicks, Mr. Keynes and the "Classics": A Suggested Inter-pvetation, *Econometrica*, Apr 1937;A. H. 汉森:《凯恩斯经济学指南》,商务印书馆,1961 年。

⑱丹尼尔·贝尔:《经济理论的危机》,上海译文出版社,1985 年,第78 页。

⑲就是 *IS-LM* 曲线分析的创立者希克斯本人在以后也意识到这一模型所得出的结论具有太浓厚的"古典学派"性质,他从存量分析与流量分析的关系的角度,对这一模型的不足做了进一步的反省(参见 J. R. Hicks, *Money, interest and Wages*, Oxford, 1982)。

⑳J. 罗宾逊:《凯恩斯革命的结果怎样?》,《凯恩斯以后》,商务印书馆,1985 年,第 9 页。

㉑有关克洛沃和莱荣霍夫德的经济理论,请参见本章注释③中所列的这两位经济学家的论著。当然,关于把凯恩斯经济学理解为一种非均衡理论的观点以及把凯恩斯经济学解释成一种数量调整而非价格调整的说法的最初思想可以追溯到唐·帕廷金(参见 D. Patinkin, *Money, Interest and Prices*, New York, Harper & Row, 1965)。

㉒有关这方面的理论文献可以参阅 E. Malinvaud, *The Theory of Unemployment Reconsidered*, Blackwell, Oxford 1977;R. J. Barro and H. I. Grossman, A General Disequilibrium Model of Income and Employment, *American Economic Review*, Mar 1971;J. P. 贝纳西:《宏观经济学:非瓦尔拉斯分析方法导论》,上海三联书店,1991 年。

㉓伊斯雷尔·M. 柯兹纳尔:《"奥地利学派"对危机的看法》,丹尼尔·贝尔:《经济理论的危机》,上海译文出版社,1985 年,第 151—164 页。

㉔A. W. Phillips, The Relation between Unemployment and the Rate of Change of Money Wage in the United Kingdom, 1861-1957, *Economica*, Nov 1958.

㉕P. A. Samuelson and R. M. Solow, Analytical Aspects of Antiinflation Policy, *American Economic Review*, May 1960.

㉖M. 弗里德曼:《通货膨胀与失业》,《米尔顿·弗里德曼论通货膨胀》,

中国社会科学出版社,1982 年。

㉗M. 卡特,R. 麦道克:《理性预期:八十年代的宏观经济学》,上海译文出版社,1988 年,第 70—75 页。

㉘希克斯:《凯恩斯经济学危机》,商务印书馆,1979 年;希克斯:《货币主义的错误是什么?》和 J. 托宾:《通货膨胀与失业》,均载《现代国外经济学论文选》(第一辑)商务印书馆,1979 年。

㉙ H. Frisch, *Theories of Inflation*, Cambridge University Press, 1983。除这里涉及的 Aukrust-EFO 模型外,本节前面所论及的其他通货膨胀理论也可参阅 H. Frisch 的上述著作,该书的中译本为《现代通货膨胀理论》,中国金融出版社 1989 年版。

㉚W. 海勒:《经济学对在哪里》,N. 卡尔多:《世界经济中的通货膨胀和衰退》,J. 罗宾逊:《经济理论的第二次危机》,均载《现代国外经济学论文选》(第一辑),商务印书馆,1979 年,以及 J. 罗宾逊和 J. 伊特韦尔:《现代经济学导论》,商务印书馆,1982 年。

㉛ A. S. Blinder, *Economic Policy and the Great Stagflation*, New York Academic Press,1979.

㉜M. K. 埃文斯:《凯恩斯主义经济计量模型的破产》,《现代国外经济学论文选》(第五辑),商务印书馆,1984 年。

㉝关于这一经济增长模型可以参见哈罗德(R. Harrod):《动态经济学》,商务印书馆,1981 年;多玛(E. D. Domar):《经济增长理论》,商务印书馆,1983 年。

㉞新古典经济增长理论的最主要代表文献有索罗(R. M. Solow):《经济增长论文集》,北京经济学院出版社,1989 年。此外,关于新古典经济增长模型特征的概括性论述,也可以参见 P. A. 萨缪尔森在《经济学》一书中综述的观点。

㉟关于在生产函数和经济增长理论方面的"两个剑桥之争",可以参见 G. G. Harcourt, *Some Cambridge Controversies in the Theory of Capital*, Cambridge University Press,1972。

㊱ N. Kaldor, Alternative Theories of Distribution, *Review of Economic Studies*,1955-56 Vol. 23,PP. 85—100.

㊲J. Robinson, *Accumulation of Capital*, Macmillan,1969。

㊳二元结构经济分析可参见刘易斯:《二元经济论》,北京经济学院出

版社,1989 年,费景汉、C. 拉尼斯:《劳动力剩余经济的发展》,华夏出版社,1989 年。

㊴T. W. Schultz, *Transforming Traditional Agriculture*, Yale University Press,1964;有关其他中文文献亦可参阅舒尔茨的《经济增长与农业》一书,北京经济学院出版社,1990 年。此外,舒尔茨的分析中所包括的"经济人"理性行为的假定,表明了新古典分析在发展经济学中的运用。事实上,在 20 世纪六七十年代的发展经济学的研究,确实出现了一种新古典理论复兴的浪潮。关于这一问题的论述,可参见 I. M. D. Little, Economic Development(1982)。

㊵"不平衡增长"理论可参见 A. O. 赫尔希曼:《经济发展策略》,台湾银行经济研究室,1974 年。

㊶G. Myrdal, *Economic Theory and Underdeveloped Regions*, Dackuwrth,1963.

㊷关于新古典综合学派和希克斯对于乘数-加速数原理的分析及阐述,可参见 E. 夏皮罗:《宏观经济分析》,中国社会科学出版社,1985 年。

㊸米尔顿·弗里德曼等:《弗里德曼的货币理论结构——与批评者商榷》,中国财政经济出版社,1989 年,第 115—121 页。

㊹莫迪利安尼的"生命周期假说",是由他在《储蓄的生命周期假说,总的含义和检验》一文中指出的,有关中文的文献,可参见 F. 莫迪利安尼:《关于稳定政策的争论》,北京经济学院出版社,1991 年,第 92—125 页。

㊺R. E. Lucas, *Study in Business Cycle Theory*, Oxford,1981,转引自 K. D. 胡佛:《新古典主义宏观经济学》,中国经济出版社,1991 年,第 345 页。以下有关卢卡斯的周期理论亦可参阅上书。

㊻关于"不完全信息"的模型,可参见 R. E. 霍尔和 J. B. 泰勒:《宏观经济学》,中国经济出版社,1988 年,第 393—414 页。

㊼关于国际贸易理论的分析方法和"赫克歇尔-俄林定理"的论述,可参阅林德特(P. H. Lindent)和金德尔伯格(C. P. Kindleberger)所著《国际经济学》,上海译文出版社,1985 年,第 17—115 页。

㊽米德的国际经济政策理论可参阅 J. E. 米德:《国际经济政策理论》(第 1 卷《国际收支》),商务印书馆,1990 年。

㊾R. 巴克豪斯:《现代经济分析史》,四川人民出版社,1991 年,第 486—487 页。

○50 A. 汉森：《经济政策与充分就业》，上海人民出版社，1959 年，第 243—244 页。此外，对于自由市场经济及自由放任经济政策的批评，当然在汉森之前较早的年代就已经出现了，例如凯恩斯在 1926 年《放任主义的结局》就表示了类似的观点（参见凯恩斯：《劝说集》，商务印书馆，1962 年）。

○51 同上书。

○52 这一经济政策的理论基础被称为"新经济学"，是由美国经济学家 A. 奥肯（A. Okun）和 J. 托宾提出来的。有关这方面的著述可参阅 J. 托宾：《十年来的新经济学》，商务印书馆，1980 年和 A. Okun, Potential GNP: *Its Measurement and Significance*, in Papers and Proceedings of Business and Economic Statistics Section of the American Statistical Association, 1962, PP. 98-104。

○53 关于货币政策的作用及其重要性的分析，可参见 M. 弗里德曼：《货币政策的作用》，《现代国外经济学论文选》（第一辑），商务印书馆，1979 年，第 126—128 页。

○54 以上分析的详细内容可参阅 M. 弗里德曼：《最适货币数量论文集》，台湾中华书局，1974 年。此外，在国内经济政策方面，弗里德曼为对付通货膨胀的后果，提出了"收入指数化"方案，认为"收入指数化"方案可以消除政府搞通货膨胀的动机和剥夺政府从通货膨胀过程中所得到的收益，最终达到抑制通货膨胀的积极结果。

○55 有关上述分析可参阅 M. 弗里德曼的两篇论文：《浮动汇率论》和《真假金本位》，《弗里德曼文萃》，北京经济学院出版社，1991 年，第 572—638 页。

○56 小沃尔特·格萨迪：《切合实际的新经济学》，《世界经济译丛》，1979 年第 4 期。

○57 M. 威尔斯：《"理性预期"：反凯恩斯革命的革命》，丹尼尔·贝尔等：《经济理论的危机》，上海译文出版社，1985 年，第 113—132 页。关于理性预期学派的经济政策主张的概述，也可参阅 M. 卡特：《理性预期：八十年代的宏观经济学》（上海译文出版社，1988 年）一书中的第 3 章和 4 章有关政策规划的内容。

○58 P. C. 罗伯茨：《供应学派革命》，上海译文出版社，1987 年，也可参阅 B. 巴特利特：《里根经济学—行动中的供应学派经济学》，《财政研究资料》，1982 年第 11—16 期。

(59)K. 布什伯特逊:《新剑桥学派、凯恩斯学派、货币学派:关于宏观经济政策的争论》,中国经济出版社,1988 年,第 69—84 页。

(60)艾哈德:《来自竞争的繁荣》,商务印书馆,1983 年,第 81 页。

(61)克里·特纳等:《计划经济学》,商务印书馆,1982 年,第 54—72 页;车耳:《第三条道路——法国经济计划化的理论与实践》,辽宁人民出版社,1987 年,第 83—125 页。

(62)关于斯蒂格勒在这方面的理论著作可以参阅《产业组织和政府管制》一书,上海三联书店,1989 年。斯蒂格勒的理论往往被一些经济学家认为是一种自由主义经济学理论,与人力资本、公共选择和新制度经济学共同构成了当代美国新自由主义经济学思潮(参见本章附录的阐述内容)。

附录Ⅰ:人力资本理论

人力资本理论是 20 世纪 60 年代在美国兴起的新自由主义经济学的一个重要组成部分。其主要代表人物是舒尔茨(T. W. Schultz),贝克尔(G. S. Becker)和明瑟(J. Mince)。

从经济哲学和方法论方面来看,人力资本理论最大的特点在于,把新古典经济学的分析方法推广到家庭研究领域,把家庭作为一种与企业类似的经济活动主体,并采用了均衡分析方法来研究市场经济中家庭的经济活动。根据人力资本理论,家庭如同企业一样,也是人们做出一系列资源配置决策的场所。家庭是一个基本的经济单位,一方面生产用于增加社会生产资本的"产品"(劳动力、子女教育);另一方面则为其成员提供"消费"(家庭的各类商品和劳务的消费)。为此,家庭活动需要三种不同类型的资源:家庭成员的货币收入、家族成员无偿担负的家务劳动和家庭成员的时间。马克·布劳格(M. Blaug)据此认为,人力资本理论,"它本身是更为全面的新古典研究框架中的一个分框架,因此,它只不过是标准的新古典概念在新古典经济学家以前没有考虑过的现象上的运用。人力资本概念或人力资本研究框架的'硬核'是这样一种思想:人们以不同的方式在他们自己身上的花费,不仅是为了当前的享受,而且也是为了将来取金钱和非金钱的报酬"①。例如,贝克尔就认为,家庭正在为自己家庭的成员或孩子所支出的各种费用,不仅是为了现在获得效用,同时也是在考虑为未来获得效用。而为了满足未来需求的支出,一般只有在预期收益的现值至少等于现在的支出现值时,人们才会做出支出的决定,这种支出实际上也就是一种投资。家庭用于教育等方面的开支就是按照预期贴现的现值等于支出的现值这一投资原则做出的。②

人力资本理论的另一个重要特征就是扩大和完善了古典经济学以来的资本和投资概念。舒尔茨在 1960 年的一次题为"人力资本的投资"的演讲中首次指出,传统的经济理论大都只强调物质资本和劳动力数量对经济增长的影响,事实上,人的知识、能力、技能等人力资本的提高对经济增长的贡献远比物质资本和劳动力数量重要。因此,研究经济发展的动力,有必要引进总括的资本概念,即同时包括了物质资本和人力资本的资本概念。人力资本是在人的身上体现的能力和素质,表现为人的知识、技能、资历、经验等,人力资本的形成必须通过人力资本投资,这些投资具体表现为提高人力的各项开支,包括保健、教育、劳动力迁徙等支出,其中教育投资是人力资本投资最主要的组成部分。从人力资本投资的收益方面看,人力资本是劳动者提高收入的最主要的源泉。在经济增长过程中,国民收入中劳动份额的上升和物质资本收入份额的下降,表明人力资本的迅速增长,以及人力资本的投资收益率要高于物质资本的投资收益率。③

贝克尔在人力资本形成的研究中,强调了正规教育和职业培训的作用及其支出和收益问题,提出了教育投资的收益率公式。他认为,学生在学习期间必须支出直接成本(如学费等),同时也还有间接成本或机会成本(未尽早就业的收入损失),这两种成本构成教育的总成本。教育的纯收入就是潜在的收入与总成本之差,这个差额越大,表明教育这种人力资本投资的收益率越高,而唯一决定人力资本投资量的最重要因素可能就是这种人力资本投资的收益率。同时,贝克尔还运用人力资本理论做了大量的经验性的研究,阐述了人力资本投资对就业和收入分配的重要影响。④在贝克尔的著作中,也可以看到新古典经济学家以个人主义为特征的方法论,即强调追求效用最大化的理性行为和人力资本的形成典型地是由个人根据他们自己的利益所采取的行为而引起的。这些理论分析构成了战后新微观经济理论的重要组成部分。

在经济政策理论方面,人力资本理论的代表人物推崇自由市场经济,反对过多的政府干预。在他们看来,在市场经济中,人们在从事经济活动时会根据市场信息来有效地配置资源。在劳动市场中,劳动者的流动、人力资本投资都会依据市场信息来调整,由市场供求关系来决定。政府的过分干预并不能替代市场的经济职能,相反地,只会造成经济的扭曲和降低经济运行的效率。

附录Ⅰ注释

①马克·布劳格:《经济学方法论》,北京大学出版社,1990年,第242页。

②加里·S.贝克尔:《人力资本》,北京大学出版社,1987年。

③西奥多·W.舒尔茨:《人力投资》,华夏出版社,1990年;《人力资本投资——教育和研究的作用》,商务印书馆,1990年。

④加里·S.贝克尔:《人力资本》,北京大学出版社,1987年。

附录Ⅱ "公共选择"与"政府失败"

福利经济学的产生和20世纪30年代"凯恩斯革命"的爆发,极大地动摇了经济学家关于市场完美无缺的信念,为此,主张"混合经济"的学者开始大量揭露市场的局限性,提出了"市场失败论"(market failure),并积极主张通过政府对经济的干预来弥补市场的不足,"政府校正市场"的论调在战后几十年中占据了西方经济学界的支配地位。但是,政府真正能够代表社会利益来纠正市场的缺陷吗?政府在纠正市场缺陷的过程中不会产生新的不利结果吗?政府干预经济的代价一定小于由此带来的收益吗?对这些问题的深入研究的结果便导致了一个重要的新自由主义经济学派的产生,即公共选择学派。这一学派的创立者 J. M. 布坎南(J. M. Buchanan)教授为此获得了1986年诺贝尔经济学奖。

公共选择理论最为主要的特点就在于,它把经济学中的经济人假设引进到对现代混合经济中人们的政治行为(尤其是政府及其官员的决策行为)的分析中,从而加强和扩大了经济人范式的科学效用和研究分析领域,在个人行为和集体选择之间架起了一座桥梁。在布坎南等人看来,人们在需要做出经济决策和政治决策时的反应在本质上是一样的,即为了追求自身的利益。对于个别公民而言,他在选票箱前的行为与他作为单个消费者在市场中的购买行为(进行"货币选票"投票)在本质上是相同的,他总是投票给那些预计可以给自己带来更多利益的政治家,就如同他在市场会购买能给自身的消费带来更多效用的商品一样。同样地,人也不会因为他拥有某种地位或头衔,追求自身利益的本性就有所改变。对于政府官员而言,只要有可能的话,他便会选择能为自己带来更大满足的决策,即使该决策可能不太符合公众利益。不仅如此,公共选择理论还认为,由于在私营企业部门和公共行政部门中的个人行为在本质上都是一样的,但又由于在不同部门中个人追求自身利益的行为法则和制度约束是不同的,并且这些约束在私营企业部门要比在公共行政部门更为严格。因此,产生了一种反常的结果,即私营企业部门中个人的行为倒最有可能符合公共利益;而在公共行政部门中,人们在追求自身利益的过程中却可能不太管这些行为是否符合公共利益。①

在这种理论分析的基础上,公共选择学派揭示了公共行政部门官僚主义的根源和政府干预社会经济生活的代价。他们认为,在其他条件不变时,政府的干预必然使资源配置的效率低于市场方式的配置效率,其原因主要有:(1)政府部门不可能以盈利为目的,政府官员因而也不可能把他们所提供的公共劳务的成本努力压缩到最低限度,结果是使得社会为此支付的服务费用超出了本应支付的费用的限度;(2)政府部门往往倾向于扩大自身的功能和提供超额的服务,而政府的这种倾向往往被公众的那种以为享受公共产品是得到了便宜的"免费搭车"心理所加强,由此导致了公共服务的过剩和资源的浪费;(3)政府部门的工作具有垄断性,在缺乏竞争机制的条件下,对政府官员行为的监督往往是无效的,由于信息的垄断和所提供的信息的不可靠,事实上监督者往往被被监督者所操纵。公共选择学派把这种现有官僚政体的效率低下所导致的结果称为"政府失败"。②

在关于现代代议制政府和财政赤字的分析中,一方面,公共选择学派通过对政府行为及现代民主政体的选举程序的分析表明,公共服务费用的分散性和公共服务利益分配的集中性,不仅使得多数选举制和政府的干预不一定能真正提高全社会的福利,而且造成政府作用的不断扩张,并导致政府开支的急剧膨胀,这是凯恩斯主义经济政策的必然结果;另一方面,"凯恩斯经济学导致了政治家的过度自由,它摧毁了对政治家正常欲望的有效约束。用凯恩斯主义武装起来的政治家能够大肆花费并不因急需征来的税金"③。因此,在公共选择学派看来,政府的干预与市场的调节一样,也是存在缺陷和局限性的,"市场的缺陷并不是把问题转交给政府去处理的充分理由",只要有可能的话,各种决策活动应尽量转交给私营部门及个人去做,如果过分依赖政府的干预,那只会产生与人们的初衷相反的结果。④

附录Ⅱ注释

①亨利·勒帕日:《美国新自由主义经济学》(第五章《国家现象增长的原因:"公共选择"》),北京大学出版社,1985 年,第 118—153 页。

②同上书。

③J. M. 布坎南,R. E. 瓦格纳:《赤字中的民主》,北京经济学院出版社,1988 年,第 4 页。

④J. M. 布坎南:《自由、市场和国家:20 世纪 80 年代的政治经济学》,北京经济学院出版社,1988 年。

附录Ⅲ 新制度经济学

根据美国经济学家威廉姆森(O. E. Williamson)的定义,新制度经济学(the new institutional economics)是一个年轻而广泛的经济学运动,它包括了产权经济学、交易费用理论、公共选择理论和新奥地利学派等。本附录所涉及的新制度经济学,重点是关于产权经济学和交易费用理论。

作为新制度经济学的组成部分,产权经济学和交易费用理论在经济理论分析方面的一个最重要的特点,就是将新古典经济学中标准的微观经济理论经过某些修正完善后运用到关于经济制度问题的分析中去。正如该学派的创始人科斯教授在谈到新制度经济学之所以区别于旧制度经济学时所指出的:"能够明确区分和标志当代制度经济学家的,并不是他们讲制度……也不是他们提出了一种新的经济理论……而是他们利用正统经济理论去分析制度的构成和运行,并去发现这些制度在经济体系运行中的地位和作用。"①据称,正是这一特征使得新制度经济学成为经济学"本来应该是的那种经济学"。例如,在《企业的性质》一文中,科斯就用他所创立的交易费用的分析框架来解释市场的交易成本与企业成因的关系。科斯认为,在市场经济活动中,生产要素的购买或租用,货物和服务的销售等都需要通过契约形式来进行,而契约的签订、执行、监督等活动都是要付出真实代价的,当这种市场交易活动的成本高到一定程度时,用依据等级原则管理的被称作"企业"的集中性组织来代替市场机制就是合算的了。同时,企业协调所投入的生产要素进行产销活动时也需要付出管理费用,因此,企业的管理费用与市场交易费用两者的比较权衡就决定了企业规模的限度。由此可见,企业的产生可以被视为是一种管理费用较低的契约类型(如工资契约)取代了另一种交易费用较高的契约类型(如生产市场契约)过程的结果。②

另一个与交易费用理论有关的问题,是产权经济学所研究的核心问题——产权制度的安排对社会及个人经济活动的影响,或者说,产权制度的"生产率"问题。对于这一问题的研究,科斯教授通过对福利经济学中的所谓"外部不经济"问题的例子分析所得出的最重要的结论之一,就是所谓"科斯定理",或称"科斯第二定理"。这一定理表明,在交易费用为正的情形下,法律在决定如何利用资源方面起着十分重要的作用,不同的产权界定,会带来不同效率的资源配置结果。具体地说,在交易费用不为零的情况下,"合法权利的初始界定会对经济制度运行的效率产生影响。权利的一种调整会比其他的调整产生更多的产值。除非这是法律制度确认的权利安排,否则通过转移和合并权利达到同样后果的市场费用会非常之高,以至于最佳的权利配置,以及由此带来的更高的产值也许永远也不会实现"③。此外,"科斯定理"的分析也大大拓宽了法律的经济分析范围,提供了一种把普通法的案例归结为产权界定问题的分析框架,并提出了有效地进行产权界定的准则和出现无效界定后的纠偏对策。

除上述理论外,产权经济学的一个非常重要的理论组成部分就是产权制度的变迁理论,这一理论的重点是说明资本主义私有财产制度的产生及其对资本主义经济发展的影响。制度变迁理论的代表人物道格拉斯·诺思(D.C.North)教授通过对经济史的研究表明,人们不应该从某一种偶然的技术革新中去寻找产业革命的原因,而应该从封建社会以来所有权体系的演化及产权制度的创新中去寻找原因,正是这种制度创新调动了人们的积极性,从而保证把资本和人力投入到社会最有益的活动中去。同时,诺思还进一步分析了制度创新的条件,即创新改变了潜在的利润和创新成本的降低使制度安排的变迁变得合算了。[④]此外,舒尔茨也对现代经济增长和制度创新的关系做了实证性的研究,得出了对制度的新的需求是人的经济价值提高的结果的结论。[⑤]

如果将产权经济学和交易费用理论做进一步的政策引申,应该可以看出其经济政策的一般倾向性是较为明显的。比如,在产权经济学家看来,即使交易费用高到与科斯定理不相干了,仍然没有依据来推定政府干预将会使经济运行的状况有所改善,"政府失败"必定为"市场失败"所加重。这一学派的一些研究文献表明,一些产权经济学家甚至认为,某些方面的市场失败并不是市场机制本身固有的,而是由于产权界定的费用或界定技术上的原因造成的,这些原因使得产权界定不能明确,由此使得市场机制无法正常发挥调节作用。因此,解决市场失败问题,不一定非要引入政府对经济的干预,而可以通过更清晰地界定产权来解决。只要市场解决办法在技术上变得更为切实可行时,就应尽可能求助于市场解决办法。例如,在讨论解决海洋资源由于滥捕而正面临枯竭这一问题时,一些经济学家把海洋资源的枯竭归咎于海洋不存在专一的所有权,所以无人会关心海洋的资源及生产潜力。因此,所得出的结论是,取消目前海洋法所规定的海洋资源的公有制,重建远海私有权利。同样,在解决污染问题上,该学派的经济学家也有类似的政策建议。[⑥]

附录Ⅲ 注释

①R.科斯:《关于新制度经济学》,《企业、市场与法律》,上海三联书店,1990年,第253页。

②R.科斯:《企业的性质》《"企业的性质"的由来》《"企业的性质"的含义》《"企业的性质"的影响》,《企业、市场与法律》,上海三联书店,1990年,第1—23、174—235页。

③R.科斯:《社会成本问题》,《企业、市场与法律》,上海三联书店,1990

年,第 92 页。

④关于以 D.C.诺思为代表的新经济史学派的主要著作,可参阅诺思:《西方世界的兴起》,华夏出版社,1989 年;《经济史中的结构与变迁》,上海三联书店,1991 年。

⑤T.W.舒尔茨:《制度与人的经济价值的不断提高》,《财产权利与制度变迁——产权学派与新制度学派译文集》,上海三联书店,1991 年,第 251—265 页。

⑥亨利·勒帕日:《美国新自由主义经济学》,北京大学出版社,1985 年,第 212—219 页。

[4] 计划经济理论*

计划经济理论体系,最早是马克思作为对资本主义经济制度和自由
竞争经济理论体系的否定面或对立面而提出来的,是马克思对未来社会
经济形态的一种设想。但是,由于在一定的客观环境和历史条件下人们
对马克思的计划经济理论做了相当教条式的理解,因而在建立高度集中
的产品经济的计划经济体制的实践中,发展出了一套相应的计划经济理
论体系。这一经济理论体系的核心内容是研究以国有制(全民所有制)
为主导的财产公有制度与计划机制相结合的问题,即研究公有制基础上
的计划经济体制。尽管这种传统的计划经济理论在本质上并不是对马克
思经济理论的辩证理解和科学发展,但是,从 20 世纪 20 年代到 50 年代中
期,这一经济理论体系事实上成了社会主义各国计划经济的指导思想。

4.1 理论渊源——空想社会主义学说

关于共产主义和社会主义的经济理论体系或者说计划经济理论体
系,最初是由马克思和恩格斯作为对资本主义经济制度及资产阶级学者
的自由竞争经济理论的批判结论或对立面提出来的。但是恩格斯提醒
人们说:"德国的社会主义永远不会忘记,它是依靠圣西门、傅立叶和欧文
这三位思想家而确立起来的……他们天才地预示了我们现在已经科学地
证明了其正确性的无数真理。"①

---

* 本文内容选自史晋川、张法荣:《比较经济理论分析》(杭州大学出版社 1993 年版)
第四章。

18世纪末19世纪初,英国的产业革命已进行了一段时间,正处在工场手工业向机器大工业过渡时期,法国也开始了产业革命。产业革命的进行使资本主义生产力获得了迅速的发展,广大手工业者因为受到打击而破产,沦为无产阶级,深受资本主义的剥削。正是在这样的历史条件下,圣西门、傅立叶、欧文等思想家纷纷著书立说,到处进行宣传活动,企图改善广大劳动人民的生活,然而他们的学说以及为达到目的所采取的措施都是空想的。恩格斯分析认为:"不成熟的理论,是和不成熟的资本主义生产状况,不成熟的阶级状况相适应的。解决社会的问题的办法还隐藏在不发达的经济关系中,所以只有从头脑中产生出来。"②也就是说,空想社会主义的出现是必然的。③

昂利·克劳德·圣西门是法国著名的空想社会主义者,他反对资产阶级启蒙学者和资产阶级古典经济学家把资本主义看作是合乎自然的永恒制度的观点,认为人类社会是不断进步的,是一个从低级阶段到高级阶段发展的历史过程。圣西门在批判资本主义制度的基础上,创立了他所理想的未来社会制度——实业制度。圣西门认为,革命是一种毁灭性的行为,它吞没了一切好的和坏的事物,只有知识和工业才是重新改组社会的主要手段。

弗里索瓦·沙利·傅立叶则是一位带有现实主义气质的法国空想社会主义者。他认为,"情欲"是人类行为的源泉。社会上的苦难和纷争出自约束和阻碍人类固有的情欲、本能和冲动。社会秩序应该是这样一种形式:使情欲能增进社会的利益而不是对社会造成损害。为此,傅立叶在对资本主义制度做了尖锐的辛辣的讽刺和批判之后,构想了一个理想的和谐社会——法郎吉。④

罗伯特·欧文是英国著名的空想社会主义者。他接受了法国唯物主义者关于"人的性格是环境的产物""教育万能"等思想,积极从事资本主义社会改革的实践,并在实践中看到阶级的对立,从而转向共产主义。欧文认为,私有制、宗教和婚姻制度,是资本主义制度的三大祸根,代替资本主义的合乎理想的社会制度将是合作公社。

总之,空想社会主义揭露和批判了资本主义制度,指出资本主义只是暂时的过渡性的社会,必然要被更理想的社会所代替。而且,三大空想社会主义者都提出了改造社会及建立一个理想社会的方案。

1. 空想社会主义的财产制度理论

总的来说,空想社会主义者的一个首要的共同准则是强调财产公有,当然,对财产公有的原因和程度的理解是各不相同的。

托马斯·莫尔把财产公有作为他的乌托邦计划的首要原则。莫尔认为:"除非消灭财产,否则就不可能对物资进行公平的分配,这个世界也不能得到幸福的治理。因为只要保持财产制度,人类最伟大而优秀的部分就会忧心忡忡,仍然受到压制。"⑤可见,莫尔是从现存私有制度所带来的财富分配不均角度,深感消灭私有财产制度实行财产公有之必要。

托马斯·康帕内拉则是从另一个角度来认证财产公有的客观要求。他认为,持久的社会和平与个人幸福有赖于废除私有财产和家庭,因为财产是首要的不稳定因素和相互倾轧的原因,也是前进过程中人们之间相互团结的不可避免的破坏者。因此,在太阳城里,所有的东西都归公有,包括妻室儿女也归公有。因为爱来自家庭,"我们之所以要获取增加私人财产,乃是由于每个人有他自己的家庭、妻子和儿女……一旦我们抽去自爱,剩下的就只有对国家的热爱了"⑥。在这里,康帕内拉和柏拉图一样,都认为家庭乃是公民完全献身于国家的障碍。

摩莱里是从人类心灵的研究转入对社会的剖析的。他认为,人类具有良好的品德,能够进步,并且由于受人类存在的法则所限,是注定要彻底社会化的。当今社会的不平等现象和随之而来的人类苦难,是由私有财产制所导致的。因而,摩莱里坚持要废除私有财产,实行一切财产公有,要求将财产控制权从私人手中转移给作为一个整体的社会,使财产所有权社会化,但个人身边使用的物品可归私人占有。

弗朗索瓦·诺埃尔·巴贝夫是一位提倡高度集中制的空想社会主义者,他比摩莱里更鲜明地强调了平等权利。他认为,"自然给予每个人平等享受一切财物的权利"⑦。私有财产是正义和秩序的敌人。因此,理想的社会组织要求财物和社会地位共有,每一个人对财富和个人机会都是绝对平等的。由此可见,在巴贝夫的思维中,财产共有是一种不受时间、空间限制的天经地义的自然要求,而且这种共有所带来的平等是绝对的。

和巴贝夫的绝对平等相反的是,亨利·圣西门相信人类天生是不平等的,不管是当今社会还是未来社会,每个人的能力、智力、技能和道德品质总是各不相同的。因而,社会总是分成不同的等级,弱者由强者领导前进。要做好工作和管好社会,就必须由专家当政。但是,圣西门也要求废除由于财产和地位的继承所导致的不平等,因而要求建立一个把土地、资本和一切生产工具收归国有的国家。然而,圣西门反对通过暴力革命来改造社会,因而,在他的实业制度中并没有消灭私有制。

弗朗索瓦·沙利·傅立叶在财产制度上坚持的是一种矛盾的折中主义。为了建立一个能发扬真理、诚实的作用,节约资源并发展我们固有爱好的理想社会,傅立叶构想了法郎吉。在这种个人联合体中,1800~2000人生产、生活在一起。这些人居住在号称"密集堂"的公共建筑物中,并在大约3平方英里的土地上靠集体的一致努力经营工农业。傅立叶认为,在这样的环境里,所有的情欲都得到了完全自由的发挥,并可以和谐地联合起来,最终走向和谐与幸福的完美状态,实现完美的社会。

和圣西门、傅立叶有所不同的是,欧文是在管理工厂的过程中,发现了资本主义私有制度的不合理性,并在此基础上创立了他所理想的合作公社。合作公社是欧文理想社会的基层组织,它是建立在生产资料公有制基础上的集体劳动的生产单位和消费单位。这是一个没有资本家、没有与社会福利水火不相容的私有财产,由为集体利益而生产的公社所组成的世界。在这个人口从500~2000人的公社里,成员们既从事农业又从事制造业;居住在坐落于每个区中心的四方形院子里,里面包括公共宿舍、公共厨房、餐厅、公立学校、图书馆、阅览室、会客室等等。合作公社将取代充满贫困、灾难、不公道、不平等、虚伪、欺诈的资本主义制度。一切都要在兄弟般的合作中团结一致。

总之,空想社会主义者从不同的角度论证了财产公有的必要性,并大胆地详细地描绘了未来理想社会的财产制度特点。应该肯定的是,空想社会主义者对私有财产制度所带来的种种弊端的认识和批判是深刻的,但是,他们没有认识到私有制度的历史进步性和公有制度产生所需的客观经济条件,而不分时间、空间地要求实行财产公有制度,结果就不可避免地陷入了空想。

2.空想社会主义者的经济计划理论

早在文艺复兴时期,英国空想社会主义的奠基人托马斯·莫尔就在《乌托邦》一书中描述:在乌托邦这个财产公有的大家庭中,社会按计划组织生产,不必进行商品交换。他认为,在乌托邦,"每个城市和它的城郊究竟需要多少粮食,他们虽已估定,并且估定得正确,但他们却种了比需要更多的谷物,养了比需要更多的牲畜,这就可以把剩余的送给邻近的人民"。他们的元老如果"一听说某处产品太多,某处某种产品奇缺,马上就在甲乙两地以盈济虚,调剂一下",并且,"毫不计较报酬"。⑧这就是莫尔经济计划的思想萌芽。

托马斯·康帕内拉在他的《太阳城》里也指出,太阳城的生产由社会来组织,全城居民在统一的号令下参加劳动,在土地使用上,他们有计划地把一部分土地用于维持必需的生活,另一部分则用于放牧。

摩莱里在《自然法典》中规定,未来社会是一个统一的整体,在生产、消费、分配、供应、贮藏各个环节上,实行统一计划和严密的管理制度,不得发生商品货币关系。

巴贝夫则更为明确地指出:"我们未来的制度将使一切都按计划来进行……社会将会经常知道,每一个人在做的是什么事,以免同类物品生产得太多或太少,社会将规定,各个生产部门由多少公民来工作,多少青年应专门致力于某项生产事业,按照现在的需要并根据可能的人口增长,将来的需要是容易预先找出来,一切都会安排和分配得妥妥帖帖。"⑨因而不再有市场竞争和经济危机。可见,巴贝夫很天才地预见到了日后社会主义计划经济实践的主要精神。

19世纪初,三位伟大的空想社会主义家则把计划经济思想发展到了一个新阶段。圣西门主张消除经济自由及其所导致的无政府状态。在他所主张的"实业制度"里,人民的幸福将成为社会组织的唯一目的,社会组织将尽善尽美地运用科学、艺术和手工业所取得的知识来满足人们的需要。在实业制度里,实业家和科学家掌握着领导权,每一个人都将参加劳动,社会生产的组织和分工将通过计划完成,通过制定明确的和配合得十分合理的工作计划,把人们紧密联系在一起,让生产和消费处于协调状态和有计划、有组织地进行。欧文也主张在未来社会实行有计划地组织集体生产,在统一计划安排下发展经济,并要求彻底根除资本主义生产的无政府状态和经济危机。

3. 空想社会主义者的分配理论

在16—17世纪的空想社会主义者中,占统治地位的分配思想是各取所需。到18世纪,按需分配或平均主义的分配思想就上升到了统治地位。19世纪的空想社会主义者关于未来社会的分配有各种各样的主张，但都反对平均主义。按劳分配的想法，就是在反对平均主义的过程中最早由圣西门提出来的。

托马斯·莫尔在《乌托邦》中所设计的社会制度，没有私有制、没有剥削、没有压迫，劳动已成了每个人应尽的义务。无论是谁，都得参加劳动，都得专心致志地工作。乌托邦的分配原则是各取所需。乌托邦城平均分为四部分，每个部分的中心是各类物资汇聚的公共仓库。乌托邦人生产的产品，都送到公共仓库。"每家家长到这儿申请他自己以及全家所需要的一切，不付钱，也不付任何代价，他可以领到他所申请的样样东西。"⑩关于各取所需的根据，莫尔提出了两条："第一，没有一种物资不是充裕的；第二，也无需顾虑任何人会不按照自己的需要而多申请物资。"⑪而且，在莫尔看来，第二条是由第一条决定的，因为一个人既然不相信物资会供应不足，就没有必要去申请太多的物资。可见，在托马斯·莫尔的分配思想中，又包含着明显的"不劳动者不得食"和"各取所需"思想。

在托马斯·康帕内拉的太阳城里，不论是谁，都不能像乌托邦的居民那样，到公共仓库去自由地领取自己所需要的东西。他们要得到自己所需要的东西，必须得到公职人员的允许并受到公职人员的监督。也就是说，太阳城的"一切产品和财富都由公职人员来进行分配"，公职人员规定每个人应得的消费品，并对每个人进行"严密地监视"，不让他"获得超过他应得的东西"。⑫康帕内拉的分配思想和莫尔的分配思想的区别，就在于康帕内拉更强调了禁欲主义和平均主义。康帕内拉要通过革命在当时手工劳动的基础上实现理想的社会制度，但又清楚地知道不可能实现莫尔所说的各取所需，于是，就设计了一个按需分配，并用社会规定消费定额和公职人员进行分配、监督的办法，把人们的需要限制在生活必需的范围内，使有限的产品能保证每个人最必需的物质和文化需要，在免于饥饿的意义上解决社会贫富的对立，在平均的意义上实现人们经济的平等，把理想社会建立在原始的财产公有、简单协作式的共同生产和禁欲主义、平均主义的共同消费基础上。这是解决理想社会和生产力低下的矛盾的唯一办法，是在手工劳动的基础上实现理想社会的唯一出路，也是早期的、正在形成的无产阶级的最高理想。

关于理想社会的分配，摩莱里也主张实行按需分配原则。摩莱里在

《自然法典》中规定,每个人生产的产品都送到公共仓库或公共市场去保管,需要的产品都到公共仓库或公共市场去领取。"按照神圣法律的规定,公民之间不得买卖或交换。因此,需要蔬菜或水果的人,可到公共市场去取一月的用量;生产这种产品的人将它们送到公共市场……其他一切需要分给每个家长,以供他们个人使用或子女使用的物品,均采用这种方法分配。"⑬与此同时,摩莱里还十分强调平均主义和禁欲主义,从而把按需分配变成了一种低生活水平上的纯粹的平均主义分配。

对巴贝夫来说,平等具有头等重要的意义。在巴贝夫看来,分配比生产更重要。因为,要消灭阶级,实现人们之间的平等,重要的是平等的分配。而且,巴贝夫的平等分配必须是使每个人之间"没有任何差别的绝对的平等",必须使人们在享受物质福利方面"绝对平等""绝对均等"。⑭也就是说,每个公民,只要参加劳动,就应"分配给每个公民由其他各种物品构成的社会总产品同等的一份"。巴贝夫的这种"绝对均等的分配制度",把18世纪的平均主义分配思想发展到了登峰造极的地步。

在空想社会主义史上,傅立叶最先举起了批判禁欲主义和平均主义的大旗。傅立叶认为,情欲是人类行为的源泉,既不能压制,也不能拉平。因为,人的情欲本来就是不平等的,人的性格、嗜好、本能、财产、野心、教育等等本来就是有差异的。这个不平等,这种差异,不仅不是个人和社会发展的障碍,而且是个人和社会发展的重要动力。因此,傅立叶坚决反对财产公有、禁欲主义、平均主义。傅立叶所主张的理想制度就是建立在财产私有基础上的协作制度,在法郎吉中,人人都有劳动的义务,人人也都有劳动的权利。法郎吉经营农业、工业、商业及其他副业所获得的收入,将"按比例分配"⑮,其中资本收入占 4/12,劳动收入占 5/12,才能收入占 3/12。不过,在法郎吉的发展过程中,资本收入的比重应逐步缩小,劳动收入的比重应逐步扩大。

在圣西门的实业制度里,"一切人都应当劳动",劳动的性质将发生根本的变化,人们的社会地位完全由他们的劳动情况决定。每个人所得的收入和福利,完全根据他的贡献大小来确定。那时,整个国家机构就是一个大实业企业,"而这个企业的目的,是使每个社会成员按其贡献大小,各自得到最大的富裕和福利"⑯。这样,从事最有益劳动的阶级就会受到尊重,最贫苦的、人数最多的无产阶级的物质和精神状况就会得到改善。应该肯定的是,圣西门的这种按贡献大小分配收入的思想,是对按人头分配(即平均主义)的否定,也是对按特权分配、按资本分配的否定,而且是按劳分配的思想萌芽。

在欧文的合作公社制度里,人人都有劳动的义务,也都有劳动的权利,产品的分配实行的是各取所需。欧文认为,未来社会的分配方式,应该对人人都有最大利益,应该遵循公正的原则。而公正的原则,就是每个人的需要。"这种社会的成员将通过简易、正常、健康和合理的工作,生产出满足其消费欲望还有余的为数极多的剩余产品。因此,可以让每个人都随便到公社的总仓库去领取他要领的任何物品。"⑰

但是,欧文认为,这种理想的社会制度还不能立刻实现,因此,需要一个过渡阶段,采取一些过渡措施。为此,欧文提出了组织合作社和劳动市场两项主张,并亲自进行了试验。在合作社里,欧文所主张的消费品分配近似 18 世纪的"按需分配",即平均主义的分配,唯一的区别只在于他不主张按人头平均,而主张按年龄平均。在劳动市场上,欧文实际上是主张按劳分配。因为,在劳动市场上,产品是借助于"劳动证券"进行交换的。这种证券,以劳动小时为单位,票面额分别为一小时、两小时、五小时、十小时、二十小时、五十小时和一百小时。产品交换时,对产品的估价以劳动小时为尺度。复杂劳动一律换算成简单劳动。生产者先用自己生产的产品换回劳动证券,然后用劳动证券换回自己需要的产品。欧文认为,用劳动证券代替金属货币,用自然的价值尺度代替人为的价值尺度,就可以实现等价交换,从而避免受资本家的剥削。很显然,欧文的劳动证券设想,是马克思按劳分配思想的直接理论来源。

4.2 计划经济的基本原则

马克思和恩格斯对未来社会的科学预见和分析,是从 1842 年 10 月在《共产主义和奥格斯堡〈总汇报〉》一文中最早使用"共产主义"这个词开始的。⑱而且,同空想社会主义不同的是,马克思和恩格斯分析未来社会的基本态度和思想方法是辩证唯物主义和历史唯物主义。但是,马克思和恩格斯只主张对未来社会提出一个大概的轮廓和趋势,不主张给他们规定具体方案,更反对在细节上做更多的预测和描绘。马克思说:"在将来某个特定的时刻应该做些什么,应该马上做些什么,这当然完全取决于人们将不得不在其中活动的那个特定的历史环境。但是,现在提出这个问题是虚无缥缈的,因而实际上是一个幻想的问题,对这个问题的唯一的答复应当是对问题本身的批判。"⑲ 而且,马克思和恩格斯认为,对未来社会的预测和认识,应该随着实践而发展。恩格斯说:"所谓'社会主义社会'不是一种一成不变的东西,而应当和任何其他社会制度一样,把它看成是经常变化和改革的社会。"⑳ 所以,马克思和恩格斯对未来的社会主义经济的论述采取了慎而又慎的态度。

不过,在马克思和恩格斯的著述中,他们或多或少地还是表明了自己对未来社会经济特征的基本认识。归纳起来,可以把马克思和恩格斯关于社会主义经济的各种论述分为两种类型。㉑ 一种类型是在对资本主义的发展规律进行分析的过程中论述社会主义。在《资本论》中,马克思为了阐述资本主义生产方式的历史过渡性,而同时论述了未来社会经济形态的基本特征;另一种类型是由于意识形态斗争的需要而对社会主义社会所做的论述。在《哥达纲领批判》以及《反杜林论》第三部分中,马克思和恩格斯为了对错误的纲领和言论进行批判而对未来社会经济形态做了某种原则性的论述。考斯塔(J. Kosta)把马克思、恩格斯有关未来社会形态的基本构成要素归纳为三个方面:生产资料的社会所有制、国民经济计划和按劳分配,并把社会主义计划经济解释为这样一种经济体制,"这种体制建立在工业发展成熟程度较高的基础上,集体所使用的生产资料归社会所有,国民经济的发展按计划进行,并且主要根据劳动成果分配个人消费品"㉒。

1. 马克思、恩格斯提出的原则

马克思和恩格斯所提出的社会主义经济理论基本上是属于公有制的有计划的产品经济理论,其经济原则主要是:

第一,在未来的社会经济形态中,生产资料主要是归社会全体劳动者共同占有,即在社会的生产资料所有制方面,公有制占据统治地位,社会全体成员都平等地享有运用生产资料和处置生产成果的权利。

第二,社会的生产将按计划进行,计划将根据社会的需要来配置各种经济资源,直接规定社会分工,并对每种产品所消耗的活劳动和物化劳动量进行直接的计算,社会的生产、积累、消费均按照计划进行,社会主要是根据物量单位来制订国民经济计划。

第三,由于废除了生产资料私有制,商品生产将由有计划的产品生产来代替。在这种建立在公有制基础上的有计划的产品经济中,市场机制的作用将自然地随着商品经济的消亡而消失。

第四,社会主义社会的经济分配原则是"各尽所能,按劳分配",与剥削有关的分配范畴将趋于消亡,到了共产主义社会,分配将遵循着"各尽所能,按需分配"的原则。

但是,由于无产阶级革命的爆发和社会主义社会的建立,并没有像导师们所预料的那样在最发达的资本主义社会首先出现,而是先在资本主义较不发达的沙皇俄国产生了,而后又在一些大多是封建性和殖民地色彩较浓厚的落后国家出现了。在这些国家进行社会主义建设的实践中,一开始就对马克思主义的计划经济理论观点做了相当教条式的机械理解,不顾生产力水平这一基础性前提条件,而在相当程度上急切地照搬导师们有关社会主义社会的经济原则。

2. 列宁的理论与实践

尽管列宁在十月革命前后的一段时间里,曾经提出要充分考虑当时俄国的客观经济条件来建设社会主义,但不久就建立了最初的社会主义经济制度的体制模式——战时共产主义经济(1918—1920年)。归纳起来,战时共产主义的经济原则或基本特征包括以下五个方面:[②]

第一,把全民所有制理解为国家所有制,并主张最大限度地扩大国家所有制,同时最大限度地扩大国家的直接权力(包括对经济生活领域)。

第二,对社会劳动力的强制性分配,普遍地使用行政性和军事的方法来按地区、按部门分配社会劳动力,在使用劳动力和严格劳动纪律方面实行兵营化管理,同时试图实行普遍的劳动义务制度。

第三,社会经济活动(包括生产、分配、贸易)的高度集中管理。企业的生产活动由国家经济委员会或该委员会所属的经济机构来管理,企业的一切活动由国家预算拨款,生产按以实物为计算单位的计划进行,产品的分配由计划调拨,实行大范围的物资统配方式。

第四,消费品分配实行平均主义原则、阶级原则和社会原则,并实行以实物分配为特点的消费品配给制度。

第五,在经济生活中迅速实行实物化,废除商品货币关系,取消市场,任何城乡中的商品交换及市场都被认为是非法的经营活动。

战时共产主义体制模式的建立,固然与当时的具体历史环境有关,但不可否认的是,它也是列宁本人以及当时的一些著名共产主义理论家(如考茨基、布哈林等人)对建设导师们所描绘的社会主义社会的一种有意识的尝试。但是,短短三年时间的实践证明这种纯粹的计划经济体制所依赖的社会经济基础是脆弱的,因而出现了"新经济政策"时期(1921—1924年)。可惜的是,新经济政策的实行是短暂的,而且被看作是社会主义社会发展中最初阶段的权宜之计,列宁也认为这是一种退却,不是出于本意,而是形势所迫。只是到了新经济政策的后期,国民经济的恢复和发展才促使列宁在逝世前写下的几篇文章中,不怎么谈"退却"了,甚至提出"我们对社会主义的看法全变了"。

3."斯大林模式"中的原则

从20世纪20年代中后期到50年代中后期的30多年间,在苏联首先建立了高度集中的计划经济体制,也就是所谓的"斯大林模式"。在这一时期,有计划的产品经济理论得到了很大的丰富和发展,可以说,到斯大林的《苏联社会主义经济问题》一书的问世,有计划的产品经济理论体系的发展达到了顶峰。形成了成熟的和系统的计划经济理论,其理论体系的基本观点是:

第一,国家所有制就是全民所有制,是实现马克思所说的全体社会成员占有生产资料的公有制的最高级和最好的形式,国有制应在社会主义经济中占主体地位,建立社会主义制度就必须迅速扩大国营经济比重;同时,承认其他公有制形式(集体所有制)的存在,并将它们的活动范围主要局限在城市之外的农村经济生活中。尽管也承认极少数的经济领域中私营经济成分的合法性,但对私营经济规模必须做严格和机械的界定,因为,私营经济是滋生资本主义的"温床"。

第二,社会主义经济本质上是一种计划经济,社会经济生活的各个领域和各方面都是受国民经济有计划按比例发展规律支配的,而且指令性计划是最主要的计划方式。由于计划在本质上反映了社会经济活动的内在规律性,因而市场机制在经济调节中将不起主要或重要的作用,虽然在某些经济领域仍要发挥市场的调节作用,但充其量只是对计划的补充,作用极为有限,并且范围上是受到计划限制的。

第三,在社会主义经济的一些活动领域中仍然存在着商品生产和商品交换关系,但是,在国营经济之间和国家与国营经济的职工之间只存在着特殊类型的商品关系,即所谓的"商品外壳论"或"商品形式论"。

第四,在消费品的分配领域,实行"各尽所能,按劳分配"的社会主义分配原则。同时,虽然也认可某些其他的个人收入分配原则和方式,但是认为非劳动所得的收入均是合法而不合理的或是带有剥削性质的收入分配范畴。

由此可见,成熟的和系统的计划经济理论的基本观点仍然是以导师们对未来社会经济形态的特征认识为基础的,它所研究和指导的社会主义经济在本质上是一种公有制的有计划的产品经济。下面我们就围绕财产制度理论、经济计划理论、社会再生产和积累理论、收入分配理论来做详细分析。

4.3 财产制度理论

马克思和恩格斯认为:"无论哪一个社会形态,在它们所能容纳的全部生产力发挥出来以前,是决不会灭亡的;而新的更高的生产关系,在它存在的物质条件在旧社会的胎胞里成熟以前,是决不会出现的。所以人类始终只能提出自己能够解决的任务,因为只要仔细考察就可以发现,任务本身,只有在解决它的物质条件已经存在或者至少是在形成过程中的时候,才会产生。"㉓财产制度或者说生产资料所有制作为生产资料的基础,它的演变是以生产力的发展水平为依据的。尽管在《资本论》等著作中,马克思和恩格斯用了大量的篇幅来揭露资本主义私有制所产生的种种弊端和黑暗,但他们也十分明确地肯定了资本主义私有制的历史进步性。马克思认为,随着市场的扩大和生产工具的改进,封建制度已成为生产力发展的障碍,资本主义私有制取而代之这是历史的必然和进步。而且,"自从蒸汽机和新的工具机把旧的工场手工业变成大工业以后,在资产阶级领导下造成的生产力,就以前所未闻的速度和前所未闻的规模发展起来了"㉕。

马克思、恩格斯在《共产党宣言》中指出,"共产党人可以用一句话把自己的理论概括起来:消灭私有制。"⑥所以,从表面上看,马克思、恩格斯和空想社会主义者一样,都坚持要消灭私有制,建立公有制。但是,不同的是,马克思和恩格斯认为,未来的共产主义或社会主义制度作为一种人类历史上崭新的社会经济制度或生产关系,需要高度发达的生产力基础。换句话说,社会主义公有制作为资本主义私有制的必然替代物,必须有远较资本主义发达的生产力基础。早在1847年,恩格斯就在《共产主义原理》中明确地回答了能不能一下子就把私有制度废除掉这一问题,他指出:"不,不能,正像不能一下子就把现有的生产力扩大到为建立公有经济所必要的程度一样。因此,很可能就要来临的无产阶级革命,只能逐步改造现社会,并且只有在废除私有制所必需的大量生产资料创造出来之后才能废除私有制。"⑦因此,马克思和恩格斯预言,社会主义的生产关系是在资本主义生产关系容纳不了高度发达的生产力的条件下产生的,社会主义革命将首先在发达资本主义国家爆发。社会主义公有制的物质技术基础,是以资本主义社会高度发达的社会化大生产作为起点,并在摆脱资本主义的桎梏后迅速发展提高的,因而它必然要比资本主义的物质技术基础更为先进。

在未来的社会主义社会里,马克思和恩格斯所主张实行的是生产资料的社会所有制⑧,具体地说有以下几个特点:

第一,所有制的形式是单一的,工业、农业、交通运输业等所有生产资料都归社会所有,并不存在其他集体或私人的占有形式。恩格斯认为,社会主义社会"同现存制度的具有决定意义的差别当然在于,在实行全部生产资料公有制(先是单个国家实行)的基础上组织生产"⑨。

第二,由于生产资料的社会所有制,每个劳动者都无差别地平等地占有生产资料,从而使劳动者与生产资料直接结合,其中并不需要借助于任何其他中间环节。马克思曾经指出:"设想有一个自由人联合体,他们用公共的生产资料进行劳动,并且自觉地把许多个劳动力当作社会劳动力来使用。"⑩

第三,生产资料社会所有制的实行,消除了人与人之间的利益对抗和矛盾,全体劳动者的利益是一致的。

第四,在实行生产资料社会所有制的同时,消费品实行劳动者个人所有制,即"一方面由社会直接占有,作为维持和扩大生产的资料;另一方面由个人直接占有,作为生产和享乐的资料"㉛。

要真正理解马克思和恩格斯有关社会主义的财产制度理论,绝不能只注重他们对未来社会形态中财产制度的细节描述,而应该把注意力放在他们对财产制度进行分析的理论基础上,始终坚持在生产关系一定要适应生产力性质和水平的基础上来分析和认识财产制度即生产资料所有制的演变规律,关键的一点是,要充分重视马克思和恩格斯有关未来社会生产资料全民所有制的物质技术基础即生产力基础的论述。脱离生产力基础来谈社会主义,谈社会主义的生产资料公有制,就等于回到了不分时间和空间来描绘未来社会蓝图的空想社会主义阶段,而不是科学社会主义的态度。

在马克思、恩格斯以后,列宁从总体上说,坚持了马克思和恩格斯生产资料所有制理论的分析方法,从生产力和生产关系的相互关系中来论述生产资料所有制的发展变化规律,强调了社会主义生产资料公有制的生产力基础。

十月革命前的沙皇俄国是一个经济发展十分落后的国家,与马克思主义奠基人关于未来社会主义革命的预想存在着相当大的距离。孟什维克以及布尔什维克党内的加米涅夫、李可夫等人认为,俄国资产阶级民主革命还未完结,国家还没有成熟到实现社会主义革命的程度,俄国生产力还没有发展到足以实现社会主义的水平。为此,列宁一方面强调指出:"即使这样,也不能证明无产阶级不应该夺取政权"㉜,并从无产阶级革命的政治高度指出,"害怕向社会主义前进是最卑鄙的行为,是背叛无产阶级的事业"㉝。另一方面,客观的经济条件又迫使列宁认识到:"在一个小农生产者占人口绝大多数的国家里,实行社会主义革命必须通过一系列特殊的过渡办法,这些办法在工业和农业中的雇佣工人占绝大多数的资本主义发达的国家里,是完全不需要的。"㉞所以,在号召人们要毫不畏惧地向社会主义迈进的同时,列宁又再三强调,"在社会主义和资本主义之间,有一个长久的、比较困难的无产阶级专政的过渡时期"㉟。

在十月革命前夕的著名的《四月提纲》中,列宁当时只提出没收地主的土地,对城市经济并没有提出国有化的任务,只是对银行和大垄断组织提出由工人代表苏维埃进行监督。到了 1917 年 7 月,由于革命和平发展的可能性被破坏之后,列宁才提出了银行和大垄断组织的国有化问题。所以,布尔什维克党在当时的着眼点并不是全面改变所有制,而是想对整个国民经济的发展加以监督和控制。把银行和大垄断组织首先国有化,正是为了控制国家的经济命脉,便于对国民经济进行监督。很显然,这与马克思、恩格斯提出的直接剥夺资本的办法是有区别的。列宁在解释这种迂回办法的必要性时指出:"在一个小农国家里,只要绝大多数居民还没有觉悟到必须进行社会主义革命,无产阶级政党就决不能提出'实行'社会主义的目的。""实行土地国有化,把资本家的一切银行和辛迪加收归国有或至少由工人代表苏维埃立刻加以监督等等措施,决不等于'实行'社会主义",它们"只是走向社会主义的步骤"。⑧

鉴于俄国经济的落后,列宁提出了社会主义的阶段论,认为俄国以至后来的苏联不可能一下子进入完全的社会主义。在1918年写的《苏维埃政权的当前任务》一文中,列宁提出了以现存的多种经济成分为出发点来建设社会主义,但最终还是要建成单一的社会主义经济。

十月革命胜利后,布尔什维克党立即着手实现自己的经济纲领,颁布了《土地法》和《工人监督条例》。工人监督的实质是在不改变所有制、适当照顾资本权益的情况下,通过监督使企业的经营活动为无产阶级国家服务,并使其沿着无产阶级所需要的轨道发展的一种向社会主义过渡的间接办法。但是,工人监督遭到资本家的抵制,反对的形势迫使布尔什维克不得不采取相应的措施,以"赤卫队进攻资本",来加速国有化的进程。此时,收归国有的不仅有银行、铁路和大辛迪加,而且已进一步涉及一般的大工业企业。紧跟而来的帝国主义武装干涉和国内战争,则进一步迫使苏维埃政府采取非常时期的非常手段,实行战时共产主义,从而加速国有化进程。继大工业实行国有化后,又把中小企业收归国有。1920年11月,苏维埃政府颁布了"对拥有五名雇工以上的企业实行国有化"的法令。现在,从所有制履行方面来看,除农村小农经济基本未变之外,城市经济从工业到商业几乎全部国有化了。这样做,当然有战争这一特殊的客观原因,但也有主观认识上的原因。例如,把一些小工业,甚至手工业国有化,并不是战争的需要。实际上,它们国有化之后,由于原料不足,开工率很低,不仅对国民经济发展和战争的胜利没有实际意义,而且增加了国家的负担。并且,它们的国有化是在1920年年底战争基本结束的时候实现的,这反映列宁当时也存着早日建立生产资料公有制,早日实现社会主义的良好愿望。

在新经济政策时期,列宁的生产资料所有制理论和实践有了很大的变化。在恢复和发展个体小商品经济和小资本主义经济的同时,各种形式的国家资本主义经济也得到了一定程度的发展。1921 年 7 月,苏维埃政权颁布了"关于手工业和小型工业企业"的有关文件,规定每个公民都可以经营手工业和小型工业企业。1921 年 12 月,政府法令又规定凡工人人数在 5 人以下拥有发动机的小型企业和工人人数在 10 人以上没有发动机的小型企业,一律解除国有化。与此同时,通过租让制、租赁制、合营制发展国家资本主义经济。通过上述种种措施,当时苏维埃俄国形成了一种多种经济成分并存的所有制结构。1923—1924 年度各种经济成分占国民生产总值的比重是:城乡小商品经济占 51%,社会主义经济占 38.5%,资本主义经济占 8.9%,国家资本主义经济占 1%,宗法式的经济占 0.6%。⑦

在社会主义国营经济占主导地位的前提下,允许非社会主义经济一定程度的存在和发展,建立以社会主义经济为主导的多种经济成分并存的所有制结构,是新经济政策与战时共产主义政策的一个重大区别,也是对列宁财产制度理论的一种新的探索后的结论。

十月革命前后,列宁反复强调,虽然由于种种原因俄国无产阶级可以在一国首先取得社会主义革命的胜利,但革命胜利后的社会主义经济改造,必须采取特殊的、审慎的、迂回的过渡办法。战时共产主义那种直接的疾风暴雨式的方法,是在非常时期所采用的非常方法,不能认为是一种正常的、符合规律的现象。在新经济政策时期,列宁又进一步认证和发展了上述思想。列宁强调,必须从俄国社会经济的现实条件出发,充分了解俄国现有各种经济的结构成分究竟是怎样的,问题的关键就在这里。针对那种急于过渡的思想,列宁批评指出:"对于一个真正的革命家来说,最大的危险,甚至也许是唯一的危险,就是夸大革命性,忘记适当地和有效地运用革命方法的限度和条件。"⑧

面对落后的生产力水平,列宁提出无产阶级应该学会利用"别人的手"来建设社会主义。列宁在阐述资产阶级参加经济建设的意义时指出:"这班商人,这班私营企业主为了百分之百的利润,还是能办些事情的。比如说,他们可以给工业采办原料,可是任何共产党和工会干部都往往不会办这种事情。"③因此,"私人资本主义能成为社会主义的帮手"④。

但是列宁并没有为多种经济成分并存的局面规定时间界限。随着列宁的逝世,经济恢复时期的结束,如何对待多种经济成分并存的局面,苏共最高领导层内产生了不同观点。布哈林偏重于延长这一局面,而斯大林认为社会主义不可长期建立在两种所有制即公有制和私有制并存的局面上,于是提出了向资本主义发动进攻,由限制、排挤到消灭资本主义经济成分。在公有制形式上,斯大林发展了列宁的二元公有化理论,明确提出无产阶级夺取政权之后,不可能一步实行全部生产资料的全民所有制,而是在相当长一段时期内,全民所有制和集体所有制同时并存。但是,斯大林还认为,国家所有制等于全民所有制,而且优于集体所有制,因而二元公有制结构应早日向一元公有制结构过渡。

首先,斯大林坚持认为要通过社会主义工业化和农业集体化向资本主义进攻,消灭资本主义成分。

社会主义工业化的思想,是列宁早已确定的。因为,列宁认为:"社会主义的唯一的物质基础,就是同时也能改造农业的大机器工业。"④新经济政策使国民经济从极度破坏中得到了恢复,特别是有了个"安定的农村",为工业化准备了条件。在1925年年底召开的苏共(布)第十四次代表大会上,斯大林提出了发展国民经济的五点方针:"(1)进一步增加国民经济的产值;(2)把我国由农业国变成工业国;(3)在国民经济中保证社会主义成分对资本主义成分的决定性优势;(4)保证苏联国民经济在资本主义包围的环境下具有必要的独立性;(5)增加非税收部分在国家预算总额中的比重。"④在这里,斯大林把通过工业化大力发展生产力建立社会主义物质基础和通过向资本主义全线进攻完成生产资料的社会主义改造,视为新时期社会主义建设的生产力和生产关系两个方面的任务。

斯大林认为,社会主义的建成就意味着多种经济成分的消除,社会主义经济必须建立在单一的生产资料公有制基础上;新经济政策时期,允许资本主义经济的存在和一定程度的发展,那只是由于环境和条件所迫向资本主义的临时"让步";尽管资本主义经济的发展对当时社会主义经济的发展起到了一定的积极作用,但它们的存在与完全的社会主义是不相容的;多种经济成分的并存只能存在于过渡时期,而不能存在于建成的社会主义社会。因此,斯大林是想在生产力和生产关系两个方面分别通过工业化和向资本主义进攻,来早日建成社会主义。他宣称:"国民经济的发展和国家工业化所遵循的方向是:使社会主义经济形式在生产方面和商品流转方面的比重和领导作用增大,而使私人商品经济和资本主义经济的比重减少。""党的任务:扩大和巩固我们城乡国民经济一切部门中的社会主义经济命脉,采取消灭国民经济中的资本主义成分的方针。"⑱

在城市经济中限制、排挤以至消灭资本主义成分,是通过经济的方法进行的,即利用税收、信贷、利率、价格等经济杠杆,实行有利于社会主义经济而不利于资本主义经济的政策调节。到 1930 年已基本上把租赁企业收归国家经营管理。对租让企业也逐步收缩,到 1936 年只有 11 家租让企业仍在开业。流通领域的私商,在第一个五年计划末已完全被排挤出去。个体手工业,通过合作社的形式,也于 1933 年完成了社会主义改造。

关于农业集体化的理论,马克思和恩格斯都早已有论述,列宁对此又做了进一步的发展。但把这一理论付诸群众性的大规模实践,则是在斯大林领导下实现的。

农业集体化的方针,是在 1927 年年底苏共(布)第十五次代表大会确定的。斯大林认为,农业之所以相对落后,"一方面是因为我国农业技术过分落后和农村文化水平太低;另一方面是因为我们的分散的农业生产没有我们国有化的联合经营的大工业所具有的那种优越性"⑲。那么,发展农业的出路何在?斯大林认为,出路就在于把分散的小农户转变为以公共耕种制为基础的联合起来的大农庄,就在于转变到以高度的新技术为基础的集体耕种制。

斯大林不仅把农业集体化看作发展农业的出路所在,而且把它当作是建立和巩固社会主义制度所必需的一个步骤。"目前苏维埃制度是建立在两种不同的基础上:联合的社会主义化的工业和以生产资料私有制为基础的个体小农经济。苏维埃制度能不能长久建立在这两种不同的基础上呢?不,不能。""只要产生资本家和资本主义的个体农民经济在国内还占优势,资本主义复辟的危险就会存在,显然,只要这种危险还存在,就不能真正地来谈我国社会主义建设的胜利。""所以,要巩固苏维埃制度并使我国社会主义建设获得胜利,单是工业社会主义是完全不够的。为此还必须从工业社会主义化进化到整个农业社会主义化。"⑤所以,很显然,斯大林更多的不是从生产力、生产关系相互关系的角度,而是从政治的角度来对待农业集体化,也正因为如此,在1929—1938年的农业集体化的过程中,出现了过快、过急的情况。实际上,由于农业全盘集体化是在条件不成熟的情况下强制推行的,结果造成了农业的减产。

其次,斯大林认为国家所有制优于集体所有制,因而要求把集体所有制早日提高到国家所有制的水平。

经过了社会主义工业化、农业集体化和向资本主义的进攻,苏联就只有两种所有制形式了,在城市是清一色的国营经济,在农村是清一色的集体农庄经济。斯大林总以为,国家所有制等于全民所有制,并优于集体所有制。因而,斯大林认为,只有实现了二元公有制结构向一元公有制结构的过渡,才能在交换方面,变现行的商品交换和初步萌芽的产品交换为单一的产品交换;在分配方面,变不完全市场因素的按劳分配为完全实物形式的按劳分配。在斯大林看来,国家所有制有利于把全部国家经济完全纳入国家计划以便进行集中统一管理,而集体农庄发展到一定程度就会妨碍把全部国民经济特别是农业纳入国家计划进行集中统一管理。正是在"把集体农庄所有制提高到全民所有制的水平"这一理论指导下,在实践中就出现了片面追求公有制程度的倾向,结果使得生产关系的变革脱离了生产力的发展水平,反过来影响了生产力的发展速度。

4.4　经济计划理论

1843年,恩格斯在他的第一篇经济论文《政治经济学批判大纲》中,初步地分析了资本主义经济的自由竞争规律及其经济危机,设想在"一个和人类本性相称的社会制度下","社会那时就应当考虑,靠它所掌握的生产资料能够生产什么,并根据这种生产力和广大消费者之间的关系来确定,应该把生产提高多少或缩减多少,应该允许生产或限制生产多少奢侈品"。⑥可以看出,恩格斯在这里提出的计划经济思想并不比空想家深刻多少。首先,它没有明确提出他的理想社会即"一个和人类本性相称的社会"的社会名称和社会性质;其次,其计划经济思想并不是建立在对资本主义生产方式彻底分析的基础之上,而是作为在对资本主义竞争和商业危机批判的基础上提出来的个别结论。

1845 年,恩格斯《在爱北斐特的演说》中,很乐观地预见:"在共产主义社会里无论生产和消费都很容易估计。既然知道每一个人平均需要多少物品,那就容易算出一定数量的人需要多少物品;既然那时生产已经不掌握在个别私人企业主的手里,而是掌握在公社及其管理机构的手里,那也就不难按照需求来调节生产了。"比较一下恩格斯与巴贝夫的观点,除了恩格斯把未来制度明确为共产主义社会,其他方面的设想与巴贝夫非常相像。

1. 马克思、恩格斯的系统论述

马克思和恩格斯在合著的《德意志意识形态》和《共产党宣言》中,开始把计划经济作为未来共产主义社会的一个主要方面。他们指出,在新的社会里将实行"自由联合起来的个人的共同计划","增加国营工厂和生产工具,按照总的计划开垦荒地和改良土壤"。⑱19 世纪六七十年代,马克思和恩格斯在《资本论》《反杜林论》《社会主义从空想到科学的发展》《家庭、私有制和国家的起源》《自然辩证法》《法德农民问题》等著作中,对社会主义计划经济的理论做了进一步的论述。

第一,按比例分配社会劳动是一条客观的普遍规律。马克思强调:"人人都同样知道,要想得到和各种不同的需要量相适应的产品量,就要付出各种不同的和一定数量的社会总劳动量。这种按一定比例分配社会劳动的必要性,绝不可能被社会生产的一定形式所取消,而可能改变的只是它的表现形式,这是不言而喻的。"⑲如果用现代经济学的术语来重述马克思的按比例分配社会劳动规律,那就是说资源合理配置是经济学的基本问题,每一个社会都面临着资源有效配置问题,有所不同的只是配置机制的选择。之所以这样说,是因为在马克思的"社会总劳动量"里包含着活劳动、物化劳动,还有自然资源。

第二,"时间的节约,以及劳动时间在不同的生产部门之间有计划的分配,在共同生产的基础上仍然是首要的经济规律。这甚至在更加高得多的程度上成为规律。"⑳因为,只有在公有制条件下,才有可能实现"社会对自己的劳动时间所进行的直接的自觉的控制"㉑。马克思和恩格斯认为,在资本主义生产资料私有制条件下,按比例分配社会劳动规律的实现形式"正是这些产品的交换价值",即价值规律。而在未来的生产资料公有制条件下,按比例分配社会劳动规律的实现形式是这些产品的使用价值,也就是说,社会主要是根据物量单位来制订国民经济计划,计划事先直接规定了社会的分工,并对每种产品所消耗的活劳动和物化劳动进行直接的计算,社会的生产、积累、消费均将按照计划来进行。

第三,实行计划经济的物质前提条件是高度发达的生产力基础。正如建立生产资料公有制需要一定的物质技术基础一样,实行计划经济也不是随意的,而是需要一定的客观经济条件。是"大工业造成一种绝对必需的局面",要"由整个社会按照确定的计划和社会全体成员的需要来领导"生产。^②也就是说,"当人们按照今天的生产力终于被认识了的本性来对待这种生产力的时候,社会生产的无政府状态就让位于按照全社会和每个成员的需要对生产进行的有计划的调节"。^③

第四,在未来社会里,实行的是纯粹的计划经济,没有商品,没有货币,从而也没有市场调节。"一旦社会占有了生产资料,商品生产就将被消除,而产品对生产者的统治也将随之消除。社会生产内部的无政府状态将被有计划的自觉的组织所代替。"^④

第五,社会主义计划经济的实施,将消灭无政府状态,消灭经济危机,消灭"同现在实行的大工业制度相联系的一切有害的后果"^⑤。

总之,马克思和恩格斯的社会主义计划经济理论的提出,是在发现了资本主义的矛盾运动以后,以发达的资本主义状况和生产力水平为基础的。而且,他们把计划经济作为一种按比例分配社会劳动的实现机制,根本区别于资本主义自由竞争的市场经济,并认为,只要具备了一定的生产力基础,市场经济必将被计划经济所取代,市场经济的弊端也将随之被消灭。不过,这里仍然要强调的是,正如马克思、恩格斯的生产资料社会所有制理论一样,纯粹的计划经济的实现需要一定的物质技术基础即高度发达的生产力水平。

2. 列宁的计划经济理论

综观列宁的计划经济理论,可以发现,这是一种痛苦的探索过程,是一种马克思主义理论与苏维埃建设实践的不断结合的过程。

十月革命以前,由于列宁还未接触到社会主义的实践,所以基本继承了马克思和恩格斯的理论观点。列宁认为,商品生产是和私有制相联系的,是社会主义的对立物,所以要进行社会主义大生产,首先必须消灭商品经济。早在 1905 年,列宁就已指出:"社会主义要求消灭货币的权力、资本的权力,消灭一切生产资料私有制,消灭商品经济。"⑤1906 年,列宁在《土地问题和争取的斗争》一文中,第一次明确把"计划经济"作为一种新的社会制度。他说:"只要还存在市场经济,只要还保持着货币权力和资本力量,世界上任何法律也无力消灭不平等和剥削。只有实行巨大的社会化的计划经济制度,同时把所有土地、工厂、工具的所有权转交给工人阶级,才可能消灭一切剥削。"⑰1908 年,列宁又指出:"社会主义就是消灭商品经济","只要仍然有交换,那谈什么社会主义是可笑的"。⑱很明显,列宁在早期革命活动中简单地照搬马克思、恩格斯的理论,把商品、货币看作是和社会主义不相符合的对立物,主张实行排斥市场的纯粹的计划经济。可是,列宁对于马克思、恩格斯所一再强调的实行计划经济所必需的物质前提条件却没有给予充分的重视。

十月革命胜利以后,列宁就用这种纯粹计划经济理论来指导社会主义建设实践。1917 年 11 月,列宁曾提出俄国应实行实物交换,即直接的产品交换。他说:"用加工工业的产品交换粮食,对生产实物严格的监督和统计,这就是社会主义的开端。"⑲显然,这种交换并不是私人之间的自由的商品交换,而是由国家通过农业合作社用工业品换农产品,没有商人介入其间,货币也只起着计价的作用。此外,对于货币问题,列宁一方面要求"俄共将力求尽量迅速地实行最激进的措施,为消灭货币做好准备,首先是以存折、支票和短期领物证等来代替货币,规定货币必须存入银行等等"⑳;另一方面,列宁又指出:"在从资本主义社会向社会主义社会过渡时,不要货币或者在短期内代之以新的货币,是根本不可能的事情。"㉑因为,首先,当时俄国在经济上存在五种经济成分,其中小商品经济占优势,不可能立即消灭货币;其次,列宁认识到要消灭货币需要以亿万人的产品分配组织为前提,而俄国还远远没有达到这个水平。所以,列宁指出,从资本主义向社会主义过渡,货币还要保留相当长的时期。总之,应该肯定,尽管在十月革命初期,列宁没有完全否认商品、货币关系,但是,列宁对这一问题的认识不是很明确。

1918 年夏,外国武装的入侵迫使苏维埃政权实行"战时共产主义"政策。战争时期的特殊情况再加上对马克思主义理论的简单照搬,使纯粹计划经济的实践达到第一个高峰。当时的口号是:"坚决实行全国范围的经济生活的集中化","对产品的生产和分配实行无所不包的全民统计和监督"。⑫"没有一个使千百万人在产品生产和分配中最严格地遵守统一标准的有计划的国家组织,社会主义就无从设想。"⑬

战时共产主义的实质就是采用强制手段,全国实行国有化,强化中央的集权控制,彻底废除私有制和商品货币关系。例如,实行余粮征集制和严格的粮食垄断;取消商品交换和商品流通,取消城乡市场交易,并对主要消费品实行严格的配给制;实行全国范围内的集中计划,宏观、微观和家庭个人的决策权都集中在国家手里,国防委员会成为军事、经济和计划工作的中心;取消一切市场关系,在国有化工业内部实行非现金划拨;所有企业都根据最高国民经济会议的专门凭据,把自己生产的产品全部都无偿地交给国家,企业的货币收入直接上缴国库,然后由国家采取实物形式进行定量配给;职工的劳动报酬也逐渐实物化。联共中央甚至做出决议,准备采取激进措施消灭货币。

在 1919 年年末到 1920 年年末这段短暂的喘息时机里,列宁还亲自主持制定了《全俄电气化计划》。这并不是一个单纯的发展电力工业的计划,而是一个在现代化大工业基础上改造整个国民经济,奠定社会主义物质技术基础的计划。它规定了未来 10～20 年的国民经济主要部门的发展任务。它是苏联第一个国民经济的长期发展纲要,为苏联的计划制度奠定了基础。列宁对该计划给予了极高的评价,将其誉为"第二个党纲",并由此得出了"共产主义就是苏维埃政权加全国电气化"的著名论断。⑭

战时共产主义作为一种应付战时需要的临时政策是成功的,而作为一种向社会主义经济过渡和建设社会主义的道路则是行不通的。1921年 2 月,在经历了痛苦的教训之后,列宁及时发现了这种"纯粹计划"存在着明显的错误和严重的"危险性",他把这种纯粹的、无所不包的计划指责为官僚主义的空想。他认为,"最大的危险就是把国家计划问题官僚主义化"。"现在对我们来说,完整的、无所不包的、真正的计划等于'官僚主义空想'。不要追求这种空想。"⑮列宁还提出,用脱离实际的纯粹官僚主义或官僚主义的空想计划来代替实际工作,就是葬送实际工作。

因此,在党的第十次代表大会上,列宁论证了由军事共产主义过渡到新经济政策的客观必然性,要求在保持国民经济计划性的前提下,利用商品货币关系和价值规律。新经济政策的主导环节,是以粮食税代替余粮收集制。应该指出,用粮食税代替余粮收集制,绝非仅仅是征集粮食方法的变化,而是苏维埃国家与农民关系的根本调整。如果说余粮收集制的基础是农民保卫苏维埃政权的革命热情和国家的超经济强制的话,那么粮食税实行的基础则是国家利益与农民利益的结合。也就是说,国家与农民的关系建立在物质利益原则基础上。实行粮食税后,允许农民出售完税后的剩余农产品,允许在地区范围内实行商品流转。1921年10月,即新经济政策实行的下半年,列宁认识到把商品流转限制在地区范围内是大大不够的。列宁指出:"我们必须认识到,我们所做的退却是不够的,必须再退却,再向后退,从国家资本主义转到国家调节商业和货币流通。"⑱也就是说,商品货币关系不应当只限于城乡之间,而是要扩大到国营经济成分。"在容许和发展自由贸易的情况下,这实际上等于国营企业在相当程度上实行商业原则。"⑲根据当时俄国社会主义建设的实际情况,列宁明确提出要广泛发展商品货币关系,把贸易工作作为经济工作的中心环节。列宁指出:"现在一切的中心是贸易,首先是国内的,其次是对外的;同贸易相联系,在贸易的基础上恢复卢布的价值。""要把全部注意力集中在这件事情上。实际地着手去干,这是主要的,最主要的,根本的。"⑳

但是,由于列宁未能亲自领导以后的社会主义建设,且在理论上始终坚持一切生产资料归整个社会所有,使得他的商品经济观念无法战胜他的计划经济理论。列宁认为:"新经济政策并不是要改变统一的国家经济计划,不是要超过这个计划的范围,而是要改变实现这个计划的办法。"⑲一方面,列宁强调要特别重视商品交换问题;另一方面,他又指出:"用来交换农民粮食的国家产品,即社会主义工厂的产品,已不是政治经济学上的商品,决不单纯是商品,已不是商品,已不称其为商品。"⑳这就最终又从根本上否定了商品经济和市场机制,回到了计划经济的道路上。

3. 斯大林的计划经济理论

社会主义经济要实行计划经济,这是马克思、恩格斯、列宁的共同主张。不过,马克思和恩格斯仅仅是种预测,认为在生产力高度发达基础上建立起来的社会主义公有制经济要实行计划经济;列宁在经济落后的俄国进行了计划经济的初步尝试,而把计划经济理论和实践推向顶峰的则是斯大林。

列宁逝世之后,特别是苏共(布)第十四次代表大会确定社会主义工业化方针以后,斯大林就着手整顿计划机关,加强对国民经济的计划领导。在工业化的最初几年,对城市工业经济的生产编制出了生产和财务相结合的年度计划,但由于这时的农业还是分散的小农经济占统治地位,国家还不能对农业进行直接的计划领导,只能通过流通领域,也就是通过价格、税收、信贷、提供机器、预购合同等来加以调节,以向加强国民经济计划化方向发展。1930 年的计划,即第一个五年计划的第三个年头的计划,是苏联计划经济的大转变。这时,由于农业集体化已取得决定性的胜利,国民经济中的不确定因素大大减少,于是,国民经济计划变成了单纯的指令性计划。这样,斯大林时代的计划经济体制就基本上形成了。在此后的时期里,高度集中的计划经济体制日趋成熟化和系统化。到 1952 年,斯大林的《苏联社会主义经济问题》一书问世,有计划的产品经济理论体系的发展达到了顶峰。

第一,斯大林把社会主义经济中的计划问题上升到了客观经济规律的高度。斯大林认为:"国民经济有计划发展的规律,是作为资本主义制度下竞争和生产无政府状态的规律的对立物而产生的。它是当竞争和生产无政府状态的规律失去效力以后,在生产资料公有化的基础上产生的。它之所以发生作用,是因社会主义的国民经济只有在国民经济有计划发展的经济基础上才能得到发展。"[①]这样,计划经济就不是可有可无的了,而是必然要起作用的。社会主义经济本质上就是一种计划经济,社会经济生活的各个领域和各个方面都要受"国民经济有计划发展规律"的支配。

第二,斯大林认为,指令性计划是最主要的计划方式。关于计划是否应该具有指令性,当时苏联出现过激烈的争论。一些人主张,计划只应规定大体的目标,也就是预测性的计划。以斯大林为首的联共(布)中央坚决批判了这种主张。斯大林指出:"我们的计划不是臆测的计划,不是想当然的计划,而是指令性的计划,这种计划各领导机关必须执行。"[②]"计划就是法令",这是苏联当时计划工作的格言。计划的目标和任务只能由国家和上级管理机关集中确定,下级和执行者无权变更;计划任务以必须执行的指令性计划指标形式下达给执行者;以国家下达的计划指标完成程度,作为考核执行者工作成果的根本尺度。

第三,计划的全面性和系统性是苏联计划经济体制的另一个重要特点。到第二个五年计划末,苏联的国民经济计划不仅包括了城市经济的所有领域和部门,而且包括了农业;不仅工业企业的生产经济活动几乎完全由国家计划严格规定,而且集体农庄的生产经营活动也大都由国家计划统一安排。国家计划实际上达到了无所不包的程度,从中央到地方,从部门到企业,从经济生活到文化教育,从工业到农业,从五年计划到年度计划,构成了一个复杂的统一的计划体系。国家编制数百种产品平衡表,为企业规定几十个计划指标。综合平衡的原则,不是迁就薄弱环节,而是努力克服薄弱环节,以保证重工业的优先增长,从而带动整个国民经济全面的高速度的增长。

第四,国家是计划经济活动的主体,企业只是国家的行政附属物。斯大林所建立的社会主义全民所有制,实际上是一种国家所有制,国家把生产资料的所有权与经营管理权集中于一身,因此,这时的社会主义国家的经济职能,就不单是保护社会主义所有制和一般的调节作用,而是作为经济主体从事经济活动。斯大林的计划经济体制,就是一种以国家为经济主体的运行机制。在这种体制下,企业与国家之间是一种纯粹的行政隶属关系。一方面,企业生产经营活动的一切方面都由国家规定;另一方面,企业的经营成果最终由国家包干负责。具体地说,在生产方面,国家不仅为企业规定生产方向、产品品种、数量、规格和质量,而且规定生产工艺、消耗定额、职工人数和编制等;在流通方面,国家不仅控制企业生产所需的一切物质资源的来源、数量和取得的方式,而且控制企业的产品销售和价格;在分配方面,国家不仅统一规定各部门、各企业的工资等级和标准,而且为每个企业规定工资基金总额。与此相适应,国家对企业实行全面的包干制。企业的生产基金由国家无偿拨付,企业生产所需的物资由国家调拨,产品由国家包销,盈亏由国家统一核算,职工的工资实质上也是由国家包发。总之,国家与企业关系的基本特征是:生产上的加工订货制,交换上的统购统销制,财政上的统收统付制。

第五,商品货币关系依然存在,市场调节起作用,但充其量只是计划的补充成分。

苏联的许多经济学家认为,在新经济政策时期,由于资本主义成分的存在,才采用商品货币关系,商品货币形式对社会主义来说是外加的、非固有的,随着过渡时期的结束,就应该着手消灭商品货币关系。斯大林批驳了这一教条主义的观点,认为,"货币在我们这里还会长期存在,一直到共产主义的第一阶段即社会主义发展阶段完成的时候为止"[73]。斯大林还分析认为,社会主义制度下之所以还存在商品货币关系,是因为还存在两种公有制形式,即全民所有制和集体农庄所有制,这就出现了经济利益的差别性和等价交换的必要性。这样,"为了保证城市和乡村、工业和农业的经济结合,要在一定时期内保持商品生产(通过买卖的交换)这个为农民唯一可以接受的与城市进行经济联系的形式"[74]。也正因为如此,斯大林认为,普遍意义的商品货币关系仅仅存在于国营经济与集体经济、私人经济之间,集体经济内部、私人经济内部以及集体经济与私人经济之间;至于国营经济之间以及国家与国营经济的职工之间,只存在着特殊类型的商品关系,仅仅表示着商品的外壳或形式。此外,社会主义经济中商品生产和商品交换的范围不像资本主义经济那样漫无限制和包罗万象,许多重要的资源和生产资料都不再是商品,而仅仅是产品。因此,就整体而言,社会主义经济不是商品经济,而是与商品经济相对立的计划经济。

4.5　社会再生产和积累理论

马克思的社会再生产理论是以《资本论》中两大物质生产部门的再生产条件的理论为代表的,而关于社会主义经济的积累问题,马克思和恩格斯只是在《哥达纲领批判》等著作中作过一些不系统的论述。社会主义计划经济的再生产和积累理论,主要是在俄国的革命与建设实践中逐步发展起来的。

1. 列宁的社会再生产和积累理论

首先,列宁从保证社会主义胜利的一般意义上论证了工业化的必要性。早在十月革命之初,列宁就提出了建立现代化大工业体系,实现国家工业化的战略目标。列宁认为,由于种种原因,使得社会主义革命首先在俄国爆发,就政治制度而言,它很快就能赶上先进国家。"但是这还不够。战争是铁面无情的,它斩钉截铁地提出问题:或是灭亡,或是在经济方面也赶上并且超过先进国家。"⑮在国内战争时期,列宁进一步指出,为了建设和巩固社会主义,苏维埃政权面临两项基本任务:一是组织劳动群众推翻剥削阶级和粉碎它们的反对;二是组织经济建设,发展大工业。而第二项任务比第一项任务更困难也更重要。在国民经济恢复时期,列宁又明确指出,社会主义的唯一的物质基础,就是同时能改造农业的大机器工业。在此,列宁确立了大工业是社会主义的物质技术基础的思想。

其次,列宁根据马克思的社会再生产一般原理,在理论上探索了实现工业化的方法和途径,提出了生产资料优先增长的理论。他说,在整个社会生产中,"增长最快的是制造生产资料的生产资料的生产,其次是制造消费资料的生产资料的生产,最慢的是消费资料生产"⑯。而且,列宁认为,生产资料生产的优先增长,主要表现为重工业的优先发展,尤其是最基本的重工业部门的优先增长。不过,在强调优先发展重工业的同时,列宁也指出,重工业不能脱离农业和轻工业而孤立发展,因为重工业归根到底是为发展消费资料服务的。

最后,从实践上看,在国民经济恢复之前,苏维埃国家发展工业的重点是重工业。在战时共产主义时期,又提出了更加宏伟的电气化计划。在当时条件下,进行大规模的重工业建设,实际上超出了国力。而且,重工业建设周期长,不能在短期内提供与农业相交换的工业品,从而不得不采取向农民"借债"的办法获取农产品,这也是当时实行强制性的"余粮收集制"的原因之一。在国民经济恢复时期,列宁改变了"直接"发展大工业的办法,重新安排了国民经济发展顺序,确定了首先恢复和发展农业以及为农业生产和居民生活直接服务的小工业和轻工业,然后逐渐恢复和发展大工业的方针。

从1926年开始,国家进入了工业化和大规模社会主义建设时期。对于列宁提出的发展大工业,实现国家工业化这一战略目标本身,布尔什维克党内并没有什么争议。但是,对于如何实现这一目标,以多快的速度发展,如何筹集所需资金等问题,却出现了严重的对立和斗争。

2.普列奥普拉任斯基的"社会主义原始积累"理论

叶·阿·普列奥普拉任斯基是20世纪20年代苏联著名经济学家,

曾任俄共(布)中央书记,《真理报》编辑,是工业化大论战中托洛斯基派的主力干将,其主要代表作是 1926 年出版的《新经济学》。普列奥普拉任斯基认为,在新经济政策时期,社会主义原始积累规律和价值规律对国民经济起着调节作用。

所谓社会主义原始积累规律,普列奥普拉任斯基是指社会主义扩大再生产,不仅依靠自身的物质资源的积累,甚至主要依靠社会主义成分之外的其他经济成分所提供的物质资源的积累。普列奥普拉任斯基认为,不论资本主义还是社会主义,都得经过一个原始积累时期,这是新生的经济关系战胜落后的生产关系的必经阶段。但是,资本主义原始积累是在封建社会内就开始进行的,而社会主义原始积累是从夺取政权之后才开始的。在无产阶级夺取政权之初,社会主义经济成分处在国内外的资本主义经济成分的包围之中,社会主义经济成分在经济上和技术上都落后于资本主义经济成分。因此,社会主义经济必须迅速扩大和提高自己的技术水平,才能存在和发展。

普列奥普拉任斯基认为,列宁的新经济政策是一种退却,是向资产阶级和资本主义的投降和倒退。列宁在新经济政策时期首先恢复农业、小工业,创造条件逐步恢复和发展大工业的建设方针是错误的。普列奥普拉任斯基提出,要最大限度地加快工业化速度,实现超工业化。

在俄国当时的生产力条件下,普列奥普拉任斯基选择了工业一元增长道路。他认为,"在社会主义原始积累时期,如果不把农业和手工业的部分剩余产品归公"[⑦],国营经济就无法应付过去。为此,普列奥普拉任斯基把通过工业品和农产品的不等价交换从农业抽取剩余产品的方法,视为"社会主义原始积累规律"的主要实现途径。也就是说,通过向农业征收高额赋税,并大大提高向农业提供的工业品价格,从农业抽调尽可能多的资金。

总之,普列奥普拉任斯基的社会主义原始积累理论,主张用剥削小农的办法来为工业化积累资金,主张国家利用垄断地位通过预算、信贷和价格手段再分配国民收入,把资金从农业抽调到工业以加速工业化。该理论和主张遭到布哈林和斯大林的反对,但是,在实践中,斯大林的做法比普列奥普拉任斯基的主张更激进。工业化的调整发展被视为社会主义战胜资本主义的根本保证,而通过工农业产品剪刀差为工业积累资金被当作支撑工业化的必经途径。而且,后起的社会主义国家照搬这种经济发展指导思想,结果导致产业结构失衡、工农关系恶化、经济发展受阻。

3.布哈林的工业化理论

布哈林根据小农占优势的国家的社会经济特征,与普列奥普拉任斯基展开论战,提出了工业化的另一种抉择,即通过发展和扩大商品流转来积累工业化资金,在工业和农业共同增长、相互促进的基础上实现社会主义工业化的中速发展。

第一,布哈林认为,决定工业化道路和方式的是城乡关系的类型。而当时的俄国经济是一种二元结构,落后的乡村经济同先进的城市工业经济相并存。在布哈林看来,在二元结构条件下实现社会主义工业化,不能单纯地追求工业增长,而是要追求工业和农业、城市和乡村二元经济的共同增长。工业只有在农业迅速增长的基础上,才能保持长期的高速增长。因此,布哈林不仅反对普列奥普拉任斯基的工业一元增长,更反对斯大林的重工业优先增长,主张适当放慢重工业的发展速度,把更多的资金用于发展农业,实现工业化的适中发展。

第二,布哈林坚决反对普列奥普拉任斯基以牺牲农业为代价加速工业化的抉择,认为这种通过工农业产品价格剪刀差积累工业化资金的主张是"建议无产阶级杀掉会生金蛋的母鸡"的政策。⑧布哈林认为,农民经济中的积累越快,农业经济就愈快摆脱贫困,农民愈富裕,购买的农具和机器就愈多,改进自己的技术愈快,采用新的耕作形式愈快,因而能够向城市工业购买的东西愈多,工业中的积累也就进行得愈快。反之,如果国营工业采取剥夺农民经济的剩余产品的途径进行积累,也许可以在最初几年内以破坏农民经济为代价获得相当多的资金,但是,经过不长的一段时间之后,这种政策就会自食其果。国营工业必然会丧失广大农村市场,结果不但不会有工业的进一步发展,反而会出现工业的长期停滞和危机。

第三,布哈林认为,工业化资金积累的可靠途径是加快和扩大商品流转,然而为了加快商品流转,就必须降低工业品价格,缩小工农业产品剪刀差。因为,垄断的过高的工业品价格,一方面会使国营企业高枕无忧,失去前进的动力;另一方面会造成农村市场容量的缩小。而过低的农产品价格会造成农业生产的停滞。

第四,为了鼓励农民增加积累,扩大生产,布哈林大声疾呼:"应当对全体农民,对农民的所有阶层说:发财吧,积累吧,发展自己的经济吧! 只有白痴才会说我们应当贫穷;现在我们应采取的政策,是要能在我国消除贫穷的政策。"⑦

4. 斯大林的工业化理论

首先,斯大林认为以普列奥普拉任斯基为主的托洛茨基派的"超越"速度是"左倾"冒险主义,而布哈林的"适中"速度是右倾投降主义,两者的实质都是破坏或取消工业化。斯大林主张"尽可能"的高速度,即经过艰苦的努力,乃至忍受必要的牺牲,实现能够达到的最高的速度。用斯大林的话来说,就是要以真正的布尔什维克的速度前进。斯大林告诫人们,"延缓速度就是落后,而落后者是要挨打的","我们比先进国家落后了五十年至一百年。我们应当在十年内跑完这段距离。或者我们做到这一点,或者我们被人打倒"。⑧在这里,斯大林重申了列宁在十月革命前夕提出的赶上和超过先进资本主义国家的战略目标,并做了时间上的规定。

其次,斯大林明确指出:"不是发展任何一种工业都算工业化。工业化的中心,工业化的基础,就是发展重工业(燃料、金属等等),归根到底,就是发展生产资料的生产,发展本国的机器制造业。"⑨很显然,斯大林坚持了列宁的生产资料优先增长的理论,但做了相当教条式的绝对理解。

最后,一方面,斯大林和布哈林一起对普列奥普拉任斯基等人提出的"提高工业品出厂价格"和"对农民实行最大限度的赋税"的政策进行了严肃的批评。但是,另一方面,在以后的实践中,通过价格剪刀差为工业积累资金,是苏维埃公开承认的一种办法。斯大林也承认,在工农产品之间确实存在着价格剪刀差,并且认为农民"在购买工业品时多付一些钱,而在出卖农产品时少得一些钱",是"保证工业迅速发展"所必需的。⑩

此外,在社会再生产理论方面,计划经济理论基本上是比较机械地照搬了马克思在《资本论》中的两大生产部类的平衡理论。这种再生产理论的基本内容包括:(1)按实物形式,将社会总生产分成生产资料生产和消费资料生产两大部类(用 I、II 表示),也就是通常所说的重工业和轻工业两大部门;按价值形式,将社会总产品分为 c、v、m 三个部分。其中 c 为不变资本,即已消耗的生产资料价值;v 为可变资本,即劳动者为自己创造的价值;m 为剩余价值,即劳动者为社会创造的价值。(2)社会总产品简单再生产的基本实现条件是 $I(v+m)=II(c)$，或改写为 $I(c+v+m)=I(c)+II(c)$，$II(c+v+m)=I(v+m)+II(v+m)$，即第一部类所生产的生产资料正好满足整个社会补偿已消耗生产资料的需要，第二部类所生产的消费资料正好满足整个社会对消费资料的需要。(3)社会总产品扩大再生产的前提条件是 $I(v+m)>II(c)$ 或 $I(c+v+m)>I(c)+II(c)$，即第一部类生产的生产资料，除了补偿两大部类已消耗的生产资料之外，还要有一定的余额，来满足扩大再生产的需要。扩大再生产的实现条件是 $I(v+\triangle v+\frac{m}{v})=II(c+\triangle c)$，或 $I(c+v+m)=I(c+\triangle c)+II(c+\triangle c)$，$II(c+v+m)=I(v+\triangle v+\frac{m}{v})+II(v+\triangle v+\frac{m}{v})$，即第一部类所生产的生产资料除补偿已消耗的生产资料外，还能满足整个社会对生产资料的追加需要；第二部类所生产的消费资料能满足扩大了的消费资料需求。(4)如果考虑到技术进步和资本有机构成的提高，扩大再生产不仅要求 $I(v+m)>II(c)$，而且要求第一部类的增长速度快于第二部类的增长速度。

4.6 收入分配理论

马克思关于未来社会个人消费品分配方式的理论，在《资本论》中就有阐述，但主要的分析是在《哥达纲领批判》中针对拉萨尔所谓的"劳动所得应当不折不扣和按照平等的权利属于社会一切成员"展开批判性分析时提出来的。

第一，马克思认为，分配的结构完全决定于生产的结构，分配本身就是生产的产物，不仅就对象说是如此，而且就形式说也是如此。"分配关系本质上和生产关系是统一的，是生产关系的反面。""一定的分配关系只是历史规定的生产关系的表现。"⑱ 所以，在马克思看来，生产关系决定分配关系。生产力是分配关系的终极原因，但不是分配关系的直接决定者，也就是说，生产力要对分配方式发生作用，还得通过生产关系这个中间环节。诚然，恩格斯也谈道："分配方式本质上毕竟要取决于可分配的产品数量。"⑲ 这说明分配方式最终要取决于产品数量。至于分配方式直接取决于什么,恩格斯在《反杜林论》中有过明确的论述。他说:"分配就其决定性的特点而言,总是某一个社会的生产关系和交换关系以及这个社会的历史前提的必然结果,而且,只要我们知道了这些关系和前提,我们就可以确实地推断这个社会中占支配地位的分配方式。"⑤ 所以,在马克思、恩格斯看来,决定分配关系的是生产关系,而生产关系的主要部分是生产资料的所有制关系,因此所有制关系是分配关系的基础。

第二,马克思认为,在资本主义条件下,由于物质的生产条件以资本和地产的形式掌握在非劳动者手中,而人民大众仅仅是自身劳动力的所有者。那么,分配的结果必然是因为生产资料占有上的差异而导致剥削与被剥削的关系。在未来的社会主义社会,由于生产资料归社会全体劳动者共同占有,社会全体成员在生产资料的占有关系上是平等的、无差异的,那么,现在"在改变了的环境下,除了自己的劳动,谁都不能提供其他任何东西"⑥。也就是说,社会全体成员之间的差异仅仅表现在他们向社会提供的劳动上。

第三,在共产主义的第一阶段,即社会主义阶段,由于它刚刚从资本主义社会中产生出来,因而在经济、道德和精神等各个方面都还带着它脱胎出来的那个旧社会的痕迹,由于劳动还仅仅是谋生的手段,个人消费品的分配将实行按劳分配的原则。也就是说,每个生产者在生活资料中得到的份额由他的劳动时间决定,劳动时间成为计量生产者个人在共同劳动中所占份额的尺度,从而也就成为计量生产者个人在个人消费部分中所占份额的尺度。

按劳分配是对社会总产品做了各项必要扣除之后的其余部分的分配,是对个人消费品的分配。马克思认为,在对社会总产品进行个人分配之前,必须扣除以下部分:一是用来补偿消费掉的生产资料的部分;二是用来扩大生产的追加部分;三是用来应付不幸事故、自然灾害等的后备基金或保险基金;四是和生产没有关系的一般管理费用;五是用来满足共同需要的部分;六是为丧失劳动能力的人等设立的基金。

在生产资料社会所有制基础上,个别劳动直接表现为社会劳动,或者说,"个人的劳动不再经过迂回曲折的道路,而是直接地作为总劳动的构成部分存在着"⑦。因此,按劳分配不必通过货币形式迂回地实现,而可经采用"劳动券"的形式来实现。马克思具体解释道:"每一个生产者,在做了各项扣除之后,从社会方面正好领回他所给予社会的一切。他所给予社会的,就是他个人的劳动量。例如,社会劳动日是由所有的个人劳动小时构成的,每一个生产者的个人劳动时间就是社会劳动日中他提供的部分,就是他在社会劳动日里的一份。他从社会方面领得一张证书,证明他提供了多少劳动(扣除他为社会基金而进行的劳动),而他凭这张证书从社会储存中领得和他所提供的劳动量相当的一份消费资料。他以一种形式给予社会的劳动量,又以另一种形式全部领回来。"⑱

马克思认为,一方面,按劳分配是平等的。因为,不管是谁,面对的是同一劳动尺度。但是,另一方面,按劳分配是不平等的。因为,按劳分配原则承认劳动是谋生的手段,从而默认不同等的个人天赋,默认不同等的工作能力是天然特权,承认劳动者的劳动数量和质量的差别。因此,这种平等的权利,对不同等的劳动来说是不平等的权利。马克思认为,在共产主义社会第一阶段,这些弊病是不可避免的。

第四,在共产主义社会高级阶段,劳动已不再是谋生的手段,而成为生活的第一需要;而且生产力获得高度发展,集体财富的一切源泉得到充分涌流。"只有在那个时候,才能完全超出资产阶级法权的狭隘眼界,社会才能在自己的旗帜上写上:各尽所能,按需分配!"⑲

列宁把按劳分配和生产资料公有制看作是社会主义制度的两大根本特征,按劳分配不仅是社会主义的必然产物,而且是社会主义公有制的最终实现。

首先,列宁认为,按劳分配原则,概括起来说,它包含了"不劳动者不得食"和"按等量劳动领取等量产品"两个原则,也就是说要实行多劳多得、少劳少得、不劳不得。列宁把"不劳动者不得食"列为"社会主义的第一个主要根本原则""社会主义的基础,社会主义力量的取之不尽的泉源,社会主义最终胜利的不可摧毁的保障"。⑳不过,列宁还认为,"不劳动者不得食"作为反对剥削、反对剥削者的社会主义原则,只是实行按劳分配的基础和最初步骤,而更重要的是"按等量劳动领取等量产品",全面实现按劳分配的原则。

其次,列宁设想,社会主义社会将成为一个管理处,成为一个劳动平等、报酬平等的大工厂。全体公民都成为这个国家"工厂"的职员和工人,全部问题在于他们在正确遵循工作标准的条件下,同等地工作,并同等地领取报酬。

最后,列宁在《国家与革命》一书中,继承了马克思对共产主义第一阶段和共产主义第二阶段分配原则的理论分析,重述了在共产主义第一阶段不可避免地存在人们之间事实上的不平等这种"资产阶级法权",而且,列宁用很大的篇幅来分析、强调这种资产阶级法权。列宁认为,尽管生产资料已经公有了,人剥削人的制度已经被消灭了,但是,"在共产主义第一阶段还不能做到公平和平等,富裕的程度还会不同,而不同就是不公平"[91]。也就是说,在共产主义第一阶段,只能消灭私人占有生产资料这一"不公平"现象,却不能立即消灭"按劳动"(不是按需要)分配消费品这一不公平现象。列宁对资产阶级法权的分析,对不公平的分析,或多或少包含着希望公平、向往事实上的平等的思想。这种暗含的倾向有助于解释列宁在建设社会主义实践中的平均主义分配原则。

用列宁的话来说,战时共产主义就是按照共产主义的原则,"用简捷、迅速、直接的办法实行社会主义生产和分配的原则"。在按劳分配原则的贯彻方面,一方面实行普遍的劳动义务制,严格实行"不劳动者不得食"原则,强迫资本家和其他剥削分子参加劳动。在"把苏维埃共和国变成一个统一的军营"的口号下,对社会劳动力采用行政性的和军事化的方法强制分配到各地区、各部门,同时试图普遍实行工作不要报酬的劳动义务制度。列宁撰写《伟大的创举》一文,高度评价义务劳动制,认为:"工人自己发起和组织的共产主义星期六义务劳动具有极大的意义。显然,这还只是开端,但这是非常重要的开端。这是比推翻资产阶级更困难、更重大、更深刻、更有决定意义的变革的开端。"[92]

另一方面,在消费品的分配中实行平均主义原则、阶级原则和社会原则,并实行以实物分配为特点的消费品配给制度。1920年4月的"劳动口粮制",规定按劳动者的三个基本类别实行有差别的供应:第一类是在苏维埃企业和机关从事体力劳动的工人;第二类是在苏维埃企业和机关从事脑力劳动和办公室工作的人员;第三类是在私人企业、机构和事业单位工作而不剥削他人劳动的人。与此同时,工人和职员的工资基本上以发放实物来代替。由于经济生活实物化,分配也日益平均化。例如,工程师的货币工资虽然比工人高,但工人的粮食定量比工程师高,在货币大幅度贬值的情况下,工人的工资实际上比工程师高。的确,在战争和物资奇缺的情况下,这种有饭大家吃的办法,也是迫不得已的办法,但它也隐约包含着列宁对公平的主观向往。

严峻的现实迫使列宁重新考虑战时共产主义的政策。1920年,列宁认为,平均主义"这在理论上是十足的糊涂观点,这是根本错误的"㉞。到了1922年,列宁更是强调指出,"刻不容缓的是实行奖励制","必须系统地研究和拟定一些推广奖励制的办法,以便把奖励制包括到全体苏维埃职员的整个工资制度里去"。㉟

由此可见,列宁关于社会主义社会个人消费品分配的理论来源于马克思的基本观点,但列宁似乎比马克思更急于走向公平。然而,列宁的社会主义建设实践反过来又证明了马克思的理论:分配关系或分配方式直接决定于生产关系,但最终决定于生产力水平。

在苏联的计划经济体制的建立过程中,在社会主义个人消费品分配理论上,斯大林完全继承和发展了马克思和列宁的观点,而且,将按劳分配的理论表达得更明确、更完整。

第一,斯大林第一次明确提出社会主义社会即共产主义第一阶段的分配公式是"各尽所能,按劳分配"㊱,并解释为,在社会主义社会里,每个人按他的能力进行工作,但不是按他的需要,而是按他为社会所做的工作取得消费品。之所以在社会主义社会不能按社会各个成员的需要,而按他们为社会所做的工作来分配消费品,是因为工人阶级的文化技术水平还不高,脑力劳动和体力劳动的对立依然存在,劳动生产率还没有达到能保证消费品丰裕的程度,劳动还没有从生存手段变成人们的第一需要。

第二,斯大林认为,"各尽所能,按需分配"是共产主义的原则,或者说是马克思所说的共产主义高级阶段的原则。一方面,每个人要尽自己的能力来劳动;另一方面,每个人将按自己的需要或者说是按一个有高度文化的人的需要取得消费品。斯大林认为,实现"各尽所能,按需分配"原则的前提条件是,工人阶级的文化技术水平已经达到了足以打破脑力劳动和体力劳动对立的基础的高度,脑力劳动和体力劳动的对立已经消失,劳动已成为生活的第一需要,变成为社会谋福利的自愿劳动,劳动生产率达到了可以保证消费品十分丰裕的高度。

第三,斯大林解释说,列宁所主张的"不劳动者不得食",就是要反对剥削者,反对那些自己不劳动而强迫别人劳动,靠剥削别人发财致富的人,反对那些好逸恶劳,想靠别人养活的人。社会主义社会需要的是所有的人都诚实地劳动,为自己、为社会劳动。

第四,斯大林认为"马克思主义是平均主义的敌人"[⑰]。社会主义不可能在贫困生活的基础上用稍许拉平各人物质生活状况的方法巩固起来。平均主义是一种祸害,因为"平均主义使非熟练工人不想成为熟练工人,因而丧失了上进的前途"[⑱]。

第五,斯大林认为,尽管在社会主义社会,城市和乡村之间、脑力劳动与体力劳动之间的利益对立已经不再存在,但它们之间的差别还存在,消灭这些差别无疑是社会主义向共产主义发展的必要步骤。斯大林把这些差别区分为两类,一类是本质的差别,另一类是非本质的差别,并提出了不同的解决途径。

本质的差别,斯大林指的是:在城市和乡村之间(斯大林把它归结为工业和农业之间),不仅劳动条件不同,更主要的是所有制形式的不同。在城市工业中是全民所有制,在乡村农业中是集体农庄所有制。在脑力劳动和体力劳动之间,工人的文化技术水平远远落后于技术人员的水平。斯大林认为,消灭这种本质差别具有头等重要的意义。斯大林寄希望于通过把集体所有制提高到全民所有制水平,来消除工农之间的本质差别,结果导致不顾现有生产力水平的"穷过渡";斯大林要求用提高工人文化技术水平的办法,来消除体力劳动和脑力劳动之间的本质差别,从而提出了"革命青年向科学大进军""技术决定一切"等著名口号。

非本质的差别,斯大林指的是由于工作条件的不同所引起的差别。斯大林不同意一些人要求消除工农之间、脑力劳动和体力劳动之间任何差别的观点,指出在本质差别消灭的同时,不可能使这些非本质差别也消失。

1931 年,斯大林指出:"我们很多企业规定的工资率几乎把熟练劳动和非熟练劳动之间、繁重劳动和轻易劳动之间的差别抹杀了。""要消除这种祸害,就必须取消平均主义,打破旧的工资等级制。要消除这种祸害,就必须在规定工资等级制时注意到熟练劳动和非熟练劳动之间、繁重劳动和轻易劳动之间的差别。"[⑲]斯大林的观点成为随后几年工资制度和工资政策的指导思想。到 20 世纪 30 年代末,苏联建立起了以八级工资制为主体,包括工资等级表、工资率、职务工资以及计件、累进计件、计时、奖励等的一整套工资制度。苏联传统工资制度的特点是,由国家集中统一规定职工的工资标准,工资支出基本上纳入国家计划。国家制订统一的工资等级表、工资率和技术等级标准,以及统一的劳动定额。国家根据职工人数规定工资基金总额,下达给企业。这种与计划经济体制相应的收入分配制度,不仅对苏联,而且对以后的社会主义各国都产生了很大的示范性影响。

注释

①恩格斯:《"德国农民战争"一八七〇年版序言的补充》,《马克思恩格斯全集》第 18 卷,人民出版社,1964 年,第 566 页。

②恩格斯:《反杜林论》,《马克思恩格斯全集》第 20 卷,人民出版社,1971 年,第 283 页。

③当然,圣西门、傅立叶、欧文三大空想社会主义者的思想形成也受到英国空想社会主义奠基人托马斯·莫尔和法国空想社会主义先驱摩莱里等早期空想社会主义者的影响。

④傅立叶把人类的"情欲"分成三大类十二种。第一类是"奢侈类",即味觉、触觉、视觉、嗅觉、听觉五种感官的欲望。第二类是"四种单纯心灵上的欲望",即和睦或友谊的组合、爱情的组合、双亲或家庭的组合、志向或团体的组合。第三类是"分配的情欲"或"谢利叶主义",包括目的在于激起集团之间相互竞争的"神秘的情欲",或想搞阴谋诡计、图谋不轨的欲望,还包括喜欢花样翻新的"蝴蝶情欲",以及"组合情欲"或对联合的情欲。所有这十二种情欲结合在一起,便成为一个强有力的控制一切的推动力,称为"统一主义"或"和谐主义"。

⑤乔·奥·赫茨勒:《乌托邦思想史》,商务印书馆,1990 年,第 179 页。

⑥同上书,第 155 页。

⑦同上书,第 185 页。

⑧托马斯·莫尔:《乌托邦》,商务印书馆,1956 年,第 76 页。

⑨巴贝夫:《巴贝夫文选》,商务印书馆,1962 年,第 90 页。

⑩托马斯·莫尔:《乌托邦》,商务印书馆,1956 年,第 72 页。

⑪同上书,第 68 页。

⑫托马斯·康帕内拉:《太阳城》,商务印书馆,1960 年,第 22 页。

⑬摩莱里:《自然法典》,商务印书馆,1959 年,第 125 页。

⑭巴贝夫:《巴贝夫文选》,商务印书馆,1962 年,第 89 页。

⑮傅立叶:《傅立叶选集》第一卷,商务印书馆,1979年,第84页。

⑯圣西门:《圣西门选集》第一卷,商务印书馆,1979年,第223页。

⑰欧文:《欧文选集》第一卷,商务印书馆,1979年,第355页。

⑱马克思:《共产主义和奥格斯堡"总汇报"》,《马克思恩格斯全集》第1卷,人民出版社,1956年,第130页。

⑲马克思:《马克思致斐·多·纽文胡斯》,《马克思恩格斯全集》第36卷,人民出版社,1971年,第154页。

⑳恩格斯:《致奥托·伯尼克》,《马克思恩格斯全集》第37卷,人民出版社,1971年,第443页。

㉑参见布鲁斯:《社会主义经济的运行问题》,中国社会科学出版社,1984年。

㉒考斯塔:《社会主义的计划经济理论与实践》,中国社会科学出版社,1985年,第1页。

㉓战时共产主义经济理论基本特征的归纳是以格·萨穆利的观点为基础的。参见格·萨穆利:《社会主义经济制度的最初模式》,湖南人民出版社,1984年,第1—50页。

㉔马克思:《政治经济学批判》,《马克思恩格斯选集》第2卷,人民出版社,1972年,第83页。

㉕恩格斯:《反杜林论》,《马克思恩格斯选集》第3卷,人民出版社,1972年,第308页。

㉖马克思:《共产党宣言》,《马克思恩格斯选集》第1卷,人民出版社,1972年,第265页。

㉗恩格斯:《共产主义原理》,《马克思恩格斯选集》第1卷,人民出版社,1972年,第219页。

㉘马克思、恩格斯先后提出过"国家所有制""联合体所有制"等概念,但比较一致的提法是"社会所有制",并把社会所有制视为"世界各国工人政党都一致用以概述自己的经济改造要求的公式"。(马克思:《"法兰西阶级斗争"导言》,《马克思恩格斯全集》第22卷,人民出版社,1971年,第593页。)

㉙恩格斯:《致奥托·伯尼克》,《马克思恩格斯全集》第37卷,人民出版社,1971年,第443页。

㉚马克思:《资本论》第1卷,人民出版社,1975年,第95页。

㉛恩格斯:《反杜林论》,《马克思恩格斯选集》第3卷,人民出版社,

1971 年,第 317 页。

㉜列宁:《无产阶级革命和叛徒考茨基》,《列宁选集》第 3 卷,人民出版社,1965 年,第 689 页。

㉝列宁:《论修改党纲》,《列宁全集》第 26 卷,人民出版社,1959 年,第 152 页。

㉞列宁:《俄共(布)第十次代表大会》,《列宁全集》第 32 卷,人民出版社,1958 年,第 203 页。

㉟列宁:《关于人民委员会工作的报告》,《列宁选集》第 3 卷,人民出版社,1965 年,第 419 页。

㊱列宁:《无产阶级在我国革命中的任务》,《列宁选集》第 3 卷,人民出版社,1965 年,第 40 页。

㊲鲁米扬采夫:《社会主义政治经济学》,中国社会科学出版社,1979 年,第 53 页。

㊳列宁:《论黄金在目前和在社会主义完全胜利后的作用》,《列宁选集》第 4 卷,人民出版社,1965 年,第 601 页。

㊴列宁:《全俄苏维埃第七次代表大会》,《列宁全集》第 33 卷,人民出版社,1957 年,第 143 页。

㊵列宁:《论粮食税》,《列宁选集》第 4 卷,人民出版社,1965 年,第 554 页。

㊶列宁:《关于俄共的策略的报告提纲》,《列宁选集》第 4 卷,人民出版社,1965 年,第 574 页。

㊷斯大林:《联共(布)第十四次代表大会》,《斯大林全集》第 7 卷,人民出版社,1958 年,第 280 页。

㊸斯大林:《联共(布)第十五次代表大会》,《斯大林全集》第 10 卷,人民出版社,1954 年,第 253—256 页。

㊹同上书,第 261 页。

㊺斯大林:《论粮食收购和农业发展的前途》,《斯大林全集》第 11 卷,人民出版社,1955 年,第 7 页。

㊻恩格斯:《政治经济学批判大纲》,《马克思恩格斯全集》第 1 卷,人民出版社,1956 年,第 615 页。

㊼恩格斯:《在爱比斐特的演说》,《马克思恩格斯全集》第 2 卷,人民出版社,1957 年,第 605 页。

㊽马克思和恩格斯:《共产党宣言》,《马克思恩格斯选集》第1卷,人民出版社,1972年,第272页。

㊾马克思:《致路·库格曼》,《马克思恩格斯选集》第4卷,人民出版社,1972年,第368页。

㊿马克思:《政治经济学批判》,《马克思恩格斯全集》第46卷(上),人民出版社,1979年,第120页。

(51)马克思:《致恩格斯》,《马克思恩格斯选集》第1卷,人民出版社,1972年,第365页。

(52)恩格斯:《共产主义原理》,《马克思恩格斯选集》第1卷,人民出版社,1972年,第217页。

(53)恩格斯:《反杜林论》,《马克思恩格斯选集》第3卷,人民出版社,1972年,第319页。

(54)同上书,第323页。

(55)恩格斯:《共产主义原理》,《马克思恩格斯选集》第1卷,人民出版社,1972年,第222页。

(56)列宁:《在维·加里宁的"农民代表大会"一文中所加的两段话》,《列宁全集》第9卷,人民出版社,1959年,第443页。

(57)列宁:《土地问题和争取自由的斗争》,《列宁全集》第10卷,人民出版社,1958年,第407页。

(58)列宁:《十九世纪末俄国的土地问题》,《列宁全集》第15卷,人民出版社,1959年,第112页。

(59)列宁:《全俄中央执行委员会会议》,《列宁全集》第26卷,人民出版社,1959年,第273页。

(60)列宁:《俄共(布)纲领草案》,《列宁全集》第36卷,人民出版社,1985年,第91页。

(61)列宁:《"苏维埃政权当前任务"一文初稿》,《列宁全集》第34卷,人民出版社,1985年,第126页。

(62)列宁:《经济政策和银行政策的重点》,《列宁全集》第27卷,人民出版社,1958年,第295页。

(63)列宁:《论"左派"幼稚性和小资产阶级性》,《列宁选集》第3卷,人民出版社,1960年,第545页。

(64)列宁:《关于人民委员会工作的报告》,《列宁选集》第4卷,人民出版社,1965年,第419页。

　　⑥列宁:《给格·马·克尔日札诺夫斯基》,《列宁全集》第35卷,人民出版社,1959年,第473页。

　　⑥列宁:《莫斯科省第七次党代表会议》,《列宁全集》第33卷,人民出版社,1957年,第73页。

　　⑥列宁:《工会在新经济政策下的作用和任务》,《列宁全集》第33卷,人民出版社,1957年,第156页。

　　⑥列宁:《德国银行在国外的扩张》,《列宁全集》第54卷,人民出版社,1982年,第133页。

　　⑥列宁:《给格·马·克尔日札诺夫斯基》,《列宁全集》第35卷,人民出版社,1959年,第534页。

　　⑦列宁:《劳动国际委员会给各地方苏维埃机关的指令》,《列宁全集》第32卷,人民出版社,1958年,第374页。

　　⑦斯大林:《苏联社会主义经济问题》,《斯大林选集》下卷,人民出版社,1979年,第544页。

　　⑦斯大林:《联共(布)第十五次代表大会》,《斯大林全集》第10卷,人民出版社,1954年,第280页。

　　⑦斯大林:《在党的第十七次代表大会上关于联共(布)中央工作的总结报告》,《斯大林全集》第13卷,人民出版社,1954年,第304页。

　　⑦斯大林:《苏联社会主义经济问题》,《斯大林选集》下卷,人民出版社,1979年,第548页。

　　⑦列宁:《大难临头,出路何在》,《列宁选集》第3卷,人民出版社,1965年,第160页。

　　⑦列宁:《论所谓市场问题》,《列宁全集》第1卷,人民出版社,1955年,第71页。

　　⑦叶·阿·普列奥普拉任斯基:《新经济学》,生活·读书·新知三联书店,1984年,第44页。

　　⑦《布哈林文选》上册,人民出版社,1981年,第233页。

　　⑦同上书,第368页。

　　⑧《列宁主义问题》,人民出版社,1964年,第339页。

　　⑧斯大林:《关于苏联经济状况和党的政策》,《斯大林全集》第8卷,人民出版社,1958年,第112页。

⑧《列宁主义问题》，人民出版社，1964年，第282页。

⑧马克思：《资本论》第3卷，人民出版社，1975年，第993页。

⑧恩格斯：《致廉·施米特》，《马克思恩格斯选集》第4卷，人民出版社，1972年，第475页。

⑧恩格斯：《反杜林论》，《马克思恩格斯选集》第3卷，人民出版社，1972年，第193页。

⑧马克思：《哥达纲领批判》，《马克思恩格斯选集》第3卷，人民出版社，1972年，第11页。

⑧同上书，第10页。

⑧同上书，第10页。

⑧同上书，第12页。

⑨列宁：《论饥荒》，《列宁选集》第3卷，人民出版社，1960年，第560—561页。

⑨列宁：《国家与革命》，《列宁选集》第3卷，人民出版社，1960年，第251页。

⑨列宁：《莫斯科省第七次党代表会议》，《列宁全集》第33卷，人民出版社，1957年，第70页。

⑨列宁：《伟大的创举》，《列宁选集》第4卷，人民出版社，1965年，第1页。

⑨列宁：《论工会、目前局势及托洛茨基的错误》，《列宁选集》第4卷，人民出版社，1960年，第1页。

⑨列宁：《关于副主席工作的决定》，《列宁全集》第33卷，人民出版社，1957年，第299页。

⑨斯大林：《和德国作家埃米尔·路德维希的谈话》，《斯大林选集》下卷，人民出版社，1979年，第308页。

⑨斯大林：《在党的第十七次代表大会上关于联共（布）中央工作的总结报告》，《斯大林选集》下卷，人民出版社，1979年，第335页。

⑨斯大林：《新的环境和新的经济建设任务》，《斯大林选集》下卷，人民出版社，1979年，第280页。

⑨同上书，第280页。

［5］改革经济理论^{*}

改革经济理论体系起源于对传统计划经济体制即"斯大林模式"的分析和批判。其中有些理论探索早在斯大林模式形成之前和形成初期就已进行，不过，大量的研究是在斯大林模式的弊端日益暴露之后的改革实践中产生的。在从对传统计划经济体制的局部改革和不断完善到对传统体制的彻底革命和制度更新的实践过程中，改革经济理论的探索始终没有停止过。社会主义经济改革理论体系所要研究的核心问题是：如何在坚持以公有制为基本经济制度，并保持一定范围、一定程度的计划调节机制的同时，改革所有制的形式和结构，引进市场机制和新的经营机制，将市场机制与计划机制有机地结合在一起，用以调节社会主义经济的运行，既保持经济的计划性，同时又可以克服传统计划机制作用方式的弊病，增强经济的内在活力，提高经济的运行效率，保证经济的持续、稳定和协调发展。不过，从社会主义各国的经济改革实践和经济改革理论的发展现状来看，改革经济理论体系至今还是一个不太成熟和完善的理论体系。

5.1　理论发展的概述

如前所述，改革经济理论体系的核心问题是，在公有制的计划经济中，如何改进和发挥市场机制的作用，以改善资源配置方式和提高经济

＊　本文内容选自史晋川、张法荣：《比较经济理论分析》（杭州大学出版社 1993 年版）第五章。

效率。社会主义改革经济理论的发展,主要是围绕着两条线索展开的。一条线索是在远离社会主义实践的西方经济学家之间的一种纯理论探讨;另一条线索则是社会主义经济学家在社会主义实践中对传统经济体制的理论反思和改革摸索。

早在社会主义革命取得胜利之前,西方的一些经济学家就对马克思、恩格斯所设想的社会主义社会是否具有技术上的可行性和经济上的合理性,进行了理论上的探讨。1902 年,帕累托把他的最优福利理论应用于社会主义经济,认为没有理由断言在社会主义制度下不能达到帕累托最优状态。1908 年,意大利经济学家巴罗尼发展了其老师帕累托的观点,第一次系统地论述了社会主义经济达到最优资源配置状态所必要的条件,认为通过"试错法"求解经济均衡方程,使产品价格等于最低生产成本,就能达到福利最大化。1920 年,新奥地利学派的领袖人物米塞斯认为,在社会主义社会中,由于缺乏生产资料市场,缺乏合理的要素价格,因而不可能进行合理的经济计算,不可能解决资源合理配置问题。米塞斯的论点导致了一场社会主义大论战。1928 年,美国经济学家泰勒继承并发展了巴罗尼的思想,认为社会主义国家可以通过试错法,模拟市场机制,最后得到一套可以合理配置资源的均衡价格体系。但是,新奥地利学派的哈耶克和伦敦学派的罗宾斯继承并发挥了米塞斯的观点,但和米塞斯不同的是,他们并不否认社会主义经济在理论上存在资源合理配置的可能性,但是,经济计算涉及求解几十万个方程,这实际上是不可能的。针对哈耶克、罗宾斯的分析,当时任美国密歇根大学讲师的波兰经济学家兰格于 1936—1937 年提出了著名的"兰格模式",第一次系统地从理论上阐述了社会主义计划经济与市场机制相结合的方法和途径,认为社会主义经济完全可以用竞争市场上的试错法来实现资源合理配置。人们一般认为,"兰格的论文发表,标志着西方资产阶级经济学界从 1920 年以来关于'社会主义'经济学的一场旷日持久的论战基本结束"[①]。但事实上,1940 年哈耶克发表了《评社会主义计算的竞争"解决方案"》一文,从信息结构和动力结构角度对兰格模式再次提出质疑,从而把社会主义大论战推向新的阶段。

在社会主义大论战中,西方经济学家都是以资源合理配置或福利最大化为实现目标和评判标准,从理论上来探讨社会主义经济的可行性和合理性。这种纯理论的逻辑推理在当时并没有引起社会主义各国应有的重视。在 20 世纪六七十年代的社会主义改革初期，兰格等社会主义支持者的观点开始引起社会主义国家经济学家的注意和吸收，如布鲁斯的分权模式就是在兰格模式的基础上发展起来的。到了 80 年代中后期，随着改革日益逼近实质性阶段，米塞斯、哈耶克、罗宾斯等人所提出的问题和观点也引起社会主义经济学家的重新思考。

社会主义改革经济理论体系发展的另一条更为重要的线索，是在社会主义建设实践中，特别是在社会主义高度集中的传统计划经济体制及其相应的计划经济思想的内在缺陷日益暴露之后，社会主义国家的经济学家对传统经济理论的重新反思和对社会主义经济体制改革模式的艰辛探索。

如果说社会主义大论战主要是在斯大林模式形成前后，但是在远离斯大林的西方经济学家之间产生的一种纯粹的理论争论，那么，在斯大林模式形成前后而且在社会主义建设实践中与斯大林展开正面交锋并对后来的改革经济理论有较大影响的，则是布哈林的过渡时期经济学。布哈林曾是战时共产主义的积极鼓动者，经过不断的实践探索和思想反思，从新经济政策中发现了通往社会主义之路，于是成为新经济政策的忠实支持者和捍卫者。他先与普列奥普拉任斯基公开论战，系统阐述了过渡时期的经济发展规律，认为社会主义经济必须利用商品货币形式和市场关系。1928 年，当他发现斯大林试图抛弃新经济政策，推行加速工业化和农业合作化政策时，他又反对斯大林的片面追求工业化速度的主张和做法，进一步阐述了他的工业化和社会主义改造的主张。但是，布哈林还只是把商品货币关系和市场关系看成是不属于社会主义经济本质属性的生产关系，认为社会主义经济的本质属性只是计划经济而非商品经济，随着社会主义经济向共产主义经济发展，商品生产和市场关系都将消亡。

随着传统计划经济体制内在缺陷的不断显现，尤其是在斯大林去世后，对斯大林模式的反思和改革日趋活跃。改革的实践推动着理论的发展，经济模式的多样化导致经济理论的多元化。不同的经济改革学派，或是改革的理论先导，或是改革的实践概括，反映着各个学派对经济运行机制和经济发展模式的不同选择。

在 20 世纪 80 年代以前，社会主义改革经济理论体系的发展进程，主要是比较单纯地按照如何通过引进市场机制来改革社会主义计划经济的运行机制和调节机制的思路进展的。有东欧经济改革首创人之称的波兰经济学家布鲁斯为揭示社会主义经济的内在机理,在60年代初提出了著名的经济运行模式理论,主张变集权模式为分权模式,并在计划经济结构中导入有调节的市场机制。被誉为捷克斯洛伐克经济改革之父的锡克及其助手考斯塔,通过对社会主义条件下经济利益关系和商品货币关系的研究,主张计划与市场相结合,充分发挥竞争性市场机制对经济的调节作用。苏联经济学家利别尔曼于60年代初提出了著名的"利别尔曼建议",即实行新的计划——经济核算机制,并把利润率与奖金挂钩,作为新计划体系运行的刺激动力。匈牙利经济学家科尔内通过其独特的实证分析方法和非瓦尔拉斯均衡分析方法,对传统的或经典的社会主义经济运行机制做了深刻的描述和分析,主张硬化预算约束,建立有宏观控制的市场协调经济。在这一时期,从理论发展的主流来看,尽管各国经济学家的观点不尽相同,但是,他们在理论上具有比较一致的基本观点,即认为有必要扩大市场机制在社会主义经济运行中的调节作用,引入市场机制并与计划机制相结合,一方面可以用市场调节弥补计划的局限性;另一方面计划又可以矫正市场的盲目性,因而计划和市场具有相互补充和相互校正的双重功能。但是,大多数经济学家似乎没有明确认定社会主义经济是一种商品经济,因此在考虑计划与市场的关系时,事实上是把市场机制看作是社会主义计划经济运行中的"补充"性成分,处于一种"为辅"的地位。[②]

与这种社会主义改革经济理论的主流相并存的,是南斯拉夫经济学家的探索。从20世纪50年代初开始,卡德尔、基得里奇、马克西莫维奇、科拉奇、霍瓦特等南斯拉夫经济学家,根据本国社会主义建设的实践以及对马克思公有制范畴的独特理解,彻底批判了以苏联为代表的国家所有制理论,逐步提出了一整套别具特色的社会主义所有制和自治理论。总的说来,南斯拉夫的经济学家从三个方面大胆地突破了传统的计划经济体制和计划经济理论:(1)突破了国家所有制是公有制的最高形式的观点,提出并论证了社会所有制理论,并建立了相应的以劳动者联合和自治为特征的经济体制;(2)明确提出了南斯拉夫经济是社会主义商品经济,论证了社会自治体制中的商品经济是社会计划协调下的商品经济;(3)彻底抛弃了计划与市场相对立的观点,提出市场是自治经济体制中调节经济运行的最重要的经济机制之一,社会主义经济必须充分地利用市场,发挥市场机制对经济的调节作用。南斯拉夫的经济理论起初被视为异端邪说,直到 70 年代末 80 年代初,随着社会主义各国经济体制改革的全面展开和深入进行,才逐渐为各国经济学家所接受,并与社会主义改革经济理论的主流逐步融为一体,这表明社会主义改革经济理论进入了一个新的重要发展阶段。

从社会主义改革经济理论在中国的发展来看,随着中国社会主义经济体制改革进程的起步和深入,中国社会主义经济改革理论开始进入社会主义经济理论的发展主流并产生了巨大的影响,显示出迅速的进步和中国自身的理论特色,其主要表现在:(1)明确提出中国经济体制改革的目标模式是要建立社会主义市场经济体制,从而彻底抛弃了社会主义就是而且只能是计划经济的传统观念,不仅承认商品经济,而且进一步承认市场经济是社会主义经济的内在本质属性。(2)承认计划与市场只是资源配置的两种基本形式,而非经济制度的划分标准。在社会主义经济运行过程中,计划与市场的作用都是覆盖全社会的。因此,在培育社会主义市场体系,强化市场机制作用的同时,要加强和改善国家对经济的宏观调控,建立"国家调节市场,市场引导企业"的新模式。(3)在"微观基础再塑造""体制创新""产权界定"等一系列广泛而严肃的理论探索中,认识到所有制改革是社会主义经济体制改革成败的关键,提出在以承包制、股份制、租赁制、拍卖等方式改革公有制企业(全民企业和集体企业)的同时,发展非公有制经济。

有关社会主义经济改革的文献可以说是汗牛充栋。下面的阐述和分析,一方面将主要涉及我们以为最有影响力的经济学家的主要思想;另一方面只能集中在生产资料所有制理论和经济调节机制理论两大专题内容上。

5.2 所有制理论

1.南斯拉夫的社会所有制理论

在 1950 年之前,南斯拉夫恪守从苏联引进的传统的社会主义所有制观点,即把国家所有制等同于全民所有制,并把国家所有制看作是社会主义公有制的高级形式。1950年,南斯拉夫国家经济委员会主任和联邦计划委员会主任基德里奇撰文指出:国家社会主义只能代表社会主义革命的第一步,而且也是最短的一步。国家社会主义必将强化作为社会寄生虫的特权官僚主义,压制社会主义民主,使社会主义制度变成事实上的国家资本主义。因此,应当把国家社会主义改造成直接生产者的自由联合制度。20世纪60年代,南斯拉夫经济学家开始用"国家主义"这个术语,来代替原先的"国家资本主义"这个比较偏激的概念。并认为,国家主义是一种同社会主义从而同劳动相异化的制度,取消国家主义的唯一可供选择的道路是由生产者自己来组织经济过程,变集权管理为分权管理,变生产资料国家所有为社会所有。1972年,卡德尔在《公有制在当代社会主义实践中的矛盾》一书中,系统地阐述了国家所有制的历史作用、内在矛盾以及社会所有制产生的客观必然性。

第一,南斯拉夫经济学家对公有制的含义做出了重新理解,认为公有制的实质就是劳动者自身的"个人所有制"。

卡德尔等人认为,所有就是占有,只要有占有,就有所有制,问题只是在于这种占有是以什么方式、在什么样的基础上进行。资本主义私有制就是资本家占有生产资料,劳动者一无所有,通过雇佣劳动与生产资料的间接结合,生产出归资本家所有的剩余价值。而马克思所讲的公有制,不论其过渡的社会历史形式如何,归根到底是联合生产者的社会职能,即从事联合劳动的人们在把共同的生产资料作为共同劳动的条件的基础上进行占有,并支配这些生产资料和占有产品。在这里,社会应为确保这些关系而建立相应的法律制度和进行必要的调节,而不是充当表面上代表直接生产者行使职责,但实际上并不受直接生产者制约的"职务行使者"。

卡德尔强调,公有制的历史含义在于克服劳动同社会资本的异化,从而克服在私有制条件下,由于经济需要和外部强制所造成的劳动条件、劳动资料和劳动成果同劳动者相异化的现象,使生产资料从奴役劳动者的手段变成劳动者自身解放的工具。

卡德尔依据马克思关于"在协作和对土地及靠劳动本身生产的生产资料的共同占有的基础上,重新建立个人所有制"③的论述,认为公有制的实质就是劳动者自身的个人所有制。马克思讲的生产资料的社会化,不是废除个人所有制,而是在使每个人和所有人都能共同支配劳动条件和产品的意义上,建立个人所有制。

第二,南斯拉夫经济学家对传统的国家所有制进行了彻底的批判,认为国家所有制仅仅是社会主义公有制的初始形式,它存在着使劳动者同生产资料相分离的基本矛盾。④

卡德尔认为,社会主义公有制形成的历史过程是通过不同的途径和形式展现的,"因此不能静止地、超越空间和时间,去评价公有制的不同形式的社会历史作用"⑤。南斯拉夫的经济学家一般都认为,在取得社会主义革命胜利后的最初阶段,国家所有制是社会主义的历史性和不可避免的革命行为。大多数国家,尤其是经济不发达的国家,在自己的社会主义道路上,将经历或长或短的国家所有制关系的阶段。因为,在社会主义的初级阶段,要在革命战争的环境中以及在资产阶级包围的情况下完成剥夺私人资本的任务,对生产资料不进行集中管理,即不实行国家所有制几乎是不可能的。

但是,卡德尔等人认为,国家所有制仅仅是社会主义公有制的初始形式,而且,在其一开始就孕育着一个基本矛盾,"它表现为把工人及其劳动同对社会资本和劳动的其他客观条件的直接管理相分离"⑥。具体地说,可以把国家所有制的内在矛盾和历史局限性归纳为:一是在国家所有制下,工人只能通过国家与生产资料间接结合,工人与他们的剩余劳动仍然或大或小地处于分离状态。国家决定工人剩余劳动的比例和用途,而工人的社会地位则由国家机关和技术专家集团来决定,也就是说,国家所有制不可能消除劳动者和生产资料相分离的状态,不可能消除劳动者与生产资料、产品相异化的情况。由于这种分离和异化,就不可能解决劳动者在生产过程中的动力和效率问题。二是由于国家对财产管理的垄断、对经济活动主体行为决策的垄断、对剩余价值分配和使用的垄断,党和国家管理机构就可能凌驾于劳动者之上,滋生严重的官僚主义,从而使公有制由解放劳动者的条件变为奴役劳动者的工具。三是过分集中的管理体制,还必然会阻碍生产集约化的发展,阻碍技术进步和劳动生产率的提高。

第三,在对马克思公有制概念做出重新理解和彻底批判传统的国家所有制的基础上,南斯拉夫经济学家提出了社会所有制理论。

卡德尔解释说,所谓社会所有制就是指生产资料属于所有从事劳动的人。但是,任何人对这些生产资料都不能拥有私有权,也就是说,这些生产资料既是所有人的,又不是任何人的。社会所有的生产资料同时又是劳动者在总的社会劳动中从事个人劳动的手段,从而也是他取得个人收入的手段。因此,这种公有制既是全体工人的共同的阶级所有制,同时又是任何从事劳动的人的个体所有制的形式。⑦

社会所有制的本质特征可以概括为:

(1)平等与效率是社会所有制的出发点。霍瓦特认为,在资本主义的自由市场经济体制下,市场机制的自发调节可以刺激微观经济效率,但它不能消除由资本主义基本矛盾引起的周期性经济危机和不合理的收入分配制度,从而导致宏观效率的低下。凯恩斯的宏观经济政策,并不能从根本上解决公平与效率的矛盾。在传统的斯大林模式下,国家所有制代表私有制,指令性计划经济代替自由放任的市场经济,但它也没能实现效率优化和分配平等。相反,由于企业和劳动者受支配和从属于国家的地位,难以提高微观效率,而社会中的等级结构、官僚层次,又会导致收入差异,形成新的不平等。只有社会所有制,才能保证每个人在同样条件下平等地占有生产资料,平等地拥有劳动权、生产管理权和政治权力,从而实现社会公平;同时,由于劳动者真正成为生产资料的主人,从而能有效地激发企业活力,实现效率优化。

(2)劳动者和生产资料的直接结合是社会所有制的实质。在私有制下,劳动者只能受雇于资本家之后才能实现与生产资料的间接结合;在国家所有制下,劳动者也只能通过国家这一中间环节才能与生产资料间接结合;但是,在社会所有制条件下,生产资料直接由联合起来的劳动者占有,从而在劳动者与生产资料之间,排斥了任何中间环节,可以实现直接结合。

(3)自治是社会所有制的核心内容。卡德尔指出,社会所有制意味着在联合劳动基础上的占有是唯一的占有形式,这可使劳动者摆脱任何对资本所有者或对国家这一资本集体所有者的雇佣关系形式,实行工人自治。自治实际上包含着两层含义:一是共同占有生产资料的劳动者不再在企业中处于受支配的地位而成为管理主体,从而排除了私人占有主体对劳动者的雇佣性质;二是企业成为独立的商品生产者,不再受制于国家权力机构,从而消除了国家占有主体对企业和劳动者的雇佣性质。

(4)按劳分配是社会所有制的内在要求。由于在社会所有制下,联合劳动是占有生产资料的唯一基础,劳动成果则要由劳动者根据经营状况和全社会的利益来进行分配。

社会主义生产资料公有制的本质和实现形式问题,是社会主义经济理论中的基础和核心问题。在很长一段时间内,社会主义国家在斯大林模式的影响下,在对社会主义公有制的理解上存在着一种简单化、教条化的倾向,把公有制等同于国有制,把国有制看作是社会主义公有制的最高形式,并强调集体所有制要不断向国有制过渡。南斯拉夫的经济学家凭着对马克思公有制理论的独特见解,凭着对本国实际的透彻分析,从改革一开始就紧紧抓住了所有制这个本质问题,深刻地批判了传统的国有制理论,并在此基础上创立了社会所有制和自治理论,为社会自治经济制度的建立奠定了理论基础,对其他社会主义国家的理论和实践产生了深刻的影响。

2. 布鲁斯的社会所有制理论

20世纪60年代初,布鲁斯把研究的重点放在对经济运行体制的分析上,没有考察生产资料所有制。后来,由于改革难以深入,他发现单纯研究经济机制理论是一种狭窄的探讨方法,因为这难以区分两种效应:一是改革经济运行体制所能取得的效应;二是需要更深一步变革(深入到体制的基础)才能取得的效应。于是他转向研究所有制,并于1975年年初出版了《社会主义所有制与政治体制》一书。

布鲁斯是以东欧社会主义的改革和发展历程为背景考察社会主义生产资料所有制的。布鲁斯认为,社会主义所有制的本质定义不在于"公有制",而在于"社会所有制"。经济意义上的所有制无非是所有者按照他的利益对其所拥有的物进行有效支配,而生产资料的社会所有制必须满足两个条件:一是必须按照社会的利益使用生产资料;二是社会必须具有对它所拥有的生产资料的有效支配权。

在国家社会主义模式即集权模式中,生产资料社会化就等于把生产资料转变成社会主义国家所有制,因此就意味着在形式上把国有化等同于社会化。布鲁斯从多方面论证,社会主义国家所有制并不符合生产资料社会化的要求,因为:(1)国家作为社会的政治组织同时又行使经济代理人的职能;"而且这种代理人事实上仅管理企业的内部关系,还控制着决定企业和家庭状况的全部外部因素"⑧。(2)无所不包的高度集中化经济需要一个官僚机构,并需要从政治体制上保证国家的集中决策服从于社会的意志,但事实是集中化的经济垄断导致官僚主义,缺乏经济民主。(3)在以上条件下,不可能创造出马克思所设想的那种自由人联合体用公共的生产资料进行劳动,并允许他们把个人劳动力作为一个社会劳动力来使用的前提条件,减弱了民主化进程。因此,布鲁斯认为,国家所有制仅仅是社会所有制的低级形式,就国家代管生产资料这一层关系来说,这是一种间接的社会所有制。

南斯拉夫的自治模式是在批判生产资料国有化的基础上产生的,它试图以生产者自治的形式使社会直接拥有生产资料,即建立社会所有制。布鲁斯认为,自治模式的实质不是通过给公有制(即国有制)一定的特点使它成为社会所有制的方式,而是通过限制所有制公有特征的方式来解决生产资料社会化的问题,从而出现了如下现象:(1)由于社会偏好与企业目标的矛盾,从而使微观效益与宏观效益不能较好地结合起来。(2)中央放弃了对宏观经济的决策权,放弃了对市场的管理,赞成集体商品生产者的自然行为规则,从而产生通货膨胀、失业等消极后果。(3)在人均收入最大化动机驱使下,企业将满足于就业和产量的较低水平,企业有一种使用资本密集型和劳动节省型生产技术的强烈倾向。

最后,布鲁斯认为,生产资料社会化是一种过程,并非在短期内就能完成。国家所有制作为生产资料社会化的低级形式,在社会主义建设初期具有一定的进步性。生产资料社会化作为一个过程的含义,就在于要逐步取消这种初级形式,由社会所有制取代国家所有制。

3.奥塔·锡克的社会主义股份所有制理论

1962年,奥塔·锡克在《经济·利益·政治》一书中系统地阐述了他对马克思主义所有制理论的认识,批判了斯大林在所有制、生产关系等范畴认识上的错误,提出了正确把握社会主义所有制关系的方法论,并根据生产集中化和分散化的矛盾发展趋势、经济利益原则以及市场环境,提出了社会主义股份所有制的改革模式。

首先,锡克对斯大林的所有制概念进行了批评。斯大林把所有制看成是生产关系中的决定性因素,它不仅作为"互相交换活动"的基础而存在,而且作为"产品分配形式"的基础而存在。根据这一理论,便推导出全民所有制表现为国家所有制,国家有权直接决定生产的组织和生产成果的分配。锡克认为,斯大林的表述曲解了马克思的所有制含义。⑨因为:一是所有制不能独立于生产关系之外而存在。锡克认为,所有制的本质是生产关系,是在物的掩盖下(即人对物的占有关系)人与人之间的经济关系。所有制关系不是独立于生产关系之外的,也不是与生产、交换、分配、消费简单并列的关系,它是贯穿于生产、交换、分配、消费各个环节,并渗透到这些关系之中的。"所有制范畴首先是一个结果范畴","所有制是一个单纯的'又'复杂得多的过程。"⑩因此,斯大林把所有制关系作为孤立于分配关系和交换关系之外而独立存在的关系,割裂了所有制与生产关系的内在有机联系,是违背马克思原意的。二是所有制关系不是一种静态的归属关系,而是一种动态的占有过程。锡克认为,所有制关系不仅仅是谁有谁没有生产资料的问题,而且是一种动态的占有过程,也就是说,这种对生产资料的占有是不断重复进行的,是一个获得、丧失、重新获得的过程。"谁不能把所有制首先看作是一个过程,看作是不断更新和发展的过程,谁就永远把握不住现实和真正马克思主义对现实的反映,就永远理解不了任何一种生产资料所有制形式的社会本质。"⑪而斯大林的错误就在于把所有制看作是一种静态的所属关系。三是不能从法律关系和意志关系来推导出经济关系,而应该从经济关系出发,说明法律关系和意志关系。锡克认为,所有制首先是一种经济关系,是一种在对生产资料和产品占有过程中体现出来的人与人之间的经济关系,财产的法律所有关系是在经济占有的基础上产生的。经济关系决定法律和意志关系,只有了解在一定生产力发展阶段上产生的经济关系,才能把握所有制的本质。斯大林把所有制从生产关系中独立出来,实质上是把所有制仅仅看作是一种法律的占有关系和意志关系,并从法律和意志关系推导出经济关系,这是违背马克思主义历史唯物主义基本原理的。

其次,锡克认为,马克思主义社会所有制理论的精髓是生产资料占有的社会化,但马克思从未明确提出过这种社会化的具体形式;恩格斯虽然表述了大企业国有化的思想,但也只是停留在抽象论证上,并没有肯定国有化形式就是未来的社会化形式;列宁则说过,全部国有化并不意味着社会化。斯大林及后来的经济学家把全民所有制等同于国家所有制,把社会化等同于国有化,这是对经典作家学说片面理解的结果。锡克分析认为,苏联近半个世纪实行生产资料国有化的实际经验表明,传统的以高度集权为特征的国有制形式,存在种种弊端:一是由于劳动者与生产资料实际上处于分离状态,工人仍然处于被雇佣地位,工人缺乏主人翁的意识,缺乏关心企业经营效果的热情;二是由于企业领导由国家任命,作为国家的化身行使对企业的决策权,企业领导容易滋生出官僚主义作风;三是由于企业领导和工人的收入与企业效益无关,致使职工普遍缺乏责任感,企业效益低下。

最后,锡克认为,社会主义经济体制改革,必须彻底改变国家所有制形式,实现生产资料和劳动者的直接结合,使劳动者真正成为生产资料的主人。锡克根据生产集中化和分散化的矛盾发展趋势、经济利益原则以及发挥市场机制的积极作用的要求,提出了社会主义股份所有制的模式。社会主义股份所有制又称"资本分成体制"或"中立资本制度"。在这种体制中,每个职工都是企业的共同所有者,资本是"集体制资本",它既脱离了私有制(私人资本)轨道,又脱离了国有制(国有资本)轨道,同时又区别于传统观念中的"集体所有制"和抽象的"社会整体占有"。社会主义股份所有制包含以下内容:一是企业的每一个职工都是该企业资产和产品的股份所有者。二是职工除工资外,还可得到一定的资本份额,即把职工获得的一部分利润分红转化为归职工所有的有价证券。三是职工既拥有资本分成,又拥有扩大资本投资额的价值额,即既参与现有利润分红,又参与未来利润的分红。四是分红采取级差分配方法(如根据职工在该企业的工作年限)。五是有价证券不能买卖,若到别的企业工作,其证券仍保证得到原来分红的一定份额;若职工退休,不再领取该企业新的证券,但仍享受和他原拥有的证券相应的用于消费的利润份额;若职工死亡,证券自动收归企业(除一部分支付给继承人作为赔偿)。六是个人拥有的股份额受到限制,由国家规定最高限额。七是股份所有者通过工人委员会主席团参与企业的决策,企业领导人由工人民主选举产生。

锡克从分析批判斯大林的所有制定义入手,重新系统地考察和解释了马克思的所有制范畴,并通过各种具体经济关系的考察,使所有制范畴具体化,这对于社会主义经济建设和经济理论研究具有重要的意义。但是,锡克把所有制完全等同于生产关系的总和,也未必完全符合马克思的原意。虽然马克思反复强调,不能脱离经济过程来考察所有制关系,不能把所有制关系从生产关系中独立出来,但马克思也没有否认所有制关系在生产关系体系中的基础地位和决定作用。

4. 里斯卡的个人社会所有制理论

1985 年,匈牙利经济学家里斯卡在《构想与评论》一书中,提出了他对社会主义经济体制模式的新构想,即以个人社会所有制为基础,通过计划竞争市场来决定和实行承包经营的社会主义经济模式。他的这一构想被称为里斯卡模式。⑫

里斯卡模式是在社会主义国家进行了 30 余年的经济体制改革实践基础上提出的。从社会主义国家的改革实践来看,除南斯拉夫对传统模式中的国家所有制进行了彻底的改革外,苏联东欧国家的改革主要是围绕着建立新的经济运行机制进行的,在保留生产资料的国家所有制的前提下,就如何解决集权与分权、计划与市场、行政方法与经济方法的关系等问题进行改革。但是,实践表明,在保留国家所有制的前提下,经济运行机制的改善是有一定限度的。达到这个限度后,新的运行机制会与国家所有制发生冲突,从而使改革处于进退两难的境地。里斯卡正是以改革后的匈牙利体制为蓝本,从所有制角度考察深化经济改革的方向。

里斯卡认为,现行的国有制形式不能解决社会公平问题,从而实现社会资源的优化配置,而只有个人社会所有制才能实现这一目标。个人社会所有制的特点是:每一个人从原则上来说都有权要求直接支配和经营社会所有资产中的任何一个组成部分,但是最终只有通过充分竞争表明能向社会提供最高收益的人,才能支配和经营社会所有的资产。换言之,社会所有的土地和资产应当归那些善于经营从而最能增加社会财富的公民来经营。

实行个人社会所有制所遇到的第一个问题是如何解决承包风险的财产保证问题。个人社会所有制的核心思想是将社会所有的财产承包给个人经营,因此,它一开始就要求每个人都具备相当数量的用于承包经营的物质基础或财产担保,以分散风险和防止诈骗冒险。为此,里斯卡独具匠心地提出了"社会继承"规则。所谓社会继承,是指每个公民在一出生时便可获得一定数量的社会财产,其方法是把社会现有的包括生产资料、基础设施在内的国民财富存量平均量化给每个公民。同时,每个公民不再享受社会补助,在他们一生中所需要的各种实物和劳务,如住房、入学、公共消费等都到市场上去购买。

社会继承的利息由个人自由支配,社会继承除用于支付安家费、疗养费、基本退休金及特殊情况下的失业补助费外,主要用于承担承包经营的风险。通过社会继承而获得的个人资产在当事人去世时便自动取消,不能由其亲属继承。

实行个人社会所有制所遇到的第二个问题是如何确定社会资产的经营管理者,使他们能代表整个社会资产的利益,致力于提高整个社会的经济运行效率。里斯卡根据西方和东方国家企业领导人产生方式的各种弊端,指出社会资产的经营者既不能通过资产所有者或代表资产所有者的某个社会中心来任命,也不能通过选举的方式产生,而只能通过承包者市场上的竞争来确定。在静态条件下,在自由的、公开的计划市场上,代表社会资产的出包机构对一个企业、一个车间或一台机床给出一个出包价格,任何一个愿意承包的公民都可以投标,通过竞争,最后由出价最高的公民中标,出包机构便把这些社会资产交给他来支配与经营。在动态条件下,该实际承包者不能永远垄断该承包对象。因为在任何时候,其他公民都可以提出一个比原承包者更高的更有挑战性的承包价格来竞争取得这份社会资产的承包经营权。如果原承包者无力响应,那么他就必须交出原先承包的社会资产,让出价更高的人承包经营。这种计划竞争市场体制的优点正在于使社会资产始终处于最善于经营的承包者的手中而不断增值。

实行个人社会所有制所遇到的第三个问题是如何估算社会资产的价值,使承包有一个合理的价格。里斯卡认为,可以把正确估价社会资产的问题转化为确定社会资产承包者的义务问题。因为社会资产的出包机构所提出的对某一笔社会资产的出包价格一旦被承包者所接受,那么就意味着他承担了按这一出包价格增值这笔社会资产价值的义务。尽管出包价格在计划市场上随供求关系而上下波动,但"计划市场价值"总是波动的轴心。在均衡利率既定时,社会资产的计划市场价值与其在一定时期内预期带来的收入成正比;当预期收入既定时,则与这段时期内的均衡利率成反比。

承包经营者对所承包的这笔资产提出的承包价格,可以低于或高于这笔资产的计划市场价值。因为,出包价格或承包价格都要由供求关系决定,视竞争情况而定。在承包经营过程中,如果承包者没有能力在原承包价格基础上经营,他可降低出包价格给他人,但价格差额要由他自己补偿,这就会减少其个人资产。如果承包者进行了技术革新,合理化经营,使这笔社会资产增值了,他可以提价转包给别人。而且,这些增值部分作为承包者通过努力而"实现了的道义资本",转入承包者"实现了的道义资本账户",成为他的个人资产的第二个来源——承包经营所得。这部分"实现了的道义资本"再生的利息,可作为承包者的最终收入,归其所有,自由支配,但"实现了的道义资本"本身只能用于承担经营风险。

实行个人社会所有制所遇到的第四个问题是承包经营者权利的确定。里斯卡认为,承包者可根据市场情况独立做出经营决策,可自由支配承包的社会资产。在经营期间,固定资产折旧也由承包者自行使用,但若退出承包经营,则需将折旧交给出包机构;若继续承包,可把折旧用于更新设备与技术改造上。承包者也可转产,但所需添置的设备要靠已收回的资金或贷款来购买。

实行个人社会所有制所遇到的第五个问题是由谁来代表社会管理社会资产。在里斯卡模式中,国家的收入来自两个方面,一是社会资产的增值部分,二是社会资产的利息。有了这两大收入,国家便取消课税的做法,国家不再具有经济职能,不再对经济运行下达任何形式的指令,并取消任何形式的社会补助,也不再进行国民收入再分配。在里斯卡的目标模式中,管理社会资产的代表是社会资产的出包机构,是从事经营的银行系统,它承担的主要职能是:作为社会资产的监护人,登记社会资产,确定社会资产的出包开价;登记社会资产的计划市场价值及其变化;登记道义资本及其变化;登记处理公民的社会继承,并支付利息;向承包者提供贷款;吸收社会储蓄;根据社会发展政策,通过随时调整利率来干预信贷市场,以刺激或限制某些经营,保持总量及结构平衡。

里斯卡作为后起的一代经济学家,以几十年的社会主义改革为分析背景,紧紧抓住所有制这一问题的关键,力图在维护财产归社会所有的前提下,通过个人承包经营社会资产的方法,来革除传统的国家所有制的种种弊端,解决公平、效率、动力与资源最优配置等问题。这种构想不仅具有理论价值,而且具有一定的实际意义。归纳起来,里斯卡模式主要有两个最重要的特点：一是个人社会所有制是唯一的所有制形式；二是市场竞争是主要的作用机制。前者用来解决公平问题（每人一份），后者用来解决效率问题（竞争体制），从而最终实现社会资源的最优配置。里斯卡的构想是美好的，但在目前实行尚无基础。因为，在现有的生产力水平上，能否实现单一的个人社会所有制，能否取消国家的经济职能，还是有待观察的。

5.3　经济调节机制理论

1.20 年代苏联工业化论战中的经济调节机制理论

如果说，20 世纪二三十年代的社会主义大论战纯粹是西方经济学家之间的一种理论探讨，那么，与此同时，在苏联的社会主义建设实践中，布哈林先同普列奥普拉任斯基，后与斯大林展开了激烈的争论，这种争论不仅涉及理论认识，更影响着政策主张。

1926 年，普列奥普拉任斯基在《新经济学》一书中明确指出，过渡时期的社会主义经济有两个调节规律，一个是价值规律，一个是社会主义原始积累规律。前者是商品经济的规律，它以私有经济为基础；后者则是指"国家手中的主要来源于或同时来源于国营综合体之外的物质资源的积累"[13]。前者要求等价交换，后者则要求不等价交换，要求通过工农业产品价格剪刀差等途径，从农民经济等非社会主义经济成分那里获取尽可能多的剩余产品，以积累社会主义扩大再生产资金。因此，普列奥普拉任斯基认为，社会主义原始积累规律的调节作用与价值规律的调节作用是矛盾的、对立的。在过渡时期，价值规律只在一定范围内发挥调节作用，而由社会主义原始积累规律起主要调节作用。

布哈林坚决否定普列奥普拉任斯基的"两个调节者"的理论。布哈林认为，撇开社会生产的特殊历史形式，在一切社会经济形态中，社会生产的调节者只有一个，即按比例的劳动消耗规律，也就是马克思所说的社会劳动按比例分配规律。布哈林明确指出："在一切社会历史形态中，按比例的劳动消耗规律，或者简单地说，'劳动消耗规律'是社会平衡的必要条件。"[14]在商品社会里，劳动消耗规律穿上了价值规律或者其转型的生产价格规律的拜物教外衣。而社会主义计划原则的胜利过程，就是劳动消耗规律脱去价值外衣的过程，也就是社会经济生活调节者脱去拜物教外衣的过程。所以，社会主义经济体系的劳动消耗规律同商品经济体系的价值规律只有社会形式的区别，两者的物质内容是相同的，两者都要求按比例分配社会劳动，并遵循等量劳动消耗补偿的原则。可见，与普列奥普拉任斯基不同的是，布哈林强调劳动消耗规律同价值规律内容的一致性，突出等价交换，主张工业和农业、社会生产各部门及各种经济成分的平衡增长。

可是，布哈林认为，在过渡时期，也就是在价值规律转化为劳动消耗规律的过程中，劳动消耗的自觉体现——计划，还不能直接用"劳动"来反映这一规律的要求，仍然要用价格等范畴；不过，这种价格是自觉形成的，不同于根据市场晴雨表的波动来自发形成的价格。因此，完全的计划经济的建立将是一个相当长的过程。在过渡时期初期，只能是计划与市场并存，这时的计划，是"相对的计划"；这时的市场，也是"相对的无计划"。所谓"相对的计划"，是这种计划包含有自发的预测的成分；这里的市场也不是完全自发，也受着计划的影响，所以是"相对的无计划"。因此，布哈林认为，研究市场机制，重视价值规律的调节作用，对于"相对的计划"的完善是必要的条件，对于完全的计划经济的形成是必经的阶段。

2. 布鲁斯的含有市场机制的计划经济模式

布鲁斯对经济理论的主要贡献集中在他对社会主义经济运行模式的分析上。20世纪60年代初，为揭示社会主义经济的内在机理，布鲁斯提出了著名的经济运行模式理论，并把含有市场机制的计划经济模式作为社会主义经济体制改革的目标模式。

布鲁斯对社会主义经济运行模式的研究，是源于社会主义实践的复杂性和多样性。社会主义经济制度的建立以及这种制度建立后经济发展的现实运动中所出现的诸多问题的复杂性和困难性，远远超过了人们从马克思主义经典作家的一些设想和预测中所能认识的范围。社会主义各国的经济实践表明，在统一的生产资料公有制条件下，可以有不同的经济运行原则。为此，布鲁斯把经济制度定义为基本的生产关系，而把经济模式解释为显示经济的运行原则或运行机制，并指出在同一经济制度下可以有多种经济模式。布鲁斯把社会经济活动的决策分成宏观层次的决策、企业经常性经济活动的决策、家庭或个人经济活动的决策三个层次,并独创性地根据不同层次经济活动的决策方式来划分社会主义经济的不同模式。布鲁斯最初把社会主义经济体制划分为集权和分散两种模式,而后又加进了市场社会主义和军事共产主义两种模式。集权模式是一种在宏观、企业决策上集中化,在个人决策上原则上分散化的模式;分权模式则是一种含有受控制的市场机制的中央计划经济模式,表现为宏观决策集中化,企业决策和个人决策分散化;市场社会主义模式是宏观、企业、个人三个层次决策分散化的经济模式;军事共产主义模式在宏观决策、企业决策和个人决策三个决策层次上均采取高度集中化的办法。

布鲁斯认为,社会主义经济模式的评价和选择标准,不应该是兰格模式的消费者主权,而应该是计划偏好,只有计划偏好才能作为社会主义经济运行最优化的标准。因为,兰格的资源合理配置是以现有的经济结构为基础的,这种结构只能随着消费者需求的变化逐渐改变。但是,在大规模工业化时代,需要剧烈地改造国民经济生产和分配的结构,因而兰格模式就不适用了。布鲁斯通过对军事共产主义、集权和市场社会主义等模式的批评,提出引入市场机制的中央计划经济的分权模式,是在理论上比较正确并可供选择的一种模式。

分权模式的基本内容是:(1)宏观决策仍由中央计划决定,中央在整个社会偏好的基础上制定国民经济的总计划。(2)企业具有决策自主权,国家计划对企业不再有约束力,企业以利润最大化为目标函数,自主进行生产决策。企业所需要的生产资料在市场上自主采购,企业所生产的产品在市场上自主出售。(3)价格对整个经济运行具有重要的调节作用。(4)为把企业经营活动纳入客观计划的轨道,国家运用经济方法调节市场条件,进而间接控制企业经营。国家可通过价格、工资、信贷、税收、折旧等各种经济参数来间接控制企业经营。

布鲁斯一方面强调中央计划的重要性,另一方面又强调微观决策必须分散化,中央通过可调节市场机制,使企业目标符合计划偏好。布鲁斯分析指出,在集权模式中,由于中央计划当局处理情报和做出决策的能力、计划的技术方法都是有限的,从上到下的指令传递和从下到上的"报告"都会因种种的利益关系而被扭曲,而信息传递失真和计划上的失误会导致上级经济决策和下级经济行为偏离资源的最优配置。在引入市场机制的中央计划经济的分权模式中,由于市场具有迅速的信息反馈和传递能力,具有一套合适、灵活的参数体系——它一方面可以提高下级经济组织的行为应变能力,另一方面可以解决中央计划因现代信息技术所局限的决策难题,从而能把计划偏好和企业目标,微观效率和宏观效率统一起来。

很显然,布鲁斯的分权模式是在社会主义的经济实践中,对传统集权模式的反思,对兰格模式的继承和发展。布鲁斯分权模式与兰格模式有许多相似之处。他们都重视市场机制的调节作用,都把竞争性市场的形式看作是实现供需结构平衡和提高微观效率的前提;他们都强调中央计划的重要性,但反对计划当局直接干预企业决策,而主张用经济参数间接调节企业行为。当然,布鲁斯模式与兰格模式也有着很大的区别。兰格把消费者主权当作中央计划局的决策依据,而布鲁斯则认为只有计划偏好才是社会主义资源配置最优化的标准;兰格把中央计划局的宏观决策内容限定在模拟生产资料市场上,布鲁斯则主张由中央计划调节市场,再由有管理的市场机制调节企业行为;兰格认为,投资决策应由企业掌握并受价值规律调节,布鲁斯则主张把积累率的决定及投资方向的选择包括在宏观决策之中,由中央掌握并服从于计划偏好。

3.锡克的计划与市场结合模式

一方面,锡克认为,社会主义经济首先是计划经济。从可能性来说,社会主义条件下的劳动具有直接的社会性,而且人们对经济规律的认识日趋深刻;从必要性来说,社会主义的劳动社会化不允许私人占有生产资料,全体社会成员的基本利益是一致的,为了实现整个社会生产的协作,有必要通过经济计划来保障全社会整体利益的实现。

但是,锡克不同意斯大林关于国民经济有计划按比例发展规律的提法,他认为,正是这种提法造成了对经济活动计划理解的简单化。实际上,计划的任务应当是使本来存在着相互联系的经济活动能得到和谐的发展。"国民经济的社会主义计划性,就是在整个国民经济的范围内,在考虑到一切基本的、内在的经济联系的条件下,对各种经济活动的发展做出某种全社会的、有目的的规定,并且要做到使计划中的经济活动同这种活动的未来的实际发展始终保持一致。"[15]所以,锡克认为,在计划工作中必须自觉地利用经济规律,要按照事物必然的本质联系指导经济活动的发展。具体地说,社会主义计划应遵循使用价值进化规律(即社会生产必须保证不断扩大和发展使用价值,保证不断提高社会消费水平)、比例性规律(即社会生产必须使用价值经常按照经济的比例来发展,也就是说,使用价值的生产量必须同对这种使用价值的需求量相一致)、节约时间规律(即社会生产必须使使用价值在不断提高劳动生产率并在充分利用和扩大社会的一切生产源泉的条件下发展)和再生产规律(即社会生产必须最终为非生产的消费及其增长服务)。

另一方面,锡克认为,社会主义经济也是商品经济。锡克既反对把商品生产看成是社会主义的异物,也不同意社会主义商品生产是由外因产生的观点,而坚持"社会主义商品生产的根源在于社会主义劳动的内在矛盾性"[16],即单个企业具体耗费的劳动与社会必要劳动之间的矛盾。在社会主义条件下,人们的根本利益是一致的,生产的社会化使劳动具有了直接的社会性,但是,由于受生产力水平的制约,在劳动者之间还存在根本利益一致基础上的利益差别和利益矛盾,生产者和消费者都企图以较少的劳动成果换取对方较多的劳动成果,从而使个别劳动和社会劳动之间发生冲突。因此,在经济实践中,个别劳动只有通过商品生产和交换,才能转化为社会劳动。

锡克还从信息结构和动力结构两方面具体分析了个别劳动与社会劳动矛盾的解决方法。锡克认为,具体耗费的劳动与社会必要劳动之间的矛盾不可能靠计划管理加以解决,市场关系是不可避免的。市场机制在协调和解决利益矛盾、克服个别的或局部耗费劳动与社会必要劳动的矛盾以及在调动企业微观经济活动方面的积极作用,是任何计划以及任何计划的改进都不可替代的。如果谁认为可以用效率日益先进的计算机系统和数学模式,通过制定更详细和更准确的计划来解决效率和利益矛盾问题,这只能是幻想。

锡克在充分肯定市场机制作用的同时,也不否定市场本身的局限性。锡克认为,市场机制的有效运转,需要具备买方市场、竞争和市场价格、利润差别、平衡价格、投资决策权、创业活动、企业关闭等条件。在资本主义市场经济条件下,微观不平衡(即各种具体产品的供给结构与需求结构不相协调所产生的不平衡)可以通过市场机制的作用而自动趋向平衡。但在资本主义条件下,市场机制对宏观不平衡(即全社会生产资料的总供给同对生产资料的总需求不相协调,或消费品的总供给同对消费品的总需求不相协调而产生的不平衡)却无能为力。

锡克认为,以往的经济学家(包括资产阶级经济学家和教条式的马克思主义经济学家)的许多失误,都根源于混淆了微观不平衡与宏观不平衡之间的差别。资产阶级经济学往往鼓吹自由竞争社会的完美无缺,供给能够自动创造需求,因而试图用克服微观不平衡的有效方式——市场机制,来解决宏观不平衡问题。而教条式的马克思主义经济学家则以为资本主义制度下这种宏观不平衡是由市场机制引起的,因而要保持国民经济有计划按比例发展,就必须排斥市场机制,用指令性计划取而代之。锡克认为,这里存在着基本的逻辑错误。实际上,引起宏观不平衡的原因不是市场机制,而是资本主义的收入分配。国民收入在工人与资本家之间的分配取决于两大阶级的力量对比,不可能由社会预先计划,因此只能通过经济危机强制地重新恢复两大部类的平衡。

因此,锡克认为,必须把计划与市场有机地结合起来。在微观领域中,社会主义依靠市场机制可以比依靠指令性计划更好地实现微观平衡。而在宏观经济中,社会主义必须通过宏观收入分配计划来避免宏观紊乱。也就是宏观经济由宏观分配计划控制和协调,微观领域则在分配计划的框架内由市场调节,实现计划与市场的有机结合。

4. 考斯塔的计划——市场模式

社会主义计划体系及其与商品生产的联系,是考斯塔经济理论的核心内容。考斯塔主要以他亲自参加的捷克斯洛伐克 1965 年至 1968 年的改革为研究对象,在吸收布鲁斯、锡克的理论精华的基础上,提出他的独特见解。考斯塔试图把社会主义计划经济体系作为由四个子体系合成的总体来分析,并对各个子体系与商品生产的联系做了考察,从而将社会主义计划体系置于社会主义商品生产的历史条件下加以论述。考斯塔通过这种独特的分析,阐述了旧计划体制的弊病及原因所在,并从中提出了经济体制改革的目标模式。

考斯塔首先考证了马克思主义创始人的社会主义经济制度概念,认为社会主义经济制度的基本特征是生产资料社会所有制、计划原则和按劳分配。

考斯塔认为,消灭生产资料的私有制,建立生产资料的社会所有制是社会主义经济制度的首要特征。但是,不应当把生产资料的社会所有制范畴理解为一切生产资料的公有化,而应从生产力与生产关系之间的辩证联系来认识这个问题。要从私有制过渡到社会所有制,首先必须建立必要的物质和文化的前提,只有当生产过程采取集体形式,即社会化的生产力已成为现实时,所有制的变革才有意义。相反,在集体大生产尚不发达而个体生产仍占优势的地方,所有制的变革必须考虑生产力发展的水平,否则不但不能促进生产力发展,而且还会阻碍它的发展。考斯塔分析指出,生产资料社会所有制的实质是全体劳动人民对生产资料和生产成果的支配权,即生产资料必须由联合起来的生产者来支配。所以,生产资料的国有化并不等于社会化,国有化仅仅是以革命方式打破资本主义的占有关系的第一步,它为生产资料的社会化打下了基础。

关于按劳分配,考斯塔指出,这是社会主义经济制度中的一个重要原则。但是,在多大程度上实行按劳分配以及由此产生的个人收入保持怎样的差别,最终要取决于生产力的发展程度。

在理解社会主义社会的计划原则时,考斯塔指出应注意把握两个方面。一方面,计划既要有约束力,但又不能仅仅局限于指令性计划;另一方面,一个重要的原则是不能仅仅由少数专家和政府工作人员来确定计划目标及实现计划的方法。因为"计划就是公众民主地参与一切计划的决策"。

考斯塔认为,各个社会主义国家可以在坚持以上三个原则下采取不同的经济模式。划分不同经济模式的标准是计划目标、计划形式、分配原则和决策结构四个方面,这也就是构成社会主义计划经济体系的四个并列的相互联系、相互作用的子体系,而且这四个子体系与商品生产都有着密切的联系。

(1)计划目标体系的选择

计划目标也称发展战略。即国民经济应如何增长,国民经济结构应如何发展。可供选择的两种计划目标是工业化目标或社会全面发展目标。考斯塔认为,这种计划目标的选择不是随意的,而是由生产力水平决定的,并且随着生产力的发展而变化。

(2)计划形式体系的选择

计划形式就是用以解决计划组织技术方面即运行方面任务的计划控制的各种工具、结构和方法的总称,有集权计划和分权计划两种极端形式。不管是集权计划还是分权计划,其内容都是确定有约束力的总经济计划目标,两者的根本区别在于前者力图把所有的经济过程都列入计划,而后者一开始就估计到计划外的过程,并通过经济政策间接控制这些过程。考斯塔指出,对计划形式体系的选择也取决于生产力水平。尤其是要注意不同生产力水平下的信息结构和利益关系(动力结构)对计划形式选择的影响。

(3)分配体系的选择

社会主义计划经济的分配体系也有两种典型的选择:按劳分配或按需分配。考斯塔认为,分配原则最终仍取决于生产力的发展水平。在现阶段,分配体系仍只能实行按劳分配原则,不过,这并不排除在次要方面考虑按需分配。

(4)决策结构的选择

考斯塔依据以上四个标准,在 20 世纪 70 年代初期把各社会主义国家的经济体制分为三类:传统的集中行政体制(苏联模式),以市场经济为指导、以工人自治原则为基础的体制(南斯拉夫模式)和匈牙利模式。到 80 年代初,考斯塔则又根据经济改革的最新发展,把社会主义经济体制划分为传统的苏联模式,分散的专家治理模式和分散的民主决策模式三类。如果说以前的划分主要是对实际体制的分析归纳,那么,这次划分的特点偏重于理论抽象,尤其是分散的民主决策模式是一种以捷克斯洛伐克改革方案为基础的目标模式。

考斯塔认为,唯一能取得成果的改革方案,就是把计划经济因素和市场经济因素结合起来并保留社会主义制度基本特征的方案。他在这个观点的基础上,提出了他的经济改革目标模式——"计划—市场模式"。

考斯塔指出,设计一种经济改革模式必须考虑三个基本要素,即国民经济的控制计划、经济调节手段、市场经济控制或市场机制。

考斯塔所说的国民经济的控制计划也就是与集权计划相对立的分权计划,也可借用西方的术语说成是指示性计划、信息计划或方向性计划。国民经济控制计划最主要的特征是它以决策权的分散为前提,并反映价值规律的客观要求。中央除了对国计民生的部门或产品下达指令性指标外,只对企业下达指示性计划,即只规定一个大致的发展方向和框架,这些指标只是提供数据信息,不作为命令。企业有权独立制定生产计划,它不必与中央的计划指标联系在一起。

考斯塔认为,市场机制包括五个基本要素:(1)个人在消费和职业上有选择自由;(2)企业独立决定生产项目和投入的要素;(3)实行市场价格(供求关系决定的均衡价格);(4)物质刺激,包括工资对工人的刺激和利润对企业家的刺激;(5)企业之间的竞争。考斯塔还认为,市场关系包含两方面的内容:一是组织技术方面的内容,它与经济机制相联系;二是社会经济方向。因此,在"计划—市场模式"中,引入市场机制必须体现社会主义的一些基本原则,如不允许有剥削和压迫,平等参与决策,工资悬殊不能过大,人与人之间的团结精神等。为此,一方面要提供必要的经济条件,充分发挥市场机制的调节功能;另一方面则又要对市场机制做出某些限制。具体地说,个人必须有消费选择自由和职业选择自由;企业必须成为独立的商品生产者,但国家应通过间接控制的方式给企业规定一个范围,企业在这个范围内自主经营;应在尽可能大的范围内放开自由价格,但在改革过程中不能一下子全面放开价格;社会主义需要物质刺激,但工资差别不能过大;竞争应予以肯定和引进,但竞争中失利的企业不应该关闭,最多只能让它们转产。

最后,实行国民经济控制计划后,企业不再是依赖于上级政府的"算盘珠",而是独立的商品生产者。国家必须放弃传统的行政管理方法,而应采用货币政策、信贷政策、预算政策、税收政策、工资政策、价格政策等经济调节手段来指导企业的行为。

5.科尔内的有宏观控制的市场协调体制

著名的匈牙利经济学家亚诺什·科尔内运用其独特的实证分析法和非瓦尔拉斯均衡分析方法,对传统社会主义经济体制进行了十分深入而系统的剖析,从而为经济体制改革提供了一个极有价值的理论基础,并从中推导出经济体制改革的目标模式选择。

科尔内认为,经济学是一种对现实经济生活中各种变量之间的关系进行抽象和系统的描述的科学理论,有描述性理论和规范性理论两种类型。而传统的政治经济学一般具有规范性质的特点,并主要从马克思主义经典作家的几条假定或原则出发来论证社会主义经济应当是什么样,告诉我们作者希望它怎样运行,而不是弄清楚现实经济实际上是如何运行的,从而阻碍了经济学的发展。为此,科尔内主要采用实证分析方法研究社会主义经济运行问题,建立描述性、解释性的理论体系。所谓描述性、解释性理论,就是作者从调查研究所积累的经验和各种分门别类的调查材料出发,以经济运行层的问题及表层经济规律和运行规律为对象,从现实经济联系中抽象出各种变量、参数、指数,再用逻辑推理来判断这些变量、参数是可观察和可度量的,最后再借助数理统计、计量经济学的方法来检验有关实际经济联系的假说。

科尔内进一步指出,描述传统社会主义经济运行的一般特征,就是要说明在这种经济体制下,经济运行的"正常状态"(即均衡状态)是怎样的。经济运行的均衡状态的存在说明每种经济体制的深处都存在着内部规律性,而正是这些规律性的东西不断地再生产着这种体制本身的基本属性。但是,科尔内在《反均衡论》等著作中对西方微观经济学的理论基础——瓦尔拉斯均衡理论做了全面的批判。科尔内认为,广义的均衡是指一个系统的状态可以由于自身的规律性而总是恢复原状。而且,均衡只是一个描述客观现实的范畴,是指一个系统所特定的一种内在的性质,不包括任何价值判断的意思。世界上根本不存在瓦尔拉斯均衡这样一种所有市场上各种生产要素和产品同时达到供求平衡的状态,有的是非瓦尔拉斯均衡,即存在着剩余或短缺的均衡状态。资本主义经济运行的基本特征是一种需求约束型经济,其运行处于供给大于需求的均衡轨道上,存在剩余(滞存)和挤压的现象;而传统的社会主义经济是一种资源约束型经济,其运行处于需求大于供给的均衡轨道上,存在短缺和吸纳的现象。科尔内认为,描述社会主义经济运行就必须抓住传统社会主义经济的基本问题——短缺,这就如同描述资本主义经济运行就必须抓住资本主义经济的基本问题——剩余一样。

科尔内在其代表作《短缺经济学》中,系统地论述了在传统的经济体制下,社会主义经济是怎样在普遍存在的短缺现象中运行的,从而描述了传统社会主义宏观经济的微观基础以及在这一微观基础上的宏观经济特征。尽管科尔内在《短缺经济学》中没有正面提出体制改革的具体政策建议,但从他的分析思路来看,其政策建议倾向是十分明显的。科尔内指出,短缺既不是一个物资供给问题,也不是一种价格现象,短缺的直接原因是软预算约束,而软预算约束导源于传统经济体制,因此,很显然,克服长期短缺的根本途径在于对传统的经济管理体制进行彻底的改革。

科尔内从经济协调机制的角度,将经济体制划分为行政协调(Ⅰ)和市场协调(Ⅱ)两大类。行政协调以纵向的信息流动为依赖,以行政手段起主导作用为基础;市场协调则以横向的信息流动为依赖,以市场力量占主导地位为基础。科尔内又把每一类的协调机制分别区分为两种形态。行政协调包括直接的行政协调体制(IA)和间接的行政协调体制(IB);市场协调分为无控制的或自由的市场协调体制(ⅡA)和有宏观控制的市场协调体制(ⅡB)。IA模式的特征是,行政机构对企业下达具体的指令性投入产出指标,国家直接用行政手段干预企业的经营活动,因此,企业完全依赖上级政府。传统的社会主义经济体制就属于这一模式。IB模式的特征是,行政机构不再下达指令,而是借助手中的权力迫使企业做出大体符合上级要求的投入产出决策,因而,企业具有双重依赖性,既纵向依赖上级的权力机构,又横向依赖市场的力量,其中纵向依赖占据主导地位。ⅡA模式的特征是,经济运行完全受市场机制自发的调节和引导,没有行政指令性控制,没有宏观调控体系。ⅡB模式的特征是,社会中心不再主要依靠行政手段,也不再通过对微观经济进行大量的频繁的干预来控制经济运行,而是借助统一的和规范的宏观约束手段或经济参数来进行管理。

科尔内认为,IA、ⅡA显然不能作为体制改革的目标模式。而且,根据匈牙利的改革经验,IB也不能作为改革的目标模式。因为,IB模式的弊端也是十分明显的。第一,它造成企业对市场和政府的双重依赖,而且,企业不是把主要精力放在适应市场上,而是放在同国家讨价还价上;第二,在纵向依赖占支配地位的情况下,企业的预算约束就难以硬化;第三,由上级任命的经理会与职工一道去追求短期消费倾向,通过涨价形式,通过与国家讨价还价形式,设法在税后留利中追求最大份额消费基金。因此,科尔内倾向于把有宏观控制的市场协调体制(ⅡB)作为体制改革的目标模式,以达到微观搞活、宏观控制的目的。

注释

①外国经济学说研究会:《国外经济学讨论》第四册,中国社会科学出版社,1981年,第47页。

②对上述观点的怀疑在20世纪80年代中期较普遍,例如科尔内本人

把这些改革先驱者称为"天真的改革家"(包括他本人的早期思想),认为天真的改革家没有认识到间接行政控制和市场之间的冲突,以为市场只是中央决策者手中的"工具",只要中央权力机构的官员抓住各种间接控制的绳子,谋取利润最大化的当事人就会像顺从的木偶一样行动;"相信'计划'和'市场'和谐一致,它们具有相互校正的双重功能,这是先驱者天真性的主要表现"。(参见科尔内:《理想与现实——匈牙利的改革过程》,中国经济出版社,1987年,第65—68页。)

③马克思:《资本论》第1卷,人民出版社,1975年,第832页。

④在南斯拉夫,关于国家所有制的作用,存在着以卡德尔为代表的"有限肯定论"和以霍瓦特为代表的"否定论"两种观点。霍瓦特认为,国家所有制并没有改革经典的阶级所有制的本质,因为这种所有制也包含着雇佣关系,它执行着统治阶级过去所执行的同样的职能,这是一种以满足官僚利益为特征的没有私有制的非社会主义所有制形式。

⑤卡德尔:《公有制在当代社会主义实践中的矛盾》,中国社会科学出版社,1980年,第7页。

⑥同上书,第8页。

⑦同上书,第41页。

⑧布鲁斯:《社会主义所有制与政治体制》,《经济工作者学习资料》1986年第36期,第19页。

⑨奥塔·锡克:《经济·利益·政治》,中国社会科学出版社,1984年,第204页。

⑩同上书,第245页。

⑪同上书,第210页。

⑫参见林青松:《里斯卡社会主义经济体制模式构想评述》,《经济研究参考资料》1986年第4期。

⑬普列奥普拉任斯基:《新经济学》,生活·读书·新知三联书店,1984年,第4页。

⑭布哈林:《布哈林文选》中册,人民出版社,1981年,第91页。

⑮奥塔·锡克:《社会主义的计划与市场》,中国社会科学出版社,1982年,第85—86页。

⑯同上书,第173页。

⑰吉里·考斯塔:《社会主义的计划经济理论与实践》,中国社会科学

出版社,1985 年,第 2 页。

附录:社会主义大论战中的调节机制理论

意大利经济学家恩尼科·巴罗尼在《集体主义国家中的生产部》一文中,以理论阐述和数学推导相结合的方法,发展了其老师帕累托的观点,第一次系统地说明了社会主义经济达到最优资源配置的必要条件。巴罗尼所说的集体主义是相对于个人主义而言的一种制度。个人主义强调私有财产、自由竞争以及个人主动精神和事业心的重要性;而集体主义则将集体经济福利或其他目标置于个人经济福利之上,实行一种把经济的计划和管理的责任置于中央政府手中的社会政治制度。集体主义国家中的生产部,是作者构想的计划和管理全社会经济活动的中央部门。在集体主义国家中,除了劳动以外,全部经济资源都归集体所有,整个经济由生产部集中管理。巴罗尼用逻辑的和数学的方法证明,在没有价格制度的条件下,只有生产部对总的资源状况、现存的偏好体系以及每个产出层次的生产函数等有完全的知识,并且还具有解出求得一般均衡状况所必需的数百万个供给和需求联立方程式的能力,那么,生产部就可以根据帕累托的社会福利最大化理论,通过"试错法",经由联立方程式的计算,获得一套和市场价格具有同样经济意义的价格体系。因而,集体主义经济制度也能合理有效地分配资源和组织生产。巴罗尼证明,完全竞争的市场经济只是达到帕累托最优境界的充分条件,而非必要条件。帕累托最优境界的必要条件,在一个经过恰当设计和严格计算的集体主义经济中,也同样能得到满足。

巴罗尼不仅论证了集体主义经济制度的可能性,而且给出了集体主义经济制度的规定性。他强调指出,如果中央生产部加到自己身上的种种条件发生变化,科学的集体主义就会遭到失败。这或者因为问题是不定的(条件的数目不足以决定均衡状态,即数学上表达的一组不定方程),或者因为问题不仅在实践上而且在逻辑上都是不能解决的(方程的数目超过要决定的未知量的数目,即数学上表达为一组超定方程),或者因为,即使在条件的数目与未知量相等,从而均衡状态是已定的时候,这一均衡状态中的集体福利的最大量也要减少。具体地说,中央生产部面对的种种条件是:(1)没有货币,但生产部决定不同服务之间、不同产品之间以及产品和服务之间的等值比率;(2)个人以等价物为基础在社会化商店进行交换,生产部保持社会化资源的等值比率;(3)对社会成员或者进行实物型的直接分配,或者进行等价型的间接分配;(4)在与人民意见一致的情况下,生产部对每个人和不同的群体进行不尽相同的分配;(5)不是用分配前的扣除来进行积累,而是通过给予一定数量的奖金,来鼓励人民延迟消费,从而增加社会所必需的积累;(6)人民有安排自己经济的自由选择权。

巴罗尼指出,中央生产部必须解决把个人服务和集体服务结合起来,以使人民获得最大的福利这个问题。巴罗尼把帕累托最优定量表达为,如果用 $\triangle\theta$ 表示个人消费的产品和服务的增量以及个人储存的增量的某种线性组合,那么"生产部能够利用的关于最大福利的唯一标准是 $\sum\triangle\theta=0$"。而且,这种均衡状态是通过连续的修正得到的。"当连续的修正总是给出正的 $\sum\triangle\theta$ 的时候,就必须修正这一数量系列,当进一步的修正给出的增量为零的时候,修正就应停止,因为这是一个迹象,表明已经达到最大量,再进行修正将会引起福利的下降。"[①]

1920 年,新奥地利学派的领袖人物路·冯·米塞斯针对当时苏联实行的战时共产主义政策和计划经济,撰写了《社会主义制度下的经济计算》一文,提出了一个尖锐的问题:取消了商品和货币,就不仅不可能有真正合理的经济计算,而且根本不可能有一个高效率的经济机制。

米塞斯认为,合理的经济行为,必须要有合理的成本计算,从而必须有成本的要素价格和表明这种价格的要素市场。但是,在社会主义社会中,由于生产资料公有制,不存在生产资料市场,不存在生产资料的"选择指数",因而,不可能有正确的经济计算,不可能解决资源的合理配置问题。米塞斯具体地分析指出,社会主义社会中有成千上万家工厂,有些工厂直接生产消费品,但是,有更多的工厂生产半成品和生产资料,所有这些工厂都是密切联系在一起的。一个管理机关可以计划最终消费品的数量,但是,无法计划所有这些工厂的生产过程,"它根本不可能确定,某种货物在必要的生产过程中是否停留了过多的时间,或者,在该货物的制造过程中是否浪费了人工和物资。它怎么能够决定,究竟这种生产方法或那种生产方法是最有利的？它充其量也只能够比较可供消费的制成品的质量和数量，而只有在极其罕见的场合，才能比较生产过程中需要的费用"②。米塞斯以投资修建新铁路为例，指出不把修建和保养这条铁路所需的劳动、钢铁、建筑材料等以及修建这条铁路所产生的经济效益折合为货币计算，就无法确定这项投资是否合理。"大家公认货币计算有其不便之处和严重缺点，但是我们当然没有什么更好的东西来代替它。假若我们取消货币计算，那么，任何经济计算体系将是绝对不可能的。"③所以，米塞斯认为，在没有自由市场的地方，也就没有价格机制；没有价格机制，也就没有经济计算。

米塞斯说，他的文章不是作为赞成或反对社会主义的论据，只是希望那些认为社会主义会带来合理经济制度的人们重新检查一下自己的看法。后来，米塞斯将他对社会主义的批评系统地归入 1936 年发表的《社会主义》一书中，在 1948 年又撰写了《人类的行动》一书，从信息、刺激的角度对其论点进行补充说明。兰格将米塞斯称为"魔鬼辩护士"，与之公开辩论，但又很风趣地主张社会主义国家应把米塞斯的像挂在计划委员会大楼的门厅中。

美国经济学会会长弗莱德·M. 泰勒在《社会主义国家的生产指导》一文中，把"社会主义国家"理解为这样一种国家机器：整个生产组织的控制和生产活动的指导都集中在它的手中。也就是说，国家是唯一的负有责任的生产者，是唯一被授权运用社会的经济资源、社会的原始要素收入或存量来生产商品的自然人或法人。国家作为唯一的生产者，和公民保持着一种交换关系，它以货币向公民购买生产性服务，又把它生产的商品卖给他们。这里的"原始要素"指的是被经济学家当作出发点的经济生产要素，如土地本身、水力资源、金属矿藏这样的原料、各种形式的劳动等等。泰勒假定：国家当局有能力以足够的准确程度来确认各种原始要素的重要性或价值，并将结果公布在要素估价表中。泰勒将计划的一般要点规定为两个方面：(1)国家将决定公民的货币收入；(2)公民将指令国家为他们的收入生产什么商品。泰勒认为，"第一个规定将保证公民的全体利益一般不会为特定的个人利益所牺牲；第二个规定将保证每个人特殊的嗜好和需要不至于因拥有全权的国家所确定的消费标准而受到损害"④。

为了解决用什么样的方法决定从某一社会所支配的经济资源中生产什么商品的问题,社会主义国家当局必须解决所谓"归因问题"(problem of imputation)——确定原始要素在生产过程中的有效重要性,以便计算某一特定商品的资源成本,决定该商品的正确的出卖价格。泰勒认为,最适合于社会主义国家处理这个问题的方法就是所谓"试错法"(trial-and-error),即用一系列假设的解值去试验,直至其中一个被证明是正确的为止。通过试错法确定原始要素的有效重要性的具体步骤是:(1)编制要素估价表,给每一个要素一个估价;(2)国家当局作为全部生产活动的管理者,执行着他们的职能;(3)密切注视过程的结果;(4)对估价表做必要的校正,降低太高的估价,提高太低的估价;(5)重复这一程序,直到没有与正确估价相偏离的进一步的证据出现为止。泰勒很乐观地肯定,社会主义国家当局要发现某一要素的标准估价过高或过低,不会有任何困难。泰勒说:"我发现我愿意相当武断地肯定,如果一个社会主义国家的经济当局把一种商品的生产成本和购买者需求价格的相等视为该种商品应当被生产的适当的而且是唯一适当的依据,那么,在一切正常的条件下,他们就能够作为对生产指导承担直接责任的人,作为有足够信心来正确地使用自己所支配的经济资源的人,履行自己的职责。"⑤

米塞斯的学生、新奥地利学派的领袖人物之一弗里德里希·A.哈耶克认为,即使从理论上说,社会主义经济可以合理地分配资源,但是,在实践上则是行不通的。因为,生产资料市场被取消之后,要用数学方法进行资源配置,就必须根据数以百万计的统计资料,列出数以百万计的供给和需求的联立方程式。但是,当这些联立方程式被解出以后,它所根据的统计资料市场的公有制经济理论,是不可能找到一个可行的资源配置方法的。和米塞斯不同的是,哈耶克并不否认社会主义经济在理论上存在资源合理配置的可能性,但是,他强调在实际上这是行不通的。哈耶克说,一方面,必须承认这不是不可能的,就是说在逻辑上它不是自相矛盾的;但是另一方面,资源合理配置涉及求解几十万个方程式,这实际上是不可能的。

伦敦学派的罗宾斯的看法和哈耶克如出一辙。罗宾斯认为:"在纸面上,我们能设想这个问题用一系列数学计算来求解……但实际上这种解法是行不通的。它会需要在几百万个预算数据的基础上列出几百万个方程式,而统计数据又根据更多百万个方程式分别计算。而解出方程式的时候,它们所根据的信息已过时,需要重新计算。根据帕累托方程式可能实际解决计划问题的提法,只能说明提出这种主张的人不了解这些方程式意味着什么。"⑥

针对哈耶克、罗宾斯的观点,奥斯卡·兰格继承和发展了巴罗尼、泰勒的思想,提出了更为系统的"社会主义"经济理论——兰格模式。兰格模式建立在瓦尔拉斯一般均衡理论的基础上。兰格认为,在资本主义条件下,经济均衡通过竞争市场上的试错法建立,而在社会主义条件下,中央计划局可通过自觉运用试错法来模拟市场,建立经济均衡,它们共同遵循一般均衡论的原则。

兰格认为,作为市场机制核心要素的价格有狭义和广义之分,狭义价格是指市场上两种商品的交换比例,广义价格则是指提供其他选择的条件,即替代选择指数和机会因素,只有广义价格才是资源配置所不可缺少的。兰格指出,米塞斯等人混淆了价格性质,只根据社会主义经济中不存在生产资料的狭义价格这一点,就错误地断言社会主义不能合理地配置资源。而事实上,生产资料公有制虽然消除了生产资料的狭义价格,但并不意味着不存在指导资源分配的广义价格。在存在消费资料和劳动力市场的条件下,中央计划局可通过试错法形成合理的生产资料价格。

在分析社会主义经济的运行机制之前,兰格首先分析了完全竞争市场的运行机制。兰格认为,在完全竞争市场中,经济的均衡运行取决于三个条件:(1)主观均衡条件,即一切参加经济体系的人都想使其收入最大化,包括消费者使其效用最大化,生产者使其利润最大化,生产资料所有者使其所有权收入最大化。主观条件决定了在一定物价水平下商品的供求数量和资源的分配。(2)客观均衡条件,即均衡价格决定于每种商品的需求等于供给的条件。客观条件决定了实现个人收入最大化要求的唯一一组价格。(3)经济制度的社会组织条件,即消费者的收入等于他们转让其拥有的最终生产资源(劳动、资本和自然资源)的使用权的收入加上企业家的利润。由于消费者收入由生产资源的使用价格和利润所决定,这样,物价反过来又成为决定产品供求的唯一变量。

兰格指出,满足以上三个条件,在竞争性市场上是靠价格的参数作用,通过一系列不断的试错过程,每个人不断地调节自己的行为来实现的。兰格认为,在竞争性市场上,如果供给与需求不相等,卖方与买方的竞争会改变价格,重新获得一组均衡价格,而这实际上是一个试错过程。也就是说,价格是市场上所有个人行为的结果,每个人把实际市场价格看成是已知数据,并以此来调节自己的活动来适应这些价格。在社会主义条件下,这一由市场竞争诱导出均衡价格的过程,可由中央计划局通过试错法来模拟,但其经济运行原则与竞争市场相似。由此,即使没有生产资料的真正市场,也可以有类似于完全竞争的体制。

兰格模式Ⅰ是以消费者主权为前提,中央计划局只是被动地反映消费者需求和生产成本的变化,制定模拟的市场价格,并通过模拟价格调节资源配置。兰格模式Ⅰ的基本特征是:(1)实行生产资料公有制,但不一定废除小私有制,一个社会主义经济能在自己的制度中部分地容纳这种制度。(2)实行计划经济,但这种计划经济不是自然经济,而是商品经济。(3)存在着消费选择自由和真正的消费品市场。消费者效用最大化也适用于社会主义消费品市场,在消费者收入和消费品价格已经确定的条件下,消费品需求量也就被确定了。(4)存在着职业选择自由和真正的劳动服务市场,工资率反映劳动力的供求状况,劳动者将把劳动服务贡献给支付最高工资的产业或职业。(5)不存在资本货物和生产资源市场,其会计价格由中央计划局确定,并规定只能分配给能支付这一价格的产业或企业。(6)企业生产决策不再由利润最大化原则指引,中央计划局通过两条规则来制约企业行为。一条规则是企业的生产要素组合必须使得每种生产要素的边际生产率相等,以保证生产要素投入的最小平均生产成本;另一条规则是企业必须使产品的边际成本等于其价格,以促使企业按产品的最佳规模组织生产。这样,每一个企业和行业的产量和每一行业对生产要素的总需求也就确定了。(7)消费品价格和劳动力工资由市场决定,而生产资料价格和资金利息率由中央计划局通过试错法确定。兰格指出:"社会主义中的会计价格远不是任意的,它与竞争体制中的市场价格有十分相似的客观性质。"因为,中央计划局定价过程中的任何错误都会"用一种很客观的方式自我暴露——这种商品或资源数量的物质短缺或剩余——并且为了保持生产顺利进行,必须加以修正,由于一般地只有一组商品客观均衡条件的物价,产品的价格和成本被唯一地决定了"⑦。兰格还认为,在社会主义经济中自觉运用试错法比起完全竞争市场更富于效率。因为中央计划局掌握的信息比任何私人企业家都要全面,试错的系列由此可以大为缩短。而且,要决定均衡价格,并不需要掌握所有可能的价格组合和与此相应的供求数量结构,不需要同时去解几百万个方程式,只需非常简单地观察供求的变化,通过逐次修正价格来达到供求的平衡。如果价格定得太高,则商品或资源便会出现过剩,于是便降低价格,反之则提高价格。可见,中央计划局担负着市场的职能,能够建立一种供求平衡的价格结构,因而以计划代替市场的职能是非常可能和可行的。

兰格模式Ⅱ则是在决策权高度集中的计划经济体制下,探讨了运用试错法建立均衡价格的可能性。该模式的基本特征是:(1)没有消费选择自由和职业选择自由,消费品以配给方式分给居民,职业分配由中央统一调度。(2)资源的分配不取决于消费者的偏好,而是受中央管理集团偏好和目标的指导,即直接由中央计划局决定生产什么和生产多少。(3)企业决策必须符合和服从中央计划局规定的目标和规则。(4)价格是"计划的",它通过"试错法"来确定。中央计划局必须规定自己决定价格的参数函数,并能平衡每种商品的供求量。只有当价格定得太低,发生供求矛盾时,中央才不得不命令增加产量或命令节约。兰格认为,这种经济也能通过试错法来达到均衡,但是,"这种制度会被任何文明人民难以忍受"⑧,因而是不可取的。

兰格模式Ⅲ是从兰格模式Ⅰ演化而来的,是模式Ⅰ的逻辑替换产物,它具有如下特征:(1)生产和资源分配由中央计划局确定的偏好尺度指导,而价格制度被用来分配生产的消费品。(2)消费者有选择自由,即有消费品市场,但消费者偏好对企业决策没有任何影响。(3)实行两套消费品价格,一套是面对消费者的市场价格,另一套是根据中央计划局确定的偏好尺度得出的会计价格,它是企业决策的基础。(4)中央计划局必须获得尽可能多的信息,然后才能根据偏好序列规定两套价格,从而使供给量及供给结构符合计划局的愿望。

1940 年,哈耶克发表论文《评社会主义计算的竞争"解决方案"》,对以兰格学说为主的市场社会主义模式再次提出挑战。(1)哈耶克认为,兰格关于集中统一定价与真正的竞争市场中的价格参数之间的关系的设想是自相矛盾的,因此也是不可能实现的。价格机制对市场状况的灵敏反应是其本质的功能,但集中控制的价格变动必定是迟延的,因为它需要有一系列信息上传下达的过程。而且,中央当局无法为数目众多的产品一一确定一个合理的价格,它只限于为一类产品确定一个统一价格,这就使得产品因不同的质量、不同的产地及时间而形成的必要差别在价格中得不到反映,这种价格就不是完全合理的价格。再则,由于企业经理无法控制价格,无法进行价格竞争,他只是一种纯粹的数量调节者,因而兰格所提出的使价格具有参数功能和使企业经理按照等于价格的最低边际成本组成生产的原则就无法奏效。(2)哈耶克指出,社会主义企业的经理是没有财产所有权的人,他与企业经营活动的成败没有直接的物质利害关系,在集中定价的条件下,他也没有多少经营权力和经营积极性,因此,他对所负责的企业实际上没有任何责任可言。对公有财产和企业负责的只能是那些实际上远离生产过程的上级官员。哈耶克认为:"设想可以创造出一种充分竞争的条件,同时又不要那些为自己决策负责的人为自己的失误付出代价,这看来纯属幻想。充其量这种制度也只是一种准竞争制度,在其中,真正负责任的不是企业家而是那些批准企业家决策的官员。结果,在这种制度下,所有困难都将产生于创造力的自由发挥和责任的确定这两者如何结合,而后者通常又是和官僚主义连在一起的。"⑨

到了20世纪60年代,随着电子计算机大量进入科研、生产、生活领域,兰格认为,30年代大论战中所争论的问题,现在不费吹灰之力就可以解决了。兰格在《计算机与市场》一文中指出,市场机制和试验错误的程度,实际上起了求解一个联立方程体系的计算装置的作用,这一过程在当代技术条件下可以用一套电子计算机来实施,它模拟市场机制中所隐含的迭代过程。兰格指出,让我们把联立方程式放进一台电子计算机,我们将在一秒钟内得到它们的解。因此,许多人把兰格看作是"计算机乌托邦派"的开创者。

匈牙利经济学家亚诺什·科尔内认为兰格模式有三大严重缺陷:⑩(1)兰格模式是建立在对"计划者"本性的错误假设上的。他设想的中央计划工作是柏拉图哲学家的再现,是大公无私和聪明智慧的化身,他们会严格地按"规则"办事,对超过需求的价格进行调整。但事实上,这种超自然的行政机构在过去或将来都不存在。政府官员反映社会分工,受到不同利益集团的压力,他们内部也有矛盾,他们追求个人或集团的利益。权力本身就会促使人们去使用权力,这就决定了政府官员必定是干涉主义者。(2)兰格模式是建立在对企业行为同样错误的假设上的。他期望企业会遵循体制设计者制定的规则,但企业及其领导都有着追求生存、发展、组织的扩大、组织内部的稳定、权力和声誉,追求容易达到目标的环境等深刻的动机。一旦企业发现这些"规则"同它们的利益有矛盾时,它们就会违反原则。行政当局作为反措施,就会增加各种细节的指令、限制和禁令,从而出现调节者与企业之间的冲突与摩擦。科尔内认为,兰格用行政程序模拟市场的希望存在内在逻辑矛盾。(3)兰格模式忽视了竞争。市场竞争可实现供求之间的动态均衡,而企业之间能真正展开竞争的前提是硬预算和买方市场。只要体制和政策不能保证这两个条件,就没有真正的市场。兰格模式的最大弱点是没有考虑这些条件,许多兰格的追随者也犯了同样的错误。

注释

①恩尼科·巴罗尼:《集体主义国家中的生产部》,《经济社会体制比较》1986 年第 3 期,第 57 页。

②路·冯·米塞斯:《社会主义制度下的经济计算》,《经济社会体制比较》1986 年第 6 期,第 60 页。

③同上书,第 60 页。

④弗莱德·M.泰勒:《社会主义国家的生产指导》,《经济社会体制比较》1987 年第 5 期,第 53 页。

⑤同上书,第 54 页。

⑥罗宾斯:《大衰退》,1934 年,第 15 页。

⑦奥斯卡·兰格:《社会主义经济理论》,中国社会科学出版社,1981 年,第 14 页。

⑧同上书,第 15 页。

⑨哈耶克:《评社会主义计算的竞争"解决方案"》,《经济社会体制比较》1987 年第 1 期,第 58 页。

⑩亚诺什·科尔纳:《经济改革设想和现实的对照》,《经济社会体制比较》1986 年第 6 期,第 11—13 页。

［6］经济理论的比较分析[*]

盖伊·E.斯旺森(Guy E. Swanson)曾经说过:"没有比较的思维是不可思议的,如果不进行对比,一切科学思想和所有科学研究,也都是不可思议的。明显的和含蓄的比较充满了社会科学的著作,并且从一开始就是这样:角色之间的对比,组织之间以及社会团体、机构、会社和文化之间的对比,任何人都不应该为这些感到惊讶。"[①]斯旺森虽然是在谈论社会学的比较分析问题,但是,这也同样适用于经济学的理论研究和经济学的发展研究。

本章的目的是对第2—5章中所概述的四个经济理论体系展开比较分析,其主要内容包括了两部分:一是对不同的经济理论体系本身的对比分析;二是对同一组具有较密切的"亲缘"关系的经济理论体系的演变特点与另一组具有密切的"亲缘"关系的经济理论体系的演变特点展开比较分析。当然,在论述过程中,这两类比较分析可能往往是交织在一起展开的;但是,只要有可能,我们就会将论述的重点放在后一类的比较分析上。

6.1 经济理论与社会经济性质

研究任何一种经济理论都不能脱离对一定的社会经济性质的考虑。事实上,每一种经济理论都是以某种社会经济性质的认识作为其分析基础的。当然,某一种特定的社会经济性质可能被经济学家们认为只是某

---

[*] 本文内容选自史晋川、张法荣:《比较经济理论分析》(杭州大学出版社 1993 年版)第六章。

种经济理论的分析基础,也可能被不同的经济学家认为是各自不同的经济理论的分析基础。需要指出的是,这里所说的社会经济性质,并不是指由"主义"来划分的社会的经济性质,而是以自然经济、商品经济和产品经济来区分的不同社会经济性质。

自由市场经济理论的研究对象是财产私有制度与市场机制结合的社会经济制度及其经济运行问题。因而,自由市场经济理论自然地把资本主义社会经济看作是一种商品经济,把商品经济作为其经济分析的社会经济基础。混合经济理论是在自由市场经济理论体系的基础上形成和发展起来的(当然其间也有一些理论上"革命性"的变化),在这组相近的经济理论的演变过程中,混合经济理论并没有否定自由市场经济理论所认定的社会经济性质——社会经济活动的商品经济属性,或商品经济这一社会经济性质。当然,从社会经济发展和变化本身来看,也可以说,这是因为在从自由市场经济发展到混合经济的过程中,社会经济的性质本身就没有根本的改变。尽管从商品经济的具体活动形式来看,自由市场经济是一种较为纯粹的市场调节的自由竞争的商品经济,而混合经济则是那种已存在大量私人垄断和国家垄断的商品经济。此外,从经济理论的演变与社会经济发展的关系来看,也可以这样认为,那些在经济学领域中倡导和拥护"革命性"变化的经济学家,在创立和发展新的经济学理论的过程中,并没有把理论的"革命"与社会经济性质的根本变化联系在一起,没有提出新的经济理论必须有以与原来根本不同的社会经济性质来作为理论分析的基础。简言之,在自由市场经济理论发展为混合经济理论的演变过程中,这两个不同的经济理论体系可以共同认定一个相同的社会经济性质——商品经济——作为它们的理论分析基础。因而,从社会经济活动的商品属性,或社会经济性质方面而言,自由市场经济理论与混合经济理论两者的研究对象具有不变性或同一性,均为资本主义的商品经济。②

但是,在计划经济理论向改革经济理论发展的理论演变过程中,作为经济理论分析基础的社会经济性质却有了非常明显的改变。

在计划经济体制下,尽管计划经济理论承认在社会主义经济的一些活动领域中仍然存在着商品生产和商品交换关系,因而在整个社会经济活动的某些领域中仍需借助商品和货币关系。但是,计划经济理论也认为,普通意义的商品关系仅存在于国营经济、集体经济以及私营经济之间,存在于集体经济与集体经济、集体经济与私营经济、私营经济与私营经济之间;在国营经济之间和国家与国营经济的职工之间,只存在着某种特殊类型的商品关系,即斯大林的"商品外壳论"或"商品形式论"。此外,计划经济理论认为,在社会主义计划经济中,商品生产和商品交换的范围也不像在资本主义经济中那样无所限制和包罗万象,许多重要的经济资源和生产资料都不再是商品(如劳动力不具有商品性质),而仅仅是产品。因而,就整体上来确定社会主义经济的性质,社会主义计划经济不是商品经济,总体上不具备商品经济这一社会经济性质。事实上,在一个国营经济占主体地位的社会经济中,从计划经济理论的内在逻辑就可以引申出社会主义计划经济的社会主义经济性质,它势必是一种产品经济,或者说,有计划的产品经济。

在改革经济理论的产生和发展过程中,这一经济理论实际上在一开始就有意识或无意识地把计划经济体制的改革确定为一种市场取向的改革过程,至少是一种需要不断增加市场调节机制作用的体制变革。那么,作为市场机制调节的主要对象或社会经济活动是什么呢?显然市场机制调节主要是针对商品生产和商品交换活动而言的,没有商品经济也就无所谓市场机制的调节。正因为改革经济理论这种由其理论本身的内在逻辑所决定的理论倾向,改革经济理论从它诞生之日起就开始讨论社会主义经济本身的社会经济性质问题,并明确地主张社会主义经济不应该是一种产品经济,而应该是一种商品经济,要进行改革,就必然要求发展社会经济中的商品经济成分,使更多的社会经济活动具备商品经济的性质。一句话,大力发展社会主义商品经济。可以说,随着经济体制改革实践的深化和改革经济理论的发展,改革经济学家越来越明确地认识到,如果不改变社会经济的性质,不把与计划体制相对应的产品经济转变成为商品经济(先变成有计划的商品经济也好),就等于否定了整个经济体制改革,改革将会在空洞的口号下无所作为,从而整个改革经济理论也就失去了其赖以生存和发展的社会经济基础。

正由于改革经济理论所对应的社会经济性质已不再是计划经济理论所对应的产品经济,而是一种不同于以往的产品经济的社会经济——商品经济。这种社会经济性质的根本变化,带来了改革经济理论发展过

程的一些特点。一方面,由于这种社会经济性质的变化,使得改革经济
理论与计划经济理论在经济理论的继承和发展方面造成了一种理论的
"断层",这种"断层"不仅表现在原有计划经济理论体系中大量的经济范
畴(名词、概念、术语)在改革经济理论的发展中被大量地"扬弃",并且这
种"扬弃"逐渐地发展到了改革经济理论的进步已经不能被原有的计划
经济理论的旧体系框架所容纳,即出现了理论体系上的革命。尤其是
20世纪60年代以来,在改革经济理论研究领域领先的一些经济学家的
著作中,已经很少能够看得到旧理论体系的影子。另一方面,也可说是
第一个方面的另一种理论发展的表现形式,就是由于改革经济理论和混
合经济理论开始一样地把商品经济作为经济理论本身赖以生存的社会
经济基础。因此,尽管这两种商品经济还存在着所有制基础的差异,可
是在现代商品经济的社会化大生产方面和某些适用于商品经济共性的
社会经济运行机制方面也具有相当部分共同的品质;同时,由于混合经
济理论在某种意义上可以说是继承了自由市场经济理论而发展起来的
比较成熟的现代商品经济理论,由此导致了在改革经济理论的发展过程
中,经济学家开始愈来愈多地引进混合经济理论(作为一种现代经济理
论)中的概念和范畴,也愈来愈普遍地开始使用混合经济理论的分析方
法和分析工具(尤其是数学工具)。例如,像"资源配置""微观经济""宏
观经济""总量分析""边际分析""三次产业""国民生产总值(GNP)""国
内生产总值(GDP)"等现代经济学中反映现代商品经济运行的概念大
量地出现在改革经济理论的著作中,甚至出现在经济体制改革国家的官
方文件中。一些改革经济学家的著作中所使用的概念、范畴或术语和分
析方法,甚至于经济分析的框架,已经基本与混合经济理论的著作相同,
从而为某些老一代的计划经济学家所看不懂,而且这种变化在很大程度
上代表了一种改革经济理论今后发展的趋势。[③]

　　总之,由于在社会主义经济体制改革过程中社会经济性质的这种较
大的变化,使得经济学家在建立和完善改革经济理论的过程中,绝不能
无视现代经济学的存在,绝不能一味地单纯排斥混合经济理论,而是必
须在马克思主义经济学的基本原理的指导下,通过批判地吸收和大胆地
借鉴自由市场经济理论和混合经济理论中普遍地适用于各种不同社会
形态的商品经济运行的理论观点和分析方法,用来为建立和完善社会主

义的改革经济理论服务。在这方面,一些经济学家曾经指出,改革经济学家已经三次失去追赶上现代经济学的机会:一是未能从"奥地利学派"对社会主义经济学的批评中清醒过来;二是未能建立市场社会主义的"一般均衡模型";三是未能借用"新制度主义"来对改革经济学的投机的制度主义思想进行演化。此外,改革经济学虽然较多地受到凯恩斯主义——福利主义的影响,也能比较容易地对这些经济理论进行研究借鉴,但是,改革经济学未能借此使学术研究更上一层楼。科瓦科斯(J. M. Kovacs)针对改革经济学的这种状况,告诫人们说:"有趣的是,改革经济学家肯花很大的精力去揭示作为他们的对手的西方经济学流派,所用的概念有哪些缺点,如一般均衡理论的危机等,说西方经济学的主要理论是既经不住实证检验又在逻辑上自相矛盾的;而不去谈西方经济学是否有优点。这也是改革经济学在解释和预测经济方面很弱的原因。这就妨碍了逻辑的准确性和抽象分析研究的有章法的努力,同时也妨碍了对制度进行深究的现实主义。"④

6.2　经济运行与微观经济基础

　　微观经济理论的主要研究对象是市场经济中的单个经济单位的经济行为,以及相应的某些单项数值或经济变量的决定问题。具体地说,微观经济理论主要涉及企业在利用一定数量的资源(各种生产要素)来实现利润最大化的行动,家庭或消费者如何花费一定数量的开支来达到效用最大化的行为。就自由市场经济理论而言,可以说构成这一经济理论体系的主干就是以新古典经济学为代表的微观经济理论,由于瓦尔拉斯、马歇尔、帕累托、希克斯、埃奇沃斯等人的贡献,使得自由市场经济理论的微观经济学理论达到了相当成熟的地步。20 世纪 30 年代的经济理论"第一次危机"和"凯恩斯革命"以后发展起来的混合经济理论,在其形成和发展的前期以及相当长的一个时期中,理论研究的重点一直比较单纯地偏重资本主义经济运行中的宏观经济领域,即非常注重宏观经济理论和宏观经济政策的研究。究其主要原因在于:第一,资本主义经济在 30 年代的大危机中,主要是在宏观经济领域出的问题,或者说主要是由于宏观经济运行中总供给与总需求的总量失衡引起的。第二,在混合经济制度取代了自由竞争的市场经济后,社会经济生活中的各类微观经济主体虽然有所变化,但是,这些经济主体——主要指厂商——的所有制属性、经济活动的目的、动力及经济主体的行为特征基本上与原先是相同的。在这种情形下,混合经济制度的微观经济基础基本上是相对稳定的,混合经济理论的微观经济理论基础也可以说是比较现成的,正如萨缪尔森说的,只要有政府调控保持宏观经济稳定,微观经济理论在混合经济中依然有效。

当然,这并不是说在混合经济理论中,微观经济理论就没有什么新的进展了。在 20 世纪 60 年代以后,混合经济理论中的微观经济学仍取得了较大的发展,这是现代经济学在努力完善宏观经济的微观经济理论基础方面所取得的成就,这些成就也可以在一些新的宏观经济学著作和教材中所设的"总供求的微观基础分析"这样的篇章中看到。但是,尽管如此,还是可以认为,自由市场经济理论和混合经济理论所涉及的资本主义经济中的微观经济主体的经济动机和行为特征基本上是相同的,在经济制度和经济理论的演变过程中并未发生实质性的变化。

相比之下,在从计划经济理论向改革经济理论的发展和演变的过程中,出现了完全不同的情形,微观经济基础作为一个新的问题被提出来摆在经济学家面前。

1. 在经济体制改革的过程中,必然地会涉及社会经济的所有制方面的问题,所有制结构的改革不可避免地被提了出来。从一些改革经济学的理论文献中可以看到,经济学家认为所有制改革同样是经济体制改革的一个有机组成部分,原因在于并不是任何一种社会经济的所有制结构都是可以与商品经济及其运行方式相容的。或者说,在一个比较单一的国家所有制(或全民所有制)占主体地位的社会经济中,加上在国营经济中计划经济运行方式的惯性的影响,是不太可能发育出良好的商品经济和市场经济的。⑤

2. 随着经济体制改革的广泛开展和不断深入,在社会主义国家的实际经济生活中,所有制的形式、成分及其结构也发生了很大的变化,出现了各种类型的新的经济主体。与改革前的企业类型相比,不仅有国营企业、集体企业,还新出现了大量的个体企业、私营企业、合资企业、独资外资企业、股份制企业、合作企业、股份合作制企业等。在中国经济中,这种新的经济主体的出现,一方面是由于企业的数量在迅速扩张,并且在这一过程中,企业数量的增加是以新类型的企业的增加构成绝对优势主体的;另一方面则是原有经济主体的重新组合,如城市的一些中小国营企业被租赁或拍卖给私营企业或外资企业,农村中人民公社及生产队的解体,相应的家庭联产承包责任制的产生。所有制的成分及其结构的变化,使得社会经济生活形成了与传统的计划经济不同的新的微观经济基础。因为各类新的经济活动主体大都具有与计划经济中的企业所不同的经济动机和行为特征。这些新的企业基本上是以市场为导向的经济活动主体,企业的目标也是比较单一的利润目标,而且它们的经营活动方式在相当大的程度上摆脱了传统计划经济体制的约束,也是传统的计划调控手段所很少能有效调节和制约的。

3. 即使对于那些所有制形式未改变的国营企业和城市大集体企业来说,在计划经济中,计划管理体制和各种计划调节手段保证了国家经济决策和经济计划对企业经营活动决策的优先权,企业的目标完全地服从于国家的目标。为了保证国家的经济目标和利益,国家甚至可以使企业长期处于亏损状态,使企业部分地丧失作为一种经济盈利组织的性质。在改革过程中,当政府开始把部分经济管理权能下放给这些企业后,企业开始逐渐形成了自身独立的利益,同时在承受着其他各类新的经济活动主体的激烈的竞争压力条件下,这些企业的动机和行为方式也发生了较大的变化。例如,企业开始形成了有机会找市场,有问题找市长的"双重依赖"行为;企业利用扩大了的分配自主权形成了"职工收入最大化"的企业目标;企业利用改革过程中形成的"双轨制"来谋求自己的利益;企业利用股份制来侵蚀国有资产(以所谓"企业内部职工股"的方式)等等。因此,原有国营企业的动机和行为方式的变化,也对整个社会微观经济基础的变化产生了很大的影响。也正是因为如此,一些经济学家在改革的过程中针对国营企业的"不规范行为"提出了许多关于"微观基础的再塑造""产权的明晰化""体制创新"等问题,并做了广泛的和严肃的理论探讨。

由于在改革过程中,社会主义商品经济开始呈现出它本身所具有的与社会主义计划经济或产品经济不同的微观经济基础,这就决定了改革经济理论在其建立和发展的过程中,面临着比混合经济理论更为艰巨的双重任务:一是与重新塑造社会主义商品经济的微观经济基础相适应的微观经济理论的构造问题;二是与新的经济体制中微观经济基础相适应的宏观经济调控体系的设计以及宏观经济理论体系的建立问题。由此可见,如何在坚持社会主义财产制度的基本特征的前提条件下,通过微观经济基础的再塑造,使得社会主义商品经济中各类微观经济主体的行为真正地具备或服从独立的商品生产者和经营者的一般行为规范,并建立起相应的宏观经济理论,是对建立改革经济理论的一个重大的挑战。从改革经济理论的发展过程中可以看到,在改革经济理论的宏观经济理论部分,其理论的微观经济学基础,在很大程度上是套搬了自由经济市场理论和混合经济理论中关于微观经济主体行为的分析。当然,改革经济理论的发展中,也产生了一些比较优秀的关于社会主义微观经济分析的著作,但是这些著作在其分析框架方面,基本上是由现存的微观经济理论与社会主义经济在改革中出现的某些微观经济特点的结合所构成的。⑥

可是,尽管在经济运行与微观经济基础的研究上,不同经济理论体系的发展具有各自不同的特点。但如果从经济调节机制(市场和计划)和所有制(不同的财产所有制度及其再现形式)来看经济运行与微观经济基础问题,我们也可以看出,在不同的经济理论体系的演变过程中,在某些方面也具有一些共同的特点。这个共同的特点就是,当一种经济体制的运转出了毛病后,身处在某种经济体制中的经济学家一般来说在一开始并不会直接地从财产所有制结构及微观经济基础构造方面去寻找原因,而总是马上从经济调节机制的角度去剖析经济体制的问题。凯恩斯革命的出现以及混合经济理论的发展,清楚地展现了这一过程,改革经济理论的发展也同样经历了这样的一个过程。在经济理论的演变过程中,只有在对经济调节机制转换或者完善的分析进行到一定的阶段后,经济学家才会较多地将研究的注意力转到财产所有制问题上去。但是,就这种注意力转向的具体内容而言,不同的经济理论体系在其演变过程中又具有不同的特点。在混合经济发展到 20 世纪 60 年代以后,新自由主义经济学的兴起,所得出的结论是资本主义市场经济运行中的问题,不完全在于经济调节机制,同样也在于财产制度的不完善,对于这种财产制度的不完善的改进,可以更好地发挥市场机制的经济调节作用,而一味从修正经济调节机制入手来解决问题,则会导致政府过多干预经济,出现"政府失败"。因此,新自由主义的制度研究,落脚点是完善原有的财产制度,让市场机制具备更好的作用环境。而在改革经济理论的发展过程中,经济学家在认识到改革并不只是经济管理体制和经济调节机制的改变后,一方面开始允许原先为计划经济所排斥的财产制度在一定范围内重新建立和发展;另一方面则开始进一步完善原有的财产制度,主要是改变计划经济中公有财产制度的表现形式,通过股份制等方式来重构微观经济基础。这种比较分析是否可以说明,在经济体制的变革和经济理论的演变过程中,经济学家都具有一种对经济调节机制缺陷的敏感性和对原有财产制度的偏爱性。当然,这种敏感性和偏爱性一般是对特定时期的一代经济学家而言的,普遍地对财产制度的重新思考往往是新一代经济学家成长起来以后的现象。

6.3　企业、市场与政府

无论是西方各国的经济学家或是社会主义各国的经济学家,也无论是讨论资本主义经济的运行或是探讨社会主义经济的运行,都必定会或多或少地涉及企业、市场与政府在社会经济活动中的地位和作用。因此,关于企业、市场和政府三者关系的理论自然就成为比较经济理论的研究内容的一个重要方面。

1. 在自由市场经济理论和现代混合经济理论的发展过程中,新古典经济学是从人与物的关系角度来定义企业的,"公司、厂商、企业,在标准的新古典经济学中,是把投入转变为产出的一种分析方法。因此,厂商被看作主要是完成技术任务的抽象实体"[⑦]。新制度经济学家则是从人与人的社会经济活动关系的角度来定义和解释企业的,认为企业是市场的替代方式,"企业的显著特征就是作为价格机制的替代物"[⑧]。但是,无论西方经济学家如何定义企业,有一点是共同的,即企业是一个具有自身独立的利益,独立的目标和独立的决策能力并完全可以开展独立自主经营活动的经济组织。无论是在自由市场经济中,还是在现代混合经济中,企业都构成资本主义经济的主体。因而,经济学家也把资本主义经济制度称为"自由企业制度"。

在计划经济体制下,计划经济理论则把企业仅仅看作是一种"组织生产的具体形式的生产单位","从理论上来说,根本谈不上企业的完全的独立自主,而只能说有一定的独立活动的权限"。在社会经济活动中,"中央计划规定社会主义企业的任务范围,同时确定其活动范围"⑨。也就是说,在社会主义经济中企业在很大程度上只是政府部门的附属组织,在计划经济的"国民经济体制中企业不能起主导作用"⑩。但是,在经济体制改革过程中,改革经济学理论对社会主义企业的性质、地位和作用的看法有了很大的转变,开始强调企业相对独立的利益和企业的自主经营权。从大量的改革经济理论的文献来看,改革经济学家对企业的认识与新古典经济学家愈来愈接近。

2. 在市场、计划与政府干预经济的关系方面,自由市场经济理论仅强调市场机制自动调节的作用,混合经济理论则依据"市场失败"的分析,强调了政府干预经济活动的必要性。在混合经济理论关于经济运行的分析中,市场是第一级的全面的自动调节,政府是第二级的补充性的人为调节,政府对经济的干预是为了更好地协调企业—市场关系和填补"市场失败"领域中经济调节的"空白"或不足。市场与政府在社会经济活动中的基本关系是:市场调节经济、政府校正市场。因而,政府加入到经济领域,并不涉及企业制度和市场调节机制在基本方面的重新设计或修改。从经济理论的发展来看,混合经济理论中的宏观经济理论和宏观经济政策,对于自由市场经济理论而言,基本上是一种添加性的理论。政府的干预并没有动摇市场作为资本主义经济最基本的调节机制的地位,而只是使市场机制发挥正常作用所需的环境和条件更加完备了。

相比之下,在计划经济理论中,市场与政府的关系是完全反转的,从经济运行的角度看,政府利用计划对经济的调控是第一级的全面的调节,市场则只是第二级的局部的调节,市场的存在只是为了帮助政府去弥补计划调节在某些经济活动领域遗留下来的"角落"。但是,在经济体制改革过程中,改革经济理论开始重新思考市场与政府在经济调节中的作用及相互关系问题。例如,南斯拉夫的"市场学派"经济学家较早地提出了政府及计划的功能主要在于保证市场有理想的运行条件和纠正市场机制调节的缺陷;中国的经济学家也曾提出:"政府的调节必须以市场调节作为出发点,它是为弥补市场调节的种种局限而存在的。"①改革经济理论关于市场与政府在社会经济调节中的相互关系的看法,事实上已非常接近"政府校正市场"的观点。因此,在改革经济理论的发展中,改革经济理论所提出的宏观经济分析理论与宏观经济政策理论,对于原有的计划经济理论而言,在很大程度上不再是补充性或添加性的经济理论,而是一种具有很强的替代性的理论。这种新的理论与旧的理论之间的替代关系,可以说是对经济体制改革现实的理论反映,因为在经济体制改革过程中,改革的本质不是对原有计划经济体制的局部修改或完善,而是根本改变计划经济体制,用市场机制去取代相当大一部分原来的计划机制的作用,用市场经济体制去替代计划经济体制,这样就势必动摇了计划作为社会主义经济最基本或最主要的调节机制的地位。这种改革过程中的经济体制和经济机制的替代就决定了经济理论的替代,而在自由市场经济理论发展到混合经济理论的过程中,则没有出现经济体制的根本变化,其本质仍是原来的市场经济体制,所以也就不可能有如此明显的经济理论的替代性。

3. 在自由市场经济理论和混合经济理论的分析中,企业、市场与政府在一定的经济制度条件下和社会经济活动中的基本关系是,企业与市场两者之间的功能具有一定的替代性,政府与市场两者之间的功能则具有一定的互补性,而企业和政府之间则很少存在功能上的直接替代性,因而市场处于联结企业、市场、政府三者关系的中心地位。在计划经济理论和改革经济理论的分析中,企业、市场与政府三者的基本关系是:(1)政府与企业两者在功能上具有替代性,这表现在计划经济中政府部门的经济决策和计划调节可以直接干预企业经营活动,而在经济体制改革过程中,一部分企业经营权由政府放给了企业;(2)政府与市场两者在功能上也具有替代性,这表现在计划经济体制下政府可以基本排斥市场调节的作用,而在经济体制改革过程中,市场机制则在许多经济活动领域替代了计划机制,市场机制扩大了其对社会经济活动的调节范围,且这种扩大是以计划机制调节范围的缩小为代价的;(3)在企业与市场的关系方面,企业与市场则从在计划经济体制中不具备(也无所谓具备)任何直接的替代关系,开始发展为在经济体制改革过程中形成了新的功能替代关系(如各种企业集团的成立就是一个例子)。因而,总的来说,在计划经济理论中,政府在社会经济活动中处于企业、市场与政府三者关系的中心地位;而改革经济理论则认为,市场必须处于社会经济活动中企业、市场与政府三者关系的中心地位。因为,在经济体制改革过程中,企业和市场对政府功能的替代,使得社会主义经济中企业与市场的地位和作用都发生了相应的充分变化,从而诱发了企业与市场之间的替代关系,导致在经济体制改革这一制度结构的变化过程中出现了"三重替代"关系,从而根本上改变了企业、市场与政府三者在社会传统活动中的关系。[12]

当然,在经济体制改革过程中处理企业、市场与政府三者之间关系的问题,势必要涉及社会经济的所有制结构及经济的微观基础问题。在改革经济学的发展过程中,尤其是在 20 世纪 80 年代中期之前,经济学家在论述企业、市场与政府的关系时,往往把研究重点比较单纯地放在计划与市场的关系方面,而到了 80 年代中期以后,一些经济学家开始逐渐地摆脱了相信"计划"与"市场"(科尔内称之为"行政"与"市场")在不改变所有制结构和重塑微观经济基础的条件下能够和谐一致和具有相互校正功能这样一种"天真的"想法。科尔内等人明确提出了,在处理企业、市场与政府三者关系方面,绝不能回避以下两个问题:(1)非国有制的前景及私有制经济成分在社会主义经济体制改革的比重和未来发展趋势;(2)国家所有制传统形式的企业与市场调节的相容性。[13]可以认为,改革经济学理论的研究在 80 年代中期开始深化到这一步,表明改革经济学理论已开始系统地考察经济体制中的经济运行机制与微观经济基础的关系问题,这两方面的理论由原来的相对分离到相互结合,是改革经济学理论发展过程中的一个重要转折。

6.4　经济均衡的理论分析

严格地说,计划经济理论并没有现代经济学意义上的经济均衡理论,而只有在有计划、按比例规律基础上发展出来的国民经济平衡理论。在社会经济的实际运行过程中,按照不同的经济学理论的分析,均衡是相对立的不同的市场力量在社会人的自发活动中所形成的一种相对稳定的状态,或是人们的自发经济活动所自动趋向的经济状态;而平衡则是人们通过对客观经济规律的认识和掌握,通过人们自觉的活动所达到的社会经济稳定状态。⑭但是,无论人们的社会经济活动是在自觉状态还是自发状态下进行的,也无论社会经济的稳定状态是静态意义还是比较静态意义或动态意义的,从社会经济的资源配置优化条件的技术分析角度来看,均衡和平衡在作为一种社会经济的资源优化状态这一点上并不存在实质性的差异,因而完全是可以进行并不牵强附会的理论比较分析的。

1. 就自由市场经济理论体系与计划经济理论体系中的经济均衡理论的比较而言,两者之间的差异应该说是明显存在的。这种关于经济均衡分析的差异,是由于经济学家对于不同的经济制度中的经济机制的认识的差异所导致的。

应该承认,以数学的精确性来衡量,或者说从经济理论的数理形式化的这一科学标准来衡量,自由市场经济理论体系中的经济均衡理论是一个最为完美的均衡理论,从瓦尔拉斯到阿罗、德布鲁,一般均衡理论已成为一个逻辑最完整的经济理论结构。在自由市场经济理论体系中,暂且不谈经济均衡的分析工具或分析技术的不断完善这一问题,在以新古典经济学为代表的经济均衡分析中,有一个十分突出的特点,这就是——经济均衡分析基本上属于微观经济的分析范畴。在这一点上,新古典经济学与古典经济学是一脉相承的。在萨伊的著作中,经济的均衡或失衡,都只是相对于各个不同的商品(劳务)或生产要素市场而言的,某一市场的过度需求也就同时意味着另一市场的需求不足,因而不会有经济总体的过度需求或需求不足,也就无所谓宏观经济的失衡问题。到了新古典经济学的著作中,所谓"萨伊定律"采取了"瓦尔拉斯定律"的表述形式,但其经济均衡理论的基本观点并未改变,即经济均衡是相对单个市场或所有单个市场而言的。

自由市场经济理论关于经济均衡的看法,实质上反映了经济学家从前对于市场机制作用的认识和信心。他们相信,在市场力量的作用下,社会供给和需求不会持久地偏离相对稳定的状态,相反,在供给和需求不相等时,市场调节会使供给和需求趋向均衡。因而,只要论证了在各个市场上存在着均衡状态或均衡趋势,就无须过多地担心经济总体的均衡问题。正如弗兰克·哈恩所指出的:"古典的一般均衡理论是一种重要的智力成就。它描述了这样一种状况,在这里,寻求个人私利,仅仅受市场价格制约可能是与连贯一致、井然有序的经济毫不矛盾的。"⑮

与此不同的是,在计划经济理论体系中,经济均衡问题从一开始就是一个与微观经济分析不相干的问题。当然,这种说法也并不十分确切,因为在计划经济理论体系中,实质上也无所谓有微观经济理论分析。但是,相对而言,在计划经济理论体系中,经济均衡问题一开始就是与国民经济的综合平衡问题联系在一起的。在计划经济学家看来,所谓经济均衡实际上就是国民经济的平衡,而这种国民经济的平衡,其出发点是在国民经济总体的运行方面。由于在高度集中的计划经济条件下,国民经济计划是一个从国民经济总体,到国民经济各个地区和部门,直至各个企业(生产单位)和消费者的无所不包的庞大经济计划,因此,一个能保证国民经济总体平衡的计划,是经济保持平衡的首要条件。经济中出现部门或地区的不平衡,或者出现企业间的生产与销售和企业与居民(消费者)间的产销不平衡,那么,问题不在于部门、地区或者企业和消费者方面,而一定出在国民经济计划的综合平衡方面。由此可见,计划经济理论中,国民经济平衡理论的着眼点是经济总体平衡方面,是以宏观经济的平衡为重点的。当然,这也充分反映了经济学家对计划经济及计划机制作用的看法,他们相信,从整个国民经济运行着眼的综合平衡计划是人们的主观意识对客观经济运行规律的反映,它可以通过自上而下地贯彻执行来保证整个经济从总体到地区、部门和企业的平稳运转。

2. 就宏观经济或国民经济总体的均衡分析而言,混合经济理论的宏观经济均衡分析,与计划经济理论的国民经济综合平衡分析,也都具有各自不同的理论特点。

如前所述,混合经济理论关于宏观经济均衡分析的代表性模型即"IS-LM 模型",这一宏观经济均衡分析的理论模型是以一般经济均衡思想为基础的。一般均衡理论认为,一个经济体系中包括许多互相关联的市场,其中任何一个市场所出现的失衡,都会对其他市场产生外溢效应(spill-over effect),使其他市场也发生相应变化,因而经济的一般均衡有赖于各个市场同时满足均衡的条件。IS-LM 模型的特点正在于,它认为宏观经济的均衡不仅需要商品市场的均衡,同时也要求货币市场的均衡,在商品市场上经济均衡的条件是投资等于储蓄($I = S$),而在货币市场上经济均衡的条件是货币的供给等于货币的需求($M^s = M^d = M^d_1$

＋M_2^d）。因为宏观经济处于均衡状态时，国民经济的实物部分（商品市场）和货币部分（货币市场）一定是同时满足均衡条件的。与以前的有关总体经济均衡的理论相比较，*IS-LM* 分析认为，货币市场不再是商品市场的简单反映，由于灵活偏好因素的引进，宏观经济中的货币市场是一个相对独立的市场部分，它对于宏观经济的均衡有着相对独立的影响作用，因而货币市场是宏观经济均衡的一个有机组成部分。但是，无论如何，*IS-LM* 分析仍然是一种市场均衡分析，在这一点上，它具有与局部均衡和一般均衡相同的性质。

计划经济理论关于国民经济综合平衡的分析，最有代表性的经济理论是"三大平衡理论"。根据三大平衡理论，计划经济的综合平衡要求实现国民经济中的财政收支平衡、信贷平衡和商品物资供求平衡。财政收支平衡所强调的是财政收支在预算年度中的基本平衡和略有节余；信贷平衡强调的是信贷发行与货币回笼的平衡；商品物资供求平衡强调的是生产资料的需求与生活资料的供应和生活资料的需求与生产资料的供应之间的平衡。三大平衡理论的特点是：（1）从总量分析角度来探索在计划经济条件下如何通过经济的国民计划来保证社会经济的再生产过程得以顺利进行；（2）在财政信贷综合平衡过程中强调财政收支在经济总量控制方面的重要性；（3）在三大平衡的关系方面，强调物资供求平衡的重要性，将物资平衡作为三大平衡的最终落脚点。[⑯]从经济理论基础来看，三大平衡理论的经济分析基础是马克思的再生产理论，它所强调的是社会再生产过程中使用价值形态的国民经济总体平衡，并且把价值形态的平衡始终放在一个相对的辅助地位。而且，这种国民经济的总体平衡，不是一个经济力量自动调节形成的状态，而是人们按照客观经济规律自觉活动的结果，因而，就平衡的本质而言，它是一种计划平衡，不具有任何市场均衡的含义。

3.关于经济的非均衡分析。在自由市场经济理论到混合经济理论的演变过程中，经济均衡理论的发展是一种从均衡（瓦尔拉斯均衡）到非均衡（非瓦尔拉斯均衡），再从非均衡到均衡的理论交替发展过程，即表现为瓦尔拉斯—凯恩斯—希克斯和汉森—克洛沃（非均衡学派）—卢卡斯（理性预期学派）的整个经济理论的发展。相比较之下，就改革经济理论的理论渊源和改革经济理论本身的发展而言，其经济均衡与非均衡的分析，从一开始就和自由市场经济理论和混合经济理论有着千丝万缕的关系。

在 20 世纪 30 年代的社会主义经济问题大论战中,兰格最早论证了社会主义经济的均衡问题。在兰格模式中,社会主义经济是一种相对分散决策的经济,中央计划当局的主要功能之一是模拟市场运行机制来确立价格参数和各种相应的经济决策规则(如各种生产要素的边际生产率相等,边际成本必须等于产品价格等等),然后企业可以根据价格参数和经济决策规则从事经营活动,以保证社会经济的均衡运行。但是,兰格模式在社会主义的实践中一直未被各国重视,在理论研究中也由此出现了长时期的空白。一直到 70 年代,在一些西方经济学家和东欧经济学家的努力下,关于计划经济的均衡理论才开始发展起来,可这种均衡理论的研究大都是与计划经济的非均衡分析相联系的。同时,必须承认,计划经济的非均衡分析在一点上与兰格模式的社会主义经济均衡分析是相同的,这就是它们都是以瓦尔拉斯均衡的分析为基础的。在这方面,代表性的经济理论主要有波特斯(R. Portes)的非均衡模型和科尔内的非均衡模型。[17]

波特斯和科尔内的非均衡分析是以计划经济为研究对象的,尽管科尔内的理论也应该归入改革经济理论的范围,但它毕竟不是以社会主义经济体制的改革过程为背景的经济非均衡分析。在这一方面,中国经济学家厉以宁的《非均衡的中国经济》,代表了一种以社会主义经济非均衡状态为既定前提来进行非均衡研究和探讨改革方案的努力。在厉以宁的非均衡理论中,把非均衡划分为两种类型:一是指市场不完善条件下的非均衡;二是指市场不健全以及企业缺乏利益约束和预算约束条件下的非均衡。在厉以宁看来,中国的经济体制改革不应该直接去追求经济均衡目标,也不应当用各种与改革初衷相违背的手段去实现某种所谓经济均衡的背景条件,然后再来进行所谓"配套改革",而是应当学会在均衡的经济环境中来进行体制改革,力求通过改革先使经济从第二类均衡状态过渡到第一类非均衡状态,然后再来逐渐缩小第一类非均衡状态中的非均衡程度。[18]

厉以宁的非均衡分析具有两个重要的特点:(1)与波斯特、科尔内等人不同,它是一种改革经济理论意义上的非均衡分析,而不是一种计划经济的非均衡分析,当然,就经济理论的基础和经济分析方法而言,它仍然是一种市场均衡的分析；（2）非均衡的理论分析所追求的主要不是经济分析方法的学术性（以经济分析的形式化为标准），而是经济理论的政策意义，通过非均衡分析，论证了企业改革主线论的改革思路及相应的改革方案。

但是，从经济理论发展的学术性角度而言，可以看到的理论发展趋势是，计划经济的国民经济平衡理论正在不断地失去影响力，而以市场均衡为特征的经济均衡和非均衡分析在整个经济均衡理论中的指导作用愈来愈大，以至于一些实质上属传统的国民经济平衡理论的研究文献，也开始不管三七二十一地大量借用"均衡"和"非均衡"这一类概念来点缀自己。

6.5　收入分配的理论与原则

在经济学的收入分配理论的研究领域中，从自由市场经济理论到混合经济理论，收入分配理论的发展和演变是以功能性收入分配理论和个人收入分配理论的不断完善为特征的；而在计划经济理论的收入分配理论的演变过程中，按劳分配原则也得到相当的发展（尽管有些是相当教条式的）。至于改革经济理论的收入分配理论，目前似乎仍在各种经济理论之间进行徘徊，其发展的趋向仍然是相当不确定的。

在自由市场经济理论和混合经济理论的发展中，自由市场经济理论对于收入分配理论的发展和完善，最主要的表现在功能性收入分配理论的确立方面。从古典经济学亚当·斯密的价值多源泉的收入分配理论，到萨伊的"三体一位"（劳动—工资、资本—利息、土地—地租）的收入分配公式，再到新古典经济学克拉克的"边际生产力分配论"和马歇尔的工资、租金、利息、利润收入分配理论，最后到"柯布—道格拉斯"生产函数中利用"欧拉定理"推导出的结论，表明了一个完整的功能性收入分配理论的发展和完善的过程。功能性收入分配理论研究讨论的是产出如何在参加生产过程的各种生产要素之间按其所发挥的功能（生产要素对产量的贡献）来确定生产要素的报酬。因而，功能性收入分配理论是一个属于实证经济学研究的问题。其核心内容是确定生产要素的"边际物质产品",按照生产要素的"边际生产力"来进行收入分配。这种实证的经济理论研究,表明经济学家所关心的只是收入分配与经济效率的关系问题,而不是别的。当然,随着旧福利经济学的形成和发展,自由市场经济理论在讨论"帕累托最优状态"和社会福利问题时,也开始更为关心收入分配的公平性问题,开始把价值判断引入收入分配的理论研究中,收入分配理论也逐步成为一个规范经济学的研究问题,在这方面,剑桥学派的庇古就是一个典型的代表人物。

但是,较普遍地从规范经济学的角度来研究收入分配问题,则是混合经济理论和新福利经济学所做的工作。可以认为,混合经济理论并没有更多地去推进功能性收入分配理论的研究,它对收入分配理论的完善,主要体现在个人收入分配问题的研究方面。个人收入分配理论所讨论的是收入分配是否有利于大多数社会成员享受社会经济进步所带来的利益,它所考虑的是经济的公平问题,属于规范经济学的研究领域。战后,主要西方工业国家的一些财政税收,政府开支及收入政策在很大程度上都是以个人收入分配理论作为经济政策的理论基础的。

与自由市场经济理论和混合经济理论的收入分配理论相比,计划经济理论的收入分配理论具有完全不同的经济理论基础,它是以马克思的劳动价值论和按劳分配原则为基础的。计划经济学的文献中在谈到社会主义经济的分配原则和收入分配理论时,总是大量详尽地引证《哥达纲领批判》中的论述,认为按劳分配原则是一个以劳动价值论为基础的收入分配原则。但是,从另外一个角度看,进一步的深究可以发现,经济学家并不十分清楚按劳分配原则的性质,即按劳分配原则究竟是社会主义公有制经济中的功能性收入分配原则,还是个人收入分配原则? 因此,在计划经济理论中,当人们在谈论收入分配理论,或者国民收入的初次分配和再分配这一类问题时,往往是把不同的收入分配原则搅和在一起来论述的,其结果是导致了计划经济理论中的收入分配理论没有相对独立的功能性收入分配理论和个人收入分配理论。从经济理论的渊源来看,根据马克思在《哥达纲领批判》中的论述,按劳分配原则事实也是一个既包含了功能性收入分配原则,也包含了个人收入分配原则的收入分配理论。

那么,改革经济理论现在是否已经发展出了较好的收入分配理论呢？回答显然不是肯定的。可以说，改革经济理论已经开始意识到计划经济理论中收入分配理论的缺陷，改革经济理论也正在试图建立相应的收入分配理论。但是，在这一理论发展的过程中，目前人们所看到的是大量引进的自由市场经济理论和混合经济理论中的收入分配理论的概念和分析工具，如"C-D 生产函数"、"边际生产力递减规律"、"基尼系数"、"劳伦茨曲线"、库兹涅茨"倒 U 型假设"，等等。似乎有越来越多的经济学家在考虑生产要素的生产力理论应作为收入分配的理论基础之一，这种观点暗含的前提是，不仅劳动是稀缺的，资本、土地等各种资源或生产要素也是稀缺。同时，也有一些经济学家正在严肃地思考不同的价值理论以及建立在不同的价值理论基础上的收入分配理论之间的相互关系，并试图努力做出新的理论综合。⑲

比较不同的经济理论体系中的收入分配理论的发展，可以看出，从自由市场经济理论到混合经济理论与从计划经济理论到改革经济理论的不同理论发展过程中，收入分配理论在不同组的经济理论体系演变中，具有以下一些特点：

第一，自由市场经济理论重点所研究的是与经济效率有关的功能性收入分配问题，而在向混合经济理论发展的过程中，重点开始有所转移，开始着重研究与经济公平有关的个人收入分配问题。与此不同的是，计划经济理论中的收入分配理论一贯强调的是收入分配的公平性问题，而在社会主义的经济体制改革过程中，改革经济理论则往往大声疾呼要打破收入分配中的平均主义倾向，转而强调收入分配作为一种经济激励机制的重要性，即把研究重点放在收入分配与经济效率的关系问题上。

第二，不同的经济学家在研究收入分配问题时都认识到，为了保证社会经济活动的效率，必须有一个能明确界定收益权的功能性收入分配理论，并确定相应的功能性收入分配原则。在自由市场经济理论到混合经济的发展过程中，个人收入分配理论的形成与发展，并没有否认原有的功能性收入分配理论。因此，个人收入分配理论与功能性收入分配理论在经济理论上完全具有互补性。但是，由于按劳分配理论本身一开始就是一个融功能性收入分配原则与个人收入分配原则于一身的收入分配原则，因此，改革经济理论面临着如何形成自身的具有相对独立性的功能性收入分配理论和个人收入分配理论的两重任务。而且，新的收入分配理论与原有的收入分配理论在基础理论方面的兼容性有多大,这一问题仍有待于改革经济理论的进一步发展来做出较明确的回答。

第三,无论何种经济理论,经济理论的演进历史和目前的发展状况已表明,完善的收入分配理论,都不是片面强调效率或片面强调公平的理论,收入分配理论必须兼顾经济效率和经济公平这两大目标,其目的是通过经济理论的指导,能在社会中造就出一种能较好地兼顾公平与效率的收入分配机制和以不断地提高效率为前提来解决公平问题的经济机制。

6.6　效率原则与伦理道德原则

无论是在自由市场经济理论中,还是在混合经济理论中,"经济人"都是一个十分重要的经济分析的概念。根据"经济人"假设,个人的行为被假设为追求效用的最大化,而在一定约束条件下追求效用最大化的行为即"有理性"的行为,在从自由市场经济理论到混合经济理论的发展过程中,经济学家都在努力试图通过"经济人"的假设,来演绎出一套被称为纯粹经济学的严密的理论体系。按照较为传统的看法,"经济人"的最初论述是亚当·斯密在《国富论》中提出的,而这一假设的进一步发展和完善则与边沁的功利主义(Bentham's utilitarianism)有着十分直接的关系。例如,在亚当·斯密看来,人类的行为是自然地由六种动机所推动的:自爱、同情、追求自由的欲望、正义感、劳动习惯和交换倾向;在确定这些行为的动机方面,每个人自然是他自己利益的最好判断者,因此应该让他有按自己的方式来行动的自由。类似地,边沁的功利主义也认为,只有个人才对自己切身的苦乐有深切的了解,个人不但是最好的,而且是唯一知道什么是构成他自己的幸福的人。因此,个人追求私利是正当的,而且是不应当受任何干涉的。边沁的功利主义与经济学的结合,实际上是为经济学的个人主义提供了一种伦理方面的个人主义的哲学基础。[①]

正因为有了这种经济学的伦理原则作为理论发展的基础,所以在自由市场经济理论和混合经济理论的发展过程中,绝大多数经济学家并没有因为经济理论的不同观点争论而动摇了对基本的经济伦理原则的信念,"经济人"假设已成为经济学家比较一致的共识。由此所决定,在探讨公平与效率这一类往往会发生矛盾的经济问题时,虽然涉及大量价值判断问题,但是,经济学家并没有突破建立在相同经济伦理基础上的价值观念体系。相反,在从计划经济理论到改革经济理论的发展过程中,当涉及经济效率原则与经济伦理原则问题时,理论上的矛盾则更多地表现为两个不同的价值观念体系之间的冲突。①

根据科尔内的论述,社会主义经济体制改革的目的主要是提高经济的效率,而要提高经济效率至少要满足五个必要的条件:(1)需要一种包括物质刺激和精神刺激的激励制度,它能激发个人在经济活动中的积极性;(2)必须要考虑到效益和成本,进行周密地计算,有效地利用经济资源,中止无效的经济(生产)活动;(3)必须迅速灵活地适应当前的形势和外部条件;(4)决策必须通过个人的首创性,敢于革新和冒险的气质,表现企业家精神;(5)每一个决策者必须对他所负责的事以及决策承担个人责任。

可是,在国际工人运动和社会主义制度的发展过程中,社会主义经济也形成一些普遍公认的道德原则:(1)"按劳分配"(或"按劳取酬")的原则,包括了著名的"同工同酬"分配原则;(2)团结一致的原则,即社会主义应消除竞争的残酷性,不应惩罚而应帮助弱者;(3)安全的原则,包括大团体帮助小团体、个人和社会应为人们提供一劳永逸的充分就业;(4)整体利益优于局部利益的原则。

许多社会主义的经济学家,包括一些力主在社会主义经济中引进和发挥市场调节作用的经济学家,一方面承认经济效率的原则,另一方面也承认社会主义的经济伦理或者道德原则,他们坚信两者之间是没有矛盾的,可以在社会经济生活中和谐共存。但是,在科尔内看来,在社会主义经济体制改革过程中,当涉及利润刺激、企业生存和企业发展这些问题时,"两种价值体系——效率条件和社会主义道德原则,两者之间的冲突显得特别尖锐"②。在社会主义经济体制改革中,许多经济决策的困境就是这种冲突引起的。

1.在企业改革的过程中,企业的预算约束越硬,企业经理和工人的收入就越是依赖于实际利润率,企业就越是能摆脱仅与个人劳动有关的工资发放原则。例如,在匈牙利的企业改革中引进了工人的利润分成,这种利润刺激方式就足以破坏"按劳分配"的原则(在中国,20世纪80年代后期,一些经济学家也在积极提倡"分享制",不知是否意识到效率与经济伦理的冲突;此外,股份制的发展与证券市场的兴起,允许广泛的投机行为的存在,这事实上也冲击了原有的经济伦理道德)。

2.改革就必须引进市场竞争机制,就会有优胜劣汰,有企业的破产、倒闭、兼并(合并)等现象出现,这种让市场竞争法则去征服弱者的做法,事实上表明了必须重新认识和评价企业的生存问题,这也就势必破坏了以政府对企业的"父爱主义"和企业间兄弟单位相互帮助行为形式表现出来的团结互助原则。同样,有企业的破产倒闭,自然也就不可避免地出现工人的失业,这就相应破坏了安全原则。

3.根据经济效率的必要条件(4)和(5),投资者必须对自己的行为负责,他就会以企业自身的利益作为首要的利益,投资主要是为了本企业获取利润,结果,有关外部经济的投资项目就会被减少,具有外部成本的项目则会增加,这就相应破坏了局部利益服从整体利益的原则。

科尔内通过以上有关矛盾的分析所得出的结论是:"似乎不可能创立一种封闭一致的社会经济标准理论,这种理论在没有矛盾的情况下,坚持一种政治道德的价值体系,同时提供了经济效率。"⑧

关于经济效率与传统的计划经济体制中的经济伦理原则之间的冲突的思考,在一定程度上反映了改革经济理论研究的深入。应该承认,并不是说,在自由市场经济理论到混合经济理论的发展过程中,没有经济学家涉及这方面的问题。当战后西方主要资本主义国家的政府干预大量进入社会经济领域后,像哈耶克这样的经济学家,就曾经对这种干预(或称国家计划)与自由市场经济伦理之间已经和可能发生的某种冲突感到忧心忡忡。但是,哈耶克所谓"通往奴役的道路"的观点似乎只是乐队齐奏中发出的个别不协调的"音符"。不同的是,在改革的过程中和改革经济理论的发展中,新的经济机制的引入与原有的经济伦理之间的矛盾,比较早地就被经济学家开始意识到了,公众和意识形态的理论家也能非常普遍地感受到了这种矛盾。这一问题没有为人们所进一步地公开讨论,或者说理论界在这方面的研究显得比较薄弱,完全是由于其他的原因造成的。但是,无论如何,必须承认的是:(1)在这个问题上,改革经济理论面临着经济机制再造与经济观念更新的双重任务,传统的经济伦理观点必须更新或重新解释;(2)必须正视经济效率与经济伦理之间的矛盾,理论界不能由于受制于某些因素的影响去掩盖矛盾,坦诚的、

"百家争鸣"的学术研讨是推进改革经济理论发展必不可少的条件。㉔

注释

①盖伊·E.斯旺森:《比较研究的框架:结构人类学和行动理论》,I.瓦里尔:《社会学的比较方法》,第145页,转引自尼尔·J.斯梅尔:《社会科学的比较方法》,社会科学文献出版社,1992年,第2—3页。

②当然,除了商品经济中普遍出现的垄断因素之外,在自由市场经济理论向混合经济理论演进的过程中,作为经济理论研究的具体的商品形式,也有了一定的变化。例如,混合经济理论更多地讨论到关于"公共物品"的生产和供给问题。但是,在混合经济制度中,公共物品问题的大量出现,并未改变资本主义商品经济这一原有的社会经济性质。

③在中国年轻一代的经济学家中,近年来一直有一些人致力于改革经济理论的"现代化",其主要特点之一就是沟通改革经济理论与现代经济学之间的"鸿沟"。一些年轻的经济学家认为,只有既懂马克思主义经济学,又懂现代西方经济学,才可能建立起完善的改革经济理论体系;不懂现代西方经济学的经济学家,不可能在其中有真正的作为。按照列宁的标准,仅仅知道马克思主义,而没有掌握人类文明的其他方面的知识的人,甚至不能够被称为马克思主义者。

④J.M.科瓦科斯:《评改革经济学的学术质量》,转引自周小川编译:《经济改革中的争议性问题——来自国外经济学家的论述》,中国对外经济贸易出版社,1990年,第120页。

⑤中国经济学家中,在改革的初期就提出所有制改革问题的学者是董辅礽教授,他发表在《经济研究》杂志1979年第1期的论文《关于我国社会主义所有制形式问题》中,就提出了关于国家所有制形式的改革问题。随着改革的深入,更多的经济学家开始涉及这一问题,例如,主张股份制的厉以宁教授。在国外,南斯拉夫在选择"斯大林模式"以外的新体制时,所有制理论构成了体制改革的重要理论基础,如卡德尔等人为代表的"社会所有制"理论。此外,关于并不是任何一种社会经济所有制结构都可以与商品经济相容的观点,可参见拙作《中国的所有制改革:困难与选择》,《中国经济》(香港)1988年12月号。

⑥在这方面,胡汝银教授的著作《竞争与垄断:社会主义微观经济分析》(上海三联书店,1988年)是一部典型的著作。

⑦D. W. 波尔斯:《现代经济学词典》,上海译文出版社,1988年,第216页。

⑧R. H. 科斯:《企业的性质》,《企业、市场与法律》,上海三联书店,1989年,第4页。

⑨贝莱伊·安道尔:《社会主义政治经济学教科书》,人民出版社,1984年,第280页。

⑩明兹:《社会主义政治经济学》,生活·读书·新知三联书店,1963年,第325页。

⑪厉以宁:《中国经济改革的思路》,中国展望出版社,1989年,第6页。

⑫关于这一问题的论述,可以参见拙作《经济体制改革中的企业、市场与政策——一个制度结构变化的问题》,《社会主义经济结构研究》,上海三联书店,1993年。

⑬科尔内有关这方面可以参见《理想与现实——匈牙利的改革过程》,中国经济出版社,1987年。

⑭关于均衡的论述,可以参见 Sidney Wintraub 主编的 *Modern Economic Thought*(University of Pennsylvania Press,1977)一书的有关章节;关于国民经济平衡理论则可参见任何一本传统的政治经济学(社会主义部分)的教科书。

⑮弗兰克·哈恩:《一般均衡理论》,丹尼尔·贝尔等:《经济理论的危机》,上海译文出版社,1985年,第184页。

⑯有关三大平衡的理论分析可以参见《陈云同志文稿选编》(人民出版社,1980年);黄达:《财政信贷综合平衡导论》(中国金融出版社,1984年);刘伟,平新乔:《经济体制改革三论:产权论、均衡论、市场论》(北京大学出版社,1990年)。

⑰关于计划经济的非均衡分析,可参阅 R. Portes,"Macroeconomic Equilibrium and Disequilibrium in Centrally Planned Economies,"*Economic Inquiry*,19:9—578;Janos Kornai,*Growth*,*Shortage and Efficiency*:*A Macrodynamic Model of the Socialist Economy*,Basil Blackwell Pulilisherlimited,1982。

⑱厉以宁:《非均衡的中国经济》,经济日报出版社,1991年。

⑲关于马克思的论述,可参阅《哥达纲领批判》(《马克思恩格斯选集》第三卷,人民出版社,1975年,第8—11页);此外,关于对按劳分配理论的评析和计划经济中分配原则与经济效率的关系的分析,可参见拙作《分配

原则与经济效率——一种理论解释》,《中国经济问题》1992 年第 4 期。

㉑樊纲:《现代三大经济理论体系的比较与综合》,上海三联书店,1990 年。

㉑当然,可能有一些经济学家(例如哈耶克)就不太同意这种看法,关于这一点可参阅哈耶克《个人主义与经济秩序》,北京经济学院出版社,1989 年,第1—31 页。

㉒科尔内:《效率和社会主义道德原则》,《矛盾与困境》,中国经济出版社,1987 年。在以下的分析中,我们也较多地参照了科尔内的分析。

㉓同上书,第 106 页。

㉔同上书,第 115—116 页。

第二篇

[7] 里昂·瓦尔拉斯一般均衡理论述评*

一 瓦尔拉斯与"纯粹经济学"

1.瓦尔拉斯的生平和著作

里昂·瓦尔拉斯(Marie Esprit Leon Walras)1834 年 12 月 6 日生于法国埃夫勒市一位教师的家庭。他的父亲奥古斯特·瓦尔拉斯(Antoine August Walras,1801—1866)曾任法国卡因皇家学院的哲学教授,也是一位颇有名气的经济学家,著有《财富的性质和价值的起源》(1831)等著作。瓦尔拉斯 20 岁时,两次投考工艺学院均由于数学成绩太差未被录取,后进入巴黎矿业学院学习,但不久又放弃学业,自己攻读文学、哲学和新闻学,写过小说,也当过经济杂志的编辑和铁路公司职员。1864 年,出于对法国当时的合作运动的兴趣,瓦尔拉斯出任"大众贴现银行"的经理,并于 1866 年与里昂·赛伊一起创办了一个生产合作银行。1868 年银行倒闭后,他想在法国的高等院校中谋一个席位,但没有成功,于是到巴黎一家大银行担任通售秘书。瓦尔拉斯从 1858 年开始,在其父的劝说下,致力于政治经济学的研究;1860 年,他曾参加了在日内瓦召开的国际税收讨论会,宣读了一篇关于租税问题的论文,引起了与会者的重视。1870 年,瓦尔拉斯被聘为洛桑大学法律系新设立的政治经济学讲座的教授,开始了他长达 40 年的学者生涯。1892 年,因健康原因退休时,他推荐维尔费莱多·帕累托(Vilfredo Pareto,1849—1923)继

---

* 本文系于 1986 年完成的未公开发表的工作论文(油印稿)。

任其职,他与帕累托共同创建了洛桑学派,并使洛桑大学成为数理经济学派的中心。退休后,瓦尔拉斯继续从事自己的经济理论研究。1910 年 1 月 7 日在洛桑附近的克拉伦斯镇去世,享年 76 岁,终身保持法国国籍。

在近 40 年的经济理论研究中,瓦尔拉斯写下了许多文章和著作,所涉及的研究领域相当广泛。他的主要著述有:《政治经济学与正义》(1860)、《社会理想的研究》(1868)、《交换的数学原理》(1873)、《纯粹政治经济学要义》(1874—1877)①、《资本积累方程》(1876)、《货币的数学理论》(1879)、《土地价格的数学理论》(1880)、《社会财富的数学理论》(1883)、《社会经济学研究》(1896)、《应用经济学研究》(1898),等等。其中,经济理论方面最主要的代表作是《纯粹政治经济学要义》,在这部重要著作中,瓦尔拉斯以边际效用价值理论为基础,考察了所有商品和生产劳务的供给与需求同时达到均衡时的价格决定问题,提出了"一般均衡理论"(theory of general equilibrium,或 general equilibrium theory,缩写为 GET)。②

2.《要义》一书的研究对象和结构

《要义》一书中,瓦尔拉斯将政治经济学划分为三类:(1)"纯粹经济学",它是一种类似于自然科学的经济理论,就像"纯力学"那样对社会经济问题进行抽象的实证研究,其任务是在观察的基础上,客观地叙述和解释各种经济现象和经济因素的相互关系以及整个社会经济的运行机制。(2)"应用经济学",是一种与生产和技术相联系的经济理论,即"劳

---

① 1874 年出版的是《纯粹政治经济学要义》(以下简称《要义》)的第一卷,主要内容包括以边际效用理论为基础的交换均衡理论;1877 年出版了其他部分,即《要义》的第一版。在瓦尔拉斯生前,《要义》又曾出过三版;他去世后,根据他在 1900—1902 年做的修订,于 1926 年出版了《要义》第五版,称为"确定版"。威廉·扎菲根据第五版将该书译为英文,英文版书名为《纯粹经济学要义》,于 1954 年出版。本文在写作过程中即参考了扎菲的英译本和台湾中华书局的中译本。

② 一般均衡理论对当代西方经济学有着非常重大的影响,熊彼特(Joseph A. Schumpeter)指出:"经济均衡理论是瓦尔拉斯的不朽贡献。这个伟大理论水晶明澈的思路以一种基本原理的光明照耀着纯粹经济关系结构。在洛桑大学为尊敬他而竖立的纪念碑上只刻着这几个字:经济均衡。"(参阅《从马克思到凯恩斯十大经济学家》,商务印书馆,1965 年,第 79 页)

动分工制度下的产业组织理论"①,它研究生产的工艺技术过程、产业间的比例关系和产业组织形式等,目的在于增加和转变社会财富。(3)"社会经济学",研究社会财富如何按"社会正义"原则进行分配,其目的"主要在于确立人们在社会财富占有方面的关系,以达到人类命运的相互协调,并与理性和正义相符合","社会经济学"是与社会分配制度、道德科学紧密相关的"社会财富分配的科学"。② 瓦尔拉斯《要义》一书的主要目的是试图建立一个纯粹经济学的理论体系(即"纯粹政治经济学")。③

何为"纯粹经济学"? 瓦尔拉斯说:"纯粹经济学本质上是在完全自由竞争制度这一假定下的价格决定理论。所有具有稀缺性(即有用的和数量有限的)从而可以被确定有一定价格的物质和非物质的东西的总和,构成社会财富,因此纯粹经济也就是社会财富理论。"④

瓦尔拉斯在经济理论研究中,继承了他父亲老瓦尔拉斯关于价值来自于物品的"稀缺性"(rareté)的论点。在他看来,纯粹经济学上述三部分所研究的内容也就是由物品"稀缺性"引起的三种不同后果。首先,"数量有限的、有用的物品是有价值的和可以交换的"⑤。价值问题和交换现象构成纯粹经济学的研究对象。其次,"数量有限的,有用的物品是能够由产业加以生产和增值的"⑥。生产技术和产业组织问题构成应用经济学的研究对象。最后,"数量有限的,有用的物品是可以占有的"⑦。所有权和分配问题也就构成了社会经济学的研究对象。瓦尔拉斯认为,科学本身是从经验中产生的,但科学理论又是超越经验的。科学的研究应该从现实型态的观念中抽象出理论型态的观念,然后再以这些抽象的定义和范畴为基础,演绎出一系列的论证及全部理论体系,最后回到经

---

① 瓦尔拉斯:《要义》[1954 年(英文版)第 76 页(以下引文均出自英文版)]。

② 同上,第 79 页。

③ 对于"应用经济学"和"社会经济学"的研究,反映在瓦尔拉斯《社会经济学研究》和《应用经济学研究》这两部著作中,连同《纯粹经济学要义》,熊彼特把这三部书称为综合了瓦尔拉斯生平著作的三大部书。

④ 瓦尔拉斯:《要义》1954 年,第 40 页。

⑤ 同上,第 66—67 页。

⑥ 同上,第 66—67 页。

⑦ 同上,第 66—67 页。

验中,将理论加以应用。"按照上述相同的程序,纯粹经济学理论应该从经验中取得某些型态的观念,例如交换、供给、需求、市场、资本收入、生产性劳务和产品等。然后纯科学的经济学应当从这些现实型态的观念中抽象和定义出理论型态的观念,并用这些观念进行推理,直到这一科学完成,再回到现实中,将它付诸实际应用。"①因此,纯粹经济学是应用经济学和社会经济学的基础,尽管人们常常因为纯粹经济学理论在为应用经济学和社会经济学的某些重要问题提供回答时不那么令人满意,从而模糊了对纯粹经济学这一经济理论基础科学的重要性的认识。

既然纯粹经济学在本质上是一种价格决定理论,也是社会财富的理论,对于社会财富的定义和分类也就是"整个纯粹经济学的关键所在"②。瓦尔拉斯在《要义》第三章的开头就给出了社会财富的定义:"所谓社会财富,我是指所有具有稀缺性的物质和非物质的东西。这即是说,这些东西对我们有用处,另一方面可供我们利用的数量是有限的。"③在这一定义的基础上,瓦尔拉斯将社会财富分为四类:(1)资本物品,或称耐久性物品;(2)所得物品,或称非耐久性物品;(3)对物品的连续使用——劳务,或消费者物品所提供的对消费者具有直接效用的消费劳务;(4)资本物品在生产过程中所提供的生产劳务。④ 与上述四类社会财富相对应,纯粹经济学所研究的是物品和劳务的价格决定问题:"(1)用交换理论求得消费者物品与劳务的价格决定;(2)用生产理论求得原料和生产劳务的价格决定;(3)用资本化理论求得固定资本物品的价格决定;(4)用流通理论求得流通资本物品的价格决定。"⑤《要义》一书的基本结构也正是按照这一研究顺序组成的。

第一篇《政治与社会经济学的目的和区分》,讨论政治经济学的分类,纯粹经济学、应用经济学和社会经济学的定义,研究对象和相互关系以及稀缺性概念在经济学中的核心地位。

---

① 瓦尔拉斯:《要义》1954年,第71页,第41页。

② 同上,第41页。

③ 同上,第65页。

④ 关于社会财富的分类及其他一些问题将在瓦尔拉斯的生产理论和资本理论中加以详细阐述。

⑤ 瓦尔拉斯:《要义》1954年,第40页。

第二篇《两种商品相互交换的理论》,讨论商品交换产生的原因,提出需求曲线和供给曲线,用供求论和边际效用论来说明交换比例——价格的决定;阐述交换当事人获得"最大满足"或"效用最大化"的条件。

第三篇《多种商品彼此互相交换的理论》,经过一定的补充和通过适当的途径,将分析两种商品交换时得出的理论推广到许多种商品的交换场合,得出关于交换的一般均衡定理。

第四篇《生产理论》,将交换问题的范围进一步扩大,考虑到消费物品的生产,用以生产费用理论为基础构造的生产方程来解释产品的成本和生产劳务价格的决定,并将消费物品市场与生产劳务市场结合在一起,考察生产和交换同时达到均衡的经济条件。

第五篇《资本形成与信用理论》,在交换理论和生产理论的基础上,讨论资本积累问题,假定国民收入中有一部分作为储蓄,考察新资本物品生产(资本物品供给)和储蓄(对资本物品的需求)达到均衡的条件及资本物品的价格决定。

第六篇《流通与货币理论》,资本形成理论主要是考察固定资本,这一篇则着重研究流动资本问题,作为流动资本重要形式之一的"现金余额"(货币)的变动,在何种条件下才能达到供求均衡。

第七篇《经济进步的条件与结果,纯粹经济学体系的批判》,主要内容涉及经济增长的长期动态问题,并对重农学派和李嘉图等人的经济理论进行了分析和评价。

第八篇《限价、独占、课税》,所研究的是完全自由竞争条件下的价格决定问题,这一篇则考虑到存在垄断因素的不完全竞争条件下物品和劳务价格问题,从而使纯粹经济学能比较适应 19 世纪 70 年代后期的资本主义经济现实。[①]

3. 瓦尔拉斯的方法论

作为数理学派的创始人,瓦尔拉斯方法论的最大特点可以说是在经

---

① 《要义》的确定版除上述八篇构成的正文部分,还附有两篇附录:附录Ⅰ《价格决定理论的几何分析》(是瓦尔拉斯理论进一步的数学表述);附录Ⅱ《对奥斯波茨和莱伯价格理论原理的评论》。在第 1—3 版中,曾设有附录Ⅲ《对威克斯蒂德驳斥英国地租理论的意见》,该附录在以后的版本中已删除。

济理论研究中极为强调和大量运用数学分析方法,在经济学领域中运用数学方法并不是瓦尔拉斯的独创,也并非数理学派独此一家,古典学派、马克思、奥地利学派也都曾在经济理论研究中运用数学方法。但是,瓦尔拉斯和其他非数理学派的经济学家在这方面的一个很重要的区别就在于,他认为数学方法是经济学研究中最基本和最重要的方法,甚至是唯一能够给经济学提供充分的科学完整性的方法。在《要义》的"第四版序言"中,瓦尔拉斯指出:"这一套理论是数学的,虽然这一理论也可以用普通语言来加以叙述,但是对理论的证明必须是数学的。这一证明很大程度反映在交换理论上,交换理论可以归纳为下列两个市场均衡条件:第一,参加交换的每一方都获得最大的效用;第二,就每一种商品而言,所有交换者的总需求数量等于总供给数量。唯有借助于数学,我们才可能理解最大效用的条件的含义……没有数学,我们就无法理解为什么在需求超过供给时,提高劳务、产品和新资本物品的价格,在相反情形下,便降低价格,就可以在交换、生产、资本形成和流通中建立起一套现行的均衡价格。"[①]瓦尔拉斯之所以如此强调数学方法的重要性和唯一性,其原因在于:

第一,瓦尔拉斯在开始研究经济学时受到了古尔诺很大的影响。他说:"关于我的经济学说的基本原理,我要感谢我的父亲奥古斯特·瓦尔拉斯;关于使用函数的微积分法来阐述经济学说的观点,我要向奥古斯汀·古尔诺致谢。"[②]古尔诺是数理经济学的一位重要先驱者和奠基者,又是老瓦尔拉斯的同窗好友,在他1838年出版的《财富理论的数学原理研究》一书中,古尔诺认为某些经济现象,例如需求、供给和价格之间存在着函数关系,因而可以用函数形式来表示市场中的经济现象之间的关系,也可以用数学语言和公式来表达某些经济规律,并且他最先用函数形式来表述了需求规律。如在分析垄断市场时,古尔诺借助于数学工具实际上推导出了这样的结论:垄断者为获取最大利润,将调整其产品出售价格以使边际收益恰好等于边际成本。瓦尔拉斯不仅继承了古尔诺的研究方法,而且对此做了进一步发展。譬如,古尔诺认为:"现实生活

[①]　瓦尔拉斯:《要义》1954年,第43页,第37页。

[②]　同上,第37页。

中,经济体系是一个整体,其中的每一部分都是相互联系和相互影响的……因而,如果要完善地和确切地解决与经济体系的某些部分相关的问题,就不可避免地将这些问题置于整个经济体系之中来考虑。但是,这已经超出了数学分析和人类实验计算方法的能力了。"①而瓦尔拉斯则更为强调数学方法所企图解决的不只是经济理论中的个别和局部问题,而是包括整个经济过程。瓦尔拉斯本人的一般均衡理论就是运用数学方法来阐述整个经济中的各种变量及相互关系的一个尝试。

第二,瓦尔拉斯对数学方法的推崇与他对经济科学性质的看法有着极大的关系。按照瓦尔拉斯的看法:"经济学如同天文学与机械学,也是一门经验的与理性的科学。"②"经济学对于数学方法和语言的运用不应有任何担忧。"③经济科学中,数学方法不单纯是一种叙述方法,它的作用不应仅局限于说明用其他方法得到的经济原理和规律。数学方法是一种发展经济科学的方法,是经济学研究中必不可少的思维工具。瓦尔拉斯反驳了"人类的自由本身决不允许被铸入方程式"中等反对在经济学中运用数学方法的论点,他认为没有数学方法装备的经济学家,只能产生"非常蹩脚的"经济理论,他甚至说:"交换理论实际上是数学的一个分支。"④由于瓦尔拉斯将经济学看作如同自然科学一样的一门学科,所以他宣称:任何东西都"不能阻止自由竞争下的价格决定理论变成一门数学的理论",随着经济学的进一步发展,"数理经济学将与数学、天文学和机械学处于同等地位"。⑤

第三,瓦尔拉斯与边际效用学派的奥地利学派经济学家不同,奥地利学派在讨论交换和价值问题时,坚持边际效用是决定商品价值的唯一原因这种因果论的思想方法,他们是最彻底的主观唯心主义者,完全用心理因素来解释交换问题。瓦尔拉斯虽然没有完全摆脱心理主义,也承认边际效用具有决定意义的观点,但他已经向偏离这一观点的方向迈出

---

① E. R. 温特拉伯:《一般均衡理论》,《现代经济思想》,宾夕法亚尼大学出版社,1977 年(英文版),第 107 页。

② 瓦尔拉斯:《要义》1954 年,第 47 页。

③ 同上,第 71 页。

④ 同上,第 70 页。

⑤ 同上,第 47—48 页。

了一步。他认为各种经济现象的相互关系和相互影响是非常纷繁复杂的,对于它们的分析因果论的方法是无力胜任的,而运用数学的方法(尤其是函数形式)是非常适合的。运用数学方法的必要性在于,我们可以用一套议程组来概括整个经济体系,说明体系的特征和使它达到均衡的条件。他的继承者帕累托后来进一步发展了这一思想,帕累托认为,造成过去整个经济理论的致命伤的原因就在于经济学家只是到处探究因果关系而不去确定经济变量的函数关系。在边际效用学派的经济学家从完全用因果论方法来解释价值到用揭示各种经济现象的相互联系的函数关系来解释价值问题的转变过程中,瓦尔拉斯是一位过渡时期的前导。正如埃里克·罗尔所说:"瓦尔拉斯成为放弃了探索价值的起源,而倾向于纯粹形式的,但完全是函数互赖一般学说的现代趋势的主要先驱者。"①

关于在经济学的研究中运用数学方法的问题,经济学家一直持有不同的看法。苏联经济学家布留明在 20 世纪 20 年代就指出:"物理学应用数学的可能性和理论经济学应用数学的可能性,其间并不具有质的差别。可以商榷的不是关于数学渗入经济学的可能性本身,而是渗入的程度,应用数学的形式,等等。"②那种用经济领域存在大量超经济现象或经济现象不可计量的理由来反对经济理论中运用数学的观点,已被经济科学发展的实践证明是站不住脚的。数学方法的运用可以让经济理论的表述更为简明,前提更加明确,推理中的逻辑更加严密,它是经济科学发展中重要的思维工具和研究方法,这一点也早已为现代经济学的发展所证实。关键的问题是,在经济学研究中和经济数值的处理中,一切数学方法的运用都必须处于经济理论的警觉和不断监督下,在经济理论中有效地应用数学方法本身取决于对定性分析的状况(尽管定性分析本身也可以部分地使用数学方法,但这也必须与其他非数学的分析方法结合起来进行)。在没有经过充分的定性分析,从而揭示各个经济范畴的性质及其它们的相互依存关系的基础前,展开大量分析,就有可能使数学方法的分析自觉不自觉地,完全或部分地变为错误的定性分析,即得出的结论歪曲了经济范畴的真实关系。

---

① E.罗尔:《经济思想史》,商务印书馆,1981 年,第 386 页。
② 布留明:《政治经济学中的主观学派》(下卷),人民出版社,1983 年,第 32 页。

由此来看瓦尔拉斯的方法论,可以说瓦尔拉斯的错误并不在于数学方法的运用,而是他将数学方法与边际效用理论结合起来,在后者的指导下运用数学方法进行理论分析,而这一作为指导性的经济理论本身在定性分析问题上就是错误的。除此之外,瓦尔拉斯在很大程度上否定了事物间的因果联系,将数学方法的作用过分强调到不适当的地位,这些也都是错误的。

二 交换理论

交换理论在瓦尔拉斯的整个经济理论体系中占有特殊的地位,一方面,它是瓦尔拉斯理论分析的出发点;另一方面,它又构成瓦尔拉斯理论体系的基础。这一点清楚地反映在瓦尔拉斯《要义》一书中。① 瓦尔拉斯正是以交换理论为出发点和基础,逐步放宽分析的前提条件,加进新的内容,依次研究生产、资本积累、货币和流通资本等理论,从而建立起关于整个经济的一般均衡理论。在交换理论的分析中,瓦尔拉斯首先假定不存在生产,即现有物品的储量都是既定的,在此假定条件下,先考察两种商品简单的交换,随后转入考察多种商品的形式更为复杂的交换。

1.两种商品的交换与价格决定

与奥地利学派不同,瓦尔拉斯没有选择漂流到漫无人烟的荒岛上的鲁宾孙作为自己的研究对象,他说:"市场是商品交换的场所,交换价值现象是从市场上表现出来的,因而我们必须从市场着手来研究交换价值。"② 瓦尔拉斯的交换理论自始就研究市场、竞争、价格这些与商品交换社会相对应的经济范畴。

根据瓦尔拉斯的看法,"交换价值是指某些东西所具有的财产权利,这引起物品不能自由接受,但可以买卖,即可以按一定的数量比例交换

---

① 按照瓦尔拉斯的说法:"纯粹经济学理论就是关于交换和交换价值的理论","交换理论已构成为整个经济学理论体系的基础"。(参阅瓦尔拉斯:《要义》1954 年,第71 页,第 44 页。)

② 瓦尔拉斯:《要义》1954 年,第 83 页,第 87 页。

其他物品"[1]。与交换价值相联系的价格则是"交换价值的比率或相对交换价值"[2]。如果用商品（A）来表示的商品（B）的价格为 P_b，用商品（B）来表示的商品（A）的价格为 P_a，商品（A）和商品（B）各自的交换价值分别为 V_a 和 V_b，它们的交换数量分别为 m 和 n，那么，$\dfrac{V_b}{V_a}=P_b=\dfrac{m}{n}$，$\dfrac{V_a}{V_b}=P_a=\dfrac{n}{m}$，或者可以写作 $P_b=\dfrac{1}{P_a}$，$P_a=\dfrac{1}{P_b}$。在瓦尔拉斯的经济学辞典中，商品价值完全是一种商品交换的相对比率，即交换价值。

在自由竞争的市场上，上述交换价值是如何确定的呢？为回答这一问题，瓦尔拉斯提出了供给函数和需求函数，由于瓦尔拉斯是从商品交换社会开始分析的，他所考察的供给和需求是与市场一定的价格体系相联系的有效供给和有效需求，按照他所下的定义，"有效需求和有效供给是在某一既定价格下一定数量商品的需求与供给"[3]。

设 D_a、O_a、D_b、O_b 分别为商品（A）与（B）在各自价格 P_a 和 P_b 下的有效需求和有效供给；在两种商品交换的简单场合，需求数量、供给数量与价格之间存在一种基本关系：某一交换者所需求的商品数量的价值应等于他所供给的商品数量的价值。用瓦尔拉斯的例子来说，"在价格 P_a 下，商品（A）的供给数量是 O_a，对商品（B）的需求数量为 D_b，它等于 $O_a P_a$"[4]。这种基本关系可以用下列方程式来表示：

$$O_a = D_b P_b ; \qquad\qquad O_b = D_a P_a ;$$
$$D_a = O_b P_b ; \qquad\qquad D_b = O_a P_a 。$$

假定价格既定，上述方程式的四个变量中的任何两个变量都可以决定其他两个变量。瓦尔拉斯认定，是需求量 D_a 和 D_b 决定供给量 O_a 和 O_b，而不是相反。他说："当两种商品实际进行交换时，应将需求作为主要现象，而供给则是派生现象。没有任何人是单纯地为了供给而提出供给。一个人供给任何物品的唯一理由，是他在没有提出供给时就不可能需要任何物品，供给只不过是需求的结果而已。所以，我们先仅局限于

---

① 瓦尔拉斯：《要义》1954 年，第 83 页，第 37 页。

② 同上，第 37 页，第 83 页。

③ 同上，第 88 页。

④ 同上，第 88 页。

供给与价格的间接关系,进而再找出需求与价格的直接关系,并加以研究。在价格为 P_a 和 P_b,需求量为 D_a 和 D_b 时,推导出供给数量为 $O_a = D_b P_b$ 和 $O_b = D_a P_a$。"[①]从商品交换社会开始分析有效需求与有效供给,并将供给看作是需求的派生因素,这是瓦尔拉斯交换理论的特点之一。

商品价格的最终确立取决于商品的供求曲线的形状及两者的交点。瓦尔拉斯在分析中运用了古尔诺曾用过的公式 $D = F(P)$。这一函数式表示,需求的一定变化是与价格的变动相适应的,价格愈高,需求量愈小;反之,价格愈低,需求量也愈大。因此需求与价格之间的这种函数关系也可以用一条具有连续性的平滑曲线表示出来(见图 7-1)。

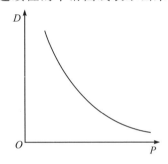

图 7-1　需求曲线

根据古尔诺的公式,$D_a = F_a(P_a)$,$D_b = F_b(P_b)$,将这两个公式分别代入 $O_a = D_b P_b$,$O_b = D_a P_a$,得到下列供给方程式:

$$O_a = F_b(P_b)P_b, \qquad\qquad O_b = F_a(P_a)P_a$$

或者 $O_a = F_b\left(\dfrac{1}{P_a}\right)\dfrac{1}{P_a},$ $\qquad\qquad O_b = F_a\left(\dfrac{1}{P_b}\right)\dfrac{1}{P_b}$

上述方程式表明,某种商品的供给量是另一种商品的需求量和其价格的函数。因此,在瓦尔拉斯的理论中,供给曲线与通常随价格上升而连续增长的供给曲线不同,它不是价格的单调函数。随着价格的上升,供给数量也开始相应增加,价格上升到一定点时,供给数量达到其最大值;此后,价格再继续上升的话,供给数量则开始减少,供给曲线的具体形状如图 7-2 所示。

供给曲线的这种形状是由供给函数本身的性质决定的,因为供给函数表示供给数量是两个相反方向变动的量——需求与价格——的乘积。如果商品(B)的价格 P_b 下降,即商品(A)的价格 P_a 上升,所引起的对商

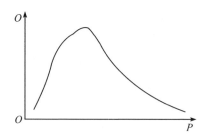

图 7-2　供给曲线

品(B)的需求量增加在开始时其速率快于价格下降的速率,于是作为需求结果的供给为满足需求量增加,也以较快的速率增加商品(A)的供给量;但这一过程到达一定点后,需求量的增加放慢,慢于 P_b 的下降(即 P_a 的上升)速率,这时商品(A)的供给数量就会逐渐减少。

　　在讨论了有效需求和有效供给问题及供求曲线的性质和形状后,瓦尔拉斯指出,为了确定两种商品的均衡价格,必须具备两个条件:

　　均衡价格得以确立的第一个条件是"每一种商品的有效需求等于有效供给"[①]。它可以用几何图形中供求曲线的交点来表示,但由于瓦尔拉斯供给曲线的特殊性质,图形中的交点可以有一个以上。在这些交点中,有一些是稳定的均衡点,另一些则是不稳定的均衡点(见图 7-3)。

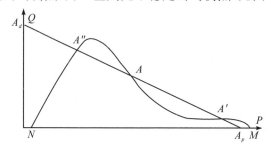

图 7-3　供给需求曲线

　　图中,需求曲线(A_dA_p)与供给曲线($NA''AA'M$)相交于 $A''AA'$ 三点,在 A'' 和 A' 两点,如果供给超过需求(即在 A'' 和 A' 的右边),这将使价格下降,供给减少;反之,需求超过了供给(即在 A'' 和 A' 的左边),将使价格上升,供给增加。在这两种场合,需求与供给之间的失衡都会引

───────────

① 　瓦尔拉斯:《要义》1954 年,第 106 页。

起有关经济变量相反方向的作用,使失衡得以克服,因此,均衡的破坏总是产生确立均衡的趋向。但是,*A*点的情形则不同,如果需求超过供给(在*A*点右边),价格上升,需求减少,这时供给不仅没有随价格上升而增加,反而以更快的速度减少,供求之间的失衡状况愈演愈烈;反之,供给超过了需求(在*A*点左边),随着商品价格的下降,需求量开始增加,但供给量也在以更快的速度增加,使供求关系愈来愈偏离均衡点。"这种均衡……一旦偏离就不会自动地恢复……这种均衡是不稳定的。"①

均衡价格得以确定的第二个条件是每个交换者的效用最大化。瓦尔拉斯的供求论中,需求因素是第一位的,为了说明需求函数的性质及需求曲线的形状,瓦尔拉斯进一步分析了效用与需求的关系。他说:"事实上,如果价格是用数学方法从需求曲线中引申出来的,那么,制约着需求曲线的确立与变化的原因和基本条件,同样也制约着价格的确立与变化。"②每一个商品所有者从事交换就是为了得到一定数量的各种商品,并尽量使这些商品给自己带来的效用最大化,对于交换者来说,效用是商品数量的函数,交换者所持有的某种商品的数量与该商品带来的效用成反方向变化,效用曲线因而是一条自左上方至右下方倾斜的曲线,表明效用随商品数量增加而递减,正是效用曲线制约着需求曲线的形状。交换者满足效用最大化的条件是两种商品的边际效用比率等于它们的交换比例,即"现行价格或均衡价格等于边际效用比率"③。瓦尔拉斯认为,如果各种商品的边际效用等于交换比例,交换者就不会再改变自己的供求量;否则,交换者将进一步调整供求量,增加对边际效用大的商品的需求量(或减少供给),减少对边际效用小的商品的需求量(或增加供给),这样的话,随着供求关系的变化,价格也将发生变化,并逐渐趋向均衡。可以看出,瓦尔拉斯关于均衡价格的第二个条件实质上是建立在戈森第二定律基础上的。

2. 多种商品交换的均衡条件

关于多种商品交换的均衡条件,也就是交换的一般均衡问题。

---

① 瓦尔拉斯:《要义》1954年,第112页。
② 同上,第115页。
③ 同上,第145页。

设在某一社会的商品市场上有 m 种商品:(A),(B),(C),(D),…,同样数量的交换者各自只持有其中的某一种商品;以 D_{ba},D_{ca},D_{da},…代表商品(A)的持有者以(A)交换(B),(C),(D)时的有效需求;P_{ba},P_{ca},P_{da},…代表以商品(A)表示的其他商品的价格;现在可以写出商品(A)的持有者在交换中的有效需求方程(共 $m-1$ 个):

$$D_{ba} = F_{ba}(P_{ba}, P_{ca}, P_{da}, \cdots)$$

$$D_{ca} = F_{ca}(P_{ba}, P_{ca}, P_{da}, \cdots)$$

$$D_{da} = F_{da}(P_{ba}, P_{ca}, P_{da}, \cdots)$$

…

上述方程式表明,对某一商品的有效需求,不仅是该商品本身价格的函数,而且是其他有关商品价格的函数(如互补商品和替代性商品)。

用同样方式,可以写出商品(B),(C),(D),…的持有人各自在交换中的有效需求方程式。由于每一交换者都有(m-1)个方程式,所有交换者(m 个)共有 m(m-1)个有效需求方程式[在这些方程式中,每个交换者的(m-1)个方程中的价格都是以该交换者所持有的这种商品来表示的,如对(B)而言,有 P_{ab},P_{cb},P_{db},…]。

根据有效需求等于有效供给的原则,首先可以写出以(A)交换(B),(C),(D),…的交换方程式(共 $m-1$ 个):

$$D_{ab} = D_{ba}P_{ba}, \quad D_{ac} = D_{ca}P_{ca}$$

$$D_{ad} = D_{ad}P_{ad}, \cdots$$

交换方程中的 D_{ab} 表示商品(B)的持有者对商品(A)的需求,也即(A)的持有者向(B)的持有者提供的供给量,它在价值上等于(A)的持有者对商品(B)的需求量乘以价格 P_{ba} 的乘积;D_{ac},D_{ad},…也可作相同理解。

按照同一方式,也可以写出以(B)交换(A),(C),(D),…和以(C)与(D)交换其他商品的方程式,这样又得到 m(m-1)个交换方程式,表示各个商品持有者在交换中对其他商品的有效需求等于有效供给(即交换对方的有效需求)。

上述交换方程式连同有效需求方程式,合成总数为 $2m(m-1)$ 个方程式,与这些方程式相应的有 $2m(m-1)$ 个未知数,即 m 种商品互相交换时的 $m(m-1)$ 个交换数量和 m 种商品相互表示的 $m(m-1)$ 价格。因此,通过这些方程式可以解出 m 种商品交换中的数量和价格,并且就每一次在市场上取出两种商品来看,所解出的价格是能够保证两种商品之间的供求均衡的。但是,这一价格并不一定就是真正的均衡价格,因为多种商品交换和两种商品交换的一个显著的不同是,在两种商品交换的场合,不存在任何"套利"活动,保证两种商品供求均衡的价格也就是能使市场达到均衡的价格。而在多种商品交换的场合,如果各种商品互相表示的这许多个价格(即交换比率)不是"推移性"的(如 $P_{ca}=6$,$P_{ba}=2$,$P_{cb}=4$ 而不是 $P_{cb}=3$),则市场上可能发生"套利"活动,因而会引起市场供求关系的进一步变化和价格的波动。由于"套利"活动的存在,瓦尔拉斯指出,如果要使多种商品交换的市场上每一对商品之间所建立的价格都是稳定的均衡价格,"则必须加入一个条件,即任何两种商品(随意选择)中的一种以另一种来表示的价格,应该等于这两种商品中的每一种以任何第三种商品来表示的价格比率。"①换言之,必须满足下列方程式表示的条件:

$$P_{ab}=\frac{1}{P_{ba}}, \qquad P_{cb}=\frac{P_{ca}}{P_{ba}}, \qquad P_{db}=\frac{P_{da}}{P_{ba}},\cdots$$

$$P_{ac}=\frac{1}{P_{ca}}, \qquad P_{bc}=\frac{P_{ba}}{P_{ca}}, \qquad P_{dc}=\frac{P_{da}}{D_{ca}},\cdots$$

$$P_{da}=\frac{1}{P_{da}}, \qquad P_{bd}=\frac{P_{ba}}{P_{da}}, \qquad P_{cd}=\frac{P_{ca}}{P_{da}},\cdots$$

......

瓦尔拉斯将上述方程称为均衡方程式,共有$(m-1)(m-1)$个,包含着$\frac{m(m-1)}{2}$个特殊市场(每一特殊市场有两种商品参加交换,它们的价格互为倒数)。由于表示均衡价格确立条件的这些方程式的加入,必须在原方程组中减去相同数量的方程式,以保证整个议程体系有唯一解。如果我们用一个一般市场来代替许多个特殊市场,把市场上每一种商品的供给和需求总合起来考虑,根据有效需求等于有效供给的原则,可以得出下列 m 个交换方程式:

$$D_{ab}+D_{ac}+D_{ad}+\cdots=D_{ba}P_{ba}+D_{ca}P_{ca}+D_{da}P_{da}+\cdots$$

$$D_{ba}+D_{bc}+D_{bd}+\cdots=D_{ab}P_{ab}+D_{cb}P_{cb}+D_{db}P_{db}+\cdots$$

----

① 瓦尔拉斯:《要义》1954 年,第 161 页。

$$D_{ca} + D_{cb} + D_{cd} + \cdots = D_{ac}P_{ac} + D_{bc}P_{bc} + D_{dc}P_{dc} + \cdots$$

$$D_{da} + D_{db} + D_{dc} + \cdots = D_{ad}P_{ad} + D_{bd}P_{bd} + D_{cd}P_{cd} + \cdots$$

……

设商品（A）为"标准尺度商品"（numeraire），P_b，P_c，P_d，…… 为以（A）表示的各商品的价格，并代入上述交换方程式，则有：

$$D_{ab} + D_{ac} + D_{ad} + \cdots = D_{ba}P_a + D_{ca}P_c + D_{da}P_d + \cdots$$

$$D_{ba} + D_{bc} + D_{bd} + \cdots = D_{ad}\frac{1}{P_b} + D_{cb}\frac{P_c}{P_b} + D_{db}\frac{P_d}{P_b} + \cdots$$

$$D_{ca} + D_{cb} + D_{cd} + \cdots = D_{ac}\frac{1}{P_c} + D_{bc}\frac{P_b}{P_c} + D_{dc}\frac{P_d}{P_c} + \cdots$$

$$D_{da} + D_{db} + D_{dc} + \cdots = D_{ad}\frac{1}{P_d} + D_{bd}\frac{P_b}{P_d} + D_{cd}\frac{P_c}{P_d} + \cdots$$

……

将以上方程组中除第一个方程以外的（$m-1$）个方程中的第一个方程两边同乘 P_b，第二个方程两边同乘 P_c，第三个方程两边同乘 P_d，……，再将除第一个方程以外的所有方程式加总，就可得出第一个方程，所以整个方程组只留下（$m-1$）个独立方程式［以代替原先的 $m(m-1)$ 个交换方程式］。如此，我们现在已得到（$m-1$）个交换方程式，加上 $m(m-1)$ 个有效需求方程式和（$m-1$）（$m-1$）个均衡方程式，总数为 $2m(m-1)$ 个方程式，利用这些方程式可以解出 $m(m-1)$ 个价格和 $m(m-1)$ 个交换数量。由于已经考虑到防止套利活动的条件，所解出的价格是稳定的均衡价格。

在此基础上，瓦尔拉斯进而考察了每一个交换者拥有一种以上商品的交换情形，通过建立（$m-1$）个供求方程式解出以（A）来表示的（$m-1$）个商品的均衡价格。瓦尔拉斯指出："当下列三个条件得以满足时，m 种商品中的（$m-1$）种商品，它们由作为标准尺度商品的第 m 种商品来表示的（$m-1$）个价格，在数学上可以决定：第一，参加交换的每一方得到他们欲望的最大满足，这时他的边际效用比率等于价格；第二，每一方所放弃的数量与所接受的数量有一定比率，对于每一种商品仅有以标准商品来表示的一个价格，即有效需求总量等于有效供给总量的价格；第三，不存在套利交换的机会，任何两种商品的某一种以另一种商品来表示的均衡价格,等于这种商品以任何第三种商品来表示的价格的比率……"①

在瓦尔拉斯看来,上述用数学方法解决的多种商品交换的均衡价格问题,"也就是在市场上通过竞争机制所实际解决的问题"②。市场上实际发生的情形:某一拍卖人首先向交换者随意喊出一组价格,按照这组价格,交换者提出各自对商品的供求数量,如果各种商品的供求数量不一致,拍卖人再根据各种商品供求数量的差异,有意识地喊出一组新的价格,对于市场上供大于求的商品,价格将提高,供不应求的商品,价格将降低;交换者再根据现存的价格重新调整各自的供求数量,使得供求量差异得以缩小,价格调整幅度也逐渐变小,最终形成一套均衡价格,然后各交换者按照均衡价格开始成交,瓦尔拉斯将这一市场机制的作用过程称为"摸索"过程。所谓"摸索"过程,也就是指市场通过反复试验来感觉所发生的供求状况,在不断调整的过程中"摸索"达到市场均衡的途径。③ 根据这一分析,瓦尔拉斯得出了关于均衡价格的建立法则:"假定存在多种商品,它们通过某一种标准尺度商品为媒介进行交换,市场处于均衡状态。或以标准尺度商品来表示的每一种商品的价格处于静态,其充分和必要条件是:在这组价格下,每一种商品的有效需求等于有效供给。假如这一相等的条件不存在,则为了达到均衡价格,必须使那些有效需求大于有效供给的商品的价格上升,那些有效供给大于有效需求的商品的价格下降。"④

三 生产与交换的一般均衡

考察交换问题时,瓦尔拉斯假定所有商品的存量都是既定的。生产和交换的一般均衡就是在交换理论的基础上,撤销所有商品存量既定这

---

① 瓦尔拉斯:《要义》1954 年,第 169 页。

② 同上,第 169 页。

③ 必须注意的是,瓦尔拉斯的一般均衡模式实质上假定,除拍卖人外,所有交换者都是价格的接受者,他们直到拍卖人宣布市场结算价格清单后,才实际成交。用希克斯的术语来说,不存在"虚假交易",即不是均衡价格时没有实际交换行为发生。

④ 瓦尔拉斯:《要义》1954 年,第 172 页。

一假定前提,把商品数量看作是各生产部门生产活动的结果。将生产过程引入分析,并结合交换过程在总体上加以研究。

1.生产理论

在《生产理论》的开篇,瓦尔拉斯指出:"我们从两种商品相互交换开始,然后进入到多种商品通过标准尺度商品为媒介的交换。但是,直到现在为止,我们都还留下一个未曾考虑的事实,即商品是由生产要素,例如土地、人与资本物品结合起来所产出的产品……在已经研究了产品价格的数学决定后,就可以提出探讨生产劳务价格的数学决定问题。我们在解决交换问题时科学地建立了供给与需求法则,现在我们在解决生产问题时将科学地建立生产成本或成本价格法则……由供给与需求法则的作用决定产品价格,转向由生产成本或成本价格法则的作用决定生产劳务的价格。这就是我们将要探究的问题。"①瓦尔拉斯的生产理论实际致力于解决三个主要问题:(1)生产要素所提供的劳务(生产劳务)本身的价格;(2)生产劳务价格与商品成本的关系,即生产费用问题;(3)供求决定商品价格的法则与生产费用之间的关系。

瓦尔拉斯的生产理论是从考察生产要素和划分资本与收入开始的。在瓦尔拉斯以前的资产阶级经济学中,一般将生产要素划分为土地、劳力与资本三类。瓦尔拉斯认为,这种划分是不精确的,例如劳力是人类才能或人的劳务,与此并列的应是土地和资本提供的劳务,而不是土地和资本本身。

在给资本和收入下定义时,瓦尔拉斯完全承袭了他父亲的观点,他把资本定义为:"所有耐久物品,那些根本不曾用掉过或经过相当时间用掉的社会财富……或者说,能够使用一次以上的物品,如房屋和家具"②。收入的定义是:"所有非耐久的物品,即各种立刻消费掉的社会财富,在第一次使用后便消失的,简言之,只能使用一次的所有稀缺的物品,如面包和牛肉。"③

根据上述定义,瓦尔拉斯将整个社会财富分为四大类:第一类社会

① 瓦尔拉斯:《要义》1954年,第211—212页。
② 同上,第21页。
③ 同上,第215—216页。

财富是所有各种土地,即土地资本;土地的生产力提供土地劳务,产生土地收入,也就是地租。第二类社会财富由人构成,所有各种人(包括农、工、商人员,行政官员,军人,律师等)都是"真正的资本",即人的资本:人的活动所提供的劳务就是劳力,它产生工资等各种其他收入。第三类社会财富是资产资本,包括厂房、机械、牲畜、家具等资本物品,即通常所说的资本,它们能够提供资本劳务和产生资本收入(利润与利息)。第四类社会财富不属于资本,是收入,包括消费品和生产中一次耗费的原材料等。瓦尔拉斯说:"土地、人与资本本身构成资本,而土地的劳务(土地劳务)、人的劳务(劳力劳务)与资本本身的劳务(资本劳务)构成收入。为了细致和确切起见,必须将基本的生产要素看作是三类资本与它们各自的劳务。"①瓦尔拉斯认为,只有经过这样修正以后,传统的生产要素分类才是可以接受的。

与资本的分类相对应,瓦尔拉斯将持有各类资本的所有者划分为土地所有者、工人和资本家。但是,这三类人仅仅是拥有各类资本,而要进行生产,还必须有第四类人——企业家。企业家与各类资本所有者不同,他并不拥有任何资本,他的任务是从土地所有者那里租借工地,从工人那里租借劳动,从资本家那里租借资本,将各类资本及所提供的生产劳动结合起来,以组织生产,供给商品。因此,企业家是社会生产活动中将各类资本及生产劳务转化为各种产品的实际执行者,或者说,是将投入转化为产出的主体。

从企业家的观点看,整个社会经济中存在着两种不同的市场——生产劳务市场和产品市场。

在生产劳务市场上,各类资本所有者以生产劳务出售者的身份出现,企业家则以购买者的身份出现,为了组织生产向各类资本所有者购买各类资本的生产劳务。"这些生产劳务在自由竞争机制下,借助于货币进行交换,对于每一种劳务,都先提出某一以标准尺度商品来表示的价格。在这一价格下,若有效需求超过有效供给,企业家们就会彼此抬价,使得价格上升;反之,有效供给超过有效需求,土地所有者、工人和资本家就会彼此杀价,使得价格下降。每种劳务的现行价格将是有效需求等于有效供给的那种价格。"①

在产品市场上,企业家是产品的销售者,各类资本所有者是产品的购买者,产品价格也是通过市场自由竞争机制形成,现行价格将是供求相等的均衡价格。

作为生产组织者的企业家面临着两个市场的两套价格,生产劳务市场的劳务价格最终表现为产品的成本价格(生产费用),产品市场的产品价格则最终表现为产品的出售价格(销售收入)。生产均衡要求所有产品的出售价格必须等于产品的生产费用,按照瓦尔拉斯的看法,这种均衡也是通过市场自由竞争机制来实现的。如果产品的出售价格高于生产费用,企业家就会获得一种额外的收入,这将刺激别的企业家将各种生产劳务转移到该产品的生产部门、扩大生产量和市场上的供给量,导致产品价格下降,出售价格与生产费用之间的差额减缩,直至消失。反之,如果某种产品的生产费用超过了出售价格,企业家将会因此遭受亏损,从而离开这一生产部门或削减产量,结果产品价格随供给量的减少而上升,逐渐能够弥补生产费用。瓦尔拉斯认为,对于一个处于生产均衡状态的社会而言,企业家既不会有纯盈利也不会遭受亏损(所谓"无所得企业家",参见《要义》第 41、215 页)。

考察生产均衡时的另一个问题是:产品价格(销售价格)和劳务价格(生产费用)之间的关系究竟如何? 与奥地利学派的"旧算论"观点有所不同,瓦尔拉斯认为这两种价格之间存在着相互作用的关系。一方面,生产劳务的价格取决于市场上对劳务的有效需求,这种有效需求本身又受到对这些劳务所生产的产品的有效需求,而对产品的有效需求又取决于产品价格,由此可见,产品价格以一定方式对劳务价格发生影响,正如瓦尔拉斯所说:"假定其他条件不变,某种产品对消费者的效用增加或减少(因而对该产品的有效需求也增加或减少,其价格也上升或下降),则在生产中所使用的劳务的价格也将上升或下降。"②另一方面,劳务价格也直接取决于自身的供给数量,市场上劳务供给量的变化会通过其本身价格的变化影响到产品价格,即"假定其他条件不变,为人们所持有的某

---

① 瓦尔拉斯:《要义》1954 年,第 223 页。
② 同上,第 260 页。

种劳务数量的增加或减少(这时它的有效供给也增加或减少,因而价格下降或上升),则使用这一劳务所生产的产品价格也将下降或上升"[1]。上述观点反映了瓦尔拉斯强调各种经济现象的相互作用和相互影响这一方法论特点,也是瓦尔拉斯用供求论来解释价格形成原因的逻辑结果。[2]

2.生产方程、供求方程和一般均衡

由于在交换理论基础上引进了生产问题,各种生产劳务的所有者(居民)和企业家现在都面临着两个不同的市场。居民经济活动的目的是消费中的效用最大化,企业家经济活动的目的是利润最大化和资源(生产要素)的最佳配置。通过居民和企业家的经济活动,市场自由竞争机制能够保证产品市场和生产劳务市场同时达到协调一致的均衡吗?瓦尔拉斯的一般均衡理论对这一问题做了全面回答。一般均衡理论,简单地说,就是从市场上所有各种商品和生产劳务的供给、需求和价格都是相互影响、相互依存的前提出发,在生产劳务的供给函数,居民对商品的消费需求函数以及生产过程中的生产系数等既定的条件下,考察每种商品和生产劳务的供给和需求同时达到均衡状态的价格决定问题。瓦尔拉斯借助数学方法建立了描述有关经济变量函数关系的方程式,使得方程式的数目恰好等于作为未知数的经济变量的数目,证明了社会经济的一般均衡状态的存在,并且通过"摸索"过程的分析,表明市场自由竞争机制完全能够保证实际经济达到一般均衡状态。

一般均衡理论的主要内容包括两方面:(1)一般均衡的性质及均衡的实现条件;(2)实现一般均衡的可能性及方式。下面分别加以介绍:

假定整个社会经济中存在(T)、(P)、(K)、$\cdots$等共 n 种生产劳务,它们各自的供给量和价格分别由 O_t、O_p、O_k、$\cdots$ 和 P_t、P_p、P_k、$\cdots$ 来表示;与此同时还存在(A)、(B)、(C)、(D)、$\cdots$共 m 种产品,它们各自的需求量与价格由 D_a、D_b、D_c、D_d、$\cdots$ 和 P_a、P_b、P_c、P_d、$\cdots$表示。现在,可以利用上述符号得出一套劳务总供给方程:

---

[1]　瓦尔拉斯:《要义》1954 年,第 260 页。

[2]　瓦尔拉斯有时也自觉不自觉地站在奥地利学派"归算论"的立场上,来批判古典学派的价值理论,他说:"并不是生产劳务的成本决定产品的出售价格,而是倒过来。"(参阅瓦尔拉斯:《要义》1954 年,第 400 页。)

$$O_t = F_t(P_t, P_p, P_k, \cdots; P_b, P_c, P_d, \cdots)$$
$$O_p = F_p(P_t, P_p, P_k, \cdots; P_b, P_c, P_d, \cdots) \qquad (1)$$
$$O_k = F_k(P_t, P_p, P_k, \cdots; P_b, P_c, P_d, \cdots)$$
$$\cdots\cdots$$

方程组(1)共含有 n 个方程式,反映了各种生产劳务的供给量与生产劳务价格和产品价格的函数关系[F 表示函数关系,由于产品(A)是标准尺度商品,$P_a = 1$,故未列入方程]。

用同样方式,可以得到一套对产品的总需求方程式:

$$D_b = F_b(P_t, P_p, P_k, \cdots; P_b, P_c, P_d, \cdots)$$
$$D_c = F_c(P_t, P_p, P_k, \cdots; P_b, P_c, P_d, \cdots) \qquad (2)$$
$$D_d = F_d(P_t, P_p, P_k, \cdots; P_b, P_c, P_d, \cdots)$$
$$\cdots\cdots$$

$$D_a = O_t P_t + O_p P_p + O_k P_k + \cdots - (D_b P_b + D_c P_c + D_d P_d + \cdots)$$

方程组(2)共计有 m 个方程式,反映了各种产品的需求函数。可以看出,需求量不仅受到各种产品本身价格的影响,也受到其他产品的价格和生产劳务价格的影响,因为生产劳务价格与供给量的乘积构成生产劳务所有者的总收入,生产劳务价格变化会通过影响总收入,从而影响对产品的需求量,由于瓦尔拉斯建立上述方程的暗含前提是总收入等于总消费支出,所以总收入减去对(B)、(C)、(D)、$\cdots$产品的消费支出额后,其差额等于对产品(A)的需求量(即这组方程中的最后一个方程式)。

上述两组方程共计有($n+m$)个方程式,包含了($2n+2m-1$)个未知数,即 $2m$ 个生产劳务的供给量和产品的需求量,加上($2m-1$)个生产劳务和产品的价格。未知数多于方程数目,无法解出方程中的未知数。

为了解出这些未知数,必须建立新的方程。为此,瓦尔拉斯运用了他的生产费用理论。假设 $a_t, a_p, a_k, \cdots; b_t, b_p, b_k, \cdots; c_t, c_p, c_k, \cdots; d_t, d_p, d_k, \cdots$代表生产系数。所谓生产系数是指生产一单位某种产品必须耗费的某种生产劳务的数量(如 a_t 表示生产一单位产品(A)所必须耗费的生产劳务(T)的数量)。作为分析的前提条件,生产系数是既定的,这意味着:(1)在所考察的生产时期内,生产系数不变;(2)生产系数由技术水平决定,技术水平不变,即使劳务的相对价格变动,也不会发生各种劳务之间的实际替代,从而生产系数不变;(3)同种产品只有一种生产方法,生产系数相同;(4)无论产量如何变化,生产系数始终不变,即规模收益不变。这样,可以得到一组表示对生产劳务的有效需求等于各种生产劳务总供给量的方程:

$$a_t D_a + b_t D_b + c_t D_c + d_t D_d + \cdots = O_t$$
$$a_p D_a + b_p D_b + c_p D_c + d_p D_d + \cdots = O_p \qquad (3)$$
$$a_k D_a + b_k D_b + c_k D_c + d_k D_d + \cdots = O_k$$
$$\cdots\cdots$$

方程组(3)共计有 n 个方程,各方程左边表示在既定生产系数条件下生产各种产品所需的生产劳动数量,右边是各种生产劳务的供给量,在均衡状态两者相等,这组方程的建立并没有引入任何新的未知数。从资源配置角度来看,这组方程也反映了在一定技术水平和消费者偏好的条件下,如何将一定数量的各种生产劳务分配在不同产品的生产上。方程组中,瓦尔拉斯已将各种中间产品和资本物品的生产略去,只考虑消费品生产①。

根据生产费用理论,所生产的各种产品的价格,等于产品生产中所耗费的各种生产劳务的价格总和——成本价格。对每一种产品而言,也就是将生产一单位产品所耗费的生产劳务(生产系数)与它们各自的价格(劳务价格)相乘的积相加起来,得出产品的单位成本。瓦尔拉斯用下列生产方程来表示产品价格与生产成本之间的关系:

$$a_t P_t + a_P P_P + a_k P_k + \cdots = 1$$
$$b_t P_t + b_P P_P + b_k P_k + \cdots = P_b$$
$$c_t P_t + c_P P_P + c_k P_k + \cdots = P_c \qquad (4)$$
$$d_t P_t + d_P P_P + d_k P_k + \cdots = P_k$$
$$\cdots\cdots$$

方程组(4)共计有 m 个方程,但也没有出现任何新的未知数。

上述四组方程,共计有 $(2n+2m-1)$ 个方程,含有 $(2n+2m-1)$ 个未知数,方程数目多于未知数。为了解决方程数目不等于未知数的问题,可以在方程组(3)各方程的两端分别乘以各生产劳务价格 P_t, P_p, P_k,…;将方程组(4)各方程的两端分别乘以对各种产品的需求量 D_a, D_b,

---

① 参见瓦尔拉斯《要义》第二十章第 240—241 页的说明。

$D_c, D_d, \cdots$；然后把这两组方程相减，经过移项处理，可以得到下列方程：

$$D_a = O_t P_t + O_p P_p + O_k P_k + \cdots - (D_b P_b + D_c P_c + D_d P_d + \cdots)$$

这就是方程组(2)的最后第 m 个方程。因此可见，方程组(2)的第 m 个方程可以通过方程组(3)和方程组(4)的线性变换得出，不是一个线性独立方程，因而可以从方程组中消除。

现在，全部方程组只剩下 $(2n+2m-1)$ 个方程，恰好能够决定 $(2n+2m-1)$ 个未知数。结果，所解出的价格是能使得市场上产品和生产劳务供求一致的均衡价格，而所解出的产品和生产劳务的数量也正是在均衡价格条件下达到的供求一致的均衡数量。

瓦尔拉斯指出，社会经济要达到一般均衡状态，就必须满足下列三个条件："第一，生产劳务的有效需求与供给相等，在这些劳务市场上存在一个稳定的现行价格；第二，产品的有效需求与供给相等，在产品市场上也存在一个稳定的现行价格；最后，产品售价与进入产品生产中的生产劳务成本相等。前两个条件属于交换均衡，第三个条件属于生产均衡。"[1]在这三个条件不能得到满足的情形下，为了达到第一个和第二个条件，就必须根据市场上供求的实际关系，提高或降低各种生产劳务和产品的价格；为了达到第三个条件，则必须根据成本和售价的关系调整产量。这就是瓦尔拉斯建立产品与劳务均衡价格的"法则"。

瓦尔拉斯关于一般均衡实现的可能性及方式的研究，一般分为两个步骤：

第一，通过"点计方程式"证明一般均衡实现的可能性。根据经济变量之间的关系，构造出一系列方程组，通过论证方程式个数与未知数相等来证明方程组"有解"。瓦尔拉斯将这一方法称为均衡实现问题的"理论解"或"数学解"。

第二，通过"摸索"过程说明均衡是如何在市场机制的作用过程中实现的。瓦尔拉斯说："生产的均衡如同交换的均衡，我们在理论上已经予以解答的问题，正是在市场上借助于自由竞争机制所实际解决的同一问题。"[2]在实际经济生活中，一般均衡是通过"摸索"过程实现的。值得注

---

[1] 瓦尔拉斯：《要义》1954 年，第 224 页，第 241—242 页。

[2] 同上，第 224，241—242 页。

意的是,瓦尔拉斯的"摸索"并不是经济生活中实际发生的"误差调试",而是假定在生产和交换实际发生之前运用一种称作"订票"的东西进行的预备性调整过程。这一过程的基本程序是:由拍卖者在市场上随机喊出一组价格,然后消费者按照这组价格,根据自己的效用方程,确定各自对产品的需求量和生产劳务的供给量;企业根据生产方程,确定各自对生产劳务的需求量和产品产量。但是,他们只是把这些产品和劳务的供求量数值记在"订票"上提交市场,并不进行实际的生产和交换。由于随机喊出的一组价格一般不可能恰是均衡价格,"订票"上反映出来的产品和生产劳务的供求量也不会相等,经济这时一般不会达到均衡。因而,消费者和企业将根据供求差距,调整他们各自的产量、供给量、需求量和价格,再把这些数值记在"订票"上提交市场……经过数轮调整,直到经济达到均衡。只有到这时,消费者和企业才根据均衡价格进行实际成交。①

使用"订票"进行"摸索",目的是保证决定一般均衡的"背景条件"(技术、劳务总量、消费者收入等)不发生变化,避免生产出不符合一般均衡的产量以及发生无法挽回的非均衡情形的交换(即"虚假交易"),以便在纯粹静态的条件下研究一般均衡实现问题。这样最终确立的一般均衡状态与"摸索"调整过程初始的"背景条件"所决定的均衡是一致的,不会发生位移。②

上述分析表明,"摸索"过程正是瓦尔拉斯对自由竞争市场机制下实际的均衡实现过程的一种理论模拟,它论证了这样一个根本命题:自由竞争的市场机制是一种完美的调节经济运行的机制,它能够自然地和自发地实现经济体系的一般均衡。

四　资本理论与货币理论

在生产理论中,瓦尔拉斯将资本分为三类:土地、人和资本物品。在考察交换和生产的一般均衡问题时,瓦尔拉斯假定各类资本的数量是既

---

① 瓦尔拉斯将"摸索"与"点计方程式"都称为一般均衡实现的"原则解",但他将"摸索"过程的结果,称为对一般均衡实现问题的"经验解"或"实际解"(参见瓦尔拉斯:《要义》1954年,第169、242页)。

② 瓦尔拉斯:《要义》1954年,第242页。

定的,现在,撤销这一假定,转而考察资本数量的决定,由于土地并不能通过再生产改变其数量,它是一个相对固定的量,人在一个相当长的时期内也是一个相对固定不变的量,因此,资本理论主要是阐述资本物品的形成及其价格决定,并在此基础上进一步研究资本流动问题。

1. 资本积累——资本化理论

瓦尔拉斯说:"就其实质而言,资本的价格取决于劳务的价格,或者说,取决于它的收入。"[1]劳务的收入可以区分为总收入和纯收入。资本物品在生产过程中在不同程度上被损耗,为了维持资本物品的原有物质形态及生产能力,必须支出一定的维修更新费用,即资本的折旧费用。各种资本物品在使用中也会遭受意外损失,为了弥补这类损失也必须支出一定的费用,即资本的保险费。在资本劳务所提供的全部收入(总收入)中减去折旧费和保险费,就得到资本劳务的纯收入。

设 P 为资本价格,P 为资本劳务的总收入;u 为折旧费占总收入的比例(uP 为折旧费),V 为保险费占总收入的比例(VP 为保险费);总收入减去折旧费和保险的余额 $\pi = P - (u+V)P$,即为纯收入。若 i 表示社会所有各种资本具有的统一纯收入率,则 $i = \dfrac{P - (u+V)P}{P}$(即 $i = \dfrac{\pi}{P}$,或 $P = \dfrac{\pi}{i}$ 或者 $P = \dfrac{P}{i+u+V}$,这一方程式可用来确定各种资本的价格,它表明所有资本的价格都资本化的收入。

从瓦尔拉斯上述资本化公式中可以看出,纯收入率的决定有赖于资本价格(P),而资本价格的决定又必须以纯收入率已知为前提,因而,这一公式"不足以决定资本物品的纯收入率和价格"[2]。为此,必须考虑到资本的供给和需求。

从资本物品的供给方面看,"资本物品本身是人所制造的,它们都是产品,其价格受生产成本法则支配"[3]。资本市场处于均衡状态时,资本物品的价格等于它们的生产成本。假定存在一种不同的资本物品,(K),(K'),(K''),…其价格分别为 P_k,$P_k{}'$,$P_k{}''$,…设 P_t,P_p,P_k,$P_k{}'$,

---

① 瓦尔拉斯:《要义》1954 年,第 267 页。
② 同上,第 269 页。
③ 同上,第 271 页。

P_k'',…分别为(T),(P),(K),(K'),(K''),…所提供的生产劳务的价格（即单位生产劳务的总收入）；K_t,K_p,K_k,K_k',K_k'',…K'_t,K'_p,K'_k,$K'_{k'}$,$K'_{k''}$,…,K''_t,K''_p,K''_k,$K''_{k'}$,$K''_{k''}$,…分别为生产一单位(K),(K'),(K''),…所使用的生产劳务数量（即各种资本物品的生产系数），则可得出下列 L 个生产方程：

$$K_t P_t + \cdots + K_p P_p + \cdots + K_k P_k + K_k P_{k'} + K_k'' P_{k''} + \cdots = P_k$$
$$K'_t P_t + \cdots + K'_p P_p + \cdots + K'_k P_k + K'_k P_{k'} + K_k'' P_{k''} + \cdots = P_{k'} \qquad (1)$$
$$K''_t P_t + \cdots + K''_p P_p + \cdots + K''_k P_k + K''_k P_{k'} + K''_{k''} P_{k''} + \cdots = P_{k''}$$
$$\cdots\cdots$$

根据资本化公式，上述 L 种不同资本物品的价格也可以由下列方程表示：

$$P_k = \frac{\pi_k}{i} = \frac{P_k}{i + u_k + V_k}$$

$$P_{k'} = \frac{\pi_{k'}}{i} = \frac{P_{k'}}{i + u_{k'} + V_{k'}} \qquad (2)$$

$$P_{k''} = \frac{\pi_{k''}}{i} = \frac{P_{k''}}{i + u_{k''} + V_{k''}}$$

从对资本物品的需求方面看，购买资本物品的投资必定来自于各种资本及生产劳务所有者的收入，只有全部收入不被全都用于消费需求时，才有可能形成对新的资本物品的需求。设某人的资本及劳务的总收入与其消费需求开支之间的差额为 e，则 e 的取值有三种可能情形。（1）e 是一个正值，且等于资本物品所需的折旧费和保险费之和，即 $e = (u+v)P$，这时，此人所持有的资本物品数量维持在原先水平，不增也不减。（2）e 为零，为负或为正值。e 为零时，总收入等于消费开支，资本物品的折旧费和保险费得不到补偿；若 e 为负数，甚至一部分资本物品本身也被消费掉了；即使当 e 为正值但小于折旧费和保险费之和时，部分折旧费和保险费也将得不到补偿；总之，在这类情形下，所持的资本物品在下一时期将会减少。（3）e 为一正值，且 $e > (u+v)P$，或者说，总收入大于消费开支、折旧费和保险费之和，这时即发生储蓄。"储蓄是收入超消费支出和必须提供的资本物品本身的折旧与保险费之和的正数差额。"①瓦尔拉斯指出,人们对资本物品的需求,原因在于它能够在今后时期为其所有者提供一系列的收入,或称为"永久性纯收入"。若以 E 代表被称为"永久性纯收入"的特殊商品,D_e 代表对 E 的需求,P_e 代表 E 的价格,则对 E 的需求函数为:

$$E = D_e P_e = F_e(P_t, P_p, \cdots, P_k, P_k{}', P_k{}'', \cdots, P_b, P_c, P_d, \cdots, i) \quad (3)$$

由于人们是用储蓄来购买这种称为"永久性纯收入"的特殊商品,所以,该方程也反映了社会储蓄量对全部商品价格(包括资本物品及劳务价格)和纯收入率的依存关系。

若设 $D_k, D_k{}', D_k{}'', \cdots$ 分别表示各种资本物品的新增产量,则可以有下列方程:

$$D_k P_k + D_k{}' P_k{}' + D_k{}'' P_k{}'' + \cdots = E \quad (4)$$

现在,我们得到四组方程:第一组表示新资本物品价格对生产费用的关系;第二组表示资本物品价格对纯收入率的依存关系;第三组表示对称为"永久性纯收入"特殊商品的需求(储蓄量)是各种商品和劳务价格及纯收入率的函数;第四组表示储蓄与新资本物品价值总和相等。上述四组方程共计有 $(2L+2)$ 个方程式和相同数目的未知数($2L$ 个新资本物品的数量与其价格,储蓄额和纯收入率),如果将它们与 $(2m+2n-1)$ 个生产与交换方程结合起来,即组成一个有 $(2m+2n+2L+1)$ 个方程式的经济体系,可解出 $(2m-1)$ 个产品数量与价格,$2n$ 个资本劳务数量与价格,$2L$ 个新资本物品数量与价格,以及储蓄额和纯收入率。②

根据资本供求关系分析,瓦尔拉斯指出:资本市场达到均衡的充要条件是:"(1)在资本出售价格等于纯收入对现行纯收入率的比率时,对新资本物品的有效需求必须与有效供给相等;(2)新资本物品的出售价格与生产成本相等。"③如果资本市场的供求不均衡,例如需求大于供给时,为实现第一个条件,应该降低纯收入率,一方面减少人们的储蓄及对新资本物品的需求,另一方面则提高新资本物品的价格,刺激供给;反之,提高纯收入率,以刺激需求和抑制供给。如果新资本物品的出售价

---

① 瓦尔拉斯:《要义》1954 年,第 274 页。

② 同上,第 278—283 页。

③ 同上,第 294 页。

格不等于生产成本,则必须重新调整新资本物品的产量,使两者实现均衡。在第一个均衡条件下,暗含着统一的资本物品纯收入率(或者利润率),因为,纯收入率不一致的话,资本家就会增加对纯收入率较高的新资本物品的需求,减少对纯收入率较低的新资本物品的需求;企业家也会根据资本市场的需求变动改变各种新资本物品的生产数量,从而导致新资本物品及劳务的价格发生变化,最终使得全社会的纯收入率趋向一致。按照瓦尔拉斯的说法,社会资本在各生产部门间的分配,必须使整个社会获得最大效用,为了达到这种合理的资本分配,就必须要求一切资本的纯收入率在社会所有生产部门都相等。

瓦尔拉斯指出,资本市场如同交换和生产一样,也可以通过市场"摸索"过程来达到均衡,"这一特殊的摸索过程,实际上发生在证券交易所中,在这个新资本物品的市场中,随着对新资本物品的需求大于(或小于)供给,资本的价格将通过纯收入率的下降(或上升)而上升(或下降)"②。

以上分析中抽掉了借贷资本,假定资本家是直接投资者。如果考虑到货币资本借贷市场,则可以通过调整货币利息率与纯收入率的关系来调整资本的供给和需求。这时,资本市场均衡必须具备的另一个条件是:借贷资本的利息率等于社会统一的纯收入率。

2.流通和货币理论

瓦尔拉斯的流通和货币理论,是在考察交换、生产和固定资本均衡的基础上,研究社会经济中的流动资本均衡问题。流动资本可以分为两类:一类是"流动资本物品",由各种实物形态的储备和存货构成,如消费者储备的消费品存量,企业家储备的原材料、半制成品和陈列备售的产品;另一类是作为"现金余额"的货币,即消费者为满足各种需求所持有的货币和企业家为保证生产连续所需要的货币资本。

根据瓦尔拉斯的看法,流动资本的共同特点在于它们能在消费和生产中提供"灵活性服务"(即所提供的劳务具有灵活性),作为流动资本的物品与作为固定资本的物品,两者的区别不在于物质形态的差异,仅仅在于所提供的生产劳务的特点及方式有所不同。但是,流动资本物品本身的价格及其所提供的劳务的价格的确定方式,与固定资本是相同的。因此,只要把流动资本所提供的各种劳务表现为某种特殊的效用函数和供给函数,再根据它们的生产系数建立起一系列生产方程,并让这些劳务的价格(流动资本利息率)共同参与统一的纯收入率的决定,就可以解出它们的供求数量和价格。[①]

瓦尔拉斯认为,货币作为商品价格的衡量标准,除了能够充当交换手段外,其作用还表现在能使人们在价值形态上保存一部分收入,即具有贮藏职能,人们手中保有的这部分货币,等于人们的总收入减去消费品和资本物品购买后剩下的"现金余额"。人们手中持有的"现金余额"数量,一方面取决于人们在以后一个时期内计划购买的各种商品和劳务的数量和价格;另一方面取决于获得货币提供的"灵活性服务"的代价(或货币"灵活性服务"的价格),即货币利息率。因此,一般而言,通过利息率的调整,可以改变人们手中持有的"现金余额",实现货币的供求均衡。如果货币是纸币,利息率的变化对货币供给量不会发生影响,只对纸币本身的价格(纸币含金量)和货币需求量产生影响,使对货币的需求量(人们愿持有的"现金余额")与一定的货币供给数量相适应。这时,货币的供求均衡基本上是一个与其他商品和劳务市场的均衡没有很大关系的外在的独立过程,因为"当货币不是一种商品时,货币流通方程实际上不包括在一般均衡方程式体系之中"[②]。但是,如果货币本身也是一种商品(黄金或白银),那么,实现货币供求均衡的过程中,由于货币利息率的调整,会使作为货币的黄金或白银的价格高于或低于用作生产原料的黄金或白银的价格,使其纯收入率(利息率)与社会统一纯收入率不一致,因而导致黄金或白银在货币与生产原料两种用途之间转移(铸币或熔币),从而引起整个经济体系的变动。因为货币作为一种商品,货币流通方程式与整个经济一般均衡方程式体系是紧密相关的[③]。在这种情形下,整个经济一般均衡的实现,除了要求货币的供求量相等外,另一个必须满足的条件是,货币和利息率与社会统一纯收入率相等。

瓦尔拉斯的货币理论还认为,无论是纸币还是铸币,货币数量的增

---

① 参阅瓦尔拉斯:《要义》1954 年,第二十九章,第 315—324 页。瓦尔拉斯设存在 S 种流动资本物品和一种纸币货币,结合前述固定资本形成方程,建立起$(3m+2s+3)$个方程式,以解出作为流动资本物品和货币的供求量,它们的成本价格以及劳务价格(流动资本利息率)。

② 瓦尔拉斯:《要义》1954 年,第 327 页。

③ 同上,第 330—332 页。

多,都会使以货币表示的其他商品价格提高。由于瓦尔拉斯认为货币也像其他商品一样具有效用,所以货币数量变化引起商品价格变化是受"货币价值与其效用成正比,与其数量成反比的法则"①支配的。货币数量的变化是通过由此引起的货币稀缺性和效用,商品稀缺性和效用之间对比关系的变化,从而导致商品的货币价格发生变化。

由此看来,瓦尔拉斯的货币理论并不是与经济理论(相对价格理论)完全相脱离的,货币也不只是与社会实际经济活动无关的一层面纱。作为商品的货币(铸币而非纸币),其数量变动在一定程度上会影响商品数量和相对价格的变化,尽管这种影响不是很大。

上述分析表明,瓦尔拉斯的一般均衡涉及整个经济的各个市场——消费品市场、消费劳务和生产劳务市场、资本物品市场、借贷资本市场和货币市场,它包括交换的均衡,生产的均衡,资本供求的均衡和货币供求的均衡。所谓经济一般均衡,也就是指社会经济生活中各个市场上的各种经济力量相互作用、相互依存达到一种普遍的和谐状态,各种经济变量在所处的这一状态中不再具有变动的趋势,实现经济一般均衡状态的条件,可以归结为以下六条:

(1)整个经济的各个市场普遍地处于供求相等的状态,不存在任何正的或负的超额需求;

(2)经济活动中的各个交易当事人的个人效用最大化,具体表现为各种商品对于每个人来说边际效用与商品的价格呈同一比例;

(3)各种产品(包括消费品与资本物品)的生产成本等于产品的销售价格;

(4)社会中形成统一的资本纯收入率(即存在统一的社会平均利润率);

(5)借贷资本市场的利息率等于资本物品的纯收入率;

(6)货币利息率等于资本纯收入率。

---

① 瓦尔拉斯:《要义》1954年,第331页。

五 一般均衡理论的发展和评价

自一般均衡理论问世至今,已有 100 多年的历史了,在这一历史时期的前 60 年间,一般均衡理论只为少数经济学家所注目,传播不广。直到 20 世纪 30 年代,随着一些经济学家用较通俗的方式对这一理论加以重新介绍和瓦尔拉斯的著作进入英语世界,一般均衡理论才引起人们广泛的研究兴趣。直到目前,一般均衡理论的研究仍然是西方经济学界的一个重要课题。70 年代以来,许多经济学家获得诺贝尔经济学奖,都多少与他们在一般均衡理论方面的研究有关。同时,由于 60 年代中期后"非均衡"理论的崛起,也使得对一般均衡理论的研究和评价越来越成为当代经济学中的一个热门话题。

1. 一般均衡的发展

100 多年以来,经济学家对一般均衡理论的研究发展,大致反映在以下几个方面:[1]

第一,帕累托、希克斯等人力图利用"埃奇沃斯盒子"及无差异曲线概念,以序数效用论代替基数效用论,通过分析各种不同商品和生产要素之间的替代效应、补充效应和收入效应,使一般均衡理论局部化、具体化、实用化。帕累托在《政治经济学教程》(1906)一书中,从瓦尔拉斯的静态均衡方程体系出发,以"满足度"一词代替效用,以"基本满足度"代替边际效用和"稀缺性",运用无差异曲线和偏好曲线,建立了以序数效用论为基础的一般均衡理论;希克斯在《价值与资本》(1939)一书中,接受了帕累托的观点,论述了经济体系的静态一般均衡的稳定条件,试图在静态均衡分析基础上建立一个包括时间因素的描述经济过程的动态理论,并为一般均衡理论提供更为精确的数学模型。

第二,以瓦尔德、阿罗、德布鲁等人为代表的数理经济学家,从数学推论方面严格地证明了瓦尔拉斯均衡方程体系的有解,解的非负和唯一

---

[1] 以上归纳内容可参见樊纲:《瓦尔拉斯一般均衡理论研究》(中国社科研究院研究生院油印论文),第 65—67 页。

性等问题。德国数学家瓦尔德早在 1935 年就指出,瓦尔拉斯所采用的"点计方程式"方法,并不能保持方程组有解,即使有解也可能是负数,从而不具有经济意义;同时,还可能出现许多解,以致均衡位置实际上仍无法确定。瓦尔德通过数学推导,论证了一般均衡方程体系具有唯一和非负解的条件。1954 年,美国经济学家阿罗和法国经济学家德布鲁合作发表了《竞争经济均衡的存在性》一文,运用了博弈论和拓扑学的不动点定理,并通过引进生产集概念和偏好结构代替固定生产系数和效用函数,重建了瓦尔德体系,严格证明了一般均衡模型具有确定解的条件。[①]

第三,以帕累托·巴罗纳·兰格为代表的一些经济学家,将一般均衡理论运用到"社会主义理论"研究中,用一般均衡理论来论证社会主义社会进行合理资源配置的可能性。1902—1903 年,帕累托发表了两卷本的《社会主义体系》,把一般均衡理论及最优福利理论应用于集体主义社会,为现代资产阶级的"社会主义"经济学理论奠定了基础。帕累托的弟子巴罗纳继帕累托之后进一步研究了这个问题,他在 1908 年发表的《集体主义国家的生产部》一文中,发展了帕累托的观点,第一次系统地说明了社会主义经济达到最优资源配置的必要条件。巴罗纳认为,社会主义制度下,经济均衡方程是可以通过尝试法来求解的。在 20 世纪 20 至 30 年代的社会主义经济学大论战中,波兰经济学家兰格为了批驳米塞斯·罗宾斯和哈耶克等人反对社会主义的论点,于 1936 年和 1937 年在《经济研究评论》上发表了《社会主义经济理论》这一名篇,也运用了一般均衡理论,着重论证了社会主义经济中的中央计划当局完全可以用竞争市场上的尝试法来实现经济资源的合理配置。

第四,美国经济学家列昂惕夫的投入—产出分析,将一般均衡理论运用于国民经济结构的研究。列昂惕夫于 1941 年发表了《1919—1929年美国的经济结构:均衡分析的实验应用》一书,书中所建立的美国在一定时期的经济结构模型,实际上是按照美国生产部门排列的瓦尔拉斯方程式体系。这一分析从经验上补充了一般均衡理论。列昂惕夫认为,投入—产出分析就是"用新古典学派的全部均衡理论,对各种错综复杂的

---

① E. R. 温特拉伯:《一般均衡理论》,S. 温特拉伯:《现代经济思想》,宾夕法尼亚大学,1977 年,第 107—123 页。

经济活动之间在数量上的相互依赖关系进行经验研究"①。

第五,以维克赛尔、希克斯、汉森等人为代表的经济学家,将一般均衡理论用于宏观经济问题的分析。维克赛尔在《利息与价格》(1898)一书中,在区分货币利息率与自然利息率的基础上,讨论了经济波动中的消费、储蓄、投资和价格问题,提出了著名的"维克赛尔累积过程理论"。20 世纪 30 年代,凯恩斯的《通论》发表后,希克斯和汉森根据一般均衡理论,用 IS-LM 分析(亦称"希克斯-汉森模型")对凯恩斯的宏观经济理论做了修正。② 西方经济学家认为 IS-LM 分析把瓦尔拉斯的微观方法用于凯恩斯的宏观经济理论,是宏观经济理论研究的一个重大发展。正如丹尼尔·贝尔指出的:"经济发展为两套一般均衡的理论体系,一是相对价格与资源配置(微观经济学),另一是就业和物价水平(宏观经济学)。"③

2. 简单的评价与结束语

一般均衡理论体系产生于 19 世纪 70 年代,它是当时资本主义社会和资产阶级经济学理论的内在矛盾发展和演化的产物。在古典政治经济学产生和发展的时代,资产阶级还处于上升的阶段,资本主义生产关系为社会生产力的发展提供了广阔的余地。19 世纪 30 年代以后,随着欧洲各国资产阶级政权的建立和巩固,资本主义生产关系日益成为生产力发展的桎梏,社会生产力只能在经常遭受周期性经济危机破坏的条件下才得以持续发展,这种经济生活现实自然就把不均衡问题提到资产阶级经济学面前。因而,均衡理论恰恰是在不均衡的年代产生的。从理论的思想渊源看,19 世纪 30 年代后,随着李嘉图学派的解体,资产阶级庸俗经济学(发源于法国)开始取代古典政治经济学,占据了统治地位。到了 70 年代,庸俗经济学家赛伊、巴师夏等人的理论已经逐渐地失去了其辩护作用,资产阶级迫切需要提出一套新的理论来解释资本主义社会的经济现实。在这之前,孔狄亚克、库尔诺、戈森等人已经提出和阐述了效

---

① 列昂惕夫:《投入产出经济学》,商务印书馆,1980 年,第 142 页。

② 这一内容可参见希克斯:《凯恩斯与古典学派》(1937);汉森:《凯恩斯学说指南》(1953)。

③ 丹尼尔·贝尔:《经济论述中的模型与现实》,贝尔和克里斯托尔:《经济理论的危机》,上海译文出版社,1985 年,第 78 页。

用价值理论的思想,并开始尝试在经济研究中大量地使用数学方法,这一切都为瓦尔拉斯创立一般均衡理论体系提供了理论基础。

由此可见,瓦尔拉斯的一般均衡理论是 19 世纪下半叶资本主义经济发展的特殊历史阶段的产物,是代表当时资产阶级利益的经济理论体系。一般均衡理论体系的特点可以扼要地归纳为以下四点:①

第一,它明确地表现了所有经济变量之间普遍的相互作用的关系。在一般均衡理论体系中,各种商品、劳务和资本的供给和需求,都表示为所有价格,包括纯收入率和利息率的多元函数;一种价格的变动会引起各种供求数量及其他各种价格相应的变动。各种商品、劳务和资本的供求方程,连同生产方程,决定统一纯收入率的方程和货币流通方程联系在一起,形成一个无所不包的庞大的方程式体系。在此体系中,任何一个经济变量的变动都将引起整个体系的重新调整;任何一个变量的均衡水平,都必须与其他一切变量相关地同时确定。

第二,它论证了社会经济生活中各个市场均衡状态的相互依存关系。瓦尔拉斯在社会上每个人的支出必然等于收入,即社会上的总供给必然等于总需求的前提条件下,将整个经济划分为若干个市场(假定 n 个),他认为,如果其中($n-1$)个市场处于均衡状态,另一个(第 n 个)市场也必然是均衡的;反之,若其中有一个市场是不均衡的,则至少存在另一个市场也是不均衡的。例如,商品市场上若供大于求,则货币市场、资本市场和生产劳务市场等至少有一个处于供不应求状态。波兰经济学家兰格将这一论点命名为"瓦尔拉斯定律"。

第三,它表现了"微观变量"与"宏观变量"的相互依存。瓦尔拉斯的理论体系中,并不注重社会总供给、总需求、总收入等宏观经济变量的研究。他的理论一般来说仍属于"微观分析"。但是,由于瓦尔拉斯的理论体系包括了整个经济体系内的所有个量,只要经过适当的换算和加总,就可以从中推导出一系列的宏观经济的总量;此外,瓦尔拉斯理论体系中的一些经济变量,例如对"永久性纯收入"的总需求(社会储蓄总额)、新生资本总供给(社会投资总额)等,本身就可以用作宏观经济的问题。

---

① 樊纲:《瓦尔拉斯一般均衡理论研究》(中国社科院研究生院油印论文),第 31—35 页。

因此,这一理论体系明显地反映了个量与总量,微观分析与宏观分析的相互联系,因而也被一些经济学家视为连接微观经济理论与宏观经济理论的"桥梁"。

第四,从方法论角度看,瓦尔拉斯所说的各种经济变量和各个市场的相互依存和相互作用,都是一种不分主次,无特定因果关系的普遍的相互决定。"在此体系中,一切决定于其他一切。"①反之,一切也决定着其他一切。各个市场和各种经济变量之间不存在任何占主导地位的因果关系。因此,这一理论体系往往停留在经济生活最表面的现象形态,不能将分析进入到更深的认识层次。

整个分析表明,瓦尔拉斯的一般均衡理论以主观唯心主义的边际效用理论为基础,把资本主义社会的各种经济关系都归结为交换关系,认为在资本主义经济这一无所不包的市场上,各种因素都是相互依存、相互决定的,而资本主义自由竞争则是一个完美的经济制度,它能够保证资本主义经济趋向和谐、理想的一般均衡状态,使每一从事经济活动的人都能获得最大的个人满足。虽然瓦尔拉斯在这一理论体系中,对资本主义社会的各种经济现象的相互依存、相互决定的关系以及资本主义社会自由竞争的经济运行机制做了较为详细的描述,其中包含着一些独创性的见解和科学经济理论,为经济理论发展提供了一些有价值的东西。但是,由于瓦尔拉斯本人的社会局限性和阶级局限性,一般均衡理论撇开了对资本主义生产关系本身的剖析,以庸俗的边际效用价值论为基础,往往从一些远离现实的抽象假定出发进行纯粹形式主义的数学推理。因此,瓦尔拉斯的一般均衡理论所得出的一些结论,显然不可能科学地阐明资本主义经济范畴的实质和支配资本主义经济发展变化的规律,它在本质上是对资本主义生产关系的一种歪曲反映,只能起到掩盖资本主义社会的矛盾和美化自由竞争资本主义制度的作用。

---

① 琼·罗宾逊:《现代经济学导论》,商务印书馆,1982 年,第 49 页。

[8] 维克赛尔的货币和累积过程理论述评*

19世纪和20世纪之交,世界正处于自由资本主义向垄断资本主义世界过渡时期。资本主义世界面临着经济危机频繁爆发的严峻现实,同时在资产阶级经济学中也正酝酿着一场从自由放任主义到国家干预主义的理论变革。维克赛尔的经济理论正是在这样的历史背景下出现的。

1898年,瑞典经济学家约翰·古斯塔夫·克努特·维克赛尔(John Gustaf Knut Wicksell,1851—1926年)出版了他的一部重要代表作《利息与价格》。这部著作的出版应该说实际上奠定了维克赛尔在西方经济理论的变革时代中作为一位承先启后的经济学家的重要地位。由于语言的隔阂,维克赛尔的著作很晚才被介绍进英语世界,而当时正值凯恩斯革命酝酿和兴起的年代,致使维克赛尔的理论未受到经济学家应有的重视,对这一理论的作用和影响的评价往往局限在北欧各国和斯德哥尔摩学派(瑞典学派)内。但是实际上,维克赛尔的理论对西方经济学的影响远远超出了北欧各国和斯德哥尔摩学派的范围。他本人则是一位西方经济理论变革时代的先驱。

对任何一位经济学家及其理论的评价,一是必须看反映在其著作中的理论事实本身;二是看该理论对经济生活和以后的经济思想的真实影响。遵循这条原则,本文试图从三个方面来阐述"维克赛尔累积过程理论及对西方经济学的影响"这一主题:②《利息与价格》一书出版的理论背

---

* 本文系于1983年完成的未公开发表的工作论文(油印稿),后收入个人自选集《经济理性与经济学家的使命》一书(浙江大学出版社1999年版)。

② 米尔达尔:《货币均衡论》,商务印书馆,1963年,第15—16页。

景和维克赛尔所要解决的问题;①维克赛尔在《利息与价格》一书中所建立的累积过程理论体系;②维克赛尔理论对西方经济学的贡献和他的局限性,以及西方经济学家的批评与发展。

一、问题的提出

本节主要阐述《利息与价格》一书的写作背景和维克赛尔所要解决的一些问题。

1.古典理论的回顾

在 1898 年维克赛尔《利息与价格》出版以前,西方资产阶级经济学理论中占据主导地位的古典经济学的理论体系中,价值理论和货币理论是分为两个各自独立的部分的,相互间没有逻辑上顺应的联系。

"所有关于正统经济理论有系统的论文,都有一个共同的特点,就是认为货币理论和价格中心理论之间,没有内部联系和完整的结合,货币理论常常只是价格形成理论的一个联系得不很紧密的附属部分。各种中心的经济问题——根据古典的经济理论,就是生产、物物交换以及分配问题——毫不例外都被认为是交换价值问题,或者换句话说,都被认为是相对价格的问题。很明显,这样对待中心经济问题,会使它的基本编述完全脱离货币方面的考虑。"③

从古典学派的经典著作和大量的古典学派作家的论文中,人们很容易发现古典学派的价值理论是一种相对价格理论,而"相对价格的整个研究,以边际效用(Marginal Utility)这一概念为依据"④。"在公开市场中的自由交换,是受着商品的交换价值及其边际效用一般的比例适应法则(Law of Proportionality)所支配的。"⑤

---

① 维克赛尔:《利息与价格》,商务印书馆,1959 年,第 15 页。
② 同上,第 15 页。
③ 米尔达尔:《货币均衡论》,商务印书馆,1963 年,第 15—16 页。
④ 维克赛尔:《利息与价格》,商务印书馆,1959 年,第 15 页。
⑤ 同上,第 15 页。

在消费品市场买卖中,消费品的边际效用决定了消费者所愿意支付的价格,消费者通过花费在各种不同的商品上最后一个单位的货币所带来的边际效用相等,达到消费者的均衡,亦即各种商品的边际效用与其购买价格之比均相等:

$$\frac{Mu_1}{P_1} = \frac{Mu_2}{P_2} = \cdots = \frac{Mu_n}{P_n} = 最后一单位货币所提供的共同数量$$

的 Mu。

在生产要素市场的购买中,各个要素的价格也是通过市场竞争及供求规律来调节的。对各个厂商而言,当各种投入的生产要素(如劳动 L 与资本 K)的边际物质产品与它们的购买价格之比相等时,厂商成本支出最低;厂商最大利润均衡的条件是——厂商所雇用的各种生产要素的边际收益产品等于要素的购买价格:$P_{xi} = X_i$。生产要素的价格是由该要素的边际生产力所产生的边际收益产品决定的。

古典经济学的货币理论是讨论一般价格水平变动的理论,一般价格水平的变动被看成完全依存于社会经济中的货币数量的多寡,而和相对价格的变动没有任何直接的关系。

由法国古典经济学家瓦尔拉斯创立的一般均衡体系中,整个社会的经济状况,包括各种产品的价格和供求数量,各种生产要素的价格和供求数量,都是在某一瞬间同时达到均衡水平的,调节一般均衡的机制是市场自由竞争及相对价格的波动,瓦尔拉斯用所谓"拍卖喊价"来描绘这个过程。在这里,各种产品和生产要素的供求状况与相对价格关系的波动,都会影响到整个均衡局面的稳定保持。但货币在瓦尔拉斯的一般均衡体系中纯粹是一张"面纱",只具有流通手段的职能,用来表示价格的绝对水平,均衡体系的波动和货币丝毫无关。

"商品交换本身以及它所凭借的生产和消费状况,只能影响交换价值或相对价格;它们对货币价格的绝对水平不能发生任何直接影响。"①

既然如此,很显然,"如果一般价格水平发生了过高或过低的任何反应,则必须系由于商品市场本身以外的原因"②。这就是古典理论中货

---

① 维克赛尔:《利息与价格》,商务印书馆,1959 年,第 19 页。

② 同上,第 20 页。

币数量说所议论的主题。

古典理论的货币数量说(亦称为旧货币数量说)认为:货币数量的多寡仅起着决定一般价格水平高低的作用,它并不对社会生产及资源的配置产生任何影响,因而货币在社会经济中是中性的。

维克赛尔之前的旧货币数量说,以美国经济学家欧文·费雪提出的交易方程式和英国经济学家 A.C.庇古所提出的剑桥方程式为其典型代表。

交易方程式:$MV=PT$

剑桥方程式:$M=PK_y$

从这两个货币数量说方程式,我们可以看出旧货币数量说的特点在于:

(1)假设整个经济处于充分就业条件下,认为在一定时期内全社会生产的物品和劳务数量(T 和 y)是固定的。

(2)货币流通速度(V)和货币保有比率($K/\dfrac{1}{V}$)均由制度等外在因素(如支付习惯)决定,并且在 T 或 y 既定时,V 或 K 是稳定不变的,不受货币数量变动的影响。

(3)交易方程式认为货币在社会经济生活中仅充当交换工具(支付手段),排除了货币的贮藏职能,它所注意的是货币的交易职能(所谓"长了翅膀的货币"),从货币的供给和流通方面考察货币数量变动对一般价格水平的影响。剑桥方程式(亦称现金余额说)则从社会中人们手中存有现金余额的角度(亦即"坐下来的货币"),通过货币的供给与需求的对比,来说明货币数量的变动是如何影响一般价格水平的。两者的共同特点在于强调货币数量变动对一般价格水平的直接影响,认为一般价格水平的变动是和货币数量的变动成比例的。

2.维克赛尔所面临的和所要解决的问题

其一,古典学派理论体系的"两分法"损害了整个理论体系逻辑上的完整性。维克赛尔认为有必要运用供求决定价格的一贯分析方法,"弥补价格理论和货币理论之间的缺口"①。

---

① 维克赛尔:《利息与价格》,商务印书馆,1959 年,第 9 页。

维克赛尔在他的《货币利息》中已着重指出:"认为商品价格的变动系由于供求关系的变化,则一般商品价格水平的变动,也必然同样是这个道理。"①

林达尔在《货币和资本理论的研究》中指出:"维克赛尔利息率和物价水平的学说,不但可使用货币供求关系的字眼说明物价的相对变动,而且可使用这字眼来说明整个物价水平的变动。"②

其二,古典理论认为社会生产是完全由实物因素及其相对价格所决定的,货币在经济生活中是中性的。维克赛尔对于货币在经济生活中是否总是无条件地保持中性的面貌提出质疑,他决意考察货币在何种条件下是中性的,在何种条件下会影响社会生产和资源配置,呈现出非中性的作用。

其三,维克赛尔以为旧货币数量说用货币数量的变动来解释一般价格水平变动的原因,在逻辑推论上是可以成立的。但它对货币数量变动影响到货币价值和一般价格水平变动的过程本身,没有提供更多的、较为详尽的、令人满意的分析。并且,根据旧货币数量说的推论,货币数量的增减总是会引起价格水平的涨落和利息率水平的下降与上升,可这个结论显然与当时的经验事实相悖,它不能解释1850—1895年期间英德两国的价格涨跌与利息率水平的升降趋于一致的现象。

其四,1873年资本主义世界爆发了普遍性的经济危机,所谓商业循环在各国不时出现并有所加剧。如何解释商业循环这种有规则的经济起伏现象,并能通过某些措施来有效地预防或熨平经济的波动,这也是维克赛尔所关注的现实问题。虽然维克赛尔研究货币、利率和价格问题的主要目的并不在于说明经济周期现象,但在他所奠定的理论基础上形成了"投资过度论"商业循环理论学派,不仅斯德哥尔摩的新人,如米尔达尔、林达尔、林德贝格,而且哈耶克、凯恩斯也曾利用了维克赛尔的累积过程理论。

---

① 维克赛尔:《利息与价格》,商务印书馆,1959年,第9页。
② 林达尔:《货币和资本理论的研究》,商务印书馆,1962年,第190页。

二. 维克赛尔的累积过程理论

本节首先把维克赛尔累积过程理论的一些基本假设和理论前提一一提示出来,然后展开对维克赛尔累积过程的全部分析。

1. 维克赛尔的基本假设和理论前提

第一,所考察的社会经济情况处于充分就业均衡状态,土地、劳动和资本等一切生产资源的数量均为固定的,并假设已被全部加以利用,不存在任何闲置的生产资源。这样,维克赛尔就以一个静态均衡经济作为分析的起点。

第二,19 世纪中叶后,欧美各主要资本主义国家的银行信用制度已相当发达,银行体系在社会经济生活中的作用日益加强,且银行信用实行了部分准备金制度,信用的扩张与交易量和价格水平关系甚为紧密。维克赛尔认为,在这种情形下,旧货币数量说仍假定一切交易均以现金进行,忽视了货币借贷的存在是十分不恰当的,他说:"为了供作以下进一步讨论的基础,试作这样一个设想:货币不论是硬币(零钱或者除外)或纸币形式,一概在实际上不流通,所有国内支付全部利用汇划制度和账面转移。"①"假定一个国家的整个货币系统,操之于一个信用机构,以下设置如所需要的分支处所,每个经济独立的个人都设有账户,从而可以签发支票。"②

于是,我们看到了维克赛尔的又一假设,有组织的信用经济,或者说,纯粹的信用经济。

维克赛尔之所以要引进银行信用的作用,除了要符合经验事实外,还有其理论上的原因可究。

按照古典学派李嘉图的理论,银行的贴现政策对货币数量及价格水平的影响是至关重要的,银行若通过各种手段增发货币数量即会引起价格的上升,维克赛尔认为这在原则上是正确的,虽然他并不赞同一切价

①　维克赛尔:《利息与价格》,商务印书馆,1959 年,第 57 页。
②　同上,第 57—58 页。

格都会丝毫不偏地按比例随货币数量的增加而上升的简单说法。可是杜克学派的理论家却唱出了不同的论调,他们坚持认为支付工具是完全从属于商业需要的,银行并没有办法,同时也没有权力影响这些需要或价格。杜克学派的弗拉敦宣称:"发行数额是完全受该区域内当地事业和支出的范围所限制的。它随着生产和价格的变动而变动。银行既不能在这些事业和支出所限定的范围以内增加发行……也不能减少发行……"①杜克学派由此绝对否认在现实中发生的价格变动可由银行货币政策负责的任何可能性。维克赛尔在《利息与价格》的第七章"古典派理论和杜克学派"一节中对此作了详细的分析,论证了银行体系在经济生活中一般是可以通过利率来影响货币数量和价格的。在以后的一些章节中也就银行提高或降低利率的某些限制条件进行了讨论。

第三,维克赛尔认为,古典理论用以说明个别商品相对价格变化的供求分析方法同样可借助来说明一般价格水平的变动。因此,在分析中对物品的供求状况的变化必须给予充分的重视。

"对于'一般价格水平的提高系由于总的需求和总的供给对比下的提高'这一论点,维克赛尔直觉地感到宜将这两个方面分为两类:一方面是消费品的供给和资本品的供给;另一方面是拟消耗的收入和拟储蓄的收入。"②按照这种划分来进行总量考察,就使得维克赛尔有可能在阐述货币数量影响一般价格水平变动的过程中,对其中生产结构及资源配置的变化,收入支出、储蓄与投资的变化所产生的影响予以详细地说明。

正如柏替·奥林教授所指出的,通过这四个因素间关系的研究,使维克赛尔对价格变动的特征,比旧的数量论分析价格水平变化所得到的结果,有了更深刻的观察,而数量论对于这种作为价格变动特征的商品相对价格变动的问题,却是置之不理的。

第四,维克赛尔理论的中心概念——自然利率。维克赛尔在《利息与价格》的第八章中指出了自然利率这个概念,以区别于银行贷款的货币利率。他指出:"贷款中有某种利率,它对商品价格的关系是中立的,

---

① 弗拉敦:《通货的调节》第58页,转引自维克赛尔:《利息与价格》,商务印书馆,1959年,第68页。

② 维克赛尔:《利息与价格》,"柏替·奥林教授绪言",商务印书馆,1959年,第9页。

既不会使之上涨,也不会使之下跌。这与如果不使用货币,一切借贷以实物资本形态进行,在这种情况下的供求关系决定的利率,必然相同。我们把这个称之为资本自然利率(*Natural Rate of Interest on Capital*)的现时价值,其含义也是一样的。"[1]

按照维克赛尔的定义,资本的自然利率实际上相当于庞巴维克所说的"迂回生产过程中的物质边际生产力"[2],即指那些不用于当期消费而储蓄起来的劳动或土地生产的资本物品的真实生产力的边际增量,或真实投资的收益率。这种自然利率是由实物借贷来确定的,"所借的是物品","所付的也是物品",可以和货币形式无关。

货币利率,则是指银行从事贷款活动时要求借款者付给的利息率。货币利率由资本市场上借贷资本的供给与需求共同决定。在货币资本的需求决定条件下,货币利率的大小和变动取决于银行体系的货币政策。而自然利率的高涨和跌落则并非能够人为地加以控制。自然利率的波动取决于劳动市场的供给和需求所引起的工资和流动资本需求的变动,土地使用的需求带来的地租的涨落,生产技术条件变化所导致的生产收益的增减等因素的变化。[3] 整个经济是否稳定取决于自然利率与货币利率是否能够保持一致。当自然利率与货币利率一致时,资本的供给等于资本的需求,一般价格水平稳定不变,货币保持中性,对社会经济的均衡局面不发生干扰影响。

第五,维克赛尔其他的一些前提和假设。如由技术条件所决定,各生产单位不存在任何生产时期长度上的差异;企业家完全从银行借入资本从事经营活动,排除企业自有资金,不考虑存货因素;促使企业家增加投资,扩大生产的刺激因素是"利润动机"。这些假设对于严格的理论分析都是必要的。最后,必须看到,维克赛尔所考察的是完全自由竞争,并且是排除了对外贸易的封闭性经济体系,但若把它放大为一个世界性的经济封闭体系来看待,维克赛尔分析所得出的结论同样是适用的。

---

① 维克赛尔:《利息与价格》,商务印书馆,1959 年,第 83 页。
② 米尔达尔:《货币均衡论》,商务印书馆,1962 年,第 25 页。
③ 维克赛尔:《利息与价格》,商务印书馆,1959 年,第 99—100 页。

2. 维克赛尔累积过程的展开分析——银行部门引起的累积过程

维克赛尔首先假定当市场情况在别的方面不变时，对货币利率的变动而引起的累积过程进行了考察。

按照先前的假定，分析的起点是一个处于静态均衡的社会，投资与储蓄相等，物价水平稳定。如果这时由于某种原因，银行有了闲置不用的准备金，产生了扩大信用的能力，能够向企业等发放新的贷款。但是由于社会经济处于均衡状态时，自然利率和货币利率是一致的，企业家并无增加贷款、扩大生产的需求，银行只有采取降低货币利率的方法，才能吸引投资者增加贷款，扩大投资支出。

货币利率一经由银行降低，将从两个方面影响到社会的总需求。从企业对生产要素需求的角度观察，货币利率的降低使得自然利率与货币利率之间出现了一个差额，这个差额作为超额利润，刺激了企业家扩大生产的愿望。可是在一切生产资源均已被利用的情形下，由银行发放给企业家的新贷款所引起的对生产要素的需求就超过了生产要素实际所能被提高的数量，生产要素的价格便被过度的需求抬高了。从消费者及对消费品需求方面看，货币利率的降低，促使作为利率函数的公众意愿储蓄额减少了，对物品和劳务的消费性支出增加了。但由于消费品的生产并没有增加，于是消费品的价格也势必提高了。

总之，一旦货币利率降低到自然利率水平以下，社会的总需求就会超过社会的总供给，随之而来的必然结果是一般价格水平的普遍上升。

银行货币利率的降低，货币数量的增加，总需求的过度膨胀，社会经济中一般价格水平的腾升——这个以货币利率的变动为起点，以一般价格水平的腾升为结果的经济运动过程，似乎由于物价水平的普遍上升吸收了增发的货币数量而达到了终点。其实不然。维克赛尔明确地说："有些人以为利率的一次单独的但是持久的变化，其影响只能陷于眼前的冲击"，"事经仔细考虑后，情况往往会显得完全不同。可以假定，低利率的维持，如其他情况无变化，其影响不但是恒久的，而且是累积的"。①

银行通过降低货币利率扩大发放的贷款，首先是流入抱有扩大生产愿望的企业家手中，这笔新的贷款作为投资支出导致了生产要素价格的

---

① 维克赛尔：《利息与价格》，商务印书馆，1959 年，第 76—77 页。

上涨,可当时并没有现存闲置的生产要素来满足这种要求,就必然使得一部分生产要素从原有部门转移到那些需求较为强烈且生产要素价格已被抬高的生产部门。由于货币利率的下降,资本物品及其他耐久品的价值被提高了,我们可以设想这种生产要素的转移是从消费品生产部门流入资本品生产部门的。这种企业家利用新增加的购买能力,通过支付高价把资源从消费者手中夺过来转向投资的过程,亦称为"强迫储蓄"过程。

可生产要素的价格提高,接着又使要素所有者的收入增加,在货币利率继续保持低水平时,消费支出会进一步扩大;与此同时,消费品生产由于其生产要素的流出正在缩减,增大的需求碰上减少的供给,消费品价格上涨的势头更猛了。根据庞巴维克的价值理论,资本财货的价值是间接地由其所生产的消费财货的边际效用来决定的,因此,消费品价格的上涨又会更加鼓励资本品部门企业家的生产积极性,从而把原先已经在上涨的生产要素价格抬得更高。在维克赛尔描述的累积过程的发展中,在总需求扩张的压力下,原有的社会生产结构(资本品和消费品的生产比例)被破坏,物价水平在不断高涨。一切处于不稳定状况中的因素都相互影响着,加剧了整个累积过程的发展,使社会经济处在严重的失衡境况。

维克赛尔在《利息与价格》中概述这个过程,他说:"信用趋向松弛,可以造成生产(以及一般商业)扩大的趋势,但无论如何,这并不等于说生产在事实上有所增加。倘若生产手段、劳动等等已经充分使用,生产一般不会有所增加,或只能做比较微小的增加(个别企业的确会有所扩大,但这是以别的企业作牺牲,受到影响的将不得不有所收缩)。但这绝不是说价格的上涨会有什么障碍;对于原料、劳动、土地等等以及直接间接地对于消费品需求的超过供给(由于信用松弛而起)是使价格上涨的决定因素。"①维克赛尔还指出:"当资金用于耐久物品的投资时,其情况甚至更加明确⋯⋯一个异常大的数额的投资现在可能要集中到耐久物品方面⋯⋯而其他商品则可能会生产不足。但其意义上不过是使相对价格迅速地趋于平衡。只要是其他情况没有变动,货币价格的平均水平的下跌或停止上涨都是不可能的。"②反之,"利率上涨时,在持续到足够

---

① 维克赛尔:《利息与价格》,商务印书馆,1959年,第73页。
② 同上,第78—79页。

长久时,将促使一切货物和劳务的价格不断地、无限制地下降"①。

身处此种境况的银行,在各种内外压力下——交易需要量剧增使得银行现金外流,银行内部创造信用的能力逐渐减弱——不得不提高货币利率。这样就使得一部分对资本品及生产要素的投资需求被增高的利率所抵消,一部分对消费品的支出转化为储蓄,直到货币利率与自然利率趋于一致,货币资本的供给和需求再度平衡时,价格水平的波动才会停止,新的均衡局面方才到来。

维克赛尔以银行降低货币利率为起点的分析,初步解决了他所面临的第一个问题和第二个问题,阐明了货币数量的变动并不只是如旧货币数量说所认为的仅影响一般价格水平的波动,而和生产过程无关。当自然利率和货币利率发生差异时,货币数量的变动通过社会总需求(投资品和消耗品)中介的作用,最初造成了相对价格水平的变化,然后影响到社会生产资源的配置方向的改变,导致社会生产结构发生变化,在这个过程中也同时促使了一般价格水平的波动。这样就进一步补充和发展了旧货币数量的简单结论。维克赛尔很清楚,虽说自己的分析在理论上是合乎逻辑的,但毕竟和当时所处社会经济生活中观察到的事实不相吻合。怎样才能把货币数量说的理论分析和现实情况统一起来呢?维克赛尔认为,在运用上述理论来看待实际的价格变动时,"我们如果将资本自然利率的一些独立因素所造成的变化,认为是这样变动的主要原因,则所有这些困难和纠葛就顷刻消散了"②。按照这个观念,他又从自然利率的变动角度考察了整个累积过程。③

3.非银行部门引起的累积过程

仍然以一个静态均衡作为分析的出发点。假定在某年的年初时,企业家从银行借入贷款期限为一年的货币资本来经营企业,借入资本的总额为 K。这笔资本可以分解为工资、地租、租金和企业家经营报酬四个部分。因为产品要到年末才能生产出来,企业家只有到那时方能偿还借款。如果银行要求的贷款利息率(年利息率)为 i,那么年底企业家应归

---

① 维克赛尔:《利息与价格》,商务印书馆,1959 年,第 81 页。
② 同上,第 134 页。
③ 参见维克赛尔:《利息与价格》,"理论的系统说明"一章。

还银行的货币总额为 $K(1+i/100)$，用货币来表示的全年产品的价格总额亦为 $K(1+i/100)$。同时如果本年度的自然利率也恰好是 i 的话，自然利率就等于货币利率，社会经济活动没有任何波动的原因。

我们设想一下，由于种种原因，比如工资水平的降低，或地租和其他租金的降低，又或者是技术进步的出现，自然利率和货币利率产生了差异，自然利率已从原来的 i 提高到 $(i+1)$，而货币利率保持在 i 水平上。这时整个社会的生产结构和价格水平变动的累积过程就可能开始了。

自然利率 $(1+i)$ 和货币利率 (i) 的差异，使得企业家在年终将获得 $K/100$ 的超额利润。因为他们必须偿还的贷款连本带息总计是 $K(1+i/100)$，而其产品价值总额，按原有正常价格水平计算则是 $K(1+i/100+1/100)$，差额为 $K(1+i/100+1/100-1-i/100)=K/100$。但若企业家在处理这个利润额时只在他们自己内部进行交换，将交换得来的物品搁在库房里以备下一年度消费；其余部分则仍按原有正常价格出售（价格总额还是 $K(1+i/100)$）。在这一情形下，价格水平和其他经济情况将基本上没有变动。

但是，企业家一旦因为获取超额利润而产生了扩大经营活动的动机，整个情况就会显得完全不同。在超额利润的刺激下，企业家将扩大对生产要素和资本品的需求，在下年度中，这种"产量扩张的倾向在演进时，将促使劳动力和其他生产要素的需求有所增加——在实际情况中，对原料、半制成品等的需求也将有所增加。货币工资和货币租金将被迫提高，虽然并没有发生生产的普遍扩张（即指实际上的扩张——引文者注），企业家为了本年度的生产将不得不向银行多借些资本"[①]。若以自然利率提高的幅度为最高界限，企业将向银行借款的总金额为 $1.01K$。

对生产要素和资本品需求的增加，通过相对价格变动的环节，接着就导致了生产要素在生产部门间的转移。同时，消费性支出在工资等收入的影响下也增加了，抬高了消费品的价格。现在虽然实物产品总量并没有随着生产扩张的趋向而发生实际上的大量增加，但不再以 $K(1+i/100)$ 的价格总额来表示了，而是以 $1.01K(1+i/100)$ 的价格总额来表示，一般价格水平普遍腾升了，原有生产结构也遭受破坏，这就是一个向

---

① 维克赛尔：《利息与价格》，商务印书馆，1959 年，第 110—111 页。

上的累积过程。

这一年度的生产结束时,企业家只需偿还给银行的总额是 $1.01K(1+i/100) \approx K(1+i/100+1/100)$,而企业家按已上升的现时价格计算的收入则达于 $1.01K(1+i/100+1/100) \approx K(1+i/100+2/100)$,$K/100$ 的超额利润并未因发生了价格上升而消失(因为产品的价格和要求的价格一块上升)。企业家仍然保持着扩大生产的动机,累积过程还在继续发展……

和先前分析的不同之处是,在这里发动和促使整个过程发展的终结原因是自然利率的变动,导致了自然利率和货币利率相等时保持的均衡局面遭到破坏。了解到这一点,对于为什么价格上升并不能消除过多的总需求的原因也就清楚了,只要自然利率和货币利率之间有差异存在,累积过程就不会停止。制止累积过程发展,恢复新的均衡局面的关键是银行体系必须在贷款货币利率上做出相应变动,以便和自然利率保持一致。这就比较好地解释了 1850 年至 1895 年,英国、德国的物价水平与货币利率同方向变动的事实。19 世纪 50 年代,在产业革命促动下,各国生产力有了很大提高,自然利率也随之提高,形成了繁荣时期物价水平和货币利率一同上升的局面;而 1873 年的普遍性危机爆发后,货币利率伴随着自然利率下跌,生产缩减,物价水平下跌,整个经济处于萧条时期。

三、瑞典经济学家的批评与发展

本节和第四节都属于本篇文章所讨论的第三个方面,即维克赛尔的理论对西方经济学的贡献和他的局限性,以及西方经济学家的批评与发展。考虑到与维克赛尔理论的关系中,瑞典学派是最为密切相关的,所以我们先来考察一下维克赛尔理论的某些局限性和瑞典经济学家的批评与发展。

从资产阶级经济学理论发展的历史进程看,维克赛尔整个理论体系的最大局限性在于:(1)仍未能摆脱传统的货币数量说,只不过是在此理论基础上做了进一步的修改;(2)整个分析中,毫无保留地接受了传统的古典理论中的充分就业均衡前提。瑞典经济学家——主要是达卫逊、林达尔、米尔达尔对维克赛尔理论的许多方面做了批评和重要的补充。

1. 关于对自然利率概念的讨论

维克赛尔完全了解自然利率这个概念在其理论体系中的地位。但在维克赛尔的晚年，他已感觉到自然利率这个概念似乎在理论上过于"含混和抽象"，于是又提出一个"正常利息率"（normal rate of interest）的概念。"'正常'利息率"有三个特征：(1)正常利息率和自然利率或真正利息率相等；(2)正常利息率建立了储蓄供求平衡；(3)对物价来说，正常利息率不发生影响。"①维克赛尔的新概念仍未摆脱原来的框架。

如前所述，按照维克赛尔的定义，自然利率即资本的边际生产力所创造的边际物质产品，并以实物借贷形式就可以决定的，货币形式只是一件外衣。因而，维克赛尔"在自然利率的决定中，把全部货币问题排除出去"②了。林达尔和米尔达尔一致认为，自然利率一般说来是不能够用实物因素来单独决定的，说它和"绝对货币单位绝无关涉"是不可想象的。林达尔指出："只有在非常特殊的假设下，才可想象一个完全由技术条件决定，因而和物价体系没有关系的自然或真正利率。"③现实经济生活中，如果我们以制成品的数量和以前投入的资本货物和服务的数量的比率来表示自然利率，势必遇到一个难题，即实物量具有各自不同的度量单位，无法使用同一具体的实物质量单位来衡量各种物质形态不同的物品，而解决问题的唯一途径是使用一个共同的单位——货币来衡量它们。我们相信，维克赛尔本人也明白这个道理，但他之所以仍旧企图在自然利率的决定中撇开货币因素，是因为他所运用的非常特殊的假设就是："商品的固定相对价格的假设"……在全部价格体系中的价格关系必须被认为是既定的和稳定的。④

米尔达尔对这个问题做了更深层次的挖掘。他认为，若是维克赛尔的特殊假定得以成立的话，就意味着"一个一致的时间差价（time agio）会在整个价格形成体系中发展，它将隐含在包含对未来关系的预测的全

---

① 林达尔：《货币和资本理论的研究》，商务印书馆，1962年，第191页。

② 米尔达尔：《货币均衡论》，商务印书馆，1963年，第48页。

③ 林达尔：《货币和资本理论的研究》，商务印书馆，1962年，第192页。

④ 米尔达尔：《货币均衡论》，商务印书馆，1963年，第47页。

部特殊交换关系之中"①。而这个导致了在研究中排斥了经济生活中各个因素相互影响所造成的不确定性和人们对经济状况所做的预期的假设,对理论的完善和发展起着一种阻碍的作用。考虑到现实的经济生活以及理论本身的运作价值,必须用"交换价值生产率"(exchange-value productivity)(米尔达尔语)的观念代替实物生产率的观念。米尔达尔在他的著作中采用了一个"用货币单位计算的,表述在价格关系中的"新概念——实际资本的收益率(the yield of real capital)。

实际资本的收益率是在现实生活中企业家可能获得的收益率。现实经济生活并不经常处于静态均衡状况,在时间变动的过程中,收益率也必然受到商品相对价格变动和货币价格变动的影响,并且这种变动具有极大的不确定性。因而,"对任何收益率的计算,显然必须联系到计算时的时点和核算收益率的时期。可以有两种不同的计算方法:收益率可看作是事后的或事先的。根据第一种计算方法,收益率是按照一个时期中已实现的收入和成本来计算;根据第二种方法,收益率是根据在起点时只是作为资本化(capitalized)预期而存在的收入和成本来计算的。第一种计算方法是一种'落记',它记录那些已完结时期内实际发生的东西,第二种计算方法是以估计时期内将会发生的情况为根据的商业计算……第二种计算方法是以预期贴现为基础的,即一个企业的预期利润率,对企业家的计划起决定作用的自然是这个预期利润率,而不是过去一个时期已经实现的利润率"②。

这样,米尔达尔和林达尔在批评维克赛尔的时候,开始引进了"事先的"(ex-ante),"事后的"(ex-post)这两个概念作为分析工具,并把它们运用到投资与储蓄的分析中,建立了动态序列经济模型以及期间分析——亦称为序列分析或过程分析——为特征的动态理论体系。将经济过程划分为若干时期,对各个连续时期的均衡点的变化过程加以研究,发展了维克赛尔累积过程理论。

2.对维克赛尔"正常利率"第二个特征和第三个特征的批评

米尔达尔在《货币均衡论》中把维克赛尔"正常利率"的三个特征相

---

① 米尔达尔:《货币均衡论》,商务印书馆,1963年,第47页。

② 同上,第50页。

应地称之为货币均衡的三个条件。米尔达尔认为货币均衡的第一个条件本身具有很大的不确定性,必须依存于第二个均衡条件,因此,投资与储蓄的分析在货币均衡理论中是"更加重要的"。他首先对维克赛尔把零利润界限作为投资与储蓄均衡从而作为货币均衡的条件提出了质疑和批评,然后在他自己的投资与储蓄的分析中,对储蓄的作用给予了更进一步的考察。

维克赛尔理论体系中无疑地包含着这样一个观念:货币均衡必须是以利润率为零为前提的。用米尔达尔的公式表示,整个社会的利润界限以 Q 表示;现有实际资本价值为 c_1;现有实际资本的再生产成本为 r_1,则:

$$Q = \sum w(c_1 - r_1)$$

w 表示一个经过加权的指数。

米尔达尔指出,如果当分析只限于社会经济的静态情况时,则表示利润率为零。利润界限为零从而投资为零的观念是可以成立的。可是,维克赛尔累积过程理论的目的在于为研究受到各种因素影响的动态经济过程中发生的问题提供分析的理论基础,"在动态下,零的利润界限不能是货币均衡的标准,而代替这个标准的是刺激投资使其足够实现第二个均衡公式所指的均衡的利润界限"[1]。

米尔达尔认为,在每一个公司中,投资额(r'_2)是它的利润界限($c'_1 - r'_1$)的函数,即 $r'_2 = f(c'_1 - r'_1) = f(g)$($g$ 为个别公司利润)。就整个经济整体来说,投资总额 R_2 是全体个别公司利润界限的函数,即 $R_2 = F(g', g'', g''', \cdots)$。货币均衡的条件应当是:$R_2 = W$;由于可供处理的自由资本($W$)是由储蓄($S$)加预期折旧升减值的价值变动($D$)所组成的,因而米尔达尔货币均衡的新公式又可以表示为:$R_2 = W = (S + D)$。

新公式表明,"资本市场的均衡意味着投资总额 R_2,正好与可供处理与利润的资本总额 $W = (S + D)$ 相等。因此,和货币均衡相适应的利润界限,乃是各种不同公司的利润界限的复合体,它正好刺激能够由可供利用处理的资本来照管的总投资额"[2]。

根据新给出的货币均衡公式 $R_2 = W = (S + D)$,米尔达尔考察了储

---

① 米尔达尔:《货币均衡论》,商务印书馆,1963 年,第 73—74 页。

② 同上,第 73 页。

蓄变动对均衡状态的影响。对这一点,维克赛尔先前未给予足够的重视。当储蓄总额增加时,它直接影响到可供处理的自由资本 $W=(S+D)$ 的增加,但假设货币利率和一般信用条件仍未变化,这决定了实际投资没有显示出有所增加的迹象。很显然,增多的储蓄在此状态下立即破坏了资本市场中的货币均衡,一种向下的维克赛尔累积过程将会发生。

人们这时看到,储蓄的增加也就意味着对消费品需求的减少,会使消费品价格有某种程度的下降。消费品价格的下降自然会通过影响企业家的预期而倾向于降低资本价值,随之而来的结果是利润界限向负的方向移动,导致实际投资的下降。虽然米尔达尔也意识到在某种条件下(如放宽信用),储蓄的增加有助于减轻经济萧条,但是这时储蓄的作用也是极有限的。因而,一般说来,"在任何情况下,增加储蓄必然会产生加深经济萧条的趋势。因为减少消费财货的需求,总会直接降低它的价格,因此,不可避免地会降低资本价值"①。"一种向下的维克赛尔的过程就这样由于增加储蓄而发生,在这里,十分矛盾的是,储蓄的增加不断带来了实际资本形成的减少。"②米尔达尔对储蓄所做的分析同样是对维克赛尔累积过程理论中资本的需求与供给并不总是自动平衡的观念的发展。

现在来看维克赛尔"正常利率"的第三个特征,亦即货币均衡的第三个条件,它是与稳定不变的价格水平联系在一起的。这个条件如果要避免和货币均衡的第一个条件——自然利率等于货币利率——发生矛盾的话,也只有依赖于社会经济是静止不变的这一假设。从以上分析中,我们已经看到瑞典经济学家重视动态分析的特点,因此,维克赛尔在这一点上也同样遭到了瑞典经济学家的批评。

达卫逊于 1899 年在《经济学杂志》首先撰文批评了维克赛尔。他指出,在一个正在发展的动态经济体系中,生产率是在不断提高的,生产量与交易量也在不断增加,在此时要保持价格水平的稳定,货币流通量必须随之增加。而银行体系要增加货币量就会降低货币利率的水平,即在生产率提高(意味着自然利率提高)的同时实行降低利率的货币政策。此种举动恰使货币利率更低于自然利率,同时也低于足以使资本供求均

---

① 米尔达尔:《货币均衡论》,商务印书馆,1963 年,第 95 页。

② 同上,第 92 页。

衡的利率,这样将会导致典型的维克赛尔向上发展的累积过程发生。从另一方面看,假如银行体系仍保持原来利率,那么,全部制成品的价格水平必然会相应地下降。因此,在动态经济中,维克赛尔的货币均衡的第三个条件是不能和第一个条件同时满足的,或者说,它们是矛盾的。

瑞典经济学家认为,维克赛尔货币均衡的第三个条件必须放弃,虽然维克赛尔本人在纯理论问题上,坚持固定价格水平是货币均衡条件的主张。达卫逊出于使社会生产率提高的益处能较公平均等地在社会各阶级间进行分配的考虑,主张最好是按生产率提高的比例来降低商品价格。林达尔从修正维克赛尔的第三个条件的角度出发,认为"中性利息率未必意味着物价水平是不变的,而却意味着物价的发展大体上和公众的预期相符"[①]。而米尔达尔则认为,如同仅靠注意各种不同价格相互间的相对变动并不能说明价格发展的特性一样,只靠研究一般价格水平运动也不能说明货币均衡的性质。价格变动是一件涉及许多因素的复杂事体,并且第三个条件在货币均衡分析上也具有不确定的性质,因而,对货币均衡的分析,重点还是必须放在第二个条件上。除此之外,米尔达尔以其资产阶级经济学家的阶级敏感性,批评了达卫逊的主张,说按生产率提高的比例来降低商品价格的说法"很容易把理论引到形而上学的价值的沟渠中"。

3. 林达尔以存在闲置资源为前提的累积过程的分析

我们知道,由于维克赛尔的整个累积过程理论是以古典经济学的充分就业均衡为前提的,这显然和20世纪20年代至30年代期间的资本主义现实是大相径庭的。林达尔面临现实,意识到维克赛尔理论的这一缺陷,他在《货币和资本理论的研究》一书中,没有简单地接受充分就业均衡这一前提,而是在分析中提出了社会经济中关于存在未经使用的资源可供利用的假设。"假设我们的社会存在着未经雇佣的工人,也就是说,在当前的工资下,劳动的供给超过了企业家的需求。"[②]在这一假设下,林达尔对消费资料制造业或生产资料制造业存在着失业现象或两个部门同时存在着失业现象,结合一定的技术原因所造成的生产因素在生

---

① 林达尔:《货币和资本理论的研究》,商务印书馆,1962年,第195页。

② 同上,第135页。

产部门间可流动或不可流动的情形,对各种可能出现的不同组合的情形做了较为仔细的考察。

在消费资料生产部门存在着闲置资源,并且资源具有在各部门之间进行流动的性质时,或在生产资料生产部门存在着闲置资源的时候,银行一旦降低贷款利率,放松信用条件,就会引起社会总投资和生产的实际扩张。在这个扩张过程中,新贷放出的货币数量,一方面引起了物价较缓和的上涨;另一方面吸收了闲置资源进入生产领域,使生产和收入都有了实际增长,这个过程将持续下去,直到未经使用的资源都被充分加以利用。但若在充分就业均衡已经达到后,仍有生产扩张的趋势存在,便会产生物价高涨,生产失衡的累积过程。同样,在闲置资源不能在部门间流动的情形下,如存在扩大生产的趋势,会出现类似"瓶颈"的现象,导致累积过程的发生。林达尔的这一重要补充不仅给维克赛尔累积过程理论增添了新内容,也对以后的经济理论发展有着重要的影响。

四、维克赛尔的理论贡献及对西方经济理论的影响

本文按照上述标题内容进行两个方面的讨论。需要说明的是,这里的"西方经济理论",是指除瑞典学派以外的西方经济学的理论,并且我们着重讨论的是凯恩斯和维克赛尔理论的某些关联。

1.维克赛尔对西方经济学的理论贡献

第一,古典经济学的价值理论和货币理论原是相互独立的两个部分,正是维克赛尔,他最早在西方经济理论中把这两个原为互不相关的部分结合在一块,组成一个逻辑上保持一致的理论整体。这一点在资产阶级经济学家中是公认的。著名的奥地利经济学家哈耶克曾认为,货币理论在 20 世纪 30 年代正经历着第四个发展阶段,这个重大阶段一半是建立在维克赛尔奠定的基础上的,一半是建立在对维克赛尔理论的批评上的。他说:"只是由于这位伟大的瑞典经济学家,才使得这在上一世纪末仍隔着的两股思潮(即指古典的价值论和货币论——引文者注),终于

确定地融二为一。"①促使维克赛尔成功的两个关键点在于,他认为在讨论价格变动时(不论是个别商品相对价格的变动或是商品总体一般价格水平的变动),必须坚持供给和需求这两个范畴,把从供给和需求的变动及相互关系的角度来讨论价格变动的方法贯穿于整个价格论和货币论的分析过程中。同时,维克赛尔引进了"自然利率"概念作为其理论分析的"中心原则"(米尔达尔语),把货币理论、利息理论和价值理论联系起来,通过最初利率的变动(即货币利率与自然利率间的差异)影响到货币数量的变动和供求状况的变动(即各种商品相对价格的变动),最终导致了一般价格水平上涨和整个生产结构失衡的累积过程的分析,综合了古典经济理论中的价值论和货币论。从货币理论发展角度看,"用林达尔恰当的说法,维克赛尔已把货币理论的主要着重点,由旧数量说中支付机构的肤浅水平转移到价格形成本体的较深刻的水平上去了"②。

第二,传统的货币数量说认为货币在经济运行中仅充当流通手段和计价单位的角色,不对实际经济运行发生作用,从而把货币视作总是中性的。维克赛尔坚决否认了这一观念。维克赛尔通过他的分析证明:只有当原来货币利率等于自然利率,资本的供求在资本市场中保持一致,从而商品市场上价格水平没有变动趋势时,货币才是中性货币。一旦自然利率和货币利率发生差异,资本的供求不再保持平衡时,货币数量的变动就并非只是简单地直接地导致一般价格水平按比例发生相应的变动了。在由利率变动导致的一般价格水平变动的整个过程中,社会的生产结构和生产资源的配置方向也同样会被改变,社会经济中就会出现生产的比例失调(消费品生产和资本品生产)的危机,即出现所谓"商业周期循环"。

在维克赛尔的分析中,我们可以看到,他不仅坚持了总供给和总需求的总量分析,还把旧数量说的 T(或 y)分解为消费品和投资品,把一般价格水平看成是不同物品价格水平的合成体,使他有可能考察旧货币数量说不重视的相对价格的变动,比较旧货币数量说只考虑货币数量对一般价格水平的影响。

第三,古典理论的分析中是将货币数量作为没有时间维度的存量对

---

① 哈耶克:《物价与生产》,商务印书馆,1959 年,第 26 页。
② 米尔达尔:《货币均衡》,商务印书馆,1963 年,第 26 页。

待的。维克赛尔则不然,他把对货币数量的存量分析转为流量分析。因为存量是经由流量发生变化的,所以维克赛尔是用收入、储蓄、投资这些经济中的流量变动来说明货币流通量的变化。维克赛尔在分析方法上的这种改革,使他得以较为重视投资和储蓄的不平衡在经济波动中的变化影响。在自然利率高于货币利率的情形下,货币数量的实际增加,首先是投资需求增加的结果,由此引起了生产要素价格的上涨;而货币数量影响到消费品价格的上涨,则是由于收入的增加及消费性支出的增加。只要自然利率保持在货币利率水平之上,实际的投资就会超过储蓄的供给能力,投资需求的继续存在就会迫使货币数量不断增加,价格水平也同时不停地上涨。只有当银行体系把货币利率调节到和自然利率一致时,投资和储蓄才会趋于相等。因为货币利率的提高,一方面使投资削减了(缓和了对投资品和生产要素的需求);另一方面使储蓄增加了(缓和了对消费品的需求)。自然利率和货币利率一致时,对新的投资需求的刺激因素消失了,货币数量增加的原因也不存在了,经济中的累积过程停止,物价波动平息了下来,整个经济恢复到投资等于储蓄的新均衡状态。

米尔达尔对于维克赛尔这种投资与储蓄的分析给予了很高的评价:"维克赛尔的理论是,储蓄和实际资本的形成不必联结在一起:储蓄者不消费他的全部货币收入的决定,和企业家用他自己的或他人的资本进行实际投资的决定,这两者之间是价格形成的全部过程,特别是在货币理论中研究的所有价格形成的关系。但是,在实际资本形成中有些和储蓄直接适应的'实际'的东西的说法,当然已被放弃了。从资本市场的观点看,储蓄与投资的这种区分是维克赛尔所首创的现代货币理论的实质。"[①]维克赛尔正是基于在累积过程的发生和发展中投资和储蓄并不总是会自动地趋向平衡的观念,提出了借助于调节利率以克服经济周期波动的宏观货币政策的主张。这一主张在 20 世纪 30 年代的世界性大萧条中,被瑞典经济学家们作为以宏观货币政策为主,宏观财政政策、商业政策、工资政策为辅以消除失业问题的经济政策,它反映在瑞典失业委员会 1935 年《失业委员会最后报告书》(哈马舍尔德执笔)这一重要文件中。

---

① 米尔达尔:《货币均衡论》,商务印书馆,1963 年,第 79 页。

2. 维克赛尔、哈耶克和《货币论》的作者凯恩斯

维克赛尔对哈耶克的影响集中表现在经济周期理论方面。众所周知,在20世纪二三十年代,资产阶级经济学中曾有过一股讨论商业循环问题理论的热潮。在众多的经济周期理论中,存在着一种"投资过度论"。该理论的中心论点"生产生产资料或资本品的工业,跟生产消费资料的工业对照下,有了过度的发展"[①]是导致经济周期发生的主要原因。繁荣的崩溃是由于与消费品工业相比较,资本品工业的过度发展超过了实际经济局势所能长期忍受的程度,造成了整个社会生产结构的严重失调。"投资过度论"又可以分为"货币的投资过度论"和"非货币的投资过度论"两派。持有"货币的投资过度论"的经济学家认为:"生产之所以会发生较低阶段与较高阶段之间的不平衡,是由于在某种信用机构(银行体系)形式下活动的货币力量。"[②]提倡这类理论的,通常被人称为"新维克赛尔派"(维克赛尔本人则是属"非货币的投资过度论"一派的),属于这一学派的经济学家包括哈耶克、米塞斯、罗宾斯等人,其中以哈耶克的理论最为著名。

哈耶克于1931年出版了《物价与生产》一书。他在维克赛尔以生产结构失衡为特点的累积过程理论基础上,着重强调了银行信贷在经济周期中的重要作用。哈耶克认为,经济的平衡发展是以货币资本的供求均衡为前提的,"而可以作为资本用途的货币数量是可由银行人为地加以改变的"[③]。在全社会不存在闲置的生产资源及劳动力的状况下,如果资本市场的贷款利率低于均衡利率,企业家在超额利润的刺激下将会产生扩张生产的动机。在资本市场上,投资资金需求的增加将很快超过当时的社会总储蓄。企业家利用银行扩大信用所发放的新贷款,扩大了资本品的生产,促使了生产要素和资本品价格的上涨,导致了原先一部分直接运用于消费品生产的生产要素转移到资本品的生产部门中。这种要素的转移,就引起了消费品生产的缩减和生产结构的延长,即采取使用更多资本品的、迂回程度更大的生产方法,打乱了原有生产结构的比

---

① 哈伯勒:《繁荣与萧条》,商务印书馆,1980年,第44页。
② 同上,第46页。
③ 哈耶克:《物价与生产》,商务印书馆,1959年,第27页。

例关系。但当新增的投资一旦转化为人们手中的货币收入时,社会名义总收入增加了,人们将力图恢复原先的消费水平,又引起了消费品价格的上升。这时,一方面由于生产要素在较高的消费品价格诱使下回流到消费品生产部门,使得生产结构被迫恢复到迂回程度较低的生产方法上;另一方面,已发生实际投资的资本品部门继续需要信用的支持来完成投资项目,而一旦银行的贷款能力达到极限,被迫中止信用扩张,就会致使正在延长的生产结构发生严重崩溃。这一变化过程,就表现为经济从繁荣走向萧条,即爆发一次周期性的经济危机。必须看到,哈耶克虽然运用了维克赛尔的理论来说明经济周期循环问题,但他在政策主张上得出的结论和维克赛尔是截然不同的。他实际上认为,如果排除一国中央银行旨在调节货币流通量的货币政策的干扰作用,市场机制的自发调节作用将使资本主义经济趋向充分就业均衡。

20世纪30年代所出现的讨论经济周期性问题的理论热潮,实质上反映了许多面对令人苦恼的现实的经济学家对于古典正统理论的失望。这一点在当时众多的论文和著作中表现出来,它们都和古典正统理论缺乏紧密的联系。这一实际情况有可能使当时一些西方的经济学家一接触到维克赛尔的理论就会有精神为之一振的感觉,自然也就运用起这个较新的武器来了。我们知道,维克赛尔的理论具有着重投资与储蓄这些经济变量的分析以及着重总量(总供给与总需求)分析的特点,并包含动态分析的精神在其中。运用维克赛尔的理论来讨论经济周期问题,比起运用个体经济单位变量和静态均衡方法分析问题的古典微观经济理论,当然要优越得多。瑞典学派当然在很大程度上继承了维克赛尔的理论,哈耶克也受到了维克赛尔理论的很大影响。在这里要说的是,凯恩斯也不例外。诚然,维克赛尔的理论被介绍到英语世界已是20世纪了,但这在凯恩斯《货币论》出版前却是无疑的。虽然,凯恩斯认为维克赛尔的理论与《货币论》的理论或许会达到相同的结论,但他对于维克赛尔想说的话从来没有彻底弄清楚过。[①] 同时,我们必须在考察凯恩斯的理论和维克赛尔的理论的关系时,抱着力求客观的态度,不能任意地扩大维克赛尔理论对凯恩斯的影响,应该把对这种影响考察的注意力集中在凯恩斯

---

① 克莱因:《凯恩斯的革命》,商务印书馆,1980年,第24页。

20 年代末写作《货币论》这一时期的思想上。

在《货币论》中,凯恩斯与古典经济学家争论的主题,在于价格水平是仅受货币数量或流通速度的影响,还是同样受到其他经济量变化的影响以及利率变动的影响。照克莱因的说法,整本《货币论》以两个重要的、著名的理论为其基础:第一个理论是商业循环理论——投资波动是资本主义制度的原动力;第二个理论是均衡利率理论——投资与储蓄的方程决定均衡利率。我们在下面的讨论中可以看见,不仅"凯恩斯《货币论》中的利息理论多少属于维克赛尔派",而且凯恩斯的投资波动分析也和维克赛尔是极为相像的。这些不仅反映在凯恩斯当时所使用的某些术语是从维克赛尔理论中借用来的,而且同样反映在两者在实际理论分析的目的和方法上也存在着许多相通之处。

美国经济学家克莱因在他的论述从古典经济学理论到凯恩斯理论这一历史转变的著作《凯恩斯的革命》中指出:"《货币论》的全部目的在于告诉我们如何维持价格的稳定,或者说,如何维持储蓄与投资之间的均等,或者说,如何使市场利率与自然利率相等。"①下面,我们就来看看凯恩斯是如何利用决定整个产出价格水平的"基本方程式"的演绎来展开他的全部分析的。

凯恩斯先把以货币表示的国民收入(Y)定义为生产要素的收入(E)加意外利润(Q)之和,或等同于社会产出量(O)乘价格水平(π)之积。代数方程式表示为:$Y = \pi \cdot O = E + Q$。

凯恩斯再把意外利润(Q)定义为新投资的市场价值(I)与社会储蓄量(S)的差额,亦即 $Q = I - S$,则得到价格水平方程:

$$\pi = \frac{E}{O} + \frac{Q}{O} = \frac{E}{O} + \frac{I-S}{O}$$

凯恩斯假定,基本方程式中 O 的水平是既定的,生产要素报酬率 $\dfrac{E}{O}$ 也是稳定的。因此,唯一可以用来说明价格水平变动的重要经济变量是 Q 或($I-S$)。"凯恩斯断定 Q 决定于市场利率与自然利率间的差额,如自然利率超过市场利率,即 Q 大于零;如两种利率相等,则 Q 等于零;如

---

① 克莱因:《凯恩斯的革命》,商务印书馆,1980 年,第 22 页。

市场利率大于自然利率,则 Q 小于零。"[1]

因为凯恩斯把 Q 定义为 $(I-S)$,他就沿用维克赛尔的分析方法,从投资与储蓄的角度对价格水平波动做出分析。当 $I=S$ 时,Q 和 $\dfrac{Q}{O}$ 均为零,价格等于 $\pi=\dfrac{E}{O}=\dfrac{Y}{O}$,处于稳定水平;$I>S$ 时,Q 和 $\dfrac{Q}{O}$ 都大于零,价格受到向上的推动力,趋向上涨;$I<S$ 时,Q 和 $\dfrac{Q}{O}$ 都是负值,价格受到向下的压力,趋于下跌。这种同维克赛尔累积过程理论十分相像的分析方法,在凯恩斯的另一"基本方程式"——消费财货价格方程式中——我们也可以看到。若以 P 代表消费财货的价格,R 代表消费财货的数量,I' 代表新投资财货的生产成本,则得到另一基本方程式:

$$P=\frac{E}{O}+\frac{I'-S}{R}(I'-S=Q)$$

我们已经知道,全部财货的生产成本 E 是消费财货的生产成本和新投资财货的生产成本的总和,也即等于全部投入的生产要素的收入。从国民收入的角度看,$E+Q=Y$ 总是可以分解为消费支出 (C) 和储蓄 (S),即 $Y=E+Q=C+S$。

若 $I'=S$ 时,Q 和 $\dfrac{I'-S}{R}$ 为零;或 Y 正好分解为 $C+S$,C 也正好等于消费财货生产成本(即 $E-S=C$,$S=I'$,$E-I'=$ 消费财货成本,则 $C=$ 消费财货成本);价格 $P=\dfrac{E}{O}$ 处于稳定水平。同时,由于 $I'=S$,并且 $C=$ 消费财货成本,意味着整个社会投资财货和消费财货的生产比例,恰好符合社会国民收入分解为消费和储蓄的比例,经济处于均衡状况中。若 $I'>S$,则 $Q>O$,$\dfrac{E}{O}<P$,就会出现生产扩张和价格上涨的趋向;反之 $I'<S$,会出现生产收缩和价格下跌的趋向。在后两种情况下,社会生产的正常比例关系都会因价格的波动而扰乱。

两个基本方程式所表明的社会经济的均衡条件是:资本市场上投资与储蓄相等,商品市场上价格水平稳定,社会生产结构(消费品生产部门

---

[1]　克莱因:《凯恩斯的革命》,商务印书馆,1980 年,第 26 页。

和投资品生产部门)的比例恰好与国民收入分解为消费与储蓄的比例相符。同样需要明白的是,作为仍是古典经济学家的《货币论》作者凯恩斯,也接受了古典经济学充分就业均衡的假定,套用了和维克赛尔同样的分析方法,以 Q 的变化(即 I 或 I' 和 S 的变动)来阐述社会经济尤其是价格水平的变动,并肯定了利率变动在这过程中的重要作用。因此,当时的凯恩斯在政策主张上持有与维克赛尔相类似的见解,推崇银行体系(特别是中央银行)运用宏观货币政策控制价格水平的波动,消除经济周期的波动。可是,他们的理论兴趣似乎都只在投资和储蓄的分析与价格水平稳定的关系上,而没有能够把投资和储蓄的不同水平的分析与就业的不同水平的分析联系在一起。

下述克莱因的一段话会有助于我们理解凯恩斯和维克赛尔的共同点:

> 基本方程式主要是企图改进古典的数量方程,同时想把利率和现金余额数量与各种价格水平(特别是整个产出的价格水平和消费财货的价格水平)的决定联系起来。凯恩斯想通过这些方程式表明市场利率相对于自然利率的变化会如何引起储蓄与投资水平之间的差距,这又会转过来引起价格水平的波动。[1]

诚然,在看到凯恩斯和维克赛尔两人的理论共同点时,也不应该忽视两者之间的差异,尤其是新的理论的诞生。时隔 5 年,到《就业利息和货币通论》(简称《通论》)发表时,凯恩斯在《货币论》中的持有现金余额的利率论已发展成为灵活偏好的利率理论,充分就业均衡的理论前提已被抛弃,储蓄与投资的分析已与就业水平的分析紧密联系在一起,凯恩斯由此建立了以有效需求原理为基础的宏观经济分析理论。此时的凯恩斯已和古典经济理论彻底分道扬镳,货币数量仅仅影响价格水平的理论已被扩大政府开支刺激有效需求以实现充分就业均衡的理论所替代,宏观货币政策及利率调节的主张也被宏观财政政策的主张所替代,从而完成了西方经济理论上的"革命"。但是,我们在谈论这场"凯恩斯革命"时,不应该忘记西方经济学转变时代的先驱——维克赛尔。尤其在目前资本主义经济通货膨胀愈演愈烈的年代里,维克赛尔更应该被人们时常记起。

---

[1] 克莱因:《凯恩斯的革命》,商务印书馆,1980 年,第 23 页。

[9]"斯拉法革命"

——斯拉法理论体系及其影响初探 *

导　言

　　彼罗·斯拉法(Peiro Sraffa,1898 年 8 月—1983 年 9 月),意大利人。自 1927 年夏应聘到英国剑桥大学后,一直定居在那里从事经济学理论的教学和研究工作。早在 20 世纪 20 年代,斯拉法就以《竞争条件下的收益规律》[①]一文在英国经济学界赢得了极大的名声。以后的 30 年时间,他专心致力于《李嘉图著作和通信集》的编纂,直至 1960 年,斯拉法才发表了他的漫长学术研究生涯中的第一部(也是唯一的一部)著作,即《用商品生产商品——经济理论批判绪论》(以下简称《用商品生产商品》)。[②]

　　《用商品生产商品》虽说只是一本仅有 99 页(剑桥大学出版社 1963 年英文版)的小册子,但是,它的出版对现代西方经济学的许多领域都产生了巨大的影响。20 世纪 60 年代西方经济学界出现"斯拉法革命"("sraffian revolution")一词,正是对此种影响的广泛程度和深入性的最好说明。

　　该书出版后不久,英国经济学家米克(Ronald L. Meek)在威尔士大学就"斯拉法先生复兴古典经济学"为题做了一次讲演,他说道:

　　　　这本书可以从不同的角度来观察,如果人们愿意的话,它可以单纯地被视为某种经济类型的非正统的理论模型,试图用一种新的

---

　　*　本文系于 1984 年在复旦大学经济学系完成的硕士学位论文(油印稿)。

方法来解决传统的价值问题……或者,可被视为对现代分析的隐含攻击:这本书的副标题是《经济理论批判绪论》,并且斯拉法在书的序言中表示了一种愿望,希望有人终于会根据他的理论基础担当起分析的批判。或者,最后这本书可被视为有关价值和分配的某些重要问题古典分析方法的杰出复兴。③

西方经济学家在使用"古典经济学"一词时,往往把马克思主义经济学也包括在内,鉴于这一点,本文的全部论述将分作三部分:斯拉法对以李嘉图为代表的古典政治经济学的复兴;斯拉法对边际主义(现代新古典经济学)理论的批判;斯拉法理论对新剑桥经济学的影响和与马克思主义政治经济学的关系。在整个论述和分析的过程中,我们将阐述斯拉法理论对现代西方经济学的影响,并对此做出评价。

第一章　斯拉法与李嘉图

第一节　李嘉图的价值论及其"李嘉图难题"

大卫·李嘉图是 19 世纪英国古典政治经济学的集大成者,他的主要代表作是 1817 年出版的《政治经济学及赋税原理》(以下简称《原理》)。在这部著作中,李嘉图把国民收入的分配作为政治经济学研究的中心问题[1],着重考察资本积累和经济增长过程中工资、利润和地租的关系。价值理论在李嘉图的体系中只不过是他研究分配问题的基础或者出发点。

虽然李嘉图在写作《原理》之前就已经意识到商品的价值依存于生产中的易难程度并和劳动量有关[2],但远未形成关于价值问题的系统认识,并且对这一问题显然没有表现出多大的兴趣。甚至他和詹姆士·穆勒在拟定《原理》一书的主题时,价值问题仍还没有作为一个独立的研

---

〔1〕 "确立支配这种分配的法则,乃是政治经济学的主要问题。"《李嘉图著作和通信集》第 1 卷,商务印书馆,1981 年,第 3 页。
〔2〕《李嘉图著作和通信集》第 4 卷,第 20—21 页。

究课题被提出来;一直到《原理》的写作已经开始了一个月以后,李嘉图才从写作过程中所遇到的困难中清楚地认识到,他从事关于地租、利润和工资原理的研究时,持有的观点之所以与亚当·斯密和马尔萨斯等权威人士不同,正是因为涉及了作为分配理论的基础的价值理论上的分歧。④

根据斯拉法在大量历史文献资料基础上的考证,《原理》写作计划及主题的拟定,是在李嘉图于1815年发表了《论谷物价格低廉对资本利润的影响》(以下简称《论利润》)一文以后。在这篇文章中,李嘉图针对马尔萨斯的分配理论(其结论是为维护土地所有者的利益,反对谷物进口,主张继续实施"谷物法")提出了一个决定利润的谷物模型。该模型假定农业生产部门中的投入和产出均由单一的谷物数量构成,以谷物的纯产量与谷物投入的比率来决定利润率,李嘉图最后的分析结论是:利润和地租之间存在着此消彼长的反比关系。当在人口增长的压力下生产中较贫瘠的土地加入耕作行列时,谷物的价格将趋于上升:谷物的价格的上升将使分配有利于地租而损害了利润。为了提高利润在国民收入中的份额,鼓励企业家增加资本积累,必须废除"谷物法",实行谷物进口。这一模型当即遭到了马尔萨斯的抨击,他认为,农业生产部门的投入并非只是由单一的谷物构成的,同时还存在各种各样物质形态不同的其他的生产资料和生活资料,因而李嘉图的谷物模型及其从中引申出来的结论和政策主张是不能成立的。为避免马尔萨斯的两难,并把谷物模型中的利润和分配理论推广到包括制造业在内的整个社会经济中去,李嘉图就必须考虑把物质形态上异质的投入和产出化作一种统一的单位,这就导致了李嘉图在《原理》中开始系统地研究价值理论。

众所周知,李嘉图的劳动价值理论从一开始就是针对亚当·斯密和马尔萨斯的生产费用说(把工资、利润和地租这些生产要素的收入作为价值的源泉,并用三种收入的加总来说明商品的价值和交换价值),对此抱着给予批判的意图而提出来的。李嘉图明确认为,商品的价值不是由生产要素的收入构成的,而是由生产该商品所必需的劳动数量(直接劳动加上间接劳动)形成的,由此所决定的价值分解为工资、利润和地租。因此,商品价值量的变化仅仅与生产中所需的劳动数量有关,收入分配的变化决不会引起价值的任何变化,例如,工资的上涨不影响价值量的变化,只是引起利润的下降。李嘉图同时也注意到,对于两种商品(例如鹿和鱼)来说,因劳动量变化而引起的商品在市场上的相对价值(交换价值)变动时,在发生变化的起因(是一种还是两种商品的劳动量变化了)、变化的方向(劳动量是增加抑或减少)和变化的程度(增减的比率有多大)等方面可以形成多种复杂情形的组合,要根据市场的交换价值对这些现象做出判断,就必须寻找一种其自身生产中所必需的劳动量不会发生变化的商品作为衡量其他一切商品的相对价值的尺度和标准,这就是李嘉图最初所提出的"不变价值尺度"问题。我们在此称之为第一种含义的"不变价值尺度"。

可是,李嘉图未能将上述劳动价值理论的立场坚持到底。李嘉图在价值分析中的一个隐含着的严重错误,就是将任何一种商品的价值与商品的生产价格混淆起来,从而把生产价格看成是商品价值;也就是说,李嘉图谈到"价值"这一名词的时候,他所指的实际上就是马克思所说的"生产价格"。因而,当李嘉图发现,投入同量资本的不同产业部门,假如这些资本分为固定资本和流动资本的比例不同,或固定资本的耐用时期不同,或者前两者均相同,但资本的周转速度不同的时候,不同产业部门所生产的商品的生产价格(他称为"价值")会背离它们生产中所必需的投入劳动量(物化劳动和活劳动)。这样,李嘉图由于错误地把商品的生产价格混淆成价值,因而他认为,在上述条件下,劳动(即生产条件)已经不再是解释价值(从而相对价值)的唯一因素,收入分配的变动——工资和利润的涨落,同样会引起商品价值的变化。李嘉图由此对劳动价值论原理进行了某些修正,他在《原理》的第三版(1821年)中将前版本中的价值"完全取决于"(depends solely)商品中所体现的劳动,改成了"几乎完全取决于"(depends almost exclusively)商品中所体现的劳动。④

前面说过,要考察两种商品(例如鹿和鱼)的相对价值的变化究竟是哪种商品的投入劳动发生变化的结果,需要作为衡量这些商品的价值尺度的商品(例如黄金)本身的价值(即投入劳动量)是固定不变的(上文称之为第一种含义的"不变价值尺度")。现在,李嘉图发现,任何商品,包括作为价值的尺度的商品本身的价值(实为生产价格),即使投入劳动量不变,分配份额的变化(即工资的上涨或下跌引起的利润的减少或增加)也会导致它的价值发生变化。他对此又提出的"不变价值尺度",就是希望找到一种作为衡量其他商品的价值的尺度,这种商品的价值,在投入劳动量不变的条件下,工资和利润分配份额的变化,只涉及该商品价值量分解为不同收入的份额比例之间的反比变化,即工资份额在绝对量上的增加(或减少)恰好与同量利润的减少(或增加)相抵消,因而其价值不变。我们把李嘉图这一用作衡量所有其他商品价值的尺度或标准(其特点在于不管工资与利润份额如何变化,这种作为价值尺度的商品本身的价值总是固定不变的),称为第二种含义的"不变价值尺度"。

这种"不变价值尺度"对李嘉图的理论来说是十分重要的,正如斯拉法所说的:

"在他看来,政治经济学的主要问题是国民产品在各阶级之间的分配问题。"在这一研究过程中,他感到麻烦的是"这种产品量的大小似乎会随着分配的变化而发生变化","因此,当时使李嘉图感兴趣的价值问题,便是怎样找到一种不因产品分配的变化而变化的价值尺度"。"这就是在李嘉图的理论体系中占中心地位的寻求'不变价值尺度'的问题。"④

显然,李嘉图的目的是在劳动价值论所确定的商品价值量的前提下,研究国民收入分配(即国民产品价值量分解为工资、利润和地租)的问题,但是他的理论中的错误(混淆了价值和生产价格)给他造成了一个棘手的难题——商品价值量(实为生产价格)会因分配的变化而变化[即经济学说史中的"李嘉图难题"("Ricardian puzzle")]。为解决这一难题,寻找一种不因分配而发生价值变化的商品充作其他商品的价值的衡量尺度——即"不变价值尺度"——是必需的。经过许多年的努力钻研后(直到临死前的两周,李嘉图还在他的乡村住宅中,在零星纸片和旧信封上写了一份关于这一问题的手稿)。李嘉图失望地说:"任何商品都不能成为完全准确的价值尺度。"⑤斯拉法《用商品生产商品》的主要贡献之一,就是他提出的"标准商品"正是李嘉图企图寻找的第二种含义的"不变价值尺度"。

第二节 斯拉法的"标准体系"和"标准商品"

1. 为维持生存的生产的经济模型

斯拉法假定,社会经济由两个生产部门构成,分别生产铁和小麦,两种产品又都作为投入参加生产:小麦生产部门投入的生产资料和劳动者的生存资料为 280 夸特小麦和 12 吨铁,产出为 400 夸特小麦;铁生产部门投入的生产资料和劳动者的生存资料为 120 夸特小麦和 8 吨铁,产出为 20 吨铁;该经济模型的生产方程为:

280 夸特小麦＋12 吨铁→400 夸特小麦

120 夸特小麦＋8 吨铁→20 吨铁

首先,生产方程中小麦和铁的产出量恰好等于所消耗的投入量,因而可以满足进行简单再生产所需的物质补偿。其次,生产过程结束后,为了使社会生产继续进行,小麦生产部门和铁生产部门必须在市场上交换各自生产出来的产品。为此,铁与小麦的唯一的交换价值应是:1 吨铁＝10 夸特小麦。既然这一交换比例取决于现存的"生产和生产性消费方法"[②],它相应的职能是保证原有"生产和生产性消费方法"的重新再现,即保证各部门能得到按原先的生产方法和生产规模进行再生产所需的生产资料和劳动者的生存资料。

上述经济模型可以从两个部门推广到具有 K 个生产部门的经济体系,其生产方程的一般形式如下:

$$A_aP_a+B_aP_b+\cdots+K_aP_k=AP_a$$
$$A_bP_a+B_bP_b+\cdots+K_bP_k=BP_b \tag{1}$$
$$\cdots\cdots$$
$$A_kP_a+B_kP_b+\cdots+K_kP_k=KP_k$$

方程体系(1)中,共有 K 个线性方程和 K 个变量(P_a,P_b,$\cdots$,P_k);其中只有($K-1$)个方程是独立方程。若设某一商品价格等于 1,则可以通过($K-1$)个方程解出($K-1$)个商品的价格。

2.具有剩余的生产的经济模型

如果经济体系生产出一种超过生产更新所必需的最低物质数量的剩余,并且假定这种剩余现在按照均等的利润率在各生产部门进行分配,劳动者无权享有任何剩余份额。我们因此遇到一个不能回避的问题,即在知道物质形态各不相同的商品的价格之前,利润率是不能确定的;反之,不确定利润率和剩余(作为利润)的分配,商品的价格是无法确定的。斯拉法指出,解决这一难题的唯一途径是"剩余的决定,必须和商品价格的决定,通过相同的机制同时进行"[②]。于是,将有下列生产方程:

$$(A_aP_a+B_aP_b+\cdots+K_aP_k)(1+r)=AP_a$$

$$(A_bP_a+B_bP_b+\cdots+K_bP_k)(1+r)=BP_b$$

$$\cdots\cdots \tag{2}$$

$$(A_kP_a+B_kP_b+\cdots+K_kP_k)(1+r)=KP_k$$

由于假定体系处于自行更新状态,所以有:

$$Aa+A_b+\cdots+A_k\leqslant A$$

$$Ba+B_b+\cdots+B_k\leqslant B$$

$$\cdots\cdots$$

$$Ka+K_b+\cdots K_k\leqslant K$$

整个方程体系含有 K 个独立方程,决定$(K-1)$个商品价格和均等利润率(r)。

与第一个经济模型相比较,现在模型中的商品价格(或交换价值)是由生产技术条件和剩余分配方式两个因素决定的,它的相应职能是:(i)保证社会再生产过程继续进行的条件的实现;(ii)保证经济体系中各生产部门获得按均等利润率计算的剩余量(利润额)。

斯拉法在利用该模型分析价格决定时,讨论了基本产品和非基本产品的概念和用途。斯拉法提出的划分标准是,凡直接地或间接地参加所有其他商品生产过程的商品是基本产品(basic Products),否则,则是非基本产品(non-basic products)。基本产品的生产方程参与商品价格的决定,而非基本产品在整个体系的价格决定中不起作用。下面的矩阵可用来表明这一分析和结论:

$$A=\begin{vmatrix} a_{11} & a_{12} & \cdots & a_{1k} & a_{1,k+1} & \cdots & a_{1n} \\ a_{21} & a_{22} & \cdots & a_{2k} & a_{2,k+1} & \cdots & a_{2n} \\ \vdots & \vdots & \vdots & \vdots & \vdots & \vdots & \vdots \\ a_{k1} & a_{k2} & \cdots & a_{kk} & a_{k,k+1} & \cdots & a_{kn} \\ 0 & 0 & \cdots & 0 & a_{k+1,k+1} & \cdots & a_{k+1,n} \\ \vdots & \vdots & \vdots & \vdots & \vdots & \vdots & \vdots \\ 0 & 0 & \cdots & 0 & a_{n,k+1} & \cdots & a_{nn} \end{vmatrix}$$

A 为一个经济体系的物质消耗系数矩阵,a_{ij}元素为生产一单位 j 产品所需消耗的 i 产品的物质消耗系数。矩阵 A 中,产品 $1,2,\cdots,k$ 是基本产品,它们均直接或间接地参加体系中全部 n 种产品的生产;$k+1,k+2,\cdots,n$ 是非基本产品,它们不参加产品 $1,2,\cdots,k$ 的生产,例如,$a_{k+1,}$

$1, a_{k+1}, k, a_{n1}, \cdots, a_{nk}$ 均为零。A 矩阵左上角虚线框内是基本产品消耗系数子矩阵,该矩阵乘以各种产品$(1,2,\cdots,k)$的产量和价格向量 Pi,即可转化为斯拉法用于决定价格和利润率的基本产品组成的方程体系。

基本产品和非基本产品的区分,是斯拉法价格理论中的一个重要的分析方法,在下一章的论述中我们还要涉及它。

3. 剩余工资模型和"标准体系"的建立

在第二个模型的基础上,斯拉法撤销了生存工资的设定,而用剩余工资代替生存工资;并假定全部工资作为年国民收入产品的一部分是可变的和事后支付的;由此提出了第三个经济模型,我称之为"剩余工资模型",其生产方程体系如下:

$$(A_a P_a + B_a P_b + \cdots + K_a P_k)(1+r) + L_a W = A P_a$$
$$(A_b P_a + B_b P_b + \cdots + K_b P_k)(1+r) + L_b W = B P_b \qquad (3)$$
$$\cdots\cdots$$
$$(A_k P_a + B_k P_b + \cdots + K_k P_k)(1+r) + L_k W = X P_k$$

斯拉法用总产品中扣除各生产部门中消耗的生产资料后余留下来的商品构成国民收入产品,使它等于 1,并用作表示每单位劳动的工资(W)和 K 个价格的标准。所以有一个国民收入产品附加方程:

$$[A - (A_a + A_b + \cdots + A_k)]P_a + [B - (B_a + B_b + \cdots + B_k)]P_b + \cdots +$$
$$[K - (K_a + K_b + \cdots + K_k)]P_k = 1 \qquad (4)$$

斯拉法同时规定社会年投入劳动量(活劳动)等于 1,

$$L_a + L_b + \cdots + L_k = 1 \qquad (5)$$

(4)式和(5)式是两个等值方程,表明年国民产品收入是由社会年劳动量生产的。现在整个体系有$(k+1)$个方程(K 个生产方程加国民收入方程)和$(K+2)$个未知数(K 个价格和利润率 r、工资 w),因而整个体系的演算有了一个自由度。必须把某一个未知数作为体系的外生变量确定下来,才可能解出所有其他未知数。

斯拉法先是选择了体系内的分配变量之一——工资,作为外生变量,规定工资的连续值从一到零变化,在生产条件不变的情形下,考察工资变动(从而利润率变动)对各种商品价格的影响。

下面将通过一个例子说明这一分析[这里所使用的是利用解方程组来确定商品价格的方法,同样也可运用斯拉法的"次体系"来解出价格

（后一方法参阅本文附录 A）]。

假设在一个经济体系中只生产 A 和 B 两种商品，生产中也使用 A、B 商品和劳动（L）作为投入，该经济体系的生产方程为：

$$2A+2B+3/4L \rightarrow 8A$$
$$2A+5B+1/4L \rightarrow 8B \tag{6}$$

方程表明，总投入是 4 单位 A 和 7 单位 B 加上 1 单位劳动（L），总产量是 8 单位 A 和 8 单位 B，纯产品（剩余）是由 4 单位 A 与 1 单位 B 构成，上述方程可转化为方程（3）的形式：

$$(2P_a+2P_b)(1+r)+3/4W = 8P_a$$
$$(2P_a+5P_b)(1+r)+1/4W = 8P_b \tag{7}$$

并参照方程（4），写出国民收入方程

$$4P_a+P_b = 1 \tag{8}$$

这一体系现在含有三个独立方程和四个变量（P_a，P_b，r，W）。若选择 W 为外生变量，则整个体系会有三个独立方程和三个变量（P_a，P_b，r），纯产品或国民收入（$4A+B$）被作为计量 A 与 B 的价格（P_a，P_b）的标准或尺度。现作为举例，分别考察假定 $W=1$ 和 $W=0$ 这两种极端情况，解出上述体系的有关变量之值：

$$\begin{cases} W=1 \\ r=0 \\ P_a=11/56 \\ P_b=3/14 \\ GNP=8\times11/56+8\times3/14=3\frac{2}{7} \end{cases}$$

$$\begin{cases} W=0 \\ r=1/3 \\ P_a=1/6 \\ P_b=1/3 \\ GNP=8\times1/6+8\times1/3=4 \end{cases}$$

在上例中，若假定 $W=1$ 时，即假定全部纯产品归于工资，因而利润量和利润率（r）为零，则 A 的一个单位的价格（P_a）用国民收入作为计量尺度等于 11/56，B 的价格（P_b）等于 3/14，全部产品（$8A+8B$）的价格总和

等于 $3\frac{2}{7}$。同时,当假定工资变动减至零,即全部纯产品归于利润时,利润率等于 $1/3$,A 的价格从 $66/336(=11/56)$ 减为 $56/336(=1/6)$,B 的价格从 $9/42(=3/14)$ 增为 $14/42(=1/3)$,全部产品的价格则从 $3\frac{2}{7}$ 增为 4。

上述数字例解表明,当国民收入中的工资份额发生变化(从而利润份额发生反方向变化)时,为了在 A 和 B 两个生产部门实现相同的利润率(r),即 A 和 B 两种产品的价格分解为工资与利润时的利润量和各自的生产资料价格量相比具有相同的利润率,A 和 B 的价格都会发生变化。这显然是由于在上述作为例解的 A 和 B 两个生产部门所使用的劳动与生产资料的比例是不同的。在劳动对生产资料的比例较低的部门(B 产品生产部门)中,工资下降所减少的作为工资的数额,不足以抵消同时利润率上升所引起的利润量的增加,因此实现平均利润率的 B 产品的价格相应提高。或者换一种说法,当工资下降从而利润上升后,假如 B 产品的价格照旧不变,那么,B 产品生产部门无法按照平均利润率的要求来分配纯产品(即得不到平均利润量),B 产品生产部门就成为"赤字生产部门"("deficit-industry")。同理,劳动对生产资料的比例相对较高的 A 产品生产部门,工资下降引起的工资数额的减少超过了同时利润率上升引起的利润量的增加,由此导致实现新的平均利润率的产品的价格相应下降。换言之,假如产品 A 的价格照旧不变,那么,A 产品生产部门按照所得到的纯产品,将多于价格变动时按平均利润率能获得的纯产品数量,即 A 产品的生产部门成为"剩余生产部门"("surplus-industry")。

简言之,在一个经济体系中(上例是两个生产部门),只要各生产部门的劳动对生产资料的比例不同,那么,当工资变化,从而引起利润率相应反方向变化时,为了实现统一的利润率,并且实现每个生产部门甚至整个体系的供求平衡,各部门(例如 A 和 B 部门)交换中所要求的交换比率(以作为价格标准的产品所表达出来的各种商品的价格)必须相应变化。

那么,在任一经济体系中,假如能够找到一个特定的生产部门,这个部门所使用的劳动对生产资料的比例由于恰好处于"赤字生产部门"和"剩余生产部门"之间的分界线〔斯拉法称之为"临界比例"("critical proportion")〕生产部门,因而工资下降(从而利润率提高)削减的工资,恰好足够抵付因利润率上升所增加的利润;或者,工资提高(从而利润率下降）所增加的工资恰能由因利润率下降所减少的利润来抵消。这就是说，这样一个生产部门的产品就具有李嘉图曾经设想的第二种含义的"不变价值尺度"的性质，即不管国民收入（纯产品）中工资与利润的份额如何变化，由于其中之一的增减的数量恰好与另一减增的数量相抵消，因而这种商品的价值（实为生产价格）总是固定的。斯拉法指出，"临界比例"的生产部门必须具有这样的性质：(i) 使用具有平衡性质的劳动对生产资料的比例；(ii) 这一比例会在该生产部门使用的生产资料总量的所有连续层中无止境地再现出来。而实际上，要满足上述两个条件的任何一个生产部门的产品是不可能存在的。

可是，斯拉法发现，可以找到一种由各种商品（必须是基本产品）混合组成的商品，或称"合成商品"（"composite commodity"），在这种商品生产中劳动对生产资料的比例，正好是"临界比例"，斯拉法把这种具有"临界比例"性质的"合成商品"称为"标准商品"（"standard commodity"），我们来看一下这种"标准商品"是怎样构造起来的。

首先，假设一个由基本产品生产部门的生产方程构成的实际经济体系：

$$90 \text{ 吨铁} + 120 \text{ 吨煤} + 60 \text{ 夸特小麦} + 3/16 \text{ 劳动} \rightarrow 180 \text{ 吨铁}$$

$$50 \text{ 吨铁} + 125 \text{ 吨煤} + 150 \text{ 夸特小麦} + 5/16 \text{ 劳动} \rightarrow 450 \text{ 吨煤} \quad (9)$$

$$40 \text{ 吨铁} + 40 \text{ 吨煤} + 200 \text{ 夸特小麦} + 8/16 \text{ 劳动} \rightarrow 480 \text{ 夸特小麦}$$

总计：180 吨铁　285 吨煤　410 夸特小麦　　　1 劳动

然后，通过一套 q' 乘数[在方程(9)中是 $q_铁 = 1$，$q_煤 = 3/5$，$q_{小麦} = 3/4$]，分别乘入上述各方程，得出一个归约体系：

$$90 \text{ 吨铁} + 120 \text{ 吨煤} + 60 \text{ 夸特大麦} + 3/16 \text{ 劳动} \rightarrow 180 \text{ 吨铁}$$

$$30 \text{ 吨铁} + 75 \text{ 吨煤} + 90 \text{ 夸特小麦} + 3/16 \text{ 劳动} \rightarrow 270 \text{ 吨煤} \quad (10)$$

$$30 \text{ 吨铁} + 30 \text{ 吨煤} + 150 \text{ 夸特小麦} + 6/16 \text{ 劳动} \rightarrow 360 \text{ 夸特小麦}$$

总计：150 吨铁　225 吨煤　300 夸特小麦　12/16 劳动

该归约体系中，三种商品的产出总量和各自作为投入量两者之间的比例是相等的 $\left[\frac{180}{150}(\text{吨铁}) = \frac{270}{225}(\text{吨煤}) = \frac{360}{300}(\text{夸特小麦}) = \frac{6}{5}\right]$；同样，

它们各自的纯产品对体系中各自的投入量的比例也是相等的[$\frac{30}{150}$（吨铁）$=\frac{45}{225}$（吨煤）$=\frac{60}{300}$（夸特小麦）$=\frac{1}{5}$]，后者即是按物质项目的"纯粹"比例所决定的该体系最大利润率。斯拉法把按这一比例生产商品的生产方程体系称为"标准体系"（"standard system"），把构成标准体系的商品称作"标准合成商品"（"standard composite commodity"）或"标准商品"，把标准体系中所决定的纯产品对生产资料的比例称为"标准比率"（"standard ratio"）；而将标准体系中的国民收入（上例中如果使用的总劳动量增加 1/4，从 12/16 增为 1，纯产品各增加 1/3，即由 40 吨铁、60吨煤、80 夸特小麦构成标准纯产品）称作"标准国民收入"（"standard national income"）。这一"标准国民收入"可以用作体系的"价格尺度"，以此衡量其他商品的价格。

标准体系的一个重要特征是，在体系内，如果工资（W）是由标准纯产品来支付的，则工资和利润率之间存在一种线性关系，公式表示为

$$r=R(1-W)\tag{11}$$

斯拉法进而把这一线性关系推广到实际经济体系中，"工资和利润率之间的直线关系，在任何情形下都有效，只要工资是用标准商品来表示的。相同的利润率，在标准体系中是作为商品的比率得出的，在实际体系中是由价值的比率得出的"②。显然，在利用商品实物比例而不依赖于任何价值（或价格）尺度来决定利润率的意义上，标准商品体系就是李嘉图"谷物模型"用现代经济学方法的表述；同样，由于标准商品体系中所使用的劳动对生产资料的比例具有"临界比例"的性质，标准商品实际上也就是李嘉图苦苦寻觅的"不变价值尺度"，"它能够使得任何其他产品的价格变动孤立起来，因而可以如同在真空中一样观察它们"②。

据上述，我们可以在此简要和概括地谈一谈斯拉法对李嘉图理论的继承和发展。

显然，斯拉法体系是建立在李嘉图理论的基础之上，但斯拉法并没有重复李嘉图关于劳动量决定商品价值量的有关论述（当然也没有纠正李嘉图混淆价值、交换价值和生产价格这些不同经济范畴的错误）。他所建立的社会经济模型的目的在于阐述和补充李嘉图的某些理论观点，从而试图解决李嘉图体系中由于劳动时间决定商品价值量的法则同等

量资本得到等量利润这一资本主义经济中的实际现象之间的矛盾所引起的理论上的困难。正是这一矛盾迫使李嘉图承认劳动量不再是决定商品价值的唯一因素,修改了他的劳动价值理论,也正是这一矛盾促使李嘉图为解决由此引起的理论困难而去寻找一种"不变价值尺度"(第二种含义的)。

19世纪的资产阶级庸俗经济学家(例如詹姆士·穆勒和约翰·雷姆赛·麦克库洛赫)是通过放弃李嘉图的劳动价值论来维护李嘉图理论体系的所谓逻辑上的一致性。实际上,他们完全歪曲了李嘉图的理论,阉割了李嘉图理论体系中的科学成分,将它彻底地庸俗化了。

斯拉法与这些庸俗经济学家完全不同。他虽然没有复述李嘉图的劳动价值理论,可他实际上始终是站在李嘉图的劳动价值论基础上来解决李嘉图理论体系中的难题。在斯拉法所建立的线性方程体系经济模型中,生产资料和社会年投入劳动量相结合生产出一年的社会总产品,在社会总产品中减去需要补偿的在生产中消耗掉的生产资料,剩余部分即年国民收入产品,这一部分产品(在价值量上即为国民收入)体现了劳动者一年的劳动成果,在量上等于劳动者该年在生产过程中所投入的劳动量。因此,正如李嘉图认为劳动决定了商品的价值量,这一价值量在国民收入的分配中可以分解为工资、利润和地租。斯拉法实际认为国民收入的源泉是劳动量(活劳动),由这一活劳动量创造的纯产品(国民收入产品)构成了分配(工资和利润)的数量界限。在国民收入分配的分析中,斯拉法同样坚持了李嘉图关于工资和利润呈反方向变化的观点,确认工资和利润率之间存在着一种反比变化的线性关系,可以通过斯拉法的利润率决定公式[参阅本节公式(11)]来说明。

继承李嘉图的劳动价值论原理的同时,斯拉法通过建立"标准体系",利用"标准合成商品"这一精巧的分析工具,解决了如何在生产条件不变而分配因素变化时,可用来衡量商品相对价格变化的"不变价值尺度"的问题,即用标准体系中的"标准国民收入"[或"标准纯产品"(standard net product)]作为工资和其他一切商品的价格的衡量尺度。由于在生产条件不改变时(即所投入的物化劳动和活劳动的量,两者的效率和两者之间的比例不变时),当工资变化(从而利润相应地反方向变化)时,运用"标准国民收入"作为价值尺度来衡量的商品相对价格的变化,并不会改变商品生产中所需的(也即商品中所含有的)劳动量,只是反映了国民收入中工资和利润的变化以及以利润形式出现的国民收入部分按平均利润率原则在各部门中分配的变化。因此,斯拉法和李嘉图同样承认在各生产部门使用不同的劳动和生产资料比例时,收入分配的变化确会引起商品相对价格偏离生产中所耗费的劳动量,但斯拉法同时坚持认为,在这种由分配变化所引起的商品价格偏离劳动量时,国民收入在总量上,并不因分配变化,超过或少于社会劳动总量,这就不仅维护而且是发展了李嘉图体系的劳动价值论和收入分配理论。关于斯拉法和李嘉图理论在别的方面的关系(例如方法论)将在后两章的论述中谈到。

第二章 斯拉法与新古典经济学

斯拉法在《用商品生产商品》一书的"序言"中明确指出:"我现在发表的这套命题有一个特征,虽然它没有对价值和分配的边际学说进行任何讨论,它们仍然是为了作为批判那一学说的基础而设计的。"② 文章所分析的主要内容是,斯拉法著作的论述中所暗含的对边际主义理论的批判和以斯拉法理论为基础的新剑桥学派(或称新李嘉图主义,后凯恩斯主义,英国—意大利学派)对现代新古典经济学的批判。这一批判依据它的实际内容分为两个部分:外部的批判(external critique)和内部的批判(internal critique)。在同一分析过程中,也可以从对现代正统经济学理论批判的角度来看斯拉法对古典政治经济学的复兴。

第一节 外部的批判

近代经济学说发展的历史上,由于阿弗雷德·马歇尔(*Alfred Marshall*)把古典经济学的价值理论视为半个均衡理论——只考察价值决定的供给方面、不分析需求方面,并将古典经济学的供给理论和边际学派的边际效用需求理论糅合起来,建立了均衡价格的价值理论。尽管马歇尔的价值理论与李嘉图的价值理论有着本质上的差异,马歇尔仍然在他的《经济学原理》(*Principles of Economics*)一书中再三强调他的理论是以与古典学派、李嘉图理论相连续为特色的。⑥ 马歇尔这种硬将李嘉图拉到自己身边,一厢情愿地对李嘉图理论加以诠释的姿态,怂恿了新古典经济学者理解古典理论时过高地评价了新古典理论与古典理论两者之间形式上的连续因素(formal elements of continuity),低估了它们各自在方法上和概念中所包含的实质性的不同。斯拉法著作中所暗含的对新古典理论的外部的批判,最重要和最显著的特征就在于,把古典理论和新古典理论之间的理论研究目的、分析方法以及所使用的概念上的差异更加明确地重新再现出来。使人们看清,作为复兴古典理论的斯拉法理论体系与新古典理论体系是两个相互对立的经济理论体系。

关于外部批判的内容,在国外的研究中直至 20 世纪 70 年代中、后期才被明确地提出来讨论,国内介绍和研究斯拉法理论的文章几乎没有涉及这一问题,这种忽视外部的批判的倾向已经导致对斯拉法理论研究的局限性,因而,强调一下外部的批判这方面的丰富内容是极为必要的。

1. 关于不变规模收益的假定和对马歇尔均衡价格理论的否定

斯拉法在他著作的"序言"中反复强调:"本书专门研究一个经济体系的那些性质,它们不取决于生产规模和'要素'比例的改变。"② 可是仍然有许多经济学家认为,斯拉法的分析是以暗含着不变规模收益(Constant return to scale)假定为前提的,因此,在众多的对斯拉法理论的解释和评论中,斯拉法的分析究竟有无暗含着不变规模收益这一假定的问题,一直是产生意见分歧的主要原因,这一问题的重要性在于它涉及如何看待斯拉法与新古典经济学的关系和如何估价斯拉法理论对经济学发展的贡献。意大利经济学家潘鲁迦(Perugia),政治经济学教授亚里山德罗·朗卡格利亚(Alessandro Roncaglia)一针见血地指出:"当人们给它附加上一项不变收益的假定并按照他们新古典的意思来解释各种其他概念时,斯拉法的体系将被看作是边际主义一般经济均衡图中的特例之一。"⑦

要想真正搞清这一问题,就有必要追溯斯拉法从 1925 年的文章到 1960 年的著作,这几十年时间中思想发展的过程。因为,"他年轻时代到他成熟时期著作的过渡,是以斯拉法拒绝了某种规模收益假定对价格分析是必不可少的这样一种观点为标志的"⑧。

1925 年,斯拉法在意大利《经济年刊》杂志上发表了一篇题为《成本和产量之间的关系》的文章⑨,对马歇尔的竞争理论和价值理论开始了最早的批判,这一批判已被当时和以后的许多经济学家认为是无可辩驳的。我们将引证斯拉法 1926 年 6 月从米兰写给凯恩斯(J. M. Keynes)的一封信的主要段落,将这一批判的事实及真实内容展现在人们面前。

可能你会允许我以最少的文字来概述我(1925 年)的文章的要点。

其目的是分析和批判递减收益的理论"规律",以此形式它们已被马歇尔使用作为在竞争范围内他的价值理论的基础。马歇尔的理论假定可变收益(递减或递增)占据支配地位,正和李嘉图所暗示的普遍的不变收益相对立。这两个规律最初被赋予完全不同的用途:递减收益是对于地租分析,递增收益是对于劳动的分工。马歇尔把这些用途不同的东西掺揉进他的价格理论之内,由此产生出它的弱点。

在他最初的解释中,马歇尔已简单地以它们初始形式中的内容来运用这两个规律,后来,由于意识到基于劳动分工(即以内部经济为基础)的递增收益与自由竞争制度是不协调的,他就改动了它的基础并引进了外部经济概念(庇古教授使这一概念得到进一步发展……)。这个可以被扼要地描绘为"需求和供给曲线相交"的体系,其困难在于它要服从两个条件:(1)完全竞争;(2)"其他条件不变",即有关商品的生产条件是不依存于其他部门的生产条件。现在,李嘉图的收益递减方式影响的不仅是单种商品,而且是在它们的生产中有引起递减收益要素(如土地)参加的全部商品;至于递增收益,外部经济"难得能确切地分配到任何一个部门:它们在很大程度上属于相互联系的部门集团、往往是大集团",正如马歇尔本人所认识到的(《工业和贸易》,第 188 页)。在两种情形下,有关商品的生产条件变化与"其他"商品生产条件的变化具有相同重要性,所以,考虑前者而忽视后者是不合理的,结果是,在马歇尔的供给表式中,倘若有关商品生产数量变动了,不仅其本身的价格,而且许多其他商品的价格也将变动,从而以"其他条件不变"为基础的供给图式是不能成立的。

因此,我试图说明,马歇尔的前提一般地仅是与不变收益相一致的[⑦]。

可是,既然马歇尔已把不变收益看作是极不可能的情形,它仅能够出现在对立力量——递减收益和递增收益——完全平衡的局面中,这意味着马歇尔的竞争理论和均衡价格的价值理论已经进入了一条迷谷。

堵塞了可变收益规律的途径后,对价格(或价值)理论的完善似乎仅存在三条可供选择的道路:

(i)赋予不变收益规律以普遍的重要性(如李嘉图所做的);

(ii)彻底摈弃完全竞争的假定,在分析中引入现实中的不完全竞争市场和垄断因素;

(iii)通过一般经济均衡体系(不是马歇尔的局部均衡)的工具来认识各部门成本之间的相关联系,并分析这些关系(这与瓦尔拉斯和帕累托的方法相同)。

在 1925 年的文章中,斯拉法似乎倾向选择第一条道路,他在《用商品生产商品》的"序言"中坦率地说:"在 1925 年设法论证,只有不变收益的情形才一般地适合于经济理论的前提。"②局限于不变收益假定的价值理论毕竟是特殊的,斯拉法在 1926 年应凯恩斯的约稿而为《经济学杂志》写的《竞争条件下的收益规律》一文中,改变了一年前所持有的看法,他说:"必须摈弃自由竞争道路从而转到相反方向,即转向垄断。"①斯拉法当时认为,选择不完全竞争市场的道路比起别的道路更加适合和有希望,也更为接近 20 世纪 20 年代资本主义经济的现实。因而,他在 1926 年这篇文章的前半部分①复述了 1925 年文章的基本内容,后半部分①试图分析在不完全竞争条件下的价格(价值)决定。斯拉法关于垄断问题的理论在 20 世纪 30 年代由他在剑桥执教时的学生琼·罗宾逊(John Robinson)在她的《不完全竞争经济学》(*The Economics of Imperfect Competition*)一书中加以系统地阐述和发展。

斯拉法对引入垄断因素的分析仍然是不满意的,1930 年,在《递增收益和代表性企业》⑩一文中,他又转回到五年前的观点,放弃了所有对不完全竞争因素的考虑,直接集中批判了马歇尔的局部均衡理论。"这一理论不能用一种使它自己在逻辑上自我一致,同时与它所解释的事实相符合的方法来加以阐明……我认为,马歇尔的理论应该被抛弃。"⑩

日本同志社大学经济学教授山下博在谈到斯拉法对马歇尔的批判时,发表了这样一番评论:

> 斯拉法对马歇尔的批判(1925—1926),特别尖锐地攻击了马歇

尔的收益不成比例法则(即递增收益和递减收益法则)所借以成立的条件同局部均衡前提不能两立这一点,收益不成比例法则仍是马歇尔价值理论中支撑供给与需求对称性的支柱之一,因而上述批判可以说具有动摇马歇尔整个供求均衡论基础构造的决定性分量。⑪

经历了30年的刻苦研究后,在《用商品生产商品》一书中,斯拉法最终抛弃了任何关于收益规律的假定,他所研究的是一个生产技术条件和总产量都是既定的经济体系中的国民收入分配与商品价格的关系。由于生产技术条件和总产量既定,当然不存在任何产量变动问题,也就不会有任何"边际产品"或"边际成本"出现。因此,根据上述分析,不变规模收益假定的问题可以从两个方面来说明:一方面,对于斯拉法批判马歇尔理论的内部逻辑矛盾来说,即为采取"以子之矛,攻子之盾"的方法,这一假定的使用是必需的;另一方面,只要谈到对于价格(价值)和分配理论的建设性贡献时,这一假定在斯拉法的理论体系的分析结构中是绝对不存在的。

2.研究目的、分析方法和概念上的不同与对立

经济学理论在研究实际经济体系的运行时进行抽象是完全必要的,问题是观察同一实际经济体系的人们能够用各自不同的理论体系去阐述和分析它,斯拉法作为与新古典对立的理论体系的原因恐怕就可以用这一道理加以说明。斯拉法用简练的语言概括性地指出了他自己与新古典经济学在看待资本主义商品经济生产体系时的根本分歧:

"生产和消费体系作为一种循环过程的最初图式,当然是在魁奈的《经济表》中发现的,这种循环过程和现代经济理论提出的从'生产要素'到'消费品'的单行道观点形成显著的对比。"②

斯拉法继承了自重农学派魁奈(Francois Quesnay)医生的《经济表》以来的古典经济学传统和马克思的再生产图式分析方法,把资本主义经济运行描述为一个循环往复的不断再生产的过程。每一生产周期开始时,各个产业部门支配各式各样的商品,然后在生产过程中利用它们进行生产。生产结束后,产品在社会各阶级和各产业部门之间进行分配。由于生产结束时,各产业部门所拥有的仅仅是它自己生产的特定物质形态,特定用途的商品。在新的生产周期开始前,他们必须将自己的产品

拿到市场上去按一定交换比例(价格)与别的产品交换;以国民收入形式出现的产品也必须拿到市场上去销售,以便利润和地租以货币形式分配到资本所有者和土地所有者手中,同时,工人也要用工资从市场上购买他们自己和家庭所需的消费品,非生产劳动者和食利阶级(资本所有者和土地所有者)也得通过市场取得所想得到的消费品和奢侈品。"用商品生产商品"这一标题正是确切地反映了斯拉法在他这本著作中把资本主义经济运行视为一种再生产过程的观点。

在再生产的循环流转过程中,斯拉法为研究国民收入分配和商品价格决定之间的内在联系,截取了现实经济运动过程中的一个"横断面"(cross section)。在生产技术条件和产品结构以及总产量都既定的前提下,撇开任何关于收益规律的假定进行研究。斯拉法的这一前提——既定的生产技术条件,总产量和产品结构——暗含着对新古典经济学充分就业均衡理论前提的否定,可以和凯恩斯《通论》(*The General Theory of Employment Interest and Money*)中的"有效需求理论"沟通起来,即利用凯恩斯的"有效需求理论"来确定生产设备的利用程度(生产条件)、总产量和产品结构;同时,在斯拉法体系中对价格的研究只需要考察生产技术和分配量。实际上研究的是生产价格的决定,而"不包含任何对市场价格的涉及"[②]。这就割断了价格(或价值)决定与市场需求之间的任何直接联系,避免了理论体系中暗含有"萨伊法则"("Say's law")的嫌疑。

根据研究目的和相应采取的分析方法,斯拉法恢复运用了古典经济学的"自然价格""必要价格"或马克思所说的"生产价格"(他也称之为价值或价格)等概念,并且在古典理论中"工资品"("wage goods")和"奢侈品"("luxury goods")的区别的基础上提出了"基本产品"和"非基本产品"的概念。斯拉法认为,"生产费用"一类的概念仅适用于非基本产品,对基本产品是不适用的。因为"非基本产品的价格,取决于它的生产资料的价格,但是这些生产资料的价格,并不取决于非基本产品的价格,而在基本产品的情形下,它的生产资料的价格取决于它自己价格的高低,并不低于它自己的价格取决于它的生产资料的价格高低"[②]。由于"生产费用"一词含有产品的价格是由生产该产品所需的生产资料(加上劳动)的价格所决定的这一层意思,所以在分析非基本产品价格时,同样地在分析基本产品价格时使用"生产费用"一词显然是不妥当的。关键在于,基本产品在整个经济体系的价格决定中处于主动地位(参与决定价格和利润率),而非基本产品则在价格决定中处于被动地位(不参加决定价格的生产方程体系,而只是由这一体系所决定)。

综上所述可见,在斯拉法理论体系中,价格决定只依存于两个独立的条件:(i)经济体系所具有的物质生产技术条件;(ii)由社会制度因素(阶级关系)所决定的国民收入分配条件。产品的分配和价格的决定作为循环往复的再生产过程中的一个特殊阶段显现出来,价格的功能在于:保证社会再生产的顺利进行和调节社会国民收入产品在社会各阶级之间和各生产部门之间的分配。

以边际理论为基础的新古典学派则完全不同,试以一般均衡理论为例。

一般均衡理论体系是由法国经济学家瓦尔拉斯在《纯粹政治经济学要义》(*elements deconomie politique puve*,1874)一书中提出来的,此后一直为新古典经济学家包括现代的"新—新古典学派"("new-neoclassical")所继承,一般均衡的分析前提是:

(i)经济体系中存在两种经济行为主体,家庭和厂商。家庭是各种生产要素和生产性服务的供给者和各类消费品的需求者;厂商是各种生产要素和生产性服务的需求者和商品的供给者。

(ii)厂商在固定生产系数(constant coefficients of production)条件下从事生产,产出的是最终产品。

(iii)家庭根据收入、偏好和商品价格决定对各种商品的需求量。

(iv)商品市场和要素市场均为完全竞争市场,供求均衡时,两个市场处于一个总的一般均衡之中,并且是充分就业均衡,即经济体系中不存在闲置的生产要素和生产性服务。

(v)厂商的行为是使利润最大化,厂商的均衡条件是使产品的边际成本等于产品的市场价格($MC=P$);家庭开支的均衡条件是,花费在每一种商品购买上最后一个单位商品带来的边际效用相等。

根据上述前提,有下列一般均衡体系的方程组:生产方程为

$$a_{11}V_1 + a_{21}V_2 + \cdots + a_{n1}V_n = P_1$$
$$a_{12}V_1 + a_{22}V_2 + \cdots + a_{n2}V_n = P_2 \tag{12}$$
$$\cdots\cdots$$

$$a_{1n}V_1 + a_{2n}V_2 + \cdots + a_{nn}V_n = P_n$$

（上面方程中，a_{ij} 是生产第 j 种商品所需第 i 种商品的数量，p_i 是商品价格，$i = j = 1, 2, \cdots, n$。）

生产要素供给方程：

$$r_1 = g_1(P_1, P_2, P_3, \cdots, P_n; V_1, V_2, \cdots, V_n)$$
$$r_2 = g_2(P_1, P_2, P_3, \cdots, P_n; V_1, V_2, \cdots, V_n) \tag{13}$$
$$\cdots\cdots$$
$$r_n = g_n(P_1, P_2, P_3, \cdots, P_n; V_1, V_2, \cdots, V_n)$$

（r_i 是生产要素，i 是供给量，g_i 表示函数关系，$i = 1, 2, \cdots, n$。）

商品需求方程

$$x_1 = f_1(P_1, P_2, P_3, \cdots, P_n; V_1, V_2, \cdots, V_n)$$
$$x_2 = f_1(P_1, P_2, P_3, \cdots, P_n; V_1, V_2, \cdots, V_n) \tag{14}$$
$$\cdots\cdots$$
$$x_n = f_1(P_1, P_2, P_3, \cdots, P_n; V_1, V_2, \cdots, V_n)$$

（x_i 是商品 i 的数量，f_i 表示函数关系，$i = 1, 2, 3, \cdots, n$。）

方程组（12）到方程组（14）共有（$2n + 2n$）个变量（n 个 x、P、V 和 r），但只有 $2n + n$ 个方程；为使方程组体系有解，必须假定生产要素市场上总供给等于总需求，由此引出一组方程：

$$a_{11}x_1 + a_{12}x_2 + \cdots + a_{1n}x_n = r_1$$
$$a_{21}x_1 + a_{22}x_2 + \cdots + a_{2n}x_n = r_2 \tag{15}$$
$$\cdots\cdots$$
$$a_{n1}x_1 + a_{n2}x_2 + \cdots + a_{nn}x_n = r_n$$

现在，整个体系含有（$2n - 1$）个独立方程，由于假定 $P_1 = 1$，剩下（$2n - 1$）变量，满足方程组有解的条件，一般均衡体系成立。

经过上述的比较，可以把斯拉法体系与新古典一般均衡体系的主要不同之点概括如下：

首先，对于实际经济体系的理论抽象是不同的，斯拉法把经济运行看作是一种循环往复的过程，这是以资本主义经济的再生产（扩大再生产）特征为基础的。分配、交换和消费都表现为再生产过程中的不同阶段，和再生产行为有机地联系在一起，价格则是保证再生产条件得以实现和调节国民收入分配的必要机制，新古典经济学则把经济运行描述成一种从可利用的生产要素出发到消费者偏好得到满足的单行道过程,把既定资源的配置和消费欲望的满足作为资本主义经济制度的特征,价格在新古典体系中仅充当稀缺资源的"指示器"(indicator)和消费者对商品效用所进行的主观评价的"指数"(index)。

其次,斯拉法所研究的是生产价格和收入分配的关系,在研究中,总产量问题与价格决定问题是分开来处理的。总产量是价格决定分析的前提,前者的确立在逻辑上优先于后者,价格决定的最根本的因素是物质生产条件和社会收入分配因素。在涉及国民收入的分配时,斯拉法假定分配变量是体系的外生变量,着重考察资本家的收入份额(利润)与劳动者的收入份额(工资)在分配中的相互关系,这与古典经济学家的分析方法应该说是一致的。由于价格是由物质生产技术条件和现存社会制度因素(新剑桥学派的琼·罗宾逊等人把它具体化为强大的工会组织和资本家之间的工资谈判)共同决定的,这样,斯拉法就整个地摈弃了价格(价值)决定分析中供给曲线和需求曲线的分析方法,拒绝了这种供需曲线相交的方法中所暗含的主观成分,回到了古典学派和马克思讨论价值理论时所采用的客观分析方法上。与此相反,新古典理论中的经济行为主体是家庭和厂商。他们把分析的注意力集中在人和物的关系上——人如何在各种生产中有效地配置物(资源),物(商品)怎样在人的支配下有着最大效用的用途,排斥了任何与社会制度因素有关的讨论。同样,国民收入分配问题同商品价格决定一样被看作是生产要素价格决定问题,在生产要素市场上,以边际生产力理论为基础的需求曲线,和以要素供给者的主观心理因素(对"等待"的权衡)为基础的供给曲线的相交点决定生产要素价格;在商品市场上,由边际效用理论为基础的需求曲线和以边际生产力理论为基础的供给曲线的相交点决定商品的价格。在一般均衡中,总产量与价格水平(以及要素和商品的总供求)是在同一时刻决定的,这一理论,在表面上似乎显示出是一种主观因素和客观因素的混杂物("hybrid"),但实际上是一种主观主义的分析方法,正如斯拉法尊称为"纯粹的边际理论家"维克斯蒂德(P. H. Wicksteed)早已指出的:"一旦主观因素通过需求函数的渠道被引入进来,它们必定趋向支配整个分析,吞没了供给曲线所代表的客观因素。"[12]

最后,斯拉法的理论可以用来比较客观地阐明资本主义实际经济体系的运转机制和功能(新剑桥学派的经济学家已经这样做了);而新古典理论由于强调各种抽象的经济行为主体的行为动机和后果,它可以被人们看作是一幅抽象的社会经济体系的优美画卷(20世纪30年代后期以前的新古典经济学家的行为证实了这一点),离资本主义现实经济生活相距甚远。

第二节　内部的批判

对新古典学派的内部的批判指的是对新古典理论本身内在逻辑方面存在的矛盾的揭露和批判,这一批判主要是由新剑桥学派的经济学家进行的,因而被称为"两个剑桥之争"。斯拉法在其理论体系中提出了与新剑桥学派批判新古典学派时相同的论点。由于对理论本身逻辑矛盾的批判,表明被批判的理论在自己的领域范围内受到挑战和打击,因而对理论具有摧毁性的效应,这就足以解释内部的批判的重要性及以这一批判为背景的"两个剑桥之争"的激烈程度和持久性。

1. 新古典经济学的生产理论和分配理论

新古典经济学的分析方法特征是边际分析方法,与以边际效用为基础的消费理论相对应,新古典经济学家在边际生产力理论的基础上建立起他们的生产理论和分配理论。

边际生产力理论是德国经济学家屠能(John Heirich Von Thiiene)在他的著作《孤立国》(*The Isolated State*,1826)中首先提出来的,屠能将它运用于他的生产理论和分配理论,但他还没有明确地使用"边际生产力"这个名词。

19世纪末,美国著名经济学家克拉克(John Bates Clark)在其代表作《财富的分配》(*The Distribution of Wealth*,1899)中首创"边际生产力"这一名词,并将它的含义加以系统地阐述。克拉克学说的核心是在一个静态的经济模式中说明各生产要素在生产中对产出量的贡献,并在此基础上解释资本主义社会的分配问题。克拉克认为,在完全自由竞争的经济静态环境中,存在着按劳动和资本各自对生产的实际贡献来决定其收入的所谓公正的"分配的自然规律"。当在生产过程中劳动量固定而资本量相继增加时,每一资本增量所增加的产出量依次递减,最后一个单位的资本增量所增加的产量决定了资本的收入（利息），即"资本边际生产力"决定利息；同样，当资本量固定而相继追加劳动量时，每一单位劳动增量所带来的产量也依次递减，最后一单位的劳动增量所带来的产量决定了劳动的收入（工资），即"劳动的边际生产力"决定工资。克拉克由此推论，劳动和资本共同参加生产，它们在生产过程中都受到关于生产力递减的一般经济规律的支配，并根据其自身的边际生产力取得其应得的收入份额，从而不存在任何资本主义剥削关系。他宣称：

> 社会收入的分配受着一个自然规律的支配，而这个规律如果能够顺利地发生作用，那么，每一个生产要素创造多少财富就得到多少财富……工资……倾向于和产业中由劳动所生产出来的那一部分产品相等……利息自然而然地倾向和由资本所生产出来的那一部分产品相等。[13]

自从 1899 年《财富的分配》出版以后，边际生产力理论很快地在资产阶级经济学中盛行起来［希克斯 1932 年《工资理论》(*The Theory of Wage*)是边际生产力理论发展过程中的一部重要著作］，这一理论为新古典经济学家毫无保留地接受，并使它更为精细和形式化。现代的新古典经济学家常常利用"柯布-道格拉斯生产函数"（"Cobb-Douglas production function"）来阐述边际生产力理论，得出他们的生产理论和分配理论的结论。

C. W 柯布和 P. H. 道格拉斯认为，倘若整个经济在任何既定时间内运用一定的劳动和资本配合所生产的总产量可以用下列总量生产函数来确定，则劳动和资本对总产量的各自的贡献和收入所得的份额也将能由这一函数来解释。总量生产函数的形式如下：

$$Y = AL^{\alpha}K^{1-\alpha} \tag{16}$$

Y 代表产量，L 代表劳动数量，K 代表资本数量，A 是常数，代表一定时期的技术水平，α 是小于 1 的正数。[1]

这一总量生产函数具有下列性质：

(i) 该生产函数是线性齐次式。假如 L 和 K 按某一比例同时增加，

---

[1]　柯布和道格拉斯根据美国发动机工业 1899—1922 年的统计数据得出：$A = 1.01, \alpha = 3/4$；因而这一总量生产函数可写为：$Y = 1.01L^{3/4}K^{1/4}$。

产量 Y 也按同比例增加,规模报酬不变,即

$$A(gL)^\alpha (gK)^{1-\alpha} = g^\alpha \cdot g^{1-\alpha} AL^\alpha K^{1-\alpha} = gAL^\alpha K^{1-\alpha} = gY$$

(ii)生产服从收益递减规律。如果固定某一生产要素的使用量,则随着另一生产要素投入量的增加将使产品增量为一正值,但产品增量愈来愈小。分别对 L 和 K 求 Y 的偏导数,得出

$$\begin{cases} \dfrac{\partial Y}{\partial L} = A\alpha k^{1-\alpha} L^{1-\alpha} = \alpha \dfrac{AL^\alpha K^{1-\alpha}}{L} = \alpha(Y/L) \\ \dfrac{\partial Y}{\partial K} = A(1-\alpha)L^\alpha K^{1-\alpha-1} = (1-\alpha)\dfrac{AL^\alpha K^{1-\alpha}}{K} = (1-\alpha)(Y/K) \end{cases} \tag{17}$$

该式左边表示了劳动和资本各自的边际产量,边际产量随着产出对劳动和产出对资本的比例减少而下降。

(iii)函数式的指数 α 是劳动在国民收入中所占的份额,等于相对于劳动量投入变化的产出弹性;$(1-\alpha)$ 是资本在国民收入中得到的收入份额,等于相对于资本投入量变化的产出弹性。

根据公式(17),可以计算劳动和资本各自收入的绝对量,分别用 L 和 K 乘以公式(17)中两个公式,则有

$$\begin{cases} L \cdot \alpha AL^{\alpha-1} K^{1-\alpha} = L \cdot \alpha(Y/L) = \alpha Y \\ K \cdot (1-\alpha)L^\alpha K^{1-\alpha-1} = K \cdot (1-\alpha)(Y/K) = (1-\alpha)Y \end{cases} \tag{18}$$

同时,对于柯布-道格拉斯生产函数,也可以利用公式(18)证明欧拉定理

$$L\left(\frac{\partial Y}{\partial L}\right) + K\left(\frac{\partial Y}{\partial K}\right) = Y; \tag{19}$$

因为,$\dfrac{\partial Y}{\partial L} = \alpha(Y/L)$,$\dfrac{\partial Y}{\partial K} = (1-\alpha)(Y/K)$,故,$L\left(\dfrac{\partial Y}{\partial L}\right) + K\left(\dfrac{\partial Y}{\partial K}\right) = L \cdot \alpha(Y/L) + K \cdot (1-\alpha)(Y/K) = \alpha Y + (1-\alpha)Y = Y(\alpha + 1 - \alpha) = Y$。

证明成立的欧拉定理说明,当各生产要素按照其自身的边际生产力得到报酬时(即各生产要素得到自己的边际产品),要素所得的报酬恰好将总产量分配完。

倘若用 Y 分别除以(18)式中的两式,得到

$$\alpha Y/Y = \alpha; (1-\alpha)Y/Y = (1-\alpha) \tag{20}$$

公式(20)中的 α 和 $(1-\alpha)$ 即劳动和资本各自按其边际产量支付得到的收入报酬在总产量(Y)中的相对份额。

通过公式变形,也可以将(20)式写为

$$\alpha = (L/Y) \cdot \alpha(Y/L) = (L/Y) \cdot (\frac{\partial Y}{\partial L}) \tag{21}$$

$$(1-\alpha) = (K/Y) \cdot (1-\alpha)(Y/K) = (K/Y) \cdot (\frac{\partial Y}{\partial K})$$

公式 21 中,$(L/Y) \cdot (\frac{\partial Y}{\partial L})$ 是劳动投入变化的产出弹性,$(K/Y) \cdot$

$(\frac{\partial Y}{\partial K})$ 是资本投入变化的产出弹性,它们各自等于劳动和资本在国民收入中所占的相对份额;也可以说,生产要素的产出弹性决定了生产要素在国民收入中的相对份额。

(iv)技术变化是"中性的",这意味着技术进步(系数 A 的增长)将使两种生产要素按同比例增长,因而也意味着劳动和资本的边际技术替代率(RTS_{LK},等于边际产量的比率 MPP_L/MPP_K)是恒定的。

上述的分析表明,首先存在着一个线性齐次式总量生产函数,该函数表明社会的总产出(Y)是由一定的资本(K)和劳动(L)所生产的,当给定相应的 L 和 K 值时,我们就可以运用生产函数来确定劳动和资本各自的边际产量,然后计算出它们在国民总收入中各自的绝对收入量和相对收入份额。这一过程清楚地说明了,生产要素的边际生产力决定了生产要素的收益。或者说,总量生产函数中生产要素之间的技术关系决定了各生产要素在国民收入中所占的相对份额。

通过上述的分析也可以看出,新古典学派生产理论和分配理论的总量生产函数假定生产要素的配合比例是可以变化的,即劳动和资本两种生产要素之间存在着技术上的可替代性。同一产品和产量,能使用不同的资本—劳动比例的技术来生产。以不同的资本—劳动比例为特征的不同技术的选择取决于各生产要素的边际生产力和要素的价格。为了实现最大利润,资本家得根据要素价格(利息率和工资率)选择所采用的技术(资本与劳动的配合比例),为此,要求厂商所使用的每种要素的边际生产率之比率要等于要素价格的比率;或者换一种说法,厂商购买每种生产要素时所支出的最后一元钱所得到的边际产品收益必须相等。由此可以推论:生产要素价格的变化与资本家所选择的生产技术的变化是有规则可循的,利息(利润)率下降时,资本—劳动比例上升,所采用的技术是资本密集程度较高的(更为"迂回"的)生产方法,这时,资本—产量比例和工资也同时上升;反之,利息(利润)率上升时,资本—劳动比例和资本—产量比例都是较低的,工资也同时下降,所采用的技术是劳动密集程度较高的生产方法。

哈考特(G. C. Harcourt)形象而又概括地说,新古典经济学家像基督徒对待《圣经》教义那样虔诚地相信:

(1)在较低的利润率和所使用的较高的人均资本价值之间存在着一种关系;

(2)在较低的利润率和较高的资本—产量比率之间存在着一种关系;

(3)在较低的利润率(整个投资是以更为"机械化"或更"迂回"的生产方法的形式进行的)和较高的持续稳定的人均消费之间存在着一种关系;

(4)在竞争条件下,利润赚取者和工资收入者之间的收入分配可以利用边际产品和要素供给的知识来加以解释。⑬

哈考特同时也指出:"双转折的争论结果是射向上述四个论点的一支穿胸利箭。"⑭

2. 资本论争——"再转折"和"资本反转"

综上所述,新古典分配理论中工资率和利润率的大小以及劳动和资本在国民收入中的分配份额依存于一个内嵌有总量资本的生产函数,并且,是由该生产函数中给定的总量资本的边际生产力决定的。就是说,为了决定工资率和利润率的大小以及劳动和资本在国民产品中的份额,总量生产函数中的 K 值必须是已知的。但是,要把异质的资本品数量加总得出"资本总量",必须把这些异质的资本品还原为某种同质的东西,例如它们的价值或价格,因为各种物质形态上千差万别的机器、厂房、原料是不能直接相加的,由此产生出关于总量资本能否计量出来的问题。

琼·罗宾逊(Joan Robinson)早在 1953 年就在《生产函数和资本理论》一文中对总量资本概念提出了批判,她指出:

"当我们知道特定资本品的预期的未来产出率,预期的未来价格和成本时,那么,如果给定一个利息率,我们就能够按照该资本品所获未来利润流量进行贴现的方法来确定资本品的价值。但是,要这样做我们必须一开始就将利息率视为既定的,而生产函数的主要目的却正是要表明工资和利息率(作为资本的工资)是由技术条件和要素比率决定的。"[15] 因此"资本概念其意义的含混……这一错误使得新古典学说的主要部分是不合逻辑的"[15]。

罗宾逊通过分析得出了新古典的总量资本概念和边际生产力分配理论在逻辑上是一种循环论证这一结论:就是说,为了计算出"资本总量"必须先算出各种异质资本品的价值,然而要计算出资本品的价值,又必须先知道利息率;但按照新古典的生产理论和分配理论,利息率是由被假定为已知的"资本总量"之边际生产力决定的。简言之,要计算出"资本总量"必须先知道利息率,而要知道利息率又必须先知道资本总量。

罗宾逊的这篇文章立即引起了斯旺(T. W. Swan 1954)和钱伯瑙恩(D. G. Champernowne,1954)的反驳(有关内容可参阅哈考特《剑桥关于资本理论的一些争论》,剑桥大学出版社,1972 年,第 11—46 页),由此导致了英国剑桥大学的一些经济学家(琼·罗宾逊等人)和美国麻省理工学院(所在地是马萨诸塞州的剑桥)的一些经济学家(P. A. 萨缪尔森等人)之间一场关于资本理论的论战,即所谓"两个剑桥之争"。这场争论的实质是关于新古典分配理论和生产理论的有效性问题,争论的焦点即"再转折"(reswitching)或"双转折"(double-switching)和"资本反转"(capital-reserving)问题。

下面的分析中,我们将全面介绍"再转折"和"资本反转"问题。

剑桥大学的帕西尼蒂(L. L. Pasinetti)曾指出:"在最近技术再转折争论中已显现出来的传统资本理论中的一些困难可以追溯到维克赛尔关于资本积累的分析。"[16]

哈考特也说:"在近代文献中,社会资本增长的'真实的'和'金融的'方面,已被分别列在实际的和价格的维克赛尔效应标题下加以讨论。"[14] 所谓价格的维克赛尔效应是与工资和利润率变化而技术不变时的资本价值变动相关的,即它是与既定技术时的 $w-r$ 的变化相联系的。所谓实际的维克赛尔效应是与工资和利润率具有不同数值时的技术变化相关联的资本价值的变化,它不仅反映了资本存量的市场价值变化,而且反映了生产方法的改变,现说明如下:

先假定某经济体系中仅存在一种唯一的生产方法——技术 a,它的

人均产出量是 q，工资是 w，人均资本量是 k，利润率是 r；可以用下列公式确定上述四个变量之间的关系：

$$q=rk+w \tag{22}$$

$r=0$ 时，$w=w_{\max}=q$

根据(22)式，可以写出人均资本量的计算公式：

$$k=\frac{q-w}{r} \text{ 或者 } k=\frac{w_{\max}-w}{r} \tag{23}$$

公式(23)也可以用图形来表示。在图形中，$w-r$ 表现为所使用的某一生产技术(a)的生产要素价格边界线(factor price frontier)。该曲线上的每一点反映了技术(a)所能产出的最大工资和利润率的组合，我们可以根据不同的工资—利润率组合来计算该技术的人均资本价值的变化，倘若 $w-r$ 曲线是凹向原点的，我们将得到的是"负的价格的维克赛尔效应"("negative price Wicksell effect")，参见图 9-1。

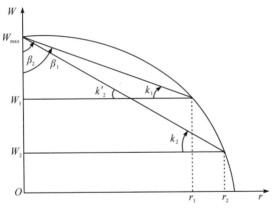

图 9-1　负的价格的维克赛尔效应

图 9-1 中，$K_2=k'_2$(同位角)，同时因为 $\beta_2<\beta_1$，所以 $k'_2>K_1$，也就是：$K_2=\frac{w_{\max}-w_2}{r_2}>K_1=\frac{w_{\max}-w_1}{r_2}$；这表明，$r$ 愈低，k 值愈小，人均资本价值和利润率在同一方向运动。

倘若 $w-r$ 为一直线(参见图 9-2)和 $w-r$ 曲线是凸向原点的(参见图 9-3)，我们则将有"中性的价格的维克赛尔效应"("neutral price Wicksell effect")和"正的价格的维克赛尔效应"("positive price Wicksell effect")。

图 9-2 中，由于 $w-r$ 为一直线，要素价格边界上角一点的斜率均

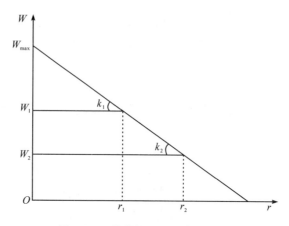

图 9-2 正的价格的维克赛尔效应

相同,故 $K_1 = \dfrac{w_{max} - w_1}{r_1} = K_2 = \dfrac{w_{max} - w_2}{r_2}$,即人均资本价值在工资和利润率变化时保持不变;图 9-3 中,$w - r$ 曲线凸向原点,$K_2 = k'_2$,同时由于,$\beta_1 < \beta_2$,故 $K_1 > k'_2$,也即

$$K_1 = \frac{w_{max} - w_1}{r_1} > K_2 = \frac{w_{max} - w_2}{r_2}$$

这表明,人均资本价值随着利润率的下降($r_2 \rightarrow r_1$)而提高,这也就是新古典理论确认的一般情形。

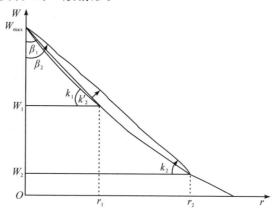

图 9-3 实际的维克赛尔效应

现在,转向叙述"实际的维克赛尔效应",假定两种生产技术 a 和 b,我们可以将这两种技术各自的最大人均产出量(w_{max}),人均资本价值

(k),工资(w)和利润率(r)的关系,以及技术a和b之间的关系通过图9-4反映出来。

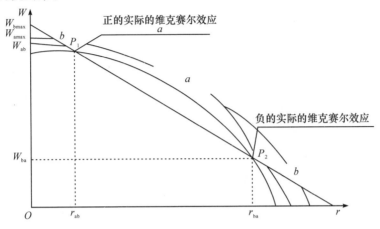

图 9-4　资本反转

图中的a和b分别代表两种技术,a代表资本—劳动比例(K/L)较低的技术,b代表资本—劳动比例(K/L)较高的技术;技术a和技术b的要素价格边界的包络线(图中粗线所表示)为该经济体系的总体要素价格边界(grand factor-price frontier),在该总体要素价格边界上存在两个技术变动的转折点P_1和P_2,在转折点上,两种技术所产生的利润率和工资的组合(r_{ab}与w_{ab}和r_{ba}和w_{ba})是相同的。$r<r_{ab}$时,拥有较多资本量的技术b被选择使用,因为在低于r_{ab}的利润时,工资(或利润率)既定的情形下,技术b可以产生出比技术a更大的利润率(或工资),即技术b是更为有利的;当$r>r_{ab}$时,技术a被选择使用,因为在较高的利润率时,使用较低的资本—劳动(K/L)比例的技术,a是更为有利的;这样,在P_1转折点左右,利润率的变化和所使用的技术的资本—劳动(K/L)比例变动呈反方向运动,即反映的是"正的实际的维克赛尔效应"("positive real Wicksell effect")。但是,当利润率继续上升,$r>r_{ba}$时,在P_2点开始发生第二次技术转变,拥有较高资本—劳动(K/L)比例的技术b再次成为最有利的技术从而又被选择使用,这时,利润率和所使用技术的资本—劳动(K/L)比例在同一方向运动,即出现所谓"负的实际的维克赛尔效应"("negative real Wicksell effect")。

根据上述关于维克赛尔效应的讨论及其图形表述形式,我们能够将

"再转折"和"资本反转"结合起来加以考察,两者的关系如图 9-5 所示。

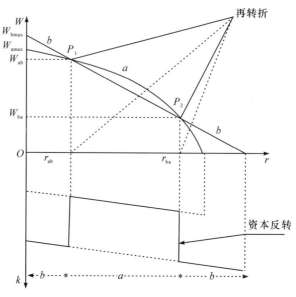

图 9-5　再转折和资本反转

图 9-5 的上半部表明,当 $r<r_{ab}$,技术 b 被选择使用;$r_{ab}<r<r_{ba}$ 时,所使用的技术从 b 转变到 a;$r>r_{ba}$ 时,所使用的技术又从 a 转回到 b,即所谓"再转折"。

图 9-5 的下半部中,K 代表在某一技术及相应的工资和利润率条件下的人均资本配备量,实线标出与每一给定的 r 值相应的 k 值。可以看出,当 $r<r_{ab}$ 时,即当利润率低于 r_{ab} 时,最有利的生产方法是每个劳动力配备的资本量(K/L)较高的技术 b;当 $r_{ab}<r<r_{ba}$ 时,则使用人均资本较低的技术 a 是最为有利的;但当 $r>r_{ba}$ 时,人均资本超过技术 a 的技术 b 再次适用,即发生所谓"资本反转"。

以上所说的"再转折"或"双转折"实际上是经济生活中表现出来的这样一种现象:在有两种(或两种以上)的利息(利润)率时,在许多可以利用的生产方法中存在最为有利的生产方法。"资本反转"则是这样一种经济现象,与新古典经济学通常确认的资本价值和利息(利润)率成反比变化的原理相悖,会出现资本价值和利息(利润)率在同一方向上运动的"反常"情形,一种人均资本价值较高(从而资本密集程度较高)的技术,不是在利息(利润)率较低时被选择使用,而是在利息(利润)率较高的条件下被选择使用。这两种经济现象都暗含着一层共同的含义:同样物质形态的资本品,与不同的利息(利润)率和工资相对应时,可以具有不同的价格,而且,价格变化和利息(利润)率的变化之间并不存在着反比变化的单调函数关系。

"再转折"和"资本反转"现象的出现使得经济学家不再能明确地断言,利息(利润)率的下降总将使得人们按照从资本—劳动比例较低到资本—劳动比例较高的技术这样一种排列秩序来选择所要使用的技术;这也就自然使得新古典经济学的观点——利息(利润)率与资本品的价值和与生产方法的"迂回"程度之间存在着确定的反比变化关系——不再能够成立,或者,确切地说,不再能够作为通则在一切场合中无条件地得以成立。因为,利息(利润)率的下降并不一定伴随着资本价值的上升,所以,在利息(利润)率下降时,绝不能断定所使用的技术的资本密集程度必定是增加的,或者说,所选择使用的必定是"迂回"程度较大的生产方法。

第三节　反批判——萨缪尔森的"替代生产函数"

两个剑桥关于资本理论争论过程中的一个重要的插曲是萨缪尔森教授 1962 年发表在《经济研究评论》杂志上的一篇文章[17],他试图构造一种"替代生产函数"或译"生产函数的代表"(the surrogate production function),该函数在运用中可以避开"再转折"的可能性,并被使用来按照边际生产力理论解释国民收入分配的决定。萨缪尔森声称:"'替代生产函数'这一新的概念可以为 J. B. 克拉克简明有效的论点提供某些合理的说明,这些论点认为存在着一种被人们称作为'资本'的东西,它可以被嵌入一个生产函数中,并和劳动结合生产出总产品。"[17]

假定所研究的经济体系只生产一种消费品和一种资本品,两种产品生产使用的技术相同;假定消费品的价格(P_c)等于 1,消费品和资本品生产部门所使用的资本数量分别记作 K_c 和 K_k,所使用的劳动数量分别记作 L_c 和 L_k,从而获得下列方程:

$$rP_kK_c + wL_c = 1 \tag{24}$$

$$rP_kK_k + wL_k = P_k$$

通过公式变形消除 P_k,则有下列 $w-r$ 关系式

$$w = \frac{1-rK_k}{r(K_cL_k - K_kL_c + L_c)};$$ (25)

因为假定两种产品的生产方法相同,则

$$K_c = K_k = K^* ; L_c = L_k = L^*$$ (26)

根据(26)式,可以推导出

$$K_c/L_c = K_k/L_k$$ (27)

即消费品部门所使用的资本—劳动比例等于资本品部门所使用的资本—劳动比例。

同时,根据(26)式的定义,(25)式可改写为如下形式:

$$w = \frac{1-rK^*}{L^*}$$ (28)

在(28)式中,利润率(r)和工资(w)是呈反方向变化的。在图形中,$w-r$之间的关系是直线型的。参见图9-6。

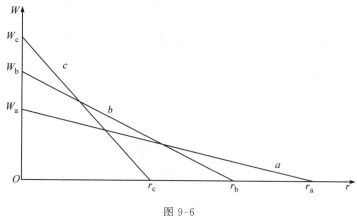

图 9-6

图9-6中,根据上述 $w-r$ 之间的直线关系描述三种不同的技术(a,b,c)的要素价格边界和要素价格边界的包络线(图中粗线表示),由于每一技术的 $w-r$ 关系是线性的,每一技术的要素价格边界与另一技术的要素价格边界仅只相交一次;包络线表明,随着利润率的下降(从 $r_a \rightarrow r_b \rightarrow r_c$),所选择使用的技术是具有越来越高的资本—劳动比例的技术(从 $a \rightarrow b \rightarrow c$),跟随着利润率的下降而被放弃使用的技术(例如 a 和 b)在利润率继续下降时,不可能再次被选择使用,我们结合图9-7来进行进一步的分析。

图9-7的上半部表明,当利润率从 $r_a \rightarrow r_b$ 并继续下降时,所选择的

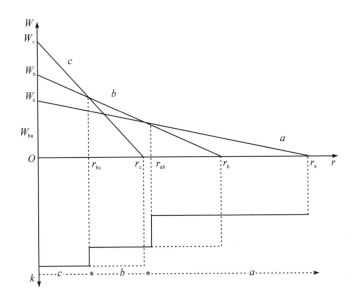

图 9-7

技术从资本—劳动比例较低的 a 转变为 b 和 c,当 $r<r_{bc}$ 时,技术 a 并未再被选择使用,没有"再转折"发生。

图 9-7 的下半部表明,当利润率从 r_a 持续下降时,所使用的技术的人均资本量 (k) 也不断增加,利润率和人均资本量始终呈反方向运动,没有出现"资本反转"的现象。

同样,也可以依据这一"替代生产函数"来解释收入分配问题。

若假设:Y 为用消费品计量的国民收入;$L=$工人的人数;w 和 r 仍代表工资和利润率,则有下列公式

$$Y=K_r+L_w \tag{29}$$

用 L 除(29)式两端,得到

$$y=k_r+w \tag{30}$$

该式如同(22)式,表明人均国民收入等于利润和工资之和。

对(30)式求导数,得出

$$dy=rdk+kdr+dw \tag{31}$$

倘若假定

$$k=-\frac{dw}{dr},\text{或者 } kdr+dw=0 \tag{32}$$

那么,将(32)式代入(31)式,则有

$$r = \frac{\mathrm{d}y}{\mathrm{d}k} \tag{33}$$

即利润率等于资本的边际产品收益率。

因为 $k = -\frac{\mathrm{d}w}{\mathrm{d}r}$ 和 $r = \frac{\mathrm{d}y}{\mathrm{d}k}$,那么,表明利润和工资在国民收入中相对份额的公式 kr/w 即等于下列公式:

$$-\frac{r}{w} \cdot \frac{\mathrm{d}w}{\mathrm{d}r} = e(= kr/w) \tag{34}$$

上式左边是要素价格边界线的弹性(e),它等于 y 在 w 和 r 之间分配份额的比率。如果 $e<1$,劳动者的工资在国民收入中所占的份额大于资本家所获的利润;$e=1$,工资额等于利润;$e>1$,则资本利润在国民收入中的份额大于劳动者的工资收入。可见,社会经济生活中可以使用边际生产力理论解释收入分配问题。

然而,可以从公式(31)中看出,由于 $\mathrm{d}y = r\mathrm{d}k + k\mathrm{d}r + \mathrm{d}w$,若用 $\mathrm{d}k$ 除以该式两端,则有

$$\frac{\mathrm{d}y}{\mathrm{d}k} = r + \frac{k}{\mathrm{d}k} \cdot \mathrm{d}r + \frac{\mathrm{d}w}{\mathrm{d}k} \tag{35}$$

显而易见,资本的边际生产力一般并不等于利润率(r);只有在 $k = -\frac{\mathrm{d}w}{\mathrm{d}r}$,即 $\frac{k}{\mathrm{d}k} \cdot \mathrm{d}r + \frac{\mathrm{d}w}{\mathrm{d}k} = 0$ 的假定之下,$\frac{\mathrm{d}y}{\mathrm{d}k}$ 才等于 r。因而,萨缪尔森利用"替代生产函数"推导出的结论,必须在满足严格的假定条件时,才能得到成立的保证,下面将运用图形分析具体说明这一论点(见图9-8)。

图9-8的 P 点处(即两种技术 a 和 b 的交点上),一方面,根据假定 $k = -\frac{\mathrm{d}w}{\mathrm{d}r}$(这是推导 $\frac{\mathrm{d}y}{\mathrm{d}k} = r$ 的前提条件),同时,$-\frac{\mathrm{d}w}{\mathrm{d}r}$ 也是技术 a 和 b 的要素边界线的斜率。因技术 b 的要素边界为一直线,故其斜率($-\frac{\mathrm{d}w}{\mathrm{d}r} = k$)在要素边界线上的每一点均相同,而技术 a 的要素边界为一凹向原点的曲线,故其在 P 点的斜率是由曲线在 P 点的切线斜率表示的,该斜率为 $-\frac{\mathrm{d}w}{\mathrm{d}r}(= k)$ 也即 $\tan\beta$。另一方面,根据(30)式,$k = \frac{y-w}{r}$(这是推导边际生产力分配论的基本公式 $y = rk + w$ 的公式变形),当 $r = 0$ 时,$y =$

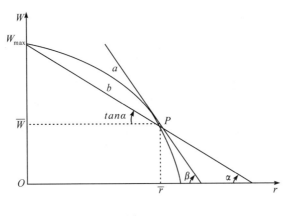

图 9-8

$W_{\max}$，$k = \dfrac{W_{\max} - \overline{W}}{\overline{r}}$；也就是说，在技术 a 的要素价格边界上的 P 点，根据 $\overline{w}$ 和 $\overline{r}$ 的组合，所计算得出的 k 值必须等于 $\tan\alpha$（$= \tan\alpha' = \dfrac{W_{\max} - \overline{W}}{\overline{r}}$）。一眼即可望出，现在出现了这样一个矛盾，在技术 a 的要素价格边界的同一点处（P），根据相同的 $\overline{w}$ 和 $\overline{r}$，计算出来了两个不同的 k 值（$k = \tan\alpha = \dfrac{W_{\max} - \overline{W}}{\overline{r}} \neq k = -\dfrac{dw}{dr} = \tan\beta$）。解决这一矛盾有两种方法：

（i）如果 k 值的计算公式 $\dfrac{W_{\max} - \overline{W}}{\overline{r}}$ 是正确的（否则的话，$y = rk + w$ 这一公式也将是不正确的，推导边际生产力分配论的前提就不存在了），那么 $k = -\dfrac{dw}{dr}$ 这一假定将不能成立，从而根据 $y = rk + w$ 求导得出的公式 $dy = rdk + kdr + dw$，不再能得出 $r = \dfrac{dy}{dk}$ 这一结论。

（ii）如果 $\tan\alpha = \tan\beta$ 和 $k = -\dfrac{dw}{dr}$（从而 $r = \dfrac{dy}{dk}$）要同时成立，这意味着技术 a 的要素价格边界必须是与技术 b 的要素价格边界斜率相同的一条直线，而非曲线。这实际上也就是萨缪尔森上述推论中的假定，在消费品和资本品部门所使用的技术之资本—劳动比例相同［参见公式（27）］。

通观上述分析，萨缪尔森的"替代生产函数"特点在于，该函数可以不依赖总量资本概念。它的基础是各种不同的技术，但它的前提是所有这些技术的生产要素价格边界都是直线型的，因而各要素价格边界相互之间只有一次相交。因此,根据这些技术要素价格边界所得出的包络线(总体要素价格边界)上不会发生任何"再转折"和"资本反转";同样,也可以运用这一生产函数得出边际生产力分配论的结论。可是,既然萨缪尔森的"替代生产函数"及其分析推论的成立,必须严格服从于技术要素价格边界一定是直线型这一条件,那么只要实际经济体系中各种技术的要素价格边界并非全部为直线型,而是存在凸向或凹向原点的曲线,则各种要素价格边界就有可能相交两次(或两次以上)。结果,"再转折"和"资本反转"就完全可能出现,新古典的边际生产力分配理论自然也就能够不再成立。我们将通过对斯拉法理论的分析对这一些问题做更进一步的说明。

第四节 还原为有时期的劳动——资本论战的结局

本节将阐明,斯拉法著作中所暗含的对新古典资本概念及分配理论和生产理论的批判,正是在于,斯拉法的理论证实了"再转折"和"资本反转"的存在以及新古典资本概念和边际生产力分配理论的逻辑矛盾。

下面将从"还原为有时期的劳动"这一方法开始我们的分析。

在斯拉法的著作中,"标准商品"可以被还原为"有时期的劳动",以商品 A 的生产方程为例:

$$(A_a P_a + B_a P_b + \cdots + K_a P_k)(1+r) + D_a w = A P_a \tag{36}$$

现在不用形成 A 的生产资料的各种商品($A,B,\cdots,K$),而用它们各自的生产资料和劳动量来代替,也是说,用作为生产资料的生产资料和劳动来代替上述方程中的生产资料;并且,由于这些用来替代的商品和劳动在一年前已在生产过程中消耗掉了,要对应于它们的时期按复利率乘以利润率因素,即生产资料乘 $(1+r)$ 和劳动乘 $(1+r)$;进而再用生产资料和劳动量来代替较后时期的作为生产资料的商品,使这一过程继续下去。若将各时期投入的直接劳动量分别记为 $L_{a1}, L_{a2}, \cdots, L_{an}, \cdots$,可得出 A 商品的无穷级数形式的"还原方程":

$$L_a w + L_{a1} w(1+r) + \cdots + L_{an} w(1+r)^n + \cdots = A P_a \tag{37}$$

将方程(11) $r = R(1-w)$,变形为

$$w = 1 - r/R \tag{38}$$

代入"还原方程",则有第 n 项劳动项目的一般式

$$L_{an} = (1-r/R)(1+r)^n \tag{39}$$

方程式(39)表明劳动项目的数值依存于利润率(r)和劳动投入时期(n)。$r=0$ 时,某一劳动项目的数值,完全取决于它本身的大小,而与投入的时期无关。$r>0$ 并开始上升时,劳动项目分为两类:一类对应于最近过去所投入的劳动,其数值一开始就下降,并且一直稳步下降;另一类表示较远时期的投入劳动,其数值起始上升,以后在它们各自达到最大数值时,改变方向,转而趋向下降。最终,$r=R$ 时,工资为零,每一劳动项目数值亦为零。斯拉法举出一个例子,并用图式表示他的分析结果。

假定有两种产品,A 和 B(窖中的陈酒和橡木制成的柜子),它们的价格分别记作 P_a 和 P_b;酒的生产中所花费的是 20 个单位 8 年前所投入的劳动,橡木柜生产中有 19 单位劳动用于本年,1 单位劳动用于 25 年前;在各种不同的利润率下时,它们的相对价格之间的差异是:

$$P_a - P_b = 20w(1+r)^8 - [19w + w(1+r)^{25}] \tag{40}$$

若 $R=25\%$,则 $w = 1 - r/25\%$,代入(40)式,有

$$P_a - P_b = 20(1-r/25\%)(1+r)^8 - [19(1-r/25\%) + (1-r/25\%)(1+r)^{25}]。 \tag{41}$$

当 r 从 $0 \to 9\%$ 变化时,P_a 相对 P_b 上升;r 从 $9\% \to 22\%$ 变化时,P_a 相对于 P_b 下降;而 r 从 $22\% \to 25\%$ 变化时,P_a 相对于 P_b 又转向上升(参见图 9-9)。

还原为有时期的劳动量的分析的直接结论是:

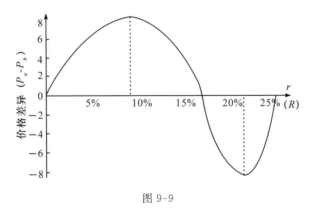

图 9-9

"还原为有时期的劳动项目,对于企图在'生产时期'中找出一种资

本量的独立计量尺度,可以用它来决定价格和分配份额,而不至于陷入循环论,颇有关系……刚才讨论的这种情形,对于表明不可能把属于几项劳动量的这些'时期'总计成为一个可以被视为代表这种资本量的单一数量,似乎是结论性的。在生产方法不变情形下,相对价格变动方向的逆转和作为独立于分配和价格的一个可以计量的数量的任何资本概念,不能调和。"②

斯拉法的分析结论完全证实了琼·罗宾逊对新古典总量资本概念及分配理论批判的有效性。

新古典经济学企图以含有总量资本概念的生产函数来说明资本的收入分配——利润。可以根据他们在现实经济生活中计量资本数值的实际方法——各种资本品价值的确定,是由它们各自的收益按一定的利息(利润)率来折算为现值,然后在此基础上加总形成总量资本。因此,资本的计量是以分配因素(利息率或利润率)的事先确定为前提的,并随着利息(利润)率的变化而变化,根本不能独立于分配因素。新古典经济学建立在内含有总量资本概念的生产函数基础上的边际生产力分配理论,在解释利润的分配份额时已把资本量作为事先已知的因素了,也就是说,在论证中所需要说明的变量已经作为前提暗含在论证中了,这就不能不使得理论陷于团团转的循环论证之中。可见,在多种产品的经济体系中,新古典的资本概念和分配理论在逻辑上是矛盾的、站不住脚的。

现在,再回过来看图 9-9,在斯拉法所举的陈酒和橡木柜的例子中,生产技术 a(生产陈酒的技术)所使用的全是资本(20 单位劳动全是在 8 年前投入),生产技术 b(生产橡木柜的技术)使用的是 19 单位的本期劳动和 1 单位 25 年前投入的劳动,因此,技术 a 的资本密集度显然要高于技术 b。倘若按照新古典的理论,利润率上升(从而工资下降)时,资本密集度较高的技术 a 生产的商品(陈酒)的价格总是高于资本密集度较低的技术 b 生产的商品(橡木柜)的价格,换言之,利润率上升时,运用资本较少的技术 b 的商品生产成本总是低于运用较多资本的技术 a 的商品生产成本的。可是,斯拉法通过"还原为有时期的劳动"的方法证明,在利润率从 $0 \rightarrow 25\%$ 的整个变化过程中,利润率从 0 到 9% 时,P_a(陈酒的价格,亦等于其生产成本)相对于 P_b(橡木柜的价格,等于其生产成本)确是提高了;利润率从 9% 到 22% 时,P_a 相对 P_b 却是下降了;而当利润率从 22% 到 25% 时,P_a

相对于 P_b 又提高了。因此,利润率上升时,技术 b 的生产成本并非总是一直低于技术 a 的生产成本的,利润率在不同的数值范围内变化时,商品的相对价格(从而技术的生产成本)是可以逆转的。从技术选择角度看,技术 b 在较低利润(0~9%)和较高利润(22%~25%)时都是比较有利的技术,从而在两个不同的利润率水平上被选择使用,这也就是我们已阐述的技术"再转折"或"双转折"的现象。从资本价值方面来看,由于当利润率从 9% 继续下降时,所选择使用的技术是生产成本相对较低的技术 b,也是使用的资本数量(从而资本密集度)较小的技术,在这种情形下,利润率和所使用技术的资本价值量在同一方向上运动,即证明所谓"资本反转"现象的存在。

琼·罗宾逊指出:"由彼罗·斯拉法所做的新的批判,不仅只是对传统理论的嘲讽,它深入到它们的理论体系内部并从中揭露了它们的虚弱之处。争论是在逻辑分析层次上展开的;当逻辑上观点已被驳倒后,正统观念留在空气中飘浮,它们被剥夺的正是它们的科学基础。"[18]

资本论战的最终结局是,萨缪尔森被迫承认:"'新凯恩斯主义'或'英国—意大利'学派的批判者——P. 斯拉法、L. 帕西尼蒂. N. 卡尔多和 J. 罗宾逊为主要人物——令人信服地指出:在技术上不能证实'低利息率与较大程度的迂回性生产方法有关'这一粗略说法的普遍正确性,涉及所谓'再转折'的例子可以解释他们的观点。"[19]正如马克·布劳格(Mark Blaug)所说的,萨缪尔森"无条件地缴械了"[20]。

第三章　　斯拉法理论的影响和评价

第一节　对新剑桥增长和分配理论的影响

现代西方经济学的增长理论始于哈罗德-多玛模型("Harrod-Domar model")。[21]无论是新古典学派或是新剑桥学派的经济增长理论,都是在哈罗德-多玛模型的基础上发展起来的。

哈罗德模型采用了凯恩斯《通论》中所运用的储蓄—投资分析方法,考察了在国民收入中的储蓄率(S)和资本—产出比率($V = K/Y$)给定

的条件下,为了实现稳定状态的经济增长,所要求的增长率(他称为有保证的增长率 G_w)应满足如下条件:

$$G_w = S/V \qquad 或 \qquad G_w \cdot V = S \tag{42}$$

同时,哈罗德还提出了另外两个增长率概念——实际增长率(G)和自然增长率(G_n),前者是一个国家在任何一年中实际上实现的增长率,它取决于有效需求的大小;后者是一个国家所能实现的最大限度的增长率,它是由劳动力的增长和劳动生产率的增长率所决定的。哈罗德认为,为了使社会经济实际上能够均衡地增长,要求 $G = G_w = S/V$;而要实现充分就业的均衡增长,要求 $G = G_n = S/V$ 。但是,由于有效需求的变动产生的影响, $G = G_w = S/V$ 是相当困难的[所谓哈罗德模型的"刃锋"("knife-edge")],况且, G_n 和 V 、 S 都是由社会经济体系中不同的因素决定时,充分就业增长的条件更是难以保证的。

为避免被称为"刃锋"的极为狭窄的经济增长途径,美国经济学家索洛(R. M. Solow)提出了他自己的增长模型,之后,别的一些英美经济学家,例如,米德(J. E. Mead)、斯旺(T. W. Swan)和萨缪尔森也陆续提出了具有相同观点的经济增长模型,一般把他们的模型称为新古典经济增长模型。新古典增长模型的特点在于,利用自由竞争市场中的价格机制,经过生产要素的价格(利息率和工资)的变动来调整资本—劳动(K/L)和资本—产出(V)这些技术比例关系,以保证充分就业均衡增长的实现。[②]

可是,同样在哈罗德模型基础上发展起来的新剑桥经济增长模型(主要代表人物是 J. 罗宾逊、N. 卡尔多和 L. 帕西尼蒂)则不同于新古典的经济增长模型,它的特征是重视国民收入分配问题和经济增长的关系[②],下面将通过对卡尔多的经济增长模型的分析来说明这一点。

卡尔多的经济增长模型是在 1956 年提出来的。[③]同年,J·罗宾逊出版了她的《资本积累论》一书。卡尔多的经济增长模型中,经济增长率是和国民收入在社会各阶级之间的分配以及不同的阶级的储蓄倾向紧密相关的。这些关系可以用下面的一系列方程式加以表示:

$$Y = W + P \tag{43}$$

$$S = S_p P + S_w W = I \tag{44}$$

将(43)式变形:

$W = Y - P$,代入(44)式,则有

$$S_p P + S_w(Y-P) = I \tag{45}$$

将(45)式移项整理后,改写为下列形式:

$$P/Y = \frac{1}{S_p - S_w} \cdot I/Y - \frac{S_w}{S_p - S_w} \tag{46}$$

上述方程中,Y 是国民收入,W 是工资总额(劳动者收入),P 是利润总额(财产收入),I 是投资总量,S 是储蓄总额,S_p 和 S_w 分别代表来自利润和来自工资的储蓄份额(即资本家和工人各自的储蓄倾向)。在该模型中,收入分配和资本积累率是直接相关的,当 S_p 和 S_w 既定时,资本积累率(I/Y)决定了利润在国民收入中所占的份额(P/Y),也可以说,投资(I)决定了利润(P)的大小。

卡尔多运用上述模型中所反映的各变量相互间的关系阐明了增长理论中的两个基本问题:经济均衡问题和决定经济长期增长率的因素问题。关于均衡问题,卡尔多认为,把 $S_p > S_w$ 这一限制条件作为分配的机制运用到经济增长模型中去,那么,经济均衡增长,不仅是存在的,而且是稳定的。卡尔多确信,S 同 I 的任何背离,都会引起国民收入分配的变化以致使得 S 适应于 I。例如,在充分就业条件下增加投资并导致需求的普遍增长,将会产生的结果是价格上涨超过工资提高的速度。因此,收入分配的变化有利于利润的增加和降低工资在国民收入中的份额,由于 $S_p > S_w$,结果是社会总储蓄量自然增加,S 将与 I 恢复均衡;假如出现相反的情况,投资和需求全面趋于下降,则价格的下跌速度将会快于货币工资的下降速度,分配的变化将有利于工人,由于 $S_w > S_p$,社会总储蓄量将会相应减少,S 与 I 的等式将再次成立。这种通过国民收入分配变化来调整储蓄,使之适应于投资的作用机制,在经济文献中,通常被称为"卡尔多效应"("Kaldor effect")。因此,在短期内,国民收入分配是投资和需求不稳定增长和相对价格变动的一个函数。

在长期经济增长因素的分析中,国民收入分配同样也具有决定性的作用。由方程(46)的分析,可以得出如下结果:假如 S_p 和 S_w 均是常数,那么,积累率的任何上升,也就是经济增长率的上升(如果 V 也保持不变),利润在国民收入中的相对份额就必然增大;反之,积累率的任何下降,同样条件下,利润份额也趋于下降。卡尔多将他上述方程中含有的 $\dfrac{1}{S_p - S_w}$ 这一系数,称为"收入分配的灵敏度系数",因为它能表明投资与产量之比的变化所引起的利润在国民收入中所占相对份额的变化。S_p 超过 S_w 的差额愈大,积累率变化对利润份额的影响程度就愈小;S_p 愈接近于 S_w,分配份额的变化对于积累率的依赖程度也就愈大。同样,假定积累率是既定的,那么,收入分配的变化将取决于资本家和劳动者各自的储蓄倾向(S_p 和 S_w)。当 S_w 不变时,S_p 愈大,P/Y 值愈小;S_p 愈小,P/Y 值愈大。也就是说,资本家消费得越多,利润在国民收入中的份额越大,这也就证实了新剑桥学派所信奉的卡莱茨基(Michal Kalecki)的名言:"资本家所得到的也就是他所花费的。"

卡尔多经济增长模型被认为是对李嘉图体系的一个卓越的和系统的重新阐述。在李嘉图的经济增长模型中,社会各阶级各自在国民收入中所占的份额主要是由自然的因素(特别是农业生产中的报酬递减规律和人口增长的"工资铁律")所决定的。当社会人口增长时,农业生产扩展到更为贫瘠的土地上耕种时,主要的趋势是地租在国民收入中的份额上升,同时谷物价格的上涨提高了工人的货币工资,从而压缩了利润在国民收入中的份额,导致资本积累率的下降。既然资本积累率是决定经济增长率的最重要的因素,如果听任这一趋势自行发展,势必导致社会进入静止状态。卡尔多的增长模型的中心也是收入分配问题,其基本思想与李嘉图关于收入分配和经济增长的宏观动态理论是一致的。可是,在收入分配份额决定的因果关系上是颠倒过来的。李嘉图认为,工资与地租是同时存在的外生变量,利润是作为收入总额中的一个剩余份额被决定的,以李嘉图的级差地租Ⅱ为例,这一观点可由图 9-10 表示。

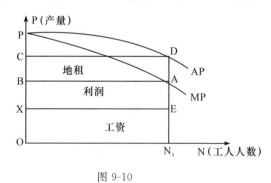

图 9-10

在图 9-10 中,P—AP 曲线代表工人人均产量,P—MP 曲线代表工人的边际产量,由于"土地收益递减律"的作用,在同一土地上追加劳动时,所获产量以递减比率增长,使得在这一土地上的原投资获得超额利润,形成地租。图中,由"土地收益递减律"所决定的地租,在劳动力追加到 N_1 时,是由长方形 ABCD 来表示的;而工资(X)则是由社会必需的生存水平来决定的(生存工资),并不是由工人的边际生产力所决定的。图中的 EN_1OX 代表工资总额;最后剩下来的即是利润,图中的利润总额以 AEXB 表示,它的数量大小直接关系到资本积累率和经济增长的速度。

卡尔多则相反,他认为利润是由资本家的资本积累需要(也就是资本家的积累愿望)决定的外生变量,收入分配的份额是由经济增长率所决定的。卡尔多模型中的分配理论也涉及社会阶级之间的关系,其核心是:利润所得者的储蓄倾向大于工资收入者的储蓄倾向。在资本主义社会经济中,经济要按照充分就业均衡增长道路发展,就必然会涉及国民收入在社会各阶级之间的分配问题,但由于各阶级的储蓄倾向是各不相同的,因此,收入分配就要精确规定利润和工资各自在国民收入中所占的份额,这个份额是保证资本家所规定的积累率所必需的:当经济增长中发生波动时,分配份额的改变是保证经济均衡的恢复($S=I$)的必不可少的条件。

卡尔多的经济增长理论和罗宾逊的经济增长理论提出的时间均早于斯拉法《用商品生产商品》这一著作的出版,可是,我们并不能以此断言卡尔多等人的增长理论和斯拉法是毫无关系的。虽然本文并不想牵强附会地把新剑桥最早的经济模型说成是以斯拉法理论为基础的,但以下两点在我们考察新剑桥的增长理论时,必须注意到:(1)斯拉法主编的《李嘉图著作和通信集》(剑桥版)十卷本是在 1951 年至 1955 年间出版完整的,各卷都附有主编者的序言或(和)准确严密的文献考证,新十卷本各卷中还收入了不少李嘉图的新的有关文献,这是斯拉法从 1928 年到 1955 年近 30 年中研究成果的一个重要组成部分,它对于当时的经济学家,尤其是剑桥大学的经济学家(包括卡尔多和罗宾逊)不能说是毫无影响的。R.奎弗斯在一篇研究罗宾逊的增长理论的文章中借用了哈考特的话:"斯拉法的《用商品生产商品》曾经有过一个难以置信的长时期的酝酿……而罗宾逊对他表示感谢,因为斯拉法在几本李嘉图著作通信集的前言中所包含的关于未来的一些暗示,有助于她开展她自己的分析与看法。"㉔罗宾逊本人确实也坦率地说过:"我已经从彼罗·斯拉法的李嘉图《原理》一书的序言中获得了启示,我的分析(错误和疏忽不包括在内)只是他所做的一个预言。"㉕因此,在分析斯拉法与新剑桥经济学的关系及影响时,不能局限在《用商品生产商品》一书出版后,而应加以全面考虑,尤其不能忽视斯拉法在复兴以李嘉图为代表的古典经济学理论时对新剑桥经济学的影响。(2)从新剑桥经济理论的发展来看,这一发展是与批判新古典经济理论处于同一过程中的,整个新剑桥经济增长理论对于国民收入分配的强调,与斯拉法复兴李嘉图古典经济学的精神是完全一致的。当斯拉法《用商品生产商品》一书出版后,新剑桥的一些主要经济学家就提出要以斯拉法的著作为理论基石,建立新的分配理论,阐明工资和利润在经济增长过程中的相对变化,新剑桥的分配理论主要涉及的是两个问题:第一,既定的国民收入(斯拉法的纯产品)在工资和利润之间怎样进行分配;第二,在动态经济增长过程中,工资和利润的相对份额(各自在国民收入中的比重)的变化和相互关系。

新剑桥经济学家利用他们的理论来诊断资本主义社会的病症的"原因"。他们认为,资本主义社会的症结在于收入分配的失调,分配是在一部分人占有生产资料,另一部分人未占有生产资料这一历史形成的制度基础上进行的,现存社会制度是造成这种"不公平"和"不合理"的分配格局的原因,不能指望在现行制度下通过市场自动调节机制来改变这一格局;并且,在现存制度下,经济增长本身是在收入分配失调的基础上进行的,因而经济增长不但丝毫不能扭转这一格局,反而只会加剧收入分配的失调。根据上述诊断,新剑桥经济学家得出结论,要医治资本主义社会的病症,重要的是必须改进资本主义社会的收入分配制度。由此,他们提出了一系列的社会政策,如实行累进性的税收制度,实施没收性的遗产税,给予低收入家庭适当的补助,等等。但是,不难看出,新剑桥的理论及其以此为基础的社会政策建议实质上都是改良性质的,企图在不触动资本主义生产资料私人所有制的范围内,通过改变收入分配制度来改善资本主义制度。

第二节　斯拉法理论与马克思主义经济学的关系

斯拉法《用商品生产商品》一书的出版,引起了西方经济学界对李嘉图及古典政治经济学的兴趣,同时,也伴随着一股对马克思主义经济学重新研究和探讨的热潮。

在对斯拉法理论与马克思主义经济家的关系的研究和讨论中,主要涉及马克思主义经济学的两个问题:劳动价值学说和商品从价值到生产价格的"转型问题"("the transformation problem"),后一个问题是讨论中最热门的话题。⑩

人数众多的,分属各个学派的经济学家涉及对这些论题的讨论,迄今为止,已发表的著作和文章也可说是汗牛充栋。限于本文作者的研究水平和本文的篇幅,不可能对它们进行一一研究。我想通过直接比较分析的方法来阐述斯拉法理论和马克思主义经济学的关系,并且尽可能做出客观的评价。

1.理论体系的基本差异

正如上述小标题所表明的,这一部分的分析试图在比较研究的基础上,提示马克思主义经济学和斯拉法理论的基本差异,证明它们是两个完全不同的理论体系。为此,有必要从正面提出一套研究马克思和斯拉法两个理论体系相互关系的比较分析的观点。

第一,研究的目的是完全不相同的。研究的目的可以被划分为两类:理论目的和实践目的,马克思从事政治经济学的理论研究是由于他意识到:"法的关系正像国家的形式一样,既不能从它们本身来理解,也不能从所谓人类精神的一般发展来理解,相反,它们根源于物质的生活关系,这种物质的生活关系的总和。黑格尔按照 18 世纪的英国人和法国人的先例,称之为'市民社会',而对'市民社会'的解剖应该到政治经济学中去寻求。"⑰因而,马克思从事政治经济学研究的理论目的,是研究资本主义社会的经济关系,它的经济运行和社会发展,以及它不可避免的没落和崩溃,用马克思自己的话来说,是为了"揭示现代社会的经济运动规律"⑱。马克思的实践目的是,为无产阶级提供科学的理论武器,改变现存社会的经济结构和与此相对应的政治制度。斯拉法从事政治经济学研究的理论目的,是考察资本主义社会中商品价格的决定所依存的各种条件以及收入分配变化和商品相对价格变化之间的内在关系。他的实践目的是,为批判新古典以边际主义为基础的经济学理论和复兴以李嘉图为代表的古典政治经济学传统,提供一个坚固的理论基础(在以斯拉法理论为基础的新剑桥学派那里,实践目的是改变资本主义的收入分配制度)。相比较之下,马克思政治经济学研究所涉及的领域比斯拉法宏大得多,更为重要的,研究目的上的差异会造成研究方法、研究起点上的不同,这又会进一步造成对一些基本理论的分析和结论上的分歧。

应该附加说明的是,斯拉法本人并没有在他的著作中谈论他的理论与马克思主义经济学及其发展的关系(他只在书的附录中有三处提到马克思),运用斯拉法的理论去研究马克思主义经济学是别的经济学家的事。因此,在研究马克思与斯拉法两者理论的关系时,切忌把不属于斯拉法本人的,而只是别的经济学家自己发挥的观点加到斯拉法头上。比较分析的基础必须是真实的,研究的结论才可能是实事求是和令人信服的。

第二,两者研究的对象是相同的,都以资本主义社会为研究对象。但是,在研究中,他们各自为自己理论研究所规定的条件和暗含前提是不同的,换言之,理论体系是在不同的抽象层次上展开的,而且,这一点导致了马克思和斯拉法在分析时起点上的不同。

马克思在他的研究中所采用的是从实际经济中的具体到理论上的抽象这样一种归纳法;在阐述理论时所采用的是从最一般的理论抽象到实际经济中的具体这样一种演绎的方法。在这些方法的运用中,始终贯穿着辩证唯物主义法则的精神。《资本论》结构表明,马克思首先是从商品的性质(价值和使用价值)的分析入手,着重研究价值——价值的质和量的规定性。在这个研究阶段中,分析是在最高的抽象层次上进行的,正如《资本论》第一卷的副标题所表明的。在"资本的生产过程"中展开,研究中抽象掉了任何与流通有关的因素。马克思在此依次研究了价值、货币、资本(可变资本和不变资本)、剩余价值、剩余价值率、利润和利润率等一系列经济范畴,建立起了劳动价值理论和剩余价值理论。在《资本论》的以后各卷中,马克思一步步地引进了资本主义经济中那些更为具体的因素——市场竞争,资本在各产业部门的流动,资本有机构成在各产业部门的差别等等,在价值和剩余价值的基础上阐明了利润、平均利润率、市场价值、生产价格、利息和地租等一系列经济范畴,使抽象的理论在演绎过程中逼近资本主义经济现实。

在这种与辩证唯物主义法则的精神一致的"逻辑的历史的分析"之中,价值—劳动价值是一个必不可少的经济范畴,并且是整个分析的出发点,正是这一最重要和最基本的范畴及其演化反映了马克思主义经济学的方法论特征。劳动价值论是唯物的,是因为价值在马克思的定义中是人类的一般劳动;而劳动是人类生存和发展的最基本的社会实践活动,商品生产出现的前提之一即生产中劳动的社会分工,商品的交换也就是商品生产者之间的劳动量的交换,劳动无疑构成社会生产和交换的最基本的前提,劳动价值自然是政治经济学中的第一基本范畴。劳动价值理论之所以是辨证的,因为马克思的价值范畴是商品生产社会中特定的生产关系和生产力水平的综合体,商品的价值在量的规定性方面反映了社会的生产力和劳动生产率水平;质的规定性方面反映了不同的商品生产中人们在生产过程和交换过程中体现出来的社会关系。商品的价值和使用价值的矛盾则反映了商品生产的矛盾。马克思正是在这一基础上,推导出资本主义商品生产的矛盾,揭示了资本主义经济的运动规律。劳动价值论和剩余价值论是马克思主义经济学体系的基础,马克思的货币理论、资本理论、分配理论、再生产理论、资本积累和资本主义经济危机理论,以及国际贸易理论,哪一部分能脱离劳动价值论和剩余价值论而自成体系呢?

下面,再来概括地看一下斯拉法的研究方法和分析起点。

斯拉法的研究是从物质生产技术条件(所谓"生产和生产性消费的方法")开始的,这一物质生产技术条件在一个不存在任何剩余和剩余分配的经济体系中,直接决定了商品的价值,按斯拉法的话来说,"价值直接产生于生产方法"②。在一个静态的和均衡的社会经济中,斯拉法模型由"生产和生产性消费方法"得出的商品价值,和马克思由社会必要劳动时间所决定的价值,在量上是相等的。但是,斯拉法并没有明确地把商品的价值定义为生产中所必需的劳动量,更没有对价值的质的规定性开展任何分析。对于斯拉法以后的研究来说,他并不需要对价值展开像马克思那样的分析,这是完全可能的。肯定这一点的同时,我们也要看到,斯拉法的分析的基础是李嘉图的劳动价值理论,由于基础本身的问题,必然会影响到在这一基础上构造起来的理论体系。

一旦进入剩余分配的分析,斯拉法显然没有能在马克思的研究那样高的抽象层次上从事研究,他实际上再没有研究任何价值问题。在他那里,"价值""交换价值""相对价格""自然价格"和"生产价格"都是在同一意义使用的词汇,这确实是继承了李嘉图的错误,重视对价值量的分析而缺乏对价值的规定性的考察。由于不能把握"价值"和"生产价格"之间的区别,斯拉法在具有剩余的模型中,脱离了在价值层次上的问题研究,如像马克思那样在$(c+v+m)$的层次上对剥削问题进行研究。而是马上引进了产业部门之间所使用资本与劳动比例的差异、竞争、工人与资本家在分配份配上的关系,平均利润率算具体因素,把直接生产过程、分配过程和交换过程结合在同一分析过程中。由于斯拉法缺乏对价值的科学考察,便想直接研究分配变化和商品生产价格的关系,而生产价格在斯拉法的研究所规定的理论抽象层次上显然是不能独立于国民收入分配因素的。因此,要在一个确定的量的前提下考察国民收入分配,肯定不能以商品的生产价格(在斯拉法的分析中与价值无异)为量的前提(在生产方程中价格和分配变量 r 是同时解出的)。结果,斯拉法选择了商品的实物量作为分析的出发点。

问题是,用商品的实物量作为分析的出发点,是否能得出马克思主义经济学的全部基本结论。首先,以商品实物量表示的"剩余"无疑是一种物质现象,最大利润率(R')也是一种作为"剩余"的商品和作为投入的商品的一种实物比率。尽管斯拉法把全部"剩余"和国民收入画了等号,并规定它等于社会年劳动量,从而暗含资本家得到的作为利润的那部分"剩余"也是由工人劳动创造的。可是,作为物质现象的"剩余"毕竟只是由纯粹的物质生产技术条件来决定的,和任何社会生产关系无关;而且,斯拉法用来决定利润率(R)的公式,用马克思使用的符号来表示,是$m+v/c$,与马克思的利润率公式 $m/c+v$,不仅在量上和形式上是不同的,所包含的意思也有重大的区别。在斯拉法看来,工人的工资并不是资本家的可变资本(甚至斯拉法根本没有"资本"这一概念),而是对"剩余"的一种分割。同时,面对纯粹物质现象的"剩余",使得斯拉法不可能对"剩余"转变为剩余价值的原因做任何考察。马克思也承认剩余价值的生产需要一定的自然基础,也是和社会劳动生产力水平有关的,但就剩余价值的生产和数量上的界限来说,它不仅受到自然的、技术的和劳动者生理的条件的限制,而且从一开始就受到资本主义生产目的的制约。剩余价值和价值一样,是一种特定的生产力和生产关系的综合反映,是在一定的社会生产力水平并结合着特定阶段的生产关系而产生的。斯拉法在价值研究中重视量轻视质的古典传统,必然导致在研究剥削问题时忽视对质的方面的分析。马克思在《资本论》中曾批判李嘉图(这同样适用于斯拉法)说:"李嘉图从来没有考虑到剩余价值的起源。他把剩余价值看作是资本主义生产方式固有的东西,而资本主义生产方式在他看来是社会生产的自然形式。他在谈到劳动生产率的时候,不是在其中找到剩余价值存在的原因,而只是寻找剩余价值量的原因……这些资产阶级经济学家实际上具有正确的本能,懂得过多深入地研究剩余价值的起源这个爆炸性的问题是非常危险的。"⑱

同样,斯拉法由于把"剩余"的生产仅看作是纯粹的物质生产过程,只是把"剩余"的分配看作是与社会制度因素和生产关系有关的过程,这也就应了马克思对李嘉图的批判,"把生产当作是永恒的真理来谈论而把历史限制在分配范围之内"⑲。

第三,"还原为有时期的劳动量"和劳动价值论的关系。斯拉法研究"还原为有时期的劳动量"并非意在把劳动价值理论作为自己体系的基础,他的理论体系是建立在商品实物项的基础上,并不依赖于这一"还原";相反,"还原"是在"标准商品体系"基础上展开的。这与马克思从价值到生产价格的研究次序恰好反过来。斯拉法"还原"的目的是:利用"还原为有时期的劳动量"这一分析工具批判新古典经济学的理论(参见本文第二章第四节的内容)。那么,"还原为有时期的劳动量"与马克思的社会必要劳动时间决定的价值量的关系究竟如何呢?

斯拉法关于"标准商品"和劳动量的关系的论述,实际上呈现出来有两种观点。

第一种观点是"对于商品的价格,有一种更具有实体性的尺度的存在,这使它有可能甚至代替标准纯产品这一变弱的职能。我们即将看到,这个尺度就是'用标准纯产品所能购买的劳动量'。实际上,一旦我们规定了利润率,并且无需知道商品价格,在标准纯产品和仅因利润率而定的劳动量(着重号是引文者加上的)之间就建立起一种平价……这个劳动量的变动和标准工资成反比,而和利润率成正比"⑳。表示这一劳动量的公式是:

$$1/W = R'/(R'-r) \tag{47}$$

第二种观点是,商品的价格可以由"还原为有时期的劳动量"来表示

［参阅本文公式(36)—(39)］。

斯拉法在他的著作《附录 D》中谈到"价值的标准尺度"和"支配的劳动"时,对有人把他的观点看作是亚当·斯密的"购得劳动说"感到惊异。[2]那么,斯拉法的劳动量是否就是亚当·斯密的"购得劳动说"? 这是我们在研究中首先必须弄清楚的问题。

亚当·斯密曾说过,商品的价值等于人们用该商品"能购买或支配的劳动量"[3]。在亚当·斯密的心目中,用商品所能"购买"或"支配"的劳动量是指活劳动,实际上就是作为商品的"劳动"——劳动力处在没有剥削的伊甸乐园之中,购得劳动和生产力必要的劳动是相等的;一旦走出这块乐园,购买劳动就不再等于生产中必要的劳动量了。商品的价值是由劳动者的工资、资本的利润、土地的地租三种收入共同决定的。工资越高,一定数量的商品所能购到的劳动越小,反之亦然。与斯拉法的第一种观点相比较,在 $1/W = R'/(R'-r)$ 这一公式中,以"用标准商品所能购买到的劳动量"形式表示出来的价值尺度具有如下属性:"这种尺度单位在大小上,随着工资的下降而增加,就是说,随着利润的上升而增加,所以在利润率为零时,它等于该体系的劳动量,在利润率接近最大数值 R' 时,它就无限增加。"[2]因此,我认为斯拉法在第一种观点中的劳动量毋庸置疑,就是亚当·斯密的"购得劳动说",这一价值尺度与马克思用来衡量商品的社会必要劳动时间是完全不同的,社会必要劳动时间是由正常生产条件下的平均技术水准和劳动强度来确定的,利润和工资的相对变化只涉及价值量中 v 和 m 比例的变化,价值尺度本身不受任何影响。

但是,在考察斯拉法的"还原为有时期的劳动量"时,并不能将它与亚当·斯密的"购得劳动说"视为同物。根据"还原"方程

$$L_a w + L_{a1} w(1+r) + L_{a2} w(1+w)^2 + \cdots + L_{an} w(1+r)^n + \cdots = AP_a$$

在以前各生产时期中投入的劳动量(表现为以后生产时期中的物化劳动)是按复利公式进行计算的,平均利润率是进行"还原"的前提。从计算结果看,除非所"还原"的商品是由使用资本与劳动的"临界比例"产业部门(即马克思的平均的社会资本有机构成生产部门)生产的商品,一般来说,"还原"得出的商品中的劳动量决不会等于马克思的社会必要劳动时间所决定的价值量。可以说,"还原为有时期的劳动数量"是一种类似于德米特里也夫(V. K. Dmitriev)的商品相对价格理论(关于德米特里

也夫的相对价格模型,参阅本文附录 B)。

再进一步看,斯拉法的"还原为有时期的劳动量"的方法所适用的范围仅局限于"单一产品生产部门和流动资本"的模型中(即斯拉法著作的第一编);在"多种产品生产部门和固定资本"的模型中(斯拉法著作的第二编中的所谓"联合生产"分析),斯拉法本人也承认"还原为有时期的劳动量不是普遍可能的",甚至在商品生产中会出现"负数劳动量"②。这一论点后来被斯蒂德曼在《按照斯拉法的观点研究马克思》(*Marx after Sraffa*)一书中,发展成为"伴随着负剩余价值的正利润",以作为他证明马克思的劳动价值论和剩余价值论在分析资本主义经济时是无用的累赘这一观点的最重要论据之一。③

上述的分析表明,斯拉法的理论体系与马克思主义政治经济学的理论体系并不是两个等价的经济理论体系。马克思主义政治经济学理论体系只能建立在科学的劳动价值理论和剩余价值理论的基础上,他的研究方法和理论结论也只能在这一科学体系之中得到最好的说明。因此,任何想脱离马克思的完整科学体系,背弃科学的劳动价值论和剩余价值论而取得马克思主义经济学的基本结论的企图,以及某些西方经济学家试图用斯拉法体系(或者别的什么体系)来取代马克思主义经济学体系的想法,都只能是徒劳的。

2.理论的相近点和比较分析的结论

诚然,也并不能因为西方有些经济学家(例如,斯蒂德曼等人)企图利用斯拉法的理论来得出否定劳动价值论和剩余价值论的结论,于是就凭借这一点全盘地否定斯拉法的理论体系及观点。

我认为,研究斯拉法理论和马克思主义经济学的某些相近点(或者说共同点),最好的办法是以李嘉图为代表的古典经济学为中介,表明马克思和斯拉法在哪些方面或理论观点上是共同地继承了李嘉图及古典政治经济学中的科学成分。

首先,马克思和斯拉法都继承了自重农学派以来为李嘉图所坚持的对资本主义经济现实运行的看法,即把资本主义社会的经济活动视作一种循环往复的再生产过程,而不是如新古典经济学所认为的,是一种从既定资源的配置开始到消费者的偏好得到满足为止的"单行道"过程。马克思指出:"魁奈的《经济表》用几根粗线条表明,国民生产的具有一定价值的年产品怎样通过流通进行分配才能在其他不变的情况下,使它的简单再生产即原有规模的再生产进行下去……无数单个流通行为,从一开始就被综合成为具有社会特征的大量运动——几个巨大的、职能上确定的、经济的社会阶级之间的流通。"①斯拉法对此持有相同的看法,这一点我们在本文第一章第一节有关的论述中已经表明。

其次,在分配理论中,斯拉法所使用的分配这一概念,并非只是指狭义的消费品的分配,在维持生存的模型中,斯拉法就指出:作为生产资料和消费资料的铁和小麦,"每种商品,起初按照不同的生产部门的需要在它们之间进行分配,到年终则全部集中在它的生产者手里"②。斯拉法此间所使用"分配"这一概念,其内涵无疑包括作为投入的生产资料在各生产部门之间的分配——作为生产得以进行所必需的前提条件的分配;同样,在斯拉法利用平均利润率和生产价格(他的一套交换价值)讨论分配时,也包括了再生产的条件——生产资料的分配。这一观点和马克思的如下观点是相近的,马克思说:"(1)在分配是产品的分配之前,它是生产工具的分配;(2)社会成员在各类生产之间的分配(个人从属于一定的生产关系)——这是上述同一关系的进一步规定。这种分配包含在生产过程本身中并决定生产结构,产品的分配显然只是这种分配的结果……有了这种本身构成生产的一个要素的分配,产品的分配自然也就确定了。"③不仅如此,斯拉法将他所说的生产资料的分配和生产技术条件统称为"'生产和生产性消费的方法',或者,简言之,生产方法"②,这一生产方法直接决定商品交换价值,由此决定的交换价值的职能旨在保证这一生产方法在再生产过程中重现出来,这一观点在一定程度上与马克思的资本主义再生产重新生产出了资本主义的生产方式的观点是接近的。

在收入分配份额决定的分析中,李嘉图的分配理论客观地揭示了工资和利润之间的对立关系,这一理论中的科学成分得到了马克思的肯定。马克思继承了古典的这一传统,在劳动价值论的基础上创立了剩余价值学说,揭露了资本主义社会阶级对立的重要根源——阶级剥削和阶级压迫。

边际生产力分配理论的代表人物、美国经济学家 J. B. 克拉克的儿子 J. M. 克拉克曾在 1913 年说:

分配的边际理论是在马克思之后发展起来的;它们对马克思社会主义理论的影响如此惊人,以致人们认为马克思主义挑起了刺激人们寻求更满意的解释的作用。它们把价值建立在效用而不建立在劳动成本的基础上,并且给马克思的或其他的一切形式的剥削理论提供了一种替代品,其理论是,一切生产要素根据它们对联合产品的可以推算的贡献得到报酬,这就摧毁了马克思剩余价值理论的基础。③

新古典的边际生产力显然完全排斥了古典学派和马克思在讨论分配问题时的社会制度因素,仅用自然的力量和技术的关系来解释分配,从而抹杀了资本主义社会分配关系中的阶级对抗性质。斯拉法在他的理论体系中不仅坚持了古典经济学和李嘉图理论中"收入分配取决于制度因素"的观点,同时还批判了新古典学派"收入分配仅仅由可变的要素投入量和那些可变的要素投入量的边际生产力来解释"的观点。③这对于批驳边际生产力理论,坚持马克思的剩余价值理论来说是具有积极意义的。

基于上述全部分析,我以为,凡认真地研究和客观地看待斯拉法理论体系的人都应该承认:斯拉法是古典政治经济学的信奉者,他真心推崇魁奈和李嘉图的经济理论,以批判新古典经济学和复兴古典经济学为己任。他坚持和发扬了古典学派的一些具有科学成分的理论观点,用物质生产条件和收入分配的制度因素来解释商品生产价格的决定,将资本主义经济运行看作是循环往复的再生产过程;在解释收入分配问题时考虑到制度的因素。我们可以清楚地看到,斯拉法在研究中始终把握住了资本—利润的关系,坚持了工资与利润的反比变化关系,客观上揭示了资本主义社会收入分配中的阶级利益冲突。对于生活在20世纪的斯拉法来说,尤其是当考虑到西方经济学自古典学派衰退之后的历史发展进程和20世纪四五十年代西方经济学的现状时,斯拉法的反潮流精神是可嘉的。

马克思在世时,曾这样来评价古典经济学家和庸俗经济学家。他说道:

> 庸俗经济学家宁愿采用资本—利息这个公式,而不用资本—利润这个公式,在资本—利息,劳动—工资,土地—地租这个表示价值和一般财富的各个组成部分同财富的各种源泉的联系的经济三位一体中,资本主义方式的神秘化、社会关系的物化、物质生产关系和它的历史社会规定性直接融合在一起的现象已经完成,这是一个着了魔的、颠倒的、倒立着的世界。古典经济学把利息归结为利润的一部分,把地租归结为超过平均利润的余额,使这二者在剩余价值

中合在一起；此外，把流通过程当作单纯的形态变化来说明；最后，在直接生产过程中把商品的价值和剩余价值归结为劳动；这样，它就把上面那些虚伪的假象和错觉，把财富的不同社会要素相互间的这种独立化和硬化，把这种物的人格化和生产关系的物化，把日常生活中的这个宗教揭穿了。这是古典经济学的伟大功绩。然而，甚至古典经济学最优秀的代表——从资产阶级的观点出发，必然是这样——也或多或少地被束缚在他们曾批判地予以揭穿的假象世界里。⑤

最后的结论是：斯拉法理论体系的出现，反映了古典政治经济学在20世纪中叶的复兴，伴随着这一复兴的批判浪潮的冲击对象是边际效用学派兴起后发展了近百年的现代经济学主流——新古典经济理论，并非是针对马克思主义经济学的。斯拉法理论体系的出现，是继"凯恩斯革命"后，现代资产阶级经济学理论将再次陷入危机境地的征兆。所谓"斯拉法革命"是西方经济学界以剑桥学派为代表的一批具有一定敏锐眼光的资产阶级经济学家，感受到危机的威胁而又由于本身的阶级局限性，无力也不愿意接受马克思主义经济学，从而摆脱危机的这种矛盾心理的产物。

附录 A　关于利用次体系解出商品的相对价格

次体系（sub-system），即按照原来经济体系中以剩余形式存在的产品种类数目，将原有经济体系划分为许多小经济体系（可参阅注②附录A，第 89 页）。对于本文正文部分所列举的经济体系

$$2P_a + 2P_b + 3/4 = 8P_a \qquad (1)$$
$$2P_a + 5P_b + 1/4 = 8P_b \qquad (2)$$

（Ⅰ）

可以找出一套权数 x 和 $x'(x'=1-x)$ 以运用于方程（1）；找出另一套权数 y 和 $y'(y'=1-y)$ 运用于方程（2）。设有下列权数：

$x=1/7, y=3/7$；（该组权数给出次体系 1）

$x'=6/7, y'=4/7$；（该组权数给出次体系 2）

于是公式（Ⅰ）被划分成两个次体系：

$$2/7P_a + 2/7P_b + 3/28 = 8/7P_a$$

次体系 1：

$6/7P_a + 15/7P_b + 3/28 = 24/7P_b$

将该次体系两个方程相加，则有

$8/7P_a + 17/7P_b + 6/28 = 8/7P_a + 24/7P_b$

移项运算的结果是：

$P_b = 3/14$。

次体系 2：

$12/7P_a + 12/7P_b + 18/28 = 48/7P_a$

$8/7P_a + 20/7P_b + 4/28 = 32/7P_a$

将次体系 2 中两方程相加，得：

$20/7P_a + 32/7P_b + 22/28 = 48/7P_a + 32/7P_b$

移项运用后，得出：

$P_a = 11/56$

将 $P_a = 11/56$，$P_b = 3/14$ 代入方程

$$(2P_a + 2P_b)(1+r) + 3/4W = 8P_a$$
$$(2P_a + 5P_b)(1+r) + 1/4W = 8P_b$$

（Ⅱ）

解出：$W = 1$，$r = 0$，$GNP = 3\dfrac{2}{7}$。

结果与解方程所计算的数值一致（本文内容可参阅《新李嘉图主义》⑧）。

附录 B　　德米特里也夫的相对价格模型

V. K. 德米特里也夫（1868—1913 年），一位不甚著名的俄国数理经济学家，著有《经济概论》一书。西方经济学家认为，他的特殊贡献在于，他第一次成功地建立了李嘉图价值理论的数学构造，这一构造为斯拉法的现代生产方程体系的建立开辟了道路，德米特里也夫的相对价格模型如下：

设：X 为产品 A 的价格

$n_A, n_1, n_2, \cdots, n_m$ 为在 A 的生产中直接或间接花费的工作日时数；

a 为工人在一天中消费的工资品数量；

X_a 为工资品的价格；

$y_A, y_1, y_2, \cdots, y_m$ 为体现在产品 A 中的总利润量；

于是，产品 A 的价格由下式给定

$$X_A = (n_A a X_a + n_1 a X_a + n_2 a X_a + \cdots + n_m a X_a) + y_A + y_1 + y_2 + \cdots + y_m;$$

(1)

现在，如果我们用每一参加 A 的生产的生产部门的资本所获的利润率代替总利润，则方程(1)可写为下式：

$$X_A = n_A a X_a (1+r_A)^{tA} + n_1 a X_a (1+r_{K1})^{tK_1} (1+r_A)^{tA}$$
$$+ n_a a X_a (1+r_{K2})^{tK_2} (1+r_{K1})^{tK1} (1+r_A)^{tA} + \cdots$$

(2)

$t_A, tK_1, tK_2, \cdots$ 是时期，表示在此时期劳动直接在产品 A 上和间接地消耗在 A 的生产中的 1 类型和 2 类型资本上；r_A, r_{K1}, r_{K2} 是由部门 A、$K1$ 和 $K2$ 所选取的利润率。也可以同样为产品 B 确立一套方程来决定 X_B，并可以把产品 A 和产品 B 的相对价格表示如下：

$$\frac{X_A}{X_B} = \frac{n_A a X_a (1+r)^{tA} + n_1 a X_a (1+r)^{tA1} + n_2 a X_a (1+r)^{tA2} + \cdots}{m_B a X_a (1+r)^{tB} + m_1 a X_a (1+r)^{tB1} + m_2 a X_a (1+r)^{tB2} + \cdots}$$

(3)

在方程(3)中，德米特里也夫采取了一致利润率的假定：$tA1 = tA + tK1$ 是 1 类型资本从投资到产品 A 到市场销售为止的时期，$tA2$、$tB1$、$tB2$ 可作相同解释。既然 $n_A, n_1, n_2, \cdots; m_B, m_1, m_2, \cdots; t_A, tA1, tA2, \cdots;$ $tB1, tB2, \cdots; a$ 都是由生产的技术条件决定的，一旦利润率 (r) 给定，X_A/X_B 将是这些生产条件因素的函数。

工资品 a 的价格方程则如下：

$$X_a = a X_a [n_a (1+r)^{ta} + n_1 (1+r)^{ta1} + \cdots + n_q ((1+r)^{taq}]$$

(4)

方程(4)中的 $n_a, n, \cdots, n_q$ 与上述 $n_A, n_1, \cdots, n_m$ 同样定义。

方程两边同除 X_a，并重新移项得到

$$a[n_a (1+r)^{ta} + n_1 (1+r)^{ta1} + \cdots + n_q (1+r)^{taq}] - 1 = 0$$

(5)

方程(5)中，利润率 (r) 可以由生产技术条件直接得出，无须考虑价格，$r = f(n_a, n_1, \cdots, n_q; ta, ta1, ta2, \cdots, taq; a)$，即利润率为所有生产因素的函数，利润率是由生产条件加工人的社会生存费用 a 决定的。

（本文内容，读者可参阅杰弗里·T. 杨格的著作《古典理论——从亚当·斯密到斯拉法》[①]）。

参考文献：

①Sraffa，P.，The Laws of Return under Competitive Conditions，*The Economic Journal*，*Dec.*1926．

②Sraffa，P.，*Production of Commodities by Means of Commodities-Prelude to a Critique of Economic Theory*，Cambridge University Press，1963．

③Meek，R. L.，Mr. Sraffa's Rehabilitation of Classical Economics，*Scottish Journal of Political Economy*，1961．

④斯拉法·P:《李嘉图著作和通信集》第 1 卷中《剑桥版编者序言》,商务印书馆,1981 年。

⑤斯拉法·P:《李嘉图著作和通信集》第 1 卷,商务印书馆,1981 年。

⑥马歇尔·A:《经济学原理》下卷附录 9《李嘉图的价值论》,商务印书馆,1981 年。

⑦Roncaglia，A.，*Sraffa and The Theory of Prices*，John Wiley & Sons Ltd.，1979．

⑧ Siedney Weintraub，*Modern Economic Thought*，University of Pennsylunia Press．

⑨Sraffa，P.，Sulle Relazioni fra costa equantita prodatta，*Annali di Euonomia*，Ⅱ，1925．

⑩Sraffa，P.，Increasing Return and Representative firm—A Symposium，*Economic Journal*，XL，1930．

⑪山下博:《比较经济学——古典派的新方式:李嘉图与马歇尔》,经济报 1980 年第 5 号。

⑫Wicksteed，P. H.，The Scope and Method of Political Economy in Light of the Marginal Theory of Value and Distribution，*Economic Journal*，XXⅣ，1914．

⑬克拉克·J. B:《财富的分配》,商务印书馆,1981 年。

⑭Harwurt，G. C.，*Some Cambridge Controversies in the Theory of Capital*，Cambridge at The University Press．

⑮Robinson，J.，*The Production function and The Theory of Capital*，Collected Economic Papers Vol Ⅱ，MIT Press．

⑯Pasinetti，L. L.，*Wicksell Effeets and Reswithing of Technique in Capital Theory*, *The Theoretical Contribution of Knut Wicksell*, Ed. Steimar Strom.

⑰Samuelson, P. A., Parable and Realism in Capital Theory: The Surrogate of Production Function, *Review of Economic Studies*, 1962.

⑱Robinson, J., *Goodby to Marginalism*, *The Subtle Anatomy of Capitalism* Ed. Jesse Schwartz Goodyear Publishing Company Inc., 1977.

⑲ Samuelson, P. A., *Economics*, International Student Edition, 1980.

⑳Blaug, M., Cambridge Revolution: Success or failure? *The Institute of Economic Affairs*, 1975.

㉑哈罗德·R:《动态经济学》,商务印书馆,1981 年。

㉒多玛·E:《经济增长理论》,商务印书馆,1983 年。

㉓宋承先、范家骧:《增长经济学》,人民出版社,1982 年。

㉔Kaldor, N., Alternative Theories of Distribution, *Review of Economic Studies* 1955—1956, Vol. 23.

㉕奎弗斯·R:《琼·罗宾逊的经济增长理论》(原载 Science and Society 1979, Vol. 43)中译文见《经济学译丛》1980 年第 3 期。

㉖Robinson, J., *Capital Theory up-to-Date*, Collected Economic Papers Vol. IV, MIT Press, 1980.

㉗The Value *Controversy Edited by Steedman*. I Verso Edition and NLB, 1981.

㉘马克思·Karl:《政治经济学批判》,人民出版社,1976 年。

㉙马克思·Karl:《资本论》第 1 卷(《第 1 版序言》),人民出版社,1975 年。

㉚斯密·A:《国民财富的性质和原因的研究》上卷,商务印书馆,1979 年。

㉛Steedman Ian, *Marx after Sraffa*, NLB 1977。

㉜马克思·Karl:《资本论》第 2 卷,人民出版社,1975 年。

㉝王宏昌:《如何从马克思的观点评价斯拉法的商品生产理论》,《马克思主义研究参考资料》1982 年第 43 期。

㉞Eicher, A. S., Kregel, J. A., On Post-Keynesian Theory: A New Paradigm in Economics, *Journal of Economic Literature*, September 1975

Number 3.

㉟马克思·Karl:《资本论》第 3 卷,人民出版社,1975 年。

㊱Bertil Naslaud,Bo Sellstedt,*Neo-Ricardian Theory-with Application to Some Current Economic Problems*, Berlin,1978.

㊲Jerffrey T. Young, *Classical Theories of Value:From Smith to Sraffa*, Westview Press.

［10］马克思的价值转型问题与斯拉法的"标准体系"*

摘　要　价值转变为生产价格这一"转型问题"是英国古典经济学家和马克思经济理论中的一个非常重要的问题,也是一个争议颇多的论题。本文在回顾"转型问题"争论的基础上,试图利用斯拉法的"标准体系"来充当"不变价值尺度",从而为解决"转型问题"提供一个新的思路。

关键词　价值;生产价格;转型;标准体系

澳大利亚经济学家爱伦·奥克利(Allen Oakly)说:"转型问题是马克思方法论中的内在的组成部分。因此,它的解决必须被看作是马克思的分析链条中的必不可少的联系。如果没有在劳动价值与剩余价值的本质世界和货币价格与利润的现实世界之间确立一个有根据的分析上的联系,那么马克思关于《资本论》的著作就是不完善的。后来的研究已确证了这个转型问题是可以在技术上加以解决的,虽然这还需要对马克思的算术上的操作再进一步展开,以便提供一个完整的全部解决方法。"①奥克利的这段话表明,马克思从价值、剩余价值到平均利润、生产价格的整个转型过程的分析及其结论在原则上是正确的和科学的;但是,在转型问题的具体分析中仍还存在着一些不完善之处,需要用新的理论和分析工具来加以改进与完善。

---

* 本文 1984 年完成于复旦大学经济学系(工作论文),最初发表在《财经论丛》2003 年第 5 期。

① 奥克利:《马克思和"转型问题"的两种注解》,《经济学报》1976 年 11 月[中译文见胡代光:《关于西方经济学者对商品价值转化为生产价格问题的争论概观》,《经济研究参考资料》1983 年第 45 期]。

一

从经济思想史的角度来考察转型问题的理论渊源,所谓"转型问题",即资本主义生产方式下商品的价值转化为生产价格的问题,最早出现在英国古典经济学家大卫·李嘉图的著作中。

继亚当·斯密考察了国民财富的性质和原因后,李嘉图主张政治经济学所研究的核心问题应该是国民财富的分配。李嘉图坚持在劳动创造价值的理论基础上阐明财富的分配过程以及在此过程中体现出来的社会各阶段的利益关系,为此,坚决反对亚当·斯密关于工资、利润、地租三种收入决定价值的观点。按照他最初的认识,工资和利润的变化只涉及既定的价值量在劳动者和资本所有者之间的分析份额,并不会影响到价值量本身的变动。可是,当面临社会各生产部门所使用的机器和劳动的比例(资本有机构成)不同,或是所使用的资本的周转时间有差异时,李嘉图发现,商品价值的变动显然不再完全取决于投入生产过程的劳动量,也取决于工资和利润的分配比例。虽然他仍然坚持认为劳动价值论"最接近真理",可理论与现实的相违背着实使他苦恼,在他企图寻找一种不变价值尺度来解决这个问题的努力失败后,他觉得劳动价值论有加以修改的必要。1820 年在给麦卡库洛克(J. R. McCulloch)的信中,他写道:"我有时认为,我要是把我的书中有关价值的一章重新写过的话,我就会承认商品的相对价值是由两个原因而不是一个原因决定的,也就是由有关商品生产所需的相对劳动量以及其送上市场以前资本积压时期的利润率两个原因决定的。"[1]事实上,李嘉图在《政治经济学及赋税原理》的第三版中也确实将价值"完全取决于"(depends solely)商品中所体现的劳动量改为"几乎完全取决于"(depends almost exclusively)。[2]

马克思指出,李嘉图的劳动价值论陷入理论矛盾的根本原因在于,他把资本主义经济视为一个永恒的范畴,没有严格区别价值、相对价值

---

[1]　彼罗·斯拉法:《李嘉图著作和通信集》第 1 卷,商务印书馆,1981 年,第 48 页。
[2]　同上,第 49 页。

和生产价格诸概念,不是从本质到现象进行层层的深入分析,而是跳过了剩余价值、剩余价值率、利润、利润率等必要的中间环节,直接去论证价值和生产价格这些属于不同层次的经济范畴的量的一致性。

马克思认为,商品从按其价值出售到按生产价格出售,是资本主义生产方式发展的历史必然,按照逻辑的分析和历史的分析一致的辩证方法,对生产价格进行分析的基础仍是商品的价值。

作为研究商品价值到生产价格转型过程的前提条件,马克思假定:生产中的资本总投入量($c+v$)在各个生产部门均为 100;撇开资本周转时间上的差别;由于各部门的资本有机构成不同,各生产部门生产的剩余价值量和最初按个别利润所获取的利润量是存在差异的,这种量上的差异只有通过价值转化为生产价格的过程中才能消除;此外,转型过程中,对市场供求的影响暂不予考虑。在上述假定的前提条件下,马克思的价值到生产价格的转型见表 10-1。[①]

表 10-1

行业	不变资本 (c)	可变资本 (v)	总资本 (v+c)	剩余价值率(s')	剩余价值(s)	年耗不变资本($x_i c$)	价值($x_i c+$ $v+s$)	成本价格($x_i c$ $+v$)	平均利润率(r)	平均利润	生产价格	生产价格－价值
Ⅰ	80	20	100	100%	20	50	90	70	22%	22	92	＋2
Ⅱ	70	30	100	100%	30	50	110	80	22%	22	102	－8
Ⅲ	60	40	100	100%	40	52	132	92	22%	22	114	－18
Ⅳ	85	15	100	100%	15	40	70	55	22%	22	77	＋7
Ⅴ	95	5	100	100%	5	10	20	15	22%	22	37	＋17
总计	390	110	500	—	110	202	422	312	—	110	422	0

马克思经过上述转型过程分析得出两个显然的结论:(1)商品的价值总量等于生产价格总额;(2)剩余价值总量等于平均总额。[②] 虽然就单个生产部门来说,其生产价格和平均利润率都不同程度地偏离了其价值和剩余价值,但从各个总量之间的相互关系看,价值显然是生产价格的基础。"生产价格的变动量显然总是要由商品的实际价值变动来说明的,

---

① 马克思:《资本论》第 3 卷,人民出版社,1975 年,第 173—178 页。

② 同上,第 179 页。

也就是说,要由生产商品所必需的劳动时间的总和的变动来说明。"①

马克思所做的分析和结论,不仅在理论上解决了李嘉图苦苦探求的答案,并且深刻地揭示了价值转化为生产价格后如何进一步掩盖了资本主义生产方式的剥削实质,指出了资本主义社会中无产阶级和资产阶级作为阶级总体对立的经济根源所在。

奥地利经济学家庞巴维克在《资本论》第三卷出版后不久,发表了《马克思主义体系的终结》这部著作。庞巴维克指出,马克思在价值转化为生产价格的分析过程中存在着严重的错误,这种错误对马克思的经济学说是致命的。他的论据是,一旦把马克思转型图式中的$(c+v)$项由价值转变为生产价格来表示,所谓转型问题在逻辑上是绝无可能解决的,由此他还推断出《资本论》第一卷的"价值"和第三卷的"生产价格"存在着"矛盾",企图达到否定马克思整个政治经济学科学体系的目的。面临庞巴维克的挑战,1904 年德国社会民主党理论家鲁道夫·希法亭(Rudolf Idilferding)首先奋起回击,希法亭在《庞巴维克对马克思的批评》一书中指出:"与庞巴维克形成鲜明对照,马克思认为价值理论不是确定价格的手段,而是发现资本主义社会的运动规律的手段。"②但是,"无论是庞巴维克还是希法亭都未进展到有批判地考察马克思把价值转化为生产价格时所运用的实际程序。庞巴维克相信,仅仅是价值与生产价格之间的差异就足以使全部运算不值得任何注意。而希法亭则关心回答庞巴维克的论点,他并不去为马克思的程序答辩"③。

自从庞巴维克提出了对转型问题的"责难"后,许多经济学家在以后几十年中都注意到,马克思在转型问题的分析程序中一开始就把商品的成本价格定义为生产中所耗费的生产资料和劳动力的价值,而没有能够产出那样采用生产价格的形式,并认为,这对马克思"转型问题的处理是个很大的不幸",导致"他只把这个转型过程完成了一半"。④

---

① 马克思:《资本论》第 3 卷,人民出版社,1975 年,第 86 页。

② 胡代光:《关于西方经济学者对商品价值转化为生产价格问题的争论概观》,《经济研究参考资料》1983 年第 45 期,第 6 页。

③ P. 斯威齐:《卡尔马克思和他的体系的终结·导言》,1949 年英文版,第 24 页。

④ 迈克尔·霍德华,约翰·金:《马克思的价值转化理论及其发展》,中译文引自《经济学译丛》1982 年第 2 期,第 63 页。

那种认为马克思完全忽略了把生产资料转化为生产价格来分析转型问题的观点,其实是不正确的。马克思在《资本论》中读到在转型过程中对成本价格的定义的修改时,也论述了生产资料作为生产价格来考虑加入转型过程的处理方法,他认为:"不过这一切总是这样解决的:加入某种商品剩余价值多多少,加入另一种商品的剩余价值就少多少,因此,商品生产价格中包含的偏离价值的情况会相互抵消。"①"如果我们把全国的商品成本价格的总和放在一方,把全国的利润或剩余价值的总和放在另一方,那么很清楚,我们就会得到正确的计算。"②当然,马克思确实没有像先前一样运用图表和公式对这个问题展开详细的论证。因此,为了维护马克思的政治经济学科学体系,弄清楚在转型过程中生产资料由价值项转化为生产价格项的确切后果是必要的。

二

最早着手对马克思转型问题分析中所运用的实际程序进行研究的是德国柏林大学的数量统计学家拉狄斯·冯·鲍尔特凯维茨(Ladislaus Van Boutkiewicy)教授。在 1907 年所写的《对马克思〈资本论〉第 3 卷基本理论结构的订正》一书中,他实质上所表达的思想是,当投入和产出一样采用生产价格的形式时,国民经济体系中各生产部门在转型过程中所必须满足的条件(马克思的两个分析结论)用方程式体系来表示,该方程式体系在数学上来说是否可以有解? 鲍尔特凯维茨这种研究转型问题的方法一直影响到至今的讨论。

鲍尔特凯维茨假定某国民经济体系中存在着三个生产部门:部门 Ⅰ——生产资料生产部门;部门 Ⅱ——工资品生产部门;部门 Ⅲ——奢侈品生产部门。三个生产部门的价值关系用方程式表示如下:

$$\text{I} \quad c_1 + v_1 + s_1 = c_1 + c_2 + c_3 = a_1 \qquad \text{①}$$

$$\text{I} \quad c_2 + v_2 + s_2 = v_1 + v_2 + v_3 = a_2 \qquad \text{②}$$

---

① 马克思:《资本论》第 3 卷,人民出版社,1975 年,第 181 页。

② 同上,第 179 页。

$$Ⅲ \quad c_3+v_3+s_3=s_1+s_2+s_3=a_3 \qquad ③$$

方程①表明部门Ⅰ的产品价值等于三个生产部门不变资本(生产资料)价值的总和($=a_1$);方程②表明部门Ⅱ的产品价值等于三个生产部门可变资本(工资品)的价值总和($=a_2$);方程③表明部门Ⅲ的产品价值等于三个部门的剩余产品(奢侈品)的价值总和($=a_3$)。

设Ⅰ、Ⅱ、Ⅲ三个生产部门的产品价值和生产价格的比率分别为 X、Y、Z;又假定平均利润率为 r;可以用生产价格的形式来表示方程①、②、③:

$$Ⅰ \quad (c_1X+v_1Y)*(1+r)=(c_1+c_2+c_3)X=a_1X \qquad ④$$

$$Ⅱ \quad (c_2X+v_2Y)*(1+r)=(v_1+v_2+v_3)Y=a_2Y \qquad ⑤$$

$$Ⅲ \quad (c_3X+v_3Y)*(1+r)=(s_1+s_2+s_3)Z=a_3Z \qquad ⑥$$

在上述数学方程式体系中,如果要证明与马克思的结论在 $(c+v)$ 一项转化为生产价格后的转化过程分析中依然能够成立,就不能满足于只解出 r 以及 $X:Y:Z$ 的相对比例,而要解出它们各自的绝对值。因此,现在有四个未知数,同时只有三个方程。从数学运算角度考虑,为了使方程式有唯一确定解,显然需要增加一个方程,或是减少一个未知数。鲍尔特凯维茨要求第Ⅲ生产部门产品单位价格的不变性,即使得 $Z=1$,用部门Ⅲ的产品充作计价单位,以解出 X、Y 和 r。

让我们用一组简单的数字作为演算例证:

$$Ⅰ \quad (5Z+2Y)*(1+r)=(5+1+3)X=9X \qquad ⑦$$

$$Ⅱ \quad (X+4Y)*(1+r)=(2+4+3)Y=9Y \qquad ⑧$$

$$Ⅲ \quad (3X+3Y)*(1+r)=(2+4+3)Z=9Z \qquad ⑨$$

(这里假定剩余价值率 $s'=100\%$,因此 $s_1+s_2+s_3=2+4+3=9$)。

令:$Z=1$。解得:$X=4/3$;$Y=2/3$;$r=50\%=1/2$。

部门Ⅰ的资本有机构成高于社会资本有机构成的平均水平的部门Ⅲ,价值转型后,$X=4/3>1$,其生产价格大于其价值;部门Ⅱ的资本有机构成低于社会平均水平,价值转型后,$Y=2/3<1$,其生产价格小于价值。

把 X、Y、Z 和 r 分别代入方程⑦—⑨,计算结果是,部门Ⅰ、Ⅱ、Ⅲ的生产价格总量分别为 12、6、9,产品总价值等于总生产价格,$\sum a_i=9X+9Y+9Z=27$;平均利润在三个部门分别为 4、2、3,总剩余价值等于平均利润总额,$\sum s_i=[(5X+2Y)+(X+4Y)+(3X+3Y)]*r=\sum s_iZ=9$;

并且,平均利润率用总资本价值与剩余价值或总资本的生产价格和平均利润来表示都是相同的,$\dfrac{a_3}{a_1+a_2}=\dfrac{a_3 Z}{a_1 X+a_2 Y}=50\%$。

鲍尔特凯维茨似乎非常成功地运用数学方程式的运算解决了$(c+v)$以生产价格形式加入的转型过程的问题。但是,鲍尔特凯维茨成功的关键恰在于 $Z=1$ 的假设,即以具有社会平均的资本有机构成的部门Ⅲ的产品作为价格尺度。这一假设不能不说是一种特殊的情形,在此以外的场合,不能再保证总价值等于总生产价格这一结论的成立。仍以上述方程式体系为例,假如对调部门Ⅰ与部门Ⅲ,再设 $Z=1$,解出 $X=4/5,Y=3/5,r=70\%$。虽然剩余价值总量仍与平均利润总额保持一致,但生产价格总量现在小于价值总量,$21\frac{2}{3}<27$;同样,用部门Ⅱ代替部门Ⅲ,则有相反的结果,价值总量小于生产价格总量。进一步设想,如果真实计价尺度的产品生产部门的资本有机构成与运算中假设的生产部门的资本有机构成发生不一致情形的话,那么总剩余等于总平均利润的结论也都难以保证。

1948 年 6 月,英国经济学家温特尼茨(J. Winternity)在《经济学杂志》上发表的《价值与价格——对所谓转型问题的一种解释》一文中,提出了他的解决办法。

温特尼茨的转型方程式可以说是在鲍尔特凯维茨的方法影响下建立的,所不同的只是,在同样面临四个未知数和三个方程式时,温特尼茨认为,必须坚持总价值和总生产价格的一致性,他用增加第四个方程 $\sum a_i=\sum[(c_i X+v_i)+s_i Z]$ 提出解决转型问题的方法。正如塞顿(F. Seton)所评论,"温特尼茨的解法是建立在马克思的一句名言:'总价值等于总价格'的基础上的"①。基于增加到方程式体系中的新方程是 $\sum a_i=\sum(c_i X+v_i Y+s_i Z)$ 这一点,方程式的全部解是不难满足马克思总价值等于总生产价格这一结论的。不能令人满意的是:第一,马克思通过分析得出的结论,在温特尼茨的解决方法中是作为前提条件出现的;第二,温特尼茨所设计的这一解决方法并不能正常地保证总剩余价值与总水

---

① F. 塞顿:《价值转型问题》,《经济研究评论》1957 年 6 月号,中译文引自《经济学译丛》1982 年第 6 期,第 61 页。

平利润的一致性。

英国经济学家米克(R. L. Meak)被人们认为是一位西方马克思主义经济学者,他也认为:"马克思的方法只是把产出的价值转化成了价格,而把投入因素作为不变的价值项。这显然是不恰当的。"[①]在把马克思转型分析的具体程序中的投入项转化为生产价格后,米克通过假定 $\sum s_i = \sum s_i Z$ 这一附加方程来解决问题。他说,这个假定是符合马克思关于价值转型只涉及剩余价值总量在各生产部门的分配而并不改变这一总量本身的教导的。同时,为了确保在社会所生产的产品总价值中,劳动者的工资份额不因由于价值转化为生产价格而有所改变,米克断言部门Ⅱ的资本有机构成应该是与社会平均的资本有机构成水平是一致的,以便使 $\sum(c_i + v_i + s_i)/\sum v_i$ 的比率等于 $\sum(c_i X + v_i Y + s_i Z)/\sum v_i Y$ 的比率。很显然,由于米克已经假定 $\sum s_i = \sum s_i Z$,又断言部门Ⅱ的资本有机构成等于社会平均有机构成(即暗含着 $\sum v_i = \sum v_i Y$ 的公式),那么,要使 $\sum(c_i + v_i + s_i)/\sum v_i = \sum((c_i X + v_i) + s_i Z)/\sum v_i Y$,$\sum c_i$ 必定要等于 $\sum c_i X$,因而总价值 $\sum(c_i + v_i + s_i)$ 自然就是与总生产价格 $\sum(c_i X + v_i Y + s_i Z)$ 一致的了。

米克事先假定 $\sum s_i = \sum s_i Z$ 的办法,和温特尼茨一样已经是不妥当的,并且,他关于部门Ⅱ的资本有机构成等于社会平均资本有机构成的断言其真实程度同样是大可值得怀疑的。一旦这些条件不能存在于现实经济生活中,方程的解则缺乏能力满足马克思的分析结论。

塞顿 1957 年发表的《价值转型问题》一文可以说是对五十年来(1907 年至 1957 年)的转型问题讨论做了一个概述。塞顿指出,在把投入如同产出一样转化为生产价格并运用代数方程式来解决转型问题的分析过程中,由于都会碰到三个方程式和四个未知数的问题。而要使方程式体系有解,必须使得方程式数目恰好等于未知数的数目。总结关于转型问题的讨论,存在三种可选择的公式:

(i) $\quad Z = 1$;

(ii) $\quad \sum a_i = \sum(c_i X + v_i Y + S_i Z)$;

(iii) $\quad \sum s_i = \sum S_i Z$。

---

① 米克:《劳动价值学说的研究》,商务印书馆,1979 年,第 26 页。

塞顿把上述三个公式称为"不变性公式",并指出,无论选定那一个公式,除了由这种选择而假定的特殊情形外,它们都不能保证在正常的一般情形中同时满足马克思的两个结论,而且,"对于宁可选择某一不变性公式,而不选择所有其他不变性公式,又似乎没有一个客观基础"①。因而,看来转型问题的解似乎具有极大的不确定性。

三

前一部分的分析已表明,一旦把马克思转型图式中的$(c+v)$项转变为生产价格,表示转型过程的代数方程式体系的解要同时满足$\sum a_i = \sum(c_i X + v_i Y + s_i Z)$和$\sum s_i = \sum s_i Z$这两个条件会遇到一系列的难题。

问题在于,当整个社会各生产部门的投入和产出均采用生产价格形式时,在关系极为错综复杂的整个投入——产出体系中,$(c_i X + v_i Y)$的确定和生产价格转型问题的解决是同步的,需要有一种"不变价值尺度"或"不变的价格标准"来衡量投入和产出的价值与生产价格的关系及它们之间的相对价格比率和变动的关系,从而来确定$\sum c_i$、$\sum(c_i X + v_i Y + s_i Z)$、$\sum s_i$、$\sum s_i Z$各个总量的相关关系。在缺乏这样一种"不变价值尺度"的场合,为了确定方程式体系的解,同时避免把所需证明的结论作为前提条件先确立下来的处理方法,问题就显得非常棘手。因为我们在选择其价值和生产价格比率为1的产品的时候,缺乏一种选择的客观基础,当$(c+v)$项以价值表示的时候,是具有社会平均的资本有机构成的生产部门,当$(c+v)$项一旦转化为生产价格时,在解出X、Y、Z和r之前,我们并不能简单地确定某一部门为资本有机构成的平均水平的生产部门。这样,我们就很难保证,按照我们所选择的价格标准能使整个相对价格体系在生产技术不变的情况下,不跟随分配状况的变化而变动,因而分析的结果同样不一定会令人满意。

那么,马克思的转型分析是否也存在类似的问题呢?

让我们看《资本论》第三卷第九章中马克思的由三个生产部门构成

---

① 米克:《劳动价值学说的研究》,商务印书馆,1979年,第26页。

的转型方程式：[①]

Ⅰ $80c + 20v + 20m$ 利润率$=20\%$ ①
                         产品的价格$=120$,价值$=120$

Ⅱ $90c + 10v + 10m$ 利润率$=20\%$ ②
                         产品的价格$=120$,价值$=110$

Ⅲ $70c + 30v + 30m$ 利润率$=20\%$ ③
                         产品的价格$=120$,价值$=130$

为了便于数学上的分析,上述方程式也可以表达如下：

Ⅰ $(80+20)(1+r) = 120X$ ④

Ⅱ $(90+10)(1+r) = 110Y$ ⑤

Ⅲ $(70+30)(1+r) = 130Z$ ⑥

在上述方程式体系中,即使$(c+v)$还是以价值项来表示,三个方程式和四个未知数的问题就已经存在了。马克思是通过定义部门Ⅰ(资本有机构成的平均水平部门)的利润率等于平均利润率(r)来解决整个方程体系的。假定各生产部门s'均为100%,"在表内,Ⅰ代表平均构成,因此平均利润率$=20\%$"。再由此解得 $X=1, Y=12/11, Z=12/13$,以保证总价值等于总生产价格,总剩余价值等于总生产价格两个结论的成立。但我们看到,马克思的解法实际上也是暗含着以具有社会平均水平的资本有机构成的部门的产品作为计价单位(即部门Ⅰ的$X=1$),一旦当$(c+v)$项由价值转化为生产价格时,不可避免地又会碰到鲍尔特凯维茨的解决中的老问题。除此之外,依照马克思由五个生产部门构成的转型图式,在那里总不变资本是390,总可变资本是110,具有社会平均水平的资本有机构成部门应该是$78c + 22v + 22m = 122$,但在实际经济体系中并不存在这样一种资本平均有机构成的生产部门,无论我们选择哪个部门的产品作为计价单位,所解出的数值都不会保证总价值等于总生产价格条件的成立。

现在我们来考虑,是否需要一把"不变价值尺度",并且,这把尺度的选择必须具有客观性(排除随意的假设)和普遍适用性(不仅只能满足特殊的情形)。如果回答是肯定的,那么,如何选择和运用这把"不变价值尺度"。

---

① 马克思:《资本论》第3卷,人民出版社,1975年,第184页。

意大利经济学家庇诺·斯拉法(Piero Sraffa)在 1960 年出版的《用商品生产商品》这部著作中,利用了高度抽象的方法和巧妙的逻辑处理,构筑了一个由标准合成商品所组成的"标准体系"(standard system)。

先来看斯拉法所建立的一个处在自行更新状态的经济体系。[①]

A_a、B_a、$\cdots$、K_a 分别代表产品 A、B、K 在生产产品 A 时作为投入的数量,$\cdots$,A_k、B_k、$\cdots$、K_k 分别表示 A、B、$\cdots$、K 在生产产品 K 时作为投入的数量;A、B、$\cdots$、K 分别表示各种产品的产出总量;P_a、P_b、$\cdots$、P_k 分别表示产品 A、B、$\cdots$、K 的单位产品价格;L_a、L_b、$\cdots$、L_k 则分别表示劳动在生产产品 A、B、$\cdots$、K 中的投入数量;W 表示工资;r 仍旧表示平均利润。可以用方程式来表示这个经济体系:

$$(A_a P_a + B_a P_b + \cdots + K_a P_k)(1+r) + L_a W = A P_a$$
$$(A_b P_a + B_b P_b + \cdots + K_b P_k)(1+r) + L_b W = A P_b$$

……

$$(A_k P_a + B_k P_b + \cdots + K_k P_k)(1+r) + L_k W = K P_k$$

由于假定该体系处于自行更新状态,即 $A_a + A_b + \cdots + A_k \leqslant A$,$\cdots K_a + K_b + \cdots + K_k \leqslant K$。在这个体系中的国民收入是由许多种商品($\leqslant K$)组成的,这些商品是从总国民产品中扣除用于更新在所有生产部门中消耗完的生产资料后余留下来的,它们形成国民收入。斯拉法假定这项余额总量为 1,使它成为表示工资和 K 个价格的标准,以代替任意选择的单个商品的价格标准。由此,又得到另外一个方程式:

$$[A-(A_a + A_b + \cdots + A_k)]P_a + [B-(B_a + B_b + \cdots + B_k)]P_b + \cdots + [K-(K_a + K_b + \cdots + K_k)]P_k = 1$$

现在,我们在整个体系中有($k+2$)个变量(K 个价格加工资和利润率)和($k+1$)个方程,因此,这个体系的演算有了一个自由度。这样,k 个价格的解,不仅是由生产技术条件来决定,分配的变化(W 和 r 在国民收入中所占比例的变化)同样也会导致整个体系相对价格的变动。在此情形下,任何特殊的价格变动,究竟是起于被计量的商品的特殊性,还是起于计算标准的特殊性,无法说定如何寻找到一种"不变价值尺度"(即其本身并不随分配状况而改变),"我们就有一种标准,它能够使任何其他

① 斯拉法:《用商品生产商品》,商务印书馆,1979 年,第 11—16 页。

产品的价格变动孤立起来,因而可以如同在真空中一样改变它们"[①]。

为寻找这样一种"不变价值尺度",斯拉法首先考虑了一个只包括基本生产部门的实际体系,这些生产部门分别生产铁、煤和小麦,并具有互为投入—产出的关系:

90 吨铁＋120 吨煤＋60 夸特小麦→180 吨铁

50 吨铁＋125 吨煤＋150 夸特小麦→450 吨煤

40 吨铁＋40 吨煤＋200 夸特小麦→480 夸特小麦

180 吨铁　285 吨煤　410 夸特小麦

实际体系的纯产品为 165 吨煤和 70 夸特小麦,最大利润率 $R =$

$$\frac{165 \text{ 吨煤} + 70 \text{ 夸特小麦}}{180 \text{ 吨铁} + 410 \text{ 夸特小麦} + 285 \text{ 吨煤}}$$,R 的确定要取决于产品的相对价格,而相对价格的确定又必定依赖于 R 的确定及 r 和 w 各自在 R 中的比率。这种价格随分配状况而变动的合成商品不能用来充当不变价值尺度。

为解决这一问题,斯拉法按照所要求的一定比例从上述实际体系中提出一个归纳体系:[②]

90 吨铁＋120 吨煤＋60 夸特小麦→180 吨铁

30 吨铁＋75 吨煤＋90 夸特小麦→270 吨煤

30 吨铁＋30 吨煤＋150 夸特小麦→360 夸特小麦

150 吨铁　225 吨煤　300 夸特小麦

归纳体系中的纯产品由 30 吨铁、45 吨煤、60 夸特小麦构成,最大利润率 $R = \dfrac{30 \text{ 吨铁} + 45 \text{ 吨煤} + 60 \text{ 夸特小麦}}{150 \text{ 吨铁} + 225 \text{ 吨煤} + 3000 \text{ 夸特小麦}} = 20\%$,无论各种商品的相对价格如何,因为该体系中三种商品的产出比例(180:270:360)等于生产的投入比例(150:225:300),这也就决定了为技术关系而决定的各种商品的投入和其纯产品的比例是同一的($\dfrac{30}{150} : \dfrac{45}{225} : \dfrac{60}{300}$)。斯拉法称这样一个体系为"标准体系"。构成"标准体系"的合成商品能够用来充当所有其他商品的不变价值尺度,这是由于"标准体系"中的合成商品的性质十分地好。它们能够保证"标准体系"中工资和利润之间的互逆的

---

① 斯拉法:《用商品生产商品》,商务印书馆,1979 年,第 24 页。

② 同上,第 23—31 页。

线性关系 $r=R(1-w)$（w 为工资在 R 中所占的比率），w 和 r 的分配比例变动仅仅影响到工资和利润各自在国民收入中所占的相对份额，并不会使商品的价格及整个相对价格体系发生变动。分配的比例变动时，r 的增（减）量的绝对值恰好正由 w 的减（增）绝对值相抵消，这和社会平均的资本有机构成部门的情形是极其相似的。斯拉法告诉人们，任何一个现实的经济体系中都存在着一套唯一的可以适用于它的各个行业的乘数，根据这套乘数，我们就可以从实际经济体系中建立起上述这样一种由合成商品构成的标准体系。①

众所周知，马克思在《资本论》中多次谈到，商品的价格变动是以价值为基础的。当市场上的供给和需求平衡时，商品的市场价格通常使商品的价值恰好全部实现。市场上表现出来的商品价格和其价值是一致的。价值转化为生产价格后，后者代替了前者作为市场价格的波动中心来调节社会的生产和需求。只要市场上的供求保持平衡——这是马克思研究转型过程假设的前提条件之一。商品的总价值、总生产价格和总市场价格的一致性的关系理应是存在的。同时，在既定的剩余价值率下，总剩余价值无疑也是应该和总平均利润相等的。

在转型问题的讨论中，由于要同时满足上述两个条件是很困难的，所以有些人倾向于保留总剩余价值等于总平均利润量的条件，而放弃总价值等于总生产价格这一条件。日本经济学家伊藤诚在《马克思的价值与价格问题讨论》一文中表述了这样一种观点，"表现价格的黄金的物量与体现在商品中的劳动时间是不能相比的"，即商品的价格是由黄金的重量单位表示的（例如盎司），而价值则是由劳动时间单位（例如小时）衡量的，如以一盎司作为一种计价单位，并且每一盎司黄金包含有两小时的单位价值。结果，即使市场上的供求关系是均衡的，商品的总价格额在绝对量上只有总价值量的 1/2；同样的道理也能适用于转型问题讨论，没有必要证明总价值与总生产价格的一致性。② 国内也有人认为，价值与价格属于本质和现象这些不同的范畴，现象与本质在绝大多数场

---

① 斯拉法：《用商品生产商品》，商务印书馆，1979 年，第 35 页。

② 外国经济学说研究会：《现代国外经济学论文选》（第 3 辑），商务印书馆，1982 年，第 40—73 页。

合都是不一致的,否则一切科学研究均成为多余的了。

从经济学说的发展历史看,李嘉图体系的破产就在于他无法说明各生产部门的生产价格和价值的偏离,从而证明价值是生产价格的基础。马克思在这个问题上对李嘉图的发展,恰在于他通过转型过程的分析说明了各生产部门生产价格偏离价值的原因,并指出,即使如此,总价值和总生产价格、总剩余价值和总平均利润仍然是保持相等的,最终证明了生产价格的基础是价值,劳动价值论并不因为各个部门(除资本有机构成平均部门外)的生产价格偏离价值而过时,相反,生产价格的形成只能在价值的基础上才能被科学地说明。诚然,由于$(c+v)$转化为生产价格项使整个转型问题更为复杂。在此情形下,如果我们撇开马克思关于量的分析的论证和结论,仅抽象地谈论转型问题对于揭露资本主义剥削的作用和意义,等等,这实质上是一种回避问题的态度。再说,如果价值和生产价格量上的关系不需说明的话,那么,李嘉图早在他的时代就解决了转型问题,何劳今天的人们再多费笔墨呢?

关于伊藤诚的观点,是有它的道理的。问题是这并不能否认转型问题讨论中保留总价值等于总生产价格的一致性的必要。顺着伊藤诚的思路,问题现在应该这样提出,是否应该证明同一价格尺度计量的转型前的价格和转型后的生产价格在总量上的一致性,或者说,是否有必要证明用同一价格尺度计量的转型前的价格和转型后的生产价格在各自仍换算成价值量时两者的一致性?如果转型前的价格在量上不等于转型后的生产价格,各自换算出来的价值必然是不等的,其原因何在呢?即这种不等是必然的(这意味着劳动价值论的失败!),还是由于某种技术处理的方法引起的呢?假如分析的结果是后一种情形,我们怎样才能通过更完善的技术处理方法来解决它呢?我认为,要解决这些问题,还是得回到关于不变价值尺度问题上来。经过比较,可以得出,斯拉法的标准体系实际上和马克思的平均的资本有机构成部门是基本一致的。标准体系的建立,目的即在于解决李嘉图苦苦寻求的不变价值尺度,然而寻找不变价值尺度的问题只是李嘉图在碰到了转型过程中部门的生产价格偏离价值时,他为说明这种现象才提出来的,由此可见,从理论渊源上探索,标准体系和转型问题并非是毫不相干的。标准体系得以确立的条件与具有社会平均的资本有机构成的生产部门成立的条件是一致的,从这个角度说,标准体系作为一种分析工具对于转型问题的讨论是具有其积极意义的。

必须看到,斯拉法的标准体系是建立在由商品实物量构成的经济关系的基础上的,在此标准体系中所解出来的价格只是某种相对价格体系中的生产价格,而且它们并不是在以价值为基础的分析中得到的。但也必须记住,标准体系中解出来生产价格及它们所提出两个条件:(1)保证整个实际的社会经济体系再生产过程的继续进行;(2)各生产部门依据社会平均利润率获取平均利润。看看《资本论》就知道,马克思通过转型过程分析得出的生产价格也同样可以使社会生产按正常比例进行下去(否则就会发生资本在部门间流动,扰乱正常的社会生产),并使等量资本在各部门得到等量的平均利润。因而,斯拉法标准体系所解出的生产价格和马克思的生产价格,两者不但作用是相通的,量上也是可以达到一致的。由于马克思所选择的资本平均有机构成部门是抽象了分配关系对($c+v$)的影响(即假定它们独立于转型过程)。而斯拉法的标准体系的确立是既考虑到了分配影响又是实际独立于分配影响的,因此,在把马克思以价值表示的($c+v$)项转化为生产价格后,就可以恰当地用斯拉法的标准体系来代替资本平均有机构成部门,用标准体系的合成商品作为价格标准,方程的解自然是能够保证总价值等于总生产价格和总剩余价值等于总平均利润的成立的。

对于有人提出的黄金生产部门的资本有机构成和合成商品的标准体系代表的资本平均有机构成不一致的问题,比较好的回答应该是:在黄金日益非货币化的情形下,可以通过纸币来解决合成商品价格标准基础上的相对价格体系内的价格关系。

马克思政治经济学体系的建立,是以辉煌的英国古典经济学的理论成就为基础的。有意识地在阅读中比较一下马克思的经济著作与古典大师们——亚当·斯密、大卫·李嘉图的经典著作,人们会发现,马克思不仅在许多理论结论上(如工资、利润和地租的对立关系),也在许多具体的概念术语和分析方法上直接或间接地运用和借鉴了古典大师们的理论遗产。当然,这一切都是在批判和汲取的原则指导下进行的。遵照马克思树立的榜样,现代经济学家也应该以马克思的基本理论为指导原则,在弄懂、分析和批判的基础上,对当代各种经济思想流派兼收并蓄,从而进一步推动马克思主义经济理论的发展。

参考文献:

[1]彼罗·斯拉法.李嘉图著作和通信集[M].北京:商务印书馆,1981.

[2]马克思.资本论[M].北京:人民出版社,1975.

[3]米克.劳动价值学说的研究[M].北京:商务印书馆,1979.

[4]庇诺·斯拉法.用商品生产商品[M].北京:商务印书馆,1979.

［11］李嘉图的国际贸易理论述评*

蒋自强　　史晋川

李嘉图的国际贸易理论是他整个经济学说的一个相当重要的组成部分。他像亚当·斯密一样,反对重商主义者的贸易限制政策,积极鼓吹和捍卫对外贸易的自由。李嘉图继承了亚当·斯密的观点,认为在贸易完全自由的制度下,追逐个人利益是与整体的普遍幸福很好地结合在一起的。但是,李嘉图并不是简单地重复了亚当·斯密的自由贸易理论,而是在自己的价值论和货币论的基础上提出了更加系统和完善的国际贸易理论。

一、比较成本的学说

在李嘉图以前,英国古典政治经济学中的国际贸易理论都是与绝对成本学说(或绝对优势原理)联系在一起的。虽然在重商主义的著作中,以及在英国古典政治经济学的创始人威廉·配第的著作中就可以找到以绝对成本为基础的国际贸易的有关论述,然而,只有在亚当·斯密的《国民财富的性质和原因的研究》一书中,绝对成本原理才得到第一次明确的阐述。在亚当·斯密看来,一个国家所输出的商品必然是生产费用绝对地低于别的国家,生产上具有绝对优势的商品;而一个国家输入的商品必然是生产费用绝对地高于别的国家,生产上是绝对劣势的商品。因此,每个国家都应当专业化生产本国拥有绝对优势的商品,从而在国

---

　　*　本文原标题《李嘉图的国际贸易理论》,发表于《安徽财贸学院学报》1988 年第 4 期。

际市场上具有价格优势的商品,在成本的绝对差别和生产的绝对优势的基础上形成国际分工,发展国际贸易。尽管亚当·斯密的自由贸易理论中也含有某些相对优势的思想萌芽,但在总体上说,仍是一种以绝对优势为基础的理论(见图 11-1)。

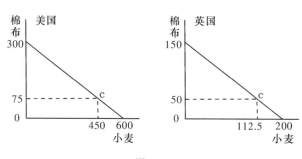

图 11-1

李嘉图在古典政治经济学的国际贸易理论方面最杰出的贡献,就是提出了比较成本学说(亦可称为"比较优势原理"或"比较利益理论")。比较成本学说认为,每个国家应该根据国内各种商品生产成本的相对差别,专门生产成本比较低的商品来出口;而在生产中成本比较高的商品,即使生产该商品的成本绝对地低于其他国家,亦仍以从国外进口为有利。这一学说证明,即使在各种商品的生产成本方面一个国家都占有绝对优势,而另一个国家都处于绝对劣势,仍然存在着有利于双方的国际分工和国际贸易的可能性。只要两国各自生产在比较成本上相对有利的商品,通过国际贸易,互相交换,彼此都能节省劳动,得到好处。

为了更清楚地阐明比较成本学说,下面我们结合一些当代西方经济学的分析工具,建立一个"两个国家—两种商品"的贸易模型来展开分析。

假定只有两个国家——美国和英国;两国分别生产两种相同的商品——小麦和棉布;它们各自的单位商品劳动耗费量如下:

商品种类	单位商品劳动耗费量(劳动量/单位商品,绝对成本)	
	美国	英国
小麦	1	3
棉布	2	4

再假定两国各拥有 600 单位劳动量,产品成本仅由劳动构成,两国的生产可能性曲线如图 11-1 所示。

从绝对成本看,美国在小麦和棉布生产上都比英国更有优势,小麦的生产率是英国的 3 倍,棉布是英国的 2 倍。但是,从比较成本看,美国在小麦生产方面具有相对优势,它以单位棉布表示的单位小麦的生产成本是 1/2(放弃 1/2 单位棉布产量,把劳动资源转移到小麦生产中可产出一单位小麦产量),低于英国以单位棉布表示的单位小麦的生产成本 3/4。可是,棉布的相对优势在英国方面,英国以单位小麦表示的单位棉布的生产成本是 4/3,低于美国以单位小麦表示的单位棉布的生产成本 2/1。这种比较成本所构成的相对优势的差异,形成了两国进行国际分工和国际贸易的基础。

如果美国和英国在此基础上实行国际分工,各国按照自己的相对优势进行专业化生产,则美国的全部资源可用来产出 600 单位小麦,而英国的全部资源可产出 150 单位棉布。假定棉布和小麦的交换比例为 5∶8(0.625)[①],则美国可以用 150 单位小麦与英国的 93.75 单位棉布相交换。贸易活动的结果是,现在美国拥有 450 单位小麦,93.75 单位棉布;英国拥有 150 单位小麦和 56.36 单位棉布。这样,通过国际分工和国际贸易,美国和英国所生产和消费的棉布和小麦产量较国际贸易之前都有了提高,正如李嘉图所指出:对外贸易的扩张"大大有助于一国商品总量的增长,从而使享用品总量增加"[②]。

按照李嘉图的看法,世界各国都可以根据自己的比较优势,从事有利于本国,同时也有利于别国的专业生产,形成一个理想的国际分工和国际贸易格局。

二、比较利益实现的重要机制——货币数量的变化

美国经济学家安瓦尔·谢赫在《对外贸易与价值规律》一文中指出:"重要的是要认识到李嘉图利用他的货币数量说,作为他的外贸规律推

---

① 若按 1/2 交换(1 单位棉布换 2 单位小麦),则国际贸易只对英国有利,于美国无利;若按 3/4 交换,贸易只对美国有利,于英国无利。故交换比例若要使双方有利,就不能按与某一贸易参加国原来的比较成本相同的交换比例进行交换。

② 李嘉图:《政治经济学及赋税原理》,商务印书馆,1981 年,第 108 页。

论过程中的关键因素,因为正是货币数量说规定了李嘉图答案所必需的结构方式。"要弄清楚李嘉图的货币数量说与国际贸易理论之间的关系,就必须了解李嘉图关于黄金在国际的分配理论与货币自动调节原理。

李嘉图说:"全世界用以流通商品的贵重金属,在地球上不同的文明国家之间,是按照商品和财富的情况并按照所须偿付次数和常度分成一定比例的。经过这样的划分,它们在第一地方保持同样的价值,而且,既然每一国家对其实际使用的数量有同等的必要,也就不会有任何诱力促使它们进口或出口。"①按照李嘉图的上述看法,在流通领域情况正常时,每一国家的货币数量都同它的生产和财富状况相适应,这时货币在各国具有相同价值,不会发生各国间货币的输出或输入。那么,这种"货币在各国的分配数量都刚好只是调节有利的物物交换所必需的数量"②的局面——货币总量的国际平衡局面——是如何打破的,换言之,货币如何会不再在一个国家中保持它原有的价值呢? 在李嘉图看来,货币总量的国际平衡书面的打破,原因主要有两点:(1)一国拥有的货币数量的变化(如金矿的发现导致国内金量的增加);(2)一国流通中的商品价格总额有了变化。针对那些认为自由贸易会引起不利的贸易差额,从而造成国家黄金储备减少的观点,李嘉图断言根据黄金在国际流动的规律(即从货币数量多、单位币值低、物价高的国家流向货币数量少、单位币值高、物价低的国家),对外贸易会自动地调节各国流通中所需要的货币量。货币在一国中的输出或输入可以避免由于货币过剩或不足而妨碍商品正常价格的形成。至此,可以看到,李嘉图关于黄金在国际的分配和货币自动调节原理完全是依据货币数量说建立起来的。

李嘉图在说明他的比较成本学说时,曾以葡萄牙和英国的布和酒的国际贸易为例。根据他所举的例子,在布和酒的生产方面,葡萄牙都比英国具有绝对优势(成本绝对低于英国),可以假定,当葡萄牙和英国都没有自觉认识到比较成本学说的时候,国际贸易将建立在绝对成本差异基础上,最初,葡萄牙会将生产方面的优势直接转化为贸易方面的综合性优势(因为两国若都采用黄金充作货币,葡萄牙的两种商品的价格均

---

① 李嘉图:《李嘉图著作和通讯集》第 3 卷,商务印书馆,1977 年,第 56 页。
② 李嘉图:《政治经济学及赋税原理》,商务印书馆,1981 年,第 118 页。

低于英国同类商品的价格），向英国出口布和酒。英国在遭受连续性的
贸易逆差后，要补偿这一逆差，势必要把黄金运往葡萄牙。黄金从英国
流出就使英国国内的货币供给量减少，而商品进口则又使国内商品数量
增加，按照货币数量说，英国所有商品以黄金表示的价格开始下跌。相
反，葡萄牙的连续贸易顺差使国内的货币供应量增加，国内商品量减少，
所有的商品价格开始上涨。正如李嘉图所说："货币由一国抽出，在另一
国积累之后，一切商品的价格都会受到影响。"[①]当这种情形发生并进一
步发展时，葡萄牙的商品在国际市场上的竞争优势将逐渐被削弱。尽管
葡萄牙在生产效率方面仍占有像以前一样大的优势，但这种较高的生产
效率的优势由于葡萄牙商品的价格较之英国商品的价格不断上涨，将被
日益抵消。

在这个过程中，英国的两种商品中的某一种迟早将变得能够同葡萄
牙的同类商品进行竞争。虽然英国的两种商品的生产效率都处于绝对
劣势，但劣势的程度是不同的，当英国的所有价格下降和葡萄牙的所有
价格上涨到某种水平时，英国的劣势程度较小的商品将最先赶上葡萄
牙，同它进行竞争。一旦英国的布的价格低于葡萄牙的布的价格，双方
对流的贸易就会开始。尽管这种对流的贸易并不能一举改善英国的贸
易逆差的地位，但逆差的存在会使两国的价格水平继续波动，加强英国
商品的国际竞争能力，削弱葡萄牙的竞争能力，直到最后某个时期由于
每个国家都输出一种对自己相对有利的商品，贸易才能达到大致平衡。
上述以比较成本为基础的国际贸易的形成过程，也正是货币数量发挥作
用的过程。

三、比较成本理论的意义

在李嘉图以后的 100 多年中，比较成本理论向着两个不同的方向发
展。马克思在研究国际贸易问题时，吸收了李嘉图比较成本理论的合理
内核，在科学的劳动价值学说的基础上创立了国际价值理论。但资产阶

---

① 李嘉图：《政治经济学及赋税原理》，商务印书馆，1981 年，第 119 页。

级经济学家则在另一方向上发展了比较成本学说。他们的理论特点是：一方面从比较成本学说中抽去李嘉图的劳动价值论；另一方面力图使比较成本学说同国际贸易中的实际经济衔接起来。

李嘉图的比较成本学说是以劳动价值论为出发点的。正因为如此，他的比较成本学说包含着比较成本差异，实际上是比较劳动生产率的差异这一正确论点。但是同时国际市场的交换比率这一具体的复杂现象又使他感到很难直接用等价交换原则来加以说明。因而，他得出结论认为价值规律不能调节国际市场的交换。① 马克思充分肯定了比较成本学说中劳动价值论这一科学内核，并通过建立国际价值理论对比较成本做出了科学的解释。按照马克思的国际价值理论，比较成本的差别来自国内社会必要劳动时间和世界社会必要劳动时间的差额，这就克服了李嘉图关于价值规律不适用于国际贸易的错误结论。而资产阶级经济学家则不同，他们或者认为"李嘉图的劳动价值论对他的国际贸易理论来说是无关紧要"②，又或者认为在国际贸易理论中"把简单的劳动价值理论作为出发点"是"致命缺点"，③千方百计去掉劳动价值论。在 19 世纪中叶，约翰·穆勒提出"国际需求方程"（或称"相互需求原理"），用供求关系来补充比较成本学说。19 世纪末至 20 世纪 30 年代，马歇尔提出了"相关需求和供给曲线"，哈伯勒提出了"机会成本"和"生产替代曲线"，米德提出了"供给曲线"，用供求原理、没有价值基础的价格理论和边际效用理论来修正比较成本学说。第一次世界大战后至今，以赫克歇尔·俄林和萨缪尔森为代表的"国际贸易理论现代学派"提出了"要素比例—要素密度原理"（亦称"赫克歇尔—俄林—萨缪尔森定理"），企图用"生产三要素论"取代比较成本学说中的劳动价值理论。

虽然李嘉图提出比较成本学说反映了当时英国资产阶级对外扩张的利益和要求，现代资产阶级经济学家也在利用这一理论为世界不合理的国际分工和国际贸易格局做辩解，但是，李嘉图的国际贸易理论仍然可以给我们以下启示：

---

① 李嘉图：《政治经济学及赋税原理》，商务印书馆，1981 年，第 112 页。

② J.奥色，W.C.布兰奇菲尔德：《经济思想的演变》(第 3 版)，1975 年，第 100 页。

③ P.T.埃尔斯沃思：《国际经济学》，1956 年，第 119 页。

（1）每个国家在一些特定的商品生产上进行专业化，有利于充分利用各种资源，提高劳动生产率，增加产量，并在此基础上展开国际贸易，用本国的一定数量商品换到比自己生产的数量更多的另一种同类外国商品，从而提高本国的生产能力和消费水平。

（2）从世界角度看，只要每个国家充分利用本国的资源优势，就可以通过国际分工来有效地提高全世界的生产总量，通过国际贸易增进各国的共同利益。因而，对任何一个国家来说，根据已有的比较优势并积极创造更多更好的新的比较优势条件，在无损于国家主权的前提下，尽可能扩大出口生产，发展对外贸易，是极为必要的。因此，任何闭关自守、自给自足的思想，只能导致不合乎经济规律的政策。

［12］内生经济增长理论：一个文献综述*

潘士远　史晋川

摘　要　本文旨在通过评述 20 世纪 30 年代至今的各种经济增长理论，进一步梳理经济增长理论的发展脉络，尤其是内生经济增长理论的内在演化逻辑，并在此基础上指出经济增长理论可能的发展趋势。

关键词　经济增长理论；内生增长；知识溢出

一、导　言

在这个世界上，为什么一些国家富有而另一些国家贫穷？这一直是经济学家所关心的重要问题之一，即经济增长问题。相应地，经济增长理论也就成了经济学研究中古老而又时髦的论题。从世界经济发展的历史来看，尽管各国经济在长期中都普遍存在着增长的趋势，但同时也呈现出明显的差异。因此，经济增长理论自然要探讨决定各国经济增长的因素。由于每个国家的国情不同，导致经济增长问题的研究涉及面极为广泛，且具有相当的复杂性，因此在经济增长理论的研究中也就不可避免地呈现出一种意见纷呈的局面。

在古典政治经济学中，Smith(1776)在研究一国的国民财富增长的源泉时指出，一个国家经济增长的主要动力在于劳动分工、资本积累和技术进步。同时，他认为市场容量的大小决定着分工水平。Malthus(1798)和 Richardo(1817)则对经济增长抱着比较悲观的看法，Malhtus

---

　*　本文最初发表在《经济学(季刊)》2002 年第 1 卷第 4 期。

认为,当人均收入超过其均衡水平时,死亡率下降的同时生育率将会上升;反之亦然。因此,长期内每一个国家的人均收入将会收敛到其静态的均衡水平。这就是著名的"马尔萨斯陷阱"。Richardo 指出,作为生产要素的土地、资本和劳动产出的边际报酬是递减的,生产边际报酬递减将导致一个国家经济增长的最终停止。

在新古典经济学家的研究中,Marshall(1920)强调了企业的外部经济与内部经济对经济增长的作用。Schumpter(1934)则进一步指出,经济增长不是由外生因素引起的,而是由内生因素即生产要素和生产条件实现"新组合"引起的。这种生产要素的"新组合"即意味着旧的生产方法因过时而被抛弃,也就是人们常常说的"创造性破坏"过程。他特别强调在经济增长过程中追求利润最大化的企业家对推动创新的作用。[①]

现代经济学的增长理论是建立在 Harrod(1939)和 Domar(1946)模型的基础上。按照 Harrod-Domar 模型,决定一个国家的经济增长水平的最主要因素有两个:(1)决定全社会投资水平的储蓄率;(2)反映生产效率的资本—产出比率。由于假设前提的局限性,在他们的模型中,两种生产要素资本和劳动同时实现充分就业的稳定状态的经济增长很难实现,只能是"刀锋上的均衡"。Harrod-Domar 模型标志着数理经济方法开始在经济增长理论研究中的应用,是经济增长理论的第一次革命。

Harrod-Domar 模型最为关键的假设是固定技术系数生产函数。[②]一般来说,这种生产函数只有在短期中具有一定的社会现实性,在长期中两种生产要素——资本和劳动——常常可以相互替代。Swan(1956)和 Solow(1956)修正了这一假设,代之于生产要素之间可以充分替代的新古典生产函数,各自独立地建立了新的经济增长理论模型,[③]即 So-

---

①　对于"新组合",Schumpter 指的是:(1)引进新产品;(2)引用新技术;(3)开辟新市场;(4)控制原材料的新供应来源;(5)实现企业的新组织。

②　Harrod 在推导模型时假定利息率是常数,从而间接地假定了资本和劳动在生产过程中是不可替代的。

③　新古典生产函数满足 Inada 条件:$\lim_{k \to 0} F_K = \lim_{l \to 0} F_L = \infty$;$\lim_{k \to \infty} F_K = \lim_{l \to \infty} F_L = 0$,其中 F_K 和 F_L 分别为资本和劳动的投入的边际产出。Zou,G.(1991)指出,即使在长期中,要素之间的替代也不是无限制的,当一种生产要素的投入量减少到其临界值时,其余的生产要素就再也不可能替代该要素。

low-Swan 模型,也称为新古典经济增长模型。由于新古典生产函数的主要特征是投入要素的边际收益递减,所以在缺乏技术进步的情况下,长期的人均经济增长率趋于零。因此,在新古典经济增长模型中,长期持续的经济增长只能借助于外生的技术进步。Solow-Swan 模型是经济增长理论的第二次革命。

与 Solow 和 Swall 的思路不同,Kaldor(1957)通过假设可变的储蓄率对 Harrod-Domar 模型进行了修正。他把社会的储蓄分成两部分,即工资储蓄与利润储蓄。于是一个社会总的储蓄率不再是一个常数,而是一个依赖于工资储蓄率和利润储蓄率的变量。这样,Kaldor 的储蓄理论就从收入分配角度为解决 Harrod-Domar 模型的不稳定性问题提供了一种方法。但是,因为 Kaldor 的储蓄理论是建立在 Keynes 的理论基础上的,所以 Kaldor 的理论也存在着诸如用短期分析工具来研究长期经济增长问题的局限。

考虑到新古典经济增长模型中存在的不足,Cass(1965)和 Koopmans(1965)通过把 Ramesy(1928)的研究引入新古典经济增长模型中,内生了新古典经济增长模型中的储蓄率,人们合并称之为 Ramesy-Cass-Koopmans 模型。倘若在这个模型中假设效用函数为:

$$u(c) = \frac{c^{1-\theta}}{1-\theta} \tag{1}$$

根据动态优化方法,最优消费所需要满足的条件则为:

$$c'/c = \frac{1}{\theta}(r-p) \tag{2}$$[①]

其中,r 与 p 分别表示利息率与时间贴现率。

从式(2)知道,满足 Inada 条件的生产函数使得在 Ramesy-Cass-Koopmans 模型中,经济不可能持续增长。因此,储蓄率的内生并没有消除新古典经济增长模型固有的局限性,长期的经济增长仍取决于外生的技术进步。

Arrow(1962)针对新古典经济增长理论的局限性,提出了技术进步或生产率的提高是资本积累的副产品的观点,他认为不仅进行投资的厂商可以通过积累生产经验而提高生产率,其他厂商也可以通过"学

---

① 模型的详细介绍请参见 Barro 和 Sala-i-Martin(1995)。

习"来提高生产率,即非竞争性的知识具有外部性。[①] 据此,可以将技术进步看成是由经济系统决定的内生变量。但是,在 Arrow 的"干中学"模型中,一个社会的技术进步率最终取决于外生的人口增长率。

Uzawa(1965)突破了传统的单部门经济增长模型的局限,建立了一个包括物质生产部门和人力资本生产部门或教育部门的两部门经济增长模型,从而内生了经济系统中的技术进步。在 Uzawa 模型中,人力资本的生产函数具有线性的性质,这样,人力资本生产部门不递减的要素边际收益就可以抵消物质生产部门递减的要素边际收益,从而保证经济的持续增长。但是,无论 Uzawa 模型中技术进步的作用如何,如果人口或劳动力的自然增长率不大于零的话,经济同样不可能持续地增长。

由此,可以知道,如果均衡的经济增长率最终是由外生的人口增长率所决定的话,那么上述模型都没有最终解决"Solow 残余"问题,即如何将技术进步内生化。也就是说,这些模型仍旧没有说明经济系统是如何内生地决定一个国家经济持续增长的速度。

或许是由于经济增长理论本身的局限性以及相应经验研究的缺乏,20 世纪 70 年代以后,经济增长理论在西方主要的学术杂志上被逐渐淡化了。80 年代中期以来,以 Romer(1986) 和 Lucas(1988)的研究为开端,长期经济增长问题再一次成为经济学家的关注热点。这一阶段的经济增长理论主要致力于研究一个国家经济的持续增长是如何被经济系统内生地决定,即人们所说的内生增长理论或新经济增长理论。由于新经济增长理论是一些研究长期经济增长问题的经济学家所提出的各种理论的一个松散集合体,所以本文的目的旨在通过对文献的考察,来把握住新经济增长理论的内在发展逻辑,并在此基础上指出经济增长理论可能的发展方向。

本文的基本研究框架大致如下:第二节阐述内生经济增长的凸性模型;[②]第三节介绍建立在外部性基础上的内生经济增长模型;第四节介绍新产品出现与经济增长的模型;第五节介绍劳动分工与经济增长的模型;

---

① Sheshinski(1967)也表达了几乎与 Arrow 完全一样的观点。

② 本文以下部分例如第三节与第四节所介绍的许多内生经济增长模型,本质上都是凸性模型,但是为了论述的方便,还是分门别类地进行讨论。

第六节介绍内生人口变化的经济增长模型；第七节介绍收入分配与经济增长的模型；第八节介绍制度与经济增长的模型；第九节介绍 20 世纪 80 年代中期以来关于经济增长问题的经验研究；第十节是全文的小结。

二、凸性模型

Solow 和 Swan 用新古典生产函数代替 Harrod-Domar 模型的固定技术系数生产函数，从而解决了 Harrod-Domar 模型中的均衡经济增长稳定性问题。但是，由于新古典生产函数满足生产要素边际收益递减和 Inada 条件，追求效用最大化的经济个体不会选择无限制地积累资本，所以最终均衡的人均经济增长率将为零。因此，如何说明在相当一段时间内生产要素的边际收益并不递减为零就成为研究新增长理论的经济学家的重要课题。

Solow(1956)认为，如果资本的边际收益不小于某一正数，即使不存在生产率的提高，人均收入的持续增长也是可能的。可能正是基于 Solow 的这一思想，许多经济学家用不满足 Inada 条件的凸性生产函数来替代新古典生产函数，修正新古典经济增长模型，以此内生经济增长。人们往往把这些用凸性生产函数来内生经济增长的模型称为凸性模型，其中具有代表性的有 Jones 和 Maunelli (1990)，King 和 Rebelo(1990)，Barro (1990)，Rebelo(1991)，Jones，Manuelli 和 Rossi(1993)，Glomm 和 Ravikumar(1994)，Rebelo 和 Stokey(1995)等。

如果资本趋向于无穷大而资本的边际收益或利息率满足以下条件：

$$\lim_{k \to \infty} \frac{\partial F(K,L)}{\partial K} > \rho + \delta, \tag{3}$$

长期的经济增长就成为可能。因此，那些利用凸性模型来解释内生经济增长的经济学家的首要任务就是假设构造满足上式条件的生产函数。他们经常使用的生产函数形式包括：(1) $F(K,L)=AK$，其中 A 是正的常数;①(2)$F(K,L)=AK+g(K,L)$,其中 $g(K,L)$ 是新古典生产函数;(3)$F(K,L)=A\{a(bK)^{-\rho}+(1-a)[(1-b)L]^{-\rho}\}^{-1/\rho}$。②

凸性经济增长模型的基本特征主要表现在以下几个方面:

1. 传统资本概念扩展。一般认为,当物质资本趋向于无穷大时,物质资本的边际收益递减为零。为了更令人信服地说明资本的边际收益不趋向于零,经济学家在利用凸性模型研究长期经济增长问题时扩展了资本的概念,假设资本包括物质资本和人力资本,例如 Rebelo(1991)和 Barro 和 Sala-i-Martin(1995)。③ 由于人力资本只有通过劳动者对生产过程的参与才能体现出来,因而当经济持续稳定增长时,物质资本和人力资本在总产出中所占的份额不变。这样的话,凸性模型就能够较好地说明在经济增长过程中物质资本对产出的比率基本保持不变的这一历史事实。④ 可是,利用扩展资本概念的凸性模型在大多数情况下只是那些强调人力资本重要性的新经济增长模型的特例。⑤ 因而,利用扩展资本的凸性模型并没有为我们更深入地理解经济增长提供更新的视角。

2. 资本品的多样化。例如,Barro(1990)认为,政府的生产性支出也是企业的一种资本品,由于政府提供的公共产品具有很强的外部性,

---

① Frankel(1962)指出,如果技术知识随着资本增加而自动增长,生产函数可能会是 AK 形式。人们常常称利用 AK 生产函数来解释经济增长的凸性模型为 AK 模型,它是凸性模型的特殊形式。

② 当生产函数采取第一种形式时,经济增长不具有转型动态性质,相反,采取另外两种形式时,经济增长就具有转型动态性质。但在解释长期经济增长问题上,采取何种生产函数形式并没有本质上的差别。详细内容请参见 Barro 和 Sala-i-Martin(1995)。

③ Knight(1944)曾指出,包含人力资本的广义资本的边际收益可能不递减。

④ Kaldor(1963)列出了反映经济增长的典型事实:(1)人均产出随时间而增长,其增长率不存在下降的趋势;(2)劳动力所使用的平均物质资本随时间而增长;(3)资本的报酬基本保持不变;(4)物资资本对产出的比率基本保持不变;(5)劳动和物质资本在国民收入中所占的份额基本保持不变;(6)各国间的单位劳动力产出的增长率存在很大的差距。Barro 和 sala-i-Martin(1995)认为典型事实中的第一、二、四、五和六个与发达国家的长期数据基本上是相一致的。但是,他们认为随着经济的发展,资本的报酬在一定范围内存在下降的趋势。

⑤ Baror 和 sala-i-Martin(1995)的第五章详细地介绍了强调人力资本作用的内生经济增长模型。

所以政府的生产性支出可以保证资本的边际收益不趋向于零。Glomm
和 Ravikumar(1992)，Jones、Manuelli 和 Rossi(1993)等与 Barro 都持有
类似的观点。[①] 实际上，利用政府提供的公共产品的外部性来解释内生
经济增长的模型有着一个很重要的隐含假设，即交易费用不为零，因为
零交易费用意味着外部性的消失。因此，假设交易费用为零的凸性模型
在逻辑上显得并不十分严密。

3. 产品质量升级。Jones 和 Manuelli(1997)认为，只要把生产函数
中原来表示资本数量的 $k(t)$ 看成是代表资本质量，凸性模型也可以解释
以质量升级形式表现出来的长期经济增长问题，类似于 Stokey(1991)
的模型。但是，Romer(1990a,1994)指出，因为资本质量升级需要耗费
巨额投入，所以只有那些具有一定市场控制力量从而能够获取相应利润
的厂商才可能进行资本质量升级。因此，他认为只有垄断竞争的市场结
构才能更好地解释追求利润最大化的厂商有目的地进行资本质量升级，
而建立在完全竞争市场假设基础上的凸性模型显然不能满足这一点。
由此看来，Jones 和 Manuelli(1997)在凸性模型扩展上所做的努力并非
十分成功。

4. 两部门模型。由于自然资源(例如土地)等不可再生资源是有限
的，所以凸性模型也试图说明，用资本积累来解释内生经济增长并不
会受不可再生资源的限制。Rebel (1991)针对这一问题建立了一个两
部门经济增长模型。假设经济中存在一种"核心资本"，这种资本的生产
并不需要不可再生资源的投入；同时，假设不可再生资源只用于消费品
的生产。这样，持续的经济增长就能通过"核心"资本的积累而实现，同
时不会受到不可再生资源的限制。实际上，为了说明经济增长并不会受
不可再生资源的限制，凸性模型同样隐含了一个很强的假设，那就是假
设在"核心资本"生产中不可再生资源可以完全被其他可再生资源所替
代。但是，这并不是一个现实性很强的假设。

此外，用凸性模型来解释内生经济增长的经济学家一致认为，政府
政策会通过影响社会均衡利率，从而影响长期的经济增长速度。因而他
们都非常强调政府政策对经济增长的作用。在对待国际生产率差异这

---

① Jones 和 Manuelli(1990)对多种资本品的凸性模型有比较深入的研究。

一问题,他们比较一致地认为,各国政府具体政策的不同是造成这种差异的主要原因。例如 Jones 和 Manuelli（1990）,Rebelo（1991）,Jones、Mauenlli 和 Rossi（1993）,Rebelo 和 stokey（1995）分析了收入税对经济增长的影响。事实上,所有的新经济增长模型也都能像凸性模型一样用来分析政策对经济增长的影响。

以上分析表明,尽管凸性模型存在着许多方面的局限性,但是,凸性模型还是为人们更深刻地理解长期经济增长问题做出了非常有益的探索,开拓了进一步研究的思路。许多经济学家认为,利用技术（或人力资本）溢出可以更好地解释生产函数的非凹性以及技术进步是长期经济增长的主要源泉。内生增长理论的主要思路就是将技术进步看成是经济增长的原动力。内生技术进步,从而阐明内生经济增长,这些正是本文以下两节所要介绍的主要内容。

三、外部性与经济增长

新古典模型的主要问题在于它对技术进步的解释。在新古典增长模型中,生产的投入要素只有资本和劳动,唯一的自变量是人均资本。Solow（1957）提出了全要素生产率分析方法,并应用这一方法来验证新古典模型。他发现,资本和劳动只能解释大约 12.5% 的总产出。因此,Solow 用外生的"残余"（reisdual）来解释技术进步,从而解释 87.5% 的总产出。20 世纪 50 年代到 60 年代,Arrow（1962）和 Uzawa（1964,1965）、Shenshinski（1967）等人不满意新古典模型的外生技术进步假设,而努力将技术进步内生化。但是,由于在这些模型中,均衡的经济增长率最终由许多外生的经济变量（如人口增长率）决定,所以还是没有真正解决"索洛残余"问题。

Romer（1986）沿着 Arrow（1962）用技术外部性或知识的溢出效应来解释经济增长的研究思路,克服了 Arrow"干中学"模型的缺陷,内生了技术进步,建立了 Arrow-Romer 模型。Lucas（1988）则继承了 Uzawa（1965）用人力资本来解释经济增长的研究思路,强调了人力资本外部性对解释经济增长的重要性,建立了 Uzawa-Lucas 模型。由于 Romer 和

Lucas 等人卓有成效的探索，在很大程度上激活了经济增长理论的研究。目前所知，利用外部性来解释经济增长的主要文献还有 Romer (1990a,1990b)、Barro(1990)、Becker、Murphy 和 Tamura(1990)、Rivera-Batiz 和 Romer(1991)、Young(1991,1993,1998)、Stokey(1988,1991, 1995)、Tamura(1991)、Aghion 和 Howitt(1992)、Lucas(1993)、Goodfriend 和 McDerott(1995)、Jones(1995a)、潘士远和史晋川(2001)，等等。

为了内生长期的经济增长率，用外部性来解释持续经济增长的模型，一般简单地假设第 i 个厂商生产函数为：

$$Y_i = F(K_i, L_i, K) \tag{4}$$

其中，K_i 和 L_i 分别表示第 i 个厂商在生产过程中所投入的资本和劳动，并且 F 关于 K_i 和 L_i 是边际收益递减。用外部性来解释长期经济增长的模型的主要任务就集中在对生产函数中表示外部效应(K)的说明。用外部性来解释长期经济增长的模型主要是从两个方面来阐述外部效应的。

1. 物质资本的外部性。Romer(1986)指出，知识或技术是追求利润最大化的厂商进行物质资本投资的副产品，知识或技术不同于其他普通商品之处在于知识具有溢出效应，即一个厂商积累的知识或技术不仅提高了自己的生产率，而且能提高社会中其他厂商的生产率。由此，经济就能保持长期增长。假设 $K = sK_i$，s 表示全社会厂商的个数，据此可知，竞争均衡条件下的利率为 $r = F_1(\overline{K}, \overline{L}, K)$，$K = s\overline{K}$，其中 $\overline{K}$ 和 $\overline{L}$ 分别表示均衡时的资本和劳动的投入量。[①] 这时，根据式(2)就可以得出长期的竞争均衡经济增长率。但是，此时的社会均衡利率为 $r = F_1(\overline{K}, \overline{L}, K) + sF_3(\overline{K}, \overline{L}, K)$，$K = s\overline{K}$，$\overline{K}$ 和 $\overline{L}$ 分别表示均衡时的资本和劳动。由于存在知识或技术的溢出，社会均衡的增长率高于竞争均衡增长率。因此，Romer 指出，为了达到社会最优增长率，政府需要通过政策来解决外部性问题，例如对知识的生产提供补贴。

Barro(1990)认为政府的生产性支出活动对私人厂商来说具有外部性，所以政府是推动经济增长的决定力量。在 Barro(1990)的模型中，$K = \tau Y$，τ 表示政府确立的税率。由于政府的生产性支出存在外部性，

---

① 为了处理方便，模型一般假设厂商是完全相同的。

所以,为了达到社会最优的经济增长率,政府的干预是不可或缺的。[①]

潘士远和史晋川(2001)的模型则进一步指出,上述所有外部性模型都没有充分注意到知识溢出效应的两个前提:第一,知识的异质性,因为完全相同的知识肯定没有溢出;第二,知识吸收能力,因为对缺乏知识吸收能力的厂商来说,知识是不可能产生溢出效应的。[②] 人们常说的"孺子可教"就说明了知识吸收问题的存在。由于吸收知识需要耗费一定的成本,所以人力资本水平、物质资本水平、地理位置(主要指技术吸收主体与技术溢出主体的距离)以及政策因素等会影响到知识的吸收能力。

在潘士远和史晋川(2001)的模型中,当经济达到均衡时,$K = (s\overline{K})^{\alpha \cdot \beta}$,$\alpha$ 和 β 分别表示知识的异质程度和知识吸收能力。因此,知识异质程度或知识吸收能力的增强会提高经济增长的速度。利用这一模型还可以进一步探讨人力资本、制度、分工、城市化、国际贸易、经济政策等对经济增长的作用,也可以研究"经济起飞"问题和经济增长中的"贫穷陷阱"问题及技术创新问题。例如,社会分工水平的提高可能会增加知识的总量和扩大知识的差异性,从而促进经济的增长。[③]

应该说,Romer(1994)关于垄断竞争市场结构的假设确实比较好地

---

① 政府生产性支出对不同的厂商将会产生不同的作用。例如,良好的基础设施建设有利于一些高科技厂商和远离原材料产地的厂商,但是,对一些靠近原材料产地的厂商来说,基础设施建设所发挥的作用可能不会十分明显,对这个问题需要做进一步的研究。

② 在潘士远和史晋川(2001)模型中,知识溢出效应的两个前提是知识的异质性与知识吸收能力。在知识异质性程度给定的前提下,知识的吸收程度取决于知识吸收能力。知识吸收能力越强,知识的溢出效应(从另一方面看也即知识的吸收程度)越大;反之亦然。据此,可以知道 Romer(1990a)模型是建立在知识具有完全异质性和完全的知识吸收能力这两个隐含前提基础上的。另外,Spence(1984),Cohen 和 Levnthal(1989)也认为知识吸收主体不可能完全利用知识溢出主体所溢出的知识,但是,Spence 并没有进一步解释这种情况的原因。Cohen 和 Levnthal 也注意到知识溢出效应的产生需要一定的条件,但没有明确地单独讨论这一问题。Kremer(1993)只讨论了单个企业内的知识溢出问题,没有讨论知识在企业间的溢出。许多经济学家认为企业间的知识溢出是经济长期持续增长的关键。Eaton 和 Kortum(1995)对 OECD 国家的经验研究表明,一个国家的相对生产力取决于它吸收技术或知识的能力。他们的研究说明了我们所提出的知识溢出效应两个前提条件是与现实比较吻合的。

③ Durkheim(1933)指出,分工不仅使专业化和依存度提高,而且使个体之间的差异度增强。

反映了社会现实。因此，在上述模型基础上，可以进一步构造一个包含垄断竞争市场结构假设的外部性模型。因此，有必要先来简要地介绍建立在垄断竞争市场假设基础上的外部性模型，主要包括 Romer(1990a，1990b)，Aghion 和 Howitt(1992)，Jones(1995a)，Young(1991，1993，1998)。

在垄断竞争市场结构中，用外部性来解释经济增长的理论认为，技术进步或知识的生产是厂商追求利润最大化的理性行为结果，厂商可以通过部分控制市场而获得弥补知识生产成本的收益。由此，可以得到均衡的市场利率。根据式(2)就可以得出均衡的经济增长率。由于知识或技术存在着外部性，所以社会均衡的增长率要大于分散均衡增长率。因而，需要利用政府的干预来提高社会的均衡经济增长率。①

2. 人力资本的外部性。强调人力资本是经济增长重要源泉的经济学家主要有 Lucas(1988)，Becker、Murphy 和 Tamura(1990)，Tamura(1991)，Lucas(1993)，Goodfriend 和 McDerott(1995)等。倘若用人力资本来代替物质资本，就可以将式(4)改造成用人力资本外部性来解释长期经济增长的生产函数。Barzel(1989)指出人力资本一个很重要的性质是劳动者可以在工作中控制其人力资本的利用程度。由于制度安排可以通过影响私人的人力资本边际收益率，从而决定劳动者在工作中所利用人力资本的程度，所以制度安排是影响人力资本溢出效应的重要因素之一。

但是，相当一部分经济学家认为，总量生产函数中的物质资本概念本身已经存在严重的测度和加总问题，而人力资本概念则比物质资本更模糊，可测性更差，并且人力资本总量的可加性问题迄今还没有得到充分讨论。例如 Mankiw(1995)就对人力资本定义问题提出质疑，Romer(1990a)也认为不同的研究者往往使用具有不同内涵的人力资本定义。Stern(1991)则指出，人力资本难以测度的问题使得用人力资本来解释经济增长没有太大的现实应用意义。虽然关于人力资本对经济增长作用的定量分析还没有令人信服的结果，可在总体上看，经济学家并不否

---

① Aghion 和 Howitt(1992)认为，由于新技术淘汰旧技术从而剥夺旧技术拥有者的利润，所以技术不仅存在正的外部性，而且存在负的外部性。因此，在他们的模型中，经济是否增长就依赖于正、负外部性的相对强度。

认人力资本对经济增长的重要作用。

另一个值得注意的问题是,外部性存在的隐含前提是经济活动的交易费用不为零。可到目前为止,用外部性来解释经济增长的模型基本上都假设交易费用为零,因而这类模型在逻辑上存在着一定的局限性。另外,如果交易费用不为零,这类模型所提出的影响经济增长的政策的作用均需重新审视。Coase(1960)的研究仅仅分析了经济活动中的负外部性问题,他认为市场可以将负外部性自动内部化。但迄今为止,还没有理论清楚地表明,在存在交易费用的情况下,是否需要政府干预具有正外部性的经济活动。政府可能不需要直接干预具有负外部性的经济活动,但需要直接干预一些具有正外部性的经济活动。

Krugman(1991b),Jones 和 Manuelli(1997)等指出,尽管外部性在现实经济中是存在的,但仍不足于解释长期的经济增长。可是,许多经验研究表明 R&D 存在着很强的外部性,可以用来很好地解释长期的经济增长。例如 Nadri(1993)的研究表明,R&D 所存在的外部性几乎可以解释 50% 的全要素生产率(TFP)增长。因此,虽然用物质资本外部性来解释经济增长的理论还存在着种种不足,但根据 Arrow-Romer 模型研究思路发展起来的外部性模型仍然是非常具有解释力的。

迄今为止,上述的经济增长模型都是在商品总量扩张的基础上来考察长期经济增长的。从经济的发展历史来看,长期的经济增长不但表现为已存在商品的总量增加,而且表现为新产品的出现。新产品的出现可以扩大人类选择的范围,从而提高社会福利水平。与新产品出现有关的内生经济增长模型将在第四节加以讨论。

四、新产品出现与经济增长

在已有的涉及新产品与内生经济增长问题的文献中,一般将新产品划分为两类,即最终消费品和作为生产投入要素的中间产品。这两种类型的新产品又可进一步划分为全新的产品和质量改进产品。考察产品种类增加与经济增长关系的文献主要有 Romer(1987,1990a,1990b),Grossman 和 Helpman(1991d,199le),River-Batiz 和 Romer(1991),

Young(1991,1993,1998)，Helpman(1992)，Goodfriend 和 McDermott
(1995)，Jones（1995a），Barro 和 Sala-i-Martin(1995)等的文献，Judd
(1985)是有关这类经济增长模型的开拓者。这一类模型主要利用
Spence(1976)，Dixit 和 Stigliz(1977)，Ethier(1982)所提出的研究方法
来分析新产品种类增加对经济增长的影响。[①] 此外，研究经济增长与产
品质量改进关系的文献主要有 Grossman 和 Helpman(1991a,1991b)，
Stokey(1991,1995)。Young(1998)，这一类模型的开拓者是 Grossman
和 Helpman(1989)。而同时考虑这两类新产品来研究经济增长问题的
主要文献则有 Grossman 和 Help-man(1991c)与 Dinopoulos 和 Thomp-
son(1998)的文献。[②]

　　这两类模型都认为技术进步是追求利润最大化的私人厂商进行
R&D 投入的结果。在垄断竞争的市场结构下，只要从 R&D 所得到的
收益能够弥补成本，理性的厂商就会从事 R&D 活动。因此，这两类模
型所应用的方法是基本相同的。其主要区别仅在于新旧产品之间是否
具有替代效应。在第二类模型中，新旧产品之间具有替代效应；在第一
类模型中，一般不存在替代效应。

　　1. 中间产品种类增加模型。Barro 和 Sala-i-Martin(1995)认为最终
消费品种类增加模型并没有为人们理解长期经济增长提供新的视角，因
而，中间产品种类增加模型应该是研究新产品出现与经济增长关系的基
本模型。[③] 在中间产品种类增加的基本模型中，假设第 i 个厂商的生产
函数为：

$$Y_i = A \cdot L_i^{1-\alpha} \sum_{j=1}^{N} (X_{ij})^\alpha \tag{5}$$

其中，$0<\alpha<1$，Y_i 为第 i 个厂商的产出，L_i 为第 i 个厂商的劳动投入，

---

　　① 在一个开放的经济中，一个国家可以通过模仿其他国家的创新来增加产品种
类以促进经济增长。Barro 和 Sala-i-Martin(1995)对这类模型有较深入的研究。

　　② Jones(1976)指出，技术进步主要包括三个方面：(1)给以同量的投入可以生产
出更多的产出；(2)现有产品质量已经改进；(3)生产出全新的产品。因此，考察新产品
与经济增长的关系就等于考察经济增长与技术进步的关系。

　　③ 详细内容请参见 Barro 和 Sala-i-Martin(1995)的第六章。

X_{ij}表示第i个厂商的第j种中间产品的投入量。① 再假设开发第j种中间产品需要以最终消费品为计量单位的成本η。虽然发明者具有无限时期的垄断权,但是长期来看发明者的利润为零。要使得在长期中R&D的收益等于成本,均衡的利率必须满足以下表达式:

$$r=(L/\eta)A^{1/(1-a)}[\alpha/(1-\alpha)]\alpha^{2/(1-a)} \tag{6}$$

根据式(2)就可以得出经济增长的速度。②

式(6)意味着当一个社会经济中人口增长时,就可以通过从事 R&D 活动获得一定程度的规模经济,但是 Jones(1995a)通过对经济合作与发展组织(OECD)国家的数据研究否定了这种观点,提出了人口增加与规模经济不相关的中间产品种类增加模型。此后,Young(1998)用$\lambda_j X_{ij}$代替式(5)中的X_{ij},并且假设开发中间产品的成本随着λ_j的提高而上升,从而构造了另一种不存在规模经济的内生经济增长模型。可是,Stern、Porter 和 Furman(2000)对 OECD 国家 1973 年至 1993 年的数据研究表明,一个国家在某种程度上确实存在着与人口相关的规模经济。一个明显的事实是,这些模型都忽略了技术或知识溢出这两个前提条件,即知识的异质性和知识吸收能力。考虑到这两个前提条件,就可以构造一个内生经济增长模型,从而来说明,在一个国家中可能存在也可能不存在与人口增加有关的规模经济。只有当知识的异质性和知识吸收能力足够大,一个国家才会有这种规模经济;反之,则不存在这种规模经济。也就是说,Romer(1990a),Jones(1995a),Young(1998)的模型可能是考虑到知识溢出效应的两个前提条件所构造的模型的特例。

Barro 和 Sala-i-Martin(1995)考察了在一个开放经济中,经济发展落后的国家是如何通过模仿经济发达先进的国家的新产品来促进经济增长的。这一模型的关键假设是模仿成本大大低于研究开发成本,据此,落后的国家有可能在长期内通过模仿先进国家的新技术而赶超先进国家。但是,Barro 和 Sala-i-Martin(1995)对国际技术扩散的途径及不

---

① 如果中间产品种类是连续的,则生产函数可以表示为$Y_i = A \cdot L_i^{1-a}\int_0^N (X_{ij})^a dj$;但是,这并不改变模型的基本结论。

② 一般来说,新产品出现模型大多假设社会有三个部门,即最终消费品生产部门、中间产品生产部门和研究开发部门。

同的途径对经济增长的影响有何不同的研究仍不够深入。例如，Keller（1999）的经验研究表明，一个国家的进口模式（即从发达国家进口或从发展中国家进口）能够解释 20％的国际生产力的差异。由此可见，国际贸易、跨国公司等对国际技术扩散的作用是一个值得深入研究的重要问题。

2.产品质量改进模型。现在，来进一步考察通过产品质量改进来研究内生经济增长的模型。如果把式(5)的 X_{ij} 表示为：

$$X_{ij} = \sum_{k=0}^{k_j} (q^k X_{ijk}) \tag{7}$$

其中，X_{ijk} 表示第 i 个厂商的质量等级为 k 的第 j 种中间产品的投入量，等级 k 相对应的质量水平为 q^k，k_j 为部门 j 的最高质量水平。式(5)就代表了一个质量改进基本模型的生产函数。进一步假设单位时间创新成功的概率服从 Possion 分布，则有：

$$p_{jkj} = Z_{jkj} \phi(k_j) \tag{8}$$

其中，Z_{jkj} 表示创新者的 R&D 投入。在总投入既定的条件下，创新成功的概率随着研究项目的复杂程度的增大而下降，即 $\phi'(k_j) < 0$。利用上述的基本假设，就可以解出质量改进模型中的均衡经济增长率。

由于在质量改进模型中质量水平高的产品将会替代质量水平低的产品，所以技术进步的过程中将伴随着原有产品的淘汰。这就是 Schumpter(1934)所谓的"创造性破坏"过程。以此为契机，20 世纪 80 年代以来，Schumpter 的经济增长思想在经过漫长的沉寂后又重新复苏了。此外，从经济发展的历史来看，经济增长永远伴随着经济周期，Schumpter 不区分周期与增长的思想对理解经济增长是很有价值的。在同一个经济增长模型中同时研究增长与周期是一个具有挑战性的问题。[①] 由于质量改进模型的其他主要结论与产品种类扩大模型并没有太大的区别，因此，总的来说，中间产品种类扩大模型应该是理解新产品出现与经济增长关系的最基本模型。

以上两节介绍的内生增长模型主要从"干中学"和 R&D 促进劳动生产率提高的角度出发，解释了经济长期持续增长问题。从 Smith（1776）的经典著作《国富论》开始，劳动分工促进生产率提高的观点得到

---

① Aghion 和 Howitt(1992)对这一问题进行了开拓性的研究，为新经济增长理论做出了重要贡献。

了普遍的认同。许多经济学家继承了 Smith 的观点,认为劳动分工是经济增长的原动力。他们的研究为人们更深刻理解分工与长期经济增长的关系做出了卓越的贡献。从劳动分工促进生产率提高的角度来说明长期经济增长的模型将是下一节的主要内容。

五、劳动分工与经济增长

Smith(1776)认为劳动分工是经济增长的主要源泉,同时他也指出分工水平是由市场容量决定的。Richardo(1817)采用了与 Smith(1776)不同的方法来研究专业化与分工,强调了外生比较优势与分工的关系。Young(1928)则进一步利用三个重要的概念来阐述分工问题:①个人的专业化水平,这种专业化水平随每个人的活动范围的缩小而提高;②生产链条的长度;③生产链条上每个环节的中间产品数。Young 据此修正了 Smith(1776)市场容量决定分工的观点,提出了著名的"杨格定理",即分工决定分工。也就是说,市场容量决定分工水平,反过来分工水平又决定市场容量。继 Young 的开拓性研究之后,分工问题受到了经济学家愈来愈多的关注,研究分工问题的文献层出不穷。这类文献的研究重点主要集中在分工的两种表现形式:其一,劳动者的专业化水平的提高,即每个劳动者的活动范围的缩小。这一方面的文献主要有 Rosen(1978, 1983),Baumgardner(1988),Kim(1989),Locay(1990),Yang 和 Borland(1991),Becker 和 Murphy(1992)的文献,其中,最后两篇论文是专门探讨分工与经济增长关系的。其二,中间产品种类的增加。这一方面的主要文献有 Dixit 和 Stiglitz(1977),Romer(1990a),Rivira-Batiz 和 Romer(1991),Young(1993),Jones(1995a)等。①

---

① Young(1928)认为分工有三个方面的表现:一是个人专业化水平;二是不同的专业种类数;三是生产的迂回程度。中间产品种类的增加不仅提高不同专业的种类数,而且往往会提高生产的迂回程度。另外,虽然消费品种类的扩大也会增加不同专业的种类数,但是,Barro 和 Sala-i-Martin(1995)认为,消费品种类扩大的增长需要基于中间产品种类的扩大。因此,专业化水平的提高与中间产品种类的扩大几乎就可以说明 Young(1928)所强调的分工的三种表现形式。

　　Yang 和 Borland(1991)沿着 Young(1928)的研究思路,提出了分工水平的不断演进是长期经济增长的微观基础的观点。由于专业化经济的存在,分工水平的不断演进提高了劳动者的生产率,形成了劳动者之间的相互依赖的内生比较优势,从而扩大了市场容量。[①] 市场容量的扩大反过来又刺激分工的演进,提高了分工水平。这一过程表现为劳动者生产率提高、收入不断增加和经济的长期增长。Yang 和 Borland 认为,规模报酬递增与 Walars 的完全竞争均衡是相容的。利用分工的演进模式,既可以解释经济增长趋同的现象,也可以解释经济增长趋异的现象。另外,他们的模型能够预见在一定条件下,交易费用在 GDP 中所占比例将会升高。再者,利用这一模型还可以得到一个国家的经济增长速度与这个国家的人口并没有必然联系的结论。但是,由于现在国际上通行的国民经济核算体系是以总量分析方法为基础而设计的,无法利用现有的统计口径数据来研究分工的演进,所以他们的模型很难用经验数据来检验。尽管如此,从分工角度探讨经济增长的微观基础仍是一项非常值得研究的工作。[②]

　　Becker 和 Murphy(1992)从社会协调成本出发来研究分工与经济增长的关系。他们指出,人力资本的积累会促进专业化水平的提高,反之,专业化水平的提高又能够促进人力资本的积累,使人力资本积累的边际收益不发生递减。这样,在长期中,分工水平与经济增长将会相互促进。他们还进一步指出,分工水平并不一定由市场容量所决定。由于专业化水平的提高会增加企业的产出,同时也带来了协调成本(监督费用、工人间交流费用等)的增加。因此,协调成本同样也是决定社会分工水平的一个重要因素。但是,他们的模型中隐含着一个不容忽视的假设,那就是企业和市场是不可替代的。众所周知,当企业生产的协调成本足够高时,专业化分工就不会在企业里发生了,取而代之的是出现在市场中的分工。显然,企业和市场不可替代的假设是不符合现实的。因而,沿着 Coase(1937),Alchian 和 Demstez(1972)等人的研究思路,可以来重新考察协调成本、交易费用和分工与经济增长的关系。

---

①　杨小凯和黄有光(1999)对专业化经济有比较深入和系统的研究。

②　Yang 和 Ng(1998)是一篇非常出色的关于专业化和分工的文献综述。

由于中间产品种类的扩大是分工水平提高的一种重要表现形式。在中间产品种类扩大的模型中,中间产品的出现是追求利润最大化厂商投入进行 R&D 的结果,所以分工水平不但受到市场容量和协调成本的影响,还受 R&D 成本高低的影响。这为人们进一步研究决定分工水平的因素提供了新的思路。

在研究分工问题的文献中,劳动者专业化水平的提高与中间产品种类的扩大两者之间的关系是一个比较重要的问题。因为劳动者的专业化水平提高促进了生产率的进步,引起了生产可能性曲线的外移,即财富的增加;而中间产品种类的扩大,即生产链条的加长同样也会提高生产率,所以在现时消费与未来消费的选择中,理性的消费者可能会选择更多的未来消费而暂时牺牲现时消费。在其他条件不变的情况下,这将有利于中间产品种类的扩大。也就是说,劳动者专业化水平的提高将导致新的中间产品的出现。同时,由于专业化经济的存在,中间产品的出现会引致与之相适应的专业人员的产生,即对劳动者需求的增多将使原来那些没有进入分工体系的自给自足劳动者被卷入分工体系。例如,计算机的普及促进了专职打字员、程序员等的出现。由此可见,中间产品种类的扩大确实促进了全社会范围内劳动者专业化水平的提高。[1] 因此,分工的两种表现形式,即劳动者专业化水平的提高与中间产品种类的扩大之间存在着互动关系。[2] 由于在专业化水平给定的情况下,专业化劳动者的知识异质性和知识吸收能力也会影响社会生产率的提高程度,由此通过影响社会财富的增加程度而影响中间产品种类的扩大;反之亦然。因此,需要对知识异质性和知识吸收能力如何影响专业化分工与中间产品种类扩大的互动关系进行深入研究。

以上介绍的新经济增长理论都是在人口变化是外生的假定前提下来讨论长期经济增长问题的。但是,许多经验研究表明,人口的变化并不是独立于经济系统的外生变量。人口变化受到一个国家的经济发展水平、教育水平和城市化水平等因素的影响,是由经济系统决定的内生

---

[1] 另外,中间产品种类的扩大也意味着社会技术的进步,而技术的进步也会导致劳动者专业化水平的提高。

[2] Shi 和 Yang(1995)利用超边际分析方法构造了一个模型,比较详细地研究了分工两种表现形式之间的关系。

变量。人口的变化是如何由经济系统内生决定的，人口变化与经济增长在长期中又是如何相互作用的，这将是第六节所要介绍的主要内容。

六、人口变化与经济增长

Malthaus(1798)曾经预言经济增长必然会引起人口的增长，但人口的增长反过来却会限制经济的增长，这就是所谓的"马尔萨斯陷阱"。Maddison(1982)，Pritchett(1997)，Lucas(1999)等的经验研究表明，在一定的历史条件下，Malthaus 的预言是能够成立的。经济发展的历史表明，除了在特别贫穷的国度里，一般而言，人均收入的提高将会降低全社会的生育率。但是，必须承认，在 Malthaus 理论中确实提出了一个重要的观点，即人口是由经济系统内生决定的。这一点已被许多经验研究所证实。由此可见，新古典经济增长理论的外生人口增长假设是与现实世界不吻合的。①

研究人口如何由经济系统内生决定的文献主要集中讨论两个问题：①在一个封闭的国家，全社会的生育率在经济系统中是如何被决定的。这一方面的主要文献有 Becker(1960)，Becker 和 Barro(1988)，Barro 和 Becker(1989)，Becker、Murphy 和 Tamura(1990)，Becker、Glasser 和 Murphy(1999)，Morand(1999)，Galor 和 Weil(1996,2000)等。②在一个开放的世界，劳动力在各个国家之间的流动取决于何种因素，这一方面的研究文献相对较少，主要有 Braun(1993)，Barro 和 Sala-i-Martin(1995)等。

探讨生育率如何由经济系统内生决定的模型，其一般假设是：对父母来说孩子是一种耐用消费品，就像投资耐用消费品一样，父母生育子女需要成本，也会取得相应的收益。因此，父母通过对子女数量的选择来实现其效用最大化的目标。Becker 和 Barro(1988)，Barro 和 Becker(1989)在新古典经济增长模型的框架中研究了生育率的内生决定，他们假设父母养育子女的成本随着人均资本（物质资本和人力资本）的提高而增加，父母的效用随子女数量增多而增加，但边际效用递减。结论是：

---

① 详细内容请参见 Barro 和 Sala-i-Martin(1995)著作的第 308 页。

随着经济的发展,生育率将逐渐下降。这与现代经济发展现实基本吻合。① 此外,这类模型也讨论了社会保障、税收、社会人口初始水平等对生育率的影响。由于上述模型是在新古典经济增长理论框架里讨论内生生育率问题,所以在他们的模型中只有借助外生的技术进步,才能使得经济保持长期增长。

Becker、Murphy 和 Tamura(1990),Becker、Glasser 和 Murphy(1999),Morand(1999)强调了养育子女成本与父母人力资本水平之间的关系。他们认为,由于人力资本存在溢出效应,所以人力资本的边际收益不递减。② 父母的工资水平随着所拥有人力资本的增加而提高,并且父母养育子女的投入主要是父母的时间,因而养育子女的机会成本也会随着所拥有人力资本的增加而提高。于是,随着经济的发展,追求效用最大化的父母会降低拥有子女的数量,以子女的质量来替代数量。进一步看,生育率的降低又促进了父母对人力资本投资的增加,从而有利于经济增长。Galor 和 Weil(2000)则从不同性别的角度进一步研究了这一问题,他们指出,经济发展过程中人均资本的增加提高了妇女的相对工资,从而就增加了抚育孩子的机会成本,这会使得理性的家庭减少生育孩子的数量,由此使得社会人均资本进一步提高。这一正反馈过程有利于经济的长期增长。这些研究弥补了 Becker 和 Barro(1988),Barro 和 Becker(1989)模型的缺陷。③

必须指出的是,上述的模型都忽略了影响人口变化的另一个方面的因素,即父母选择生育孩子的时间安排问题。比如说,如果父母选择在 20 岁时生育孩子,那么在此后的 40 年里,一个家庭将拥有三代人;如果父母亲选择在 30 岁时生育孩子,那么在此后的 30 年里,一个家庭将只能拥有两代人,这显然影响了整个社会在一定时期内的总人口。更为重要的一点是,一旦考虑到父母选择生育孩子时间安排的问题,就可以使

---

① Barro 和 Sala-i-Martin(1995)指出,当一个国家的人均 GDP 低于 800 美元(1985 年的不变价)时,生育率与人均 GDP 呈正相关关系。

② 许多城市经济学文献强调人力资本在城市范围的溢出,例如 Glaeser(1999),Anax、Arnott 和 Small(1999)。

③ Becker、Murphy 和 Tamura(1990)利用利他主义把父母与子女联系起来,而Morand(1999)通过老年保障把父母与子女联系起来。

经济学家来进一步改进现有的利用交叠世代(over lapping generations)理论来研究内生经济增长问题的模型。① 由于代际的时间跨度将直接影响到社会的消费、储蓄、投资(包括人力资本投资)等，所以在探讨代际时间跨度的基础上重新研究交叠世代模型，对于解释经济增长有其重要的意义。② 此外，由于人力资本的溢出效应与人力资本的异质性和吸收能力有着密切关系，人口的素质和受教育程度将会影响到人力资本的异质性和知识吸收能力，而一个国家的人口总量又会影响该国的教育水平及人口素质，所以代际的跨度最终会通过影响一个国家的人口总量来影响人力资本的异质性和知识吸收能力，从而影响到长期经济增长。

研究劳动力在各个国家之间流动的模型的最主要的假设是，劳动力将从工资相对低的国家流向工资相对高的国家，并且劳动力的边际收益递减。在这一假设下，在开放的经济中，劳动力的流动将会趋向于均衡。这些模型表明，劳动力的流动将会加速国家间收入趋同的速度。由于生育率的高低是影响一国人口变化的最主要因素，并且劳动力在各国之间的流动又往往会受到较大的限制，所以在此就不对考察劳动力在各国之间流动的模型加以详细介绍。③

以上介绍的新经济增长理论都没有涉及一个国家财富分配状况对经济增长的影响。现实中一个国家的财富分配状况可能通过影响物质资本与人力资本的投资，从而影响一个国家的长期经济增长率。有鉴于此，下一节将重点讨论一个国家的财富分配状况与长期的经济增长的相互关系问题。

---

① Samuelson(1958)，Diamond(1965)等，在研究经济问题时就忽略了代际的时间跨度问题。

② 与国外相比，尽管我国公民往往比较早生育子女，但会在更长时期内为子女生活提供经济来源。这样，我国代际的跨度就相对比较长，这可能是我国储蓄率过高的一个重要原因。

③ Barro 和 Sala-i-Martin(1995)对这类模型有着详细的讨论。

七、收入分配与经济增长

许多经济学家往往从资本市场的不完全来解释不平等的产生原因。Golar 和 Zeira(1993)沿着这一思路指出,如果人们必须接受付费的四年大学教育才能掌握新技术,从而进入现代化的行业;同时如果由于资本市场的不完全,仅有少数人能够支付得起这笔费用,那么他们就可以通过学习而掌握新技术、开办工厂,从而变成资本家,而另一部分人则成为工人。由此,财富的差异和资本市场的不完全就导致了收入分配的不平等。此外,他们也指出,随着经济的发展,这种不平等会慢慢地得到消除。Banerjee 和 Newman(1993)则通过物质资本讲述了与 Golar 和 Zeira 一样的故事。但是,根据 Lucas(1992)的观点,即使在一个完美的世界(即每个个体都是一样的,偏好相同,禀赋也相同,只是存在随机扰动),收入分配的方差也会趋向无穷大。Lucas 观点的直接推论就是,收入分配的不平等在现实社会中肯定会长期存在。①

对于不平等对经济增长的影响这一问题,有相当一部分经济学家认为不平等将有利于长期的经济增长。其主要原因有三个:一是 Kaldor 的假说,即富人的边际储蓄倾向高于穷人的边际储蓄倾向,社会财富分配不平等程度越高,用于投资的部分越多,经济增长越快;二是投资的不可分性,即许多投资项目,特别是创新或新兴工业的创建,需要大量的投入,这些投资项目的完成,又往往要求财富的集中;三是不完全信息和激励,每个劳动者都得到相同的工资显然会大大地挫伤劳动者的工作积极性,从而影响长期的经济增长。因此,这些经济学家也就顺理成章地得出了财富的重新分配不利于经济增长的结论。

与此针锋相对的是部分发展经济学家的观点——平等才真正有利于长期的经济增长。例如 Todaro(1997)曾经详细地论证了这一观点,

---

① 不平等与经济增长的关系有两个方面:一是不平等是否不利于经济增长;二是经济增长的过程中财富分配会发生怎样的变化。在这里主要介绍与第一个问题有关的文献。讨论后一个问题的文献还有 Li 和 Zou(1998),Barro(2000)等。

他指出，由于富人的非生产性投资，不平等将阻碍社会生产性投资的增加；不平等将不利于穷人的人力资本投资，导致了穷人的低人力资本水平；不平等将会影响产品的需求模式，使得需求偏向于地方性产品(local goods)；不平等还将会引起群众的政治抵制，这可能导致经济增长环境的不稳定。据此，他得出了收入分配的平等将会促进长期经济增长的结论。一些经验研究，例如 Alesina 和 Rodrik(1994)，Person 和 Tabellini (1994)，Perotti(1996)，也表明不平等是不利于长期经济增长的，这些研究支持了 Todaro 的观点。

Aghion、Caroli 和 Garía-Peñalosa(1999)也认为，在资本市场不完全的情况下，不平等不利于经济增长，主要原因有三个：①不平等减少了穷人的投资机会，特别是人力资本的投资，而与富人相比而言，穷人的人力资本投资倾向往往较高；②不平等提高了借款者归还贷款的道德风险水平，这会减少人们对财富积累的激励；③不平等导致了微观和宏观经济的波动。因此，财富分配可以通过提高穷人的人力资本水平、增加人们积累财富的激励和降低微观和宏观经济的波动来促进经济的增长。据此，Aghion、Caroli 和 Garía-Peñalosa 分别构造了两个简单的模型来阐述不平等是如何通过前两个原因来降低长期经济增长率的。在他们的模型中，技术是"干中学"的结果并且存在溢出效应。

由于 Aghion、Caroli 和 Garía-Peñalosa(1999)模型赖于成立的一个重要假设是资本市场的不完全，所以他们的模型的结论更适合于解释发展中国家的社会现实。近年来出现的一些经验研究并不完全支持不平等阻碍经济增长的观点，例如 Forbes(2000)经验研究表明，在中、短期内不平等是有利于经济增长的。Partridge(1997)，Barro(200)指出，不平等与长期经济增长的关系并不十分明确。在发展中国家，不平等与经济增长存在着负相关关系；在发达国家，不平等却有利于长期经济增长。

值得指出的是，Aghion、Caroil 和 Garía-Peñalosa(1999)在构建模型时，同样忽略了知识溢出效应的两个前提条件，即知识的异质性和知识吸收能力。事实上，Nadri(1993)，Keller(2001)的研究表明，知识的溢出效应与地理因素，即知识溢出主体和知识吸收主体之间的距离存在着正相关关系。Peng、Fucker 和 Darby(1997)也曾指出，人才流动促进了中国的城市周边农村生产率的提高。因此，城市化对消除一个国家(特别是中国)不平等的作用及其对经济增长的影响是一个非常值得研究的问题。另外,Eaton 和 Kortum(1995),Caselli 和 Coleman(2001)等人也强调人力资本水平对于一个国家的知识吸收能力的重要作用。由于在比较富裕的国家,社会的人力资本水平已经超过某一临界值,知识吸收能力比较高,人力资本水平的高低已不能显著地影响社会的知识溢出效应,所以 Aghion、Caroli 和 Garía-Peñalosa(1999)所提到的不平等对经济增长有害的三个条件可能会相对不重要。相反,在比较贫穷的国度,人力资本水平低下,知识吸收能力非常低,人力资本水平的高低可能会显著地影响社会的知识溢出效应,所以 Aghion、Caroli 和 Garía-Peñalosa(1999)提出的不平等对经济增长有害的三个条件可能会相对重要一些。因此,在引入知识的异质性和知识吸收能力后,就可以在理论层面上更好地解释 Partridge(1997)和 Barro(2000)等的经验研究结果。

以上介绍的所有新经济增长理论存在一个共同的假设前提,即社会制度在长期中是既定的。在讨论短期经济问题时,既定的社会制度或许是一个贴近现实的假设。但是,从长期来看,社会制度是在不断演进的。因此,研究长期经济增长问题的内生模型应该考虑社会制度的演进对经济增长的作用,这也是在下一节将要介绍的主要内容。

八、制度与经济增长

新经济增长理论突破了新古典增长理论的研究局限,强调了知识和技术在经济增长中的作用。但是,在新经济增长理论中,制度和个人偏好仍被看作是外生的因素,这样,经济制度问题实际上就从增长问题的研究中被排除出去了。因此,新制度学派指责新经济增长理论如同新古典增长理论一样,只是讲了增长本身,并没有真正说明发生经济增长现象的动因。①

继 Coase(1937,1960)的两篇开创性论文之后,许多学者,例如 Al-

---

① North 和 Thowmas(1973)在其经典著作《西方世界的兴起》中提到:"我们列出的原因(创新、规模经济、教育、资本积累等)并不是经济增长的原因;它们乃是增长。"

chian 和 Demsetz(1972)，Cheung(1969，1970)，Lin(1989)，North(1981，1990)，North 和 Thowmas(1973)，Ruttan(1978，1984)，Schultz(1968)，Williamson(1975，1985)等都对新制度经济学的发展做出了重要的贡献。[①] 一般来说，新制度经济学家认为制度安排支配着公众及私人的行为，从而影响资源配置的效率，导致经济绩效的差异。文献表明，新制度经济学家主要从产权与外部性的关系的角度出发来分析制度与经济绩效的关系，并得出外部性的内部化正是经济增长的关键的结论。[②]

North 和 Thowmas(1973)与 North(1981，1990)通过解读历史，论证了制度变迁对经济增长的决定作用。North 等人的基本命题是：一种提供适当个人刺激的有效产权制度是促进经济增长的决定性因素。根据 North 的观点，明晰的产权可以缩小经济活动的私人收益率与社会收益率的差异，从而有利于经济增长。在他看来，由于社会普遍存在"搭便车"行为，所以国家可以通过制定产权规则和促进制度变迁来促进经济增长。此外，他也阐明了作为非正式制度安排的意识形态对经济增长的作用。North 的经济增长理论是以产权为基本概念，以制度变迁为核

---

① Furubotn 和 Peiovich(1972)很好地综述了新制度经济学早期的发展，而近期一篇关于制度经济学非常出色的文献综述则出自于 Williamson(2000)之手。

② 早期的制度主义学者，例如 Veblen(1899)，Commons(1934)也注意到了制度安排对经济绩效的影响，但是，正如 Matthews(1986)所指出的，由于概念的不清楚，他们的分析并没有为人们深刻认识制度与经济绩效的关系提供更多的帮助。而新制度经济学家利用 Coase 所提出的交易费用分析框架，比较系统地分析了制度与经济绩效的关系，推进了经济学的发展。虽然交易费用还是一个比较模糊的概念，正如 Matthews(1986)所指出的，交易费用是一个不幸的概念，但是交易费用概念的提出，以及建立在交易费用基础上的分析框架正是新制度经济学超越老制度经济学的关键。交易费用的分析方法被许多学者应用到其他许多领域，例如公共选择领域(代表作有 Bucan 和 Tullok，1962)，经济史领域(代表作有 North 和 Thomas，1973)，法律经济学领域(代表作有 Posnar，1977)等。

心[①]，包括产权理论、国家理论、意识形态理论在内的严密理论体系。[②]
历史制度分析学派的代表人物之一格雷夫(Greif，1999a，1999b)近年关于
中世纪晚期地中海地区，主要是马格里布(Maghribi)和热那亚(Genoa)的
海外贸易的历史制度分析，则进一步拓展了制度与经济增长关系的研究
视野。

杨小凯和黄有光(1999)利用超边际分析方法建立了一个新的经济
学研究框架——新兴古典经济学——来研究经济增长问题。他们利用
这个新的理论框架发展了大量的模型来分析交易费用、分工和经济增长
的关系。根据这些模型所得出的基本结论：一个国家的制度安排在很大
程度上影响着这个国家日常经济活动的交易费用，而交易费用的降低将
会提高人们的专业化水平，促进长期的经济增长。也就是说，在杨小凯
与黄有光构造的模型中，制度安排影响交易费用，交易费用又决定了分
工水平，从而导致一个国家经济绩效的差异。这一关于制度安排是如何
通过交易费用的变化来影响经济增长的解释，加深了人们对制度安排与
经济增长关系的了解。

Scully(1986)，Lin(1992)和 Li(1997)利用不同的经济数据验证了
制度对经济增长的促进作用。Scully 在分析了 115 个国家在 1960 年至
1980 年间数据的基础上得出结论：那些政治开放、法律健全、具有明晰产
权以及通过市场配置资源的国家的实际人均 GDP 的增长率为 2.71%；相
反，那些在上述方面存在明显缺陷的国家的增长率为 0.91%。Lin 在研究
1978—1984 年间中国农业经验的基础上指出，从生产队体制向家庭联产
承包责任制(Household Responsibility System，HRS)的转变，是 1978—
1984 年农业产出增长的主要动因。Li 对 1980—1989 年间 272 家中国国
有企业的面板数据进行分析后指出，国有企业 87% 全要素生产率(TFP)
的增长归因于激励的增加、产品市场竞争的加剧和要素配置的改善。此

---

① 在 North 的制度变迁理论中，有一个概念非常重要，那就是 North 基于 Arthur
(1989)等人的研究所提出的"路径依赖"，它可以说明为什么一个国家的制度安排会被锁定
在无效率情形上。

② 当然，对 North 经济增长理论也存在着一些异议。例如，林岗(2001)指出，
North 制度变迁理论赖于成立的"路径依赖"的分析方法还存在许多争论；制度变迁理
论所要涉及的制度报酬与制度成本概念模糊不清。详细内容请参见原文。

外,林毅夫等人(1994)从一国经济发展战略选择的角度出发研究了制度安排与经济增长的关系。他们在对中国经验进行详细研究的基础上指出:计划经济体制的改革是中国经济改革与开放以来得以迅速发展的主要原因,而改革前经济发展缓慢的根本原因在于中国推行了重工业优先发展的赶超战略及其相应的计划经济体制。奥斯特罗姆、菲尼和皮希特(1996)也曾指出制度是经济增长的第四个因素,不发达国家经济发展缓慢有着其深层次的制度原因。

有关制度安排与经济增长关系的研究也引发了一个具有争议性的问题,即制度变迁与技术变迁两者之间究竟何为经济增长的原动力。North 和 Thowmas(1973)与 North(1981)在分析历史案例的基础上指出:制度变迁才是经济增长的真正动因,技术变迁仅是经济增长本身的表现形式。[1] 但是,对历史上某个时期的案例研究所得到的结论可能在历史的长河中并非能够完全成立。North 和 Thowmas 的研究结论或许只能说明这样的问题,即制度安排确实关系到经济增长的绩效,但它并不能表明制度安排是经济增长唯一的动因。

许多情形下,技术变迁的速度往往快于制度变迁的速度。换句话说,技术变迁对经济增长的贡献易于在短期中被人们所观察到,而制度变迁对经济增长的贡献可能表现得不甚明显。这可能是导致许多经济学家忽略制度变迁对经济增长的重要作用的原因之一。可是,在某些国家特定的历史时期中,由于制度的急剧变动导致了经济的迅速增长,这又可能使得经济学家过分强调了制度变迁对经济增长的重要性。但是,制度变迁与技术变迁两者之间的关系可能正如 Ruttan(1978)和 Matthews(1986)等人所认为的那样,是相互交织和互为促进的,人们根本无法将两者机械地割裂开来,更不能武断地宣称某一个因素是经济增长的真正动因。[2]

---

① Chandler(1962)通过对美国工业历史的研究指出,美国工业中的规模经济更多的是制度创新的结果,而不是技术变迁的结果。因此,他也认为制度而不是技术是经济增长的原动力。

② 马克思认为生产力决定生产关系,生产关系反作用于生产力,但最终起作用的是生产力。也就是说,在马克思看来,生产力的发展(即技术变迁)始终是解释生产关系变革(即制度变迁)的根本动力。没有作用就谈不上反作用,尽管反作用也是不容忽视的。

20 世纪 80 年代中期以后,经济学家在重视经济增长问题的理论研究的同时,也开始进一步关注经济增长问题的经验研究。经验研究的出现加强了理论与真实世界的沟通,为经济增长问题的研究提供了丰富的材料。第九节中,将对现有经济增长问题的经验研究做一个简要的介绍。

九、经验研究[①]

20 世纪 80 年代中期,由于 Summers-Heston 数据库(Penn World Table)的建立,经济学家开始逐渐地摆脱了在经济增长研究中由于数据缺乏所造成的困难,这极大地促进了对经济增长问题的经验研究。从已有的文献看,经验研究主要关注两个主题:一是经济增长是否存在趋同;二是哪些因素影响经济增长。[②]

Baumol(1986),Barro(1991),Barro 和 Sala-i-Martin(1991,1992a,1992b,1995)等通过经验研究指出,经济增长存在着趋同,在许多情况下,趋同的速度约为 2%。[③] 换言之,这些经济学家的研究结论说明了穷国可以赶上富国,尽管这可能需要一个较长的时期。但是,在他们的研究中,往往忽略了固定影响,极少讨论数据测量误差的敏感度,并且基本

---

① 本文这一部分主要介绍前面几节的介绍内容中没有论及的一些主要经验研究文献。

② 经验研究主要关注趋同假说的 β 收敛与趋同假说的 σ 收敛。β 收敛指的是,由于与经济富裕的国家相比,经济贫穷的国家有着更高的经济增长率,所以在人均收入或人均产量上,经济贫穷的国家可以赶上经济富裕的国家。将各国人均收入或人均产量的方差随时间推移而递减的趋势称为 σ 收敛。由于经济增长是否 β 收敛就意味着穷国能否可以赶上富国,并且 β 收敛的成立往往意味着 σ 收敛的成立,所以经济增长中是否存在 β 收敛以及收敛的速率是经验研究中最主要的问题之一。因此,本文也主要关注 β 收敛。有关趋同问题的详细介绍可参见 Barro 和 Sala-i-Martin(1995)。

③ Mankiw、Romer 和 Weil(以下简称 MRW)(1992),Mankiw(1995)也认为经济增长的趋同速度为 2%,而 Evans(1996)通过经验研究指出,发达的工业化国家以相同的速度增长。

上也没有考虑参数的异质性等。① 许多学者，例如 Caselli，Esquival 和 Lefort(1996)，Lee，Pesaran 和 Smith(1996)，Temple(1998)等认为，由于这些问题的存在，趋同速度为 2% 的研究结论并不一定能够成立。在利用更为复杂的面板数据与时间序列方法进行研究后所得到的结论表明，趋同的速度在 0~30%。从目前的研究来看，在这个问题上经济学家很难在短期内达成一致的意见。

与经济增长是否趋同争论密切联系的另一个问题是，技术在解释各国间经济增长差异方面到底扮演着怎样的角色。Mankiw、Romer 和 Weil(1992)(以下简称 MRW)在一篇极有影响的文章中指出，国与国之间人均收入差异的 80% 可以利用物质资本投资率、人力资本投资率与人口增长速度的差异来加以解释。但是他们的研究存在着过高估计人力资本在国与国之间的差异等问题。即使 MRW 的研究不存在这些问题，人们仍会质疑，为什么样本中的每一个国家都会有不同的储蓄率和不同的人均人力资本？而这又可能需要借助各国间技术的差异来解释。

Klenow 和 Rodrguez-Clare(1997)指出，如果克服了 MRW 研究中高估计人力资本在各国之间差异的问题，MRW 模型只能解释 50% 的国与国之间人均收入的差异，而技术差异可能就是解释另外 50% 差异最为重要的因素。因此，Caselli、Esquival 和 Lefort(1996)指出，技术才是解释各国经济增长的核心因素。此外，Prescott(1998)也提出了几乎相同的观点：既要承认生产要素的不同在解释各国收入水平差异时的作用，也应该看到技术进步的差别同样是理解这个问题的关键因素。而 Fuente 和 DomÉnech(2001)对 21 个 OECD 国家在 1960—1990 年之间数据的研究也得到了与 Prescott 几乎相同的结论。由此看来，技术对于解释各国经济增长差异有着举足轻重的作用。

除了经济增长是否趋同这一问题之外，经济学家在经验研究中十分重视哪些因素可以影响一国经济增长的问题。一些文献表明，物质资本与经济增长存在着很强的相关关系，即在一般情况下，物质资本可以促进经济的增长。DeLong 和 Summers(1991)指出，在发展中国家，设备

---

① Temple(1999)详细地论述了经验研究中可能存在的经济计量学问题，同时他也对下面将要介绍的 MRW(1992)模型中所存在的问题做了详细的阐述。

的投资能提高经济增长的速度。Young(1995)的研究表明,物质资本的积累、人力资本的提高以及劳动参与率的上升是东亚,特别是"四小龙"(中国香港、新加坡、韩国以及中国台湾)经济增长的最主要因素。Sala-i-Martin(1997)指出,设备投资对经济增长的贡献率约为 0.2175,非设备投资对经济增长的贡献率几乎为设备投资的 0.25 倍。另外,Levin和 Renelt(1992)与 Barro(2001)也持与上述这些经济学家相同的观点,即投资率的提高会促进经济的增长。①

对于人力资本投资可以促进经济增长这一命题,Sengupta(1993)指出,人力资本的积累在亚洲的新兴工业化国家(NICs)的成功中扮演着重要的角色。Barro(2001)对大约 100 个国家的分析也证实了人力资本在经济增长中的重要作用。Black 和 Lynch(1996)则强调了人力资本,特别是工作培训对促进生产率提高的重要性。但是,Benbahib 和 Spiegel(1994),Pritchett(1996b)等认为人力资本的变动几乎不能解释各国经济增长的差异。Temple(1999)也指出,在 1960 年前韩国对教育投资的增加不但没有促进经济的增长,反而带来了持续的高失业率与劳动者报酬的下降。现在人们普遍认为,只有在一定的条件下,人力资本的积累才可以促进经济的增长。

由于内生经济增长理论非常强调 R&D 在经济增长的作用,所以R&D 对长期经济增长的影响也是经验研究中的一个重要主题。Griliches(1979)的研究结论是,R&D 的社会收益率非常高,因而可以促进一国的经济增长。可是,Jones(1995a)通过对第二次世界大战以后 OECD国家 R&D 投入的分析表明,虽然 OECD 国家 R&D 投入逐年增加,经济增长的速度却没有明显的改变。因此,Jones 认为 R&D 投入对长期的经济增长几乎没有影响,同时他也否定了 R&D 存在着与人口有关的规模经济效应。Jones(1995b)此后又利用时间序列方法考察了 R&D对经济增长的作用,得出了与先前研究几乎相同的结论。但是 Aghion和 Howitt(1998)指出,Jones 之所以得出上述结论的原因可能有两个:

---

① Attanasic、Lucio 和 Antonello(2000)等认为,投资对经济增长的影响并不明显,经济增长却极大地影响着投资。在投资与经济增长关系上,经济学家之间还存在着争议,详细情况可参见 Carroll、Overland 和 Weil(2000)。

一是忽略了技术复杂性程度的提高,随着技术复杂性程度的提高,给定的 R&D 投入对技术进步的促进作用越来越微弱;二是忽视了社会总产品数的增多,随着社会总产品数的增加,单一产品的创新对整个经济所产生的影响越来越小。据此,他们建立了一个更加完善的模型,更好地解释了 Jones(1995a,1995b)所指出的问题。同样,Kremer(1993)的研究结论也不支持 Jones(1995a,1995b)的观点,Kremer 发现 R&D 在某种程度上存在着与人口有关的规模经济效应。

此外,一些经验研究十分关注人口增加与经济增长的关系。Barro(2001)利用回归分析的研究结果表明,生育率的提高将会降低经济的增长率。MRW 的结果也表明人口的增加将不利于长期经济增长。但是,Kremer(1993)在对公元前 100 万年到 1990 年之间的人口增加与技术进步两者关系进行研究后指出,人口增加可以促进技术进步,从而导致经济的增长。此外,Hanushek(1992),Brander 和 Dowrick(1994),Pritchett(1996a)等人指出,一个国家的人口与经济增长仅存在着微弱的负相关。

当然,一个国家的制度安排与经济绩效的关系也在经验研究的探讨范围之内。除了第九节中已经比较详细介绍的经验研究内容之外,Sala-i-Martin(1997)也曾指出,一个国家的法律规则与经济增长存在着密切的联系。Barro(2001)的研究结果则表明,可靠的财产权利与强有力的法律是经济增长的主要因素之一。另外,20 世纪 90 年代中期,世界银行的经济学家(世界银行,1996)通过建立同时考虑到产业部门分类和所有制分类的总量生产函数模型,对中国 1985—1994 年期间增长的因素做了实证研究。结果显示,伴随着经济体制改革过程中所有制结构的变化,非农业劳动力从国有部门向非国有部门转移所产生的劳动资源的产权再分配效应对经济增长的贡献为 0.4 个百分点;其中,1990—1994 年的年均贡献达到了 0.9 个百分点。这一研究再次证实了经济落后的国家中制度变迁对经济增长的促进作用。

在经验研究中,经济学家除了注意到上述影响长期经济增长的因素之外,也关注对以下一些问题的研究,例如,Ben-David(1993),Sachs 和 Warner(1995)等对国际贸易和经济增长关系所做的经验研究;Levin 和 Zervos(1996)等对金融和经济增长关系所做的研究,Levin(1997)对这个领域的研究文献有着出色的综述;Bruno 和 Easterly(1998),Garey

Ramey 和 Valere Ramey(1995)等对短期宏观经济和经济增长关系所做的研究；Levine 和 Renelt(1992)，Hall 和 Jones(1997)等对政府规模和经济增长关系所做的研究；Easterly 和 Rebelo(1993)，Barro 和 Sala-i-Martin(1995)等对公共财政和经济增长关系所做的研究。

十、小　结

通过上述有关内生经济增长模型的介绍与评价可以看出，20 世纪 80 年代后期以来，有关经济增长的研究文献在经济学主要学术刊物如同雨后春笋般地出现，人们对长期经济增长问题的理解有了长足的进步。但是，为了更为全面和深刻地理解长期经济增长问题，仍需要在许多方面开展进一步的深入研究。

首先，内生经济增长理论非常强调知识和技术在长期经济增长中的作用，可是，对知识的研究还远不够深入，知识仍是一个缺乏明晰界定的概念。为了增强内生经济增长理论对现实的解释力，对知识的深入研究和理解是一项非常重要的基础性工作。

其次，内生经济增长理论至今主要关注非随机的模型，只有少数经济学家，例如 King、Plosser 和 Rebelo(1988a，1988b)，Jones、Manuelli 和 Stacchetti(1993)等人利用随机模型来研究经济增长问题。由于随机的内生经济增长模型可以在研究经济增长的过程的同时研究经济周期问题，世界经济的发展历史表明，经济增长伴随着经济周期。因此，随机的内生增长模型的理论和经验研究有可能会为人们理解长期经济增长问题带来新的启示。

再次，内生经济增长模型在解释技术进步对长期经济增长作用时，存在着一定的片面性，而新制度经济学在解释制度变迁对长期经济增长作用时，也存在着一定的片面性。许多经济学家认为制度安排和技术进步在长期中是互动的，是长期经济增长不可或缺的两个重要动因。因此，在内生经济增长模型中内生制度（例如专利制度、特殊行业的规制等）的理论及经验研究无疑值得尝试。

最后，大多数的内生经济增长模型是以 Ramesy-Cass-Koopmans 模型为基础的，Mankiw(1995)曾经指出，从经验研究来看，Ramesy-Cass-Koopmans 模型在解释一个国家的储蓄率问题时并非十分理想。考虑到最优代际跨度，或许可以构建出一个能够更好地解释一个国家储蓄率问题的模型。这同样可能是值得经济学家进一步努力的研究领域。

参考文献

［1］Aghion, Philippe, Eve Carloli, and Cecilia García-Peñalosa, "Inequality and Economic Growth: The Perspective of the New Growth Theories," *Journal of Economic Literature*, 1999,37,1615—1660.

［2］Aghion, Philippe and Peter Howitt, "A Model of Growth through Creative Destruction," *Econometrica*, 1992, 60, 321—351.

［3］Aghion, Philippe and Peter Howitt, *Endogenous Growth Theory*, Cambrige, MA: MIT Press, 1998.

［4］Alchain, Armen A. and H. Demsetz, "Production, Information Costs and Economic Organization," *American Economic Review*, 1972, 62, 777—795.

［5］Alesina, Alberto and Dani Rodrik, "Distributive Politics and Economic Growth," *Quarterly Journal of Economics*, 1994, 109, 1203—1228.

［6］Alesina, Alberto and Roberto Perotti, "The Political Economy of Growth: A Critical Survey of the Survey of the Recent Literature," *World Bank Economic Review*, 1994, 8, 351—371.

［7］Anax, Alex, R. Arnott and K. A. Small, "Urban Spatial Structure," *Journal of Economic Literature*, 1998, 36, 1426—1464.

［8］Arrow, Kenneth J., "The Economic Implication of Learning by Doing," *Review of Economic Studies*, 1962, 29, 155—173.

［9］Arthur, W. Brian, "Competing Technologies, Increasing Returns, and Lock-in by Historical Events," *Economic Journal*, 1989, 99, 116—131.

［10］Attanasio, Orazio P., Picci Lucio and Scorcu Antonello, "Saving, Growth, and Investment: A Macroeconomic Analysis Using a Panel of Countries," *Review of Economics and Statistics*, 2000, 82, 1—30.

［11］Banerjee, Abhijit V. and Andrew F. Newman, "Occupational

Choice and the Process of Development," *Journal of Political Economy*, 1993, 101, 274—297.

[12]Barro, Robert J. , "Government Spending in a Simple Models of Endogenous Growth," *Journal of Political Economy*, 1990, 98, 103—125.

[13]Barro, Robert J. , "Economic Growth in a Cross Section of Countries," *Quarterly Journal of Economics*, 1991, 106, 407—443.

[14]Barro, Robert J. , "Inequality and Growth in a Panel of Countries," *Journal of Economic Growth*, 2000, 5, 5—32.

[15]Barro, Robert J. , "Human Capital and Growth," *American Economic Review*, 2001, 91, 12—17.

[16]Barro, Robert J. and Gary S. Becker, "Fertility Choice in a Model of Economic Growth," *Econometrica*, 1989, 57, 481—501.

[17]Barro, Robert J. and Xavier Sala-i-Martin, "Convergence across States and Regions", *Brookings Papers on Economic Activity*, 1991, 1, 107—182.

[18]Barro, Robert J. and Xavier Sala-i-Martin, "Convergence," *Journal of Political Economy*, 1992a, 100, 223—251.

[19]Barro, Robert J. and Xavier Sala-i-Martin, "Regional Growth and Migration: A Japan-United States Comparison," *Journal of the Japanese and International Economics*, 1992c, 6, 312—346.

[20]Barro, Robert J. and Xavier Sala-i-Martin, *Economic Growth*, Boston: McGraw-Hill, 1995.

[21]Barzel, Y. , *Economic Analysis of Property Rights*, Cambrige: Cambrige University Press, 1989.

[22]Baumgardner, J. , "The Division of Labor, Local Market, and Worker Organization," *Journal of Political Economy*, 1988, 96, 509—527.

[23]Baumol, William J. , "Productivity Growth, Convergence and Welfare: What the Long-Run Data Show," *American Economic Review*, 1986, 76, 1072—1985.

[24]Becker, Gary S. , "An Economic Analysis of Fertility", In Ansley J. Coale, Editors, *Demographic and Economic Change in Developed Countries*, Princeton, NJ: Princeton University Press, 1960.

［25］Becker, Gary S. and Robert J. Barro, "A Reformulation of the Economic Theory of Fertility," *Quarterly Journal of Economics*, 1988, 103, 1, 1—25.

［26］Becker, Gary S. and Kevin Murphy, "The Division of Labor, Coordination Costs, and Knowledge," *Quarterly Journal of Economics*, 1992, 107, 1137—1160.

［27］Becker, Gary, S. , Kevin Murphy and Robert Tammura, "Human Capital, Fertility, and Economic Growth," *Journal of Political Economy*, 1990, 98, s12—s37.

［28］Becker, Gary S. Edward L. Glaeser and Kevin Murphy, "Population and Economic Growth," *American Economic Review*, 1999, 89, 145—149.

［29］Ben-David, Dan, "Equalizing Exchange: Trade Liberalization and Income Convergence," *Quarterly Journal of Economics*, 1993, 108, 653—679.

［30］Benhabib, Jess and Mark M. Spiegel, "The Role of Human Capital in Economic Development: Evidence from Aggregate Cross-Country Data," *Journal of Monetary*, 1994, 34, 143—173.

［31］Black, Sandra E. and Lisa M. Lynch, "Human-capital Investments and Productivity," *American Economic Review*, 1996, 86, 263—267.

［32］Brander, James and Steve Dowrick, "The Role of Fertility and Population in Economic Growth: Empirical Results from Aggregate Cross-National Data," *Journal of Population Economics*, 1994, 7, 1—25.

［33］Braun, Juan, *Essays on Economic Growth and Migration*, Ph. D. Dissertation, Harvard University, 1993.

［34］Bruno, Michael and William Easterly, "Inflation Crises and Long-Run Growth," *Journal of Monetary Economics*, 1998, 41, 3—26.

［35］Buchanan, J. and G. Tullock, *The Calculus of Consent*, Ann Arbor: University of Michigan Press, 1962.

［36］Carroll, Christopher D. , Jody Overland and David N. Weil, "Saving and Growth with Habit Formation," *American Economic Re-*

view，2000，90，341—355.

[37]Caselli，Francesco，Gerard Esquivel and Fernando Lefort，"Reopening the Convergence Debate：A New Look at Cross-Country Growth Empirics，"*Journal of Economic Growth*，1996，1，363—390.

[38]Cass，David，"Optimum Growth in an Aggregative Model of Capital Accumulation，"*Review of Economic Studies*，1965，32，233—240.

[39]Chandler，Alfred，*Strategy and Structure in the History of the American Industrial Enterprise*，Cambrige，MA：MIT Press，1962.

[40]Cheung，Steven，"Transaction Cost，Risk Aversion and the Choice of Contractual Arrangements，"*Journal of Law and Economics*，1969，12，23—42.

[41]Cheung，Steven，"The Structure of a Contract and the Theory of a Non-Exclusive Resource，"*Journal of Law and Economics*，1970，13，49—70.

[42]Coase，Ronald，"The Nature of the Firm，"*Economica*，1937，4，386—495.

[43]Coase，Ronald，"The Problem of Social Cost，"*Journal of Law and Economics*，1960，3，1—44.

[44]Cohen，Wesley M. and Daniel A. Levinthal，"Innovation and Learning：The Two Faces of R&D，"*Economic Journal*，1989，99，569—596.

[45]Commons，John R.，*Institutional Economics：Its Place in Political Economy*，New York：Macmillian，1934.

[46]De Long，J. Bradford and Lawrence H. Summers，"Equipment Investment and Economic Growth，"*Quarterly Journal of Economics*，1991，106，455—502.

[47]Diamond，Peter，"National Debt in a Neoclassical Growth Model，"*American Economic Review*，1965，55，1126—1150.

[48]Dinopoulos，Ellas and Peter Thompson，"Schumpeterian Growth without Scale Effect，"*Journal of Economic Growth*，1998，3，313—335.

[49]Dixit，Avinash and Joseph E. Stiglitz，"Monopolistic Competi-

tion and Optimum Product Diversity," *American Economic Review*, 1977, 67, 297—308.

[50]Domer, Evsey D. , "Capital Expansion, Rate of Growth, and Employment," *Econometrica*, 1946, 14, 137—147.

[51]Durkheim, E. , *The Division of Labor in Society*, Tans. with an introduction by George Simpson, New York: Free Press, 1964.

[52]Easterly, William and Sergio Rebelo, "Fiscal Policy and Economic Growth," *Journal of Monetary Economics*, 1993, 32, 417—458.

[53]Eaton, Jonathan and Samuel Kortum, "Trade in Ideas: Patenting and Productivity in the OECD," *NBER Working Papers*, No. 5049, 1995.

[54]Ethier, Wilfred J. , "National and International Returns to Scale Modern Theory of International Trade," *American Economic Review*, 1982, 72, 389—405.

[55] Evans, Paul, "Using Cross-Country Variances to Evaluate Growth Theories," *Journal of Economic Dynamics and Control*, 1996, 20, 1027—1049.

[56] Forbes, Kristin J. , "A Reassessment of the Relationship between Inequality and Growth," *American Economic Review*, 2000, 90, 869—887.

[57] Frankel, Marvin, "The Production Function in Allocation and Growth: A Synthesis," *American Economic Review*, 1962, 52, 995—1022.

[58]Fuente, Angel De La and Rafael Domenech, "Schooling Data, Technological Diffusion and The Neoclassical Model," *American Economic Review*, 2001, 91, 325—327.

[59]Furubotn, Eririk G. and Svetozar Peiovich, "Property Rights and Economic Theory: A Survey of Recent Literature," *Journal of Economic Literature*, 1972, 10, 1137—1162.

[60]Galor, Oded and Joseph Zeira, "Income Distribution and Macroeconomics," *Review of Economic Studies*, 1993, 60, 35—52.

[61]Galor, Oded and David N. Weil, "The Gender Gap, Fertility, and Growth," *American Economic Review*, 1996, 86, 374—387.

[62]Galor, Oded and David N. Weil, "Population, Technology, and

Growth: From Malthusian Stagnation to the Demographic Transition and Beyond," *American Economic Review*, 2000, 90, 806—828.

[63]格雷夫. 后中世纪热那亚自我强制的政治体制与经济增长. 经济社会体制比较,2001(2):26—36.

[64]格雷夫. 后中世纪热那亚自我强制的政治体制与经济增长(续). 经济社会体制比较,2001(3):49—60.

[65]Glaeser, Edward L, "Learning in Cities," *Journal of Urban Economics*, 1996, 46, 254—277.

[66]Glomm, G. and B. Ravikumar, "Public versus Private Investment in Human Capital: Endogenous Growth and Income Inequality," *Journal of Political Economy*, 1992, 100, 818—834.

[67]Glomm, G. and B. Ravikumar, "Public Investment in Infrastructure in a Simple Growth Model," *Journal of Dynamics and Control*, 1992, 18, 1173—1187.

[68]Goodfriend, M. and J. McDermott, "Early Development", *American Economic Review*, 1995, 85, 116—133.

[69]Griliches, Zvi, "Issues in Assessing the Contribution of R&D to Productivity Growth," *Bell Journal of Economics*, 1979, 10, 92—116.

[70]Grossman, Gene M. and Elhanan Helpman, "Product Development and International Trade," *Journal of Political Economy*, 1989, 97, 1261—1283.

[71]Grossman, Gene M. and Elhanan Helpman, *Innovation and Growth in the Global Economy*, Cambridge, MA: MIT Press, 1991a.

[72]Grossman, Gene M. and Elhanan Helpman, "Quality Ladders in the Theory of Growth," *Review of Economic Studies*, 1991b, 58, 43—61.

[73]Grossman, Gene M. and Elhanan Helpman, "Quality Ladders and Product Cycles," *Quarterly Journal of Economics*, 1991c, 106, 557—586.

[74]Grossman, Gene M. and Elhanan Helpman, "Trade, Knowledge Spillovers and Growth," *European Economic Review*, 1991d, 35, 517—526.

[75]Grossman, Gene M. and Elhanan Helpman, "Endogenous Product Cycles," *Economic Journal*, 1991e, 101, 1214—1229.

[76]Hall, Robert E. and Charles J. Jones, "Fundamental Determinants of Output per Worker across Countries", Stanford University, Manuscript, 1997.

[77]Harrod, Roy F., "An Essay in Dynamic Theory," *Economic Journal*, 1939, 49, 14—33.

[78]Harrod, Roy F., *Toward a Dynamic Economics: Some Recent Developments of Economic Theory and Their Application to Policy*, London: Macmillan, 1948.

[79]Hanushek, Eric A. "The Trade-off Between Child Quantity and Quality," *Journal Political Economy*, 1992, 100, 84—117.

[80]Helpman, Elhanan, "Endogenous Macroeconomic Growth Theory," *European Economic Review*, 1992, 36, 237—267.

[81]Jones, Charles I., "R&D Based Models of Economic Growth," *Journal of Political Economy*, 1995a, 103, 759—784.

[82]Jones, Charles I., "Time Series Tests of Endogenous Growth Models," *Quarterly Journal of Economics*, 1995b, 110, 495—525.

[83]Jones, Hywel G., *An Introduction to Modern Theories of Economic Growth*, New York: McGraw-Hill, 1976.

[84]Jones, Larry E. and Rodolfo E. Manuelli, "A Convex Model of Equilibrium Growth: Theory and Policy Implications," *Journal of Political Economy*, 1990, 98, 1008—1038.

[85] Jones, Larry E. and Rodolfo E. Manuelli, "The Sources of Growth," *Journal of Economic Dynamics and Control*, 1997, 21, 75—114.

[86]Jones, Lary E., Rodolfo E. Manuelli and P. E. Rossi, "Optiman Taxation in Models of Endogenous Growth," *Journal of Political Economy*, 1993, 101, 485—517.

[87]Jones, Larry E., Rodolfo E. Manuelli and E. Staccherri, "Stochastic Growth," *Working Paper*, 1993.

[88]Judd, Kenneth L., "On THE performance of Patents", *Econometrica*, 1985, 53, 567—585.

[89]Kaldor, Nicholas, "A Model of Economic Growth," *Economic Journal*, 1957, 57, 591—624.

[90] Kaldor, Nicholas, "Capital Accumulation and Economic Growth," In A. Lutz Friedrich and Douglas C. Hague editors, *Proceedings of a Conference Held by the International Economics Association*, London: Macmillan, 1963.

[91] Keller, Wolfgang, "How Trade Patterns and Technology Flows Affect Productivity Growth," *NBER Working Papers*, No. 6990, 1999.

[92] Kim, S. , "Labour Special and the Extent of the Market," *Journal of Political Economy*, 1989, 97, 692—709.

[93] King, Robert G. and Sergio Rebelo, "Public Policy and Economic Growth: Development Neoclassical Implications," *Journal of Political Economy*, 1990, 98, 1008—1038.

[94] King, Robert G. and Sergio Rebelo, "Transitional Dynamics and Economic Growth in the Neoclassical Model," *American Economic Review*, 1993, 83, 908—931.

[95] King, Robert G. , Charles I. Plosser and Sergio Rebelo, "Production, Growth and Business Cycles: I. Basic Neoclassical Model," *Journal of Monetary Economics*, 1988a, 21, 195—232.

[96] King, Robert G. , Charles I. Plosser and Sergio Rebelo, "Production, Growth and Business Cycles: II. Basic Neoclassical Model," *Journal of Monetary Economics*, 1988b, 21, 309—341.

[97] Klenow, Peter J. and Andres Robriguez-Clare, "The Neoclassical Revival in Growth Economics Has It Gone Too Far?," In Ben S. Bernanke and Julio J. Rotemberg editors, *NBER Macroe-conomic Annual 1997*, Cambridge, MA: MIT Press, 1997.

[98] Knight, Frank H. , "Diminishing Return from Investment," *Journal of Political Economy*, 1944, 52, 26—47.

[99] Koopmans, Tjalling C, "On the Concept of Optimal Economic Growth," *In The Econometric Approach to Development Planning*, Amsterdam: North-Holland, 1965.

[100] Kremer, Michael, "Population Growth and Technological Change: One Million B. C. to 1990," *Quarterly Journal of Economics*, 1993, 108, 681—716.

[101]Kremer, Michael, "The O-Ring Theory of Economic Development," *Quarterly Journal of Economics*, 1993, 108, 551—575.

[102] Krugman, Paul R., "A Model of Innovation Technology Transfer, and the World Distribution of Income," *Journal of Political Economy*, 1979, 87, 253—266.

[103] Krugman, Paul R., "History vs Expectation," *Quarterly Journal of Economics*, 1991a, 106, 651—667.

[104]Krugman, Paul R., "Increasing Return and Economic Geography," *Journal of Political Economy*, 1991b, 99, 483—499.

[105]Lee, Kevin, M. Hashem Pesaran and aron Smith, "Growth and Convergcnce in a Multi-Country Empirical Stochastic Stochastic Solow Model," *Journal Applied Econometrics*, 1996, 12, 357—392.

[106]Levine, Ross, "Financial Development and Economic Growth: Views and Agenda," *Journal of Economic Literature*, 1997, 35, 688—726.

[107] Levine, Ross and David Renelt, "A Sensitivity Analysis of Cross—Country Regressions," *American Economic Review*, 1992, 82, 942—963.

[108]Levine, Ross and Sara, J. Zervos, "Stock Market, Banks, and Economic Growth," *World Bank Policy Rescarch Working Paper*, No. 1670, 1996.

[109]Li, H., L. Squere and H. Zou, "Explaining International and Intertemporal Variations in Income Inequality," *Economic Journal*, 1998, 108, 26—43.

[110]林岗. 诺斯与马克思：关于制度变迁道路理论的阐释. 中国社会科学,2000(1):55—69.

[111]Lin, J. Y., "An Economic Theory of Institutional Change: Induced and Imposed Change," *Cato Journal*, 1989, 9, 1—33.

[112]Lin, J. Y., "Rural Reform and Agricultural Growth in China," *American Economic Review*, 1992, 82, 34—51.

[113]林毅夫,蔡昉,李周. 中国的奇迹:发展战略与经济改革. 上海:上海三联书店,上海人民出版社,1994.

[114]Li, Wei, "The Impact of Economic Reform on the Performance of Chinese State Enterprises, 1980—1989," *Journal of Political Economy*, 1997, 105, 1080—1106.

[115]Locay, L., "Economic Development and the Division of Production between Households and Markets," *Journal of Political Economy*, 1990, 98, 965—982.

[116]Lucas, Robert E. Jr., "On the Mechanism of Economic Development," *Journal of Monetary Economics*, 1988, 22, 3—22.

[117]Lucas, Robert E. Jr. "On Efficiency and Distribution," *Economic Journal*, 1992, 102, 233—247.

[118]Lucas, Robert E. Jr., "Making a Miracle," *Econometric*, 1993, 61, 251—271.

[119]Lucas, Robert E. Jr., "*The Industrial Revolution: Past and Future*," Mimeo, Department of Economics, University of Chicago, 1999.

[120]Maddison, Angus, *Phases of Capitalist Development*, Oxford: Oxford University Press, 1982.

[121]Malthaus, Thomas R., *An Essay on the Principle of Population*, 1798, London: W. Pickering, 1986.

[122]Mankiw, Gregory N., "The Growth of Nations," *Brookings Papers on Economic Activity*, 1995, 1, 275—310.

[123]Mankiw, Gregory N., David Romer and David N. Weil, "A Contribution to the Empiricism of Economic Growth," *Quarterly Journal of Economics*, 1992, 107, 407—437.

[124]Marshall, Alfredl, *Principles of Economics*, 8th edn., London: Macmillan, 1920.

[125]Matthews, R. C. O., "The Economics of Institutions and the Sources of Growth," *Economic Journal*, 1986, 96, 903—918.

[126]Morand, Oliver F., "Endogenous Fertility, Income Distribution, and Growth," *Journal of Economic Growth*, 1999, 4, 331—349.

[127]Nadri, Ishaq M., "Innovation and Spillovers," *NBER Working Papers*, No. 4423, 1993.

[128]North, Durglas C., *Structure and Change in Economic Histo-*

ry，New York：W. W. Norton & Company, Inc. ，1981.

［129］North，Douglas C. and Robert P. Thomas，*The Rise of the Western World：A New Economic History*，Cambrige：Cambrige University Press，1973.

［130］North，Douglas C. ，*Institutions，Institutional Change，and Economic Performance*，New York：Cambridge University Press，1990.

［131］奥斯特罗姆,菲尼,皮希特. 制度分析与发展的反思——问题与抉择. 王诚等,译. 北京:商务印书馆,1996.

［132］潘士远,史晋川. 知识吸收能力与内生经济增长. 数量经济与技术经济研究,2001(11):82—85.

［133］Partridge，Mark D，"Is Inequality Harmful for Growth? Comment，" *American Economic Review*，1997，87，1019—1032.

［134］Peng，Yusheng，Lynne G. Zucker and Michael R. Darby，"Chinese Rural Industrial Productivity and Urban Spillovers，" *NBER Working Papers*，No. 6202，1997.

［135］Perotti，Roberto，"Growth，Income Distribution，and Democracy：What the Data Say，" *Journal of Economic Growth*，1996，1，149—187.

［136］Person，Torsten and Guido Tabellini，"Is Inequality Harmful for Growth，" *American Economic Review*，1994，84，600—621.

［137］Posner，R. A. ，*Economic Analysis of Law*，2nd ed. Boston：Little，Brown，1977.

［138］Prescott，Edward C. ，"Needed：A Theory of Total Factor Productivity，" *International Economic Review*，1998，39，525—551.

［139］Pritchett，Lant，"Population，Factor Accumulation，and Productivity，" *World Band Working Paper*，No. 1567，1996a.

［140］Pritchett，Lant，"Where Has All the Education Gone，" *World Band Working Paper*，No. 1581，1996b.

［141］Pritchett，Lant，"Divergence，Big Time，" *Journal of Economic Perspectives*，1997，11，3—17.

［142］Ramesy，Frank，"A Mathematical Theory of Saving，" *Economic Journal*，1928，38，543—559.

［143］Ramey，Garey and Valerie A. Ramey，"Cross-Country Evidence on the Lind between Volatility and Growth," *American Economic Review*, 1995, 85, 1138—1151.

[144] Rebelo, Sergio, "Long-Run Policy Analysis and Long-Run Growth," *Journal of Political Economy*, 1991, 99, 500—521.

[145]Rebelo, Sergio and Nancy L. Stokey, "Growth Effects of Flat-Rate Taxes," *Journal of Political Economy*, 1995, 103, 519—550.

[146]Richardo, David, *On the Principles of Political Economy and Taxation*, 1817, Cambrige: Cambrige University Press, 1951.

[147]Rivera-Batiz, L. A. and Paul M. Romer, "Economic Integration and Endogenous Growth," *Quarterly Journal of Economics*, 1991, 106, 531—556.

[148]Romer, Paul M., "Increasing Return and Long-Run Growth," *Journal of Political Economy*, 1986, 94, 1002—1037.

[149]Romer, Paul M., "Growth Based on Increasing Return Due to Specialization," *American Economic Review*, 1987, 77, 56—62.

[150]Romer, Paul M., "Endogenous Technological Change," *Journal of Political Economy*, 1990a, 98, 71—102.

[151]Romer, Paul M., "Are Nonconvexities Important for Understanding Growth," *American Economic Review*, 1990b, 80, 97—103.

[152] Romer, Paul M., "The Origins of Endogenous Growth," *Journal of Economic Perspectives*, 1994, 8, 3—22.

[153]Rosen, S., "Substitution and the Division of Labor," *Economica*, 1978, 45, 235—250.

[154]Rosen, S., "Specialization and Human Capital," *Journal of Labor Economics*, 1983, 1, 43—49.

[155]Ruttan, Vernon W., "Induced Institutional Change," In Hans P. Binswanger and Vernon W. Ruttan editors, *Induced Innovation: Technology, Institution, and Development*, Baltimore: Johns Hopkins University Press, 1978.

[156]Ruttan, Vernon W., "Social Science Knowledge and Institutional Change," *American Economic Review*, 39, 549—559.

[157]Sachs, Jeffrey D. and Andrew M. Warner, "Natural Resource

Abundance and Economic Growth," *NBER Working Paper*, No. 5398, 1995.

[158]Sala-i-Martin, Xavier, "I Just Run Two Million Regressions," *American Economic Review*, 1997, 87, 178—183.

[159]Samuelson, Paul A., "An Exact Consumption-Loan Model of Interest with or without the Social Contrivance of Money," *Journal of Political Economy*, 1958, 66, 467—482.

[160]Schultz, Theodare W., "Institution and the Rising Economic Value of Man," *American Journal of Agricultural Economics*, 1968, 50, 1113—1122.

[161]Schumpeter, Joseph A., *The Theory of Economic Development*, Cambrige, MA: Harvard University Press, 1934.

[162]Scully, Gerald W., "The Institutional Framework and Economic Development," *Journal of Political Economy*, 1988, 96, 652—662.

[163]Sengupta, Jati K., "Growth in NICs in Asia: Some Tests of New Growth Theory," *Journal of Development of Economics*, 1993, 29, 342—357.

[164]Sheshinske, Eytan, "Optimal Accumulation with Learning by Doing," In Karl Shell editors, *Essays on the Theory of Optimal Economic Growth*, Cambrige, MA: MIT Press, 1967.

[165]Shi, H. and X. Yang, "A New Theory of Industrialization," *Journal of Comparative Economics*, 1995, 20, 171—189.

[166]世界银行. 中国经济：治理通胀、深化改革. 北京：中国财政经济出版社, 1996.

[167]Smith, Adam, *An Inquiry into the Nature and Causes of the Wealth of Nations*, 1776, New York: Random House, 1937.

[168]Solow, Robert M., "A Contribution to the Theory of Economic Growth," *Quarterly Journal of Economics*, 1956, 70, 65—94.

[169]Solow, Robert M., "Technical Change and the Aggregate Production Function," *Review of Economics and Statistics*, 1957, 39, 312—320.

[170]Solow, Robert M., "Growth Theory and After," *American Economic Review*, 1988, 78, 307—317.

[171]Spence, Michale, "Product Selection, Fixed Cost, and Monopolistic Competition," *Review of Economic Studies*, 1976, 43, 217—235.

[172]Spence, Michale, "Cost Reduction, Competition and Industry Performance," *Econometrica*, 1984, 52, 101—121.

[173]Stern, Nicholas, "The Determine of Growth," *Economic Journal*, 1991, 101, 122—133.

[174]Stern, Scott, Michael E. Porter, and Jeffrey L. Furman, "The Determinants of National Innovation Capacity," *NBER Working Papers*, No. 7876, 2000.

[175]Stokey, Nancy L, "Learning by Doing and the Introduction of New Goods," *Journal of Political Economy*, 1988, 96, 701—717.

[176]Stokey, Nancy L., "Human Capital, Product Quality, and Growth," *Quarterly Journal of Economics*, 1991, 106, 587—616.

[177]Stokey, Nancy L., "R&D and Economic Growth," *Review of Economics Studies*, 1995, 62, 469—489.

[178]Summers, Robert and Alan Heston, "The Penn World Table (Mark 5): An Expanded Set of International Comparisons, 1950—1988," *Quarterly Journal of Economics*, 1991, 106, 327—361.

[179]Swan, Trevor W., "Economic Growth and Capital Accumulation," *Economic Record*, 1956, 32, 334—361.

[180]Tamura, R., "Income Convergence in an Endogenous Growth Model," *Journal of Political Economy*, 1991, 99, 522—540.

[181]Temple, Jonathan R. W., "Robustness Tests of the Augmented Solow Model," *Journal of Applied Economics*, 1998, 13, 361—375.

[182]Temple, Jonathan R. W., "The New Growth Evidence," *Journal of Economic Literature*, 1999, 37, 112—156.

[183]Todaro, Michael P., *Economic Development*, London: Longman, 1997.

[184]Veblen, Thorstein B., *The Theory of Leisure Class: An Economic Study in the Evolution of Institutions*, New York: Macmillan, 1899.

[185]Uzawa, Hirofumi, "Optimal Growth in a Two-Sector Model of Capital Accumulation," *Review of Economic Studies*, 1964, 31, 1—24.

[186]Uzawa, Hirofumi, "Optimal Technical Change in an Aggregative Model of Economic Growth," *Review of International Economics*, 1965, 6, 18—31.

[187]Williamson, Oliver E., Markets and Hierarchies: *Analysis and Antitrust Implications*, New York: Free Press, 1975.

[188]Williamson, Oliver E., *The Economic Institution of Capitalism*, New York: Free Press, 1985.

[189]Williamson, Oliver E., "The New Institutional Economics: Tacking Stock, Looking Ahead," *Journal of Economic Literature*, 2000, 38, 595—613.

[190]杨小凯,黄有光.专业化与经济组织——一种新兴古典微观经济学框架.张玉纲,译.北京:经济科学出版社,1999.

[191]Yang, Xiaokai and J. Borland, "A Microeconomic Mechanism for Economic Growth," *Journal of Political Economy*, 1991, 99, 460—482.

[192]Yang, Xiaokai and Sing Ng, "Specialization and Division of Labor: A Survey," In Ken Arrow et al editors, *Increasing Returns and Economic Analysis*, London: Macmillan, 1998.

[193]Young, Allyn, "Increasing Return and Economic Progress," *Economic Journal*, 1928, 38, 527—542.

[194]Younge, Alwyn, "Learning by Doing and the Dynamic Effects of International Trade," *Journal of Political Economy*, 1991, 106, 369—406.

[195]Younge, Alwyn, "Invention and Bounded Learning by Doing," *Journal of Political Economy*, 1993, 101, 443—472.

[196]Younge, Alwyn, "The Tyranny of Numbers: Confronting the Statistical Realities of the East Asian Growth Experience," *Quarterly Journal of Economics*, 1995, 110, 641—680.

[197]Younge, Alwyn, "Growth without scale Effects," *Journal of Political Economy*, 1998, 106, 41—63.

[198]Zou, G., "*Growth with Development*," Ph. D. Dissertation, University of Southern California, 1991.

［13］劳资分配与经济增长
——新卡莱斯基学派视角的文献述评*

史晋川　刘　青

摘　要　本文基于新卡莱斯基学派的思想观点，概要性地梳理了劳资分配与经济增长关系的主要理论和实证研究文献。理论文献的回顾，以技术进步的内生性为分类标准，重点评述了新卡莱斯基学派分配与增长理论的基础模型及其扩展；实证文献的回顾，则按照计量方法、样本数据和实证结论等角度进行归类，并依据文献的发展脉络和逻辑关系，针对其主要贡献和改进方向展开相应述评。同时，本文还简要介绍了国内外学者对中国劳资分配与经济增长关系问题研究的文献，并对未来的研究做了展望。

关键词　劳资分配；经济增长；新卡莱斯基学派

一、引言

收入分配与经济增长是经济学研究领域中两个十分重要的问题。劳资分配作为宏观层次的分配，主要考察国民收入在劳动所有者和资本所有者之间的分配，从古典经济学以来，形成了各种不同的经济理论。[②] 经济增长理论，最早可以追溯至斯密关于国民财富问题的研究。20 世纪 30—40 年代，哈罗德-多马模型的提出，标志着现代经济增长理论的产生。自此，在

＊　本文最初发表在《东南学术》2017 年第 1 期。

②　尼古拉斯·卡尔多（Nicholas Kaldor）在其经典的综述文章中，将收入分配的研究领域归纳成四种研究范式，即李嘉图理论（古典理论）、马克思理论、新古典理论（边际理论）和（后）凯恩斯理论，参见 Kaldor N.，"Alternative Theories of Distribution，"The Review of Economic Studies，vol. 23，No. 2，1955，pp. 83—100.

数学模型框架下,探寻经济增长的源泉和动力一直是宏观经济研究的热点,并由此产生了内生经济增长理论。① 虽然,劳资分配曾一度是经济研究的中心议题,但长期以来,与经济增长一直处在并行发展的过程中。② 直到20世纪中叶,新剑桥学派(Neo-Cambridge School)的经济学家将劳资分配引入经济增长模型,建立了分配与增长的宏观分析框架,开启了两者之间关系研究的大门。③

有关劳资分配与经济增长关系的研究,早期文献主要集中在20世纪50—60年代,70年代后文献相对较少,但自21世纪初以来,两者的内在关系重新成为国外学术界,尤其是欧洲经济学界的研究热点,涌现大量文献,新卡莱斯基(Neo-Kaleckian)学派的研究范式渐成气候。④ 反观国内,尽管面临着经济增长过程中日益突显的收入分配问题,但对国外经济学界这一非主流的研究领域关注还不够,对中国转型期的劳资分配与经济增长关系的研究仍相对比较缺乏。尽管已有国外学者对这一领域的研究做过很好的文献回顾,但依然有继续深入改进的空间。⑤ 本文的特点在于:一是选择

---

① Solow R. M., "A Contribution to the Theory of Economic Growth," The Quarterly Journal of Economics, vol. 70, No. 1, 1956, pp. 65—94;P. M. Romer, "The Origins of Endogenous Growth," The Journal of Economic Perspectives, vol. 8, N0. 1, 1994, pp. 3—22.

② ［英］大卫·李嘉图:《政治经济学及赋税原理》,商务印书馆1976年版;A. B. Atkinson, "Factor Shares: The Principal Problem of Political Economy?"Oxford Review of Economic Policy, vol. 25, No. 1, 2009, pp. 3—16.

③ Kaldor N., "A Model of Economic Growth," The Economic Journal, vol. 67, No. 268, 1957, pp. 591—624 ;L. L. Pasinetti, "Rate of Profit and Income Distribution in Relation to the Rate of Economic Growth," The Review of Economic Studies, vol. 29, No. 4, 1962, pp. 267—279.

④ 本文使用的"新卡莱斯基学派"一词,并非指所援引的文献的研究者均属于同一研究阵营,只是在关于分配与增长关系的研究上,具有同一的研究范式,即偏向于继承波兰经济学家米哈尔·卡莱斯基(Michal Kalecki)的学术思想,事实上,国际学术界目前也尚无固定称谓,相当多的文献仍称作"后凯恩斯主义"(Post-Keynesian)。

⑤ Lavoie M., "Foundations of Post-Keynesian Economic Analysis,"Edward Elgar Pub, 1992;E. Stockhammer and Onaran O., "Wage-Led Growth:Theory, Evidence, Policy,"Review of Keynesian Economics, vol. 1, No. 1, 2013, pp. 61—78.

新卡莱斯基学派作为综述的视角。① 二是概要性地评述了代表性文献,并追踪了一些最新文献,尤其是实证研究方面。② 三是在对重要文献做更加详细述评的同时,补充了有关中国问题的研究文献。

本文余下内容安排如下:第二部分是理论研究的文献评述,第三部分是实证研究的文献评述,第四部分是国内外学者对中国的劳资分配与经济增长关系研究的文献评述,最后一部分是对未来研究的展望。

二、劳资分配与经济增长:理论研究

众所周知,在标准的哈罗德-多马模型中,均衡增长条件很难同时满足,存在所谓的"刃锋上的均衡"。③ 为了解决这一问题,经济学家基本遵循两条思路深化研究:一是将技术进步内生化,基于生产函数,从生产要素投入角度研究经济增长,即供给驱动型经济增长;二是将储蓄率内生化,把经济增长与劳资分配相联系,从国民收入恒等式出发研究经济增长,即需求驱动型增长理论。本文所指的新卡莱斯基学派分配与增长模型联系了分配与生产两个重要的研究领域,从增长理论数学模型角度,对哈罗德-多马模型的改进,其所依循的正是后一条研究思路。

虽然在新卡莱斯基增长理论内部,存在有不同的理论模型,但不同的模型形式存在着共同的理论逻辑起点。这一逻辑起点源自卡莱斯基的基本思想。作为最早试图采用经济部门增加值来建立收入分配与经济增长统一理论分析框架的作者,卡莱斯基使用了三个基本思想:异质性储蓄率、

---

① 当然,关于收入分配与经济增长,马克思主义经济框架有诸多经典的论述,需另辟专题综述。

② 本文的中心工作是在宏观上指出文献的贡献和地位,选择了具有代表性的文章,主要涉及文献发展脉络中的主要分支和关键节点,没有将众多类似的文献进行细分,虽然这个工作也极具意义。

③ 均衡增长的条件即有保证的增长率=自然增长率=实际增长率。

独立投资函数和成本加成理论。① 后来的研究者在分配与增长理论中继承并坚持了该思想,在其基本框架基础上构建新的理论,形成了多种形式的理论模型。本文依据模型中是否含有技术进步这一变量,将其分为外生技术进步的理论模型和内生技术进步的理论模型这两大类型。②

（一）外生技术进步的分配与增长模型

传统的卡莱斯基分析框架中,是不考虑技术进步的,故而早期新卡莱斯基学派在劳资分配与经济增长的关系上,一般不专门探究技术进步,直接将技术进步设定为外生的,更多地突出工资与总需求的直接关系。在分析工资的作用时,与主流经济学模型只强调成本效应不同,新卡莱斯基学派认为工资具有二重性。工资不仅可以当作生产供给的成本,还可以是消费需求的来源。作为一种成本,工资份额上升,将降低企业盈利能力,减少国际竞争力,从而工资份额与投资和出口负相关;而作为消费的来源,由于工资的边际消费倾向大于利润的边际消费倾向,工资份额提升意味着总收入中用于消费的部分将增加,从而工资份额与消费正相关。因此,研究劳资分配与经济增长的关系,必须基于三大需求(消费、投资和净出口)的角度,考察工资份额对经济增长的综合效应。正是沿着上述思路,新卡莱斯基学派以总需求作为分析基点,建立起研究劳资分配与经济增长相互关系的理论模型。

概括地看,外生技术进步的理论模型又可以分成单一影响模型和综合影响模型。早期的新卡莱斯基分配与增长理论中,假定投资函数存在强加速效应。③ 真实工资的变化对长期增长均衡有单一的影响,工资份额的上升会导致生产利用率提高,使得资本积累增加和利润率提高,从而促进经

---

① 有关这三个基本思想的理论渊源可以参见 Kalecki M.,"A Theory of Profits,"The Economic Journal,vol. 52,No. 206,1942,pp. 258—267 ;M. Kalecki,"Essay On the Business Cycle Theory,"Studies in the Theory of Business Cycles,1933—1939,Oxford,Basil Blackwell,1966.

② 当然还有其他逻辑更加明晰的分类方法,本文选择以技术进步为标准,是基于方便与主流文献比较和经济增长理论发展趋势的考虑。

③ 早期研究,并非基于数理模型形式,大多局限在逻辑分析、文字表述和公式呈现,但基本思想是很清晰的。

济增长加速。[①] Rowthorn 首先建立了具有卡莱斯基理论特征的数学模型，研究劳资分配与经济增长的关系。[②] 后来的研究进一步考察了两者之间的作用机制，认为经济增长是内生决定的，工资份额的上升对经济增长具有正向影响。[③] 这些理论的主要贡献在于：提出了与新古典主流经济学不同的观点，即真实工资（或工资份额）的上升对经济增长具有正向的促进作用。[④]

与上述观点不同，Bhaduri 和 Marglin 在其开创性的文章中，基于马克思的劳资分配理论和卡莱斯基的有效需求理论，虽然同样从总需求角度出发，但在投资函数设定时，用利润份额代替利润率，发现利润份额的上升也可能正向影响经济增长。[⑤] 由此，经济增长的驱动力可能来自工资，也可能来自利润，从而事实上将收入分配对经济增长的单一影响理论发展为综合影响理论。[⑥]

Bhaduri-Marglin 模型（以下简称 B-M 模型）第一次将"消费不足论"（Under Consumption）和"利润挤压论"（Profit Squeeze）两种观点结合起来，建立了一个具有一般化性质的分配与增长分析框架。在 B-M 模型中，同时考虑了工资份额对总需求的正负两种效应，工资份额变动对总量经济

[①] Asimakopulos A. ," A Kaleckian Theory of Income Distribution," Canadian Journal of Economics, vol. 8, No. 3, 1975, pp. 313—333; J. Steindl," Stagnation Theory and Stagnation Policy," Cambridge Journal of Economics, vol. 3, No. 1, 1979, pp. 1—14.

[②] Rowthorn B. ," Demand, Real Wages and Economic Growth," North East London Polytechnic, 1981.

[③] Dutt A. K. ," Stagnation, Income Distribution and Monopoly Power," Cambridge Journal of Economics, vol. 8, No. 1, 1984, pp. 25—40 ; Taylor L. ," A Stagnationist Model of Economic Growth," Cambridge Journal of Economics, vol. 9, No. 4, 1985, pp. 383—403 ; Amadeo E. J. ," The Role of Capacity Utilization in Long-Period Analysis," Political Economy, vol. 2, No. 2, 1986, pp. 147—185.

[④] 在这些文献中，真实工资与工资份额没有被严格区分开来，其中暗含一个假设，即真实工资的上升，必然导致工资份额提高。

[⑤] A. Bhaduri and Marglin S. ," Unemployment and the Real Wage: The Economic Basis for Contesting Political Ideologies," Cambridge Journal of Economics, vol. 14, No. 4, 1990, pp. 375—393.

[⑥] 实际上，从观点和内容上看，B-M 模型更多的是继承了马克思的思想，可以说该模型也可以称作是马克思主义分配理论的一种模型化表述。

的最终影响,取决于对消费需求的促进作用和对投资需求以及净出口需求的抑制作用之和。如果前者大于后者,工资份额上升,总需求扩张,该经济体是"工资驱动型"(Wage-led)经济增长;反之,则为"利润驱动型"(Profit-led)经济增长。

一个经济体的具体增长驱动模式,依赖于理论参数的设定,同时还必须基于特定时期的经验研究。[①] 虽然该模型无法得出一个明确的方向性结论,但其所揭示的劳资分配和经济增长的作用机制,成为新卡莱斯基分配与增长理论的最重要的基础模型之一。 在此之后,学术界按照这一思路,进一步对经济增长的驱动类型进行细分。

(二)内生技术进步的分配与增长模型

由于技术进步被假定为外生的,上述理论模型是完全的需求驱动型模型,忽视了供给面的因素,曾一度被经济学家批评为是一个短期或中期模型,而非长期经济增长的模型。[②] 批评者认为,长期中真实的产能利用率和名义的产能利用率的差别会消失,所有变量都是完全可调整的。[③] 因此,经济增长模型将回归到新古典经济学,这被称为"斯拉法批评"。[④] 于是,经济学家通过引入技术进步,试图将经济增长模型长期化,以回应相关批评和质疑。

---

① 这里的理论参数的设定,主要是储蓄函数和投资函数的参数值,其决定了 IS 曲线具体形状。

② 从经济增长的驱动因素来看,技术进步可以作为一种独立要素,也可看是供给和需求因素的长期性内生来源,因此从某种意义上说技术进步是沟通需求驱动经济增长模型和供给驱动经济增长模型的中间桥梁,并成为区分经济增长长短期问题的主要识别因素。

③ P. Auerbach and Skott P. ," Concentration,Competition and Distribution—A Critique of Theories of Monopoly Capital," International Review of Applied Economics, vol. 2,No. 1,1988,pp. 42—61;P. Skott," Growth,Instability and Cycles:Harrodian and Kaleckian Models of Accumulation and Income Distribution," Handbook of Alternative Theories of Economic Growth,Edward Elgar Pub,2010.

④ 如果"斯拉法批评"成立,那么由此可间接推断,新卡莱斯基分配与增长理论与新古典经济学的基本理论无显著差异,这一定程度抹杀了新卡拉斯基学派的学术独立性和理论创新性,因此有曾一度掀对"斯拉法批评"的批评。

近年来,新卡莱斯基学派陆续将技术进步纳入经济增长模型之中。但是,与主流经济学考察全要素生产率(TFP)不同,新卡莱斯基学派重点考察单一生产率,确切地说,是劳动生产率(labour productivity)。随后建立的众多模型以劳动生产率作为技术进步的核心变量,并认为劳动生产率是内生决定的,取决于总需求和真实工资的增长。事实上,劳动生产率随总需求或产出增长而增长的现象很早就被证实,在文献中被称为卡尔多-凡登定律(Kaldor Verdoorn Law)。① 新卡莱斯基学派分配与增长模型,正是依赖这一定律,建立总需求与技术进步的关系式,从而构建出内生技术进步的理论框架。

Cassetti 最先将卡尔多-凡登定率关于技术进步的思想引入新卡莱斯基分配与增长理论之中。② Stockhammer 和 Onaran 在新卡莱斯基增长模型中加入了就业和劳资分配决定方程,提出失业率由外生的劳动供给增长率和资本积累率的差距决定,劳资分配取决于失业率,同时考察了失业率的非加速膨胀率问题。③ Naastepad 则建立了一个包含内生技术进步的需求增长模型,在不同需求体制(demand regime)基础上,增加了不同的生产率体制(productivity regime),考察了工资增长、产出增长和生产率增长的交互关系,为后续研究提供了一个基础框架。④ 概括地说,将技术进步考虑纳入经济增长模型的途径有四类:第一,直接将技术进步变量引入经济增长模型;第二,通过卡尔多-凡登定律,将技术进步与产出相联系,通过国民收入增长引入经济增长模型;第三,将技术进步与劳资分配相联系,通过工

---

① 卡尔多-凡登定律的原始思想,参见 N. Kaldor," Causes of the Slow Rate of Growth of the United Kingdom: An Inaugural Lecture," Cambridge University Press,1966;P. J. Verdoorn," Factors that Determine the Growth of Labour Productivity," Productivity Growth and Economic Performance. Essays On Verdoorn'S Law,Palgrave Macmillan,2002.

② Cassetti M. ,"Bargaining Power,Effective Demand and Technical Progress: A Kaleckian Model of Growth,"Cambridge Journal of Economics,vol. 27,No. 3,2003,pp. 449—464.

③ Stockhammer E. and Onaran ö. ,"Accumulation,Distribution and Employment: A Structural VAR Approach to a Kaleckian Macro Model," Structural Change and Economic Dynamics,vol. 15,No. 4,2004,pp. 421—447.

④ Naastepad C. and Storm S. ," OECD Demand Regimes (1960—2000), "Journal of Post Keynesian Economics,vol. 29,No. 2, 2006,pp. 211—246.

资份额变动引入经济增长模型。第四,将技术进步与就业相联系,通过失业率变动引入经济增长模型。[①]

在最近的研究中,沿着内生技术进步这一方向,学者们还对新卡莱斯基分配与增长模型的具体形式进行细化,主要包括两个方面。一是分配类型细化。规模劳资分配是劳资分配的重要环节,在一般的新卡莱斯基模型中,不能分析再分配对经济增长的效应。一些学者在基础的新卡莱斯基框架下,加入了非生产性管理阶层,考察管理者和工人的工资差异效应。[②] 同时,将工资不平等引入储蓄率函数,认为工资不平等会带来储蓄的上升,从而对经济增长产生作用。[③] 二是阶级划分细化。一些学者突破了两阶段划分的框架,将资本家划分了中层管理者和高层管理者,考察劳动者和两个群体的资本家在劳动力市场中的博弈,从而对增长和分配的宏观经济表现具有影响。[④]

(三)简要评述

综上所述,新卡莱斯基学派分配与增长理论,是对劳资分配理论的扩展,是经济增长理论的一个新的研究分支,经过多年的发展,形成了独立的学术研究领域,将分配与增长关系的研究推向了一个新的高度。[⑤] 但也必须看到,在新卡莱斯基学派分配与增长理论中,虽然考虑了技术进步,但技术变量的影响不是全局性的,也就是说技术进步没有真正的内生化,总需

---

① 四种引入技术进步方式,在相关文献中有时是综合使用的。

② Arnim R. , et al, "Redistribution in a Neo-Kaleckian Two-Country Model," Metroeconomica, vol. 65, No. 3, 2014, pp. 430—459.

③ Carvalho L. and Rezai A. , "Personal Income Inequality and Aggregate Demand," Cambrige Journal of Economics, vol. 40, No. 2, 2016, pp. 491—505.

④ Palley T. I. , "The Middle Class in Macroeconomics and Growth Theory: A Three-Class Neo-Kaleckian-Goodwin Model," Cambridge Journal of Economics, vol. 39, No. 1, 2015, pp. 221—243.

⑤ 事实上,一个学派长期专注地研究分配与增长的关系,并将其这一核心问题作为学派存在的基础,并成为与主流经济学抗衡的有力武器,形成了独立的研究范式和理论体系,在经济思想史上是很特别,也很难得的。

求与技术进步之间的作用机制没有很好的刻画。① 同时,对一些关键宏观经济变量的处理方法是假定其为外生的,尤其是没有将劳资分配的影响因素包含进模型之中,很少考虑资本积累和生产率对利润份额的反馈作用。同时,这些模型基本上没有将时间维度和空间差异考虑进来,对长期和短期的关系没有进行深入探讨,对地区异质性问题关注不够。

在对技术进步内生化过程的研究中,现有的模型大都使用的是真实工资增长,而非工资份额,严格意义上来说,这不能完全说明劳资分配与生产率之间存在必然关系。此外,在考察劳资分配与经济增长的关系时,还有两个问题没能有效解决:一是两者的因果关系的方向性,到底劳资分配的变动在先,还是经济增长的变动在先,两者的互动关系尚不明晰;二是长期和短期效应的区分,分配与增长的互动关系可能更多的是一个长期问题,如何分离出短期效应还需进一步研究。

现代宏观经济运行中,经济系统内的诸多变量都直接或间接地受到财政和货币金融的影响,上述文献很少将财政因素和货币金融发展纳入理论模型,没有更进一步研究这些因素对整体模型的影响,因此实际上不能全面揭示劳资分配与经济增长之间的关系。

三、劳资分配与经济增长:经验研究

自 20 世纪 80 年代以来,很多发达国家工资份额大幅下降,经济增长率和就业率却无明显提高,而遵从主流经济学理论不能很好解释这种现象,基于新自由主义的经济改革也无法提出有效的政策,工资份额变动趋势未能出现显著逆转的趋势。在这一背景下,关于劳动份额下降的原因及其宏观经济效的经验研究显得非常必要。② 自 20 世纪 90 年代以来,出现了大量实证文章,研究劳资分配的变动如何影响经济增长。这些文献拟解决的问题是:基于新卡莱斯基增长理论的模型,从实证的角度考察目标国家或

---

① 当然,技术进步能否被真正内生化本身或许就是一个一般性问题,这并非哪一个学派所面临的特殊问题。

② 关于另一类收入分配(规模性收入分配)与经济增长的关系,可参见对"库兹涅茨倒 U 型曲线"方面的研究。

地区在特定时间内经济增长的需求驱动机制及其不同的类型。下面,我们将按照实证研究方法、样本数据和主要结论对相关文献进行梳理。

(一)实证研究方法

对于一国或地区的经济驱动机制的检验,主要使用两类研究方法:一是单一方程研究法(single-equation approach);二是系统方程研究法(system equations approach)。前者是采用单独的方程作为实证模型进行检验,后者是基于多个方程联合构成的实证模型进行检验。

单一方程研究法,又称"结构型"检验,是分别估计劳资分配和总需求各组成部分的关系式,计算出工资份额对消费、投资和净出口三类需求的个别影响,最后加总汇聚成一个统一的效应。[1] Bowles 和 Boyer 首先基于新卡莱斯基学派分配与增长模型进行实证检验,运用包含了消费、投资和净出口函数的单一方程,假定劳资分配变化为外生,并考虑了单位根和协整等相关计量问题,估计了英、美、法、德、日等国劳资分配变动对总需求的影响,结果显示,在封闭经济环境下,五国均为工资驱动型,而考虑了国际贸易后,法、德和日变为利润驱动型经济。[2] 同时,Gordon 采用 1955—1988 年的季度数据,使用两阶段最小二乘估计法,测算了工资份额对产能利用率的影响,发现无论是在封闭经济中还是在开放经济中,这两个变量均呈现正相关关系,表明美国经济增长的需求模式为利润驱动型,[3]这一结论与 Bowles 和 Boyer 的研究结果相反。自此之后,学者们采用类似的研究思路,积累了大量文献,这些实证文献的理论模型绝大多数基于上述的外生技术进步的理论模型。[4]

----

① 值得一提的是,在单一方程研究法中,或许因为方法的限制,劳资分配对经济增长的影响实际上被假设为单向的,即通过三类需求渠道分别作用于经济增长。

② Bowles S. and Boyer R. , "Wages, Aggregate Demand, and Employment in an Open Economy: An Empirical Investigation," Macroeconomic Policy after the Conservative Era, Cambridge University Press, 1995.

③ Gordon D. M. , "Growth, Distribution, and the Rules of the Game," Macroeconomic Policy after the Conservative Era, Cambridge University Press, 1995.

④ 单一方程研究法的文献综述详见 Hein E. and Vogel L. , "Distribution and Growth Reconsidered : Empirical Results for Six OECD Countries," Cambridge Journal of Economics, vol. 32, No. 3, 2008, pp. 479—511.

随着新卡莱斯基学派分配与增长理论模型的发展,内生技术进步也被纳入经验研究的范畴。学者们除了讨论经济增长的需求驱动机制外,还对劳资分配与劳动生产率的关系进行实证检验。Naastepad 和 Storm 采用上述两篇文章同样的研究方法,首次将技术进步纳入分配与增长模型之中,推导出法国、德国和荷兰的经济增长的需求驱动模式是工资驱动型,英国、日本和美国的经济增长的需求驱动模式是利润驱动型,真实工资与劳动生产率正相关。① 同样地,Storm 和 Naastepad 也有类似发现。② Hein 和 Tarassow 采用 6 个 OECD 国家的 1960—2007 年的时间序列数据,分析了劳资分配与生产率增长的关系,发现更快的真实工资增长,会导致更高的生产率增长。③ 此外,在考虑技术进步的实证中,强调制度分析也是一个特色,发现相对较强的劳动力市场制度会导致更高的长期经济增长。④

与单一方程研究法不同,有部分学者运用系统方程方法研究劳资分配与经济增长的互动关系,该类方法研究的对象是分配变量与增长变量总体数量关系,不区分消费和投资的单独效应。⑤ 目前,研究者较多使用的系统研究方法是向量自回归模型(Vector Autoregression,VAR),主要分为两

① Naastepad C. and Storm S. ,"OECD Demand Regimes (1960—2000),"Journal of Post Keynesian Economics,vol. 29,No. 2,2006,pp. 211—246.

② Storm S. and Naastepad C. ,"Wage-Led or Profit-Led Supply:Wages,Productivity and Investment,"Wage-Led Growth:An Equitable Strategy for Economic Recovery,Palgrave Macmillan/ILO,2013.需要特别指出的是,在这篇文章仍然采用真实工资来代表工资份额的变动,这与与其理论模型一致。

③ Hein E. and Tarassow A. ," Distribution,Aggregate Demand and Productivity Growth:Theory and Empirical Results for Six OECD Countries Based on a Post-Kaleckian Model," Cambridge Journal of Economics,vol. 34,No. 4,2010,pp. 727—754. 值得说明的是,两篇文献得出的真实工资对劳动生产率的促进作用有差异,前者发现真实工资每增加一个百分点会导致劳动生产率增加 0.52 个百分点,后者的数值为 0.38 个百分点。

④ Storm S. and Naastepad C. ,"Labor Market Regulation and Productivity Growth:Evidence for Twenty OECD Countries(1984—2004),"Industrial Relations:A Journal of Economy and Society,vol. 48,No. 4,2009,pp. 629—654 ;R. Vergeer and Kleinknecht A. ,"Do Labour Market Reforms Reduce Labour Productivity Growth ? A Panel Data Analysis of 20 OECD Countries(1960—2004),"International Labour Review,vol. 153,No. 3,2014,pp. 365—393.

⑤ 系统方程研究法是通过在方程组中包含分配变量和增长变量,估计相关函数的简化式,并利用所得到的参数前的估计值,来说明劳资分配与经济增长的关系。

类,一类是结构型 VAR 模型,另一类是无约束的 VAR 模型。Stockhammer 和 Oraran 采用前一种研究方法,运用 1960 年第一季度至 1997 年第二季度美国、英国和法国的数据,基于新卡莱斯基宏观经济模型,考察了有效需求、劳资分配和失业的关系,结论表明资本积累对产能利用率有很强的正向影响,两者共同作用于失业率,并与之显著正相关,而实际工资增长和利润份额上升与失业率的下降则并不相关。① Barbosa-Filho and Taylor 运用季度数据,采用后一种研究方法,使用一个两阶滞后的离散型差分方程,实证检验了新卡莱斯基增长模型,结论表明美国的经济驱动机制是利润驱动型的,并且存在"利润挤压"效应,工资份额受到产能利用率的正向影响。②

(二)研究样本数据

新卡莱斯基学派分配与增长模型的经验研究中,在样本国家的选择方面,学者们主要关注 OECD 国家。③ 除了对单一国家的国别研究外,大部分实证研究都采取了跨国研究的方法,模型中包含了多个国家。相对于大量关于发达国家经济增长驱动机制的实证研究,目前针对发展中国家的实证研究还很少,但近年来数量有逐渐增多的趋势。④

在数据运用方面,时间序列(主要是年度和季度)是最常使用的,面板数据到最近才开始采用。Hartwig 第一次使用面板数据验证 B-M 模型,采用 1970—2011 年 OECD 国家的非平衡面板数据,运用单一方程估计法,考察了劳资分配、生产率与经济增长的关系。结论表明,OECD 国家的经济

---

① Stockhammer E. and Onaran ö. , " Accumulation, Distribution and Employment: A Structural VAR Approach to a Kaleckian Macro Model," Structural Change and Economic Dynamics, vol. 15, No. 4, 2004, pp. 421—447.

② Barbosa Filho N. H. and Taylor L. , " Distributive and Demand Cycles in the US Economy—A Structuralist Goodwin Model," Metroeconomica, vol. 57, No. 3, 2006, pp. 389—411.

③ 这些国家主要包括澳大利亚、法国、德国、日本、荷兰、英国、美国、西班牙和意大利。

④ 对于发展中国家的实证检验,目前主要有土耳其、泰国、阿根廷、墨西哥和印度。

增长模式是工资驱动的,生产率增长模式也是工资驱动的。[①] 这一结论与上述 Hein 和 Tarassow 基于 1980—2007 年的时间序列得出的结论一致。Kiefer 和 Rada 基于新卡莱斯基增长模型,运用 13 个 OECD 国家的面板数据,考察了劳资分配与经济增长的短期和周期性关系,估计了产能利用率和工资份额在长期均衡中的变动趋势,结论表明这些国家整体上为利润驱动型经济增长模型,并存在"利润挤压"效应,[②]Carvalho 和 Rezai 也得到了类似的研究结论。[③] 此外,实证研究中对相关数据的处理,不同文献常采用的方法不尽相同,不同数据处理方法可能导致实证结果出现巨大差异。[④]

(三)实证研究结论

综观大量的实证研究文献,可以发现,绝大多数被考察国家自 20 世纪 60 年代以来的国内经济驱动模式是工资驱动型的,即偏向利润的再分配政策对消费和投资的作用是负向的,相对于投资而言,消费对利润份额的变化更加敏感。

归纳起来,影响经济增长的需求驱动模式的外生因素有两类:一是经济体的规模大小。小国更容易表现出利润驱动特征。Onaran 和 Galanis 发现只有加拿大和澳大利亚是利润驱动型,其他国家的经济规模都相对较小。[⑤] 同样地,Hein 和 Vogel 发现欧洲地区的另外两个小国——荷兰和澳大利亚,也是利润驱动型经济增长模式。二是是否考虑国际贸易。在开放经济模型中,当劳资分配对净出口的效应足以弥补对国内需求的效应时,经济的驱动机制为利润驱动型,根据众多实证研究的结果来看,这种情形

---

① Hartwig J. ," Testing the Bhaduri-Marglin Model with OECD Panel Data,"International Review of Applied Economics,vol. 28,No. 4,2014,pp. 419—435.

② Kiefer D. and Rada C. ," Profit Maximising Goes Global:The Race to the Bottom," Cambridge Journal of Economics,vol. 39,No. 5,2015,pp. 1333—1350.

③ Carvalho L. and Rezai A. ," Personal Income Inequality and Aggregate Demand," Cambridge Journal of Economics,vol. 40,No. 2,2016,pp. 491—505.

④ 例如,在估计投资函数时,存在着使用一阶差分后的自然对数和经名义 GDP 平减后的对数的差别,这会使得结果存在大的差异。

⑤ Onaranö. and Galanis G. ," Is Aggregate Demand Wage-Led or Profit-Led? A Global Model,"Wage-Led Growth:An Equitable Strategy for Economic Recovery,Palgrave Macmillan,2013.

一般发生于小的开放经济体。大多数大国,如美国、日本、欧洲国家的净出口只是总需求的一个很小部分,因此劳资分配对净出口的效应的作用大小不能改变经济增长驱动力的类型。[①] 综合而言,大量研究发现,在封闭情况下,绝大多数样本国家的经济增长都是工资主导型的。当包括净出口时,开放国家变为利润驱动型经济增长模式,其他国家仍然为工资驱动型经济增长模式。[②]

此外,在实证研究结论的稳健性方面,学者们对同一个国家需求模式的判断存在分歧,尤其是对美国的经济增长驱动类型的判断差异较大。导致不同实证研究结论差异的原因,除了上述两类外生因素的影响外,运用不同的计量工具,使用有差异的样本时期,以及选取不同的衡量指标也是可能的重要原因。

(四)简要评述

综上所述,新卡莱斯基学派分配与增长模型的实证研究取得了很大进展,研究方法逐渐规范化和标准化,尤其是建立了研究特定经济体经济增长驱动机制的统一范式,并在发达国家的检验中得到了广泛应用,为研究发展中国家问题提供了一个很好的参照。

同时,相关研究也存在诸多有待进一步改进和完善的问题。从研究方法来看,同单一方程估计相比,"结构型"方法虽然能够确定劳资分配对需求函数的每一个组成部分的作用方向和影响程度,并能区分的国内需求效应和总体需求效应。[③] 但是,"结构型"方法同样也存在一些问题:第一,实证结论对模型每一个方程的函数形式、数据处理方法、滞后阶数和控制变量很敏感;第二,实证模型存在内生性问题,方程的右边变量很有可能具有内生性并与误差项相关;第三,一些方程可能面临共同的影响因素,从而使得不同方程之间的误差项之间具有相关性;第四,实证模型也可能存在错误变量和遗漏变量问题,由于模型涉及变量较多,对一些宏观变量的衡量

---

① Hein E. and Vogel L. ," Distribution and Growth Reconsidered:Empirical Results for Six OECD Countries,"Cambridge Journal of Economics, vol. 32, No. 3, 2008, pp. 479—511.

② 这些开放国家指加拿大、澳大利亚、墨西哥、阿根廷、印度、南非和中国。

③ 国内需求效应与总体需求效应的不同之处在于是否考虑国际贸易函数。

指标有多种,遗漏相关重要变量容易导致有偏估计。最后,滞后期的变量之间存在动态相关,而在单一方程估计方法中,这一特性也被忽略了,尤其在跨国研究中表现更加明显。结构型模型方法的局限性,导致了学者们在对相同国家的研究得出了差异明显的结论。

系统方程研究方法的长处是可以较好地捕捉了变量之间的相互作用,一定程度上克服了单一方程组之间变量分离的缺点。工资份额的上涨可能拉动消费需求上升,并通过加速效应反过来刺激投资需求,这两种效应可以在系统方程方法中得到反映。可是,虽然系统方程方法能够检验劳资分配和经济增长的双向效应,但由于不能包括相关控制变量,可能存在遗漏变量等问题,并且对滞后阶数很敏感,存在自相关问题。此外,系统方程研究目前仍还处于初始阶段,研究方法略显简单,现有文献中的模型均只是包括两个变量的 VAR 模型。同时,系统方程研究也不能区分工资份额对总需求各组成部分的具体影响,所得结果与单一方程得到的结果很难进行比较。

现有实证研究中,绝大多数模型使用的数据仍为宏观时间序列,相对而言,面板数据可能更具优势。[①] 基于面板数据来研究一国经济的方法,对中国来说尤其重要。中国经济发展呈现出很明显的地区不平衡性,消费、投资和净出口在绝对数额和相对比例在不同省份中相差很大,全国的宏观经济数据不能反映地区差异性,因此采用面板数据更加符合研究的实际需要。除了使用省际面板数据之外,行业面板数据的使用对考察行业之间差距也显得很必要。此外,微观数据的使用可能更加有利于对劳资分配对经济增长微观作用机制的考察。

四、劳资分配与经济增长:中国研究

国内经济学界对劳资分配与经济增长相互关系的研究,是由学者们分别探讨劳资分配问题和需求驱动经济增长这两个问题起步的,而后逐渐开

---

① 一般认为面板数据至少具有两点优势:第一,面板数据考虑了样本之间的异质性,可以避免时空异质性带来的偏误;第二,面板数据可以有效地增加样本量,能够获得更高的自由度,得到更可靠的结果。

始重视劳资分配和经济增长相互关系研究,并开始关注新卡莱斯基的研究范式和研究成果,并借鉴相关的研究方法,回答我国当前所遇到的现实问题。

在卡莱斯基分析框架下,总需求在宏观经济增长中十分重要。国内早期文献中,史晋川以卡莱斯基经济增长模型为参照系,构建了包含 10 个变量和参数的宏观经济总量模型,基于物质平衡体系(MPS),选择可计算的数值作为代理变量,分析了国民收入增长的决定机制,为国民经济增长的计划和预测提供了一个实用的分析工具。[1] 这是国内最早运用卡莱斯基的经济增长理论构建适合分析中国宏观经济运行问题的理论文献。[2]

在劳资分配方面,随着我国经济体制改革的不断深化,经济的所有制结构发生了巨大的变化,收入分配制度随之也发生了深刻的改变,劳资分配问题逐渐突显,研究时机逐渐成熟。20 世纪 80—90 年代,由国有企业的奖励制度及相应的收入分配制度的改革,工资与利润冲突引发了"工资侵蚀利润"这一命题,经济学家一度就其合理性展开争论,探讨改革初期劳资分配格局变化的原因及后果。[3]

在经济增长方面,林毅夫、李永军基于需求角度,构建了一个包含国民收入恒等式、消费、投资和进口函数的宏观经济模型,提出了一套完整地衡量出口对经济增长贡献率的方法,不仅反映了出口对经济增长的直接影响,还包含了出口通过影响消费和投资间接刺激经济增长的作用机制,并采用 1979—2000 年的时间序列数据,运用 2SLS 方法,估计了出口对我国经济增长的直接贡献和间接贡献,结论表明,出口增长 10%,将导致我国国

---

[1]　史晋川:《国民经济增长总量模型分析》,《经济研究》1985 年第 9 期。

[2]　之后,在较长时期内国内学术界在经济增长理论方面,对卡莱斯基思想的借鉴不多,没有很好地沿着总需求模型化的角度发展增长理论。

[3]　戴园晨、黎汉明:《工资侵蚀利润——中国经济体制改革中的潜在危险》,《经济研究》1988 年第 6 期;向书坚:《我国功能收入分配格局分析》,《统计研究》1997 年第 6 期。

民经济增长 1‰，一定程度上支持了我国是"出口导向型经济体"的论断。[①]
除了从需求角度研究经济增长外，研究我国储蓄率居高不下的原因也为劳
资分配与经济增长关系的研究打下基础。[②] 李扬、殷剑峰采用 1992—2003
年中国资金流量表数据，从国民劳资分配结构和部门储蓄倾向两个方面，
探讨了国民储蓄率上升的原因，研究发现初次分配不合理是导致我国储蓄
率居高和国内消费率低下的重要原因。[③]

2008 年金融危机后，由于经济增长速度不断下降，国内经济学界对内
需尤其是消费需求的研究日益重视，面对工资份额在国民收入中逐年下降
的趋势，国民收入中劳动份额所占比例成为国内经济学界和政府政策关注
的焦点，涌现出一大批相关的研究成果。[④] 这些文献的研究主要围绕着劳
动所得份额的测度、演变的规律以及各种影响因素展开，经济增长被作为
影响劳动份额变动的重要因素之一。[⑤] 龚刚、杨光构建了一个具有凯恩斯
主义特征的非均衡动态模型，通过对四个关键行为方程参数的估计，经过
数理分析，考察了投资、劳动生产率和工资占 GDP 比重的关系。结论表
明，二元经济下劳动市场的无限供给无法对劳动力市场的供求关系进行反

[①] 林毅夫、李永军：《出口与中国的经济增长：需求导向的分析》，《经济学(季刊)》
2003 年第 3 期；按照新卡莱斯基学派分配与增长框架，"出口导向型"是利润驱动型模
式的一种特殊形式，将出口单独进行分析，可能更加符合中国的现实经济，Ozlem and
Stockhammer 也有类似的研究，参见 Ozlem O. and Stockhammer E. ," Two Different
Export-Oriented Growth Strategies: Accumulation and Distribution a La Turca and a La
South Korea," Emerging Markets Finance and Trade, vol. 41, No. 1, 2005, pp. 65—89.

[②] 对中国高储蓄率成因的分析，与研究劳资分配对总需求的影响密切相关，但两
者也有明显区别，前者研究的重心是储蓄与国民收入的关系，劳资分配只是其中一个可
能的因素之一，而后者更多以劳资分配为中心，研究其宏观经济效应，储蓄率只是一个
被影响的因素之一。

[③] 李扬、殷剑峰：《中国高储蓄率问题探究——1992—2003 年中国资金流量表的
分析》，《经济研究》2007 年第 6 期。

[④] 李稻葵、刘霖林、王红领：《GDP 中劳动份额演变的 U 型规律》，《经济研究》
2009 年第 1 期；白重恩、钱震杰：《国民收入的要素分配：统计数据背后的故事》，《经济
研究》2009 年第 3 期；罗长远、张军：《经济发展中的劳动收入占比：基于中国产业数据
的实证研究》，《中国社会科学》2009 年第 4 期。

[⑤] 关于国内劳动份额的研究综述可参阅郝枫：《中国要素收入分配研究进展述
评》，《经济学动态》2013 年第 8 期。

应,劳动生产率和物价对工资的影响不够敏感,从而使经济增长和劳动生产力提高带来的利益大部分转化为利润,而非工资,从而解释了工资性收入占国民收入比例下降的事实,数值模拟进一步证实了这一结论。① 以上学者的研究,为进一步深入探讨中国经济运行中劳资分配与经济增长关系提供了重要的前期参考文献。

近年来,一些国内外学者开始直接借鉴新卡莱斯基的经济增长理论,开展对中国的劳资分配与经济增长关系研究。Wang 第一次将 B-M 模型用于分析中国经济的驱动机制,选取全国省份样本和沿海省份样本,结论发现,中国为利润驱动型增长模式,劳资分配变动对投资的效应强于对消费的效应,然而,沿海省份呈现出工资驱动型增长模式。② 黄乾、魏下海借鉴新卡莱斯基总需求模型,将工资份额引入消费、投资和进出口函数中,采用 1994—2007 年我国省级面板数据,运用协整分析方法,对工资份额与国内需求和总产出的关系进行了实证研究。结论表明,我国的国内需求模式为工资领导型。③ 刘盾等也得出类似结论。④ Jetin 等运用修正的 1980—2012 年的数据,发现劳动报酬的变化对消费的作用有限,利润份额对投资的影响很大,因此中国经济的增长模式是利润驱动型。⑤ 因此,目前关于中

---

① 龚刚、杨光:《从功能性收入看中国收入分配的不平等》,《中国社会科学》2010年第 2 期。

② Wang P. ,“ Three Essays on Monetary Policy and Economic Growth in China,” PHD Dissertation,Department of Economics,University of Ottawa,2009.

③ 黄乾、魏下海:《中国劳动收入比重下降的宏观经济效应——基于省级面板数据的实证分析》,《财贸经济》2010 年第 4 期。

④ 刘盾、施祖麟、袁伦渠:《利润拉动还是工资拉动?——对劳动收入份额影响经济增长的理论探讨与实证研究》,《南开经济研究》2014 年第 2 期。

⑤ Jetin B. ,et al. “ Unbalanced Distribution of Income and Unbalanced Chinese Growth:Single Equation Estimations Based on Bhaduri/Marglin Model,” Paper Presented at the Political Economy and the Outlook for Capitalism Conference,AHE,IIPPE and AFEP,Paris,June 5—8,2012.

国经济增长的驱动类型仍存在许多争议。[①]

综上所述,长期以来,国内学者和社会各界对劳资分配问题的关注,主要集中于再分配环节中的个人分配领域,对初次分配环节中的劳资分配讨论相对较少。相对于劳动份额的度量、劳动份额变动的原因和规律的研究,劳资分配的宏观经济效应的文献相对较少。同时,从需求角度研究中国经济增长,虽然取得了较为显著的成果。但现有文献的主要研究对象为中国经济的诱发依存结构,而非从最终需求角度研究中国经济增长的动力源泉。实际上,国民收入恒等式只是增长结果的静态表达,不能反映增长各因素之间的相互关系,恒等式一个暗含的假设是总需求各部分之间相互独立、互不影响,这与实际不符。[②] 分析需求结构对中国经济增长的影响时,不能满足于投资率、消费率和净出口率的构成形式,必须跳出需求结构本身,从更加广阔的视野分析需求结构变动的原因。[③] 因此,必须摆脱国民收入核算形式的束缚,从经济增长模型角度,构建一个解释中国经济增长的数理模型。基于新卡莱斯基的经济增长理论,劳资分配可能是一个非常重要的研究视角。

五、研究展望

综上所述,国内外经济学界无论是理论模型还是经验研究,劳资分配与经济增长的关系都没有完全确定,两者之间的相互关系仍然需要更多探讨。学者们关于劳资分配与经济增长关系的考察,主要集中在产品市场,很少涉及劳动力市场,所涉及的变量有限,不能很好反映宏观经济变量之

---

① Onaran 和 Galanis 的样本国家中包含中国,发现中国经济增长具有很强的利润驱动型特征,Molero-Simarro 也得出类似结论,参见 Molero-SimarroR. ,"Functional Distribution of Income,Aggregate Demand,and Economic Growth in the Chinese Economy,1978—2007,"International Review of Applied Economics,vol. 29,No. 4,2015,pp. 435—454.

② 江小涓:《大国双引擎增长模式——中国经济增长中的内需和外需》,《管理世界》2010 年第 6 期。

③ 史晋川、黄良浩:《总需求结构调整与经济发展方式转变》,《经济理论与经济管理》2011 年第 1 期。

间及其与自身之间复杂的关系,极少涉及经济的供给层面,对技术进步内生的程度还不够,一个国家的经济增长的分配驱动机制是何种类型仍然需要更多新的证据。

同时,在新卡莱斯基模型中,分配与增长之间的数量关系也许并非单一形式,可能存在结构变化。现有文献大都只能判断一个时期内一个国家或地区总体的经济增长驱动机制,然而,对其在考察区间内是否存在增长驱动机制的转换问题则不能给予准确回答。一些学者认为发达国家的经济增长驱动机制存在一个普遍的转换过程:由工资驱动型增长向利润驱动型增长过渡,再反转为工资驱动型。对于此类可能存在的经济增长驱动机制的转化问题,需要在理论建模时给予更多考虑,并在实证中引入分析。

有关经济增长驱动机制的转换问题,对中国的研究尤其必要,中国处在迅速的转型过程中,分配结构、需求结构和技术水平处于不断的变换之中。我们不仅仅需要知道中国总体的经济增长驱动机制的类型,更需要探究中国经济增长的驱动机制是否发生了变化,变化的趋势如何。因此,将劳资分配的宏观经济效应和经济增长的需求驱动因素结合起来,借鉴国际学术界广泛使用的新卡莱斯基增长理论的理论模型,分析中国经济的现实问题,可能是中国学者能够做出独立贡献之处。

此外,还有一个问题必须认识到,新卡莱斯基学派分配与增长理论,在数学建模和实证方法上确实有独特的创新之处,但在思想上似乎并没有超越马克思在《资本论》中对分配与社会化大生产关系的观点,一些结论反而进一步印证了马克思对资本主义经济长期趋势的预见。探索新卡莱斯基学派分配与增长理论与马克思主义政治经济学的内在关联,将是一个非常值得研究的学术课题。

［14］伊斯兰金融研究述评*

任晓猛　史晋川

摘　要　本文从伊斯兰金融的原则、实践特征、比较研究及金融与宏观经济绩效四个方面，展开伊斯兰金融研究的文献综述。阐述伊斯兰金融没有利息、收益损失共担的基本原则，分别介绍类债务型融资较多、具有替代商业风险及客户认知态度三个方面的伊斯兰金融实践特征，并对伊斯兰金融与传统金融进行分主题的比较研究，然后从伊斯兰金融发展与金融稳定性关系及与经济增长关系三个方面，分析评价与伊斯兰金融相关的宏观经济问题，最后提出研究展望。

关键词　伊斯兰金融；比较研究；文献综述

中国"一带一路"倡议的推进，沿线途经全球主要伊斯兰国家与穆斯林聚集区域，在这些国家和区域，伊斯兰金融与传统金融并存。自 20 世纪 60 年代起，伊斯兰金融已经历了半个世纪的成长与发展，特别是在本轮金融危机中，伊斯兰金融有着良好的表现。金融危机及其之后的四年间，伊斯兰银行资产的平均增速超过了 17％，仅卡塔尔、印度尼西亚、沙特阿拉伯、马来西亚、阿联酋和土耳其 6 个最主要的伊斯兰金融市场，在 2014 年的银行资产就已经达到 7530 亿美元，同时预计在 2014 至 2019 年间，将有 19％ 的年均增长率。② 地域分布上，伊斯兰金融也已经不再局限于穆斯林人口聚集的东南亚、中东与北非地区，它在西方主流金融市场也有一席之地。非伊斯兰国家的伊斯兰金融发展表明了伊斯兰金融中心争夺战日趋激烈，

---

　　*　本文最初发表在《浙江社会科学》2017 年第 3 期。
　　②　以上数据整理自安永会计师事务所（Ernst & Young）World Islamic Banking Competitive Report 2014—2015。

这其中又尤以英国、新加坡等为代表(姜英梅,2014)。时至今日,已经有超过 70 个国家,以伊斯兰银行、债券或保险等形式引入伊斯兰金融,成为许多国家金融体系的一部分。

伴随着伊斯兰金融的发展,对伊斯兰金融的研究也日益丰富,特别是在本轮金融危机后,研究主题所涵盖的内容日益广泛。本文试图围绕伊斯兰金融本身的原则与实践特征,伊斯兰金融与传统金融的比较,以及伊斯兰金融的相关宏观经济问题,对有关伊斯兰金融的研究文献进行综述。本文的第一部分将阐述伊斯兰金融的原则及其相关的交易形式;第二部分介绍当前伊斯兰金融的实践特征;第三部分总结有关比较研究伊斯兰金融与传统金融异同的文献;第四部分分主题评价与伊斯兰金融相关的宏观经济问题;最后是研究总结与展望。

一、伊斯兰金融原则

伊斯兰金融与传统金融存在许多区别,许多传统金融赖以生存的工具并不在伊斯兰金融体系的范畴内,伊斯兰金融拥有其自身特有的设定原则(王永宝,2014)。借鉴 Khan(2010)的研究,根据 El-Hawary 与 Grais(2003)的定义,伊斯兰金融体系具有四条主要原则:分别是对利息(Riba)的禁止和风险共担(risk-sharing)原则、物质性(materiality)原则,没有剥削(no exploitation)原则,以及不可为有害活动融资(no financing of sinful activities)原则。这些原则中,包含了伊斯兰金融最重要和最显著的两个特征:一是对利息的禁止;二是收益与损失的分担。

穆斯林所指的利息,用"Riba"一词来表示。早期曾有过 Riba 一词的含义是仅仅对应于英语中的高利贷一词,也包括利息一词的争论。但 Khan和 Mirakhor(1986)已经指出,"Riba"一词同时包含这两个意思,这在穆斯林学者中已经是一个共识。但是特别要说明的是,所禁止的是利息,并非获利,对于获取回报是允许的。从这个角度来看,伊斯兰金融的另外一个特性——收益与损失的分担,是禁止利息的一种派生结果。在伊斯兰金融中,不允许有之前设定好的收益,投资人、银行与融资者要共同承担项目产生的收益与损失,与传统金融不同,不能通过一个前定的收益率,将风险进行完全的转嫁。

更进一步从文明层面来说,这两大伊斯兰金融的特性,其本质是伊斯兰经济公平理念的金融表现,其内涵是反对不劳而获。易诚(2006)认为,在伊斯兰学者中普遍存在的一种共同信念,即利息是一种高利剥削,这种禁律是基于社会公平公正等论据。具体来说,如 Kuran(1989)曾提到,伊斯兰的经济的公平概念分为两个部分:一是关注物品的分配平等;二是关注物品分配过程本身的公平。正如巴曙松、刘先丰、崔峥(2009)指出的,伊斯兰金融的发展过程是传统金融与伊斯兰教义两者相互调和的过程,是金融与伊斯兰宗教相结合的产物。

伊斯兰金融体系的原则下发展出的相关交易形式,主要分为两类(见表14-1):一类是基于收益损失共担(Profit and Loss Sharing,以下简称 PLS)原则下的交易形式,主要以 Mudarabah 合同与 Musharakah 合同为代表,收益与损失在交易中通过利润分配的形式进行分担,是类股权型的交易形式;另一类是基于非收益损失共担原则下的交易形式,主要以 Murabahah 合同与 Ijarah 合同为代表,对于利润的支付是确定总额进行分期付款或延迟付款的,其收

表 14-1 　伊斯兰金融主要交易形式与内容

类别	名称	内容
收益损失共担形式	Mudarabah	在 Mudarabah 形式下,投资方出资,融资方投入人力与技术,由融资方负责经营,获利后,按照之前所商定的比例分摊利润,但是,如果项目出现亏损,资金损失由出资方全权承担,除非能够证明这是由于融资方的经营失误或者违反合同条款所导致的。
	Musharakah	在 Musharakah 形式下,投资方暂时性或永久性出资,其资金将是融资方获得资金中的一部分,获得的利润按照之前订立的份额进行分担,损失按照每一个出资比重来分担。
非收益损失共担形式	Murabahah	Murabahah 合同是一种加价转售式的合同,当企业需要融资购买某一项资产时,与伊斯兰银行商定后,先行由伊斯兰银行出资购买,拥有产权之后,企业以分期付款或者延迟付款的方式,支付一个双方已经商定好的高于银行购买价的价格,在付清全部款项后,产权转移。
	Ijarah	Ijarah 形式类似于传统金融体系中的融资租赁,伊斯兰银行将一项资产以分期支付租金的形式出租给企业,在出租期满后,产权可以转移也可以不转移。

资料来源:整理自苏丁·哈伦,万·纳索菲泽·万·阿兹米.伊斯兰金融和银行体系——理论、原则和实践[M].中国人民大学出版社,2012。

益与损失的分担体现在产权的转移中,是类债券型的交易形式。对于储户而言,在伊斯兰金融体系的原则下,同样不允许有事前定好的利息收入。具体来说,储户的存储也主要分为两类,一类是储蓄账户,类似于传统金融中介中的活期存款账户,可以随时取回,有所不同的是,存储于这类账户中的存款是不支付任何收益的,对此类存款,伊斯兰金融中介要作为负债全部保留,不可以进行投资与放贷,保证储户的随时可取,因而也不产生收益;另一类是投资账户,此类账户所依据的原则是收益与损失共担,从理论上说,有收益但是并不保证收益的多少,也不保证本金,此部分资金对伊斯兰金融中介而言,可以表现在资产负债表的资产端,可以放在共同基金中进行投资,产生收益或者承受损失,或与储户分担(Askari,2012)。

二、伊斯兰金融实践特征

伊斯兰金融是一种遵循伊斯兰教法规定,同时具有金融与宗教双重特征的正式金融制度。如 Khan(2010)所指出的,伊斯兰金融包含了更广泛的伦理道德,而不仅仅是没有利息的交易而已,相对于传统银行,这提升了经济效率与经济公平。同时,Khan(2010)也指出伊斯兰金融当前的实践与其理想要求还有一定的差距。下面将从伊斯兰金融实践中三个有代表性的现象入手,进行梳理评述。

(一)类债务融资多于类股权融资

如前所述,收益与损失的共担是伊斯兰金融最大的原则与特征之一,但是从现实来看,Dar 和 Presley(2000)、Khan(2010)等许多研究与调查发现,虽然伊斯兰银行目前有着快速发展的良好趋势,但是在实践中,很少施行甚至无法施行收益与损失共担原则,许多金融统计资料表明,Mudaraba 与 Musharaka 合同所占的比例都非常低。

作为伊斯兰金融实践特征研究的一个热点问题,当前已经有了较为系统的研究。一类研究是从风险规避与激励的角度来解释此类现象,最早源自 Kuran(1993)的研究,他最早将其归结为道德风险与逆向选择问题,并预测道德风险与逆向选择问题将迫使伊斯兰银行看起来与传统银行一致。之后,Aggarwal 和 Yousef(2000)通过一个两阶段股权债权混合模型发现,随着代理问题的加重,越来越多的债券型融资方式被选择。他们指出,在伊斯兰国家当前的状况下,更多的选择类似于债券型的融资方式是对外部经济状况的理性反映。Chong 和 Liu(2009)的研究同样将原因归结为 PLS 融资会遭遇严重的委托代理问题,其中最明显的是由事后的信息不对称产生的道德风险问题,同时银行缺少管理与控制权加大了委托代理问题。Khan(2010)研究在给定信息不对称下,将与此相关的风险问题具体分为事前的逆向选择与事后的道德风险两类,与Aggarwal 和 Yousef(2000)一致的是,他同样认为面对这些风险,伊斯兰银行更偏好于非收益损失共担融资,是一种对金融交易中都存在的信息不对称问题的理性反馈。

另一类研究从伊斯兰银行面临传统银行竞争的角度出发。El Gamal(2006)指出,由于分配金融信贷与风险是传统金融与伊斯兰金融都要面对的问题,伊斯兰金融不得不去尽可能地模仿传统金融,而且监管准入的类似性,也是造成两类银行相似的原因。Chong 和 Liu(2009)也对此研究予以肯定。另外,Hanif 和 Iqbal(2010)则通过对金融专家、伊斯兰银行从业人员、企业家与科研人员的实际问卷调查结果,总结了当前对于类股权型融资流行的障碍,包括传统银行的盛行、企业的利润操纵、更高的税额、更弱的监督、对合作方能力的信任、风险性,特别是不具备如传统金融的融资报告体系来确保透明性等方面。

(二)替代商业风险

受制于传统银行的竞争压力,衍生出了伊斯兰金融实践中的第二个特征,即存在"替代商业风险"。

理论上说,在伊斯兰金融中,由于不允许有利息的存在,储户将存款放在投资账户时,其本质是一种收益分担账户,伊斯兰银行将此资金与银行股东的股权资金共同放置在资金池中进行投资,通过投资产生的收益,以一个定好的比例与储户进行分担,伊斯兰银行作为中介方,要收取一定的佣金,其比例是合同所规定好的。但是对于股东来说,其收益就是投资收益,因此从这个角度来说,股东与非受限制收益分担投资账户

(Unrestricted PSIA)的储户承担了相同的风险,却得到了更多的收益,而在实际中,问题又展现出了另一个方面,银行间的竞争压力,特别是来自于传统银行的竞争压力,使得伊斯兰银行不得不放弃部分管理费,以向储户提供一个具有竞争性的收益。从这个角度来说,部分非受限PSIA账户的风险又被股东所吸收了,这个现象就被称为"替代商业风险"(displaced commercial risk)。对此,Archer 和 Karim(2006)提出,从理论上说,在伊斯兰金融中,要在两类具有不同风险多样化能力和偏好的投资者之间进行风险分担,那么"替代商业风险"或许是一种有效的潜在价值创造方式,而在实际中,伊斯兰银行会设立部分程度的管理费保留,以使得放弃管理费的收益损失最小化。针对这个问题,Abedifar、Molyneux 和 Tarazi(2013)用图表化的形式指出,相对于传统银行,"替代商业风险"的存在,使得伊斯兰银行损失承受力提升,破产风险降低。

(三)客户认知与态度

第三个具有代表性的实践现象是有关客户认知与态度方面的。对多数银行用户而言,总体来说,纵使是穆斯林用户,伊斯兰金融也相对属于新生事物,真正实践中的客户体验与满意变得十分关键,这对今后伊斯兰金融的发展至关重要。对此,不少研究借助问卷调查等形式进行研究。其最大的特征是用户对伊斯兰金融知晓但不了解,同时就选择原因而言,宗教因素是其中之一,但并非唯一因素。

Okumus(2005)与 Raza 和 Azeem(2014)分别利用来自土耳其与巴基斯坦的样本发现,用户虽然知道诸如 Mudarabah 和 Musharakah 等产品,且对服务表示满意,但并不具体知晓如何进行这样的业务。就选择原因而言,Okumus(2005)指出,多数受访者认为宗教是首要原因,不基于利息原则是次要原因。Gait 和 Worthington(2008)的研究更进一步地区分了个人、公司对于伊斯兰金融产品的态度,他们发现尽管宗教信仰是个人选择伊斯兰金融的关键因素,但并非唯一因素,银行声誉、服务质量与定价也同样相关,而对公司客户而言,往往还是要凭借一些传统银行的标准,比如融资成本。Ongena 和 Sendeniz-Yuncu(2011)研究同样着眼于公司与银行的联系,通过将公司进行分类,他们发现银行类型选择与企业的特点是高度一致的,比如小型企业都偏好大型银行,伊斯兰银行主要与那些年轻、关注于某些行业、与多家银行打交道的透明性比较好的企业进行业务往来。与之前研究不同的是，Weill 和 Godlewski(2014)利用包含贷款本身、借款公司与国家三个层级的七国数据进行实证研究，特别是引入国家因素，使数据结构更加完善。他们发现如规模、期限等贷款本身的特征以及融资者质量等因素对伊斯兰贷款的选择都没有显著影响，反而是国家层级的因素显著地影响了辛迪加伊斯兰贷款的选择，其中最主要的是宗教，其次是制度质量与金融发展。当然还有一些其他因素也影响了伊斯兰银行的选择与使用，比如 Wahyuni(2012)所指出的，在前期，社会影响是主要的原因，但在之后的阶段中，价格与有关知识成了新的影响因素，并且，有关知识最终成了影响伊斯兰银行使用的显著变量。

综上所述，有关伊斯兰金融实践特征的研究，都暗含着将传统金融作为基准线，由此给出伊斯兰金融的实践特征。因此，作为兼具金融与宗教双重特征的正式金融制度，与传统金融的比较是伊斯兰金融研究中不可回避的问题。

三、伊斯兰金融的比较研究

正如 Wahab、Aziz 和 Abuzraida 等（2014）指出，无论是伊斯兰金融还是传统金融，其制度目标都是通过提供资金的流动等服务，来为经济运行做出贡献。但是在运营模式、金融产品与服务等方面，伊斯兰金融与传统金融又有区别，因此，概括地说，两者是殊途同归。当前对伊斯兰金融与传统金融的比较研究，主要集中于利用银行级数据的银行绩效比较。从研究主题上讲，几乎涵盖了微观金融，特别是银行绩效的各个方面。我们下面将分别从风险、效率、金融危机表现以及商业模式等主题进行综述。

银行运行风险方面，Ariss(2010)发现伊斯兰银行信贷风险较高，同时资本化程度也较高，降低了融资风险。Cihak 和 Hesse(2010)关注伊斯兰银行自身，发现小型伊斯兰银行比大型伊斯兰银行更加稳定。Faye、Triki 和 Kangoye(2013)关注非洲伊斯兰银行的发展，他们发现伊斯兰银行的稳定性更高,这得益于非洲伊斯兰银行更高的平均资本收益率。Abedifar、Molyneux 和 Tarazi(2013)的研究则进一步细化,从信贷风险、破产风险与利率风险三个方面对比了伊斯兰银行与传统银行,同时在进一步区分不同伊斯兰银行后,他们发现,伊斯兰银行信贷风险较低,尤其是在小规模、高杠杆以及处于穆斯林人口占多数地区的伊斯兰银行,同时,小型伊斯兰银行的资本化程度高,破产风险更低,支持了Cihak 和 Hesse(2010)的研究结论。Srairi(2013)同样认为伊斯兰银行信贷风险更低,然而在私人银行方面,Srairi(2013)认为二者是同样稳健的。但是 Abedifar、Molyneux 和 Tarazi(2013)指出大型伊斯兰银行在破产风险上与传统银行差别不大,另外,伊斯兰银行的贷款质量、利息收入以及对利率的敏感程度上较低。在这一点上,与 Kassim、Majid 和Yusof(2009)的研究不同,他们利用马来西亚的数据,发现伊斯兰银行对货币政策的最主要工具——利率变动是更加敏感的。Saeed 和 Izzeldin(2014)指出,相比于传统银行,效率与违约率之间的权衡对伊斯兰银行而言,并不明显,这反映了伊斯兰银行的不稳定性。在进一步考虑宗教因素下,Baele、Farooq 和 Ongena(2014)的研究认为,虔诚的个人或宗教网络借款人的违约率更低,在宗教派别有更好投票权的大城市以及在斋月中,伊斯兰贷款的违约率更低,风险更小。

银行总体效率方面,Beck、Demirguc-Kunt 和 Merrouche(2013)与Srairi(2010)均指出传统银行更高。但是 Bader、Mohamad、Ariff 和Hassan(2008)与 Johnes、Izzeldin 和 Pappas(2013)的跨国面板研究结论都认为总体效率上两类银行是没有差别的。而 Abdul-Majid、Saal 和Battisti(2010)用产出距离函数法发现,伊斯兰银行的规模报酬更高。

面对金融危机的绩效表现比较方面,Hasan 和 Dridi(2011)指出金融危机期间伊斯兰银行的信贷与资产增长更好,与其商业模式相关的因素减少了 2008 年的盈利损失,但是由于风险管理的缺失,导致之后更大幅度的利润下滑。Beck、Demirguc-Kunt 和 Merrouche(2013)的研究也认为伊斯兰金融表现更好,进一步指出更高的中介比、资产质量与资本化程度是主要原因。Al-Khazali、Lean 和 Samet(2013),Ho、Rahman、Yusuf 和 Zamzamin(2014)与 Jawadi、Jawad 和 Louhichi(2014)均利用市场指数数据进行研究,也支持金融危机期间伊斯兰金融表现更好的结论。而 Rashwan(2012)的研究认为两类银行在 2008 年的绩效表现是无差异的,在金融危机前,伊斯兰银行更好,在金融危机后,结果相反;Bourkhis 和 Nabi(2013)同样认为金融危机对两类银行的影响是无差异的,但是在金融危机后,伊斯兰金融表现更好。

商业模式选择等银行运营方式方面,Beck、Demirguc-Kunt 和 Merrouche(2013)指出伊斯兰银行与传统银行差异不大,这与 Abedifar、Molyneux 和 Tarazi(2013)的结论基本一致,他们发现伊斯兰银行并没有因为提供伊斯兰金融服务而额外收取费用。Elnahass、Izzeldin 和 Abdelsalam(2013)与 Karim、Hassan、Hassan 和 Mohamad(2014)分别从贷款损失准备与资产充足率两个方面,发现对两类银行借贷行为与银行价值均有正向关系。Farook、Hassan 和 Clinch(2013)的研究发现,伊斯兰银行利润分布与贷款损失变更的关系是逆向的。Shaban、Duygun、Anwar 和 Akbar(2014)分析来自于印度尼西亚的数据发现,相比于伊斯兰银行,传统银行从小企业借款中的收益更多,而由于贷款与收入组合策略的多样化,道德风险假设对伊斯兰银行的影响是显著的。

另外,在市场势力或市场结构方面,Weill(2011)指出,从 Lerner 指数看,两类银行差别不大,Ariss(2010)的研究也认为二者市场垄断程度基本相当。但是在进一步包含控制变量后,Weill(2011)指出传统银行的市场势力更强。在二者的债券市场表现方面,Godlewski、Turk-Ariss 和 Weill(2013)指出股市投资者对传统债券的公告是中立的,但是对伊斯兰债券的公告是负反应,而且由于对伊斯兰投资资质的过度需求所产生的逆向选择机制,导致了更低质量的债券公司选择了伊斯兰债券。

最后,在有关伊斯兰金融与传统金融的比较研究中,还有一类研究以模拟实验数据为研究对象。Hassoune(2002)与 Kiaee、Abrishami、Sobhani(2013)分别利用模拟数据研究了伊斯兰银行与传统银行收益率波动和存贷款绩效的问题,El-Komi 和 Croson(2013)则利用实验经济学的方法研究了信息不对称下的小额贷款违约率情况。利用模拟数据,也成为两类金融比较研究中的一个新动向,但当前研究的主流依然是利用银行级会计数据。就研究样本来看,绝大多数研究都挑选了传统银行与伊斯兰银行共存的经济环境作为样本区域,样本数量与时间跨度因研究而异。从数据来源上,Bankscope 数据库是最常被使用的数据库,此数据库中有专门的伊斯兰银行选项,但也存在一定的缺陷,比如分类不清、覆盖面不够广等问题(Cihak and Hesse,2010;Gheeraert,2014),再从研究方法看,如数据包络分析、随机前沿面等常见的比较分析方法多有使用,面板计量技术也因为样本特征的符合最常被使用。最后从研究结论看,其因时间跨度、样本类别、指标选择与计量方法的不同而不同。总体上说,伊斯兰金融与传统金融的异同并不一致,在微观层面的银行绩效方面,与宏观层面的经济效应方面,都有待更多实证证据的支持。

四、伊斯兰金融与宏观经济

前文所综述的主题中,无论是伊斯兰金融的原则、实践特征,还是与传统金融的比较研究,多偏向于微观层面。在这一部分,我们将从伊斯兰金融发展,以及其与金融稳定性、经济增长的关系三个方面,对伊斯兰金融与宏观经济问题研究进行综述。

(一)伊斯兰金融发展

在传统金融领域已经证明,法律,特别是法律根源对于金融发展是有影响的(La Porta, Lopez-De-Silanes, Shleifer and Vishny, 1997, 1998)。伊斯兰金融是遵循伊斯兰教义的金融活动,其法律根源与大陆法系、欧美法系都有区别,其是否也对伊斯兰金融发展产生影响呢?不同的学者已经有了一些研究成果,总体上来说,在伊斯兰金融的领域,传统金融中法与金融的关系得到了延续。

对此,一方面的研究是从影响因素的角度入手。Ahmed(2006)开创性的在理论上讨论了伊斯兰法在金融中的地位,他指出在给定可容许性的原则下,伊斯兰商业法是可以将沙利亚所做出的约束包含进去的,是可以促进金融发展的,而当前伊斯兰金融的蓬勃发展也证明了这一点。同时,作者还强调了法律基础构建对于伊斯兰金融发展也是至关重要的。另外,如 Ahmed(2006)所说,伊斯兰法是学派的法律,由此意味着不同伊斯兰教派对伊斯兰法教义有不同的解释,这就与大陆法系、欧美法系之间由历史演化带来的区别类似,也将影响伊斯兰金融发展。在实证上,Grassa 和 Gazdar(2014a)发现,完全沙里亚法法律结构与包含有欧美法的复合法律结构都显著促进了伊斯兰金融的发展。Grass 和 Gazdar(2014b)又进一步指出国际贸易与经济发展对于伊斯兰银行发展的重要推动作用,但与传统金融不同的是,对宏观经济稳定性的推动作用却并不显著。同时,以上的实证研究还发现,语言、宗教等文化因素对于伊斯兰金融发展的推动作用。另外,苏丁、阿兹米(2012)与 Boulila 和 Zouari(2014)分别从理论与实证上提出了政府支持,特别是法律、监管等方面对伊斯兰金融发展差异性的影响。

另一方面的研究是从伊斯兰金融发展阶段的角度来研究。El-Gamal(1997)构建了一个包含虔诚的穆斯林伊斯兰银行、常规利率银行以及介于前两者之间的混合模式,以及三者在其中相互作用的演化博弈模型,模型证明了,伊斯兰银行长期发展的充分必要条件,是愿意在纯伊斯兰银行与利率银行间存在有系统性相互作用的混合模式,且这种模式要以一种伊斯兰方式处理事务。之后 Ariff(2014)研究指出,当前,伊斯兰银行发展正处于产品差异化的初始阶段。伊斯兰银行希望通过对沙里亚法的合规来修正传统银行产品,但来自于传统银行的竞争使得符合沙里亚法的成本由伊斯兰银行承担,这压低了利润,同时,Ariff(2014)也指出,伊斯兰银行面临更复杂的风险管理挑战,是关系未来发展的一个关键因素。

(二)伊斯兰金融发展与金融稳定性

对伊斯兰金融发展与金融稳定性的研究起步很早,最早的理论研究源自 Khan(1986)与 Mirakhor 和 Zaidi(1988),先后构建了封闭与开放的一般均衡宏观经济模型。研究指出,伊斯兰金融能够更好地应对来自经济的冲击,具有更高的金融稳定性。Darrat(1988)则利用突尼斯的数据,为伊斯兰金融更加稳定的研究提供了最早的实证证据。

从研究结论上来说,如 Belouafi(2012)所指出的,似乎是有一个一致性的意见的——基于股权与参与模式的伊斯兰金融体系的稳定性更高。Belouafi(2012)总结后指出,债务与杠杆是金融不稳定性的来源,而伊斯兰金融所采取的股权或收益损失分担参与模式是其更加稳定的前提。Askari(2012)的研究也支持了这个结论。具体就近期的研究而言，Askari、Iqbal、Krichene 和 Mirakhor(2010)基于完全就业均衡的传统假设，证明了伊斯兰金融体系的内在稳定性。文章指出与伊斯兰金融相关的是储蓄乘数，而非信贷乘数。Askari、Krichene 和 Mirakhor(2014)通过将伊斯兰金融的回报率定义为边际产出与单位股权的比值，也得出了相同的结论。他们指出，利率、债务与刚性的缺失，使得伊斯兰金融体系可以从短期均衡中发展为一个稳定的长期均衡。Askari 和 Krichene(2014)在伊斯兰金融股票市场的研究也支持这个结论，他们指出伊斯兰股票市场带来的稳定性可以吸引更多的参与人，排除传统股票市场的危机，支持持续的经济增长。

当前，研究主题的逐渐细化成为新动向。Kia 和 Darrat(2007)利用伊朗的经济数据，发现所估计的货币需求模型在面对大量的外部冲击与政策变化[①]时，无论是在短期还是长期中，都是稳定的，证明收益风险分担的银行体系最小化了金融不稳定性。Cihak 和 Hesse(2010)、Shahid 和 Abbas(2011)的实证研究开始关注伊斯兰银行规模问题，都发现小型伊斯兰银行的金融稳定性更高，但不同的是，后者认为伊斯兰银行的市场份额对其他银行的金融稳定性有显著的影响，而前者认为没有。而 Shajari 和 Mohebikhah(2014)的研究结论认为，小型伊斯兰银行在金融危机后更加稳定，但是在此之前，大型的伊斯兰银行更加稳定。

当然，对此问题，也有研究认为伊斯兰金融是不稳定的。Naqvi(1981)指出，股权型的融资为投资者的预期带来了不确定性，这就必须通过某种保险制度去规避，因此给银行及整个经济带来了不确定性。Zuberi(1992)则借助于来自巴基斯坦的时间序列数据进行分析，其结果并不支持货币公共需求在没有付息金融资产下更加稳定的假设。

(三)伊斯兰金融发展与经济增长

目前伊斯兰金融中介与经济增长的研究，考虑到数据可得性等方面的问题，以选取单一或少量国家的实证研究为主，其与第三部分的对比

---

① 伊朗自 1984 年后，全面放弃了固定利息的金融体系，转而替代的是收益分担的银行体系。

分析一样,依赖于样本、时间和方法等因素,结论不尽相同。

Darrat(2002)以伊朗和巴基斯坦为例,对比了两国在引入无息银行前后所产生的宏观经济表现,其分析结果表明,在引入无息银行后,首先是改善,至少并没有妨碍整体的宏观经济表现,其次产生了更加稳定的货币流通速度,为政策制定者提供了更加可控的货币环境,加强了货币流通与以价格稳定性为主的政策目标之间的联系。但是,作者也指出,受困于严重的代理问题,无息银行也是尽量避免长期的基于收益损失分担的项目,特别是在工业和农业上,因此,对于加快增长速度的作用十分有限。Furqani 和 Mulyany(2009)的研究发现,伊斯兰金融发展与经济增长,在长期中具有双向关系,但是在短期中是需求导向的。而 Abduh 和 Chowdhury(2012),Abduh 和 Omar(2012)的研究分别指出,无论在长期还是短期中,伊斯兰金融与经济增长都具有显著的正向或双向关系。Tabash 和 Dhankar(2014)以卡塔尔为研究样本,发现在长期中表现出伊斯兰金融体系发展对经济增长的单向关系。Al-Oqool、Okab 和 Bashayreh(2014)利用约旦的经济数据,发现二者只在长期中表现出了双向关系。Abedifar、Hasan 与 Tarazi(2014)利用跨国面板数据,进一步确认伊斯兰金融对经济增长作用的同时,也指出这样的关系依赖于制度环境。而 Goaied 和 Sassi(2010)借助 16 个中东、北非国家的样本,发现伊斯兰银行与增长显示出很弱的关系,但是如理论证明的,是倾向于正的关系。

与实证研究类似的是,理论研究结论也并不统一。一类文献认为伊斯兰金融发展有利于经济发展,如 Gheeraert(2014)所总结的,伊斯兰银行得以发展的理论激励来自于其对经济与社会福利的改善,也就是说伊斯兰金融的发展有利于提升经济发展。赵忠龙(2014)指出,伊斯兰道德经济学进一步把市场制度化为一种在经济环境中进行交易的制度框架,得到道德过滤的市场机制,可以实现个人效用、利润与社会福利的最优。另外,Bashir(2002)通过将银行设定为厂商的角色,以技术进步来表示中介能力增强也证明了这一点。另一类文献则认为伊斯兰金融对于经济发展有阻碍作用,这其中以 Kuran(1996)等文献为代表,他们认为宗教与金融的结合给经济与金融活动增加了约束与限制,从而不利于经济增长。对此,Bjorvatn(1998)的观点是截然相反的,他认为宗教与金融制度的结合,反而可以降低道德风险,并由此提出,伊斯兰教信仰程度高的地方,其实更适合发展伊斯兰金融。

五、小结与展望

通过梳理伊斯兰金融研究的文献,小结伊斯兰金融的研究现状,可以看出伊斯兰金融研究中所存在的主要问题,以及进一步的研究方向。

第一,对传统金融理论模型和研究方法借鉴不足。伊斯兰金融禁止利息,这对于传统金融下的建模方法是一个挑战,但不意味着传统金融的理论与研究方法并不可用,应该克服无利息体系下的建模困难,如以宏观经济学研究中动态随机一般均衡模型为例,Feizi(2008)首次尝试利用此模型,对伊斯兰经济框架进行建模,将汇率作为货币政策工具的替代。所以,就研究方法而言,尤其是理论研究,可以更多地对传统金融模型进行借鉴,构建符合伊斯兰金融特征的数理模型。

第二,受困于数据可得性,实证检验多集中于微观层面。当前伊斯兰金融的实证研究中,宏观层面仅能以单个国家或少数几个国家为样本,样本容量严重受限,且研究类型多为微观层面,宏观层面因为数据问题,目前还很少涉足,这是目前伊斯兰金融宏观层面研究的缺失,现有的文献还具有很大的再深入研究的潜力。对此,Gheeraert(2014)做出了一定的尝试,他与团队构建了一个在国家层面覆盖较全的伊斯兰金融数据库,以此可以使得微观数据进行加总,并通过相关的计算得到了国家层面有关伊斯兰金融发展的相关指标,检验了伊斯兰金融的发展是否有利于整体的金融发展,以及伊斯兰金融与传统金融的关系。如何构建与选取合适的数据样本与实证方法,拓展伊斯兰金融宏观层面的实证研究将是一个潜在的研究方向。

第三,伊斯兰金融与传统金融并存下的理论研究不足。当前的研究结果表明,伊斯兰金融与传统金融有密切的关系,互相竞争,相互影响,而且就伊斯兰金融发展现状而言,双重银行体系是多数发展伊斯兰金融国家的现状。因此,在双重金融体系的国家,伊斯兰金融的宏观效应应当在一个共同框架下去分析。在目前的研究中,从实证层面去考虑双重银行系统的比较多,但是从理论层面去探讨伊斯兰金融与传统金融并存下宏观效应的研究尚不多见,Nabi(2012)在金融传染模型的基础上,构建了包含伊斯兰金融的三区域模型,来分析双重金融体系下,金融风险的蔓延发展情况,这是对双重金融体系理论宏观问题的有力尝试。

第四,目前的研究对伊斯兰金融宗教特征与所处制度环境质量的关注度不够。当前的研究多集中于关注伊斯兰金融的金融特征的刻画,但是宗教特征是伊斯兰金融所特有的,应当在建模与实证过程中,予以更多的关注。另外,从伊斯兰金融本身所处的经济环境而言,制度质量也是重要方面,尤其是伊斯兰金融的金融特征所面临的道德风险问题,使得制度质量问题更显突出,因此,应当力求在理论与实证模型中,去尝试刻画伊斯兰金融的宗教特征与制度环境质量,这是其与传统金融不同之所在,可以以此完善理论模型,也可以丰富实证检验的变量选择,得到更令人信服的结论。

参考文献

[1] Abedifar P, Molyneux P, Tarazi A. Risk in Islamic banking[J]. *Review of Finance*, 2013, 17(6):2035—2096.

[2] Abedifar P, Hasan I, Tarazi A. Finance-Growth nexus and dual banking system: relative importance of Islamic banks[J]. *Journal of Economic Behavior & Organization*, 2014, 132:198—215.

[3] Abduh M, Omar M A. Islamic banking and economic growth: the Indonesian experience[J]. *International Journal of Islamic & Middle Eastern Finance & Management*, 2013, 5(1):35—47.

[4] Abduh M, Chowdhury N T. Does Islamic banking matter for economic growth in Bangladesh[J]. *Journal of Islamic Economics, Banking and Finance*, 2012, 8(3): 104—113.

[5] Abdul-Majid M, Battisti S G. Efficiency in Islamic and conventional banking: an international comparison[J]. *Journal of Productivity Analysis*, 2010, 34(1):25—43.

[6] Aggarwal R K, Yousef T. Islamic banks and investment financing[J]. *Journal of Money, Credit and Banking*, 2000, 32(32): 93—120.

[7] Ahmed H. Islamic law, adaptability and financial development [J]. *Islamic Economic Studies*, 2006, 13(2): 79—101.

[8] Al-Khazali O, Lean H H, Samet A. Do Islamic stock indexes outperform conventional stock indexes? A stochastic dominance approach [J]. *Pacific-Basin Finance Journal*, 2014, 28:29—46.

[9] Al-Oqool M A, Okab R, Bashayreh M. Financial Islamic banking development and economic growth: a case study of Jordan[J]. *International Journal of Economics and Finance*, 2014, 6(3): 72—79.

[10] Archer S, Karim R A A. On capital structure, risk sharing and capital adequacy in Islamic banks[J]. *International Journal of Theoretical and Applied Finance*, 2008, 9(3):269—280.

[11] Ariff M. Whither Islamic banking? [J]. *World Economy*, 2014, 37(6):733—746.

[12] Ariss R T. Competitive conditions in Islamic and conventional banking: a global perspective[J]. *Review of Financial Economics*, 2010, 19(3):101—108.

[13] Askari H, Iqbal Z, Krichene N, et al. *The Stability of Islamic Finance: creating a resilient financial environment for a secure future* [M]. Vol. 736. Singapore: John Wiley & Sons (Asia), 2010.

[14] Askari H, Krichene N, Mirakhor A. On the stability of an Islamic financial system [J]. *PSL Quarterly Review*, 2014, 67 (269): 131—167.

[15] Askari H, Krichene N. Islamic finance: an alternative financial system for stability, equity, and growth[J]. *PSL Quarterly Review*, 2014, 67(268):9—54.

[16] Askari H. Islamic finance, risk-sharing, and international financial stability[J]. *Yale Journal of International Affairs*, 2012,7 :1—8.

[17] Baele M K I, Mohamad S, Ariff M, et al. Cost, revenue and profit efficiency of Islamic versus conventional banks: international evidence using Data Envelopment Analysis [J]. *Islamic Economic Studies*, 2008, 15(2): 23—76.

[18] Baele L, Farooq M, Ongena S. Of religion and redemption: evi-

dence from default on Islamic loans[J]. *Journal of Banking & Finance*, 2014, 44(3):141—159.

[19] Bashir A H M. The welfare effects of inflation and financial innovation in a model of economic growth: an Islamic perspective[J]. *Journal of Economic Studies*, 2002, 29(1):21—32.

[20] Beck T, Merrouche O, Demirguckunt A. Islamic vs. conventional banking: business model, efficiency and stability[J]. *Journal of Banking & Finance*, 2013, 37(2):433—447.

[21] Belouafi A. Islamic finance and financial stability: a review of the theoretical literature[Z]. *Working Paper*, King Abdulaziz University, 2012.

[22] Bjorvatn K. Islamic economics and economic development[J]. *Forum for Development Studies*, 1998, 25(2): 229—243.

[23] Taktak N B, Zouari S B. Tunisia Islamic finance: overview and future prospects[J]. *Journal of Islamic Accounting and Business Research*, 2015, 5(1): 2—14.

[24] Bourkhis K, Nabi M S. Islamic and conventional banks' soundness during the 2007-2008 financial crisis[J]. *Review of Financial Economics*, 2013, 22(2):68—77.

[25] Chong B S, Liu M H. Islamic banking: interest-free or interest-based? [J]. *Pacific-Basin Finance Journal*, 2009, 17(1): 125—144.

[26] Čihák M, Hesse H. Islamic banks and financial stability: an empirical analysis[J]. *Journal of Financial Services Research*, 2010, 38 (2—3): 95—113.

[27] Dar H A, Presley J R. Lack of profit loss sharing in Islamic banking: management and control imbalances[J]. *International Journal of Islamic Financial Services*, 2000, 2(2):3—18.

[28] Darrat A F. The relative efficiency of interest-free monetary system: some empirical evidence[J]. *The Quarterly Review of Economics and Finance*, 2002, 42(4):747—764.

[29] Darrat A F. The Islamic interest-free banking system: some empirical evidence[J]. *Applied Economics*, 1988, 20(3): 417—425.

［30］El-Gamal M. Can Islamic banking survive? A microevolutionary perspective［Z］. *Working Paper*, Social Systems Research Institute, University of Wisconsin, 1997.

［31］El-Gamal M A. *Islamic finance: law, economics, and practice* ［M］. New York: Cambridge University Press, 2006.

［32］Elhawary D, Grais W, Iqbal Z. Regulating Islamic financial institutions: the nature of the regulated［Z］. *Policy Research Working Paper*, 2004.

［33］El-Komi M, Croson R. Experiments in Islamic microfinance ［J］. *Journal of Economic Behavior & Organization*, 2013, 95(4):252—269.

［34］Elnahass M, Izzeldin M, Abdelsalam O. Loan loss provisions, bank valuations and discretion: a comparative study between conventional and Islamic banks［J］. *Journal of Economic Behavior & Organization*, 2014, 103: S160—S173.

［35］Farook S, Hassan M K, Clinch G. Islamic bank incentives and discretionary loan loss provisions［J］. *Pacific-Basin Finance Journal*, 2014, 28(3):152—174.

［36］Faye I, Triki T, Kangoye T. The Islamic finance promises: evidence from Africa［J］. *Review of Development Finance*, 2013, 3(3): 136—151.

［37］Feizi M. A new Keynesian small open economy DSGE model in Islamic economic framework: the case of Iran［Z］. In Conference on Iran's Economy at University of Illinois at Urban Champaign, 2008, December: 11—13.

［38］Furqani H, Mulyany R. Islamic banking and economic growth: empirical evidence from Malaysia［J］. *Journal of Economic Cooperation & Development*, 2009, 30(2): 59—74.

［39］Gait A, Worthington A. An empirical survey of individual consumer, business firm and financial institution attitudes towards Islamic methods of finance［J］. *International Journal of Social Economics*, 2008, 35(11):783—808.

[40] Gheeraert L. Does Islamic finance spur banking sector development? [J]. *Journal of Economic Behavior & Organization*, 2014, 103: S4—S20.

[41] Goaied M, Sassi S. Financial development, Islamic banking and economic growth: evidence from MENA region[J]. *International Journal of Business & Management Science*, 2011, 4(2):105—128.

[42] Godlewski C J, Turkariss R, Weill L. Sukuk vs. conventional bonds: a stock market perspective[J]. *Journal of Comparative Economics*, 2013, 41(3):745—761.

[43] Grassa R, Gazdar K. Law and Islamic finance: how legal origins affect Islamic finance development? [J]. *Borsa Istanbul Review*, 2014, 14(3):158—166.

[44] Gazdar K, Grassa R. Macroeconomic, legal and cultural determinants of Islamic banking development[J]. *La Revue Du Financier*, 2005, Forthcoming. Available at SSRN: https://ssrn. com/abstract =2694646

[45] Hanif M, Iqbal A M. Islamic financing and business framework: a survey[J]. *European Journal of Social Sciences*, 2010, 15(4): 2—18.

[46] Hasan M, Dridi J. The effects of the global crisis on Islamic and conventional banks: a comparative study [J]. *Journal of International Commerce, Economics and Policy*, 2011, 2(2):163—200.

[47] Hassoune A. Islamic banks' profitability in an interest rate cycle[J]. *International Journal of Islamic Financial Services*, 2002, 4(2): 1—13.

[48] Ho C S F, Abd Rahman N A, Yusuf N H M, et al. Performance of global Islamic versus conventional share indices: international evidence[J]. *Pacific-Basin Finance Journal*, 2014, 28:110—121.

[49] Jawadi F, Jawadi N, Louhichi W. Conventional and Islamic stock price performance: an empirical investigation[J]. *International Economics*, 2014, 137:73—87.

[50] Johnes J, Izzeldin M, Pappas V. A comparison of performance

of Islamic and conventional banks 2004-2009[J]. *Journal of Economic Behavior & Organization*, 2014, 103:S93—S107.

[51] Karim M A, Hassan M K, Chowdury T H S, et al. Capital adequacy and lending and deposit behaviors of conventional and Islamic banks[J]. *Pacific-Basin Finance Journal*, 2014, 28(3):58—75.

[52] Kassim S H, Majid M S A, Yusof R M. Impact of monetary policy shocks on the conventional and Islamic banks in a dual banking system: evidence from Malaysia[J]. *Journal of Economic Cooperation and Development*, 2009, 30(1):41—58.

[53] Khan M S. Islamic interest-free banking: a theoretical analysis [J]. *Staff Papers*, 1986, 33(1):1—27.

[54] Khan F. How "Islamic" is Islamic banking? [J]. *Journal of Economic Behavior & Organization*, 2010, 76(3):805—820.

[55] Kia A, Darrat A F. Modeling money demand under the profit-sharing banking scheme: some evidence on policy invariance and long-run stability[J]. *Global Finance Journal*, 2007, 18(1):104—123.

[56] Kiaee H, Abrishami H, Sobhani H. Islamic banking performance vs its conventional counterpart: using stochastic optimal control method[J]. *Journal of Islamic Economics, Banking and Finance*, 2013, 9(4): 58—76.

[57] Kuran T. The economic system in contemporary Islamic thought: interpretation and assessment[J]. *International Journal of Middle East Studies*, 1989, 21(2):171—191.

[58] Kuran T. The economic impact of Islamic fundamentalism. Marty M E, Appleby R S(eds.). *Fundamentalisms and the state: remaking polities, economies, and militance*[M]. Vol. 3. Chicago: University of Chicago Press, 1996:302—341.

[59] Kuran T. The discontents of Islamic economic morality[J]. *American Economic Review*, 1996, 86(2):438—442.

[60] Saeed M, Izzeldin M. Examining the relationship between default risk and efficiency in Islamic and conventional banks[J]. *Journal of Economic Behavior & Organization*, 2014, 132:127—154.

[61] Shaban M, Duygun M, Anwar M, et al. Diversification and banks' willingness to lend to small businesses: evidence from Islamic and conventional banks in Indonesia[J]. *Journal of Economic Behavior & Organization*, 2014, 103: S39—S55.

[62] Srairi S A. Cost and profit efficiency of conventional and Islamic banks in GCC countries[J]. *Journal of Productivity Analysis*, 2010, 34 (1):45—62.

[63] Srairi S. Ownership structure and risk-taking behavior in conventional and Islamic banks: evidence for MENA countries[J]. *Borsa Istanbul Review*, 2013, 13(4):115—127.

[64] Tabash M I, Dhankar R S. Islamic banking and economic growth: an empirical evidence from Qatar[J]. *Journal of Applied Economics and Business*, 2014, 2(1): 51—67.

[65] La Porta R, Lopez-De-Silanes F, Shleifer A, et al. Legal determinants of external finance[J]. *Journal of Finance*, 1997, 52(3): 1131—1150.

[66] Porta R L, Lopez-De-Silanes F, Shleifer A, et al. Law and finance[J]. *Journal of Political Economy*, 1998, 106(6):1113—1155.

[67] Mirakhor A, Zaidi I. Stabilization and growth in an open Islamic economy[J]. *MPRA Paper*, 1988, 35(7):610—613.

[68] Nabi M S. Dual banking and financial contagion[J]. *Islamic Economic Studies*, 2012, 20(2):29—54.

[69] Naqvi S N H. Ethics and economics: an Islamic synthesis[Z]. Leicester, U. K. : Islamic Foundation, 1981.

[70] Okumus H S, Genc E G. Interest free banking in Turkey: a study of customer satisfaction and bank selection[J]. *European Scientific Journal*, 2013, 9(16): 144—166.

[71] Ongena S, İlkayŞendeniz-Yüncü. Which firms engage small, foreign, or state banks? And who goes Islamic? Evidence from Turkey [J]. *Journal of Banking & Finance*, 2011, 35(12):3213—3224.

[72] Rashwan M H. How did listed Islamic and traditional banks performed: pre and post the 2008 financial crisis? [J]. *Journal of Ap-*

plied Finance and Banking, 2012, 2(2): 149—175.

[73] Rajan R G, Zingales L. The great reversals: the politics of financial development in the twentieth century[J]. *Journal of Financial Economics*, 2003, 69(1):5—50.

[74] Raza H, Azeem M. Customer satisfaction and awareness about Islamic banking system[J]. *European Journal of Business & Management*, 2014, 5(3):89—97.

[75] Shajari P, Mohebikhah B. Financial stability in Islamic banking system: the capacity to react to current world wide crisis [J]. *Money and Economy*, 2012, 6(4): 133—165.

[76] Shahid M A, Abbas Z. Financial stability of Islamic banking in Pakistan: an empirical study [J]. *African Journal of Business Management*, 2012, 6(10): 3706—3714.

[77] Wahab A A O A, Aziz M R A, Abuzraida O A, et al. A comparative study of Islamic financial system and conventional financial system[J]. *Global Business and Economics Research Journal*, 2014, 3(5): 15—29.

[78] Wahyuni S. Moslem community behavior in the conduct of Islamic bank: the moderation role of knowledge and pricing[J]. *Procedia-Social and Behavioral Sciences*, 2012, 57:290—298.

[79] Weill L. Do Islamic banks have greater market power? [J]. *Comparative Economic Studies*, 2011, 53(2):291—306.

[80] Weill L, Godlewski C. Why do large firms opt for Islamic loans? [J]. *Comparative Economic Studies*, 2014, 56(1):132—153.

[81] Zuberi H A. Interest Free Banking and Economic Stability[J]. *Pakistan Development Review*, 1992, 31(4):1077—1087.

[82] 易诚. 伊斯兰金融产品与传统金融产品的比较 [J]. 华北金融, 2006(5):66—68.

[83] 巴曙松, 刘先丰, 崔峥. 伊斯兰金融体系形成的市场基础与金融特性研究[J]. 金融理论与实践, 2009 (6): 20—24.

[84] 王永宝. 风险分担原则下的伊斯兰金融市场及其运作模式[J]. 西亚非洲, 2014(2):45—16.

［85］姜英梅．伊斯兰金融全球化发展及其在中国的发展前景［J］．西亚非洲，2014（2）：45—61．

［86］赵忠龙．伊斯兰金融的法和经济学分析［J］．学术交流，2014（8）：82—87．

［87］苏丁·哈伦，万·纳索菲泽·万·阿兹米，伊斯兰金融和银行体系——理论、原则和实践［M］．北京：中国人民大学出版社，2012．

［15］交易制度与市场环境的匹配

——交易规则的实验研究综述及实例*

邵桂荣　　史晋川

摘　要　交易制度应与市场环境相匹配,经济现实中如此,实验设计中亦是如此。本文首先基于市场制度与市场环境匹配理论对相关实验进行了概述,随后对不同交易环境下交易制度的变化做了综述,并选择与买方有权搜寻其他选择的市场环境相对应的有搜寻交易制度作为重点,对已有文献进行了详细梳理,最后报告了一项已经开展的以搜寻为基础的交易制度实验研究实例,阐明了在实例中选取以顺序搜寻为基础的"接受否则拒绝"交易制度的研究思路、实验设计和实验结果。

关键词　交易制度;市场环境;顺序搜寻;实验经济学

一、引言

在设计市场交易实验时,一个重要的方面是交易制度的选择。进行一项实验,需要确定与买卖双方决策的性质、时间有关的制度。例如,是由哪个交易方、以何种顺序制定及公开价格;是否可以及何时予以折扣;能否允许买卖双方相互交流。虽然有关的理论文献很少探讨制定各种交易制度的规则,但是市场制度的微小变动确实能够带来很大的影响:不仅仅会影响到理论上博弈预测结果,而且还会影响实验中所显示的被试的行为。

---

*　本文最初发表在《南方经济》2016 年第 12 期。

交易制度在市场中的重要作用已被公认,因此我们在现实中应谨慎实施某种交易制度,对真实市场中自发形成的交易制度应予以关注,以备在研究中进行模拟。更多地,研究者需要针对所要探索的问题,对常用的交易制度进行修正,使得交易制度与所研究问题中的交易环境相匹配。

Smith(1962)在其标志着实验经济学正式诞生的《竞争性市场行为的实验研究》中表明,在完全竞争的实验市场上,只需少数知晓其自身保留卖价或买价的被试,市场交易的结果就会动态地趋向于瓦尔拉斯均衡,这与瓦尔拉斯所要求的条件不同,并且这一过程与市场交易制度有关。Smith 这项极具创造性的实验性市场研究节约了瓦尔拉斯均衡前提假设的严格性,同时也突出了市场交易制度的重要性。

同时,Smith(1982)还对实验研究的科学化、严格化做出了杰出贡献。Smith 构造的经济系统 S 由环境结构 e 和制度 I 构成。他将经济学实验定义为系统的环境结构(treatment)和制度到系统绩效 P(performance)之间对应关系。在严格控制的实验室实验中,保持结构设置 e 不变,当仅对系统的制度设置做出令人感兴趣的调整时,如将 I 变为 I',如果系统绩效 P 通过被试行为的传导也发生了相应的改变,如变为 P',那么比较 P 和 P',我们就可以得出两种不同制度安排 I 和 I' 的效率。这体现了实验经济学一个重要的思想,即比较制度思想。

本文在第二部分中,阐述了市场制度与市场环境匹配理论并对相关实验进行了综述;第三部分基于常用的市场交易制度,依据不同交易环境变化的需求对交易制度的不同修改进行了概述;随后,选取与买方有其他选择的市场环境相匹配的有搜寻的交易制度,并在第四部分进行了详细的文献梳理;最后,末尾部分完成了一项以顺序搜寻的"接受否则拒绝"交易制度的实验研究实例。

二、市场制度与市场环境匹配理论及实验综述

对实验研究范式进行科学化、严谨化是 Smith 教授的重要贡献,他将一个微观经济系统区分为两个不同的构成要素:一个是制度,另一个是环境,即 $S = (e, I)$。对不同市场环境下资源分配的实验研究(Siegel and Fouraker,1960;Smith,1962,1964;Fouraker and Siegel,1963)和对信息系

统的常规研究(Hurwicz,1960)几乎是同时开始,体现着对信息的市场制度、规则的作用和对决定经济结果的激励结构的重视。在福利经济学(Reiter,1977)认为设计和评价可以作为"经济变量"的一种分配制度(Hurwicz,1973)时,实验经济学家对不同实验"设置变量"下的不同绩效进行了比较,认为实验"设置变量"是不同的信息传递和成交规则(Plott and Smith,1978)。如果要设计一个有关市场交易的实验,指定该实验所包含的交易制度和规则的所有细节是必要的,并且注定了实验经济学家所做的工作与福利经济学家之间肯定会存在着一定程度的并行性。

(一)市场制度与市场环境匹配理论

市场交易制度在传统的产业组织理论中通常是作为外生变量处理。随着实验研究的进展,将不同的市场结构和市场制度进行结合实验,发现市场制度的微小变化能够对市场行为和市场绩效产生很大的影响——市场制度和市场结构一样是影响市场绩效的重要因素。在产业组织理论的实验研究中,需要设置不同的市场制度来考察其对市场绩效的影响,也就是把市场制度当作可控的内生变量,以帮助更深入地研究导致某一种市场绩效的真正原因。

1.市场制度

基于私有产权规则的市场制度,被试可以交流、交易或转移其产品,从而按照他们私人的偏好和知识改变其初始禀赋。因为产品的交易发生于被试的信息交换之前,因此信息产权如同产品的产权一样重要。制度还定义了私有产权的权利,这些权利有:排他权、说与不说的权利(在拍卖市场中,除非你想出价1万元,否则你没有权利以1万元叫价)、获得支付和财产转移的权利。按照 Smith(1982)在《作为实验科学的微观经济系统》中的观点,制度包含内容如下[①]:

(1)信息 $m=(m^1,\cdots,m^N)$ 构成了语言集 $M=(M^1,\cdots,M^N)$,m^i 是 M^i 的元素,M^i 是被试 i 能够发送的信息集。此信息 m 可以是一个要价或接受信息、一个出价。M^i(被试 i 的信息集)可以与 M^j(被试 j 的信息集)不相同。在

---

① 以下将对制度包含的内容进行详述,是由于交易制度实验研究实例部分将在基础上进行阐述。

拍卖中,买方能够任意填写其出价,同时卖方对某一产品有权要价或者不要价,但卖方既没有对其财产进行出价的权利,也不可以公开其保留价格。

(2)分配规则集合是由每个被试 i 参与组成 $H=[h^1(m),\cdots,h^N(m)]$,规则 $h^i(m)$ 是被试 i 最终的产品分配,表示所有其他被试对自己发送的信息函数,表达了被试 i 的最终产品配置。m 是指最终决定分配的信息,原因在于信息交换发生在产品分配之前。

(3)成本费用规则集合 $F=[f^1(m),\cdots,f^N(m)]$,规则 $f^i(m)$ 表示每个被试 i 的支出(以货币单位表示),是其他所有被试 $j(j\neq i)$ 向其发送的信息函数。值得注意的是,其实这里 F 可以被包含在 H 的定义中,但在很多情况下,例如在没有收入效应的情况下,此定义对于区分产品分配和支出就很方便。

(4)过程规则的集合 $G=[g^1(t_0,t,T),\cdots,g^N(t_0,t,T)]$,通常来说,由三部分组成:一是开始规则 $g^i(t_0,\cdots,\cdots)$,包含信息交换开始的时间或条件;二是转换规则 $g^i(\cdots,t,\cdots)$,包括管理信息交换以及信息交换的次序;三是停止规则 $g^i(\cdots,\cdots,T)$,是负责终止信息交换。

被试 i 在交易中的制度为 $I^i=[M^i,h^i(m),f^i(m),\cdots,g^N(t_0,t,T)]$,表明 i 有权发送的信息,对交易权的开始、交换和停止进行约束的规则,有权要求依照信息的结果规则得到产品或获得收益。一个微观经济制度就是由所有个人的产权特征 $I=(I^1,\cdots,I^N)$ 构成的。注意,规则可以只是一种传统或习俗,上述制度规则不是必须像现有法律正式地规定下来。

2. 市场环境

市场环境包括 N 个被试 $\{1,\cdots,N\}$,$K+1$ 个产品(包括资源)$\{0,1,\cdots,K\}$,以及被试 i 的某些特征。例如,被试 i 的技术禀赋 T^i,效用函数 u^i,产品禀赋 w^i 等。这样,第 i 个被试的特征可以表示为向量 $e^i=(T^i,u^i,w^i)$,此向量定义在 $K+1$ 维的产品空间上。因此,市场环境就可以被看作是一个特征集合 $e=e^1,\cdots,e^N$。① 所有这些可以将环境定义为一组初始状态,既不为被试的不同而改变也不因被试之间交互行动的制度所改变。不难发现该定义并不排除学习效应的存在,也就是被试偏好、技术上的变化。然

----

① 被试的上标 i 表示每个被试的初始条件在本质上就是私人信息——偏好、知识、技术禀赋等都为私人信息。但是并不代表每个个体的初始状态独立、不受他人影响,而是仅仅表明个人的技能、知识、工作热情和购买行为不能被公众所见,他人仅可以观察得到其行动的最终结果。

而,如果学习是不可避免的,是经济活动的一部分,就应该依据学习来确定各个被试的技术与偏好。此时,在资源和偏好可变化的经济中,必须为不变的市场环境限定资源和偏好的变化以及搜寻机会。值得注意的是,在实验环境中,向量 e 中可能包含某些被实验者固定的控制变量,是不能被实验参与者进行更改的。

3.市场制度与市场环境的匹配

随着微观经济系统定义的发展,Plott(1979)和 Smith(1976)从实验室中的市场或资源分配实验开始,在微观经济系统的框架下进行了大量的实验研究和理论讨论。需要强调的重点是,实验室微观经济系统就是真实生动的经济系统,而且它比理论中参数化的经济系统更加丰富,也更加行为化。Wilde(1980)将这一点表达得更为清楚,之后 Smith(1982)将系统中的制度与环境的匹配思想阐述得更加充分。

图 15-1 中每一边都代表交易过程,基于既定制度,被试的特征 e^i 决定了信息 m^i,而所有参与者 i 发送的信息通过制度决定最终的结果 $h^i(m)=h^i[\beta^1(e^1\mid I),\cdots,\beta^n(e^n\mid I)]$ 和 $f^i(m=f^i[\beta^1(e^1\mid I),\cdots,\beta^N(e^N\mid I)]$。

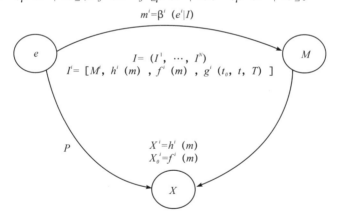

图 15-1　制度和环境构成的微观经济系统

注:在图中 $e^i=(u^i,w^i,T^i)$,$e=(e^1,e^2,\cdots,e^N)$;$X^i=h^i(m)=h^i[\beta^1(e^1\mid I),\cdots,\beta^n(e^n\mid I)]$,$X_0^i=f^i(m)=f^i[\beta^1(e^1\mid I),\cdots,\beta^N(e^N\mid I)]$。

上述内容的重要性在于,被试并没有直接选择产品分配。被试选择的是信息,而规则将信息与分配联系起来之后,制度通过规则决定分配。在交易中这一社会过程达到高潮。在已有的规则下,所有市场都可以自行完成交易(Clower and Leijonhufvud,1975)。

被试 i 的行为结果可以由函数 $\beta^i(e^i \mid I)$ 来界定。β 以 I 为条件,说明具有特征 e^i 的被试行为 β^i 依赖于制度 I,也就是说,它是诸多因素中与制度发生联系的其中一个。β^i 可以表示密封标价拍卖市场上单个信息的发送,也可以构成互动过程中的一个信息交换的最终结果,如同伦敦金块交易市场中的谈判,只有当所有参与人一致同意时,谈判才会终止,从而达成交易(Jarecki,1976)。[①]

(二)关于市场制度与市场环境的实验研究

对于不同的环境和制度,都能够通过实验对理论结论与实验结果进行比较。

将市场制度作为研究变量的实验有:竞争性和歧视性成交规则对密封标价拍卖中出价及结果影响的实验(Smith,1967);对于限定或非限定性价格上限和价格下限在连续性双向拍卖中效果的实验研究(Smith and Williams 1981;Isaac and Plott,1981);将英式拍卖和荷式拍卖进行比较的实验(Coppinger et al. ,1980)。

虽然实验方法的优势是可以控制环境的关键特征(Reynolds,2000),例如关于其他方的支付信息、时间折扣、时期长度等,但仍然有实验研究将市场环境作为变量:Fouraker 和 Siegel(1963),还有 Friedman 和 Hoggatt(1980)针对大范围卖方垄断进行研究,其中,成本(或需求条件)和参与人的数量都能够在不同的水平上改变,例如在 Fiorina 和 Plott(1978)的委员会决策实验中,诱导偏好和委员会的规模是能够改变;Miller et al. (1977)以及 Williams(1979)所做的投机性实验,其中,需求是按照"季节性"模式进行循环改变。

将环境和制度都作为研究变量的实验有:在不同竞标人数的荷式拍卖中,对一级密封标价拍卖和二级密封标价拍卖进行的比较研究(Cox et al. ,1982);基于有差异的诱导需求情况下,对竞争性成交规则和歧视性成交规则进行的比较研究(Miller and Plott);基于循环式需求,针

---

① 注意:β 表示的是被试的消息发送行为,它并不需要基于偏好最大化,偏好最大化作为一种有关行为模式的理论假设,有可能是错误的。

对市场有、无投机行为的比较实验(Williams,1979)。

对于理论预测结论与实验观测结果对比的实验有:纳什理论预测结论通过对 Fouraker 和 Siegel(1963)的双边谈判实验的观测结果进行了对比分析;Smith(1979)比较有关公共物品实验的观测结果与搭便车理论预测结果及林达尔理论预测结果;运用资本市场实验(Plott and Sunder,1982)比较了实验观测结果和理性预期预测结论。

三、交易制度的改进

(一)常用的基本交易制度

不同市场交易的拍卖形式的影响是微妙的(Fuchs and Skrzypacz, 2010)。首先,观察实验中最常用的一些交易制度,重点是可以直接应用于产业组织实验的交易制度,如双向拍卖、明码标价、英式拍卖等。

大量的实验研究,例如,Hoggatt(1959),Fouraker 和 Siegel(1963),Plott 和 Smith(1978)等,得出了两个一般化的结论:一是明码要价拍卖(Posted offer auction)的市场价格高于双向拍卖市场的交易价格,明码出价(Posted bid auction)的市场交易价格则低于双向拍卖市场的交易价格,并且这两个市场的价格向均衡价格收敛速度缓慢,甚至几乎不收敛;二是明码标价拍卖与双向拍卖相比,有着更低的市场效率。这两种趋势首次在 Williams(1973)的实验中被观察到,其后这一实验结果又被 Plott(1978)和 Smith(1981)进一步验证;之后 Goodfellow 和 Plott(1990)继续实验,实验中所涉及的双向拍卖市场中的产品的生产函数是非线性的。由于明码要价交易制度与许多行业的政府管制所采取的备案制度相类似,因此,明码要价交易制度的相对低效率就具备了非常重要的政策含意(Hong and Plott,1982)。明码要价交易制度可以节约谈判成本,或许这可以部分缓解因此制度抬高价格而导致的低效率,尤其是在不允许讨价还价,保证搜寻过程被大大简化的公共定价时。事实上,与分散的讨价还价制度——买方必须自己承担"长途跋涉"搜寻合适的卖方和价格的成本相比,某些特殊环境中的公开、集中化的明码要价制度也有可能提高效率。

在拍卖实验中,出价者在出价前首先了解其报酬相关的估值(Ockenfels and Selten,2005)。英式拍卖近似于完全信息动态博弈,假定买方没有保留价格的、卖方进行第二个到达的英式拍卖,Grant et al. (2006)对投标者随机到达时进行参与只有一轮拍卖和重复英式拍卖的分析(例如,按照一个泊松到达过程),结果表明,英式和密封的拍卖方式是收益相等的。重复互动对于有效率的结果是很重要的(Davis and Holt,1994),从McAfee 和 Vincent (1997)的分析出通常的科斯逻辑适用于重复英国拍卖,Menezes 和 Ryan(2009)进一步研究发现重复的英式拍卖导致一个比密封式拍卖(Sealed Bid Auction)较低底价的均衡路径。

(二)不同交易制度对均衡的影响

不同的交易规则、交易制度对均衡结果产生重要影响。Werden(1991)认为,双向拍卖交易制度与绝大多数行业市场中运用的交易制度不相同。但是,实验证明分散商讨,比如说通过电话讨价还价,这种制度能产生竞争性很强的结果(Grether and Plott,1984;Hong and Plott,1982)。Werden(1991)梳理了有关市场结构、环境和绩效的实验证据后指出:"实验经济学文献表明,通常当实验被试的人数比较少时,不会出现均值均衡结果。"对此结论,绝大多数实验经济学家可能都不会同意,因为当实验被试比较少时,竞争均衡结果也能出现;而且即便存在垄断者,当他们必须在双向拍卖交易中参与分散商讨时,也能出现竞争均衡结果。

1. 不同交易规则的改进对均衡结果的影响,以明码要价基础交易制度为例。Isaac 和 Smith(1985)组织了一系列明码要价市场实验,对以往的可竞争市场实验的设置做了一些修正,在两位之间引入了信息不对称;另一个重要的实验设置是,对 PLATO 明码要价拍卖程序进行了改进,允许出现能够导致损失的价格和数量。结果是,在所有场次的实验中,都没有观察到高定价行为。

Rustrom(1985)在 Isaac 和 Smith 的实验设计的基础上进行了改进,引进了在每个交易周期都可以获得固定收益的一个"可选市场",但是仍然没有出现高定价行为的结果。

Harrison(1988)采用一些更为巧妙的方法,也对上述实验设计进行了改进:所进行的明码要价实验中,共设计了 5 个市场和 11 个卖方,每个卖方在同一时间只能进入一个市场。对于这个在 Isaac 和 Smith 实验设计的基础上改进而来的多市场版实验,Harrison 只报告了其中一局观察到高定价现象实验的结果。

而 Jung et al.(1994)在搜寻高定价行为时,则采取了不同的方法:以一个简单的信号传递博弈为基础来设计明码要价市场的实验,在这个博弈当中,高定价成了最终均衡结果。

2. 不同交易制度对均衡产生的影响,以报价制度为例。公开报价、禁止串谋等是实验市场的主要特征。只要禁止串谋并公开所有交易和报价,是能够达到实验市场的竞争性均衡(见表 15-1)。

表 15-1　报价制度对均衡的影响

	R_S(卖方要价)	R_{SB}(买卖双方报价)	R_B(买方出价)	边际均值
A 组(20 个被试)	208	213	217	213
B 组(28 个被试)	195	209	213	206
边际均值	202	211	215	209

资料来源:Smith V. L.(1991)。

上述表 15-1 中显示被试的均衡结果是在三种不同报价制度下:R_S 是只允许卖方要价,买方自由选择要价,但不允许出价;R_{SB} 是买卖双方都可以自由地提出报价并接受对方的报价;R_B 是只允许买方出价,卖方自由选择出价,但不允许提出要价。

仅允许卖方报价的市场,其均衡趋势明显弱于买卖双方都可以报价的市场,这种较弱的趋势甚至也会出现在非均衡趋势中。单边报价的市场似乎对买方更为有利,这也许是因为在价格形成过程中买方公开的需求信息太少。

(三)基础交易制度上的修改

在对交易制度的修改方面,Hong 和 Plott(1982)与 Rrether 和 Plott(1984)这两项研究特别出色,他们针对管制和反管制的相关问题,分别设计了不同的交易制度。另外一项非常有意思的交易制度是发生在连续时间的连续交易环境中,Millner et al.(1990)提出了一个关于"流"的市场。

从理论上没有进行过类似的研究,但是,Millner等人引进了某种现实确实存在的因素,并且这种探索对于"打了就跑"(hit and run entry)的袭击式进入市场策略的分析非常有用。

除此之外,在现实生活中,存在很多消费品市场和资本品市场,卖方常被买方要求予以一定的价格折扣,而且也确实得到了折扣,尽管与所请求的不一定完全一致。这可以从很多方面对于最常用的明码出价拍卖和双向拍卖两种交易制度进行修改,使得修改后的交易制度对研究更有针对性。一方面,由于在现实世界的许多市场中,普遍存在明码标价之后再打折等交易行为;另一方面,虽然研究中双向拍卖制度的结构与很多现实中资产市场中盛行的交易制度非常相近,但要价和出价公开且连续地公布的市场在真实资本品和消费品市场中很少存在。

值得注意的是,在双向市场拍卖中,作为对竞争对手的降价行为的反应,卖方可以在任何时间减价。但是,正因为这种降价行为是对所有买方的,因此也是不具备选择性的、公开的。在存在"清仓贱卖"的明码要价拍卖市场中(Mestelman and Welland,1991),降价行为也是非选择性的、公开的。然而,诸多消费品市场和资本品市场都符合占据主导地位的私人化的、选择性的降价方式。

在已有的文献中,在明码标价的基础上再进行打折的交易制度实验非常少。Grether和Plott(1984)在实验设计中增加了一个允许以电子通信的方式进行交流的设置,买方和卖方分别在不同的房间中就卖方所公布的标价进行在线交流,或买方给卖方打电话,要求打折。Davis和Plott(1994)设计了一个"标价/折扣"交易制度:卖方在电脑上公开发布价格,接着随机挑选出买方(如同明码要价拍卖),被选中的买方就能在私下申请降价,而卖方对此可以积极回应,也可以不予理会。Davis和Plott(1994)设计的市场结构实验系列成果之一很显著,即卖方只要有机会就会给买方折扣。乐意打折的倾向进一步凸显了价格不可协商的明码要价拍卖制度下的限制规定,同时又由于在市场中价格折扣现象非常普遍,因而,在制定政策时,不能将明码要价实验结果作为依据简单地加以引用。

若市场交易环境允许在标价的基础上进行折扣,则买方会向高的卖方请求大的折扣,因而交易者不易进入无法成交的境地。Davis和Plott(1994)的实验结果可以用此观察结论解释:在可以打折的实验场次中,发现卖方要价相当高,这又导致市场效率下降;而在另外的卖方有意利用公布标价带来竞争几场实验中,导致了非常趋向于竞争均衡水平的高效率。当出价和折扣率都很高时,高出价实验场次的市场效率反而低,成交价格的变动幅度就相当大。可变的范围取决于买方的价格搜寻成本。很高的标价最终会失去信息价值,致使市场效率受到损害。

最后,双方进行交易时经常"货比三家"后再行决策,在与此市场环境相对应的交易制度中引入搜寻过程是合适的,已有的相关研究将在本文的第三部分进行详述。

初看所涉及的市场交易制度种类非常繁杂,下面在表 15-2 中,对上述不同类型的市场中的价格发布顺序及所进行的一些限制进行归类。

表 15-2 不同交易制度的市场实验

交易制度	买方/卖方的数量	出价方	出价顺序	合约确定方式
双向拍卖(Double auction)	—/—	买方与卖方	出价渐高、还价渐低	买方与卖方
明码要价拍卖(Posted offer auction)	—/—	卖方	要价同时公布	买方依次买定
明码出价拍卖(Posted bid auction)	—/—	买方	出价同时公布	卖方依次卖定
英式拍卖(English auction)	1/—	买方	逐渐提高价格	售卖给出价最高方
价格折扣(Discount)	—/—	卖方	同时报价,但循序打折	买方
顺序搜寻(Sequence search)	5/5	卖方	卖方依据自己的判断独立出价	卖方出价、买方决策

注:"—"代表的是一个或多个。要价(offer 或 ask)与出价(bid)是不同的。

四、搜寻框架下的交易制度

在搜寻过程中,个人决策会在市场层面直接造成一定的影响。关于搜寻问题的研究很多(Lippman and McCall,1976),搜寻最先用于工作寻找的研究中,随后用于分析买方购买产品的行为或者其他经济行为。本部分从工作搜寻、产品搜寻和信息搜寻三个角度对已有的交易制度研究进行梳理,其中产品搜寻又分为传统购物和在线购物两种不同的方式。

(一)工作搜寻

一般模型都假设,在每一期,个体都需要搜寻工作,随后以某个概率能够发现工作机会。个体可以接受此工作,也可以拒绝,然后继续搜寻其他工作。假如搜寻者在进行了进一步的搜寻后,又返回再接受原来的工作,则先前的工作机会有可能仍在,也有可能已经不存在了,在与不在的概率是由搜寻者"浪费"时间的多少所决定的。对于此理论模型的预测,在经济生活中,人们是否如此搜寻工作,相关的经验证据近乎为零。因此,能够获取实验数据就非常重要。

运用实验方法检验上述基本理论模型(Schotter and Braunstein, 1981;Braunstein and Schotter,1982),有所不同的是,实验中,被试在接受工作之前,愿意搜寻多久都可以,搜寻的时间是"无限的"。被试在实验中需公开其保留工资,但可以接受更低工资,是不受这一限制的。作为对比的基准实验,被试公布的保留工资的平均水平(134.5)几乎达到了最优水平(133),但是却显示出搜寻努力不够(平均搜寻时间实际为3.7个期间,而最佳为4.5个期间)。对有些设置做出改变后,如搜寻成本、被试拒绝的工作机会能否重新获得、工作机会分布的离散程度等,被试所公布的保留工资和对工作机会的接受程度都能如预期的的方向变动,但差异并不显著。按照Berg(1986)等人的研究思路,加入风险厌恶因素后,被试公布的保留工资水平为110,趋向更低(最优水平为130)。

Kogut(1990)也对无限期的有搜寻成本的情况进行了实验,在每一期,被试都要付出0.08美元的搜寻成本,并且从一个已知的均匀分布中随机抽取价格。在每轮实验中,对于所接受的价格和搜寻成本被试都必须支付,从而获得已知价值。每期的保留价格都相等意味着最优化的搜寻者不会在拒绝某个价格以后,又返回再接受。然而实验结果表明,被试的确接受了拒绝的价格,而且此行为所占比例约为三分之一。实验还表明,即使假设有着高的风险厌恶程度,被试也常常会过早停止搜寻。

Cox 和 Oaxaca(1989)则研究了有效期为20期的搜寻行为,以便更有效地控制实验。若是风险中性的被试,则结束搜寻的最优水平约占总

时间的 80%。那么,若只在一半时间就结束搜寻,显然是过早了。Cox
和 Oaxaca 的实验与 Schotter 和 Braunstein 的实验有相似之处,搜寻时
间与各种参数变化之间的变动方向也是如预期。参数包括机会的离散
度、搜寻成本,但持续变动的搜寻规模与显著性却未达到最优点。Cox 和
Oaxaca(1990)在另一个实验中,还要求被试在公开保留工资同时承诺,将
会完全按照这一工资水平接受工作或者拒绝工作。被试公开的保留工资
与最优路径相当吻合,除了开始显得过低、结束时显得过高之外。但总体
看来,与基准的风险中性时相比,被试搜寻不足。

在价格分布未知且被试没有报酬时,Hey(1982)研究了购物被试的
搜寻行为。在实验过程中,记录被试的表述,这些表述支持六条拇指法
则,其中一条是关于保留工资的策略。Hey(1987)组织的另一个被试有
报酬且价格分布状态对一半被试公开的实验中,被试使用最优保留价格
策略的概率显著地提高,但并非通过货币激励实现的。实验表明,令人困
惑的是,被试记得拒绝的报价反而会使总利润减少,起到反作用,并且可
能由于风险厌恶,被试搜寻得过少。

对 Hey 的研究,Moon 和 Martin(1990)进行了进一步扩展:更多可
供选择的决策规则提供给被试。其实验数据表明,只需利用截断法,则
对于被试的决策行为就能够与标准最优化理论解释得同样清晰。同时,
Moon 等学者的计算机仿真实验也显示,运用启发式决策所获得的结论
与最优结论的误差只有 1%,非常接近。

而 Harrison 和 Morgan(1990)对好几类搜寻问题进行了研究。
Harrison 等人的实验设计了如下实验环境:在系列产品组中,被试第 t
期只能抽样出一个价格($p_t=1$);在可变产品组中,被试每次可以购买一
个产品,由 p_t 个报价组成;在固定产品组中,被试只能在一个期间抽取
产品($t=1$)。实验结果表明,被试在可变产品组的,确实在充分利用了
这一点,选取的产品大于 $p_t=1$ 的序列产品组,而搜寻所用的时间也比 t
$=1$ 的固定产品组多,赚得更高的利润。但是非参数检验结果显示出被
试并不显著地增加利润。

Carpenter 和 Rudisill(2003)在讨价还价的工作搜寻实验中,对有其
他选择的劳动力管理问题进行了探讨,在模型中其他选择的估值能够内
生地决定,并且估值是随机地从均匀分布中选择,实验的研究结果发现,

去搜寻但未接受其他选择的卖方比没有进行搜寻的卖方的还价更高。

在实验中,被试非常接近最优策略的决策非常难得,是因为搜寻问题的最优策略很难通过推导获得。然而,在被试对参数变化做出反应时,异常现象在实验中还是出现了。此外,与假设风险中性下的最优搜寻量相比,研究者发现被试往往还是搜寻过少。若诱导出风险中性,或对风险厌恶的程度加以度量,并且对实验中看出的搜寻不足现象用它们来检验、用风险厌恶来进行理性化,则会使研究收获颇丰。类似的,若能够清楚能否运用启发式规则得到非常接近于最优结果是非常有益的。Moon 和 Martin(1990)的计算机仿真实验显示出确实能够做到。

(二)产品搜寻

1.传统购物搜寻

买方对于产品的购买,传统方式是在实体店并且可以"货比三家"的市场环境中进行。同样地,可以将工作搜寻的思路推广应用于买方"货比三家"、卖方有权定价的市场实验中。卖方为制定出最有利于自己的价格,必须清楚买方的搜寻方式。

早期文献中的搜寻模型中并不包含交易(Diamond and Maskin,1979;Mortensen,1982),之后出现了随研究交易与搜寻过程交错的方法(Muthoo,1995),近期有研究直接将搜寻市场作为一种内生的选择(Atakan and Ekmekci,2012),直至 Board(2014)将买方有权选择其他产品时,在价格上实施了顺序搜寻优化机制。

众多理论及模型都预测市场中将出现价格分歧,这种差异和分歧更多内生地取决于卖方的购物习惯。如 Yavas(2002)将可选择的其他产品作为变量,考虑其内生性,由利润最大化内生地决定对其他产品的选择;Gregher et al.(1988)给出了支持部分理论模型的实验证据。又如 Binmore et al.(1989)进行了理论上分析和预测:买方是否有其他产品的选择权与最终交易不相关。其随后的实验结果表明,预测是正确的,在声誉效应或不完全信息很严重时,则买方对其他产品的选择权与最终交易不立即相关。对于转向其他产品的交易方,搜寻产出总体是有效率的,并且交易者相对地接近于最优搜寻策略(Feri and Gantner,2011)。

不同市场环境、不同搜寻方式导致与之匹配有着不同的制度,其效率是不同的。比较不同交易制度的市场效率的实验研究已经出现了许多,双向拍卖的市场效率比所有其他可比的交易制度都高。Kirchkamp et al.(2009)发现在第一价格拍卖中,买方有其他产品选择权比没有时交易价格显著地高,收益的溢价明显更高。密封式第一价格拍卖比第二价格拍卖的收益更多。表15-3中总结了其他几项有代表性的比较研究。

表 15-3　不同交易制度的市场效率比较

单位:%

文献	交易制度				
	双向拍卖	明码要价	集合竞价	明码标价且按顺序协商定价	顺序搜寻
Davis & Williams(1986)	96	82			
Ketcham、Smith & Williams(1984)	97	94			
Davis & Williams(1993)	97	66			
Davis & Williams(1991)	98	92			
Smith、Williams & Vannoni(1982)	95		89		
Friedman & Ostroy(1989)	96		90		
Davis & Holt(1994a)			94	83	
本文的研究实例结果					96

注:基于 Kagel 和 Rot(1995)的研究进行加工和补充。

此外,现实中的某些明显的异常搜寻模式再现于实验室中,是一个很有意义的研究方向。如 Pratt et al.(1979)发现,总体上,各类消费品之间存在的价格差异是其平均价格的线性函数。如果对于搜寻成本更高的昂贵产品,则此结果合理。但是,除此之外,还有一种与之矛盾的行为解释:买方在购买产品时所在意的边际收益(MR)不是按照绝对额而是按照百分比计算的,所以,若 35 元的一本书能够为其省 5 元,而均值 500 元的烤箱能够为其节省 20 元,那么,买者的搜寻时间将更多地用于前者。

2.在线购物搜寻行为

在线购物的搜寻行为能够减少交易成本,提高市场效率。在电子市场中,当买方能够使用强有力的搜寻工具时,其能够免费出价、轻易找到产品以及网上购物的信息,搜寻成本基本上减少到零。参与者花费时间和精力完成搜寻任务,导致存在明显的搜寻成本。从网络实验的初步结果可以看出,搜寻任务的复杂性、搜索引擎的性能、搜寻策略和参与者的经验是决定搜寻成本和绩效的决定因素(Kumar and Lang,2004)。

从 20 世纪 90 年代,世界网址开发以来,互联网日益成为买方重要的信息来源。购物者使用搜索工具查找要购买产品的信息(包括价格、设计、风格、评论等),即使最终交易离线完成。但由于搜索成本是影响买方的购买决策、卖方定价的重要因素(Stahl,1989,1996),因而,买方通常倾向于制定一定的搜索策略,更好地管理搜索过程,减少搜索成本。

很少有研究专注于研究有经验地网络搜索成本。在过去信息经济学领域的研究表明,互联网技术和电子市场降低买家的搜寻成本(Bakos,1997;Malone et al. ,1987;Spink,2002)。搜索成本经常被认为是一个影响其他变量的参数(Bakos,1997;Malone et al. ,1987;Smith et al. ,1999;Stahl,1989,1996)。然而,通过简单地假设有能力减少或消除互联网搜索成本。

更具体地说,Smith et al. (1999)发现在价格水平、价格弹性和价格离差三个维度中,降低了搜索成本,提高了互联网市场的效率。同质产品(Brynjolfsson and Smith,2000)和差异化的产品(Bakos,1997;Smith et al. ,1999)都较低的搜寻成本会导致较低的价格。较高的价格弹性(绝对值)也可能产生于在网络上买方的较低搜寻成本(Smith et al. ,1999)。价格离散产生于高的搜寻成本(Stahl,1989,1996),从而减少了搜寻成本导致较低的价格离差。

然而,在网络市场中,价格离散仍然显著(Smith et al. ,1999)。一个原因是,在互联网市场上搜索成本尽管低于传统市场,但仍然显著。一般来说,搜索成本可以影响顾客对价格差异的感知,导致某些买方比其他人支付更高的价格(Salop and Stiglitz,1977)。因此,更高的搜索成本降低买方的感知。另一个原因是,对一些店铺而言,在网上购物更方便,因为互联网市场上的差异,如网站的知名度、网络广告,和门户网站的位置等原因导致的。在网上卖方提供了更多的便利,对时间敏感的买方索取额外费用(Smith et al. ,1999)。虽然搜索引擎对买方是免费的,但卖家支付搜索引擎费用以便在搜索结果中提供显眼的位置,也付费广告宣传横幅以增加产品曝光。因此,对于某些产品,卖方通过网络搜索工具可以更方便地向买方收取更高的价格。

除了对价格有影响,减少搜寻成本,在电子市场中对异质产品的供给影响也非常显著(Bakos,1991,1997)。Bakos(1997)发现,为获得价格和产品信息而减少的搜寻成本,通常能够提高市场效率,但也会因此而减少在分化市场的卖方利润。为了避免在市场上对价格控制力的损失,卖方可能会利用某些策略,如勾结,增加产品的差异化,隐瞒一些信息等方式,增加买方进行价格比较的难度,以努力抵消最初降低的搜索成本。

(三)信息搜寻

许多心理学的研究都是与购买决策行为信息有关的。此类研究成果与上述关于工资与价格的搜寻问题的工作搜寻研究成果类似:买者对搜寻有影响的某些因素不够敏感,如信息的准确性和信息成本;而对原本与搜寻无关的因素却过分敏感,如信息来源和可获得信息总量等(Connolly and Gilani,1982)。此外 Connolly 和 Thorn(1987)的研究还发现,给被试建立一个把信息有效地转化为决策的决策目标后,被试购买信息时的差错就减少了大约一半。

若能够将心理学家的研究成果进一步延伸到经济学领域,那会使得经济学的实验成果更为丰富,因为在经济模型中,信息的价值是从其在决策过程中所发挥的作用推导出来的。因此,信息市场往往与其他资产市场等市场结合在一起(Sunder 1991,Copeland and Friedman,1992)。

毫无疑问,互联网已经和将继续影响买方的信息搜索行为。对实践者而言,尤其是搜索引擎公司,提升搜索引擎界面设计非常有成效。例如,雅虎已经开始了理解其用户在网络搜寻背景下的目标研究(Rose and Levinson,2004)。互联网对于大多数定期使用的买方往往是初步的主要信息源,从而减少了对传统信息资源的使用依赖和重要性,提升市场交易效率(Peterson and Merino,2003)。

五、实验研究实例：顺序搜寻的"接受否则拒绝"交易 制度

在买方可以选择其他产品时，当前卖方对其产品价格的控制力增强还是减弱？已有研究文献中常用的讨价还价、密封式第一价格和第二价格拍卖等交易制度都不完全适合此问题研究和市场环境，因此，需要选择和修正与之匹配的市场交易制度。主要从两方面考虑：一方面，由于买方有其他可供选择的产品，因此，在交易过程中应该加入搜寻过程；另一方面，虽然将搜寻过程加入到简单讨价还价机制中，可以消除讨价还价理论中的一些不令人满意的特征（Rami Zwick，1999），但是由于在讨价还价博弈中，无法达成协议与陷入高成本的拖延的概率却不可忽略不计，因此，采取"接受否则退出"的议价方式。综上所述，针对本研究问题，采用顺序搜寻的"接受否则退出"（take-it-or-leave-it）市场交易制度。

实验为被试间的实验设计（between-subjects design），是一个随机化多因子实验设计（randomized block factorial design，RBF）。实验设计是基于顺序搜寻模型的理论研究（Board and Pycia，2014），存在买方对产品估值作为私人信息而卖方出价公开的单边不对称信息。当买方有其他产品可供选择时，对于卖方既定价格，买方可采取立即购买、等待或者转而去搜寻其他产品三种选择方式，顺序优化机制可在价格上得以实施（Skreta，2006）。搜寻购买过程如图 15-2 所示。

实验主要由三个任务局组成：买方没有可供选择的其他产品、买方有市场外生的选择其他产品的权利和有市场内生的选择其他产品的权利，每个任务局按照参数的不同取值，又分为三个不同的轮次，共计九个不同的轮次。为完成实验，共计在浙江大学 CC98 论坛上招募了 260 个被试，于 2015 年 1 月结束。在浙江大学实验社会科学实验室共进行了九场实验，平均每场 30 人，剩余 20 名被试参与了最后一场实验。为避免产生学习效应（learning effect），严格保证每个被试只参与其中一场实验。

实验的微观经济环境及制度设置如下：

(1)环境：每个场次有 $N=30$ 个被试。售卖的唯一种类产品是由作为卖方的被试以 0 成本供应（即无弹性供给）。每个被试 i（包括作为卖方和买方的被试）都知道，所有 k 的价值 V_k 都是独立地从 $(0,V)$ 上的均匀分布

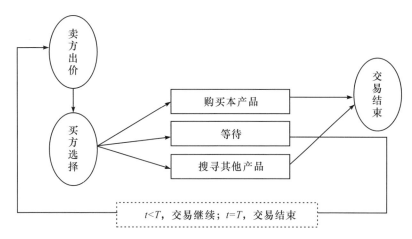

图 15-2 买方顺序搜寻其他产品的交易过程

密度函数中抽取出来的。开始时，对于所有的 $i \neq j$，每个作为买方的被试只知道他自己的 V_i，而不知道别人的 V_j。因此，$e^i = (V_i, V, N)$。

（2）信息空间中被试的产权：语言集 M 包括针对售卖产品以试验中代币表示的出价。在每一 $t(t \leqslant T, T$ 为总期数）期，每个作为卖方的被试只允许提交一个出价，因此，$m_i = b_i$ 就是 i 的出价，$0 \leqslant b_i < 1000$，$i = 1$，$\cdots, n$，则 $m = (b_1, \cdots, b_n)$ 是 n 个作为卖方的被试发送的信息集。

（3）收入空间中被试的报酬产权制度：

收入空间中制度规则特征 $I = (I^1, \cdots, I^N)$，这里 $I^1 = [h^1(m), \cdots, h^N(m)]$，组成收入集 $H = [h^1(m), \cdots, h^N(m)]$。在报酬产权制度中将区别两种不同的制度：买方没有其他可供选择的产品和买方有其他可供选择的产品。

在买方没有其他可供选择的产品的情况下，如果在 t 期买方 j 接受了卖方 i 的报价，则买方 j 可以获得 $\delta_{t-1}(v - b_{it})$，而卖方 i 可获得 $\delta_{t-1}b_{it}$ 支付，其中 δ 为贴现率；如果买方 j 不接受卖方 i 的报价，则被试 i 和 j 均获得 0 支付。

在买方有其他可供选择的产品的情况下，如果买方 j 选择接受了卖方 i 的报价或者等待，则双方可以获得的支付同上；如果买方 j 搜寻其他可供选择的产品并成功交易，则买方获得 $\delta_{t-1}w_{jt}$ 支付，其中 w_{jt} 为买方 j 在 t 期对此可供选择产品的估值；而卖方 i 获得 0 支付。

（4）被试行为

被试行为是将环境 e^i 转化为依赖于制度 I^i 的出价 b_i，如果 i 被分配的价值是 V_i，那么 $e_i = (V_i, V, N)$，且被试的行为可以表示如下：

$b_i = \beta^i[e^i/I] = \beta_1^i[e^i/I]$，如果买方无其他可供选择的产品，$\forall i$

$b_i = \beta^i[e^i/I] = \beta_2^i[e^i/I]$，如果买方有其他可供选择的产品，$\forall i$

（5）系统绩效

假设实验环境是由 Q 个交易组构成，$q = 1, \cdots, N/2$。可以用比例 Q_p/Q，即交易成功次数占总交易次数的比例。系统效率可被定义为 $V_w(q)/V_h(q)$，其中，$V_w(q)$ 为交易成功时买方的分配价值，$V_h(q)$ 是 q 个交易组中，各组交易成功中买方的最高分配价值。第二种绩效测度手段是 Q 组交易的平均效率：$\bar{E} = Q^{-1} \sum_{q=1}^{Q} V_w(q)/V_h(q)$。

此实验在如下方面进行了尝试：首先，在国内外的研究中首次尝试采用实验手段对买方有其他产品选择权如何影响卖方对其产品价格的控制力问题进行探讨，探索解决实证检验相关理论研究结论的难题；其次，对合谋议价进行市场内生化的机制进行了改进，使买方的其他产品选择权的内生化过程更符合现实和市场需要；最后，针对所研究问题所处的特殊的市场环境，设计了与之匹配的引入搜寻过程的"接受否则退出"的交易制度。

该实验得出了以下几方面的结论：无论是一个或多个买方参与交易，对卖方的价格控制力都不存在显著影响；在进行多期交易时，卖方对产品价格的控制力逐渐减弱，但是不会趋向于达到边际成本的竞争价格，并且减弱的速度也并非如有些理论研究（Coase,1972）所预测的非常快；当产品的等待成本有差异时，卖方的价格控制力也存在显著差异，并且是价格控制力随等待成本的增加而减少；最后，得出最为核心的结论是，买方是否拥有其他产品的选择权对卖方的价格控制力有着显著影响，当买方有购买其他产品的选择权时，卖方的价格控制力减弱，但是其他产品选择权是内生还是外生变量对卖方价格控制力没有明显地影响。此研究结论意味着，买方是否有其他产品可供选择，能够减缓一个卖方垄断所带来的问题，对于并购以及对于规制和反垄断都有着重要意义。

参考文献

［1］Board, S. and Pycia, M., 2014, "Outside Options and the Failure of the Coase Conjecture," *The American Economic Review*, 104(2), pp. 656—671.

［2］Braunstein, Y. M. and Schotter, A., 1982, "Labor Market Search: An Experimental Study," *Economic Inquiry*, 20 (1), pp. 133—144.

［3］Clower, R. and Leijonhufvud, A., 1975, "The Coordination of Economic Activities: A Keynesian Perspective," *The American Economic Review*, 65(2), pp. 182—188.

［4］Coase, R. H., 1972, "Durability and Monopoly," *The Journal of Law and Economics*, 15, p. 143.

［5］Coppinger, V. M., Smith, V. L. and Titus, J. A., 1980, "Incentives and Behavior in English , Dutch and Sealed-Bid Auctions," *Economic Inquiry*, 18(1), pp. 1—22.

［6］Davis, D. D. and Holt, C. A., 1994, "Market Power and Mergers in Laboratory Markets with Posted Prices," *The Rand Journal of Economics*, pp. 467—487.

［7］Fiorina, M. P. and Plott, C. R., 1978, "Committee Decisions under Majority Rule: An Experimental Study," *American Political Science Review*, 72(2), pp. 575—598.

［8］Fouraker, L. E. and Siegel, S., 1963, *Bargaining Behavior*, New York: McGraw-Hill.

［9］Friedman, J. W. and Hoggatt, A.C., 1980, *An Experiment in Noncooperative Oligopoly*(Vol. 1), New York: JAI Press.

［10］Fuchs, W. and Skrzypacz, A., 2010, "Bargaining with Arrival of New Traders," *American Economic Review*, 100(3),pp. 802—836.

［11］Goodfellow, J. and Plott, C. R., 1990, "An Experimental Examination of the Simultaneous Determination of Input Prices and Output Prices," *Southern Economic Journal*, 56(4),pp. 969—983.

［12］Grant, S., Kajii, A., Menezes, F. and Ryan, M. J., 2006, "Auctions with Options to Re-Auction," *International Journal of Eco-*

nomic Theory, 2(1), pp. 17—39.

[13]Grether, D. M. and Plot, C. R., 1984, "The Effects of Market Practices in Oligopolistic Markets: An Experimental Examination of the Ethyl Case," *Economic Inquiry*, 22(4), pp. 479—507.

[14]Harrison, G. W., 1988, "Predatory Pricing in a Multiple Market Experiment: A Note," *Journal of Economic Behavior and Organization*, 9(4), pp. 405—417.

[15] Hoggatt, A. C., 1959, "An Experimental Business Game," *Behavioral Science*, 4(3), pp. 192—203.

[16]Hong, J. T. And Plott, C. R., 1982, "Rate Filing Policies for Inland Water Transportation: An Experimental Approach," *The Bell Journal of Economics*, 13(1),pp. 1—19.

[17]Hurwicz, L., 1960, *Optimality and Informational Efficiency in Resource Allocation Processes*, pp. 27—46, Stanford: Stanford University Press.

[18]Hurwicz, L., 1973, "The Design of Mechanisms for Resource Allocation," *The American Economic Review*, 63(2), pp. 1—30.

[19]Isaac, R. M. and Plott, C. R., 1981, "The Opportunity for Conspiracy in Restraint of Trade: An Experimental Study," *Journal of Economic Behavior and Organization*, 2(1), pp. 1—30.

[20]Amihud Y, 1976,*Bidding and Auctioning for Procurement and Allocation*[M]. New York: New York University Press, p. 44.

[21]Jung, Y. J., Kagel, J. H. and Levin, D., 1994, "On the Existence of Predatory Pricing: An Experimental Study of Reputation and Entry Deterrence in the Chain-Store Game," *The Rand Journal of Economics*, 25(1),pp. 72—93.

[22] Kogut, C. A., 1990, "Consumer Search Behavior and Sunk Costs," *Journal of Economic Behavior and Organization*, 14(3), pp. 381—392.

[23]Lippman, S. A. and McCall, J., 1976, "The Economics of Job Search: A Survey," *Economic Inquiry*, 14(2), pp. 155—189.

[24]McAfee, R. P. and Vincent, D., 1997, "Sequentially Optimal

Auctions," *Games and Economic Behavior*, 18(2), pp. 246—276.

[25]Menezes, F. M. and Ryan, M. J. , 2009, "Coasian Dynamics in Repeated English Auctions," *International Journal of Game Theory*, 38 (3), pp. 349—366.

[26]Mestelman, S. and Welland, D. , 1991, "The Effects of Rent Asymmetries in Markets Characterized by Advance Production: A Comparison of Trading Institutions," *Journal of Economic Behavior and Organization*, 15(3), pp. 387—405.

[27]Millner,E. L. , Pratt, M. D. and Reilly, R. J. , 1990, "Contestability in Real-Time Experimental Flow Markets," *The Rand Journal of Economics*, pp. 584—599.

[28]Miller, R. M. , Plott,C. R. and Smith, V. L. , 1977, "Intertemporal Competitive Equilibrium: An Empirical Study of Speculation," *The Quarterly Journal of Economics*, pp. 599—624.

[29]Ockenfels, A. and Selten, R. , 2005, "Impulse Balance Equilibrium and Feedback in First Price Auctions," *Games and Economic Behavior*, 51(1), pp. 155—170.

[30]Peterson, R. A. and Merino, M. C. , 2003, "Consumer Information Search Behavior and the Internet," *Psychology and Marketing*, 20 (2), pp. 99—121.

[31]Plott, C. R. and Sunder, S. , 1982, "Efficiency of Experimental Security Markets with Insider Information: An Application of Rational-Expectations Models," *The Journal of Political Economy*, 90 (4), pp. 663—698.

[32]Plott, C. R. and Smith, V. L. , 1978, "An Experimental Examination of Two Exchange Institutions," *The Review of Economic Studies*, 45(1), pp. 133—153.

[33] Charles, P. , 1979, "The Application of Laboratory Experimental Method to Public Choice" // In Russell, C. S. and Baltimore, M. D. (eds.). Collective decision making: Applications from public choice theory,Baltimore:John Hopkins Press, 137—160.

[34]Rassenti, S. , Reynolds, S. S. , Smith, V. L. and Szidarovsz-

ky, F. , 2000, "Adaptation and Convergence of Behavior in Repeated Experimental Cournot Games," *Journal of Economic Behavior and Organization*, 41(2), pp. 117—146.

[35]Reiter, S. , 1977, "Information and Performance in the (New) Welfare Economics," *The American Economic Review*, 67 (1), pp. 226—234.

[36]Rose, D. E. and Levinson, D. , 2004, May, "Understanding User Goals in Web Search," In Proceedings of the 13th International Conference on World Wide Web,pp. 13—19.

[37]Schotter, A. and Braunstein, Y. M. , 1981, "Economic Search: An Experimental Study," *Economic Inquiry*, 19(1), pp. 1—25.

[38]Skreta, V. , 2006, "Sequentially Optimal Mechanisms," *The Review of Economic Studies*, 73(4), pp. 1085—1111.

[39] Siegel, S. , Fouraker L. , 1960, *Bargaining and Group Decision Making: Experiments in Bilateral Monopoly*. New York: McGraw-Hill.

[40]Smith, V. L. , 1962, "An Experimental Study of Competitive Market Behavior," *The Journal of Political Economy*, 70 (2), pp. 111—137.

[41]Smith, V. L. , 1964, "Effect of Market Organization on Competitive Equilibrium," *The Quarterly Journal of Economics*, 78(2),pp. 182—201.

[42]Smith, V. L. , 1976, "Experimental Economics: Induced Value Theory," *The American Economic Review*, 66(2), pp. 274—279.

[43]Smith, V. L. , 1982, "Microeconomic Systems as an Experimental Science," *The American Economic Review*, 72(5), pp. 923—955.

[44]Smith, V. L. , 1991, *Papers in Experimental Economics*, New York:Cambridge University Press.

[45]Smith, V. L. and Williams, A. W. , 1981, "On Nonbinding Price Controls in a Competitive Market," *The American Economic Review*, 71(3), pp. 467—474.

[46]Wilde, L. L. , 1980, "The Economics of Consumer Information

Acquisition," *Journal of Business*, 53(3), pp. 143—158.

[47]Williams, F. E., 1973, "The Effect of Market Organization on Competitive Equilibrium: The Multi-unit Case," *The Review of Economic Studies*, 40(1), pp. 97—113.

[48]Werden, G. J., Joskow, A. S. and Johnson, R. L., 1991, "The Effects of Mergers on Price and Output: Two Case Studies from the Airline Industry," *Managerial and Decision Economics*, 12(5), pp. 341—352.

[49]Zwick, R. and Chen, X. P., 1999, "What Price Fairness? A Bargaining Study," *Management Science*, 45(6), pp. 804—823.

第三篇

[16] 经济学家与经济理论研究*

史晋川

摘　要　经济学家由学院经济学家、政府经济学家和公司经济学家三部分组成。学院经济学家所主要从事的经济理论研究大致上可以分成学术问题导向的经济理论研究、现实经济问题导向的经济理论研究和跨学科问题导向的经济理论研究三种类型。学院经济学家的主要使命是经济理论的创新、经济分析工具的创新和经济研究领域的拓展。

关键词　经济学；经济学家；经济理论研究

改革开放以来，伴随着中国大规模的经济制度变迁和经济发展，经济学在国内迅速地发展成为一门社会科学领域中的"显学"，经济学家也成为令人羡慕的职业。社会经济生活中，经济学家大致上可以划分成三种类型：一是在大学和社会科学研究机构从事经济理论研究的学院经济学家；二是在政府部门、国际经济组织和半官方经济组织从事社会经济政策研究的政府经济学家；三是在公司（企业）和有关咨询及中介机构从事经营活动咨询研究的公司经济学家。这三类经济学家在实际的研究活动中的角色并非是固定不变的，而是时常相互"客串"和交叉的。但是，在社会科学研究比较发达的国家和地区，各种类型的经济学家大多分属研究分工比较明确的经济学家群体，本文所论及的经济学家主要指的是属于第一种类型的学院经济学家，着重阐述学院经济学在经济理论研究中扮演的角色。

学院经济学家除了在大学和学术研究机构通过授课和指导学生传授

---

* 本文最初发表在《学术月刊》2005 年第 6 期。

经济学的理论和经济学的研究方法外,从科学研究的视角来看,其主要的工作是从事经济理论的研究。仔细研究,可以发现,经济理论的研究又大致可以分为三个既有联系又有区别的部分:一是以学术问题为导向的经济理论研究;二是以现实经济问题为导向的经济理论研究;三是以跨学科问题为导向的经济理论研究。

一、学术问题导向的经济理论研究

以学术问题为导向的经济理论研究,通常被视作经济学纯理论研究,它是人类从事科学研究的"智力锻炼"传统的一部分。经济学纯理论研究的主要目的是追求对经济学理论本身的日臻完善,是有关经济理论内在逻辑结构与理论体系"美"的探索。

经济学纯理论研究的一个非常显著的基本特征是,研究的经济学基本命题保持不变,但在不断深入的研究过程中,对经济学基本命题论证的方法更为科学,逻辑更为严密,理论体系更为完美。

众所周知,亚当·斯密在《国富论》中提出了有关市场协调社会经济活动的一个最著名的命题,即"看不见的手"。亚当·斯密说,人们在从事经济活动时,追求的仅是个人的利益,"他通常既不打算促进公共利益,也不知道他自己是在什么程度上促进那种利益……由于他管理产业的目的在于使其生产物的价值能达到最大程度,他所盘算的也只是他自己的利益。在这种场合,像在其他许多场合一样,他受着一只看不见的手的指导,去尽力达到一个并非他本意想要达到的目的……他追求自己的利益,往往是他能比在真正处于本意的情况下更有效地促进社会的利益"①。从古典经济学到新古典经济学的经济理论演进过程中,众多的经济学家围绕"看不见的手"这一基本命题进行了大量深入仔细的研究,留下的经济学文献可以毫不夸张地形容为"汗牛充栋"。亚当·斯密百年后,法国经济学家里昂·瓦尔拉斯写出了《纯粹经济学

---

① 亚当·斯密:《国民财富的性质和原因研究》(下卷),商务印书馆,1979年,第27页。

要义》一书,构建了一个以数学的联立方程组为特色的一般均衡理论,用来论证"看不见的手"——市场机制在社会经济活动的资源配置过程中的作用。在瓦尔拉斯的一般均衡理论中,市场的供给与需求相互作用,产生了一组商品(劳务)和生产要素的价格。在这组价格的支配作用下,厂商为获得利润最大化的行为和居民为获得效用最大化的行为,最终将导致市场总需求等于总供给的结果。① 熊彼特将瓦尔拉斯的一般均衡理论誉为一部精确的经济学"大宪章"。

瓦尔拉斯以后,帕累托、沃尔德、希克斯、冯·诺意曼、麦肯齐和阿莱斯等人从不同的角度和层面进一步论证完善了一般均衡理论,直到20世纪五六十年代,阿罗、德布鲁等人运用拓扑学及"不动点原理"等更为高深的数学分析工具,进一步严密地论证了在一组严格假定条件下,一般均衡模型中均衡的存在性、唯一性和稳定性问题,使得自由竞争的市场经济理论成为一座逻辑严密和体系完美的经济学理论大厦。② 丹尼尔·贝尔曾指出:"由阿罗、德布鲁和库普曼等人所完善的'一般均衡'模型……是一个规律运动的天体结构,在该结构中,完全竞争和资源的最优配置作为一只'看不见的手'发挥着作用。"③

与对"看不见的手"的研究和一般均衡理论体系的建立有所不同,新兴古典经济学及超边际分析经济理论体系的创立,是对亚当·斯密劳动分工和专业化这一基本命题的重新发掘和相应的新兴古典经济学理论体系的重建。

亚当·斯密在《国富论》中用大量的文字阐述了劳动分工和专业化对提高劳动生产率的作用,提出了"分工是经济增长的源泉"和"分工水平由市场规模决定"等著名的命题。新古典经济学成为西方经济理论的主流后,劳动分工和专业化问题在很大程度上成了一个被经济学家遗忘的领域。尽管阿伦·扬格在1928年发表了《递增报酬与经济进步》这篇论文,进一步深入研究了劳动分工与报酬递增、市场规模和供求关系

---

① 里昂·瓦尔拉斯:《纯粹经济学要义》,商务印书馆,1989年。

② 约翰·伊特韦尔等:《新帕尔格雷夫经济学大辞典》第2卷,第534—549页有关"一般均衡"的词条。

③ 丹尼尔·贝尔:《经济论述中的模型与现实》,《经济理论的危机》,上海译文出版社,1985年,第81页。

问题,提出了著名的"扬格定理"。但是,新古典经济学仍旧对劳动分工和专业化问题兴趣缺乏。[①] 20世纪八九十年代,杨小凯通过运用超边际分析方法,将专业化经济劳动分工和经济组织重新引入到经济学的核心部位,内生化了个人选择专业化水平的决策,在此基础上研究了市场和价格制度决定社会分工水平的机制,对微观经济、宏观经济和国际经济的许多问题均给出了新的解释,从而初步建立起了一个不同于新古典经济学的新兴古典经济学理论体系。[②]

以学术问题为导向的经济学纯理论研究的另一个非常显著的基本特征,就是对经济学基本分析工具的改进、完善与创新。在这一研究领域中,博弈论的创立与发展是一个极好的例子。

新古典经济学是通过研究理性人(经济人)的选择行为来研究社会经济活动的资源配置问题的。无论是居民还是厂商,构成这些经济主体选择的约束条件往往是收入、成本、价格等一组非人格化的经济变量。例如,居民根据个人效用函数的选择只受收入和价格的约束。因此,在传统的新古典经济学的分析中,某个经济主体的选择行为似乎不会直接受到另一经济主体行为的影响。博弈论的产生,使得经济学家可以借助这一新的分析工具,开始将经济主体选择行为的相互影响纳入经济理论研究的视野。

从20世纪50年代至90年代,作为一种运用领域日益广泛的经济分析工具,博弈论经历了从初创到改进和完善的历程。从50年代初期的完全信息静态博弈及纳什均衡,到60年代中期的完全信息动态博弈及子博弈精练纳什均衡,再到60年代后期不完全信息静态博弈及贝叶斯纳什均衡,直到70年代至80年代不完全信息动态博弈及精练贝叶斯纳什均衡。纳什、泽尔腾、海萨尼、克瑞普斯、威尔森、福登博格和梯若尔等人

---

① 有关20世纪50—80年代继续关注专业化问题的经济学研究文献可以参阅杨小凯的学术研究自述,载《理性的激情——国际经济学殿堂的中国建筑师》,中信出版社,2004年,第343页。

② 有关内容可以参阅杨小凯、张永生:《新兴古典经济学和超边际分析》,中国人民大学出版社,2000年。

不断地推动着博弈论研究的深入和改善。① 同时,博弈论在西方主流经济学中的地位日益突出,其运用领域从最初的产业组织研究,不断地向产业与劳动关系、企业定价、信贷与保险、国际贸易、公共财政、货币政策等微观经济和宏观经济领域迅速扩张,极大地增强了经济理论的解释能力。

博弈论研究之外,在微观计量经济学研究领域,还有詹姆斯·赫克曼有关样本选择的选择性偏差理论及二阶段估计研究方法的创立,丹尼尔·麦克法登有关离散选择行为研究的理论和方法的创新;在实验经济学研究领域,弗农·史密斯等人将市场实验引入微观经济分析的经济学实验方法的创建;在金融计量经济学研究领域,罗伯特·恩格尔所创立的ARCH(自回归条件异方差)模型和克莱夫·格兰杰所创立的协整模型,也都是非常重要的经济理论研究中基本分析工具的创新。经济学分析工具的创新,极大地增强了经济学理论研究中的逻辑力量。正如约翰·麦克米伦所指出的:"在经济学的研究中,技术是不可或缺的。只有经由严格的模型化,人们才可能真正地了解一个新的思想观点的正确与否。"②

学术导向的经济理论研究最大的历史功绩在于推进经济理论研究的科学化进程,增强了经济学作为一门社会科学的科学性。尽管在社会科学研究领域(包括经济学研究领域),对于经济学的学科性质及科学性问题,包括经济理论研究的数学化和形式化,一直存在着巨大的观点分歧。③ 但是,仍有相当数量的经济学家认为,米尔顿·弗里德曼教授关于经济学学科的性质和经济学科实证研究方法的基本看法,在很大程度上仍然代表了经济学的学科发展方向。④ 从本质上看,尽管经济学科身处与自然科学不同的社会科学研究领域,但是,经济学科与自然科学中诸多学科相同的一个方面是,它们所努力探究的都是以不同变量

---

① 有关博弈论的理论及其发展可以参阅罗伯特·吉本斯:《博弈论基础》,中国社会科学出版社,1999 年。

② John McMillan, Editor's Note, *Journal of Economic Literature*, March 2000 (www. aeaweb. org/journal/edpolity. html).

③ 安托万·多迪默、让·卡尔特里耶:《经济学正在成为硬科学吗》,经济科学出版社,2002 年。

④ 弗里德曼:《实证经济学》,《弗里德曼文萃》,首都经济贸易大学出版社,2001 年,第 119—165 页。

形式表现出来的事物之间的相互联系、作用机制或变化规则,目的都是做出符合事物本身运动或发展规律的正确预测。

二、现实经济问题导向的经济理论研究

以现实经济问题为导向的经济理论研究,主要是针对有关社会经济运行及经济生活中所产生的新问题或新近发现的问题而展开的经济理论研究。现实经济问题导向的经济理论研究,不只是仅仅运用现存的经济理论来解释经济问题,更重要的是当现存的经济理论受到新的经济问题的挑战,无法运用传统的经济理论和分析框架来对新的经济问题做出令人信服的解释时,经济学家通过修正、改进和完善原有的经济理论,或者通过创建新的经济理论,提出新的经济分析框架,来对经济问题做出新的理论解释。所以,尽管这一类经济理论研究是以现实经济问题为导向的,但在本质上它与以学术问题为导向的纯经济理论研究有着共同的性质,都属于经济学的理论创新研究。当然,从经济理论研究的目的性和功用性来看,以现实经济问题为导向的经济理论研究,往往直接地成为制定解决社会问题的经济政策的理论依据。

以宏观经济研究为例,宏观经济学理论自身的建立和发展及其完善,就是非常典型的以现实经济问题为导向的经济理论研究的结果。

众所周知,根据"萨伊定律"和以马歇尔、瓦尔拉斯等人为代表的新古典经济学理论,市场具有自动调节的功能,以持续的社会经济的总供给和总需求失衡为特征的经济危机是不可能出现的。但是,20世纪20年代末至30年代的世界性经济大危机,使得新古典经济理论处于一种极为尴尬的境地。琼·罗宾逊夫人称之为经济学的"第一次危机"[①]。面临大萧条的困境,凯恩斯对新古典经济学的劳动市场理论、资本市场理论和货币市场理论进行了深刻的反思。在《就业、利息和货币通论》一书中,建立了有效需求理论来解释失业和经济危机。根据凯恩斯的理

---

① 琼·罗宾逊:《经济理论的第二次危机》,《现代国外经济学论文选》,商务印书馆,1979年,第1—17页。

论,有效需求可以分为消费需求和投资需求,边际消费倾向递减会导致消费需求不足,资本边际效率递减和流动性陷阱会导致投资需求不足,而有效需求的不足则会导致失业的产生及经济危机的爆发。① 凯恩斯的有效需求理论不仅为现代宏观经济学的建立奠定了基础,也为西方国家战后运用财政政策和货币政策进行宏观经济调控提供了理论依据。在美国《华尔街日报》近期对十几位经济学诺贝尔奖得主的访谈中,当问到"谁是二十世纪最杰出的经济学家"这一问题时,大部分经济学家都提到了凯恩斯。其中约瑟夫·E.斯蒂格利茨认为,凯恩斯的理论使得经济学家认识到失业问题的持续性及非充分就业经济均衡的存在;他建立了新的经济理论,促进了经济学的发展,是经济学研究的重大突破,对经济运行产生了深远的影响。②

从 20 世纪 50 年代至今,现代经济学中宏观经济理论的发展,在很大程度上可以说是现实经济问题导向的经济理论研究。例如,新古典综合学派的保罗·萨缪尔森等人针对宏观经济运行中出现的通货膨胀和失业并存的经济现象,利用"菲利普斯曲线"来解释通货膨胀率与失业率之间的交替关系,并据此提出相应的财政政策和货币政策;而货币主义学派的米尔顿·弗里德曼和爱德华·菲尔普斯等人则根据通货膨胀和失业问题新的特征,进一步论证了短期菲利普斯曲线、长期菲利普斯曲线、附加预期的菲利普斯曲线,以进一步解释在不同的宏观经济运行背景下通货膨胀率与失业率两者间呈现的各种复杂的关系。对通货膨胀和失业问题的进一步深入研究,最终导致了宏观经济学领域中以卢卡斯和萨金特为代表的"理性预期理论"的诞生。一方面加强和扩充了宏观经济理论的微观基础,另一方面极大地影响了宏观经济政策的导向。③事实上,2004 年经济学诺贝尔奖得主基德兰德和普雷斯科特有关宏观经济政策运用中的"时间一致性难题"(动态不一致问题),也同样是这一研究领域中以现实经济问题为导向的经济学理论研究的突破。

---

① 约翰·梅纳德·凯恩斯:《就业、利息和货币通论》,商务印书馆,1999 年。

② 《诺奖得主纵论八大经济学问题》,《华尔街日报》2004 年 10 月 19 日,转引自中国经济学教育科研网。

③ 有关上述提及的各种宏观经济理论,可参阅约翰·伊特弗尔,默里·米尔盖特,彼得·纽曼:《新帕尔格雷夫经济学大辞典》,经济科学出版社,1996 年。

此外,在宏观经济理论的发展过程中,奥肯和托宾等人针对国民收入增长与就业问题所提出的"奥肯定律"及"新经济学",蒙代尔等人针对开放经济体系中的国际收支与汇率变动问题所提出的"蒙代尔—弗莱明模型",也都属于以现实经济问题为导向的经济理论研究。同样地,在发展经济学研究领域,刘易斯、舒尔茨、米尔达尔等人的经济理论,也大都可以归入为以现实经济问题为导向的经济理论研究。

经济学界有关现实经济问题导向的经济学研究是否属于经济学理论研究的认识,事实上是存在分歧的。有的经济学家甚至认为只有做"形而上"的纯经济理论研究才是真正的学术研究,而关注"形而下"的现实经济问题的研究是"三流经济学家"的作品,不能被认为是理论研究,甚至不属于做学问。这其实是一种带有偏见和容易误导人的观点。实际上,以现实经济问题为导向的经济学研究所产生的研究成果大致也有三种类型:第一种是发展出新的经济理论和(或)经济分析工具的研究;第二种是运用了现有的经济理论和经济分析工具解释了新的经济问题或更好地解释了原有的经济问题的研究;第三种是运用了现有的经济理论和经济分析工具分析了所要解决的经济问题和提出了解决问题的经济政策的研究。后两种类型的经济学研究从经济学理论研究的视角来看,其主要作用是扩展了经济理论对于经济问题的解释能力,所以也不能完全简单地将它们从整体上排斥出经济理论研究的范围。至于以现实问题为导向的这一种类型的经济学研究,尽管其切入点是"形而下"的现实经济问题,但是研究成果却表现为"形而上"的原创性的经济理论,因此,无疑地应该被视作经济学的理论研究。倘若不带偏见地观察西方经济学界以经济理论研究为宗旨的顶级经济学期刊,就可以发现相当大比例的研究文献也都是从"形而下"的现实经济问题角度切入的理论研究,甚至其中的大部分研究文献事实上在现阶段看来也都只能归属于上述第二种类型的经济学研究。在此,应该强调和认识清楚的一个问题是,经济理论的研究和经济理论的创新与"形而下"的现实经济问题的研究(甚至是"本土化"的"形而下"现实经济问题的研究)并非是完全不能相容的。经济学研究的类型和性质并不仅仅完全是由研究的问题所决定的,更重要的是取决于经济学研究的成果。

三、跨学科问题导向的经济理论研究

以跨学科问题为导向的经济理论研究严格地说来不是一种纯粹的或者说是原本狭义的和传统的学科意义上的经济学研究,而是一种以经济学为主的社会科学领域内不同学科相互交叉的经济理论研究。以跨学科问题为导向的经济理论研究应该具备三个基本的特征:一是所研究的问题已经跨出了通常人们所认识的传统学科意义上的经济学领域,跨入到法学、政治学、社会学、历史学、教育学等其他社会科学领域;二是研究跨学科问题所凭借的基本理论和研究工具仍然是经济学的基本原理和经济学的分析工具;三是经济学家运用经济学的基本原理和经济学的分析工具研究跨学科问题的过程中,导致了经济理论的创新或(和)新兴交叉学科产生,至少是在研究中得到了较原有学科对同一问题研究更有解释的研究结论。

从跨学科问题导向的经济理论研究的发展历程来看,符合上述跨学科问题导向的经济理论研究,可以列出一长串的名单:贝克尔等人对社会的婚姻、家庭等人类行为的研究和对劳动就业市场中性别和肤色的歧视问题研究,把经济学研究扩张到了社会学领域,导致了科尔曼等人对社会学基础理论的重建;舒尔茨和贝克尔等人对于教育和人力资本问题的研究,将经济学研究扩张到教育学领域,产生了人力资本理论;科斯、贝克尔和波斯纳等人关于财产、合同、侵权行为和犯罪行为及法律效率问题的研究,将经济学研究扩张到法学领域,创立了法和经济学;诺斯、福戈尔和格雷夫等人对于经济史问题的研究,将经济学研究扩张到历史学领域,产生了新经济史学;布坎南和塔洛克等人对于公共选择问题的研究,将经济学研究扩张到了政治学领域,建立了公共选择理论;阿马蒂亚·森和黄有光等人则研究了社会价值和社会选择及自由问题,将经济学研究推向了道德哲学及伦理学的研究领域。这些研究都极大地拓展了经济学的研究领域。

在跨学科问题导向的经济理论研究中,法和经济学是发展得比较成功的一门经济学和法学学科交叉研究的新兴学科。从法和经济学的学科性质来看,法和经济学已经比较明确地定位为用经济学研究法律问题的学科,具体地说,它运用经济学的理论和分析方法研究社会的法律制度、法律关系和法律规则的效率;从法和经济学的学科研究范围来看,它的研究基本上覆盖了包括财产、合同和侵权等法律问题在内的立法和司法实践活动;从法和经济学的研究方法来看,它是以经济学的个人理性及方法论的个人主义作为其研究方法基础的,同时以经济学的效率作为核心衡量标准,以成本—收益及最大化方法作为基本分析工具,来研究法律的形成、法律的框架、法律的运作和法律的制度对经济和社会的影响。[①] 在法和经济学的理论框架中,"诸如最大化、均衡和效率之类的经济概念是解释社会,尤其是解释理性的人们对法律规则的反应行为的基本范畴"[②]。法和经济学的发展,不仅极大地影响了法学研究和法学教育,加深了人们对法律制度的认识,同时,法和经济学的研究成果对宪法、民法、刑法等主要的法律领域都已经产生了重要的影响。近年来,法和经济学的研究又进一步扩展到金融部门,形成了法和金融这一新的研究领域。[③]

熊秉元教授在解释经济学在向其他社会科学领域的扩展过程中,为何在法学领域"绽放出最鲜美的花朵"这一问题时,阅读了大量有关回顾法和经济学学科发展的综述性研究文献,发现众多经济学家的共同答案是,因为经济学的研究有"一套强有力的行为理论"。熊秉元教授进一步解释经济学理论及分析方法在法学领域的成功运动,是由于经济学的研究和法学的研究具有某些共同点:一是两者研究的问题大都是"两人间,一对一的关系";二是两者所研究的人际关系大都是易于明确定义的"利益关系";三是经济学中的"理性人"假定和法学中的"正常人原则",两者从研究的"基准点"来看,具有相当的一致。[④] 相比之下,在政治学、社会

① 史晋川:《法律经济学评述》,《经济社会体制比较》2000年第2期。

② 罗伯特·考特,托马斯尤伦:《法和经济学》,上海三联书店,1991年,第13页。

③ 史晋川、栾天虹:《法与金融比较研究理论评述》,《中国社会科学评论》2003年第2卷第1期。

④ 熊秉元:《法学干卿底事?——法律经济学的旨趣》,《熊秉元漫步法律》,时报文化出版公司,2003年,第20—37页;亦可参阅 Demsets, Harold, The Primacy of Economics: An Explanation of the Comparative Success of Economics in the Social Sciences, *Economic Inquiry*, 1997,35(1), pp. 1—11.

学和历史学等社会科学领域,所研究的问题大量涉及的是不同于个体行为的"中层问题",因而造成了经济学理论和研究方法运用的局限性。

尽管在跨学科问题导向的经济理论研究演化的过程中,经济学家和其他社会科学领域的研究者对经济学跨学科交叉研究这一"经济学帝国主义"倾向存在着相当大分歧的观点。但是,经济学的研究从传统学科意义上的经济问题向非经济问题的扩张过程,实际上展现了经济学科的基本假定前提、核心概念和研究方法在整个社会科学研究领域巨大的潜力和可能的广泛影响力。经济学研究的"帝国主义倾向"在某种意义上可以被认为是一种以经济学为基础来构建人类行为科学研究框架的努力,是经济学家利用经济学科的扩展来带动整个社会科学领域研究的值得称道的尝试,对推动社会科学的跨学科交叉研究起到了巨大的积极作用。

四、结束语

综上所述,学院经济学家最重要的工作就是从事经济理论研究。作为学院经济学家,无论从事何种类型的经济理论研究,其担负的主要使命就是经济理论的创新、经济分析工具的创新和经济学研究领域的拓展。学院经济学家的研究要具备追求真理的勇气、勤奋刻苦的毅力和忍耐寂寞的定力,缺乏科学研究探索的执着精神,是不可能真正地在经济科学理论大厦的建设过程中添砖加瓦的。英国剑桥大学著名的诺贝尔奖摇篮——卡文迪什实验室的门上放置着一块铜牌,上书"圣工宏伟,乐之者察之"。真正从事经济理论研究的经济学家应该是经济科学研究领域的"乐之者",应该本着"求道"的宗旨来从事经济理论研究,而不是借着学术研究作为敲门砖谋求虚名和蝇头小利。

作为社会科学研究领域中经济学家的一个相对独立的分工群体,学院经济学家必须以经济理论创新和经济分析工具创新为己任。当然,这不等于说学院经济学家就不必有强烈的社会和人文关怀。学院经济学家可以用经济理论来解释世界,也可以和应当通过各种直接和间接的合适途径,运用经济理论来影响世界和改造世界。但是,在学院经济学家跨出经济理论研究领域为改造世界献计献策时,千万要记住科斯的警告,不要成为一位"经济政治家——就是甚至在不存在答案的时候就提供答案的人"①。在当今社会科学研究学风日益浮躁的年代,这一类的"经济政治家"还少吗?

---

① 罗纳德·科斯:《企业、市场和法律》,上海三联书店,1990 年,第 138 页。

［17］经济学研究中的主题与方法[*]

史晋川

摘　要　经济学科学化研究方法的评价,必须在研究主题背景下适当展开。经济学的研究主题涉及偏好、约束和选择三大领域。人们在偏好与选择研究中大量运用了数学与统计学方法,在约束条件研究中非数理方法有更大的应用空间。在相关经济主题研究中,必须注意科学化方法的适用范围和适用程度,应提倡研究价值评判的多元化。

关键词　经济学方法论;科学化研究方法;研究主题;研究方法

本文试图对经济学研究中的研究主题与研究方法两者的内在关系做出初步的阐述。经济学研究方法的选择实际上是与经济学家心目中所认识和确立的研究主题密切相关联的。因此,所有关于对经济学科学化研究方法问题的评价,无论是赞同还是反对,都必须将它置于经济学家所确立的研究主题背景下适当地展开。

一

任何一门学科的研究者所采用的研究方法,在很大程度上都是与研究者对学科的性质的认识及研究者所确立的研究主题(包括研究对象)紧密联系在一起的。众所周知,数学的研究对象是抽象的数量、空间、结构及其变化,相应地,数学家所运用的研究方法是高度抽象化的逻辑推理。爱因斯坦曾经说过:"越与现实相关的数学定律,也就越不确定;越

---

　*　本文最初发表在《浙江社会科学》2007 年第 2 期。

与现实无关的数学定律,则越确定。"(As far as the laws of mathematics refer to reality, they are not certain and as far as they are certain they do not refer to reality)[①]至少在相当一部分的数学家心目中,纯理论数学不具备实验的可证伪性(Experimental Falsifiability)。但是,物理学则不同,无论是理论物理学家还是从事应用研究的物理学家,大都会认为物理学的研究是与现实物理世界有关的,物理学的定律往往本身具有现实对应。所以,物理学的研究是需要实证的,要通过经验的检验,或者说,物理学的研究必须运用实验的方法。科学发展的历史表明,随着物理、化学、生物这些自然科学研究主题的扩展和深化,其具体的研究方法及相应的研究工具也在不断地进步,但其科学研究方法的基本性质并未改变。

经济学作为一门社会科学与自然科学相比较,其困难在于经济学家们对经济学学科性质的认识与对研究主题(对象)的看法,远远没有同一科学研究领域中的自然科学家那样的一致。正是这种认识和看法上的不一致,导致了经济学家在经济学研究中方法论问题上的意见更容易出现分歧。G.J.斯蒂格勒满怀激情地宣称:"我们当前所处的时代,是经济分析数量化的时代……这是一次非常重要的科学革命,我能确定经济学终于站在了属于它的黄金年代的门槛上。"[②]同时,F.D.格雷厄姆却在严肃地抨击:"作为一门'科学',经济学总是处于怀疑之中,虽然那些'科学'的支持者强行将他们的理论套进僵硬的科学形式中,但这种为经济学'科学性'辩护的结果却使得这种理论对现实生活的分析和应用极不成功。"[③]可以想象,当斯蒂格勒在赞扬经济学研究方法的科学化,而格雷厄姆在批评经济学研究方法的科学化时,他们心目中对经济学学科性质和研究主题的认识,一定是大相径庭的。

---

① 转引自 J. R. Newman , *The World of Mathematics*,Dover Publishing New York,2003。

② 转引自罗纳德·H.科斯:《经济学家与公共政策》,丹尼尔·B.克莱因:《经济学家贡献了什么》,法律出版社,2006年,第44页(原文参见 George. J. Stigler, *The Economist and The State American Economic Review*, March 1965)。

③ 弗兰克·D.格雷厄姆:《经济学家工作的作用和价值》载同上书,第29页(原文参见 Frank D. Graham, *Social Goals and Economic Institutions*, Princeton University Press, 1942)。

二

尽管研究者对经济学学科性质的认识同样会影响到其对经济学研究主题与研究方法的看法，但是，本文的关注焦点仅集中在经济学研究主题与研究方法两者的内在关系上，除非在必要时，才会涉及对经济学学科性质问题的认识。

从古希腊亚里士多德的家庭财产管理（家政学）到古典经济学家亚当·斯密的国民财富的源泉与增长（国富论），经济学的最初研究主题大多与财富有关。但是，在亚当·斯密的经济理论中，已经奠定了现代经济学中有关经济活动的主体（"经济人"）和经济活动的制度约束（市场经济制度这只"看不见的手"）的基本因素。事实上，现代经济学最基本的分析框架在亚当·斯密的著作中已经具备了雏形。

从 19 世纪 70 年代的边际革命到 20 世纪初的新古典经济学，再发展到 20 世纪 50 年代以后的"经济学帝国主义"，经济学经历了研究主题的不断变化，从研究资源配置到分析人类的选择行为。当然，回顾经济学研究主题的变化，资源配置问题也只是经济学在一定的学科发展时期中分析人类选择行为的某一个特定（也曾经是主要）的研究主题。从"经济学帝国主义"的宏大研究视角来看，经济学的研究主题是由三个关键词组成的，即偏好、约束和选择。

经济学研究的偏好问题对应的是"人想做什么"这一问题；经济学研究的约束问题对应的是"人能做什么"这一问题；经济学研究的选择问题是将"人想做什么"与"人能做什么"两者结合起来回答"人最好做什么"这一问题。

经济学研究方法的科学化倾向发轫于边际革命时期，在新古典经济学发展并占据经济理论主流地位的过程中得以逐步地兴起和巩固地确立。经济思想的演变历史表明，从边际革命到新古典经济学的产生，一方面经济学继承了亚当·斯密的"经济人"衣钵，把从事经济活动的个人看作是具有"利己心"且能理性地达成满足"利己心"的人。同时，在功利主义哲学的框架内，经济学不断地提出了有关"经济人"偏好的各种假设，形成了一系列公理化的偏好性质。但是，经济学对这些偏好性质本身的形成一开始并没有进一步的深入研究。而且,经济学家只是满足于这些偏好的假设在理论的逻辑推理后得出的研究结论能够具有对人的选择行为的预测能力。另一方面由于经济学将研究主题确立为对稀缺性资源的优化配置问题的研究,同时又将社会经济制度问题作为一个既定前提搁置在一边。经济学研究主题的这种变化,一方面将经济主题中的偏好固定化了;另一方面将经济主题中的约束条件方面的制度约束也固定化了;因此,经济学的研究主题事实上将重心置于既定偏好的人在既定的制度约束条件下根据不同的技术约束条件来优化资源配置这一问题上。

在对应于上述经济学研究主题的经济学分析框架中,经济学的研究被设计成非常接近于自然科学(特别是物理学)的研究。经济学研究的资源配置问题本质上变成了一个最优化问题。就像物理学中研究作用力与反作用力,经济学研究供给力量与需求力量,也就像物理学中研究物体在作用力与反作用力相等时的平衡状态,经济学研究市场在供给力量与需求力量相等时的均衡状态。当然,经济学家同时也完全清楚影响市场供给和需求的各个因素同时变动对研究结果可能产生的影响,于是,"其他条件不变"成为一个非常重要的假设。事实上,当经济学家在既定的偏好和既定的制度约束条件下,再加上"其他条件不变"的假设,来研究资源配置的最优化问题时,表明经济学家实际上已经在试图用自然科学中控制实验条件的方法来研究经济问题。这种研究方法在本质上无疑就是以自然科学标准来衡量的科学化研究方法。这种科学化研究方法所产生的最有代表性的经济理论成果,就是具有最严密逻辑体系的一般均衡理论。正如丹尼尔·贝尔所指出的:"由阿罗、德布罗和库普曼等人所完善的'一般均衡'模型,是不断运动的一套珠宝装置,按照拉普拉斯古老的设想,是一个有规律的运动的天体结构,在该结构中,完全竞争和资源的最优配置作为一只'看不见的手'发挥着作用,唯一的例外是,这只'看不见的手'既不是上帝仁爱的原则,也不是自然界的自发的适应,而是一条数学原理,一套'转换系数'。"①

---

① 丹尼尔·贝尔:《经济论述中的模型与现实》,《经济理论的危机》,上海译文出版社,1985年,第81页(原文参见 Daniel Bell and Irving Kristol, *The Crisis in Economic Theory*, Basic Books, Inc., New York, 1981)。

诚然,一般均衡理论属于数理经济学(Mathematic Economics)的研究成果。可是,稍微深入的思考表明,经济学的经验研究分支计量经济学(Econometrics)在本质上同样是一种科学化的研究方法。如果说数理经济学主要的任务是提出各种逻辑自洽的理论假说,那么计量经济学则是应用来检验这些理论假说是否具有现实性的分析工具。可以认为,只要经济学家将各种社会经济现象理解并归纳成为各种经济变量,着力于研究经济变量之间的相互作用关系及其变化的内在规律性,经济学就可以归入如同自然科学研究同一类的科学研究的范畴。正是在这一层意义上,弗里德曼把经济学看成是一门实证的科学。① 同理也正是基于对经济学作为一门实证科学的认识,科学化研究方法才在经济学研究中得以施展身手。

三

如上所述,在给定个人的偏好和社会的制度约束条件下,将经济学的研究主题局限在资源配置优化问题的研究领域内,结果导致了科学化研究方法在经济学研究中大行其道。但是,也应该清楚地看到,经济学的科学化研究方法同样也面临着各种各样的质疑与问题。

通常在对经济学研究方法科学化的批判声音中,最常听到的是抨击经济学研究方法的科学化导致了经济学研究中愈来愈严重的经济理论与社会实践的脱节。W. H. 赫特甚至认为,"由于排斥了实践中的人的视角,全神贯注于抽象分析的提炼(特别是通过数学方法),可能损害了经济学的威信"② 。但是,这一类批判可能并不是最切中要害的,因为人们通过比较可以看到,在对许多社会问题的多学科研究中,尽管经济学的研究结论并不总是十全十美的,可是,经济学借助于数理模型和(或)计量模型得出的研究结论,经常是比其他社会科学的研究结论更具有充

① 米尔顿·弗里德曼:《实证经济学的方法论》,《弗里德曼文萃》,首都经济贸易大学出版社,2001 年(原文参见 Milton Friedman, *The Methodology of Positive Economics*, *in Essays in Positive Economic*, Chicago: University of Chicago Press, 1953)。

② 威廉·H. 赫特:《经济学家权威的衰落》,载丹尼尔·B. 克莱因:《经济学家贡献了什么》,法律出版社,2006 年,第 56、58 页。

分的论据和更强的说服力。那么,问题出在哪里呢? 关键问题就在于,经济学研究中"抽象方法的有效范围经常被误解"①。也就是说,当经济学家所确立的研究主题有所不同或者变化时,应该如何正确看待经济学研究中科学方法的适用性(包括适用范围与适用程度)。

从经济学理论进展的大视角来看,仍然可以将经济学的理论发展归纳为三大研究领域,即偏好、约束、行为。经济学理论研究在这些领域中的新进展,在很大程度上也表明了经济学研究主题的扩展,相应地,也使得经济学研究方法科学化的评价有了新的参照系。

经济学理论在偏好问题研究领域的深化和新的进展主要表现在对个体偏好形成的自然科学和社会科学的多学科研究。这类研究大致分成两个部分:一是运用遗传学、基因理论和脑科学与神经元理论对偏好形成的研究;二是运用演化理论及计算机模拟的方法对偏好形成进行实证研究。当然,上述两部分有关偏好形成的经济学研究并不是截然分离的,而是常常会交织在一起的。例如,瑞士苏黎世大学恩斯特·费尔博士运用神经元经济学对"利他惩罚神经基础"的研究,美国桑塔菲研究院金迪斯等人运用计算机仿真技术模拟研究"强互惠"与合作秩序问题的研究,浙江大学跨学科社会科学研究中心叶航等人对人类中脑系统尾核和壳核神经元的"自激励"机制及对人类"正义感"和"道德感"启动作用的机制研究,等等。② 这些有关偏好形成的研究,从前一部分研究内容来看,研究偏好形成的方法是非常符合严格意义上的科学化研究方法的;而从后一部分研究内容来看,尽管研究偏好形成时不仅涉及自然科学理论,同时涉及历史与文化因素,但所运用的研究方法同样也是非常科学化的,大都会运用数据和模型进行研究。所以,在经济学偏好形成研究领域中,科学化的研究方法只会进一步得到加强,科学化研究方法的运用范围也会相应地扩展。当然,偏好形成研究的另外一些方面,即社会制度和文化对作为社会的人的偏好形成的影响,以及非个体的社会偏好的形成,科学化研究方法的适用范围及适用程度问题,分歧意见仍

---

① 同上书,第56、58页。

② 叶航:《科学人文主义的宣言:道德的生物基础》《神经元经济学(Neuro economics)简介》等系列论文(见叶航"学术人生"博客网站,http://chinayehang. blog. sohu. com/)。

然会比较明显地存在。

经济学理论在约束条件问题研究领域的深化和新的进展,最主要表现在新制度经济学,包括产权理论、制度演化理论、激励理论与契约理论等方面的研究。这一研究领域中一个非常重要的理论分析工具是近几十年来兴起的博弈论。例如,斯坦福大学的青木昌彦、格雷夫等人,将制度定义为人类活动的非技术性约束条件的总和,从不同的层面研究制度的形成。① 同样运用博弈论分析工具,既可以从博弈过程中博弈主体必须遵守的博弈规则角度来解释制度,也可以从博弈主体在博弈过程所形成的均衡状态(纳什均衡)来解释制度。从研究制度约束条件的经济学理论发展趋势来看,由于博弈论这一分析工具的引入与运用范围的扩展,研究制度约束条件问题的方法在总体上也是趋于科学化的,尤其表现在数理经济模型的广泛应用上。当然,与研究偏好形成问题的经济研究领域相比较,科学化研究方法在制度约束条件研究领域的适用性,所存在的种种争议要更多一些。相应地,为不同于科学化研究方法的各类研究方法也留下了更大可供选择的空间。

经济学理论在有关经济活动主体的选择行为问题研究领域的深化和新的进展,最主要表现在三个有着比较多的相互关联的研究领域,即经济活动主体在不确定性条件下的选择行为,实验经济学与行为经济学和微观经济计量学的构建与经济政策的分析。第一个研究领域中,经济学对人类选择行为的研究已经从新古典在确定条件下的最大化行为理论,发展到以冯·诺伊曼—摩根斯坦恩不确定条件下的行为理论,即主观预期效用理论(SEU),而后又进一步发展到"后SEU"理论。这一领域的研究,事实上不仅仅只是局限于研究选择行为,同样地对偏好形成问题的研究也多有深化,而且在研究中大量地运用了数学和统计学的科学研究方法。② 第二个研究领域是由弗农·史密斯和丹尼尔·卡尼曼等人推动发展起来的实验经济学,他们把实验作为科学研究的手段引入

① 青木昌彦:《比较制度分析》,上海远东出版社,2001年;阿夫纳·格雷夫:《经济历史和博弈论》,吴敬琏:《比较》(第二期),中信出版社,2002年。

② 马克·马基纳:《不确定条件下的选择:已解决和未解决的问题》,约翰·D.海:《微观经济学前沿问题》,中国税务出版社,2000年(原文参见 John D. *Hey Current Issues in Microeconomics*, The Macmillan Press Ltd., 1989)。

经济学的实证研究,通过实验模拟出真实世界的客观情况来研究经济行为与经济现象,同时也将心理学(尤其是认知心理学)引入经济学来研究人们的理性与非理性行为。[①] 第三个研究领域中,詹姆斯·赫克曼发展了对选择性抽样数据进行分析的理论和方法,构建了更精确的微观经济计量模型来研究不同社会群体中人的行为。[②] 可以看到,上述有关经济活动主体选择行为的研究,在研究主题与研究方法两者的关系上具有两个重要的特征:一是在研究中科学化的研究方法不仅在适用范围方面扩展了,同时,研究方法的科学化程度也在不断提高,使得科学化研究方法能更好地适用于经济活动主体的选择行为研究;二是在研究中由于科学化研究方法的改进与创新,使得研究的结论对现实中人们的选择行为更加具有解释力,尤其是能够运用这些科学化研究方法来更加恰当地评价和预测经济政策的各种效果。

综上所述,对于经济学研究中科学化研究方法的评价问题,可以得出三点认识:一是在经济学研究的许多领域中,相关的经济研究主题是能够,也是完全应该运用科学化研究方法来加以研究的。在这些研究领域中,针对特定的经济研究主题运用科学化研究方法的质疑与否定,往往可能是无的放矢的批评。二是在经济学研究的其他许多领域,相关的经济主题的研究中,必须十分谨慎地注意到科学化研究方法的适用范围和适应程度问题,切忌不顾条件地运用科学化研究方法,尤其是要避免由于不适当地适用科学化研究方法而产生削足适履的现象,从而损害了经济理论的解释力和严肃性。三是在提倡科学化研究方法的同时,也要警惕以经济学科学化研究方法的适用性作为唯一的衡量标准来判断经济研究主题的研究价值(重要性)的倾向,忽视或冷落了在现有科学化研究方法工具箱中一时无法找到适用分析工具去分析和解决的经济问题,从而将经济学的研究主题变成了经济学科学化研究方法和分析工具的附庸,在强调经济学研究方法科学化的同时,不恰当地限制了经济学丰富多彩的研究主题。

[①] 格拉汉姆·鲁姆斯:《实验经济学》,载同上书。

[②] 王振中、李仁贵:《诺贝尔奖经济学家学术传略》(经济出版社,2002年)一书中有关赫克曼和麦克法登经济学理论的介绍。

[18] 经济学、社会学、法学和政治学研究的开放与知识共享[*]

——基于中国社科期刊参考文献的比较研究

史晋川　张育浩

摘　要　参考文献作为遵循社会科学研究规范的学术论文中的重要组成部分,其本身也具有相当大的学术研究价值。本文以社会科学的经济学、法学、政治学和社会学四个学科为研究对象,在整理各个学科国内外权威学术期刊所发表学术论文的参考文献数据的基础上,通过国内纵向和国际比较研究,在一定程度上揭示了国内社会科学研究中的学科开放性与学科知识共享的特征,同时给出了相应的解释。

关键词　社会科学;学科交叉;学科开放;知识共享

遵循社会科学研究规范撰写与发表的学术论文都会列出相关的研究参考文献。这些参考文献在一定程度表明了在学术研究中学术思想和研究方法的传承与借鉴,同时也反映了学术研究中不同的社会科学学科之间的相互交流渗透和知识的共享程度,从而在社会科学整体层面和学科层面展现了社会科学研究的学科开放性及学科交叉研究的进展。因此,对学术论文中的参考文献的研究同样也具有相当大的学术价值。

本文的研究是在整理经济学、法学、政治学和社会学等四个社会科学学科公认的国内权威学术期刊所发表的学术论文中参考文献的统计数据的基础上,通过同国外相应社会科学学科学术期刊所发表的论文中参考文献的统计数据的比较分析,从一个特定的视角研究国内社会科学研究与国际学术研究的接轨进展和社会科学各个学科研究中的学科交叉研究进展,即社会科学研究中的学科开放性和知识共享。本文第一部分为相关研究的文献综述,介绍了国内外目前研究的现状;第二部分为参考文献与国际接

---

*　本文最初发表在《浙江大学学报(人文社会科学版)》2012年第1期。

轨的数据比较分析,通过篇均参考文献以及外文文献的比例这两个指标研究我国社会科学期刊与国际的接轨问题;第三部分为参考文献跨学科引用的数据分析,通过对国内社会科学期刊论文参考文献学科归属的划分及进行国际比较研究,揭示国内社会科学研究中的学科开放性与学科知识共享的特征。

一、相关研究文献综述

国外对经济学论文参考文献的研究主要集中在两个方面:一是通过分析经济学期刊参考文献的引用数目和引用出处,研究该期刊的被引比例和影响因子或者是其他的指标(George Stigler 1979,1995 等);二是研究经济学论文中参考文献跨学科引用的情况。目前,国内的文献仅限于研究第一个方面的问题,对于第二个方面的问题基本没有文献涉及。本文的研究主题则主要与第二个方面的研究文献相契合。

Rik Pieters 和 Hans Baumgartner(2002)发表在 *Journal of Economic Literature* 的文章研究了 1995 年至 1997 年 42 本经济学期刊中论文的引文情况,统计了这些期刊中的引用数目和自引数目,对经济学论文与其他社会科学文献(包括商学)之间的引用情况做了分析,对经济学各个子学科之间的引用关系进行了研究,并且给出了对应的分析表(见表 18-1)。

表 18-1　各个学科引用本学科文献的比例以及经济学占对其他学科引用的比例

学科	参考文献的数目	引用本学科文献的比例(%)	经济学占对其他学科引用的比例(%)
1.经济学	6278	90	—
2.商学:会计	3860	79	27
3.商学:金融	9803	75	87
4.商学:管理学	12972	62	14
5.商学:市场营销	6596	80	21
6.商学:管理信息系统/运筹学	8439	72	26
7.人类学	2369	100	0
8.政治学	3071	87	67
9.心理学	18214	94	0
10.社会学	5534	85	22
参考文献的总数	77136	—	—

Ezra W. Zuckerman(2003)研究了经济学、社会学、政治学之间参考文献的引用关系,其研究对象是经济学中最顶尖的 AER(*American Economic Review*)和 JPE(*Journal of Political Economy*)杂志,社会学中最顶尖的 AJS(*American Journal of Sociology*)和 ASR(*American Sociological Review*)杂志,政治学中的 APSR(*American Political Science Review*)和 AJPS(*American Journal of Political Science*)杂志,他选取了 20 世纪这个较长的时间段进行分析(见表 18-2)。

表 18-2 顶尖社会学期刊和经济学期刊之间互相引用的比例　　　单位:%

年份	1941—1950	1951—1960	1961—1970	1971—1980	1981—1990	1991—2000
AJS 和 ASR 中引用 AER 和 JPE 的比例	0.53	1.11	1.69	6.79	11.4	10.9
AER 和 JPE 中引用 AJS 和 ASR 的比例	0.43	1.72	0.04	0	0.5	1.3

作者统计分析表明,社会学对经济学文献的引用在 20 世纪后半叶显著上升,在最近 30 年中更是如此。但是在 20 世纪 90 年代,引用比率从 80 年代 11.4% 下降到 10.9%。在社会学顶尖期刊的总共 10112 篇参考文献中,有 493 篇参考文献是在 AER 或者 JPE 上发表的。但是在经济学期刊的总共 15985 篇参考文献中,只有 99 篇参考文献是来自 AJS 或者 ASR 的。在 20 世纪 70 年代,甚至没有来自 AJS 或者 ASR 的文献。由此可见,在美国的顶尖学术期刊中,社会学对经济学文献的引用比较多,而经济学对社会学文献的引用相对较少。

科尔奈教授(2006)在研究各社会科学学科知识共享之间的关系这一问题时,总共选取了经济学、法学、政治学和社会学的 20 种期刊,每个学科各选取了 5 本最顶尖的期刊,其中至少有 1 本是非美国出版的期刊。例如,在经济学科,选取了 *American Economic Review*,*Economic Journal*,*Journal of Economic Perspectives*,*Journal of Political Economy* 和 *Review of Economic Studies* 等 5 本期刊。他统计了这 20 本期刊在 2004 年发表的所有文章的参考文献,并对这些参考文献按照所属学科进行了分类。统计分析表明,各个学科都具有很强的内向发展倾向,其中经济学引用自己学科文献的比率最高,之后依次是法学、政治学和社会学(见表 18-3)。

表 18-3　根据参考文献的原始出处所属具体学科的分类

参考文献原始出处的出版物类型	参考文献所在期刊的类型(%)					
	经济学	法学	政治学	社会学	跨学科	总计
经济学期刊	**88.9**	1.2	2.2	1	6.6	100
法学期刊	6.3	**84**	2	0.4	7.3	100
政治学期刊	16.3	3.3	**65.8**	5.3	9.4	100
社会学期刊	13.4	4	6.1	**65.8**	10.6	100

此外,有许多文献从其他角度对经济学杂志中论文的参考文献进行了研究。如 Stigler 等(1975)分析了美国顶尖经济系的经济学博士论文参考文献中引用最多的经济学家,Robert Eagly(1975)通过对参考文献进行分析,构建了几个指标来研究综合类经济学期刊以及各子学科顶尖杂志之间的引用网络情况,并且还分析了美国经济学杂志和国际其他经济学杂志(如加拿大的经济学期刊)之间的相互引用情况。Barrett 等(2000)通过参考文献的引用情况研究了经济学以及经济学子学科杂志的影响因子,Maberly et al.(2007)分析了金融学期刊和经济学期刊之间的相互引用情况,发现顶尖金融学期刊很少引用非顶尖金融学期刊的论文。Gianfranco Di Vaio 等(2010)运用文献计量学和计量分析的方法,研究了作者性别,作者来自经济系还是历史系,作者是否工作在英语国家等这些变量对参考文献的影响。

国内的同类研究中,陈晓丽(1998)统计了 1997 年出版的 46 种经济学刊物以及 1995—1997 年出版的《经济研究》中所有的论文引用《经济研究》上发表的论文的次数,并且给出了作者统计以及对作者信息的分析,同时也计算了篇均参考文献。王惠翔(2004)分析了《经济研究》从 1998 年至 2002 年 6 月期间论文参考文献的数量、类型、语种、年代、被引论文、被引期刊及自引量分布。郑江淮等(2008)利用 CSSCI 数据库对国内经济学论文的参考文献从引用数量、引文类型、引文文种和各基金资助项目这几个角度进行了统计和分析。梁勇、章成志、王昊(2008)分析了 2006 年的管理学期刊的期刊概念和主题概念以及学者概念之间的关系,以《管理世界》为例,给出了专家隐性知识地图和期刊知识地图。

石晓军、张长彬、张小羽（2008）则对 Working Paper 这类特殊的参考文献进行了分析。以 *Journal of Financial Economics* 在 1998 年 1 月至 2007 年 10 月发表的论文为对象，设计了 6 个指标，建立了 3 个经济计量模型分析互联网等电子手段带来的文献传播速度加快是否促进了 Working Paper 文献的学术影响，揭示出了 Working Paper 在学术研究中的重要性。王汉桥（2009）以 2004—2006 年出版的 80 种经济学期刊为数据样本，从文献计量学的角度分析了期刊论文的篇均参考文献数、期刊基金论文占有比例、期刊作者地区分布以及期刊标注有作者机构的论文比例，并且给出了经济学期刊学术规范量化指标的综合值。[1]

社会学期刊的文献研究中，胡玥（2008）以 2004—2006 年 20 余种社会学期刊为研究对象，通过篇均引用文献数、期刊基金论文占有比例、期刊作者地区分布以及期刊标注有作者机构的论文比例这四项指标，评价了这 20 余种社会学期刊的学术深度和学术规范，给出了社会学期刊学术规范量化指标综合值。姚俊（2009）根据对社会学研究领域研究者和机构发表文章数量和被引用情况进行了统计分析，得出了 2005—2006 年社会学论文引用最多的前 38 名作者以及社会学论文的跨机构合作统计。周晓虹（2009）分析了 2005 年和 2006 年的《社会学研究》发表的论文所引用文献的语种和引用文献的类型以及论文所获得的基金资助情况，并且分析了 2005 年和 2006 年被引次数最多的论文和著作。施敏（2010）分析了 2000—2007 年 CSSCI 中社会学论文引用的图书。利用被引次数这个指标，通过计算得出了社会学领域最有学术影响的 77 种国内学术著作。

法学和政治学期刊文献的相关研究中，何灵巧（1999）研究了 1995 至 1997 年三年内，20 种法学期刊对《法学研究》的引用，并对作者、主题和引文时间等问题给出了相应的统计结果。崔旺来、高富强（2001）对《法学研究》和《中国法学》中发表的论文引用中的被引年代，作者所在系

---

〔1〕 除此之外，还有一些文献对《经济研究》所发表的论文进行了研究，如成九雁、秦建华（2005）研究了 1979—2004 年《经济研究》应用计量经济学论文的数量和比重、研究主题和应用目的、数据类型和来源、模型结构和估计方法等特征，并且将结果和国外进行了比较。李子奈（2008）也统计了 1984—2006 年《经济研究》所发表的论文中以计量经济学模型方法作为主要分析方法的论文。

统分布等指标进行了研究。成凡(2004)分析了 1993—2002 年《中国社会科学》关于法学的论文和《中外法学》的论文平均引证数和外部引证(即跨学科引用)数,并且根据学科细分了外部印证情况。另外,成凡(2005)还给出了某学科论文的引证数量将随引证竞争而增长,但将稳定在某个数量,以及某学科论文对外部学科的引证数量和比率将随引证的质量竞争而增加,但将稳定在某个数量和比率这两个假说。丁翼(2009)对 2000—2007 年 CSSCI 中法学论文引用的参考文献进行了统计分析,计算出 101 种对国内法学领域最有影响(被引用次数最多)的国外学术著作。在政治学领域,邓三鸿(2008)以 2004—2006 年政治学期刊为研究对象,从期刊论文的篇均引用文献数、期刊基金论文占有比例、期刊作者地区分布以及期刊标注有作者机构的论文比例这四个方面对政治学期刊各项计量指标进行分析比较。杨明(2008)通过分析 2004—2006 年 CSSCI 的数据,从总被引次数、其他期刊引用次数和本学科论文引用次数这三个角度考察了政治学期刊的被引情况,并且给出了被引综合值分析。李志红(2010)利用 CSSCI(2000—2007)数据,利用引文分析法,对政治学学科论文引用的图书进行了统计,得出我国政治学领域最具学术影响的 225 种图书。

综上所述,对于国内外经济学以及社会科学期刊文献的一些事实层面的统计和研究,国内外研究者都有所涉及。但是国内的文献主要集中于对参考文献的性质划分或者引用次数的研究上,对国内期刊参考文献的学科归属划分这一问题,则没有相应的文献涉及。另外,对于经济学或社会科学之间的参考文献的学科知识共享情况,尽管有研究者对国外的情况进行了分析,但是对于国内的社会科学期刊参考文献的相应研究基本没有涉及。

二、参考文献与学科研究的开放性

本研究使用的数据库是中文社会科学引文索引(CSSCI)数据库。我们首先对《经济研究》《社会学研究》《法学研究》和《政治学研究》这四种期刊在 1998 年以及 2008 年发表的所有论文中引用的参考文献按照其所属学科进行了分类,在此基础上考察经济学、法学、政治学、社会学这四个学科及其相互间论文的参考文献引用的情况。对于每一篇参考文献,如果属于这四个学科的范畴,则归入相应的学科进行统计,倘若不属于这四个学科,则归入"其他"学科。同时,还对1998年以及2008年参考文献中的外文文献及语种进行了统计分析。研究中所采用的参考文献学科归属的分类方法如下:

(1)对于参考文献中的期刊论文,按照期刊归属学科划分对应的学科。例如《社会学研究》中的一篇论文引用了《经济研究》的一篇文章,则把这一引用归入对经济学文献的引用。

(2)对于一些跨学科的杂志引用(如《中国社会科学》),则根据被引论文的内容和所研究的问题进行分类,如果被引论文是发表在《中国社会科学》上的社会学论文,研究的是社会学的问题,就把这一引用归入对社会学期刊的引用。

(3)对于参考文献中的著作,首先按照书名进行学科归类。如果直接从书名中无法确切分类的,则按照作者学术研究所属的学科领域进行分类。

(4)对于新闻报道或者历史和哲学这些不包括在本文研究的4个学科之内的学科文献引用,则将这些文献归入"其他"学科进行统计。

对于外文文献,同样运用上述方法进行归类。

我们分别对1998年和2008年这两年的《经济研究》《法学研究》《政治学研究》和《社会学研究》这四种学术期刊上发表的所有论文的参考文献进行了分类统计,结果参见表18-4和表18-5。

表18-4 1998年中国社会科学期刊中参考文献的学科分类及篇数

参考文献原始出处的出版物类型	参考文献所在期刊的类型(篇数)					
	经济学	法学	政治学	社会学	其他	总计
经济研究	**977**	7	26	24	42	1076
法学研究	33	**1025**	22	88	127	1295
政治学研究	27	10	**231**	29	49	346
社会学研究	201	19	69	**484**	401	1174

表 18-5　2008 年中国社会科学期刊中参考文献的学科分类及篇数

参考文献原始出处的出版物类型	参考文献所在期刊的类型（篇数）					
	经济学	法学	政治学	社会学	其他	总计
经济研究	**3785**	58	133	174	369	4519
法学研究	66	**1842**	72	42	256	2278
政治学研究	98	40	**1098**	91	314	1641
社会学研究	314	46	296	**1398**	467	2521

1998 年和 2008 年社会科学中四大权威期刊上刊载的论文数量变化不大，但各学科在四大权威期刊发表的论文所列的参考文献的数量都有明显增加，其中 2008 年的经济研究参考文献总量为 1998 年的 4.20 倍，法学研究为 1.76 倍，政治学研究为 4.74 倍，社会学研究为 2.15 倍。由此可见，中国社会科学的研究总体上在遵守国际学术研究规范方面，进步十分明显。但是从参考文献分类统计的角度来看，通过统计的初步结果和国外相关的研究结果的对比，首先可以发现，中国的社会科学各个学科的研究和国外的接轨程度很不一样。相对来说，国内的经济学研究和国外的经济学研究最为接轨，其后的顺序依次是社会学、法学、政治学。

1.篇均参考文献数目。[1] 考虑对国际规范的遵守和对知识产权的尊重，篇均参考文献可以很好地反映一个学科与国外同类学科研究的差距。虽然评价论文的学术质量和学术含量不能绝对地用参考文献的多寡来衡量，但如果针对同一学科期刊进行篇均参考文献数量的比较，则在某种程度上反映了各学科的学术期刊所刊载文章的平均研究深度和遵守学术规范的程度（胡玥，2008）。

根据科尔奈（2006）的研究：国外经济学期刊的篇均参考文献为

---

〔1〕　还有一些论文使用了期刊基金论文占有比例、期刊作者地区分布以及期刊标注有作者机构的论文比例这三个指标来衡量学术期刊的参考质量。本文对这几个指标则持保留态度，因为从时间的维度来说，国家对社会科学的基金支持越来越多，基金论文占有比例的提升可能只是因为国家的支持较以往更多，而不能反映学术期刊自身的规范性。同样，期刊作者地区分布受制于各个大学的研究实力，并不能很好地反映学术规范和学术质量。另外，在我们考察的顶尖社会科学期刊中的论文，绝大部分论文都标明了作者机构，说明作者机构比例这一指标也不是足够好。

27.33篇,法学期刊的篇均参考文献为153.1篇,政治学期刊的篇均参考文献为40.04篇,社会学期刊的篇均参考文献为72.68篇。社会科学四大学科的篇均参考文献平均为52.68篇(见表18-6)。

表18-6 国外社会科学期刊的论文数量和引用的参考文献数量[1]   单位:篇

	经济学	法学	政治学	社会学	总计
文章数量	316	65	164	176	721
参考文献	8637	9952	6567	12827	37983
篇均参考文献	27.33	153.11	40.04	72.88	52.68

中国社会科学四大权威期刊的参考文献数量则参见表18-7。

表18-7 中国社会科学期刊的论文数量和引用的参考文献数量(2008年和2009年)

单位:篇

	经济学		法学		政治学		社会学		总计	
	2008	2009	2008	2009	2008	2009	2008	2009	2008	2009
文章数量	152	147	71	75	101	79	70	65	394	366
参考文献	4519	4548	2278	2296	1642	1368	2521	2945	10960	11157
篇均参考文献	29.73	30.94	32.08	30.61	16.26	17.32	36.01	45.31	27.82	30.48

由表18-6、表18-7的比较可以看出,中国的社会科学期刊与国外的社会科学期刊相比,参考文献的数量比较少,尤其是法学和政治学。中国社会科学期刊中论文的参考文献数量平均而言占国外数量的52.80%,其中法学占国外数量的20.96%,政治学占国外数量的40.60%,社会学占国外数量的49.42%,经济学占国外数量的108.78%。从篇均参考文献的数目这个角度来看,经济学与国外研究最为接近,而法学和政治学距离相对较大。

同时,根据陈晓丽(1998)的研究,1995年至1997年的《经济研究》中,发表的论文中有参考文献2359篇,附引文的原文率为56%,篇均引文6.12篇。引用外文917篇,占引文的39%;引用译文298篇,占引文的13%,两者加起来共占引文的52%。王惠翔(2004)的研究表明,1998

---

〔1〕 数据来源:科尔奈(2006)。

年至 2002 年 6 月的《经济研究》所发表论文的篇均参考文献是 11.01 篇,同时期的中文科技期刊论文的平均引文量是 8.86 篇;《经济研究》附有引文的论文占载文总量的 89.92%。同时外文文献的比例为 49.91%(见表 18-8)。

表 18-8　1995—2008 年《经济研究》的篇均参考文献及外文文献比例

	1995 年至 1997 年(陈晓丽 1998)	1998 年至 2002 年 6 月(王惠翔 2004)	2004 年(王汉桥 2009)	2005 年(王汉桥 2009)	2006 年(王汉桥 2009)	2007 年	2008 年	2009 年
篇均参考文献	6.12	11.01	18.25	16.71	23.85	27.97	29.73	30.94
外文文献比例	39%	49.91%	NA	NA	NA	63.65%	67.56%	67.70%

从表 18-8 可以很清楚地看到《经济研究》中论文的篇均引文数量的迅速发展,篇均引文数量从 1995—1997 年的 6.12 篇上升到 2009 年的 30.94 篇,数量是原来的 4 倍多。

表 18-9 反映了中国社会科学四大权威期刊在 1998—2009 年发表论文的篇均参考文献变化情况。

表 18-9　各期刊在 1998—2009 年的篇均参考文献变化

	1998 年	2003 年	2007 年	2008 年	2009 年
经济研究	10.07	17.58	27.97	29.73	30.94
社会学研究	17.55	28.70	30.56	36.01	45.31
法学研究	17.94	23.94	30.76	32.08	30.61
政治学研究	8.65	9.21	13.88	16.26	17.32

比较 4 个学科篇均参考文献的变化,经济学的篇均参考文献数目上升幅度最大,其次是社会学,之后是法学和政治学。

2.论文的外文文献比例。我们使用两个指标来度量对外文文献的引用情况:第一个指标是用参考文献中外文文献的比例来度量中国社会科学各学科研究和国外研究接轨的程度(见表 18-10 至表 18-12),第二个指标是期刊论文参考文献中没有外文文献的论文数目及比例(见表 18-13)。

表 18-10　外文文献在社会科学期刊参考文献中的数量及比例(1998 年)

	中文文献数目	外文文献数目	总　计	外文文献的比例
经济研究	580	498	1078	46.20%
社会学研究	617	559	1176	47.53%
法学研究	1295	86	1381	6.23%
政治学研究	302	44	346	12.72%

表 18-11　外文文献在社会科学期刊参考文献中的数量及比例(2003 年)

	中文文献数目	外文文献数目	总　计	外文文献的比例
经济研究	782	1257	2039	61.65%
社会学研究	960	762	1722	44.25%
法学研究	1368	212	1580	13.42%
政治学研究	574	34	608	5.59%

表 18-12　外文文献在社会科学期刊参考文献中的数量及比例(2008 年)

	中文文献数目	外文文献数目	总　计	外文文献的比例
经济研究	1466	3053	4519	67.56%
社会学研究	1312	1209	2521	47.96%
法学研究	1850	428	2278	18.79%
政治学研究	1526	116	1642	7.06%

表 18-13　社会科学期刊论文中没有外文文献的论文及比例(2008 年)

	有参考文献的论文数量	参考文献中没有外文文献的论文数量	没有外文文献的论文比例
经济研究	152	8	5.26%
法学研究	71	27	38.03%
政治学研究	101	81	80.2%
社会学研究	70	5	7.14%

　　由表 18-10 至表 18-13 中的数据可以得出,《经济研究》和《社会学研究》中的外文文献所占比重比较高。相比较而言,《法学研究》和《政治学

研究》中的外文文献比例则非常低。以 2008 年的数据为例,法学为 18.79％,政治学连 10％都不到。另外,在有参考文献的论文里,《经济研究》中没有外文文献的论文比例只有 5.26％,社会学也只有 7.14％,但《法学研究》中有 38.03％比例的论文没有外文文献,《政治学研究》中则有 80.2％比例的论文没有外文参考文献。

除此之外,从上面表格的数据中,还能看到各个学科研究的发展速度。相对而言,《经济研究》的进步速度比较快,外文文献比例从 1998 年的 46.20％上升到 2008 年的 67.56 ％,《法学研究》的外文文献比例从 1998 年的 6.23％上升到 2008 年的 18.79 ％。《社会学研究》的变化不大,《政治学研究》的外文文献比例甚至有所下降。由此可以看出,在中国的社会科学研究中,各个学科的研究和国外接轨的程度非常不一样,经济学和社会学研究的接轨较快,法学和政治学研究接轨的进程比较缓慢。对于经济学同国外最为接轨这个问题,主要原因可能有以下这两点:

第一,1978 年后中国转入以经济建设为中心的发展阶段,改革也是从经济体制改革入手启动。各种经济问题随着经济发展和经济体制改革进程的推进不断涌现,因此社会以及学术界对经济学理论的需求比较大。而现代经济学理论经过 200 多年的发展,相对比较发达,并且发展出来了一套非常具有解释力的研究方法和工具(林毅夫,2005)。中国的经济问题和经济现象,许多都可以用现代经济学理论加以解释。另外在从计划经济向市场经济转变的过程中,我国经济学界对现代经济学的态度由批判为主转为以吸收借鉴为主。

第二,经济学研究中,传统意识形态的影响作用相对较少。而在法学和政治学中,传统意识形态的影响作用相对较大,这也是影响社会科学不同学科和国外接轨速度的原因之一。

三、参考文献跨学科引用的数据分析

本节在前文的研究基础上,进一步研究社会科学研究中参考文献跨学科引用情况,通过国内和国际比较展示中国各个社会科学之间的知识共享情况。

1. 国内跨学科文献引用的比较

比较中国社会科学期刊在 1998 年和 2008 年的参考文献的学科分类引用,也就是跨学科和学科内自引情况,可以发现,各学科研究在参考文献引用中,经济学的自引比例下降,其他三个学科自引比例均上升,同时法学引用经济学比例略有上升(见表 18-14 和表 18-15)。

表 18-14　1998 年中国社会科学期刊中参考文献的学科分类(比例)

参考文献原始出处的出版物类型	参考文献所在期刊的类型(%)					
	经济学	法学	政治学	社会学	其他	总计
经济研究	**90. 81**	0.65	2.41	2.23	3.9	100
法学研究	2.55	**79. 15**	6.8	1.7	9.82	100
政治学研究	7.8	2.89	**66. 77**	8.38	14.16	100
社会学研究	17.09	1.62	5.83	**41. 16**	34.1	100

表 18-15　2008 年中国社会科学期刊中参考文献的学科分类(比例)

参考文献原始出处的出版物类型	参考文献所在期刊的类型(%)					
	经济学	法学	政治学	社会学	其他	总计
经济研究	**83.75**	1.29	2.95	3.84	8.17	100
法学研究	2.91	**80.88**	3.17	1.83	11.21	100
政治学研究	5.97	2.46	**66.92**	5.55	19.10	100
社会学研究	12.46	1.78	11.73	**55.44**	18.59	100

(1)经济学的自引参考文献比例下降明显,从 1998 年的 90.81% 下降到 2008 年的 83.75%,对法学的引用由 0.65% 上升到 1.29%,对社会学的引用也从 2.23% 上升到 3.84%。比例上升最慢的是对政治学的引用,从 2.41% 上升到 2.95%。由该数据可知,经济学学科研究的交叉性明显上升。

(2)法学、政治学、社会学三个学科自引比例均上升,其中法学自引比例从 79.15% 上升到 80.88%,政治学从 66.77% 上升到 66.92%,社会学从 41.16% 上升到 55.44%。其中,社会学的自引比例上升最快。可见,这三个学科都有内向发展的趋势。

（3）另一个比较有趣的现象是在法学、政治学和社会学这三个学科中，法学引用经济学的比例略有一点上升，但是政治学、社会学引用经济学的比例均有所下降。我们认为，这是因为经济学和国外接轨较快，经济学研究中的数理分析和计量分析比重加大。根据李子奈(2008)的研究，《经济研究》中应用计量经济学研究的论文占比由 1998 年的 10％左右上升到了 2006 年的超过 50％，也就是说，经济学研究在最近这些年的发展更加偏重技术性，因此其他学科的研究者理解和看懂经济学的研究以及和经济学研究者交流的难度加大。但是法律经济学最近十几年在国内的迅速发展可能是法学引用经济学比例上升的原因之一，成凡有关法学的文献研究(2004)也得出了类似的结论。

2. 国内跨学科文献引用与国际的比较

对比中国和国外社会科学期刊论文中参考文献对其他学科的引用可以发现这样一个相似的现象，社会学、法学和政治学这三个学科对经济学文献的引用同国外的情况比较相似。但是，法学和政治学中引用经济学文献的比例较低。

科尔奈(2006)对这一问题也曾经加以关注。他在 2005 年访问中国时，查阅了研究中国改革相关问题领域内大量最权威的经济学家的文章，令他吃惊的是，只有少数文献谈到了改革的政治方面问题，其中甚至没有一篇文献是来自政治科学期刊的文章。与此同时，他在查阅最权威政治学家的文章时也发现了同样的问题，尽管政治学者多次提到经济改革，但是没有提到来自经济学期刊的文章。这表明当时中国学术界把中国经济和政治联系在一起研究的文献很少。这一点也可以从我们的研究中得到例证。从表 18-14、表 18-15 和表 18-16 中能看出，在国外的政治学期刊中，有 24.9％的参考文献来自经济学、法学和社会学这三个学科。但是在中国的《政治学研究》中，1998 年只有 19.07％，2008 年只有 13.98％的参考文献来自经济学、法学和社会学。也就是说，中国的《政治学研究》对其他社会科学期刊的引用相对于国外来说，显得比较少。

另外，中国的《经济研究》在 1998 年和 2008 年引用法学、政治学、社会学这三个学科的比例总共只有 5.29％和 8.08％。这一点和国外的情况类似，Rik Pieters 和 Hans Baumgartner(2002)的研究中，经济学论文的参考文献中有 90％的比例是来自经济学自身(见表 18-1)。科尔奈

(2006)的研究中,经济学的参考文献中则有 88.9% 来自经济学自身。正如科尔奈(2006)所说,对于经济学专业人士来说,大量的知识其实是来自他们自己——其他经济学家在经济学期刊上发表的文章。本文的研究显示,科尔奈所说的情况在中国同样存在。科尔奈所说的各社会科学学科之间的联系很薄弱的情况,在中国也同样存在。成凡(2004,2005)对两本法学期刊的文献引用情况进行了分析,结果发现法学的外部引用(跨学科引用)也处于较低的水平。总的来说,在中国的权威社会科学期刊中,社会科学各个学科的相互引用情况和国外类似,都处于比较低的水平,同时中国政治学对经济学、法学、社会学的引用比例更少于国外。也就是说,各社会科学学科之间的知识共享程度并不高。

但是,我们特别需要注意到科尔奈(2006)研究中的"跨学科"文献是由两个部分组成,第一部分是跨学科期刊(如 *The Journal of Law&Economics* 以及 *Theory and Society*)上发表的文章,第二部分是无法分类的文献,如书籍、论文、网站、杂志文章、报纸文章等。而我们在对参考文献进行归类时,只将新闻报道以及历史哲学等不在本文所研究的四个学科内的学科文献的引用全部归为"其他"项,[1]因此,表 18-16 和表 18-17 的"跨学科"和"其他"项只有一部分项目重合,并不能直接进行比较。这也是将表 18-16 和表 18-17 分为两张表的原因。

表 18-16　国外政治学期刊和经济学期刊对其他学科的引用[2]

参考文献原始出处的出版物类型	参考文献所在期刊的类型(%)					
	经济学	法学	政治学	社会学	跨学科	对其他三个社会科学学科的引用
政治学期刊	16.3	3.3	**65.8**	5.3	9.4	24.9
经济学期刊	**88.9**	1.2	2.2	1	6.6	4.4

---

〔1〕　正如下文所述,本文这样分类的主要原因是由于目前中国的跨学科的期刊基本不存在。一些如《中国社会科学》或者《浙江大学学报(人文社科版)》这样的综合类杂志并不能被称之为严格意义上的跨学科杂志,因为这些杂志中的功能并非是为了发表跨学科的论文,只是把几个学科的论文放在一本期刊中。

〔2〕　数据来源:科尔奈(2006)。

表 18-17 《政治学研究》和《经济研究》对其他学科的引用

参考文献原始出处的出版物类型	参考文献所在期刊的类型(%)					
	经济学	法学	政治学	社会学	其他	对其他三个社会科学学科的引用
政治学研究(1998 年)	7.8	2.89	**66.77**	8.38	14.16	19.07
经济研究(1998 年)	**90.81**	0.65	2.41	2.23	3.9	5.29
政治学研究(2008 年)	5.97	2.46	**66.92**	5.55	19.10	13.98
经济研究(2008 年)	**83.75**	1.29	2.95	3.84	8.17	8.08

对于经济学为什么被其他学科引用比较多这一问题,在国外的社会科学期刊中,经济学文献的被引用主要是因为经济学帝国主义现象的存在(Rik Pieters and Hans Baumgartner,2002)。经济学帝国主义的存在主要是由于经济学的研究方法被其他学科所借鉴,这是理论上的一个解释。

我们提出另外一个对于经济学被其他社会科学引用较多的补充解释:中国目前处于一个经济社会发展和学术研究的双重转型期。从中国经济社会现状方面来看,由于目前中国正处于转型期,面对的很多问题如社保、企业改制、就业等等问题都是经济社会综合性的问题。也就是说,许多问题都是经济学和社会学、法学、政治学共同涉及的问题。另外中国的社会科学研究也处于一个转型期,这是由传统的社会科学研究向国际规范的社会科学研究发展的一个过程。在这一过程中,由于经济学研究与国外接轨最快,分析工具更加先进,研究框架更加完整,解释力更强,而且经济学家拥有较多的话语权,对政策制定有较大的影响力,研究成果较容易得到关注(吴敬琏,郑珺,2004),因而经济学文献会被其他学科较多地引用。

另外,中国的情况和国外的情况也略有不同:社会学中引用经济学比较多,法学和政治学引用经济学的比例相对于国外比较少。社会学中较多引用经济学的原因有三个:一是因为在国外社会学自身的学科发展中,对于数量分析及统计方法的应用,是一种学科发展的趋势,使得社会学和经济学在研究方法上有比较多的共同语言,两个学科比较容易互相交流;二是由于中国的社会学在改革开放初期,学科研究基本处于空白的阶段,在改革开放之后才开始重新建立学科体系,因而国外社会学研究成了一个比较重要的知识来源,国内研究和国外研究进行了较快接轨;三是在改革开放时期学科重建过程中,社会学学术界有一些接受过海外教育并且有影响力的学者(如费孝通)在主导社会学的学科重建中影响较大,因此社会学与国外接轨程度比较高,从而和经济学有较多的交流空间。

3.国内的跨学科研究状况

从初步的文献引用的统计结果可知,在中国目前的社会科学研究中,跨学科研究并不发达,主要原因在于以下两个方面:

首先,跨学科学术期刊的缺乏是影响参考文献引用的一个重要因素。国外社会科学界跨学科的期刊比较多,例如 *Journal of Law and Economics* 和 *Sociological Economics* 这类比较有影响力的跨学科期刊,因而研究中参考文献的跨学科交流比较方便,跨学科研究的成果也比较容易发表。而在中国的社会科学研究中,跨学科的学术期刊基本不存在。《中国社会科学》这样的综合类社会科学期刊并不能称之为严格意义上的跨学科期刊,因为这些综合期刊的宗旨并非为了发表跨学科的学术论文,只是把不同社会科学学科的论文放在同一期刊中发表。目前中国只有一些跨学科的学术会议,比如中国法经济学论坛等。因此,国内跨学科的论文相对国外来说比较难发表,这是导致社会科学期刊中跨学科互相引用比率不高的原因。

其次,由于中国当前社会的发展阶段,社会科学的发展在整体上仍然比较落后,社会科学的研究队伍也在培养成长过程中,所以目前从事社会科学跨学科研究的人员也相对比较少,各个不同学科之间的隔阂也相对较大。在美国顶尖政治学期刊 AJPS 和 APSR 中,有相当一部分的论文是经济学家所发表的(Zuckerman,2003)。而在中国,《社会学研究》中只有极少数论文是来自经济学的(曹正汉,史晋川,2008,2009),而《法学研究》和《政治学研究》中来自经济学的论文则更少,这也是导致社会科学期刊中跨学科文献互相引用比率不高的另一个重要原因。

针对国内跨学科研究及跨学科教育问题,汪丁丁、叶航、罗卫东(2004,2007)曾经有比较多的讨论,提出跨学科研究是当代社会科学研究的重要发展方向,也是社会科学研究创新的重要途径。科尔奈(2006)对于消除社会科学之间的隔阂也给出了相应的建议,例如要掌握和理解其他学科最基本的知识,提倡跨学科研究以及不同学科学者之间的合作研究,同时积极鼓励社会科学学者从事新的学科交叉和跨学科研究。

本文通过对中国社会科学期刊中参考文献的统计,从经济学、法学、社会学、政治学四个社会科学学科国内权威学术期刊的参考文献特征以及跨学科引用情况这两个方面分析了这四个学科的开放性和知识共享程度,并得到了一些初步的研究结论。在学科开放性的研究中,我们首先使用篇均参考文献的数目比较了不同学科的发展,并且和国外的情况进行了对比,之后使用了外文文献比例刻画各个学科的开放程度,发现经济学、社会学和国外接轨较快,法学和政治学接轨较慢,并给出了初步的解释。在学科知识共享的研究中,我们通过引用文献的统计分析,发现不同学科对外部知识的引用和国外的学科发展情况类似,都处于相对较低的水平,同时在将各个学科在 1998 年和 2008 年跨学科引用的情况进行对比后,初步揭示了国内跨学科研究的一些特征,并且阐述了中国目前的跨学科研究不发达的主要原因。

当然,本研究还存在着一些不足,例如数据跨度不够长,未涉及自我引证和负面引证(或称反向印证)的识别,互惠引证的剔除以及权威引证的问题等,这些在以后的深入研究中都需要进一步完善和发展。

参考文献：

①Barrett, C. B , Olia, A. , & Von Bailey, D. Subdiscipline-Specific Journal Rankings：Whither Applied Economics? [J]. *Applied Economics*, 2000, 32(2)：239—252.

②Ezra W. Zuckerman. *Some Notes on the Relationship between Sociology and Economics (and Political Science)：Cross-Disciplinary Citation Patterns over the 20th Century*. Working Paper. http://web. mit. edu/ewzucker/www/Disciplinary％20Cross-Citation％20Patterns. pdf.

③George J. Stigler & Claire Friedland. The Citation Practices of Doctorates in Economics[J]. *The Journal of Political Economy*, 1975, 83 (3)：477—507.

④George Stigler & Claire Friedland. The Pattern of Citation Practices in Economics[J]. *History of Political Economy*, 1979, 11(1)：1—20.

⑤George Stigler, Stephen Stigler, & Claire Friedland. The Journals of Economics [J]. *Journal of Political Economy*, 1995, 103 (2)：331—359.

⑥Gianfranco Di Vaio ＆ Daniel Waldenström ＆ Jacob Louis Weisdorf. Citation Success：Evidence from Economic History Journal Publications.［J］. *Univ. of Copenhagen Dept. of Economics Discussion Paper* No. 10－01. Available at SSRN：http：//ssrn. com/abstract＝1531557. January 06，2010.

⑦Maberly，EdwinD. ＆ Pierce，Raylene M. ，Citation Patterns within the Leading Top-Tier Finance Journals：Implications for Journal Rankings and Other Issues［J］. Available at SSRN：http：//ssrn. com/abstract ＝1026522 . November 1，2007.

⑧Rik Pieters＆Hans Baumgartner. Who Talks to Whom? Intra-and Interdisciplinary Communication of Economics Journals［J］. *Journal of Economic Literature*，2002，40(2)：483—509.

⑨Robert Eagly，Economics Journals as a Communications Network ［J］. *Journal of Economic Literature*，1975，13(3)：878—888.

⑩曹正汉，史晋川：《中国民间社会的理：对地方政府的非正式约束——一个法与理冲突的案例及其一般意义》，《社会学研究》2008 年第 3 期。

⑪曹正汉，史晋川：《中国地方政府应对市场化改革的策略：抓住经济发展的主动权——理论假说与案例研究》，《社会学研究》2009 年第 4 期。

⑫陈晓丽：《经济学文献引用〈经济研究〉论文的统计与分析》，《经济研究》1998 年第 3 期：76—79。

⑬成凡：《是不是正在发生？——外部学科知识对当代中国法学的影响，一个经验调查》，《中外法学》2004 年第 5 期：594—609。

⑭成凡：《从竞争看引证——对当代中国法学论文引证外部学科知识的调查分析》，《中国社会科学》2005 年第 2 期：123—131。

⑮崔旺来，高富强：《我国法学权威期刊被引分析》，《情报资料工作》2001 年第 2 期：30—32。

⑯邓三鸿：《中国政治学期刊学术规范评价指标统计分析——基于 2004—2006 年数据》，《西南民族大学学报（人文社科版）》2008 年第 7 期：88—99。

⑰丁翼：《对我国法学研究最有学术影响的国外学术著作——基于 CSSCI（2000—2007 年度）数据》，《西南民族大学学报（人文社科版）》2009 年第 8 期：167—175。

⑱何灵巧:《法学文献引用〈法学研究〉论文的统计与分析》,《图书馆界》1999 年第 3 期:16—19。

⑲胡玥:《2004—2006 年社会学期刊学术规范分析》,《学海》2008 年第 4 期:117—223。

⑳科尔奈:《社会科学各学科:分离还是融合?》,《比较》2006 年第 27 辑:1—12。

㉑李志红:《国内学术著作对我国政治学研究的影响分析》,《西南民族大学学报(人文社会科学版)》2010 年第 1 期:138—144。

㉒李子奈:《计量经济学应用研究的总体回归模型设定》,《经济研究》2008 年第 8 期:136—144。

㉓梁勇,章成志,王昊:《基于 CSSCI 的期刊知识地图的构建》,《情报分析与研究》2008 年第 2 期:58—63。

㉔施敏:《对我国社会学研究最有影响的国内学术著作分析——基于 CSSCI(2000—2007 年度)数据》,《西南民族大学学报(人文社会科学版)》2010 年第 2 期:248—257。

㉕石晓军,张长彬,张小羽:《Working Paper 推进学术研究作用的实证研究——以金融经济领域为例》《中国软科学》,2008 年第 9 期:46—53。

㉖汪丁丁,叶航,罗卫东:《跨学科的范式》,《社会科学战线》2004 年第 6 期。

㉗汪丁丁,叶航,罗卫东:《经济学 3 人谈》,上海:上海人民出版社,2007。

㉘王汉桥:《中国经济学期刊学术规范指标分析》,《东岳论丛》2009 年第 3 期:5—11。

㉙王惠翔:《〈经济研究〉引文分析与评价》,《社会科学管理与评论》2004 年第 1 期:49—55。

㉚杨明:《中国政治学期刊被引次数和被引广度统计分析——基于 CSSCI(2004—2006)数据》,《西南民族大学学报(人文社科版)》2008 年第 7 期:100—110。

㉛姚俊:《社会学研究领域学者和机构学术影响力分析——基于 CSSCI(2005—2006)数据》,《西南民族大学学报(人文社科版)》2009 年第 3 期:108—114。

㉜郑江淮,王维明,胡笛:《中国经济学研究概况分析——基于 CSSCI 分析》,《重庆大学学报(社会科学版)》2008 年第 6 期:76—82。

○33 周晓虹:《中国社会学研究概况(2005—2006)》,《社会科学研究》2009 年第 4 期:183—188。

附　录

2007 年(见表 18-18)和 2009(见表 18-19)四大权威杂志外文文献的比例以及 2009 年没有外文文献的论文及比例(见表 18-20)。

表 18-18　外文文献在社会科学期刊参考文献中的数量及比例(2007 年)

	中文文献数目	外文文献数目	总计	外文文献的比例
经济研究	1579	2729	4308	63.35%
社会学研究	1000	1078	2078	51.88%
法学研究	1680	473	2153	21.97%
政治学研究	737	82	819	10.01%

表 18-19　外文文献在社会科学期刊参考文献中的数量及比例(2009 年)

	中文文献数目	外文文献数目	总计	外文文献的比例
经济研究	1469	3079	4548	67.70%
社会学研究	1356	1589	2945	53.96%
法学研究	1663	633	2296	27.57%
政治学研究	1115	253	1368	18.49%

表 18-20　社会科学期刊论文中没有外文文献的论文及比例(2009 年)

	有参考文献的论文数量	参考文献中没有外文文献的论文数量	没有外文文献的论文比例
经济研究	147	2	1.36%
法学研究	75	21	28.00%
政治学研究	79	55	69.62%
社会学研究	65	4	6.15%

附录 作者有关经济理论与经济思想史的主要著作和论文

一、著作、教科书、译著

1. 蒋自强、史晋川等著:《当代西方经济学流派》,复旦大学出版社,2014年,第4版(复旦大学出版社1996—2008年第1—3版)。

2. 李建琴、史晋川主编:《微观经济学教程》,浙江大学出版社,2009年。

3. 史晋川著:《经济理性与经济学家的使命》,浙江大学出版社,1999年。

4. 史晋川、陈理元编著:《中级微观经济学》,浙江人民出版社,1997年。

5. 史晋川主编:《微观经济学》,浙江人民出版社,1995年。

6. 史晋川、张法荣著:《比较经济理论分析》,杭州大学出版社,1993年。

7. 扬·斯蒂德曼著:《按照斯拉法思想研究马克思》,吴剑敏、史晋川译,商务印书馆,1991年。

8. 蒋自强、史晋川等著:《当代西方经济学流派》,浙江大学出版社,1988年。

9. 史晋川编著:《经济学说史讲义》,手稿影印本,1985年。

二、论文、书评

1. 史晋川:《历久弥新的经典之作——再读张培刚先生的〈农业与工业化〉》,《中国改革》2015 年第 1—2 期。

2. Shi Jinchuan,Dong Xuebing:*How China Become Capitalist*,Social Science Journal,Vol. 51,Mar 2014.

3. 史晋川:《经济学理论的反思与创新——评林毅夫〈新结构经济学〉》,《博览群书》2012 年第 12 期。

4. 倪子靖、史晋川:《规制俘获理论述评》,《浙江社会科学》2009 年第 5 期。

5. 赵自芳、史晋川:《适应性预期、黄金规则与宏观经济政策的跨期选择》,《浙江社会科学》2006 年第 6 期。

6. 董雪兵、史晋川:《博弈论视角下的冲突与合作》,《浙江社会科学》2005 年第 11 期。

7. 史晋川:《经济学研究的"深"与"浅"——评林毅夫〈论经济学方法〉》,《中华读书报》2005 年 5 月 11 日,第 3 版。

8. 余剑梅、史晋川:《居民风险偏好逆转成因的研究——"阿莱悖论"相同比率效应探析》,《经济理论与经济管理》2004 年第 11 期。

9. 朱慧、史晋川:《经济政策的时间一致性和经济周期的驱动力量——2004 年诺贝尔经济学奖得主理论述评》,《浙江社会科学》2004 年第 11 期。

10. 史晋川:《经济学的本土性、思想性与形式化不矛盾》,《经济研究资料》2003 年第 6 期。

11. 沈国兵、史晋川:《论制度变迁理论与制度变迁方式划分标准》,《经济学家》2002 年第 1 期。

12. 史晋川:《交易成本与科斯定理》,《经济学消息报》2001 年 4 月 13 日。

13. 史晋川、王劲敏:《罗伯特·芒德尔教授及其经济理论贡献》,《浙江社会科学》1999 年第 6 期。

14.史晋川:《阿马蒂亚·森及其经济理论贡献》,《浙江社会科学》1998年第6期。

15.史晋川:《卢卡斯与理性预期理论》,《浙江社会科学》1996年第1期。

16.史晋川:《对策论与经济学》,《浙江社会科学》1995年第1期。

17.史晋川:《经济思想演化研究的新模式》,《当代学术信息》1995年第2期。

18.史晋川:《罗伯特·福戈:1993年经济学诺贝尔奖得者》,《浙江社会科学》1994年第1期。

19.史晋川:《公共选择与政府行为:理论、个例与启示》,《浙江学刊》1993年第4期。

20.史晋川:《"斯拉法——马克思模型"分析》,《当代西方学术思潮评价》,杭州大学出版社,1992年。

21.史晋川:《分配原则与经济效率——一种理论解释》,《中国经济问题》1992年第4期。

22.史晋川、夏海舟:《配给制与灰市场》,《社会主义经济运行分析》,上海三联书店,1991年。

23.史晋川:《经济理论的破与立要掌握"度"》,《中国经济问题》1991年第1期(《新华文摘》1991年第4期转载)。

24.史晋川:《规模经济刍议》,《浙江经济》1991年第7期。

25.史晋川:《斯拉法:〈用商品生产商品——经济学理论批判绪论〉》,载宋承先:《西方经济学名著提要》,江西人民出版社,1989年。

26.史晋川:《"投资乘数论批判"质疑》,《投资研究》1987年第12期。

27.史晋川:《科尔纳〈增长、短缺和效率〉述评》,《中共浙江省委党校学报》1986年第1期。

28.史晋川:《第二种社会必要劳动时间参与价值量决定的时间滞后效应分析》,《江淮论坛》1983年第6期。